中大谦之论丛

羞恶之心
多维视野下的儒家古典观念研究

赖区平　陈立胜　编

图书在版编目（CIP）数据

羞恶之心：多维视野下的儒家古典观念研究 / 赖区平，陈立胜编. — 北京：商务印书馆，2022
（中大谦之论丛）
ISBN 978-7-100-20270-1

Ⅰ.①羞⋯ Ⅱ.①赖⋯ ②陈⋯ Ⅲ.①儒家－哲学思想－研究 Ⅳ.①B222.05

中国版本图书馆CIP数据核字（2021）第163742号

权利保留，侵权必究。

中大谦之论丛
羞恶之心
多维视野下的儒家古典观念研究
赖区平　陈立胜　编

商务印书馆出版
（北京王府井大街36号　邮政编码 100710）
商务印书馆发行
三河市尚艺印装有限公司印刷
ISBN 978-7-100-20270-1

2022年3月第1版　　　开本 680×960　1/16
2022年3月第1次印刷　　印张 39 1/2

定价：198.00元

中大谦之论丛
编委会

主　编　张　伟

编　委（按姓氏笔画排序）

　　　　马天俊　方向红　冯达文　朱　刚　吴重庆

　　　　陈少明　陈立胜　赵希顺　倪梁康　徐长福

　　　　龚　隽　鞠实儿

总 序

中山大学哲学系创办于 1924 年，是中山大学创建之初最早培植的学系之一。1952 年全国高校院系调整撤销建制，1960 年复系，办学至今，先后由黄希声、冯友兰、杨荣国、刘嵘、李锦全、胡景钊、林铭钧、章海山、黎红雷、鞠实儿、张伟教授等担任系主任。

早期的中山大学哲学系名家云集，奠立了极为深厚的学术根基。其中，冯友兰先生的中国哲学研究、吴康先生的西方哲学研究、朱谦之先生的比较哲学研究、李达与何思敬先生的马克思主义哲学研究、陈荣捷先生的朱子学研究、马采先生的美学研究、罗克汀先生的现象学研究等，均在学界产生了重要影响，也奠定了中大哲学系在全国的领先地位。

复系近六十年来，中大哲学系同仁勠力同心，继往开来，各项事业蓬勃发展，取得了长足进步。目前，我系是教育部确定的全国哲学研究与人才培养基地之一，具有一级学科博士学位授予权，拥有"国家重点学科"2 个、"全国高校人文社会科学重点研究基地"2 个。2002 年教育部实行学科评估以来，我系稳居全国高校前列。2017 年 9 月，中大哲学学科成功入选国家"双一流"建设名单，我系迎来了难得的发展良机。

近年来，在中山大学努力建设世界一流大学的号召和指引下，中大哲学学科的人才队伍也不断壮大，而且越来越呈现出年轻化、国际化的特色。哲学系各位同仁研精覃思，深造自得，在各自研究领域均取得了丰硕的成果，不少著述还产生了国际性的影响，中大哲学系已发展成为全国哲学研究的一方重镇。

为向学界集中展示中大哲学学科的教学与科研成果，我系计划推出多种著作系列。已经陆续出版的著作系列有"中大哲学文库"和"中大哲学精品教程"，本套"中大谦之论丛"亦属其一。谦之论丛的基本定位，乃就某一哲学前沿论题，甄选代表性研究论文结为专集，目的是为相关论题之深入研究提供较为全面、较为权威的"学术前史"资料汇编。此种文献，虽非学者个人之专门著述，却具有重要的学术史资料价值。

"中大谦之论丛"之命名，意在藉以纪念中大哲学系前辈学者朱谦之先生（1899—1972）。谦之先生是现代著名哲学家、哲学史家，治学领域广阔，著述等身，被誉为"百科全书式学者"。朱先生不唯曾任中大历史系主任、哲学系主任、文学院院长，更在民族危亡的抗战时期临危受命，担任"研究院文科研究所主任"之职，为中大文科之发展壮大孜孜矻矻，不遗余力。朱先生1932年南下广州，任职中大20余年，又首倡"南方文化运动"，影响颇深。故本套丛书具名"中大谦之论丛"，实有敬重前贤、守先待后之用心。

"中大谦之论丛"的顺利出版，得到百年名社商务印书馆的大力支持，在此谨致诚挚谢意！

中山大学哲学系
2019年6月6日

编者前言

孟子说："恻隐之心，仁之端也。羞恶之心，义之端也。"一如"义"与"仁"相对，"羞恶之心"也与"恻隐之心"相对，同为中国思想中的重要观念。诚如后世儒者程子、朱子所注意到的："孟子有功于圣门，不可胜言。仲尼只说一个仁字，孟子开口便说仁义。"[①] 同时我们也看到，20世纪出土的郭店竹简和马王堆帛书《五行》，从是否"形于内"将五种德行分别为"德之行"与"行"，如说："义形于内谓之德之行，不形于内谓之行。"而孟子则明确将四心（四端）与四德相连通。这一方面形成了"仁义礼智（圣）"合说，尤其是"仁义"对言这样相对稳定的德性结构；另一方面也造就了"仁义礼智根于心"这样一种仁义内在、心灵与德性同构相应的致思传统，成为中国思想和思维的一个重要特色。

羞恶之心是一个包含了从羞、愧、耻、辱到悔、憾、恨、恶等丰富内涵的情感光谱。"恶"与"好"相对，"羞耻"则常与"无耻"相对。在西方，无论在亚里士多德德性伦理学的德目之中还是在康德义务论伦理学中，都难以找到儒家"恻隐之心"所具有的位置；然而，与羞恶之心相关的"义"或"正义"，却是西方政治、伦理、道德哲

[①] 此为朱子《孟子序说》所引程子之言，参见朱熹：《四书章句集注》，中华书局1983年版，第199页。

学中的基本德性概念。罗尔斯甚至主张:"正义是社会制度的首要价值,正像真理是思想体系的首要价值一样。"[1] 照理说,"羞恶之心"中的羞耻情感也应得到足够重视,但实际上,得到更多重视的情感却是内发的罪责感,相比之下,羞耻感却被认为是一种基于外部的情感。直到20世纪40年代,文化人类学家本尼迪克特《菊与刀》(1946)一书分别出耻感文化(或羞感文化,shame-culture)与罪感文化(guilt-culture),认为日本文化属于前者,美国文化属于后者。这启发了后来学者寻求基本情感(如耻感或羞感、罪感乃至乐感、忧乐圆融等)来划分不同的文化类型。不过,本尼迪克特的主要意图还在于确定某一文化是内在自律的抑或外在他律的:"真正的耻感文化依靠外部的强制力来做善行。真正的罪感文化则依靠罪恶感在内心的反映来做善行。"[2] 而这与西方的伦理道德研究中区分内与外、自律和他律是相呼应的。由此似可略窥羞耻之心在西方文化中的边缘位置。

当然,事实上在此之前已有西方学者重视"羞耻"这一情感在形塑道德意识、提升精神自我、确证他人存在等方面的内在作用,例如现象学家舍勒、萨特。而学者们根据进一步研究也发现,古希腊和基督教文化中也有重视羞耻感内在性的一面。伯纳德·威廉斯的大作《羞耻与必然性》就深入分析了希腊人的羞耻概念,并以此质疑现代道德思想尤其是康德派认为羞耻是他律的和利己主义的评判。在他看来,羞耻既有分裂也有团结的作用,即把同一个情感共同体的人们团结起来;并且羞耻需要一个内在化的他者,这一他者不必是一个可以确认的个体或邻人的代表,"内在化的他者确实是抽象化的、普遍化的和理

---

[1] 约翰·罗尔斯:《正义论》,何怀宏、何包钢、廖申白译,中国社会科学出版社1988年版,第1页。
[2] 鲁思·本尼迪克特:《菊与刀——日本文化的类型》,吕万和、熊达云、王智新译,商务印书馆1990年版,第154页。

想化的，但是他潜在地仍然是某人而不是乌有，是某人而不是我"①。进一步地，威廉斯对比了羞耻与罪责，认为从羞耻可以理解罪责，而罪责却不能理解自身。罪责关注我的作为导致在他人身上发生了什么，羞耻则关注我的作为显示出我是什么样的存在。"希腊人并不将道德罪责孤立成某种有特权的概念，而是把那些接近我们所说的'罪责'的社会和心理结构，置于更宽泛的羞耻概念之下，希腊人以此又一次展现出现实主义、真实性和出于善意的忽略。"②总体来看，已有的研究表明，与其用内与外、自律与他律来分别不同类型的基本情感，不如以此来分别同一类基本情感内部的不同层面。当然，内与外、自律与他律这样的对子本身该如何把握，背后有何预设，也是值得省思的重要问题。何谓内，何谓外？威廉斯的"内在化的他者"概念，乃至古典传统中对人我、物我、天人关系的考虑，或许可以给我们提供有益的启示。

羞恶或羞耻之心在生活和文化的不同领域都得到展现。在电影《朗读者》中，女主人公汉娜因为羞于在公众面前暴露自己是文盲的事实，宁愿认下本不属于自己的重罪，最后被判终身监禁之刑。有学者从"耻辱"的角度，分析鲁迅作品的人物形象和作者本人在直面和承受民族耻辱感的基础上的写作历程，《狂人日记》《阿Q正传》《孔乙己》等中的反省者、民众、读书人（士）的羞耻者或无羞耻者形象，而鲁迅作为民族一员共同承受着这一份耻辱感，并对民族作出自我批评，如精神胜利法、国民劣根性的反省。③这是从国家和民族的耻辱而言，而不仅仅是个人的耻辱。此外，法学研究者也分别侧重坏的羞耻和好的羞耻，讨论羞耻在法律对犯罪惩罚方面的消极意义（损害个人

---

① 伯纳德·威廉斯：《羞耻与必然性》，吴天岳译，北京大学出版社2014年版，第94页。
② 伯纳德·威廉斯：《羞耻与必然性》，吴天岳译，第104—105页。
③ 参见丸尾常喜：《耻辱与恢复——〈呐喊〉与〈野草〉》，秦弓、孙丽华编译，北京大学出版社2009年版。

人格和尊严）和积极意义（有利于改善罪犯，经济有效等）。① 在美国，"20世纪90年代以来，羞辱性惩罚有专门立法的趋势"②。根据"美联社2007年5月7日报道：一名女性顾客在阿拉巴马阿塔拉市一家沃尔玛大卖场行窃被抓后，法官肯尼斯·罗伯特判处她在卖场门口挂牌示众，以免除60天的入狱惩罚。牌子上写道：我是一个小偷，我在沃尔玛偷东西"③。而在中国古代，《尚书·尧典》记载皋陶施"五刑、象刑"，解经家说这是指穿特殊服饰来象征性地施刑，例如犯墨刑的用黑色头巾蒙头，犯劓刑的穿红赭色衣服。其实，先秦时代的刑罚意图就是将犯人驱逐出共同体④，流放之刑即是此意。即使是实际的肉刑，也有给犯人施加标记，从而使之被共同体中的其他人所侧目和排斥的意图，这也是耻辱刑的体现。

作为一种基本情感，羞耻、羞恶之心不仅体现在文学、艺术和法学领域，而且在宗教学、政治哲学、伦理学、道德哲学、心理学等领域都有不同程度的体现。在根本上，羞恶是一种人之在世的基本情感、一种自身觉醒的方式，它具有生存性的意向特征。它不仅是一种扎根于肉身之中的"内在的"事实、一种个体的身心关系，它还指向一个"世界"：自我与他人的关系、自我与社群的关系、自我与超越者的关系。它既与责任、尊严、精神人格联系在一起，又与自我认同、价值认同分不开。它在指向他者的同时，又指向自身。为此，继《恻隐之

---

① 参见玛莎·纳思邦（Martha C. Nussbaum，又译纳斯鲍姆）：《逃避人性：恶心、羞耻与法律》，方佳俊译，台北商周出版社2007年版，第六章"保护公民免受耻辱"；约翰·布雷思韦特：《犯罪、羞耻与重整》，王平、林乐鸣译，中国人民公安大学出版社2014年版，第四章"犯罪处理过程的家庭模式：重整性羞耻"。

② 在具体案件中，"一些法官让小偷穿T恤上面宣告所犯的罪，让犯罪人带颜色鲜艳的手镯上面写着：'酒后驾车定罪'、'我开了空头支票'之类的话，一个法官命令一个妇女带一个标志上面写着'我是一个儿童骚扰犯'"。李立景：《羞辱性惩罚：当代美国刑事司法的新浪潮》，《中国人民公安大学学报（社会科学版）》2009年第4期。

③ 尹波波：《美国耻辱刑考略》，《西安电子科技大学学报（社会科学版）》2008年第2期。

④ 参见滋贺秀三：《刑罚的历史——东方》，载杨一凡、寺田浩明主编：《日本学者中国法制史论著选·先秦秦汉卷》，中华书局2016年版，第63—64页。

心——多维视野中的儒家古典观念研究》之后，此处为大家奉上关于"羞恶之心"的论文集，其中精选21篇海内外学者从不同领域、不同角度，以不同方法深入探讨羞恶之心的文章，大致分为以下四组。

第一组"义：含义与起源"，收录4篇文章。查中林《说"义"》归纳了"义"字的口头语言和古代文献的部分用法，对先秦诸子"义"说做了精炼的分析，认为从先秦到现代，"义"字都含有"与众人共同抵御灾难"和"分财与人"的意思，具有"聚众"和"均分"两个相反相成的含义；并通过分析同源词来推求古义，认为"义"字的本义应是分配猎获物时分得公平。桓占伟《从宗教神性到政治理性——殷周时期义观念生成的历史考察》对学界关于"义"的探究做了很好的总结，并展开深入且甚有洞见的研究。围绕义观念的生成和起源问题，文中提出，殷商时代的王在"宜祭"中以"我"杀羊祭祀族群共同神灵，并按亲亲尊尊关系合理分配祭肉，这个杀牲、分肉的祭祀程序就是"义"。通过"义"之程序，可以使与祭者有所"得"，从而产生了义"得"（德）、有"得"（德）、敬"得"（德）等带有浓厚宗教色彩的观念萌芽。周人则实现了"义"的观念化，使其具备了鲜明的社会性、共识性和普遍性特征。义观念由此得以确立，并成为西周宗法礼制的精神内核。义由宗教祭祀程序发展为宗法政治观念，整体上表现为一个宗教神性向政治理性不断让渡的进程。吴忠伟《"义"与早期中国的"邦邑"共同体》从与早期中国"邦邑"共同体的维系状况相应的角度，来考察"义"概念在早期中国思想中的演化过程。在前诸子时代，义相对于私情好恶之偏向，指公事领域城邦共同体成员的公道正直之"德能"；而面对邦邑共同体的危机，开启诸子时代的孔子将"义"由限定于公事领域的职责要求转为个体自我修身的内在要求，通过义利之辨而将"邦邑"的维持建立在君子结盟的基础上；及至孟子，通过义的内在化，将孔子作为行为原则的义转为作为德性的义，以"士"这一知识主体的道德心性挺立来应对德政分离之现状，此一做法也指示了早期中国"邦邑"共同体瓦解之命运。陈来《论古典儒学中"义"的观念——以朱子论"义"为中心》深入阐释了"义"观念的哲学意义及其流变，指出先秦时代主要以"宜"训义和以"正"训义，而汉代以来侧重"义"的裁制、断决义，意指明辨是非善恶、果断裁非去恶。受此影响，朱子很强调义是面对恶的德性。朱子在《四书集注》中主要以"义者宜也"的故训，作为义字的训诂义。但朱子对义字作哲学思想的界定时，则主要不是用宜来说明义字之义，而是用汉儒裁制、断决之说来阐发义之思想义。朱子思想对义的哲学理解，一是继承了汉以来经学论义的裁断训义，二是把义纳入以仁德为首的四德论体系，三是扩展了义在仁体宇宙论中的意义。朱子对义的理解使用受到汉以后词义训释的影响较大，这一方面使得义的价值意义没有得到明确化的发展；另一方面，义的裁断训义又使朱子将之引向宇宙论成为可能，发展了义在朱子宇宙论中的意义，充实了朱子宇宙论的结构图景。这一梳理极大地丰富了对古典儒学尤其是朱子学中"义"观念的理解。

第二组"义与羞耻、好恶"，包含7篇文章。朱光潜《谈羞恶之心》写于抗战年间，其中以平实而又饱含深情的语言，列举对待世间罪孽过恶的种种态度，包括对一切作平等观、不起瞋恚的佛家态度，超越善恶判断的尼采式美学态度，以及宽恕罪恶的耶稣教徒态度，进而指出"基于羞恶之心的道德影响也许是比较下乘的，但同时也是比较实际的，近人情的"。由此而主张"罪过如果在自己，应该忏悔；如果在旁人，也应深恶痛绝，设法加以裁制"，"羞恶未然的过恶是耻，羞恶已然的过恶是悔。耻令人免过，悔令人改过"，一般人"趋善避恶，与其说是出于良心或责任心，不如说是出于羞恶之心"。庞朴《仁义》是关于"仁义"的探究，着重考察"义"如何成为与"仁"相反相成的观念，从而形成"仁义"这一儒家思想的基本对子。作者从先秦思想发展脉络的视野指出，孔子谈仁本来包括"能好人，能恶人"

两方面，但强调"爱人、好人"一面，而寓恨于爱、寓恶于好；墨子进一步将仁的"爱人、好人"一面推至极端，于是有"兼爱、非攻"之说；有鉴于此，孟子提出"仁义"对举，"义"是"原存于'仁'之内部的'能恶人'一面的外现，与'爱人'的'仁'处于相反相成之中"，仁为义之基本，义为仁之节制，这就"使儒家学说更为体系化"。在此脉络下，作者还对"义"字展开训诂考察。"义者，宜也"，"宜"本义为杀戮，为杀牲而祭之礼。后来应该是孟子及其门徒完成了以"义"代"宜"的工作，祛除了"宜"字固有的血腥气味，成为容纳威严、安宜、合适和美善等意思的道德规范，并作为人性之实质内涵。而后来董仲舒将"义"解为"正我"，虽然在训诂学上有误，但在儒家思想演变上则有其必然性。罗哲海的《罪感、惩罚、羞耻与侮辱》，基于其将轴心时代儒家伦理学定位为"后习俗伦理学"的看法，从反对本尼迪克特东西方罪感文化和耻感文化的区别开始，认为羞耻有两种类型：内在生成和外溯（内生的又分成两种：将公共意见内在化的、完全基于自我而生成的）。在周代早期天命观保有的"知罪"伦理学之后，儒家学说提倡"知耻"伦理学，其中，耻是自我内生的。此外还论及侮辱的两种类型，例如荀子的义辱和势辱。

此外，方旭东《好恶是有对错的吗？——〈论语〉4.3蕴含的一个哲学问题》关注由《论语》"子曰：唯仁者能好人，能恶人"这一章引出的问题：对于喜好或厌恶这些人类情感，如何理解其对与错？即如何理解好恶的正当性问题？论文对比分析了汉学、宋学（及现代人）的看法。《论语集解》及清儒汉学通过引进认识（审）这个环节，即先审查人之好恶，而后人之所好好之、人之所恶恶之，好恶与人相同，由此而将关于好恶的正当性问题转化为知识论问题。理学家认为，依据天理、出于无私的好恶才是正当的；钱穆进一步点出，"能好人能恶人"之"能"具有勇敢（意志）和认知两层含义，情感性的仁兼知情意三义，而人失去好恶之正，是由于私欲缠绕以至于不敢去好恶、看不清好恶。作者认为，宋学的"理"代表的是超越特定时空与人群的普遍价值，接近真理的符合论，而汉学的好恶之"同"代表的则是某一特定社群的特殊价值，接近真理的约定论。万白安《孟子思想中的羞恶之心与义之德性》指出，四端之心需扩而充之才能成就德性，这包括认知的扩充和感情的扩充两个方面，义的德性对应羞恶之心这一端在认知和感情两方面扩充。文章还区分出羞耻（shamefulness）和羞耻感（a sense of shame），前者指一个有适当感知能力的人因做出那种行为或处于那种情境而感到羞耻，羞耻感又分广狭二义：狭义的羞耻感指在那些辨认出对自己或他认可的人而言是羞耻的处境中，感到羞耻的品性；广义的羞耻感指在行为或处境是可羞耻时能辨认出，并对此做出相应的情感和行为回应的品性。文章还进一步区分了习俗的羞耻和伦理的羞耻。基于此，文章比较分析了孟子与亚里士多德、罗尔斯、纳斯鲍姆等关于义与羞耻的论述，以及孟子的义论所引发的一些问题。贡华南《羞何以必要？——以孟子为中心的考察》从"羞"的字义切入，探讨美味饮食意义上的"羞"如何转化为羞耻意义上的"羞"，进而推究"羞"与"义"的原初关联。文章指出，在中国思想世界中，"羞"被视作深度自我的呈现、面对所得时产生的反思性感受。孟子将羞规定为人之为人的必要条件，并将之理解为自我尊严的守护者。由羞心而怕羞、害羞、羞愧，羞在生命的完整历程中展开，一直被当作迎接世界与他人的重要方式。因此，羞不仅是一种鲜明的在世态度，也是一种充满意味的在世方式。陈乔见《羞恶、义与正当——孟子"羞恶之心，义之端也"详解及其理论内涵》指出孟子"义"论的独特之处是把它与羞恶联系在一起，认为"羞恶之心，义之端也"。在孟子看来，情感的赞许或谴责（羞恶之心偏在谴责），是道德区别和道德判断的根源，亦即社会上形成义与不义之普遍原则的基础；坚守羞恶之心之不喜为的底线，进而扩充羞恶之心于事事物物上，无为其所不为，则无所往而不为义。孟子经常把羞恶和义的讨论与食物、财物、职位、富贵等益品的取与以及出仕之道联系在一起，其义论蕴含正当和权利的观念，以及非常鲜明的道义论的道德立场。

第三组"羞耻：古希腊与基督教"包含2篇论文。林丽娟《辩驳与羞耻》尝试重新理解苏格拉底式辩驳与羞耻感的关系。针对传统的一种解释——苏格拉底常常采取欺骗和反讽的手段来反驳其对手，使其产生一种坏的和无益的羞耻，文章指出：一方面，柏拉图笔下的苏格拉底式辩驳作为对真理的共同探讨，是智者式辩驳的对立面；另一方面，苏格拉底式辩驳所关涉的是一种好的羞耻，它有助于人们对于真理和美好生活的追求，是通往哲学之路的第一步。被辩驳者并非为当众被反驳而羞耻，而是为自己无知以及由之而来的错误生活方式而羞耻，因此这不是对外的在他人面前的羞耻，而是向内的、在自己面前的羞耻。这种羞耻感的产生要求辩证谈话的双方具有三种德性：知识、善意和坦诚。吴天岳《罪与罚中的羞——重构奥古斯丁〈上帝之城〉中的羞感》指出，羞这一主题在奥古斯丁研究中并未得到充分的重视，而奥古斯丁《上帝之城》通过解析卢克莱提亚受辱后自杀和亚当在堕落后以叶蔽身这两个案例中羞感的发生，揭示出羞感超越社会风俗和公众评价的本真意义：羞感在个体可见的身体上标示出意愿最为内在的决断和意愿在肉欲之前自身难以克服的软弱，同时也暗示出通过意愿的决断捍卫自我尊严的可能。羞这一现象同时揭示出人的生存的局限性和可能性，羞感既呈现了意愿在面对欲望时的失败，也呈现了意愿重新获取对人的整个存在的控制的努力。羞感的本体论起源这一思想维度被当代思想家或者忽略或者刻意回避掉了。奥古斯丁对羞感的发生中意愿作用的强调，为理解羞感及其与人格同一性的亲密关联，提供了一条不同于以伯纳德·威廉斯为代表的当代哲学的解读路径。

第四组"羞耻：从现象学到儒家"，包含8篇文章。舍勒和萨特对羞耻现象做过杰出的分析，其后现象学家的进一步研究多基于此而展开。舍勒《论害羞与羞感》被视为其现象学人类学最卓越的作品,其中指出,羞感是由于人作为精神存在反观到人同时作为肉体存在而产生,最能体现人在神与动物之间的位置。羞感的本质一方面是对个体自我及其价值的一种呵护感;另一方面是较高的意识功能针对较低的本能追求进行价值选择,这种选择的未定性表现为二者的对立。羞感有身体羞感与灵魂羞感两种形式。前者内含生命本能与感官本能的对立,普遍存在于人和人生各阶段中(因此羞感不是后天教育的结果);后者则内含精神人格与生命领域的对立,并非人的普遍属性。舍勒肯定羞感是美的,是爱的助手,也是道德良知最重要的泉源,并批评弗洛伊德以羞为压抑力量、基督教以羞即贞洁要求的说法。舍勒的论述注重自我内部的身心关系,萨特《羞耻与注视》则还重视自我与他人的关系,其中指出:羞耻涉及意识的一种样式,它的结构是意向性的,即我在他人面前对我感到羞耻。一方面,羞耻实现了我与自我的一种内在关系,而"我的未反思的意识一开始和我的被注视的自我的关系就不是一种认识的关系而是存在的关系";另一方面,他人构成我和我本身之间不可缺少的中介,我因为自己成为他人注视和判断着的"对象"而对自己感到羞耻。羞耻的某些形式虽然可以在反思层面显现,但原初的羞耻并不是反思性行为。扎哈维《羞》一文围绕自我意识及他者来考察羞,其中指出,与尴尬相对照,羞包含着一种有缺陷的自我的感觉、总体上的自尊的贬低,并且本质上也普遍地影响并改变了我们与他人的关系。与其将羞这一类情感称为自我意识的情感,不如称之为自我—他人意识的情感,它们的原初形式揭示自我的暴露着的以及人际交互性的本质。个人内在的羞在人际的羞之后(并以人际的羞为条件),原初形式的羞的体验作为典型的以他人为中介的自我体验,促成了一个新的自我维度,可以成为前社会的、最小额度的自我与包含社会维度的"叙事自我"这两个自我维度之间的一座重要桥梁。安东尼·施泰因博克的《羞耻》将羞耻描述为在揭示人类人格的诸意义的语境中的道德情感。作为在神圣者面前自我揭示的动力，羞耻的核心在于生命和精神的关系。羞耻是一种分裂性体验，在这样的体验中，我作为在他人面前被暴露者而被揭示给我自己，这是一种交互人格性的自我揭示。尽管羞耻看到了自身的肯定性价值，它还带有一种潜在的自我批判，以至于羞耻伴随着否定性的效价而被给出。由此，羞耻允许我们重新定位自身，改变我理解自己的方式以及我之所是的方式。正是在这个方面，羞耻对作为主权结构的傲慢进行质疑，甚至无耻也可能成为一种重要的社会政治范畴。由此也能够思考羞耻的时间性结构，并且去评价羞耻能否是预见性的，阻止着可耻的行为。

此外，学者们也尝试比较和沟通现象学与儒学的研究。陈少明《明耻——羞耻现象的现象学分析》①从道德耻感的分析入手，划分出羞耻或耻辱的四种类型：羞、愧、耻、辱，并从行为关系（是否主动或被动）、行为性质（中性、失败、罪错、受害）、相关者（现场者、亲近者、受害者等）以及反应（逃避、适应、改过、报复等）四方面展开精深的谱系式描述，表明耻辱或羞耻是一种家族类似现象。基于此，文章进而谈论羞耻与人格尤其是君子人格的问题，以及由于观念与技术、生活方式的变化而导致的羞耻观的变化。倪梁康《关于羞恶之心的现象学分析》通过对羞耻、身体与道德三者关系的思考，以及对道德意识三个来源问题的现象学描述分析，而尝试确定羞感中的天性因素，以此从自然主义伦理学或本性伦理学的角度来进行道德奠基，并得出如下结论：其一，人的本性中包含天生的羞愧能力；其二，羞愧中也包含后天的纳入因素；其三，"恻隐之心"与"羞恶之心"构成内在道德意识的两个重要来源，前者关系到一种先天的道德实能，后者关系到一种先天的道德潜能。张任之《羞感伦理何以可能是自律

---

① 陈少明先生另有重要论文《仁义之间》（《哲学研究》2012年第11期），深究仁与义之间的内在关联，并论及儒家正义观。此文已收入我们此前所编的《恻隐之心——多维视野中的儒家古典观念研究》（巴蜀书社2018年版）。

的？》着力探究羞感在何种意义上是自律的这一问题，并展望一门自律的羞感伦理学的可能形态。文章指出，古希腊罗马时期的"内在化羞感"以及先秦儒家说的羞恶之心，都并非本尼迪克特等人所谓的诉诸外部的习俗伦常的"外在化羞感"，因而建基于内在化羞感之上的羞感伦理也不必被视为他律的。当代新儒家借助批判性地吸收康德的自律伦理学，创造性地发展出一门儒家的自律伦理学，这大大扩展了羞感伦理学的问题：不仅须讨论羞之体验，亦须关注作为人格的能羞之在。其核心意义在于，能羞之在服从其自身立的法，这一服从的动力亦在此能羞之在自身。文章还围绕儒家、康德、威廉斯、舍勒等，对"自律"及其可能的反驳和辩护问题做出深入探究。卢盈华《羞耻现象学——基于马克斯·舍勒与儒家的阐明》基于儒家和舍勒的羞耻论述，对羞耻现象划分为显明（他者评价的）羞耻和原初（自我评估的）羞耻，以及社会羞耻和先天羞耻。前二者是由羞耻的运行和发生方面区分开来，后二者则根据羞耻的内容和评价标准做出区分。羞耻表明了价值存在的等级关系，它发生在不同的价值之间存在冲突，并且行为者试图在他的意图或行动中为较低价值的满足而牺牲较高价值时。当一个人被他者当作一个客体，或仅仅是一种感性的存在、一个无价值的失败者，而不是一个具有人格尊严的精神存在时，显明羞耻就会发生。原初羞耻则发生在一个人认为自己没有价值，由于自己的缺点而责备自己时。作者还深入分析了破坏性羞耻，具体包含虚荣型、怯懦型和优柔寡断型三种羞耻类型。虽然真实的羞耻对理想人格的养成是不可缺少的，但错误地感受的羞耻对德性的培养却具有破坏作用。①

常言道，总结过去，面向未来。中国哲学研究的再出发，有必要稳扎稳打，只有在不断总结和继承已有研究成果的基础上，才能迈出

---

① 卢盈华还有另一篇英文论文 Shame and the Confucian Idea of Yi (Righteousness) (*International Philosophical Quarterly* 58 [1], 2018)，探讨羞耻与儒家义之观念，与此文是姊妹篇，合观可更全面见出作者的思考。

更有力的步伐。本书希望通过精选诸篇文章,对"羞恶之心"之研究做一总结和整理,为这一次再出发稍稍助一把力。

本书为国家社会科学基金重大项目"四书学与中国思想传统研究"(11300-41230183)阶段性成果、"岭南教育丛书"项目阶段性成果。

目 录

一、义：含义与起源

查中林：说　"义" ··· 3

桓占伟：从宗教神性到政治理性
　　　——殷周时期义观念生成的历史考察 ···························· 18

吴忠伟："义"与早期中国的"邦邑"共同体 ·························· 59

陈　来：论古典儒学中"义"的观念
　　　——以朱子论"义"为中心 ·· 74

二、义与羞耻、好恶

朱光潜：谈羞恶之心 ·· 115

庞　朴：仁　义 ·· 121

〔德〕罗哲海／著　陈咏明　瞿德瑜／译：罪感、惩罚、羞耻与侮辱 ··· 138

方旭东：好恶是有对错的吗？
　　　——《论语》4.3 蕴含的一个哲学问题 ·························· 149

〔美〕万白安/著 安鹏/译 张琼/校：孟子思想中的羞恶之心
　　与义之德性 ································ 164
贡华南：羞何以必要？
　　——以孟子为中心的考察 ························ 201
陈乔见：羞恶、义与正当
　　——孟子"羞恶之心，义之端也"详解及其理论内涵 ········ 220

三、羞耻：古希腊与基督教

林丽娟：辩驳与羞耻 ································ 243
吴天岳：罪与罚中的羞
　　——重构奥古斯丁《上帝之城》中的羞感 ············· 281

四、羞耻：从现象学到儒家

〔德〕舍勒/著 林克/译 刘小枫/校：论害羞与羞感 ········ 315
〔法〕萨特/著 陈宣良等/译 杜小真/校：羞耻与注视 ········ 356
〔丹〕扎哈维/著 胡文迪/译 张任之/校：羞 ············ 417
〔美〕安东尼·施泰因博克/著 罗雨泽/译 张任之/校：
　　羞　　耻 ································ 470
陈少明：明　耻
　　——羞耻现象的现象学分析 ······················ 518
倪梁康：关于羞恶之心的现象学分析 ···················· 539

张任之：羞感伦理何以可能是自律的? ………………………… 553

卢盈华：羞耻现象学
　　——基于马克斯·舍勒与儒家的阐明 ………………… 581

附录　文章及作者相关信息 ……………………………………… 604

一、义：含义与起源

说 "义"

查中林

在汉语中,"义"也许是历史最悠久,古今都极常用的一个字(词),也是意蕴很含混,变化很复杂的一个词。它涉及物质文明、制度文明、精神文明,却是至今连本义也还未弄清楚的一个字。对它的解说、发挥和考证已是汗牛充栋,笔者还不揣谫陋来说一说,是因为它的诱惑力太大,可以说是中国思想史、语言史的一只麻雀,值得花大力气解剖一番。

"义"的繁体字"義",从羊从我,我亦声。从语源的角度看,它的基本义或曰核心意义是"分"(分剖、分割、区分),其造字本义应是分配猎获物分得公平。其引申分化意义,在社会结构和礼仪制度方面,以及人们的心理认同和精神追求方面,它反映了全社会、主要是统治者对等级秩序的要求,也反映了下层人民乃至有识之士对公平对正义的渴望。下面由近及远,说说理由。

一、旧时代各种会社组织和农民起义的"义"

青少年时代听老一辈摆龙门阵,说旧社会四川的袍哥组织,极讲义气。作为一个道德范畴,"义气"的内涵很复杂,其中一个重要方面是首领首先要讲义气，对手下之人要公平公正，包括分配共同活动的获得物要公平公正。四川方言中，有一句谚语，说他们是"武孽找来和气分"，是说他们开赌场，开烟馆，开妓院，向商家收"保护费"，乃至杀人越货，在"找钱"的时候六亲不认（包括内部上对下），非常武辣，在分钱的时候却尽量公平，皆大欢喜。这就体现了"义气"内涵的两个方面：组织和分配。

由此联想到旧时代各种各样的下层民间秘密组织如会社，以及大大小小的农民起义：他们结义聚义，举义起义，往往是面临生存危机时的举措。这个"义"，一般都是从社会政治或道德伦理方面来讲，成王败寇，起义者往往被诬为"盗匪"；而20世纪50年代以来的文章又往往只讲他们反抗压迫的正义性正当性。我想，如果从经济利益方面来讲，从这些集团对于所获物资的分配方面来讲，不也能讲通吗？旧时代的起义者们，在结义、聚义、举义、起义的过程中，不是也要吃饭吗，他们起义的目的，不正是为了吃更好一点的饭吗？于是找出《水浒传》，查。晁盖等劫取生辰纲共十一担，案发后宋江报信叫他们逃命，吴用刘唐在晁盖庄上收拾打劫到的金珠宝贝，得五六担（连公孙胜共四人），那么阮氏兄弟与白胜共四人也分了五六担。可见是平分。第十九回，晁盖等在梁山泊坐稳交椅后，第一次抢掠客商，得二十余车金银财物及四五十头驴骡牲口，是这样分配的：取一半公用。另一半分做两份，其中十一位头领均分一份；山上山下众人，均分一份。然后大摆筵席庆贺。此前林冲火并王伦，排定座次，也是赏赐，开宴。由此可见，梁山泊英雄们的"聚义"，除了聚集众人以成大事的意义之外，在物质分配方面是首领有决定权的大体均分制。聚众与均分，这是"义"字蕴含的两个相反相成的内容。

能否将"义"的这种含义上推呢？

二、文献中有关"义"的聚众人之物之力以成事与均分物品或分财与人的记载

现代汉语中某些由"义"组成的语词,虽然有道德的正义性、公益性的意味,但仔细想来,也与物质利益密切相关。例如:义赈、义演、义卖、仗义疏财、急公好义,都有集众人之财之力以救急难,或分己财以救人急难的意思。忘恩负义,表示忘记了别人对自己的恩情,这种恩情,在下层社会,多指别人曾经在物质上帮助过自己。

这些由"义"组成的语词,当然不是突然冒出来的,而是由来有自,有其传承,有其源头。

钱大昕《十驾斋养新录》卷十九"义"字条引《会稽志》:"义井在府东二里下。……义者,盖以众所共汲为名。今世俗置产以给族人,曰义庄。置学以教乡曲子弟,曰义学。设浆于道,以饮行旅,曰义浆。辟地为丛冢,以藏暴骨,曰义冢。东坡先生谪黄州,取诸郡所饷酒,置一器中,以觞客,曰义樽。近时州县众力共给役,曰义役。皆与众同之意。"钱氏又举《三国志·魏志·张鲁传》有"义舍""义米肉"之名,表示此类含义古已有之。

宋代洪迈《容斋随笔》卷八"人物以义为名"条:"人物以义为名者,其别最多。仗正道曰义,义师、义战是也。众所尊戴者曰义,义帝是也。与众共之曰义,义仓、义社、义田、义学、义役、义井之类是也。至行过人曰义,义士、义侠、义姑、夫、义妇之类是也。自外入而非正者曰义,义父、义儿、义兄弟、义服之类是也。衣裳器物亦然。在首曰义髻,在衣曰义襕、义领,合中小合子曰义子之类是也。合众物为之,则有义浆、义墨、义酒。禽畜之贤,则有义犬、义乌、义鹰、义鹘。"

《后汉书·虞诩传》:"是时长吏、二千石听百姓谪罚者输赎,号为义钱,托为贫人储,而守令因以聚敛。""义钱"相当于后世的罚没

款、赎罪金,以设立贫困救济基金的名义收取,这里的"义钱",名义上仍是为公益事业的,只是实际被官吏们中饱私囊罢了,因此虞诩奏请蠲除。又,东汉延熹二年(159)的《张景造土牛碑》,记述地方政府同意张景出钱包修土牛庙等一切设施,以免除张景家各种徭役的事。文中说:"愿以家钱,义作土牛",又说"以家钱义于府南门外守□□□瓦屋"。这里的"义",乃是捐己财以为公益事业,但又有免除徭役的条件。可与《虞诩传》的"义钱"合观。又,东汉光和六年(183)的《白石神君碑》碑阴:"务城神君钱二万。李女神义钱三万。礔石神君义钱二万。璧神君义钱一万。"这里的"义",也是捐钱以助公益事业之意。又,《曹全碑》碑阴有"义士"之名,《张猛龙碑》碑阴有"义主"之名,均为公益事业的出资者。再往上溯,《战国策》所记载的人物大多不讲仁义,似乎也不行仁义,一切以个人的利害计较为依归。但冯谖替孟尝君到薛地收债,烧债券以"市义"的故事,实际上反映出战国时代一般士民也认为"义"内含"分财与人"之意。只不过薛地之民是孟尝君封地之民,是孟尝君的经济收入来源和基本依靠力量。冯谖为孟尝君买到的"义"仍然与他自己的利益密切相关。

从上面引证的材料来看,从战国到现代,某些"义事"往往有为了公益事业的意思,即具有道德方面的属性,但是,这些"义事"差不多都与物质财产、个人利益密切相关。考察这些义事,有施己财以助人的,也有集众财以救危难的,似以后者为多。它们的设置,大多与救灾荒救急难有关,被救助者往往是赤贫甚至死者(义冢、义地、义阡之类),所得也只是维系生命之最必需的物质,因此应是均平的。我们还可以推想,在这类活动中,必有一人主持其事,而且往往是他一个人说了算。

我们知道,孔子、孟子是提倡仁义,主张区分义与利的。那么,在儒学尚未成为统治思想的先秦时代,其他的思想家如何看待"义"的内涵呢?

墨子的思想学说，在我看来，实以"义"为根本观念。墨子所说的"义"，是把追求人民之大利作为人生的目的。《剑桥秦汉史》（第753页）谈儒家关于人的观点，说："义，此词与欧洲的公正的概念最为接近。"我认为，与其说儒家的，不如说墨家的"义"更接近"公正"的概念。墨子认为义自天出（《天志中》），强调"天下莫贵于义"（《贵义》），"天下有义则生，无义则死，有义则富，无义则贫，有义则治，无义则乱"（《天志上》）。墨子持义利统一观，他说"义，利也"，"义，所得而喜也"（《经上》），就是从个人对物质财富的直接感受来说的。他不否认人民赖以生存的物质利益，认为人人得之而喜，这是利，也是义。墨子所说的"利"，都是指"民之利""人民之大利""天下之利""国家百姓人民之利"。因此墨子主张"兼相爱交相利"，就是以现实的物质利益为基础的一种投桃报李式的互相关爱。他一再强调的"兼以易别"，就是主张无差别地爱一切人，让一切人都靠自己的劳动无冻馁之忧，是以"兴天下之公利"，反对"天下之大害"为内容的。其具体内容，就是《鲁问》中所谓"有力以劳人，有财以分人"，也是《兼爱下》所说的兼君对民、兼士对友的行为："饥即食（去声）之，寒即衣（去声）之，疾病侍养之，死丧葬埋之"，也是《尚贤下》所说的为贤之道："有力者疾以助人，有财者勉以分人，有道者劝以教人"。如此看来，以己力助人，以己财分人，是墨子提倡的"义"的具体内容。正因为如此，墨子说："兼即仁矣，义矣。"（《兼爱下》）墨子是小生产劳动者的代表，他当然知道下层人民有时组织起来合力劳动然后均分所得的事例，也知道在这类组织中大家都听命于首领的事实。他想把这一套推行于天下，于是，他有一套以己力助人，以己财分人的"义"的思想主张，也有墨者集团及其"钜子"的组织结构，还有在下者必须无条件服从在上者的"尚同"论。

荀子是儒学大师，也是先秦学术的集大成者。作为儒学大师，在义利关系上，他虽不像孔孟那样割裂义与利的联系，不像孔子那样主张"义以为上"(《论语·阳货》),也不像孟子那样宣扬"何必曰利"(《梁惠王上》)、"舍生取义"(《告子上》),但荀子仍然主张"先义而后利"(《王霸》)。荀子认为:"义与利者,人之所两有也。"(《大略》)荀子经常把"礼义"当作同义复词使用,对"礼义"的起源、制定者、作用等作了论述。在这些论述中,"礼义"都有"分"的意义,是在人群中区分等级。

《礼论》一开篇就说:"礼起于何也?曰:人生而有欲,欲而不得,则不能无求,求而无度量分界,则不能不争。争则乱,乱则穷。先王恶其乱也,故制礼义以分之,以养人之欲,给人之求。"在荀子看来,礼义是先王为防止人群内的争斗而制定的一种"度量分界",就是**分配**物质利益进而**区分**等级尊卑的一种标准。《富国》说:"礼者,贵贱有等,长幼有差,贫富轻重皆有称也。"《非相》说:"辨莫大于分,分莫大于礼。"荀子强调"礼义"区分等级尊卑的一面,但"养人之欲,给人以求"云云,则明显地显示了分配物质利益的另一面。《王制》说:"水火有气而无生,草木有生而无知,禽兽有知而无义,人有气有生有知且有义,故最为天下贵也。力不若牛,走不若马,而牛马为用,何也?曰:人能群,彼不能群也。人何以能群?曰:分。分何以能行?曰:义。故义以分则和,和则一,一则多力,多力则强,强则胜物,故宫室可得而居也。故序四时,裁万物,兼利天下,无它故焉,得之分义也。"这里,荀子将能群又能分理解为人的根本属性,理解为人能胜物的奥秘。个人力量太小,须聚合才有力量。但聚合不是群龙无首,而要分。人群因区分而显身份,区分同时又是分配利益,区分适当就是"义"。有义就能内部和谐,产生合力。《君子》说:"仁者仁此者也,义者分此者也。"文中的"此"指尚贤使能、等贵贱、分亲疏、序长幼四件事,这说明荀子认为"义"就是分。荀子认为,礼义法度是圣人制定的,是用来区分尊卑长幼且分配物质财富的,分配的权力属于君主。《性恶》说:"礼义法度者,是圣人之所生也。"《富国》

说："故无分者，人之大害也；有分者，天下之本利也；而人君者，所以管分之枢要也。"《君道》说："请问为人君？曰：以礼分施，均遍而不偏。"作为地主阶级的思想家，荀子是主张人君的绝对权力的。但他对于礼义的起源的追溯，关于"义"既有聚合能群又有区分、分配的含义的理解，关于君主有掌管分配、区分之权的说明，对于我们追溯"义"字本义，很有启发性。

道家学派是主张顺应自然的，对儒家提倡的仁义礼都不以为然。《老子》三十八章："失道而后德，失德而后仁，失仁而后义，失义而后礼。夫礼者，忠信之薄而乱之首。"对仁义礼都嘲讽了一番。不过，老子对道德仁义礼的顺序排列还是能启发我们的。《庄子》中有一个句子，对理解"义"的古义很有帮助。《大宗师》："吾师乎！吾师乎！齑万物而不为义，泽及万世而不为仁。"① 这是引述许由的话，是从否定仁义的角度来讲的。许由认为泽及万世和齑万物不是仁义，那正是世俗者（文中的意而子）认为泽及万世是仁，齑万物是义。"齑"是切割、粉碎并和匀的意思。段玉裁注《说文》"齑"字："凡醯酱所和，细切为齑，全物若脙为菹。王氏念孙曰：细碎之名。"朱骏声《说文通训定声》："细切匀之有叙也。"许由用"齑"来比喻"道"即造物者分割万物并使之和谐有序，这实际表明"义"字有分割并调匀之意。

上面墨荀有关"义"的论述，虽有歧异，但均有"分"即分割、区分以及公平地分配物质利益的内涵。②《庄子》一例也颇能显示"义"字

---

① 《天道》有一段与此相同的话，"义"字作"庚"。庄子是反对人为的"仁义"，主张顺任自然的，这里"仁"与"义"对举，上文又提及"仁义"，《天道》的下文也提及"仁义"，因此这里用"义"显然文从字顺。后世之人可能不了解"义"有分割、区分的意义，改为似乎可通的"庚"字，改者非也。

② 孔孟并非不讲利，只是认为有国有家者，不应与民争利。孔子认为，博施于民，而能济众者，岂止是仁，简直是圣人。(《论语·雍也》)孟子说得更鲜明："上下交征利而国危。"(《孟子·梁惠王上》)孟子认为，要使老百姓"养生丧死无憾"，就应让老百姓拥有五亩之宅，百亩之田，这是"王道之始"，即所谓"井田"，其实也是一种均分。

的分割与调和两个方面的含意。这使笔者对探寻"义"字本义充满信心。

三、"义"字本义的考索

前面我们考察了"义"的民间用法,又考察了先秦诸子的一些说法,认为"义"字有"聚众"和"分配"两个相反相成的意义。但这一点,在传统训诂学中却找不到相应的支持。《说文·我部》:"義,己之威仪也。从我羊。"己之威仪,与区分、分配、聚合等意思相距太远。甲骨文有"義"字,用作地名或人名;金文的"義"字多用于人名,也有"威义(仪)""不义""义政"等熟语。所用似乎都不是"義"的造字本义。看来,要求其本义,只能另辟蹊径。本文从同源词的角度入手,试图解开这个结。

首先看"义"与"宜"的关系。義、宜古音都是疑母歌部,完全同音。"宜"和"义"在古代文献中通用和互训的情况比比皆是,这绝不是偶然的。在甲骨文和金文中,"宜"字像俎上置肉之形,甲骨文"宜"字还有一个加刀旁的异体字。甲骨文中"宜"表示用牲之法,也表示祭名。金文亦有用于表示祭祀的。"宜"作祭名,传世文献也有记载。《尔雅·释天》:"起大事,动大众,必先有事乎社而后出,谓之宜。"所谓大事,多指战争。《周礼·大祝》:"大师宜于社。"贾公彦疏:"言大师者,王出六军,亲行征伐,故曰大师。云宜于社者,军将出,宜祭于社。"《礼记·王制》:"天子将出,类于上帝,宜乎社,造乎祢。"郑玄注:"类、宜、造,皆祭名。"如此看来,宜祭是军队出动之前的祭祀,乞求神灵保佑。根据"宜"字字形,祭祀的牲肉是切成块盛放在"宜"(俎)上进献给神的,祀神之后,祭肉要由参加祭祀的人分吃掉。因此,所谓宜祭,实际上相当于后世的战前动员。《春秋·庄公八年》:"王正月,甲午治兵。"《公羊传》作"祠兵"。"出兵者何?出曰祠兵。"何休解诂:"礼,兵不徒使,故将出兵,必祠于近郊，陈兵习战，杀牲飨士卒。"祭肉要被分吃，因此"宜"由祭祀之义又引申指肴馔。《诗·郑风·女曰鸡鸣》："弋言加之，与子宜之。"毛传："宜，肴也。"《诗·大雅·凫鹥》："公尸来燕来宜。"马瑞辰传笺通释："宜本祭祀之名。……凡神歆其祀通谓之宜。"《诗·鲁颂·閟宫》："是飨是宜，降福既多。"郑玄笺："天亦飨之宜之，多予之福。"这样看来，作为祭名，"宜"实际上是指一个事件，一项活动，一个过程。它包括请神、杀牲、分割盛俎进献、撤祭、分食或开宴等一系列活动，一整套仪式。作为一项庄严的活动，必有一个主持者（巫祝是赞礼者非主持者），一群参与者（战士中的秀异特出者），并在整个活动中形成某种秩序。这是一个群体活动，其中包含几个方面的"分"：宰杀分割牺牲，参与者区分身份，分吃祭肉。①

其次看"義""宜"与"乂"的关系。"乂"古音在疑母月部，月部与歌部是阴入对转。"乂"字本义是割草，引申有杀戮、治理之义（治水须挖沟，治人须区分等级），孳乳为刈、艾、嬖。草木被砍伐后长出的新芽称为"蘖"②，古音也是疑母月部（《说文》列出的字头是櫱，

---

① 庞朴先生曾就"义"和"宜"的关系，论证"义"的本义是杀戮。周桂钿先生曾与之争辩。参见庞朴：《儒家辩证法研究》，中华书局1984年版，第20—30页；周桂钿：《董学探微》，北京师范大学出版社1989年版，第120—136页。
② "蘖"孳乳为"孽"，古代有所谓"孽子"，指庶子，即嫡子以外的众子，妾所生之子。《公羊传·襄公二十七年》"臣仆庶孽之事"何休注："庶孽，众贱子，犹树之有孽生。"何休之意似有别指。上古时代，部族之间的战争异常残酷。战胜者往往杀掉战败方全部成年男子，而掳掠妇女儿童。被俘的妇女成为女奴妾侍，被俘的儿童自然就成为该男子的子女，拥有众多俘虏的自然成了贵族，这些儿童长大之后则成为臣仆。他们是妾所生，故得称"庶子"，但他们与该贵族实际没有血缘关系（其宗族或已灭，其生父或已死，犹如树干已被斩断，他们是其基部生出的枝芽），其地位比其母亲为妾之后所生的子女还低贱，故为贱子。我认为，"孽子"最初应指这一类"贱子"（其后词义扩大，或因风俗变化，则指一般的妾生子）。由于其族或已灭，其生父或已死，因此，他们是孽种，要受歧视受迫害，相应地，也要激起其自强奋斗（《孟子·尽心上》所云"孤臣孽子"）或反抗破坏。反抗破坏则被认为是邪恶是祸害。如此看来，《尚书·立政》"义民"等，王念孙、俞樾考证出通"俄"，奸邪之义，也许实际是通"孽"。这也说明，古代文献中有一些通假字，其实是同源词的意义引申分化，辗转相通。后世又有所谓"义子"、"义儿"（今四川称"干儿"），指没有血缘关系而收认为子。义父与义子之间没有血缘关系，这一点与上古称"孽子"相同，但"孽子"所含的低贱意味，"义子"则似乎没有了。

又有古文乀，像树木无头）。由此可见，宜、乂都有宰杀之义，也都有区分、划分之义。

再次看"義""宜""乂"同"安案"的关系。安案古音属影母元部。元与歌月对转。影母是零声母，但发音部位在舌根，今四川方言无介音的开口复合元音影母字（如"挨奥欧安恩肮"）都有声母 [ŋ]，与疑母字同。"安"有安静、安定、置放等意义，字形从宀下有女。饮食男女，人之大欲存焉。家中有女人，可以使人安心。《庄子·天地》："四海之内共利之之谓悦，共给之之谓安。"大家都能获得生活必需品，就安定。因此，《说文》以"安"训释宜、宁，文献中安义、乂安同义连用，道德家认为"义"为心之所安，这都表明"安"与義、宜、乂等在音义方面的密切联系。"案"字从木安声，本义为"几案"。"宜"字像盛肉于俎进献给神，吃饭时进献给人则为案（举案齐眉）。今四川方言屠夫卖肉之桌称案桌，厨师切菜切面之板称案板，学厨师分白案红案。官员学者读书人的书桌又称书案。屠夫和厨师在案上切肉切面，官员学者亦在案上断案、办案子、下案语，前者是操刀切分，后者是援笔分析判断。由此可见，"案"与"宜"也是有密切关系的。

根据上文对"义"字用法的意义归纳，认为它表示"聚众力众财以分之"，再根据上面系联的几个"义"的同源词的意义用法，我认为，"义"来源很古，大约在原始社会的狩猎时代，在狩猎活动中，华夏族先人们或许就把分配或分享猎获物称作"义"。社会发展史的常识和人类学民族学的文献使我们知道，原始社会的特征是分配平均、人际关系平等（这种平等即使存在，也只限于本部族内部，对于敌对部族，是"非我族类，其心必异"，处置起来是异常残忍的）。在这种分配活动中，首先是合众力以成事；其次主持者应该很优秀；最后分配的结果也公平合宜，否则就会人心离散。同时，所有参与者都尊重首领，服从首领，如此才能形成合力。于是形成一种秩序。到了阶级社会，民间的狩猎活动作为农业收入的重要补充，应该仍较频繁。

"义"表示分配猎获物而且很公平的含义,仍在下层社会流传,而统治阶级的注意力,已经转移到狩猎、战争和祭祀活动中的等级尊卑秩序和"己之威仪"了。狩猎与战争是非常相似的,战争是部族之间、敌国之间、阶级之间人对人的狩猎。战胜者的献俘及犒赏,也与狩猎后的分配相似。古人迷信,狩猎与战争的前后都要祭神,祭神后往往开宴(狩猎前一般不饮宴),这也是相似的。甲骨文时代,语言应已相当复杂。造"義"字表示杀羊而分(以羊代牲,正如以牛代畜造"牢"字),造"宜"字表示祭祀,造"乂"字表示割草,造"安"字表示有女在家。卜辞的内容并非全面反映社会生活,"義"在卜辞中用作地名,它的造字本义晦而不彰。卜辞中的地名,说不定就是指人们经常分猎获物(或曾经一次分过很多猎获物)的地方。①

由于"义"字所表示的是一种活动,一个过程,所以它的意义可以分析为四个方面:一是活动的参加者,包括首领、大小头目、一般参与者。其中的首领和大小头目,在国家形成后就成了国王与官僚,这就是《说文》所谓"己之威仪"(先秦写作"義")之义的来源,它反映的应是主事者的能力、威信和表率作用(贤),先秦文献中以"义"(仪)作人名的,大多是取这个意义。因为这些人是诸侯,是

---

① 关于地名,我在乡下当知青的时候,爱与老人摆谈,略知一二。当地几乎每一个山头,每一条沟壑,每一匹山梁,每一段小河,每一片独立的竹木林,每一个院落,每一块稍大的田地,都有一个具体的名字。例如田地,能栽秧为田,否则为地。以田而论,因其形状,有长田、团田、弯弯田、绺绺田等专名;因其大小,有大田、窝窝田等专名;因其土质,有沙田、黄泥巴田、烂田等专名;因其附近的地名地形特征,有井田、屋当门田、梁上田、土地田等专名;因其收水栽秧的难易及所处位置,有沟田、塝田等类名;沟田又分囤水田(冬天囤水很多)、冬水田(冬天收水但不多)、坂田(冬春种粮食)。因为田地与农民生计关系太大,所以农民用尽巧思,予以命名。尤其值得注意的,是一些历史性的地名,例如,当地有个周公寨,相传是明末寨子;有何家湾,相传是明末孑遗"古老户"绝了后的;有白鹤林,相传一两百年前有白鹤群栖居过,我下乡时是什么遗迹都没有了,只有一个地名。附近的大队旧时有一座牌坊,所在的山头叫牌坊山,所在的山梁叫牌坊梁,下面的山沟叫牌坊沟,离它最近的院子叫牌坊湾,而牌坊二十世纪五十年代就被毁了。老人们说,旧时几乎每个村落旁边,都有一个土地庙,供着土地公公土地婆婆(破四旧时都毁了),它旁边的田往往就叫土地田。这也说明,物之名与物之性之间的关系是相当复杂的。

卿相，也是家族的家长。二是指分配。这分为显隐两个层面：显的层面，是指宰杀、分割等一系列动作；隐的层面，是指实行分配和分配的原则，即大体均分，区别对待。三是指分配原则的类推扩大以及人们对这原则的感受与评价。这也分为隐显两个层面：隐的层面，是狩猎、战争乃至一切集体参与的活动，人们对物质利益分配公平的认可与渴望，这在《墨子》书中，后来在底层人民面对饥荒面对灾难的自救活动乃至武装起义中曲折地反映出来；显的层面，则是古代文献中大量的作"适宜、应该"来理解的"义"，这个"义"包含着对秩序的肯定。四是在这种分配活动中逐渐形成的首领决定一切，参与者只能拥护和接受的秩序，由此演变为等级阶级秩序，在阶级社会中，这种等级尊卑秩序又进一步强化，学者们对这种秩序进行种种解释和辩护。

综上所述，笔者通过对"义"字内容从今到古的推索，认为"義"字本义应指狩猎后分配猎获物，这种分配是一项集体活动，由此形成一种人与人之间的关系以及人们对这种人际关系的感受与评价。

四、一点推论

如果前面对"义"字本义的推断大致不错，那么，"义"的含意的发展演变可以给我们多种启发。想说的话很多，这里只从思想史的角度谈一点看法。

从思想史的角度来看，从个别行为到行为习惯，从行为习惯到风俗习惯，从风俗习惯到生活方式、文化方式、思维方式；从丰富多样的实际活动到刻板单调的仪式；从习惯和仪式中形成社会结构社会制度；从习惯、仪式和制度中形成思想观念，从思想的火花到完整的体系；在这种种发展过程中，"义"字都是一个好例。从分割猎物到分割祭肉到分配财产，从公平分配猎获物到全社会的公平正义，从首领的贤能威信到君王的至高无上，从人各有"义"到正统思想的"天经地义"。当"义"在孔孟那里成为一种基本的价值观念之后，经过后世学者的不断阐释以及统治者的利用歪曲，成为绝对的、不可怀疑的一种理念，即关于政治的"正义"性，关于社会秩序、伦理道德方面等级尊卑的"合理"性，关于思想、意义的唯一性、正统性。对于原始公平观念来说，这是一种断裂，也是一种意义的价值的遮蔽。可是，这种绝对的、不可怀疑的观念形成之后，下层劳动者由于自己生存处境的险恶、生存空间的狭窄以及社会地位的卑微，在面对灾难自救互救乃至铤而走险奋而起义的行为中，仍然显示出集众力以求利再均分之这类原始状态的公平运作及观念。这又是一种观念的延续。这种观念与充斥于官方文件和学者阐释的正统观念相比，当然只是潜流或暗流，而且，与其说这是自觉的思想传承，不如说是各各在自己的环境中逼出来的。即使统治者宣扬为天经地义的等级伦理制度，也有鲜明的经验主义的类推色彩。春秋时代起，诸侯之间征战不断，后来封建帝王的江山也是通过战争抢来的。中国的实用理性思维方式，似乎必然将这些经验类推为准则。于是，那些战争中忍受非常人所能忍受的痛苦体验，就要求全民都忍受；那些不择手段以夺取战斗胜利的经验智慧，就运用于承平时代的争权夺利上；本来是战斗胜利后论功行赏的"义"，也往往变成宫廷阴谋的分赃；为保证战斗胜利的严明纪律，也就成为凝固僵死的等级伦理秩序原则。说到底，封建专制主义和等级伦理制度实质上是一种战时体制，是战争经验和秩序的类推。这种体制，着眼点是处置已有财富而不是增加财富，因此，对于认识自然以发展科学，组织群众以发展生产力，平等交换商品以扩大再生产之类，它是不会有兴趣的。

当"义"从习惯、仪式和制度中抽象出一套思想观念之后，这些思想观念因其有深厚的社会土壤而显现出某种合理性，伴随着统治者的利用强化，更加深入人心。所以，在长达两千年的封建社会中，"义"都是一个全民认可的褒义词，好字眼。但是，作为一种基本的价值观念，不同的人不同的阶级对它是各取所需的。在这个问题上，确实存在着"两种文化"，存在着墨子所说的"人异义"。例如，关于等级伦理，孔孟论述了君臣关系的相对性一面。孔子说："君使臣以礼，臣事君以忠。"（《论语·八佾》）孟子则更爽快，他说："君之视臣如手足，则臣视君如腹心；君之视臣如犬马，则臣视君如国人；君之视臣如土芥，则臣视君如寇仇。"（《孟子·离娄下》）孔孟之所以能这样说，还因为当时的形势是诸侯并立，无论哪一国的君主，即使不安分，也终究要收敛一些。他们知道，弄不好就有王冠落地的危险。当时的士人，还有个退身之路，苏秦张仪之流不必说，孔孟本人也都是周游列国的。时移则事异，秦统一了，嬴政由秦王升为始皇帝，位高于天，权重于地，唯我独尊，真正做到了无所顾忌。他一个人说了算，老百姓的处境就真的"无所逃于天地之间"了。读《秦始皇本纪》后半段，就可以知道，一个人权力大到无限，可以为一己的私利任意胡来，无法无天，也可以为了一时的冲动而干损人不利己的事，直到处死成千上万的治下之民。无数人丧了命，谁敢说个不字？当然，陈胜吴广说了，项羽刘邦也接着说了。但是，刘邦一当高皇帝并传之子孙，仍旧是言出即法。在这种情况下，董仲舒说"义以正我"，还多少有点儿磕头劝皇帝的意味，他讲"天"是由天地人阴阳五行组成的一个系统，也明显有借天的威严来制约皇帝不让其胡作非为的考虑。随着封建君主专制制度的强化，宋明理学论证了封建等级秩序的绝对性，强调君主的至高无上性，强调臣民对君主绝对服从、绝对忠诚的必要性。程朱之流严辨义利，要求小民灭人欲以奉上，已经是杀人如草不闻声了。在这种文化背景下，农民起义首领打天下当皇帝之后，其残忍狠毒忮刻和无所畏惧，比起旧皇帝来，也许有过之而无不及，例如朱元璋、洪秀全。在这种文化背景下，不要说比细民，就是宰辅，也是一代不如一代。宋代还有范仲淹、王安石，明代还有张居正，清代有谁？只有"曾剃头"！在这种文化背景下，清朝统治一百七十年之际，整个社会是"太平盛世",而年仅二十四五岁的龚自珍,感受到的是:"左无才相,右无才史,阃无才将,庠序无才士,陇无才民,廛无才工,衢无才商;抑巷无才偷,市无才驵,薮泽无才盗;则非但鲜君子也,抑小人甚鲜。"(《乙丙之际箸议第九》)正是在这种文化背景下,五四运动引进民主观念,才激起了中国人民深切而持久的向往与追求。

从宗教神性到政治理性
——殷周时期义观念生成的历史考察

桓占伟

一、问题的提出

一般看来,"义"是一个再普通、再常见不过的传统思想观念,任何关于它的话题似乎都是老生常谈。不过,在这个寻常可见的"义"字身上,却总是有着一种非同寻常的内在精神力量,以至于在中国传统思想观念中,我们很难再找到一个像"义"这样能够纵贯中国思想史、哲学史和文化史,并引起不同历史时期、不同学派思想家们共同关注的观念。它既受到大传统中社会上层或知识精英的重视,又受到小传统中社会大众的尊崇,这使得其在不同社会层面有着不同的存在形态,并最终成为综合性的思想范畴,对我们的国民性和文化心理结构产生了深远影响。

如果把义观念的发展比作一条源远流长,流经了不同时代,汇合了众多支流,具有广阔流域的大河,那么,殷周时期就是这条大河的源头。义究竟是什么?它是如何产生的?它在殷周时期走过了一个怎样的观念化进程?它有着怎样的精神内核,使其能够对我们的民族产生如此深远的影响?这些问题都需要引起我们的特别重视。不过,由于研究方法的限制和研究资料的匮乏，义观念何以生成这样重大的思想史问题，在学界还鲜有提及。

在义观念生成的相关问题上，学界主要围绕义的原始意义展开研究。不少学者认为义的本义是"仪"。黄伟合等认为，殷周之际，"义"字本义为"仪"，即"威仪"之"仪"。① 张立文认为，义的本义是"仪"，是礼仪的一种形式。甲骨文、金文的义字字形是戴羊冠、手执戈形武器。② 汪聚应提出，甲骨文中的"义"是把羊头放在一种长柄的三叉武器上表示一种威仪。③ 也有学者认为义之本义为分配原则。沈道弘等认为，义是财物的分配，杀羊分肉，分配得宜，谓之义。④ 陈启智认为，义是从原始礼仪制度中提炼出来的关于分配方式及其正义原则的概念。⑤ 范正刚认为，义是所获物与支配权的合体，一开始就与礼有着血缘的关系。⑥ 查中林认为，义字的本义应是分配猎获物分得公平。⑦ 还有学者认为义与祭祀或地物有关。刘雪河认为，义源于古代祭祀活动，以"我羊"祭祀神灵是义字产生的根源。⑧ 黄开国等认为，物产合于地之宜，称之为义，人们处理事物合宜，也被称之为义。⑨

总结专家研究成果，似尚存以下不足：一是多以主观想象为主，缺乏可靠的文献资料支撑，没有结合与"义"有直接或间接关联的文献进行综合分析，没有把义置于殷周社会观念的大环境下深入论证，

---

① 黄伟合、赵海琦：《善的冲突——中国历史上的义利之辨》，安徽人民出版社1992年版，第21页。
② 张立文：《略论郭店楚简的"仁义"思想》，《孔子研究》1999年第1期。
③ 汪聚应：《儒"义"考论》，《兰州大学学报（社会科学版）》2004年第3期。
④ 沈道弘、杨仁蓉：《义利之辨的反思和新解》，《学术季刊》1993年第1期。
⑤ 陈启智：《义利之辨——儒家的基本价值观念》，《中国哲学史》1994年第5期。
⑥ 范正刚：《"义"辩》，《江海学刊》1996年第5期。
⑦ 查中林：《说"义"》，《四川师范学院学报（哲学社会科学版）》2000年第1期。
⑧ 刘雪河：《"义"之起源易礼新探》，《四川师范学院学报（哲学社会科学版）》2003年第4期。
⑨ 黄开国、唐赤蓉：《诸子百家兴起的前奏——春秋时期的思想文化》，巴蜀书社2004年版，第292页。

导致研究结论存在较大分歧；二是多以《说文》对"义"的解释为研究基点，导致研究成果的信度不高。古文字学者王蕴智指出，许慎所生活的年代，出土的青铜器铭文并不多见，甲骨文材料更无缘见识。许慎所据以探求文字形体本源的材料来源，主要是战国以来流传下来的。这些文字距离其早期形态已经比较遥远，字形上有了很多演变。用这样的材料去分析解释汉字的本形、本音、本义，难免会出现误差和误解。① 实际上，甲骨文和金文中已经出现了相当多的义字，对义的字源性研究需要更多借助于这些可靠材料，如此才能得出较为科学的结论。

义观念的早期形态问题也引起了学界注意，但大多只是附带性提及，总体上还缺乏研究深度。李学勤指出，卜辞中确实有"义"字，"义京"在卜辞中是地名，但并不能说殷代也有了"义"这种道德。② 李先生认为殷代没有义的"道德"，并未对义是否存在"观念"形态进行论述。仝晰纲推测，义字来源于甲骨卜辞中的"义京"，是由"义京"的合文而分裂成两个独立的字，并发展为刑杀和戎事的准则，义的伦理内涵皆可以从商之"义京"和"义"中求索出来。③ 其实，甲骨文中既有"义"字，也有"京"字，认为"义"从"义京"中分裂出来，这种说法似乎不够严谨。魏勇认为，义来源于祭祀活动中体现出来的威仪，具有神圣性，代表着集体的权力，是公共意志的表现。④ 魏勇结合义与祭祀的关系，从宗教角度来认识商代的威仪，富于创见性。但在义观念还处于萌芽期的武丁时代，是否已经存在威仪观念，是需要慎重判断的；另外，义与祭祀活动的关系问题，魏勇的研究也没有

---

① 王蕴智：《〈说文解字〉的学术价值及其历史局限》，《平顶山学院学报》2005年第3期。
② 李学勤、杨超：《从学术源流方面评杨荣国著"中国古代思想史"》，《历史研究》1956年第9期。
③ 仝晰纲、查昌国、于云瀚：《中华伦理范畴——义》，中国社会科学出版社2006年版，第4页。
④ 魏勇：《先秦义思想研究》，中山大学哲学系2009年博士学位论文，第2—3页。

得出令人耳目一新的结论。总体判断，前贤多致力于"义"字原始意义的讨论，关于义观念从何而来及如何演变，至今仍然是一个需要面对并给予历史考察的重大问题。

实际上，义观念的生成问题尽管只是个案，但这个问题的解决，将会给中国传统思想观念的生成问题研究带来某些启发。陈来指出，研究一种思想的起源，首要的是关注此种思想体系的诸元素在历史上什么时候开始提出，如何获得发展，这些元素如何经由文化的历史演进而演化，以及此种思想的气质与取向与文化传统的关联。基于此，他对先秦儒家思想的起源问题进行了深入研究，整体上提出了从"巫觋文化"到"祭祀文化"，进而发展为"礼乐文化"的生成路径。[①]这种认识从宏观上无疑是深刻的，不过，直接从神秘的宗教祭祀过渡到理性的宗法礼制，似乎还缺乏中间环节。陈来并没有对此关键转换何以可能的问题进行深入研究，也就是说，在神性和理性之间，似乎还留下了一个断档。从逻辑上讲，从祭祀文化不可能直接过渡到礼乐文化，就好像婴儿不可能在一夜之间长大成人一样；二者之间还应存在一个转换过程，这个转换过程恰是非常重要的，忽视了这个转换过程的存在和作用，就会在思想发展的关键问题上产生脱节。笔者注意到，春秋文献中经常论及义、礼关系，那么，义是否就是介于祭祀文化和礼乐文化之间的过渡环节呢？

晁福林把德观念作为中国古代思想的源头进行了深入研究。他指出，商周之际的思想变革的确是将关注的目光由天国神灵转向了人间民众，周人的"德"就是这个转变的明证。不过，包括周文王在内的周初统治者，他们虽然关注了民众，然其主要注意力仍然是在天上而不在人间。商周之际人们所采用的"德"字，其内涵还属于"敬天"

---

① 陈来：《古代宗教与伦理——儒家思想的根源》，生活·读书·新知三联书店2009年版，第17—18页。

的范畴。① 这同样是很精到的论断。侯外庐指出，西周时期，"德"在道德上的规范是与郊天之制的宗教相结合的。② 程平源也认为，"德"在西周尚未去宗教化成为德行，依然充满了神秘的内蕴。③ 可见，专家们都关注到了"德""天"的一致性，这可以说是针对德观念自身特性的正确认识；然而，还有一个重要问题却被忽视了，那就是，"德"在西周时期并非仅表现为一个独立性观念，义、德并举现象也非常突出。这至少说明，义观念的生成不晚于德观念，或者二者本来就是同一时期生成的观念。那么，义何以又与德产生了如此密切的联系呢？

问题铺陈至此，笔者隐约感觉到，义是一个被严重忽略的殷周观念。它既与制度之"礼"相通，又与敬天之"德"相关联，似乎具有相当重要的承前启后作用。那么，通过对其来源和发展进程的梳理，也许有助于我们从具体观念出发，以新的视角体认中国古代政治思想的发生。

二、商代义观念的萌芽

孟世凯研究指出，目前发现的甲骨文单字约有五千个，考释过的虽有二千二百多个，但无大争议的只有一千多个，即认识者还不到三分之一，还存在许多不解的问题。④ 现有甲骨文资料中，有关义字的卜辞并不多，专家对义字的考释也存在诸多模糊之处，如罗振玉"释义无说"⑤，其他则有"杀""善""地名""仪仗"和"人名"等不同的释

---

① 晁福林：《先秦时期"德"观念的起源及其发展》，《中国社会科学》2005年第4期。
② 侯外庐、赵纪彬、杜国庠：《中国思想通史》（第一卷），人民出版社1957年版，第91—93页。
③ 程平源：《对殷周之变的再探讨——以殷周"德"义变迁为线索》，《江苏社会科学》2005年第3期。
④ 孟世凯：《商史与商代文明》，上海科学技术文献出版社2007年版，前言页。
⑤ 李孝定：《甲骨文字集释》，台北"中研院"历史语言研究所1970年版，第3801页。

义。① 这使得我们对义观念的起源研究处于一种捉襟见肘的地步，所能利用的，仿佛就是一些来源不同的文献碎片，要想把这些碎片拼接起来，最大限度地复原义的最初面貌，有时必须基于思想观念发展的逻辑进行倒推；甚至一开始的时候，我们还要把义字进行拆解，并结合文献资料条分缕析，这实属不得已而为之。不过，通过对义字的解构和放大，商代"义"的原始宗教仪式特征却似乎显现出来了。

（一）从"我"说起

关于义的原始意义，较为通行的解释是："義，己之威仪也。从我、羊……臣铉等曰：'此与善同意，故从羊。'"② 段玉裁注："从羊者，与善美同意。"③ 可见，注家较为重视"羊"的美、善象征，并从中引申出仪容、仪表的含义，这自然有其合理性。不过，要想解读"義"字的最初意义，"義"下半部所从之"我"亦应引起我们新的重视。

胡厚宣认为，我即是戈字，其字本为古代一种兵器的象形。借为吾我之我，乃表示自持有戈，或以戈自卫的意思。④ 徐中舒认为，"我"像兵器形，甲骨文"我"乃独体象形，其柲似戈，故与戈同形，非从戈也。⑤ 他认为将"我"释为"以手持戈"不确。刘兴隆认为，"我"像长柄有齿之兵器，卜辞借作"你我"之"我"。卜辞中"我"也用作动词，指用"我"这种屠具屠杀，如"二十牛不我"（甲二三八二）。⑥

---

① 庞朴释义为"杀"（《儒家辩证法研究》，中华书局1984年版，第20—30页）；徐中舒释为"善"和地名（《甲骨文字典》，四川辞书出版社1990年版，第1382页）；刘兴隆释为地名和仪仗（《新编甲骨文字典》，国际文化出版公司1993年版，第865页）；毕秀洁指出商代义已经用作人名（《商代铜器铭文的整理与研究》，上海华东师范大学中文系博士毕业论文，2011年，第289页）。
② 许慎撰，徐铉校订：《说文解字》（附检字），中华书局1963年版，第267页。
③ 许慎著，段玉裁注：《说文解字注》，上海古籍出版社1981年版，第633页。
④ 胡厚宣：《说埜》，吉林大学古文字研究室编：《古文字研究》（第一辑），中华书局1979年版，第73页。
⑤ 徐中舒主编：《甲骨文字典》，第1380页。
⑥ 刘兴隆：《新编甲骨文字典》，第864页。

专家们均认同甲骨文"我"字是一种杀伐之器,不过,甲骨文"我"字的形状究竟是一种三齿形状之兵器,还是一种经过装饰的兵器?这个问题还存在着不同认识。谷霁光根据甲骨文中"我"字有"𢦏""𢦏""𢦏""𢦏""𢦏"等不同字形,指出《周礼·夏官·掌国》中有"设其饰器",注曰"兵甲之属"的说法,认为"我"就是一种经过装饰的兵器。他还援引《诗经·郑风·清人》中"二矛重英"之句,认为二矛各有二英的装饰。至于其他器物,虽亦各有装饰,而其最早起源,系以兵器为主。① 谷先生之说极确。仅从字形角度看,"我"字固有的三齿形装饰可以出现在左、右、下等不同的方向,还有呈现夸张的舒展状,可以认为是受到不同风向影响的结果,反映在早期的甲骨文字上,顺理成章地有了"我"字的不同写法。因此,"我"字的三齿形,并非是其具有锯割功能的符号,而是"我"状兵器上类似"英"或"旄"的装饰。

谷霁光的文中还提到,作为"我"的概念,持戈而有各自的"装饰"或者说是"标记",是可以想象为理所当然、势所必然的。笔者倒觉得,兵器在战场上讲求的是实战效果,不宜踵事增华。"我"上面有装饰,说明"我"并非用于实战。前引之甲骨卜辞也表明,"我"字具有杀伐之义时,主要体现于宗教祭祀方面。因此,把甲骨文"我"字释为一种宗教祭祀场所的杀伐刑器也许更符合实际。宗教祭祀具有神圣性,"我"作为杀牲的工具,自然也要具有较强的形式感,需要通过某种装饰凸显其神圣和威严。

明晰了"我"所具有的宗教功能,"義"的原始意义似可以形成新的解释。英国学者艾兰认为,羊是商代最主要的祭品之一。② 陈梦家曾

---

① 谷霁光:《有关军事的若干古文字释例(一)——吕、礼、官、师、士、我、方诸字新证》,《江西大学学报(哲学社会科学版)》1988年第3期。

② 艾兰:《龟之谜——商代神话、祭祀、艺术和宇宙观研究》,汪涛译,四川人民出版社1992年版,第160页。

指出，凡祭祀所用之牲多为家畜，甲骨文字中就出现了豢养的牛羊。①与其他动物或家畜相比较而言，羊的数量多，繁殖快，捕获较为容易，而且味道鲜美，可以推测，商人早期献祭神灵，羊自当是主要的牺牲。这种情况在武王灭商时也有较为突出的表现，在为庆祝胜利而举行的祭祀仪式上，"用小牲羊、豕于百神水土社二千七百有一"②。对山川土地百神的一次献祭，就杀掉了2701头小牲羊和猪，其中羊在前，猪在后，说明是以羊为主的牺牲，羊的数量之多由此可见一斑。《诗经·小雅·甫田》还有"以我齐明，与我牺羊，以社以方"③的记载，表明西周也以羊作为宜社的主要牺牲。因此，我们可以谨慎地认为，"義"就是商王在宗教祭祀中以"我"杀羊，献祭祖先和神灵；并以"我"解羊，给参与祭祀者分肉。"我""羊"组合成为"義"字，极具符号象征意义，从一开始就带有浓厚的宗教特征。

这样的解释，究竟能不能成立呢？笔者首先注意到，庞朴先生曾训"义"为杀，认为义有威严和杀戮的意思。④严格说来，杀只是"义"的步骤，这种步骤在观念上并不重要，重要的是，杀的目的是为了祭祀神灵和分肉享众，这在观念上却是一种"善"。其次，在春秋战国文献中，经常把内外、上下、远近、贵贱、君臣之"分"视为义，如《国语·周语中》载"章怨外利，不义……内利亲亲"⑤；《左传·昭公二十八年》载"近不失亲，远不失举，可谓义矣"⑥；《礼记·祭义》载"致义，则上下不悖逆矣"⑦；《尸子·分》载"君臣父子，上下长幼，贵

---

① 陈梦家：《殷墟卜辞综述》，中华书局1988年版，第556页。
② 《逸周书·世俘》，见黄怀信：《逸周书校补注译》，西北大学出版社1996年版，第219页。
③ 《毛诗正义》，阮元十三经注疏本，中华书局1980年影印本，第474页。
④ 庞朴：《儒家辩证法研究》，第20—30页。
⑤ 徐元诰：《国语集解》，王树民、沈长云点校，中华书局2002年版，第46—47页。
⑥ 《春秋左传正义》，阮元十三经注疏本，中华书局1980年影印本，第2119页。
⑦ 《礼记正义》，阮元十三经注疏本，中华书局1980年影印本，第1595页。

贱亲疏，皆得其分……施得分曰义"①；《庄子·天地》载"以道观分而君臣之义明"②；《荀子·君子》载"义者，分此者也"③；《韩非子·解老》载"义者，君臣上下之事，父子贵贱之差也，知交朋友之接也，亲疏内外之分也"④。可见，"分"之义代表着中国古代社会的等级和秩序，是极为重要的文明准则。张岱年指出，研究古代思想，寻求字义，重要的是了解其通义。⑤这样说来，把甲骨文"義"字释为杀羊分肉，似非空穴来风。

（二）义与宜

尽管学界对义字的原始意义认识迥异，但是，主流意见却越来越倾向于义是与祭祀有关的概念。⑥的确，在甲骨卜辞中，经常出现"宜于义京，羌三人，卯十牛"的说法，这至少说明"义"与"宜"通过宗教祭祀产生了某种关联。台湾学者严一萍对此做了系统归纳，在现有之全部甲骨资料中，共统计出14版同类型的卜辞，均属殷商武丁时期。⑦对于这些卜辞，严氏总结了两点区别：一是祭祀时间不同，二是祭祀分为左、中、右等不同的方位。还有一个需要关注的问题，就是这些卜辞在用牲种类和数量上具有高度一致性，同为"羌三人，卯十牛"。那么，在不同时间内，在义京举行的宜祭仪式上，用人、用牲不但分组，而且数量保持高度一致，这至少可以证明宜祭已经形成了较为固定的祭祀规则。由此，我们也可以推定，商代宜祭并非简单地将

---

① 李守奎、李轶：《尸子译注》，黑龙江人民出版社2003年版，第21页。
② 郭庆藩：《庄子集释》，王孝鱼点校，中华书局1961年版，第404页。
③ 王先谦：《荀子集解》，沈啸寰、王星贤点校，中华书局1988年版，第453页。
④ 王先慎撰：《韩非子集解》，钟哲点校，中华书局1998年版，第131页。
⑤ 张岱年：《中国哲学史方法论发凡》，中华书局1983年版，第104页。
⑥ 参见魏勇：《先秦义思想研究》，第5页。
⑦ 严一萍：《宜于义京解》，《甲骨古文字研究》（第二辑），台北艺文印书馆1989年版，第139—140页。

牺牲杀掉了事，而是有专门的祭祀场所，有一系列相对规范的仪式过程，中间必然还有规定的程序。①

《尚书·泰誓上》云："类于上帝，宜于冢土。"孔传："祭社曰宜，冢土，社也。"②《诗经·大雅·绵》云："乃立冢土，戎丑攸行。"《毛传》："冢土，大社也。"③《尔雅·释天》谓："起大事，动大众，必先有事乎社而后出，谓之宜。"④从这些文献看，宜祭一般在社中举行，卜辞中"义京"作为宜祭的主要场所，就应该是武丁时期殷人的大社。商代宜祭是在"京"这个人为高丘上举行的祭祀社神活动，主祭者一般为商王，他通过主持祭祀，在"义"之程序中杀牲祭神，分肉享众，树立了一种基于上帝的神圣权威，参与者无不对其臣服，无不把自己在仪式上领受到的义务视为上帝的命令而认真履行。自然，商王因为主祭者身份的唯一性和沟通上帝的神圣性而获得独尊地位，成为所有与祭者尊尊的对象。从公众的角度看，能够亲临祭祀现场者必然身份特殊，他们或者是王室成员，或者是深受商王信赖与倚重的贵族勋旧。这些人绝大多数应与商王具有血缘关系，本质上属于亲亲的族群范畴。商王通过义之程序，既树立了尊尊之义，明确了不同成员的地位和义务；又彰显了亲亲之义，使分得祭肉者强化了自身非同寻常的自我意识。这样，义之程序就具有特殊重要的意义，尤其是其中所固有的亲亲、尊尊本质，沉淀为后世义观念的基本精神内核。

笔者推测，义作为宜祭中最重要和最具象征意义的程序，至少应有两个步骤。一是由主祭者以"我"杀牲并灌血于地，以牲血祭祀神灵。杀牲灌血祭祀神灵作为"义"的第一步，构成了宜祭中最具宗教

---

① 参见严一萍：《宜于义京解》，《甲骨古文字研究》（第二辑），第143页；张金玉：《殷商时代宜祭的研究》，《殷都学刊》2007年第2期。
② 《尚书正义》，阮元十三经注疏本，中华书局1980年影印本，第181页。
③ 《毛诗正义》，第511页。
④ 《尔雅注疏》，阮元十三经注疏本，中华书局1980年影印本，第2610页。

意义的程序。学界基本认同社神演自氏族共同的祖先神①，那么，宜祭本身就有代表族群和公众的特质。而主祭者往往就是族群的最高首领，商王就是大祭司。张光直指出，研究古代中国的学者们都认为，帝王自己就是巫的首领。②通过对族群共同神灵的祭祀和膜拜，可以使族群的共同情感得以凝聚，使族群的世俗生活具有某种超越感和神圣性，特别是能够有效树立商王的神圣权威。在此过程中，"义"的仪式功能极为突出，它可以向所有参与祭祀者传递这样的暗示：商王通晓神灵的意志，是神灵在人间的唯一代表，只有他才有资格代表族群和公众去杀牲并献祭神灵，也只有他才能为族群和公众求得福祉和好运；人们必须臣服于商王，才能使自己的家族得以延续，生命受到庇佑。这样，商王就通过义的第一步确立了宗教意义上的最高威权和世俗意义上的至尊地位。直到春秋时期，大权旁落的卫献公仍然坚持"政由宁氏，祭则寡人"③，就是这种主祭权即代表最高权力观念的余绪。

义的第二个步骤是由主祭者以"我"分肉，并将不同部位和重量的牲肉，按特定标准合理分配给参与祭祀之人，作为其地位和义务的标志。《周礼·春官·大宗伯》云："以血祭祭社稷、五祀、五岳，以埋沉祭山、林、川、泽。"杨天宇注云："血祭，即以牲血祭祀，其祭法，据孙诒让说，是先荐而后灌，使血气达于地下，以供神享之。"④既然祭社采用血祭之法，那么，宜作为社祭之名，自当不存在烧、沉、埋等其他祭祀仪式中毁坏或放弃牺牲的做法，而主要取血气灌于地即

---

① 宋振豪认为，古代所谓社稷神，实是带有自然神性质的农耕氏族神之嬗变，与土地相结合的神性极为明显（《夏商社会生活史》，中国社会科学出版社 1994 年版，第 509 页）；丁山认为，社神是演自各民族原始图腾神的男性地神（《中国古代宗教与神话考》，上海文艺出版社 1988 年版，第 148 页）；傅亚庶认为，社神实际上是宗族远古的祖先神（《中国上古祭祀文化》，东北师范大学出版社 1999 年版，第 139 页）。

② 张光直：《美术、神话与祭祀》，辽宁教育出版社 2002 年版，第 33 页。

③ 《左传·襄公二十六年》。

④ 杨天宇：《周礼译注》，上海古籍出版社 2004 年版，第 276 页。

可。对于在祭祀中杀掉的大量牛羊牺牲,一方面是难得的肉食;另一方面,由于它们的血气已经被神灵所享用,其肉体自然也具有了某种神圣意义,不可能弃之不用,合乎逻辑的解释就是将这些牲肉分给与祭之人,作为一种泽惠赏赐或身份象征。《礼记·祭统》云:"祭者,泽之大者也……上有大泽,则惠必及下。""俎者,所以明祭之必有惠也。"的确,直到今天,各种祭祀活动中的供奉和牺牲还保留有供人食用的原始痕迹。

正如水滴越高,滴落在水面时形成的涟漪也就越大一样,义的神圣性抬升越高,其世俗势能也就越大。义的第二个步骤构成了宜祭中最具世俗意义的程序。《礼记·祭统》云:"凡为俎者,以骨为主。骨有贵贱:殷人贵髀;周人贵肩,凡前贵于后。"说明周人设俎的传统来自于商代,区别在于所贵之牲体部位不同。宜祭中设俎施惠,并以此体现贵贱等级理应在商代就已经存在,这必然使义的分肉环节成为众多参与祭祀者最重视的部分。对于参与祭祀者而言,分得不同部位的祭肉,既是受到族群共同神灵恩惠和首领奖赏的标志,又是个体在群体之中地位、义务和责任等的物化表现,还是个体生命价值获得超越意义的途径。这些并非仅对活着的族群个体有意义,对于他们已经去世的祖先也同样重要。商王盘庚云:"古我先王,暨乃祖乃父,胥及逸勤,予敢动用非罚?世选尔劳,予不掩尔善。兹予大享于先王,尔祖其从与享之。作福作灾,予亦不敢动用非德。"[①]在商王盘庚看来,先王和臣子的祖先生前共事,死后的神灵也仍然共处。盘庚祭祀先王,这些臣子的祖先神也可以"沾光"享用祭品。只是,决定能否"沾光"的关键因素,并不在于这些臣子的祖先神自身,因为他们已经不再具有影响力了,起决定作用的,是现实的臣子们能否践履其在族群结构中应该承担的义务,是这种世俗义务的履行情况决定了家族整体的命运。

[①] 《尚书·盘庚上》。

如果把列祖列宗、现世个体和未来子孙作为一个完整的家族体系，那么，从个体生命的角度而言，这个体系是变动不居的，未来的子孙总有一天也会成为列祖列宗；而从家族体系结构的角度看，它却是不变的和永恒的，不同时代的个体都要经历相同的过程并生生不息。尽管个体生命难免会死亡，但是，个体死后的神灵却能在世代传承的家族结构中获得永生，个体生命的价值由此也获得了某种宗教意义上的超越感；或者说，个体生命的价值就是建构在宗教观念之上的。正是在这种宗教观念的笼罩下，商王才能通过"义"之程序使臣子们自觉领受各自的世俗义务，并使他们相信这种义务的分配来自于神灵意志。臣子们也只有真正践履了自身的世俗义务，才能保证其列祖列宗能够配祀于商王的祖先神，在另一个世界里永享祭祀；他们也才有资格在死后接受后人的祭祀，不然，他们的灵魂就会被永远地放逐，在庙堂里找不到自己的位置，正如世间那些无依无靠的人一样。

宜祭是"国之大事"中极其重要的宗教祭祀，"义"又是这种祭祀活动中的关键程序，这就决定了"义"必然会在社会发展进程中越来越突出，越来越重要，甚至宜祭的过程也由"义"来统摄，形成强大的聚焦效应，放大了整体仪式中以"我"分肉的关键程序，并发展为用这一程序指称宜祭的形式礼仪，"义"作为宗教之"仪"的形式价值和观念意义也由此得以凸显。后世义、宜相融相通，义、仪难分难解，原因盖出于此。

实际上，牺牲之"羊"加在"我"上而形成的"義"字，不正是在祭祀仪式上以"我"杀牲、分肉为"义"的符号表征吗？

（三）义与帝

殷商的帝分为上帝和王帝，上帝就是天帝，王帝则指现世的商王。义不仅是连通上帝和王帝的纽带，也是王帝统治天下的观念武器。既然义作为宗教祭祀程序已初具观念的萌芽，那么，这些萌芽必然会反映在政治层面，成为商王政治统治的辅助手段。孔子曰："殷人尊神，率民以事神，尊而不亲。"① 与其说殷人尊神，毋宁说殷人是要借助神灵来树立王者权威，凝聚族群共同情感，区分族群内部义务，稳定族群内部结构，并以此为基础来统治四方。当然，殷人也许并没有这种明确的自觉意识，不过，从客观而言，上帝的权威确实建构了商王世俗统治的神圣性与合法性来源。

商代贤臣祖己云："惟天监下民，典厥义。降年有永有不永，非天夭民，民中绝命。"② 正义曰：

> 祖己既私言其事，乃以道训谏于王曰："惟天常视此下民，常用其义。"言以义视下，观其为义以否。"其下年于民，有长者，有不长者。"言与为义者长，不义者短。短命者，非是天欲夭民，民自不修义，使中道绝其性命。但人有为行不顺德义，有过不服听罪，过而不改，乃致天罚，非天欲夭之也。天既信行赏罚之命，正其驭民之德，欲使有义者长，不义者短，王安得不行义事求长命也？③

实际上，义在商代远远没有达到道德观念的层面，孔颖达的解释也许并不符合当时的实际情况。《高宗肜日》据信是商王祖庚肜祭其父武丁的文献，"天监下民，典厥义"，无非就是祖己对商王陈述义的来源问题。他认为义之所出，是来自于上帝的，此处之义仍然是一个宗教概念。只是，义被认为来源于上帝，这就确立了它的神圣性地位。商王的祖先神可以"宾天"，他们可以领受上帝的"意见"，并把这些"意见"传达给商王，商王由此掌握了最高的世俗生杀大权。这样，"天监

---

① 《礼记·表记》。
② 《尚书·高宗肜日》。
③ 《尚书正义》，第176页。

下民"就转换为商王实际统治下民，神意演化为王权，上帝的辉煌天国下沉为商王的巍峨庙堂，使义具备了由神圣向世俗过渡的基础条件。现存可靠的商代文献资料中，的确显示出商王对民众性命长短具有控制权。《尚书·盘庚上》云："制乃短长之命。"《尚书·盘庚上》云："迓续乃命于天。"可见，商王可以控制臣民生命的长短，也可以请求上帝延续臣民的寿命。商王对上帝的依赖也有长期相延的传统，自盘庚直到商纣，无不以上帝作为自己身份神圣性与行为合法性的依据："肆上帝将复我高祖之德，乱越我家。"[1] "我生不有命在天乎。"[2] 王朝的治乱兴衰，商王的身家性命都被虔诚地归于冥冥之中的上帝。

义构成了商代宗教政治一体的权力模式，是殷商王朝维持其内外统治的"不二法门"。在内部统治方面，商王通过祭祀之义确立自身权威，区分族群内部的权力与义务关系；族群成员也依赖于祭祀之义明确自己在族群中的地位和责任，自觉履行与自己身份相对应的"职分"，这就构成了商代社会最基本的运行模式。陈智勇指出，人们祭祀祖先神灵的神圣场所，不仅仅只是纯粹的宗教活动中心，同时也是商王室进行某些政治活动的重要地方。人们在宗庙里所进行的祖先祭祀活动，以及从这种祭祀活动的宗教意识中演绎出来的宗庙制度，构成了巩固商王朝统治的重要政治制度。[3] 只不过在宗教与政治之间，宗教处于核心地位，政治只是宗教的副产品罢了。

殷商王朝还统治着众多的方国，不少方国与商族并非同一族群，通过祭祀之义使其臣服于商王，亦应是商王朝外部统治得以维持的重要手段。侯外庐曾指出，殷人在当时是一个进步的氏族，万方还在图腾信仰的时候，殷人就有了祖先的宗教，依靠这种信仰的主观因素，殷人全族出征，常战胜土方、马方等部落，因此，祖先神相比于植物

---

[1] 《尚书·盘庚中》。
[2] 《尚书·西伯戡黎》。
[3] 陈智勇：《先秦社会文化丛论》，中州古籍出版社2005年版，第13页。

图腾的旗帜，显然是更有力的观念武器。① "下民"包括商王统治下的众多方国，方国的首领——"邦伯"自然也要臣服于上帝的统一安排，接受商王分给他们的各种义务。实际上，商王要想起大事，动大众，也需要动用方国的力量，这样，在宜祭之义中也要相应体现出不同方国的责任和义务。商王采用的方法是将他们的祖先神纳入到祭祀体系中："兹予大享于先王，尔祖其从与享之。"② 使不同方国的神灵在另一个世界也臣服于商王的祖先神，在共同神灵的关照下实现宗教信仰上的同化，从而形成对方国的有效控制。盘庚在迁殷之前反复劝诫的对象中，就包括了邦伯这个特殊群体："邦伯师长百执事之人，尚皆隐哉……鞠人谋人之保居，叙钦。"③ 盘庚要求邦伯、官长和全体官员都要认真考虑，对于听命者，他特别提出要"叙钦"，即依次敬重他们。问题在于，如何体现出不同的敬重呢？在上帝权威高于一切的观念作用下，在宜祭之义中体现"邦伯师长百执事之人"的"分"，并使之"各安其分"，理当成为商王的最佳选择。

总括而言，商代之"义"应起源于以"我"这种祭祀刑器在宜祭中杀牲分肉，突出表现为祭祀程序，具有明显的宗教仪式特征，还没有达到政治观念的自觉。不过，义所本具的亲亲尊尊本底，已经或隐或现地服务于殷商王朝的政治实践。殷商之义，已经是处在具有宗教—政治双重功能的观念萌芽状态了。

以上关于殷商义观念萌芽的研究，主要基于甲骨文与传世文献相结合的推导，这必然会存在不足，甚至还可能存在曲解。不过，只要我们承认思想观念古今一脉相传，那么，后世文献中有关义的解释，必然有其最初的观念基础。侯外庐指出："从文字上研究，卜辞到周金，是有明显的承继历程的。这种语言文字的传授，必然不仅限于形

---

① 侯外庐、赵纪彬、杜国庠：《中国思想通史》（第一卷），第68页。
② 《尚书·盘庚上》。
③ 《尚书·盘庚下》。

式,而且要影响于思维活动的内容。"[1]西周金文中出现的义字,已经具有宗法内涵和政治准则意义[2],按照侯外庐先生提供的思维路径,这种内涵和意义当包含有对甲骨文义字的承继。

孔子曰:"周因于殷礼,所损益,可知也。"[3]侯外庐基于此,提出了"周因于殷礼"的维新路径,指出周人从殷人那里学来的,就是"古旧的氏族宗教制度"。[4]的确,在《尚书·洛诰》中,周公就曾夸赞成王:"肇称殷礼,祀于新邑,咸秩无文。"侯先生进一步指出,君统与宗统相合、尊尊与亲亲相合就是周礼的基本精神。[5]如此说来,周礼当对殷礼这种"宗教制度"有所继承。笔者注意到,春秋时期有不少"义以出礼"[6]"礼以行义"[7]"奉义顺则谓之礼"[8]的说法。《礼记·礼运》提出:"礼也者,义之实也。"《礼记·郊特牲》云:"义生然后礼作。""礼之所尊,尊其义也。"这说明在礼完备之前,还存在过一个义的过渡;也可以说,"义"是"礼"的观念性基础,是"礼"的精神内核。义是周礼的精神内核,周礼又因于殷礼,那么,按照周人的维新传统和思想观念发生的逻辑,我们可以谨慎地推定,殷礼必然也有其精神内核,而殷礼的精神内核如果不是"义",又能是什么呢?

无论如何,由于文献资料的缺乏,加之甲骨文字的识读本来就存在不确定性和模糊性,许多字义是基于推导得出的,也有不少是参照传世文献才确定下来的,故任何人都不能认为自己的认识就是确定不移的正确认识。恩格斯在《反杜林论》中曾这样说:

---

[1] 侯外庐、赵纪彬、杜国庠:《中国思想通史》(第一卷),第72页。
[2] 对西周金文所见义字的研究详见下文。
[3] 杨伯峻:《论语译注》,中华书局1980年版,第22页。
[4] 侯外庐、赵纪彬、杜国庠:《中国思想通史》(第一卷),第72页。
[5] 侯外庐、赵纪彬、杜国庠:《中国思想通史》(第一卷),第77—78页。
[6] 《左传·桓公二年》。
[7] 《左传·僖公二十八年》。
[8] 《国语·周语中》。

> 认识就其本性而言，或者对漫长的世代系列来说是相对的而且必然是逐步趋于完善的……由于历史材料不足，甚至永远是有缺陷的和不完善的，而谁要以真正的、不变的、最后的、终极的真理的标准来衡量它，那么，他只是证明他自己的无知和荒谬。①

本文对商代义观念萌芽的推断，只不过是在传统认识的基础上增一新说而已，也只能是一种"有缺陷的和不完善的"认识，如果能为义观念早期形态研究提供一点启发，笔者就感到无比荣幸了。

三、西周义观念的生成

殷商之义既可以显示主祭者的权威，又可以体现与祭者的地位和义务，具有向政治观念演化的基础条件。在殷周之际社会大变革进程中，义的政治功能受到了西周王室的重视，他们启动了义的观念化进程，通过对义宗教内涵的革新和各种仪式的强化，义观念最终生成，并日渐深入人心，成为西周王朝共识性的宗法政治准则。

（一）义与威仪（义）

西周时期，文、武、成、康、德、礼、恭、敬、刚、柔作为观念词汇，其主要以单字形式体现特定的观念内涵。"威义"则以合成词的形式大量出现，似乎在西周前期有关观念的关键词中还是首例，这使其显得相当突出。在大多数观念词汇仍处于单字状态时，威、义出现了这种非同寻常的合并现象，其中一定具有某种特殊意义。

先秦文献中，威仪之"仪"写作"义"，实际上就是"威义"，这

---

① 《马克思恩格斯选集》第三卷，人民出版社 1995 年版，第 431 页。

可以在周金中寻找到确证。① 据刘翔考证，"仪"字作为一个单独的字在殷周时期还没有出现，迄今发现的最早"从人义声"的"仪"字出现在甘肃居延汉简中。② 把西周文献中的"威义"写作"威仪"，应该是汉儒的事，因此，我们必须要还原威仪一词的初始形态——威义。③ 关于威仪的意思，春秋时期卫国大夫北宫文子的解释最具代表性：

> 有威而可畏谓之威，有仪而可象谓之仪……故君子在位可畏，施舍可爱，进退可度，周旋可则，容止可观，作事可法，德行可象，声气可乐，动作有文，言语有章，以临其下，谓之有威仪也。④

北宫文子认为威仪就是贵族君子的礼容，此释义基本被后世学者奉为圭臬。⑤ 问题在于，北宫文子是春秋时人，他对威仪的解释必然带有春秋的时代特点。本着北宫文子的语境对西周威仪开展研究，就有可能产生偏颇认识，使这个具有特定指涉的观念词汇一般化为外在"礼容"，难以真正反映西周威仪的实质。所以，需要跳出礼学视阈，从历史观念的角度去体认西周威仪。

---

① 在现有西周金文资料中，"威仪"一词主要写作"威义"，也有写作"畏义"，如"淑于畏义""皇考威义""皇祖考司威义""秉威义"等，参见张亚初：《殷周金文集成引得》，中华书局2001年版，第870—871页。

② 刘翔：《中国传统价值观诠释学》，上海三联书店1996年版，第112—113页。

③ 为行文方便，除特别注明之外，我们仍以"威仪"代称"威义"。

④ 《左传·襄公三十一年》。

⑤ 阮元视威仪为"人之体貌"（《揅经室集》，中华书局1993年版，第217页）；侯外庐视威仪为"统治阶级道德的外表"，"暗示出古代社会的统治阶级的威风"（《中国思想通史》[第一卷]，第119页及《中国思想通史》[第五卷]，人民出版社1956年版，第602—603页）；裘锡圭视威仪为"礼容"（《史墙盘铭解释》，《文物》1978年第3期）；张岂之视威仪为"行礼者之身份地位的举动"（《中国思想学说史》先秦卷上，广西师范大学出版社2007年版，第179页）；日本学者竹添光鸿认为，"威者，和顺中积，英华外发，自然之威德风采也；仪者，正衣冠，尊瞻礼，动容周旋中礼者也"（《左传会笺》卷十九，台北凤凰出版社1975年版，第60页）；勾承益视威仪为礼的外在表现（《先秦礼学》，巴蜀书社2002年版，第131页）。

"威"在商代就是一个独立的观念,一般释作"畏"。"威"被认为来自于天帝,经常合称为"天威"。商末、周初文献中,"威"总是与天帝相联系,"威"自天降的说法极为普遍:"天曷不降威"①"予来致上帝之命明罚"②"天降威"③"将天明威,致王罚"④"弗永远念天威越我民"⑤"敬迓天威"⑥。罗家湘指出,西周初年,神权仍有强大势力,天命观念流行一时,成为解释旧朝灭亡、新朝建立的权威话语。⑦这确实反映了殷周之际的实际情况。

　　不过,周人在讲天命的时候,并非对其抱有一种宗教幻想,而是要在"天威"的压力下突出政治上的"敬德亲民"。这在《尚书·君奭》中表现得极为突出:周公言其"不敢宁于上帝命,弗永远念我天威越我民",强调不敢依靠天命,不敢不去顾念天威和民众;周公还不厌其烦地对召公讲,文王"迪知天威",武王"诞将天威",希望召公能够"念我天威",而最终的落脚点却是"汝克敬德,明我俊民,在让后人于丕时"。这样,宗教意义上的"天威"与政治意义上"敬德亲民"就成为对立统一的关系,"天威"的宗教神圣性已经有目的地服务于"敬德亲民"的现实政治了。

　　明确了"威"的变化,下面我们再来看看西周"义"的内涵。在可靠的西周文献中,义字虽然出现不多,但很能说明问题。《尚书·康诰》记载了这样一段话:

> 王曰:"封,元恶大憝,矧惟不孝不友?子弗祗服厥父事,大

---

① 《尚书·西伯戡黎》。
② 《逸周书·商誓》。
③ 《尚书·大诰》。
④ 《尚书·多士》。
⑤ 《尚书·君奭》。
⑥ 《尚书·顾命》。
⑦ 罗家湘:《〈逸周书〉研究》,上海古籍出版社 2006 年版,第 102 页。

伤厥考心。于父不能字厥子，乃疾厥子。于弟弗念天显，乃弗克恭厥兄。兄亦不念鞠子哀，大不友于弟。惟吊兹，不于我政人得罪，天惟与我民彝大泯乱。曰：乃其速由文王作罚，刑兹无赦。不率大戛，矧惟外庶子训人？惟厥正人，越小臣诸节。乃别播敷，造民大誉，弗念弗庸，瘝厥君时，乃引恶惟朕憝。已！汝乃其速由兹义率杀。"①

成王把那些不孝不友者称为"元恶大憝"，即罪大恶极的人。他具体列举了四种情况，分别是父不父、子不子、兄不兄、弟不弟，指出执政者如果不加以惩罚，天帝赐给民众的常法就会出现大混乱，需要用文王制定的刑罚毫不手软地处罚他们。《礼记·礼运》指出，"人义"有十种，其中排名前四的就是"父慈、子孝、兄良、弟悌"。那么，成王列举的所谓"元恶大憝"，正是不循人道亲亲之义的典型代表，说明在成王时期，义已经具有明确的亲亲内涵，并被认为是人伦之道。孔子云："义者天下之制也……厚于义者薄于仁，尊而不亲"②，"尊尊"被称为"义之大者"③。而"乃别播敷，造民大誉，弗念弗庸，瘝厥君"隐含有不"尊尊"的意思，成王特别强调，对那些不但不尊君，反而以下犯上，危害国君的臣子，要"速由兹义率杀"。不尊君是不尊尊的重要表现之一，这样，所谓"兹义"，就是指以先祖文王名义而订立的政治准则，亲亲尊尊是其核心，并已经具有现实制约功能。

《诗经》有关西周的篇章中，义字凡三见。《诗经·大雅·文王》云："宣昭义问，有虞殷自天。"关于这几句诗的意思，毛亨以为是对成王的戒命：

---

① 《尚书正义》，第204—205页。
② 《礼记·表记》。
③ 《礼记·丧服四制》。

> 常布明其善，声闻于天下……上天所为之事，无声音，无臭味，人耳不闻其音声，鼻不闻其香臭，其事冥寞，欲效无由。①

"宣昭义问"就是"常布明其善，声闻于天下"。毛亨释"义"为"善"，这大体是不错的，只是表达得还不太准确。实际上，"宣昭义问"就是要求成王努力宣扬、昭明文王所制定的统治准则，使之传闻于天下。《诗经·大雅·荡》曰："文王曰咨，咨女殷商！而秉义类，彊御多怼……天不湎尔以酒，不义从式。"义在此处两见，笺云："义之言宜也……女执事之臣，宜用善人，反任彊御众怼为恶者，皆流言谤毁贤者……天不同女颜色以酒，有沈湎于酒者，是乃过也，不宜从而法行之。"②郑玄将义均释为"宜"，语句不通。笔者以为，将"义类"释作"宗族之勋旧"为好，"而秉义类，彊御多怼"即"你们本应任用宗族之勋旧，却反任彊御众怼为恶者"，这样才能和下文"殷不用旧"的说法保持一致。《尚书》对纣王用人失误的批评亦可为佐证："剥丧元良，贼虐谏辅。"③"崇信奸回，放黜师保。"④"昏弃厥遗王父母弟不迪，乃惟四方之多罪逋逃，是崇是长，是信是使，是以为大夫卿士。"⑤可见，"义类"之"义"含有亲亲内涵；而"不义从式"显然是一个倒装句，"式"，法也。本句直译为"所行不义"较确，"义"仍应释为既定的政治准则。

如果说殷商宜祭中分祭肉的程序蕴含着"义"的观念萌芽，那么，西周宜祭中设"俎"施惠的政治观念意义则更趋明确了。"俎者，所以明祭之必有惠也，是故贵者取贵骨，贱者取贱骨，贵者不重，贱者不

---

① 《毛诗正义》，第505页。
② 《毛诗正义》，第553页。
③ 《尚书·泰誓中》。
④ 《尚书·泰誓下》。
⑤ 《尚书·牧誓》。

虚，示均也。俎者，所以明惠之必均也"①，祭肉的分配已经成为身份等级和政治均平的双重象征。"帅师者受命于庙，受脤于社。"②"国之大事，在祀与戎，祀有执膰，戎有受脤，神之大节也。"③"脤"就是宜社中的祭肉，军队出征是国家大事，"必先有事乎社而后出"④。主帅先在王室祖庙中听取命令，象征"礼乐征伐自天子出"的权威，之后要在社庙中举行的宜祭仪式上"受脤"。"受脤于社"作为一种仪式，一方面要告祭族群的共同神灵，以取得它们的福佑；另一方面，主帅要代表全体将士在神灵面前领受义务，表示为了族群的公众的利益而出征是"分内"的事。

从某种程度上讲，"受脤于社"仍是周人的一种宗教仪式，"裂土于社"就带有强烈的宗法政治象征了。《逸周书·作雒》载：

> 乃设丘兆于南郊，以上帝，配□后稷。日月星辰、先王皆与食。诸受命于周，乃建大社于周中。其壝东青土、南赤土、西白土、北骊土，中央叠以黄土。将建诸侯，凿取其方一面之土，苴以黄土，苴以白茅，以为土封，故曰受则土于周室。⑤

西周初期分封宗子的仪式颇具形式感，先建大社于周中，以五色土象征东、南、西、北、中。将要封建诸侯时候，在仪式上凿取其所在方位一方的土，用黄土包上，裹上白茅，作为封土的象征，这叫作从周王室受裂土。而周人分封宗子，所依据宗法制度的核心就是亲亲尊尊。"裂土"就是将亲亲尊尊之"义"大而化之，由分肉而分封，并

---

① 《礼记·祭统》。
② 《左传·闵公二年》。
③ 《左传·成公十三年》。
④ 《尔雅·释天》。
⑤ 黄怀信：《逸周书校补注译》，第256页。

加以系统化和制度化。侯外庐指出,宗法政治的亲亲与尊尊合一,表现为政治的宗教化。① 王国维从制度层面将西周与殷商进行了对比,指出周人制度大异于商者:一曰立子立嫡之制,由是而生宗法及丧服之制,并由是而有封建子弟之制、君天子臣诸侯之制;二曰庙数之制;三曰同姓不婚之制。此数者,皆周之所以纲纪天下。② 而这一切维新之周制,王国维又认为它们皆出自尊尊亲亲之义:"以上诸制,皆由尊尊、亲亲二义出……周人以尊尊、亲亲二义,上治祖祢,下治子孙,旁治昆弟。"③ 追根溯源,西周"郁郁乎文哉"的宗法礼制,背后始终都有"义"的影子。

由上可见,义在西周时期具有特殊的政治准则意义,这种政治准则意义是在对殷商之义继承、维新的基础上生成的。它植根于氏族血缘关系,发端于原始宗教背景下族群首领对所获物的分配,发展于殷商宜祭中"杀牲"和"分肉"的程序,强化于西周宜祭中的"受脤"和"裂土"仪式,并由此生发出亲亲尊尊的宗法政治准则。

周人宣称义出自于文王,提出"无偏无陂,遵王之义"④,与殷人的"天监下民,典厥义"极为不同,这就引出了一个重要问题:殷人的"义出于帝"较易使民众信服;周人却提出"遵王之义",又凭什么取得民众的信服呢?实际上,"王之义"之所以能够通行不悖,就在于它借助了"威"的力量,"威""义"有机结合为"威义",才使得"义"具备了不容置疑的神圣性与合法性。"威义"从构词手法的角度看,属于偏义复词,其核心在于"义","威"的作用只是将"义"神圣化。

---

① 侯外庐、赵纪彬、杜国庠:《中国思想通史》(第一卷),第 78 页。
② 王国维:《观堂集林》(外二种),河北教育出版社 2003 年版,第 232 页。
③ 王国维:《观堂集林》(外二种),第 240 页。
④ 《尚书·洪范》。李学勤认为,《洪范》肯定是西周时期的文字。(参见李学勤:《帛书〈五行〉与〈尚书·洪范〉》,《学术月刊》1986 年第 11 期)晁福林认为,"遵王之义"意指一切只能依君王的意志为最高准则,而君王的准则就是上帝的准则(参见晁福林:《说彝伦——殷周之际社会秩序的重构》,《历史研究》2009 年第 4 期)。

可以认为,"威义"成词就是西周义观念生成的标志。"威"来自于天帝,在宗教仪式凸现出神圣性;"义"附之于文王,在宗法政治中表现为准则性。"天威"加之于"王义",既可以为义政治准则地位的确立找到最有力的宗教武器,又可以把殷商的天命神权政治维新为周人的宗法神权政治,建构新的国家意识形态。实际上,殷商之义被认为来自于上帝,本身就带有"威"的内涵。周人却对"义"进行了解构与重构,他们将"义"内在的"威"分离出去,又将"威"与"义"合并为"威义",完成了从"一而二"到"二而一"的改造。这种改造的根本目的就是为了剥离"义"的宗教内涵,使之成为独立而纯粹的宗法政治观念。"威义"成词,说明周初统治者已经有意识地对宗教和政治进行了明确区分,脱离了以前宗教、政治一体的混沌状态,礼乐文明的曙光已经遥遥在望了。

(二)义与德

尽管西周威仪的政治准则意义已经占据了主导地位,但是,其宗教色彩依然浓厚,这是义观念生成之初的正常现象。随着时代的演进,义本具的宗教色彩不断淡化,在世俗政治领域则有了更深入的发展,义与德建立密切联系即为典型代表。

侯外庐曾对西周德、天关系和德、孝关系进行过深入研究。[①] 不过,在可靠的西周文献中,义、德结合与并举的现象却显得更为突出:

《逸周书·度邑》:"昔皇祖底于今,勖厥遗得显义,告期付于朕身。"

《尚书·立政》:"不敢替厥义德。"

《尚书·康王之诰》:"王义嗣德,答拜。"

---

① 侯外庐、赵纪彬、杜国庠:《中国思想通史》(第一卷),第92—95页。

《尚书·毕命》："惟德惟义，时乃大训。不由古训，于何其训？"

威仪作为西周义观念的突出代表，也经常与德搭配出现：

《诗经·大雅·假乐》："威仪抑抑，德音秩秩。"
《诗经·大雅·民劳》："敬慎威仪，以近有德。"
《诗经·大雅·抑》："抑抑威仪，维德之隅。"
"恭明德，秉威仪。"①

以上八例至少说明义与德之间存在着某种内在联系，而要想厘清这种联系，还需从殷商之德、义谈起。晁福林指出，在有确凿文字记载的殷商时代，"德"即得到之"得"，意即由天和先祖所赐而"得"，"天命"和"高祖"是殷商之德的两大来源。② 那么，除"天命"和"高祖"之外，"德"还有没有其他更重要的来源呢？

　　前面已述，宗教观念与世俗伦理在商王主持的祭祀中得以建立联系。商王作为族群的首领，是神灵和公众意志的唯一代表，这就使商王对祭肉的分配具备了非凡的象征意义。商王对祭肉的分配作为客观存在的历史细节，几乎未引起过人们的思考，实际上，这个祭祀程序却是至关重要的，正是在这个程序中产生了"义""德"等政治观念的初始形态。对于商王而言，通过"义"的程序分配祭肉，按贵贱不同而有所区分，使不同的族群成员都有合适的所得，这可以浓缩为"'义'得"。而商代"德"字的意思就是"得"，这样，所谓"'义'得"不正是西周所谓王者之"义德"③的原型吗？对于族群中的个体而

---

　　① 华东师范大学中国文字研究与应用中心：《金文引得》（殷商西周卷），广西教育出版社 2001 年版，第 318 页。
　　② 晁福林：《先秦时期"德"观念的起源及其发展》，《中国社会科学》2005 年第 4 期。
　　③ 《尚书·立政》。

言，分到祭肉意味着"有得"（有德），这不也正是西周贵族群体的称谓吗？① 族群个体既然"有得"，就必然要"敬得"（敬德），因为这种"得"是"义得"，它来自于神意，并经由主祭者——商王实施，这就使其具备了神圣的象征意义，并成为后世"敬德"观念的滥觞。那么，从义与德的关系看，义在前，得（德）在后，至少能够说明义是得（德）的前提，得（德）是义的结果。可见，得（德）并不仅仅来源于"天命"和"高祖"，而是和历代商王都有直接关系，甚至可以认为，具有观念意义的"德"就是来源于殷商之"义"。所谓"义"得（德），正是侯外庐先生所言的"人格的物化"，是商王对所获物拥有支配权的象征，这种象征在西周时期观念化为"义德"，并以礼器的形式固定下来了，"由人格的物化转变而为物化了的人格"②。这样，义与宗教祭祀有关，又与宗法政治相连，这不正填补了前述问题中祭祀文化与礼乐文化之间的断档吗？

捅破了"德"来源于宗教之"义"这层窗纸，西周时期义与德的关系问题也就不难理解了。从义"得"到"义德"，表面上仅一字之别，实则是从宗教祭祀仪式过渡为宗法政治观念的一大步。义"得"带有原始特点，是祭祀中的固有程序；而"义德"的出现，则标志着新观念意义的产生。"得"只是商王对族群成员所获物的分配；"德"则是周文王配天的基础，是周人能够"受民受疆土"③的依据。从观念

---

① "有德"一词在西周时期主要是王室及诸侯贵族群体的称谓，这在不同文献中均有突出显示。《诗经·大雅·思齐》："肆成人有德，小子有造"；《诗经·大雅·卷阿》："有冯有翼，有孝有德，以引以翼"；《诗经·大雅·民劳》："敬慎威仪，以近有德"；《尚书·立政》："文王惟克厥宅心……以克俊有德"；《尚书·吕刑》："朕敬于刑，有德惟刑"；《礼记·礼器》："先王尚有德，尊有道"；《礼记·乐记》："故天子之为乐也，以赏诸侯之有德者也"；《礼记·祭义》："先王之所以治天下者五：贵有德……贵有德，以其近于道也"；《礼记·祭统》："古者明君，爵有德而禄有功"。春秋文献中，"有德"一词在《左传》中9见，在《国语》中3见，仍然是诸侯及贵族群体的称谓。

② 侯外庐、赵纪彬、杜国庠：《中国思想通史》（第一卷），第15页。

③ 《大盂鼎铭》，转引自周予同主编：《中国历史文选》（上册），上海古籍出版社1979年版，第4页。

发生史的角度看，具有政治观念意义的德与义密不可分，甚至没有义就没有得（德），义成为得（德）的前提，是先于得（德）的、更早的观念。也可以说，义最早与得（德）建立了联系，孕育了中国古代政治观念的萌芽。

在周公晚年对成王的诰词里，特别强调了文王的"义德"。周公云："亦越武王，率惟敉功，不敢替厥义德，率惟谋从容德，以并受此丕丕基。"① 文王之"义德"被认为是不能替换的，是周王朝永保万世基业的根本。而"义德"的合称，也是周公将准则之义归附于文王之德，为宗法政治准则寻找到了新的合法性依据。

义、德合称并举，使义成为一种王者之德，这是西周义观念发展进程中的一大步。王国维指出，尊尊、亲亲、贤贤三者是周人所以治天下之通义。② 而此三者作为周人宗法政治的立足点，也正构成了西周义观念的核心内涵。尽管这些准则实为周公所确定，但是，为了使其神圣化，取得通行天下的效果，必须借助于配天的文王，将这些"义"归于文王之"德"。"义"在前面发挥作用，"德"在后面提供支撑。在周人看来，天命高高在上，有无限的神秘权威，人们似乎只有顺从它才可以得到福佑，然而，人世的政治却是顺从天命的基本要件，这样，德以配天的逻辑就建立起来了，这是周人宗教改革的第一步；周人又以文王配天，对文王的神化既树立了天帝"改厥元子"③的新宗教神权，又使文王之德与天帝之威同样可畏、可敬，具有不容置疑的神圣性和权威性，这是周人宗教改革的第二步；第三步更为关键，由于义被宣称为出自于文王，文王的神化必然导致义的神化。文王之德以配天，文王之义以封地，这就象征着周人具备了天命神权，并且"普天之下，

---

① 《尚书·立政》。
② 王国维：《观堂集林》（外二种），第240页。
③ 《尚书·召诰》。

莫非王土"①了。文王之德以配天，文王之义以封地，宗教与政治一高一低，一上一下，结束了殷人的"一边倒"状态。义观念也随着西周宗法政治的确立和巩固日渐深入人心。

（三）义与刑

刑杀作为政治统治的暴力手段，引起了周人的高度重视。他们不但对刑杀问题持有敬、慎的态度，而且以义为官方的刑杀准则，形成了所谓"义刑义杀"的说法。

义作为刑杀的准则，首先对殷遗民这个庞大的社会群体具有约束力。周人翦商经历过一个长期的过程，周人自称"小邦"，而把殷商称为"大邑"，可见，殷族在当时是很强大的。武王伐纣尽管出奇的顺利，但"一戎衣，天下大定"②却未必是事实。侯外庐指出：

> 直到武王伐纣，据史册所载，武王还是那样小心翼翼，不敢轻举。周之胜殷，主要是依靠殷人的前徒倒戈。周人进入殷地，最初并没有把殷人完全征服，仍然让一部分殷族自存，使管、蔡监督，后来管、蔡与殷人勾结叛周，周公在"大艰"的紧急关头，重伐殷人，才没有让殷人"反鄙我周邦"，最后才把殷族消化了，即所谓迁殷民于洛邑，把他们作为"啬夫"来统治。③

可见，能否对殷遗民进行有效的管理，是事关周王朝长治久安的重大政治问题。据《史记·卫康叔世家》记载："卫康叔名封，周武王同母少弟也……周公旦以成王命兴师伐殷，杀武庚禄父、管叔，放蔡叔。

---

① 《诗经·小雅·北山》。
② 《尚书·武成》。
③ 侯外庐、赵纪彬、杜国庠：《中国思想通史》（第一卷），第71页。

以武庚殷余民封康叔为卫君,居河、淇间故商墟。"① 在《尚书·康诰》中,周公旦曾根据成王的命令告诫康叔,强调要在"明德慎罚"的政治纲领下"作新民",即教化革新殷民,以巩固周王朝的统治。所谓的殷遗民,自然包括了不少殷商贵族,他们生活本来是奢华的,特别是酗酒成风,积习难改。一旦成为亡国之余,不少人却要从事底层的生产劳动和商业贸易:"嗣尔股肱,纯其艺黍稷,奔走事厥考厥长。肇牵车牛,远服贾用,孝养厥父母。"② 前后生活的巨大反差,给周人统治带来了相当的困难。对社会下层劳动者的管理也很困难,这就是周公在《康诰》中提到的"民情大可见,小人难保"。可见,要想革新殷民,仅靠德政是不够的,必须德、刑并用才能奏效。在《康诰》《酒诰》和《梓材》等三篇诰词中,周公虽然强调德政,但是,诫命的重心却在于刑罚。义与刑结合形成"义刑",突出表现为刑罚的适用准则。《尚书·康诰》中,周公曾以成王口吻谆谆告诫康叔:

> 王曰:"呜呼!封,有叙,时乃大明服,惟民其勑懋和。若有疾,惟民其毕弃咎。若保赤子,惟民其康乂。非汝封刑人杀人,无或刑人杀人。非汝封又曰劓刵人,无或劓刵人。"王曰:"外事,汝陈时臬,司师兹殷罚有伦。"又曰:"要囚,服念五、六日,至于旬时,丕蔽要囚。"王曰:"汝陈时臬事,罚蔽殷彝,用其义刑义杀,勿庸以次汝封。乃汝尽逊曰时叙,惟曰未有逊事。已!汝惟小子,未其有若汝封之心。朕心朕德,惟乃知。"

这段话特别强调"罚蔽殷彝,用其义刑义杀",不能以康叔自己的意志断案。关于"义刑义杀",传统解释以为:"义,宜也。用旧法典刑,

---

① 司马迁:《史记》,中华书局1959年版,第1589页。
② 《尚书·康诰》。

宜于时世者以刑杀，勿用以就汝封之心所安。"正义曰："其刑法断狱，用殷家所行常法故事，其陈法殷彝，皆用其合宜者以刑杀，勿用以就汝封意之所安而自行也，以用心不如依法故耳。"① 将义释为应该之宜，自然不能反映西周义观念的内涵，这在稍早一些的文献中也有佐证。《逸周书·商誓》云："予则上帝之明命。予尔拜拜□百姓，越尔庶义、庶刑。子维及西土，我乃其来即刑。乃敬之哉！庶听朕言，罔胥告。"这段话是周武王灭商后对殷商旧贵族的诰命，其中义、刑并立，义非宜甚明。② 朱右曾云："庶义、庶刑，言义所常刑。"③ 这个解释也不甚明了。

周初文献中义、刑并举，绝非偶然现象，二者之间有着某种内在联系，只是这种联系很难由直接文献证明之，而只能依靠间接文献的推导。《尚书·甘誓》中有这样的记载："左不攻于左，汝不恭命；右不攻于右，汝不恭命；御非其马之正，汝不恭命。用命，赏于祖；弗用命，戮于社，予则孥戮汝。"这段话细品起来很有意思："赏于祖"，是王室家族的特殊私有权力；"戮于社"，是以族群共同神灵的名义，突出公众意志的神圣惩罚。以私赏，以公罚，这种"高明"的政治手段实际上潜藏在"义"的宗教程序中。祭社为宜，义又是宜祭中的重要程序，这样"戮于社"不也间接表现了义的杀牲程序吗？只是，"弗用命"者的血作为献给神灵的祭品，是从反面角度对群体成员的警示，

---

① 《尚书正义》，第204页。
② 就先秦时期的义、宜关系而言，并非如传统认识中"义者，宜也"那么简单，二者在不同时期的关系存在明显差异。西周时期，"宜"是祭祀名称，"义"是与宜祭有密切关联的宗法政治准则。春秋时期，"宜"仅是一个判断副词，"义"却是社会行为的共识性价值尺度，二者在概念属性上还存在明显差异，笔者统计，《左传》中共出现9次"义也"，均为对特定社会行为公正性、正当性和正义性的道德评价，如"近不失亲，远不失举，可谓义矣"（《左传·昭公二十八年》）；《左传》中共出现11次"不亦宜乎"、6次"宜哉"，均强调某种行为所导致特定结果的合理性，突出的是一种因果关系，如"己弗能有而以与人，人之不至，不亦宜乎"（《左传·隐公十一年》）、"楚昭王知大道矣！其不失国也，宜哉"（《左传·哀公六年》）。战国时期，诸子多以"宜"释"义"，二者始相融相通。
③ 黄怀信、张懋镕、田旭东：《逸周书汇校集注》，上海古籍出版社2007年版，第464页。

目的既是为了维系族群的共同利益,又是为了突出王者的权威。

结合上面几段文献资料,我们可以发现这样一个共同点,即无论是武王还是周公,他们均借助以义为准则的刑杀,作为威吓那些不听命者的堂皇理由。这也使义表现出明显的宗教特质和官方色彩,具有公众、群体意志为义的显著特点。它暗示着被申诫的对象:对你们进行惩罚,非关王者的私人感情,而是出于公众和共同神灵的意志。更为重要的是,公众和群体意志得以表达的唯一途径,有且只有这些自称"予一人""予小子"的王者本身,这就形成了一个不可思议又势所必然的结果——以"极私"取代了"大公"!王权既寓于"义刑义杀"的天然合理性之中,又在不断上演的"义刑义杀"中日渐强化。因此,所谓"义刑义杀""庶义庶刑",就是指由王者制定、具有官方色彩的刑杀准则。一言以概之,"罚蔽殷彝,用其义刑义杀",指的就是运用殷先哲王制定的官方法典去断案、刑杀。

对殷遗民的统治毕竟是对特殊群体的统治,不具有普遍意义,那么,周人必然也会确立一般意义上的刑杀准则,并要求社会成员共同遵奉。周公曾明确指示康叔,对那些罪大恶极的内部败类,要"率兹义速杀"[①],不像对待殷遗民那样,要慎重考虑五六天,甚至十天时间,体现出从快、从严的特点。此处之义指的是以文王名义制定的官方刑杀准则。

与西周初期义、刑的抽象并举不同,西周中晚期,义已经与具体刑罚名称并举,显示出义已经具备了更细致的准则指导作用。《师旂鼎》是西周中期器,铭文涉及当时法律制度中的军法制度。其中有这样的记述:"懋父令曰:'义(宜)播……其又纳于师旂。'"[②]学者们一般将"播"释为西周时期的流刑,而将义释为"宜"[③],"义播"整体上

---

① 《尚书·康诰》。
② 郭沫若:《两周金文辞大系考释》(增订本),香港龙门书店1957年版,第26页。
③ 龚军:《〈师旂鼎〉所反映西周的军法制度》,《华夏考古》2008年第1期。

就被释为"应该判处你流放之刑"。无独有偶,西周晚期器《训匜》铭云:"义鞭汝千。"唐兰认为,义就是应该的意思。① 李学勤认为"义鞭汝千",义字读为宜。②《尚书·舜典》有"鞭作官刑"的记载,传云:"以作为治官事之刑。"正义曰:

> 此有鞭刑,则用鞭久矣。《周礼·条狼氏》:"誓大夫曰:敢不关,鞭五百。"《左传》有鞭徒人费、围人荦是也,子玉使鞭七人,卫侯鞭师曹三百……治官事之刑者,言若于官事不治则鞭之,盖量状加之,未必有定数也。③

尽管没有规定鞭打的数量,但可以根据罪行的实际轻重当机立断,这也是一种动态的官方准则。可见,义与具体刑名并用,并非是"应该"的意思,而是官方刑律准则的代称。这样,所谓"义播",应释为"按照官方刑律准则,判处你流放之刑";所谓"义鞭汝千",应释为"按照官方刑律准则,对你施千鞭之刑"。义与具体的刑名相连,实则反映了义的准则作用更加具体。

周人语境下的殷商之"义刑义杀"显然具有殷商的官方色彩,周人也必须树立自己的"义刑",这就需要确立义的新来源,区分不同的适用对象。殷商之"义刑"来源于其"先哲王",仅适用于殷遗民;周人之"义刑"则来源于其先祖文王,具有至上权威性和普遍适用性,成为落实和强化西周王权的具体准则。甚至这种准则又引申出新的取法意义:"仪刑文王,万邦作孚。"④ 义观念之所以对强化西周王权有着

---

① 唐兰:《陕西省岐山县董家村新出西周重要铜器铭辞的译文和注释》,《文物》1976年第5期。
② 李学勤:《岐山董家村训匜考释》,吉林大学古文字研究室编:《古文字研究》(第一辑),中华书局1979年版,第153页。
③ 《尚书正义》,第129页。
④ 《诗经·大雅·文王》。

不可忽视的重要作用,就在于周人以王权代表公众,实现了由公众之义向官方准则之义的嬗变。也正是基于此种嬗变,义观念才得以深化发展。

通过以上三个方面的考察,可以清晰地看出义在西周的观念化进程:"天威"加于"王义"而形成"威义",使义观念得以生成并确立了自身的神圣地位;义附于文王之德形成"义德",显示出义的宗教属性淡化,下沉为一种更加纯粹的政治观念;而义与刑的结合,凸显了其官方刑杀准则色彩,表明义观念的世俗政治准则作用已经更加具体了。

四、义的观念化及其属性

以上对殷商西周义观念生成的历史现象做了初步论证,然而,不论是威仪、义德还是义刑,都只是义观念化进程中的标志性概念,仅能表明义由宗教祭祀程序转化为宗法政治准则,却不能说明这个转化何以发生;也就是说,义的观念化何以可能的问题仍待解决。再者,义之所以是一种观念,从学理上讲,还需要有明确的判断标准,需要说明是什么样的属性决定着它成为一种"观念"。

(一)义观念化之动因

涂尔干指出:"几乎所有重大的社会制度都起源于宗教……如果说宗教产生了社会所有最本质的方面,那是因为社会的观念正是宗教的灵魂。"[①] 侯外庐断言:"最初的知识是和宗教分不开的。"[②] 可见,解决义的观念化动因问题,仍需要从义的宗教本底谈起。

义作为宜祭这种宗教仪式上的重要程序,本身就是在某种观念

---

① 爱弥尔·涂尔干:《宗教生活的基本形式》,渠东、汲喆译,商务印书馆2011年版,第578—579页。
② 侯外庐、赵纪彬、杜国庠:《中国思想通史》(第一卷),第69页。

力量的支配下产生的。毋庸置疑，义之程序中，必然要面对一系列的问题，例如，什么人负责主祭？谁有资格参与祭祀仪式？祭肉如何分割？分配不同部位依据什么标准？不同部位的祭肉象征什么样的身份等级？不同的身份等级需要承担什么样的义务？等等。这些都是祭祀活动中必须面对的重大问题，需要慎重考虑，合理分配，以使不同的族群成员各安其分，秩序井然。祭祀又是长期以来不断重复的过程，在这样一个过程中，问题得到了解决，并形成了一定的惯例，这些惯例逐渐深入人心，成为心照不宣的默认准则。在殷周之际社会大变革的历史背景下，周人对义的宗教祭祀程序进行了维新和改造，义之宗教祭祀程序所蕴含的世俗政治功能不断析出，从最初分配祭肉的惯例演变为分配权力和分封诸侯的准则，有了宗法与政治的特定指涉。

西周宗法制度确立和完备之后，又会反向影响到义的观念化进程，成为促进这个进程的有力推手。宗法政治制度需要一系列的宗教活动和礼仪活动来固化，而义的政治准则功能必然在日复一日的礼仪活动中得以强化。"社稷宗庙之中，未施敬于民而民敬。"[①]在社稷宗庙之中，不施敬于民而民自然生起恭敬之心，肃穆之感，冥冥之中的上帝起到了重要作用。不过，"上天之载，无声无臭"[②]，上帝毕竟是虚幻的、难以捉摸的，这就需要人为创造一些物化和仪式化的综合表现形式，强化上帝的神圣权威。在社稷宗庙这样的宗教场所内，祭祀杀伐的血腥，牺牲垂死的挣扎，祭祀礼器的神秘，祭祀过程的庄严等，无一不使人们感到震慑；而鼎俎上的饕餮，斧钺上的猛虎，兵戈上的夔龙等，又向人们展示着一个不为人知的神秘世界。场所的庄严使人不由得不肃穆，仪式的神秘使人不由得不敬畏，二者交互作用，必然产生超越于世俗生活的神圣感。"义"作为从中派生出的观念，自然可以深深植根

---

① 《礼记·檀弓下》。
② 《诗经·大雅·文王》。

于参与者的心灵深处,其所潜藏着的区分贵贱等级、身份地位和责任义务等的准则,也随之具有了无可置疑的神圣性,形成无与伦比的约束力,为越来越多的群体所认同和接受,成为一种在潜移默化中普遍接受的观念。这即是义走向观念化的原始动因。

(二)义观念的基本属性

西周义观念之所以为一种"观念",就在于它不仅仅是某一个层面的,或者说是某一个人或某一群体的,而且表现出了鲜明的社会性、共识性和普遍性,正是这三大属性决定着义观念的成立。通过殷商之义与西周之义的对比,西周之义的观念属性可以清晰地显现出来。

其一,殷商之义是宗教祭祀程序,具有神秘性;西周之义是宗法政治观念,具有社会性。殷商之义作为祭祀程序,带有强烈的宗教神秘色彩,祖己所谓的"天监下民,典厥义",即是这种神秘性的集中表达。殷商时期,义的尊尊内核主要在于"尊帝",尊王只是"尊帝"的副产品,商王只有依靠着和上帝的神秘关系才能树立自己的尊贵地位。因此,殷商之义的宗教神秘性突出,其观念属性还只能处于萌芽状态,难以在其他社会层面形成内涵式扩充。《诗经·大雅·文王》云:"周虽旧邦,其命维新。"周人对殷商之义进行了一番维新工作,他们针对性地褪去了义的宗教神性,放大了义所本具的政治理性,突出了义的亲亲、尊尊原则,使亲亲、尊尊成为天下之"通义"。例如,西周太宰有"以八统诏王驭万民"的职责,亲亲和尊尊位列其中[①];《礼记·中庸》中,孔子将亲亲列为天下国家的"九经"之一。《礼记》描述周代社会,多次将亲亲、尊尊称为人道:"亲亲、尊尊、长长,男女之有别,人道之大者也。"[②] "上治祖祢,尊尊也。下治子孙,亲亲也……

---

① 《周礼·太宰》。
② 《礼记·丧服小记》。

别之以礼义，人道竭矣……是故人道亲亲也。"① "贵贵尊尊，义之大者也。"② 义被提升到了治国之经和人伦之道的高度，表明其脱离了宗教母体，开始在更广阔的社会层面发挥出准则作用。

其二，殷商之义主要是商族内部的宗教观念，具有族群性；西周之义是通行天下的政治准则，具有共识性。殷商之义尽管对"邦伯"也有一定影响，但主要还是商族特有的宗教观念，用以维系族群的共同情感，稳定族群的内部关系，使整体族群产生强大的内聚力，保证殷人在相当长的时期内占据社会竞争的优势地位。这样，义自然成为商族内部掌握的秘密武器，不可能轻易示人。周人则把义改造为公开的官方政治准则，使义成为尽人皆知的共识性观念。《诗经·大雅·文王》云："仪刑文王，万邦作孚。"《诗经·曹风·鸤鸠》云："淑人君子，其仪不忒。其仪不忒，正是四国。"《诗经·周颂·我将》亦云："仪式刑文王之典，日靖四方。"以上诗句均传递出同样的信息，即只要遵行文王之"义"，就能信服万邦，安定天下。"敬慎威仪"，可以"维民之则"③；"威仪不类"，必将"邦国殄瘁"④。这表明义已经成为西周社会的共识性观念。在义观念的统属下，周王室这一新得天命的贵族群体成为社会支柱，西周社会也在此基础上形成为一个大的共同体。

其三，殷商之义局限于特定阶层，具有特殊性；西周之义则通行天下，具有普遍性。从本原意义上讲，殷商之义既然是祭祀程序，这个程序操作者就理应具有某种特殊身份：一种可能是世守此职之官；另一种可能就是族群的首脑；或者两者本来就是一体的。陈梦家指出，在执行祭祀之时，祝宗、祝史一定握有极大的权力，他的职业就是维持这种繁重的祭祀仪式，而祭祀实际上反映了不同亲属关系的不同待

---

① 《礼记·大传》。
② 《礼记·丧服四制》。
③ 《诗经·大雅·抑》。
④ 《诗经·大雅·瞻卬》。

遇。我们在"旧臣"之中,见到只有巫和保最重要而最受尊敬,他们是宗教的与王室的负责人。① 这就决定了殷商之义只能成为少数人所掌握的隐密,具有明显的特殊性。西周之义则具有普遍适用性。周公言"兹乃三宅无义民"②,说明普通民众已经受到义的约束;"义尔邦君,越尔多士、尹氏御事"③,说明四方属国亦应遵行"王义";殷人有"义刑义杀",周人有文王之义,两种义虽然内涵不同,但受到同一个"义"概念的统领。这样,不论殷遗民还是周人自身,义都成为其共同秉持的观念,表现出明显的普遍性特征。《诗经》中出现的观念词汇中,义(仪)的出现次数仅次于德,排名第二④,很能说明义观念流布的普遍;此外,西周金文中义也大量用作人名⑤,亦可作为义观念普遍流行的佐证。

西周之义在影响层面上具有社会性,在认同度上具有共识性,在流行范围上具有普遍性,这些大异于殷商的特征,构成了西周义观念的基本属性。

五、结语

义观念在殷周时期的起源与生成,整体上表现为一个宗教神性向政治理性不断让渡的进程。

甲骨文资料显示出,殷人尊神,宜祭是国之大事,而祭祀仪式又

---

① 陈梦家:《殷墟卜辞综述》,第500—501页。
② 《尚书·立政》。
③ 《尚书·大诰》。
④ 笔者统计的观念出现次数为:德71次,义(仪)42次,威27次,信22次,礼10次,仁2次,利2次。
⑤ 西周金文中多有"中义""中义父""仲义""义仲""义公""义妣""义友""郑义伯""仲义父""郑义羌父""仲姞义母"等族名或人名。(张亚初:《殷周金文集成引得》,第870—871页)

是一个经过精心设计的过程。义作为宜祭的重要程序，内生出贵贱、等级之别，这些最初的人与人之间的区别具有社会准则意义，对殷商社会的成立具有特殊重要的作用；抑或说，殷商社会就是建构在宗教之义的观念基础之上。义构成了殷商各种社会规则的准则，许多重要的条例和规则由它来生发，并在它的支撑下产生作用。尽管殷人宣称义出自于上帝，但商王作为上帝旨意的领受者和传达者，实际上是掌握"义"的核心人物，是神圣光环笼罩下的最大受益者，受到全体殷人顶礼膜拜。

陈梦家指出，殷代的宗教，还是相当原始的。但是社会向前发展，改进了生产方式和生产工具，社会制度也因之而变，经验产生了对自然规律的认识。于是原始的宗教仪式虽依然存在，却逐渐僵化、形式化了。[①] 也许殷商王室对上帝的过分依赖，导致祭祀仪式日益繁多和复杂，物极必反，纣王不堪重负并进行了变革。侯外庐就认为，纣王在殷末是有一番革新的可能的，他在战争中失败，也可能是由于守旧派的族人反对他。史称伯夷、叔齐就曾向周人上过太平策，也有的向周人供奉自己祖先的典册，去献媚周人。[②] 可能纣王的改革措施过于激进，遭到守旧派的反对，又缺乏制度设计，导致旧的失去了，新的却没有建构起来，缺乏了制度约束的商王朝走向分崩离析。的确，宗教是殷商王族统治的观念武器，王权的神圣性、威严性与合法性都与之密不可分，放弃宗教就等于掏空了自身赖以统治的基础，割裂了殷人心理上的共同情感，消解了社会的整体凝聚力，抽掉了殷商社会得以维系的支柱；同时，宗教之义所蕴含着的族群成员义务也必然随之失去规则，在没有新规则形成的情况下，殷商社会也就失去了赖以存在的根本。

---

① 陈梦家：《殷墟卜辞综述》，第561页。
② 侯外庐、赵纪彬、杜国庠：《中国思想通史》（第一卷），第71页。

殷鉴不远，在革除殷人的天命后，周初统治者念念不忘殷商败亡的历史教训，自然对殷末统治基础丧失而导致败亡的问题产生强烈的忧患意识。召公云："皇天上帝改厥元子，兹大国殷之命。惟王受命，无疆惟休，亦无疆惟恤。呜呼！曷其奈何弗敬？"① 这种忧患意识促使周人从制度层面出发，去思考并寻找解决问题的办法。王国维云："殷、周间之大变革，自其表言之，不过一姓一家之兴亡与都邑之移转；自其里言之，则旧制度废而新制度兴、旧文化废而新文化兴。"② 这种认识无疑是深刻的，但表述似有失武断。侯外庐认为，周人走的是基于殷商旧制的维新路径：

> 周人战胜殷人，以其社会的物质生产的水准来说，实在还没有具备消化一个庞大族人的条件，军事的成功，并不能保证统治战败者的政治上的成功，因此，周人必然要向殷代制度低头，尤其在胜利者的文明程度不如失败者的文明程度时，胜利者反而要在文化上向失败者学习。于是周人也就不能不假设一些理由来接受殷人的宗教制度。③

这种认识似乎更为科学。从逻辑上讲，"小邦周"的文明发展程度应该低于"大邑商"，"惟殷先人有册有典"④ 还曾让周初统治者极为艳羡。他们非但没有对殷商旧制全面否定，反而认识到殷先哲王的所谓典册，包含历代商王惨淡经营的宝贵经验，需要从中汲取有益的成分。从文明传承和发展的角度看，周人无疑是有着重大历史贡献的。殷鉴不远，周初统治者认识到，纣王放弃宗教祭祀，是导致殷人离心离德的内在

---

① 《尚书·召诰》。
② 王国维：《观堂集林》（外二种），第232页。
③ 侯外庐、赵纪彬、杜国庠：《中国思想通史》（第一卷），第72页。
④ 《尚书·多士》。

原因。正是因为失去了宗教神性的光辉，殷商社会的上层建筑才轰然倒塌。所以，对宗教制度的继承是理所应当的事情，对义这种宗教制度中最为精华的部分自然更为关注。不过，周人并非全盘拿来、简单照搬了事，而是进行了适合于政治现实的革新，做出了符合自身统治特点的调整，使宗教之义嬗变为以亲亲、尊尊为精神内核的宗法政治准则，具备了更加鲜明的世俗意义。

在西周政治实践中，世俗义德尽管受到了空前重视，宗教神性却仍然高高在上，神性的光辉并没有随着政治理性的生成而远去，相反，它对现实政治所起到的不可替代的神圣化作用，使得宗教与政治始终如影随形、密不可分。神道设教、敬天法祖作为周人的统治法宝仍然不可或缺，只是重心由尊神逐渐过渡为亲民了。可以认为，正是在殷商宗教神性的废墟上，西周政治理性的新构建崛起了，二者尽管存在很大不同，却有着宗教之义的共同来源。

"义"与早期中国的"邦邑"共同体[*]

吴忠伟

在中国道德条目语汇库中,"义"是一个复杂而微妙的词,此很典型地反映在其用法之多样性上。试比较"仁义"与"义人"两种用例。"仁义"为一并列式复合词,其中"仁"与"义"作为词素乃是一并列关系,指示了"义"之为不同于"仁"之德目。虽然如此,"仁义"所制造的词义印象似是以"仁"为中心,以"仁"统"义"或纳"义"于"仁"中,这一倾向在现代汉语中表现得更为明显,譬如我们俗语中常指称某人"很仁义"。而"义人"(称义之人),则为一偏正式复合词,其中前一词素"义"乃是对后一词素"人"的修饰、限定,用以说明"人"之存在状态或人格类型,同于"义人"之用例的还很多,如"义田""义庄""义齿"等等。显然,"义人"之"义"不同于"仁义"之"义",后者一般被理解为一德目,乃是一内在之德性,而前者虽然也可理解为一德目,但明显指向一外在施设之伦理价值,故"义人"实乃"称"(合乎、实现)此"义"而成为之人。从历史语言学的角度看,"仁义"与"义人"之启用自有其不同时段,然二者仍同时适用于现代汉语中或非偶然,表明此两种用例与"义"之不同"义项"

---

[*] 感谢两位审稿人的宝贵意见,本文已根据建议对文章做了相应的修改与补充。

或有关联。如果联系起中国哲学史上著名的"仁内义外"之争，则可以初步认定，"义"之内／外之争实与早期"义"概念的演化、分殊有关，即"义"由作为"德"的"义"，经由"德行"之"义"，再转化为"德性"之"义"。而"义"概念的演化又非是纯粹的逻辑演绎，实与早期中国"邦邑"共同体①的维系状况相应，反映了中国思想德／政关系的密切。

一、作为"德"的"义"：义"益"邦政

"义"者，应当之则也。②然"义"之本义何谓也？许慎云："义，己之威仪也。从我从羊。"③所谓"己之威仪"，甚得古义，然需作一说明。古文字学家对此做了进一步的解释："义字初文构形的主要部分'我'虽是兵器象形，但在殷代卜辞里的实际用例，皆假借为第一人称代词，即所谓'施身自谓'之词。由于兵器'我'假用为代词之'我'，义字的本义也由插羽于我（兵器）上以为美饰之仪仗，引申为自我仪容之美，也即是许慎所说'己之威仪'的语义。"④可见，在其作为一德目之前，"义"更多具有一修饰仪容，以与己之身份匹配之义。迨至前诸子时代文献中，"义"字习见，其作为一德目的意思已是显然的，然其与"己之威仪"义仍有某种关系，而不同于后世之理解。事

---

① "邦邑"即指"城邦"。邦者，国也，春秋时代"国"乃指"都城"，"凡邑有宗庙先君之主曰都，无曰邑。邑曰筑，都曰城"（《左传·庄公二十八年》），故以邦邑连用，通称春秋时期的城邦国家形式。而"邦邑"共同体（community）实指以"邦政"为纽带，以"邦邑"成员的共契而在。关于古代中国的城邦国家形态，参见日知：《中西古典学引论》，天津教育出版社 2006 年版。

② 这里以"义"作为"应当之则"，是就"义"之作为一特殊性"德目"而言，而非取一般道德哲学从"义务论"角度对道德的理解，故本文将"义"分出"德""德行""德性"三个层次，乃从中国思想本身的理路演绎而出，而不同于一般伦理学形态之区别为义务伦理学与德行伦理学。关于伦理学形态，参见汤姆·L. 彼彻姆：《哲学的伦理学——道德哲学引论》，雷克勤、郭夏娟、李兰芬、沈珏译，中国社会科学出版社 1990 年版，第 222 页。

③ 许慎：《说文解字》卷十二。

④ 刘翔：《中国传统价值观诠释学》，上海三联书店 1996 年版，第 112—113 页。

实上，某一德目，其"名号"（能指）与"意义"（所指）之间并无一恒定之必然对应关系。尤其就汉语本身而言，其不同于西语之曲折词，"形"不变而"义"（意义）已变，故一"名"而多"义"（意义）现象是常见的。缘此，作为德目的"名"，其在不同语境中虽"能指"相同，而"所指"或有微妙之异。就德目"意义"与道德主体"身份"之关系来看，道德主体身份演进了，其虽沿用旧有德目之名，而其"意义"已变矣，所谓"言同而旨异"。对此，麦金太尔在其《德性之后》《谁之正义？何种合理性？》等论著中特别对古希腊由英雄社会转向城邦社会中德目意义之演化予以分析，已很清楚地说明了此点，其核心之旨便是：德目有一从"德"向"美德"（德性）之转。

试以"正义"（Dikē）德目为例。《荷马史诗》中的Dikē更多与行为主体对于某一宇宙秩序的认同、遵从关联，"要成为正义的（Dikaios），就是要按照这一秩序来规导自己的行动和事务"[①]。而依秩序而行，实即行为主体明其"身份""角色"，依其角色之权限要求而行事。故依麦金太尔，在对《荷马史诗》中行为主体之心理动机进行解释时，当重其角色意识，而非突出现代心理学下个体自我的欲望。而至后荷马时代，"正义"概念产生分殊，有一按"应得"（Desert）与"功绩"（Merit）之不同维度来界定的差异，正相应于所谓的"优秀善"与"有效善"之别，也正对应于"美德"与"德"之别。作为"美德"的"正义"，其指向的是普遍性"善"，要求的是对"应得""应该"的归从，故不同于基于秩序框架下对"角色"的恪守、履行之"德"。"正义"的"美德"化，乃是与人类内在心灵中"努斯"（Nous）的分殊相应。在亚里士多德那里，"努斯"即人类理性，是心灵把握本原的能力。这正说明了"正义"实由对外在秩序原则的遵从，转向主体内在心灵的秩

---

① 阿拉斯戴尔·麦金太尔：《谁之正义？何种合理性？》，万俊人、吴海针、王今一译，当代中国出版社1996年版，第20页。

序化。

依此,我们再来看前诸子时代作为"德"的"义"。请先试举《左传》《国语》等经典文献①中"义"之典型用例,略作归类,再予分析。

1. 初,范氏之臣王生恶张柳朔,言昭子,使为柏人。昭子曰:"夫非而仇乎?"对曰:"私仇不及公,好不废过,恶不去善,义之经也,臣敢违之?"(《左传·哀公五年》)

2. 夫国君者,将民之与处。民实瘠矣,君安得肥?且夫私欲弘侈,则德义鲜少,德义不行,则迩者骚离,而远者距违。……若敛民利以成其私欲,使民蒿焉忘其安乐,而有远心,其为恶也甚矣,安用目观?(《国语·楚语上》)

3. 晏子谓桓子:"必致诸公!让,德之主也。让之谓懿德。凡有血气,皆有争心,故利不可强,思义为愈。义,利之本也。蕴利生孽,姑使无蕴乎!可以滋长。"(《左传·昭公十年》)

4. 仲尼闻之曰:"惜也,不如多与之邑。唯器与名,不可以假人,君之所司也。名以出信,信以守器,器以藏礼,礼以行义,义以生利,利以平民,政之大节也。"(《左传·成公二年》)

5. 故异德合姓,同德合义,义以导利,利以阜姓,姓利相更,成而不迁,乃能摄固,保其土房。(《国语·晋语》)

6. 师服曰:"异哉,君之名子也!夫名以制义,义以出礼,礼以体政,政以正民,是以政成而民听。易则生乱。"(《左传·桓公二年》)

7. 是以观其容而知其心矣。……目以处义,足以践德,口以庇信,耳以听名者也,故不可不慎也。(《国语·周语下》)

---

① 今文《尚书》关于"义"的表述不一。有作"法"解,如"无偏无陂,尊王之义"(《洪范》);有作"善"解,如"罚蔽殷彝,用其义刑义杀"(《康诰》)等。

8. 是故天子大采朝日，……日中考政，……日入监九御，使洁奉禘、郊之粢盛，而后即安。诸侯朝修天子业命，昼考其国职，夕省其典刑……而后即安。(《国语·鲁语下》)

例1与例2牵涉"义"与人之心理之"好恶"关系，例3、例4、例5、例6则给出了"义以生利"之命题表述，而例7、例8则落实到修德主体之身份与德目之关系。以下我们具体分析之。

例1中臧王与张柳朔私人有隙，然其不以己之好恶而有失荐人之过。例2中，则强调国君不当逞其私欲，夺民之利而"专利"。无论是所谓的"私仇不及公"，还是"私欲弘侈，则德义鲜少"，其实讲的都是：在公事之域①，当行之以"义"之原则，"义"之为"公"，有别于个人情欲之"私"，故"不以私害公"。"好恶"之"过"但在"逾度"，即将个人好恶由私情之域扩及公事之域，若不僭越即为"义"，故文献中多以"节"关联"义"，如"义所以节也。……义节则度"(《周语上》)。"节"不是对私人"好恶"本身的节制、修饰，而是对其施用权限的规约，由是在此私己"好恶"之域外，前诸子时代另开拓出一公共价值领域，其相对于私情好恶之"偏向"取向，突出的是一"正直"原则，此即"德"也，"义"隶从于"德"。"德"者何义？"德者，得也"，思想史学者喜依许慎《说文》之训，然此训诂传统起于战国②，故不足为据。溯"德"字之原初含义，则"从造字取象及其联系看，'德'的最初含义应该就是《尚书》中反复出现的'王道正直'、屈原所标举的'正道直行'的意思；由此而有'正直的行为'的规范义"③。

---

① 陈乔见特别指出，《左传》用例中，"'公'大多指的是公室及其事务和利益，'私'则是臣下及其情感、事务和利益"。见氏著：《公私辨——历史衍化与现代诠释》，生活·读书·新知三联书店2013年版，第31页。
② 郑开：《德礼之间——前诸子思想史》，生活·读书·新知三联书店2009年版，第59页。
③ 臧克和：《汉字单位观念史考述》，学林出版社1998年版，第161页。

行为"正直",即行为不偏不倚,正相对于私情好恶之有所"偏向"。这样,"德"之凸显,乃在对公事之域行为之规范,而未正面处理私情之域,从这个意义上讲,作为"德"的"义"乃是一"公义"。可以说,前诸子时代公／私之对举具有一思想史的标志意义,正体现了西周政／教合一之政治格局向春秋政／教分离之政治格局的转化,旨在以"正直"之"德"调停公／私之域的关系。而公／私之争的关键在于"利"而已,若此,则前诸子之"义"不难理解为广义之"德"在处理"利"之问题上的原则落实。例3正指出了由于"争利"之事实,故需要以"让"德淡化此争利之心。然在前诸子那里,义／利并非决然对立,反有"义以生利"之表述。例3有"义,利之本也",例4有"义以生利",例5有"义以导利",虽表述或有差异,然决无诸子时代义／利冲突之义。个中原因在于,前诸子所说之"利"非指个人私己之利,实"邦邑"之"公利","公义"自然与之不违。需要特别指出的是,"义"之所以有"生利"性,与"义"之可"实施"有关。作为德目,"义"非是一抽象原则,而是一可履行、实施之"德能",其主要功能即在"节度"个人(尤其是君王)之私欲好恶,故通过"义"的"实施",可以达致此结果。"义"为何具有"实施"性呢?因为在前诸子时代,种种德目乃是围绕"邦邑"之"治"而施设的一套"制度性"价值,不同德目之间乃是一顺承、配合关系,每一德目于其中承担一环节,履行一功能,而不能揽其全部。如例4中,虽"义以生利",而"义"仍有其"由",乃是"礼以行义",至于"利"亦非根本,而是服务于"利以成民",由此最终落实为"政成邦治"。而例6虽未有义与利关系的直接表述,而是示以"义以出礼",然其落实处亦是"政成民听"之"邦治"。可见,"义以生利"之"利"实指由于"不专利",故得庶物蓄生、财货丰富之利。至于"政成民听",则为"邦邑"之最大"利"。"义"直接关联于前者之利,而以顺承参与的形式间接导引了后之大利,正揭示了前诸子时代"德"与

"治"之关系:"邦"之"治"在于"德"之修,政治的基础就是道德,二者是一直接的顺承关系。

二、作为"德行"的"义":惟义是从

在前诸子时代的"邦邑"共同体中,"义"乃是一外在规范原则,故"礼义"并用之。至于"仁义"并用,则常见于诸子时代的文献中。从"礼义"之"义",到"仁义"之"义",可以说是从作为"德"的"义"向作为"美德"(德性)之"义"的转化,其间还经历一"德行"之阶段。① 这里所说的"德行"(Virtue)一词自然是从属德性伦理学(德行伦理学),指向的是行为主体的一种"质量",即"做道德上值得要求去做的事的一种稳定的气质、习惯或特性"②,但根据"德行"作为"质量"在行为与心理层次上的表现,我们将行为层次的"质量"称为"德行",而把心理层次的"质量"叫作"德性"。这就关涉孔子对"义"的使用。

在《论语》中我们看到,德目乃是围绕"己"之修身而给出、展开,故德目不再隶从个体自我在"邦邑"中之职责身份,而是直接与"己"关联,成为"修己"之要求。诸子时代恰恰是要将德目应用于私己之域,正面处理自我本身的修为问题,从而表现出"德"与"政"的非直接对应关系。为便于论述,我们还是一仍其旧,先称引《论语》中的相关文句,再做梳理分析。

---

① 陈来以为春秋伦理文化的演变,实从"仪式伦理"主导变为"德行伦理"主导。见氏著:《古代思想文化的世界:春秋时代的宗教、伦理与社会思想》,生活·读书·新知三联书店2002年版,第九章"德行"。

② 关于德行伦理学意义上的"德行"/"德性"概念,参见潘小慧:《德行与伦理——多玛斯的德行伦理学》,台北哲学与文化月刊杂志社2003年版,第24页。

1. 子曰:"唯仁者能好人,能恶人。"(《里仁》)

2. 子曰:"富与贵,是人之所欲也,不以其道得之,不处也。贫与贱,是人之所误恶也,不以其道得之,不去也。君子去仁,恶乎成名?君子无终食之间违仁,造次必于是,颠沛必于是。"(《里仁》)

3. 子曰:"我未见好仁者,恶不仁者。好仁者,无以尚之;恶不仁者,其为仁矣,不使不仁者加乎其身。有能一日用其力于仁矣乎?我未见力不足者。盖有之矣,我未见之也。"(《里仁》)

4. 子曰:"士志于道,而耻恶衣恶食者,未足与议也。"(《里仁》)

5. 子曰:"君子之于天下也,无适也,无莫也,义之与比。"(《里仁》)

6. 子曰:"君子喻于义,小人喻于利。"(《里仁》)

7. 又云:"子曰:'德之不修,学之不讲,闻义不能徙,不善不能改,是吾忧也。'"(《述而》)

8. 子曰:"饭疏食饮水,曲肱而枕之,乐亦在其中矣。不义而富且贵,于我如浮云。"(《述而》)

9. 子曰:"非其鬼而祭之,谄也。见义不为,无勇也。"(《为政》)

10. 子路曰:"君子尚勇乎?"子曰:"君子义以为上,君子有勇而无义为乱,小人有勇而无义为盗。"(《阳货》)

显然,上面文字的引录是有所考虑的,其内容大致对应于上节所引之文献,如例1至例4涉及"好恶"问题,而例5至例8突出了"义"之原则与义/利之辨,例9与例10则讨论"义"与传统德目如"勇"之关系。这颇便于我们做一对比分析。

例1至例4论及"好恶"问题。我们知道,前诸子时代分别公事之域/私情之域,强调对"好恶"要"以义节之",然并不对"好恶"本身做一负面评价。对比之下,诸子时代对"好恶"有其新的处理。就孔子来说,其强调的不是对"好恶"的"节度",而是"好恶"的"原由""根据"。所谓"唯仁者能好人,能恶人"显然不避讳谈"好恶",也不是如前诸子那样考虑如何"不以私害公",而是让"好恶"得其所。虽然对此句之训解学界仍有讨论①,但以"仁者"这一主体条件作为"好恶"的前提则是显然的,这就把"好恶"与"仁"联系起来,似异于前诸子之以"义"连之。"仁"者何也?夫子并未给出一"定义"之解,而是在"语用"学意义上说明之,其中"仁者爱人"以及"为仁之方"——忠恕之道可谓典型。爱人,即对异于己之他者的爱惜、顾怜,忠恕即是"立己立人""己所不欲,勿施于人",无论何者,均体现出在己/人之间一伦理情感的表示。事实上,"仁"之为"德"在前诸子时代已有,然尚限于血缘家庭中的人际关系,尤其是亲子之间。②而孔子以"仁"勾连己/人,不仅扩大了"仁"之施用范围,亦升华了其伦理内涵,从这个意义上讲,孔子之仁乃是一"全德之名"。③这样一来,在私己之域,己/人之间就不只是"好恶"之情的关系,更有伦理价值层面的"仁"之"爱人",这似乎意味着,在私情之域亦有"德"焉,而非必在公事之域表其"德"。如此,对待个人"好恶"就不是单纯的"节度"问题,而是"如何"或"因何"而"好恶",即"因着""仁"而有恰当之好恶施与,而非纯任血气之欲。尽管以"义"节度"好恶"已被诸子时代以"仁"规导"好恶"所取

---

① 如赵又春不取传统训解,指出:这里所讲的"能好人恶人",是指有能力做出"好他恶他"之决定,此"能"实为一"道德鉴别力"。见氏著:《论语名家注读辨误》,岳麓书社2012年版,第146页。
② 如骊姬谮言晋君,"为仁者,爱亲之谓仁"(《国语·晋语一》)。
③ 如朱熹云:"盖仁也者,五常之首也,而包四者,恻隐之体也,而贯四端"(《论语或问》),又云"仁,则私欲尽去而心德之全也"(《论语集注》卷四《述而第七》)。此虽然已是理学家的扩解,但确实也指示了孔子"仁"乃是一"全德之名"。

代,然"义"之因素似乎并未去除。因为"己"之心意不违"仁"是至"简"的,以这一伦理动机展开之域是最小的[①],在此之外,"己"尚需要一正面之"应当"主动为之者,这就牵涉"义"。

相较于"仁"之于"好恶",孔子突出了"义"之于"利",如果说守"仁"是君子"立身"之本,那么为"义"则是君子的"行为"原则,例5到例8突出了义/利之辨和君子的行为选择,如很典型的表述"君子之于天下也,无适也,无莫也,义之与比""闻义不能徙"都显明地表示"义"之作为"行为"原则,所谓"惟义是从"。在诸子时代,伴随着"己"之自觉,个体自我处于一更复杂、更紧张的道义选择境遇中。因此,行为"原则"也就由之前"节而不淫"之"修治",转向"价值"之"选择"。故"义"与"好恶"的关系虽被"仁"取代,然"义"与"利"之对立的突出反而确立了"义"之"行为原则"的地位。孔子既以"义"作为"己"之行为原则,则个体当"惟义是从",就此而言,"义"即由"德"进而为"德行"矣。例9与例10对"义"与"勇"关系之辨析显示了这样一种变化。例9给出了"见义不为,无勇也"之表述,其中"勇"作为一德目实在前诸子时代即已确立,且其与"义"之为"德"乃属并列关系。夫子则对"勇"予以新解,将"勇"纳入"义"的范围内,置之于"义"之控制下,如此义/勇关系由并列转为主从。自然,"勇"属于"气质"范畴,当其隶从于"义"时,此"气质"性虽不改,而其施发之"自在"性已有"义"规约,合"义"而为则"勇",反之,虽有"气质"之"勇",实非"勇"也。故如例10所示,"君子有勇而无义为乱,小人有勇而无义为盗",不合"义"之"勇",实为"气质"之滥用。气质刚强之子路之问夫子之"君子"尚"勇"问题,正表明其受夫子之教,由一传统意义上的"勇者"转为一"见义勇为"之"君子"。

---

① 参见李幼蒸:《仁学解释学》,中国人民大学出版社2004年版。

由于"勇""好恶"的"权限化","义""仁"之作为"德目"得到了提升,获得了一更大的价值普遍性。"义"的升格,其背景在于从前诸子时代转到诸子时代时,德／政关系形态有一变更。在前诸子时代,行为主体之"身份"制度性地隶属于"邦邑",故其德目之履行直接关联于"邦邑"之"治"这一最大之"治",由此德／政一致。而至诸子时代,"邦邑"共同体的维持出现危机,"王"势趋强,贵族式微,终致"邦邑"共同体转为以"王"为中心的"行政"运作体。"邦政"既沦为"王政",则之前德／政一致的关系形态也就相应转为诸子时代的德／政分离,而其实质是以"王政"之"政"统"德",以实现另外意义上的德／政一致。对此,孔子之以"正名"作为"为政"之始,区别"邦"之有道、无道,以义／利之辨区分君子／小人,显然不是无的放矢,而是有其所指。君子何谓也,"喻于义"而别于"喻于利"之"小人"也,君子"喻于义",故得"周而不比",能基于共同原则而达成的"结盟"。

如此,在"邦邑"共同体侵削瓦解之际,夫子有一新的"邦邑"共同体之构建理念,其根本在于"惟义是从"的"君子"间的结盟。

三、作为"德性"的"义":仁义皆内

《论语》中仁／义有分。夫子以"仁"导引"好恶",偏于心理情感;以"义"辨"利",实在于行为原则。前者固为"里",而后者当为"表"。故夫子虽未尝有"仁里义表"[①]之明确表说,但其意不难推出。然在后世之"仁义"用语中,颇有以"仁"包"义"之势,此何也,实端赖于孟子之功。孟子以仁义皆内也,此非只与告子相辩也,

---

① "义表"说不同于"义外"说。告子之"义外"乃指"应当之则"是外在性的,与主体之"所欲"无关;而孔子"义表"坚持"义"原则的"内在性",只是相比"仁"偏于伦理动机之域,而"义"则侧重于行为选择之域,故有"表里"之别。

亦突破以孔子为代表的早期诸子之"仁里义表"思想,实有深意焉。故于"义内"说,还是当依循"邦邑"共同体的维系之思路,置之于"语境"脉络下做一分析梳理。

如上节所述,孔子意欲将"邦邑"共同体建立在"君子"之"结盟"基础上,这内含了对"君子"两个层面的修德要求,一是"为仁",一是"从义"。就个体"安己"而言,君子固可以为仁自守,所谓"我欲仁,斯仁至矣"。而至于以"义"作为个体"应当"之行为原则,达成"君子"的结盟,则实有"事不获已"之难。不过在诸子时代早期,"邦邑"共同体遗存依稀可见,夫子虽亦不遑宁处,似尚有悠游余地,及至孟子时代,"邦邑"共同体基本瓦解,"王"之逼压日进,"士"虽"气"盛而无有退守空间,唯求博弈也。于此,"士"主体性之挺立、道德自觉意识之强化也就可想见,此迨"士"之与"王"博弈之内在要求也。此博弈,要求"士"的行为选择不单纯是"惟义是从",且要确保"士"之道德行为具有一"必然性",由此"必然性"而有"合法性"。孟子的做法是,通过"义"之内在化,由作为"德行"的"义"开出了一"德性"之"义"。由此,孔子那里的仁/义里表之分,即转为"义"之"潜能"(心理)与"实现"(行为)之关系,这样"德行"的"必然"只在于"德性"之"扩充"而已。

还是让我们先从著名的"四端"说开始吧。孟子云:

> 所以谓人皆有不忍人之心者,……恻隐之心,仁之端也。羞恶之心,义之端也。辞让之心,礼之端也。是非之心,智之端也。人之有四端也,犹其有四体也。有是四端而自谓不能者,自贼者也。(《公孙丑上》)

孟子以四心实为四德之端,故四德有一从"潜能"状态到"实现"状态。事实上,四德为"行为"原则意义上的"德",乃是主体在现实行为中做出的"善",故可理解为"德行";而四端(四心)则是"心理"朝向意义上的"德",其乃是人心天赋本具之向善"倾向",就此可称之为"德性"。借助四端／四德之关系形式,实也就将行为层次的"德行"与心理层次的"德性"连通起来。可以说,相对于孔子之"义表"思想,孟子的"义内"说是对孔子思想内在问题的调停处理。

在孔子那里,仁／义有分,然从夫子之行径看,其"仁"强而"义"弱,"有效"程度有所不同,似表明了夫子新型"邦邑"共同体构建的困境。而于孟子,其道德哲学最大的贡献在于"义"之内化,即以"四端"说将"义"亦落实在"心理"层次,而非专属"行为"层次。此说意义在于,恻隐之心作为"仁之端"只是提供了"道德意识"触动的情感基础,而继之而来的"义之端"实是"道德意识"的真正启动,因为其有"羞恶"之心即自觉的"应当"意识的产生。"义"既在两个层次上,也就意味着其有德性／德行两个层面,有"德性"之"义",故有"德行"之"义",前者确保了后者之"必然性",这就为已处于"王政"时代的孟子提供了一种"自信"。故其特别强调"义内",批驳告子"义外",是要确保道德实践的自主性、自觉性。如孟子与告子之辩:

> 告子曰:"食色,性也。仁,内也,非外也。义,外也,非内也。"(《告子上》)

告子之"仁内义外"说实认为,道德行为只是"任意"的,不具必然性。落实到个体身体层面,也就表现为勇气的缺乏,因为"气馁",这牵涉"心"与"气"之关系。如孟子所云,告子有"不动心"之勇,所谓"不得于言,勿求于心;不得于心,勿求于气"(《公孙丑上》)。告子认同"不得于心,勿求于气",然不能坚持"直养其心",

但是"力制其心",使之不动。① 反之,孟子持"夫志,气之帅",故有"不动心"。依此,孟子有"浩然之气"之养,不使其"馁":

> 其为气也,配义与道,无是,馁也。是集义所生者,非义袭而取之也。行有不慊于心,则馁矣。我故曰,告子未尝知义,以其外之也。(《公孙丑上》)

这里区别了集义／义袭,前者为"义内",后者为"义外"。"义外"故"气"之依"义"偶合而张,然因"义"与"心"不配合,一旦"行有不慊于心",气"则馁矣",如此道德行为不能保证。

孟子"义内"说的给出,最终还是要解决孔子那里的义／利对立,即以修天爵而人爵从之,此与麦金太尔之区分内在利益／外在利益颇为对应。也正是在此意义上,我们以为"义"内化后,其"应当之则"义非是"义务"论上的,而是"德性"论或"内在质量"论上的。② 不过需要指出的是,孟子对个体"德性"的强调,确有忽略"他者"之倾向,似偏离了孔子以"义"而达成"君子"结盟,重建"邦邑共同体"的构想。③ 由此不难理解后来荀子有一理论反弹,以"辨"解"义"④,但其构设的实是"社会",而非"共同体"⑤。

---

① 参见焦循:《孟子正义》卷六。
② 如麦金太尔所言,"一种德性是一种获得性质量,这种德性的拥有和践行,使我们能够获得对实践而言的内在利益,缺乏这种德性,就无从获得这些利益。"见氏著:《德性之后》,龚群、戴扬毅等译,中国社会科学出版社1995年版,第19页。
③ 罗尔斯早期特别强调伦理问题实即关乎"共同体"的问题,"罪"就是"对共同体的否弃和拒斥"。见氏著:《简论罪与信的涵义》,汤玛斯·内格尔编,左稀、仇彦斌、彭振译,中国法制出版社2012年版。
④ 参见燕国材:《先秦心理思想研究》,湖南人民出版社1980年版。
⑤ 滕尼斯特别区别"共同体"与"社会",以为前者是一"结合"状态,后者是一"分离"状态。见氏著:《共同体与社会——纯粹社会学的基本概念》,林荣远译,北京大学出版社2010年版。

四、结语

从前诸子时代到孟子时代,早期中国哲学德目"义"之演化经历了德／德行／德性三个阶段。其中"义"之由"德"到"德行",是"义"由社会性身份的"应当之则"向个体之"己"的"应当之则"的转向。而以"仁内义外"之辩为标志,"义"有一从"德行"向"德性"之转,展示了"应当之则"的"内在化"程度的强化,对此竹简《五行》区别"德之行"与"行"也反映此点。① 而伴随着"义"概念之演化,"邦邑"共同体亦有一从维持到瓦解之过程,似显示了中国思想中"德"与"政"关系之紧张。

---

① 参见郭齐勇:《郭店楚简〈性自命出〉、〈五行〉发微》,载丁四新主编:《楚地出土简帛文献思想研究》(一),湖北教育出版社2002年版。

论古典儒学中"义"的观念
——以朱子论"义"为中心

陈 来

在钱穆的《朱子新学案》一书中,有专章"朱子论仁",但无专章"朱子论义"。近年学者很关注朱子论礼,但仍少有关注论义者。本文即欲对此问题加以简述,以进一步加深对朱子学基本道德概念与经典诠释的理解。

"义"字,《说文解字·我部》的解说是:"己之威仪也。从我羊。"这一说法中,"我羊"是讲字形结构,"威仪"是强调原始字义。以义字字形(義)采用我羊,这是依据小篆。而威仪之说,有学者认为义(義)是仪(儀)的本字,其字形像人首插羽为饰,充作仪仗。在这个意义上《说文解字》的"威仪"是指出义的字源意义,而非通用意义。[①] 然而无论如何,《说文解字》用威仪解释"义"字意义的说法显然不能解释先秦古籍中"义"字作为道义、正义等价值概念的用法。

一、古代以"宜"释"义"的传统

先秦文献中对义的使用的解释不少,其中属于文字学的解释是

---

① 刘翔:《中国传统价值观诠释学》,上海三联书店1996年版,第112—113页。

"义者宜也"。以宜解义，虽然亦不能涵盖先秦文献对"义"的使用的诸意义①，但此说出现甚早，亦颇流行。其较早者，见于《中庸》：

> 仁者人也，亲亲为大；义者，宜也，尊贤为大；亲亲之杀，尊贤之等，礼所生也。

朱注云："杀，去声。人，指人身而言。具此生理，自然便有恻怛慈爱之意，深体味之可见。宜者，分别事理，各有所宜也。礼，则节文斯二者而已。"②朱子强调，"宜"是事理之宜乎如此者。

以宜解义，也见于其他先秦文献，如：

> 仁者，仁此者也；礼者，履此者也；义者，宜此者也；信者，信此者也。(《礼记·祭义》)
>
> 义者，谓各处其宜也。礼者，因人之情，缘义之理，而为之节文者也。故礼者谓有理也，理也者，明分以谕义之意也。故礼出乎义，义出乎理，理因乎宜者也。(《管子·心术上》)
>
> 义者，君臣上下之事，父子贵贱之差也，知交朋友之接也，亲疏内外之分也。臣事君宜，下怀上宜，子事父宜，贱敬贵宜，知交友朋之相助也宜，亲者内而疏者外宜。义者，谓其宜也，宜而为之，故曰："上义为之而有以为也。"(《韩非子·解老》)
>
> 义，宜也。爱，仁也。(《郭店楚墓竹简·语丛三》)③

《说文解字·宀部》曰："宜，所安也。"从"所安"来看，可知宜的本

---

① 陈弱水指出过以宜训义的局限，参见陈弱水：《说"义"三则》，《公共意识与中国文化》，新星出版社2006年版，第159页。
② 朱熹：《四书章句集注》，中华书局2011年版，第30页。
③ 荆门市博物馆编：《郭店楚墓竹简》，文物出版社1998年版，第211页。

意为合适、适宜，引申为适当、应当。所以宜字本偏重于实然，而非直指当然，其当然义较轻。故以宜释义，使得义的价值意涵变得不太确定，这是此种训释在伦理学上的弱点。这一弱点对"义"的后来发展，产生了不小的影响。由于以宜训义出现较早，几乎成为既成的标准解释，故后来者几乎都要照搬此说，或在引述此说的基础上，再加以申发。

从《中庸》的"仁者人也，亲亲为大；义者宜也，尊贤为大"可知，其义者宜也，应属声训。按古时的声训是用音近或音同的词去说明被解释词的字义或来源。声训起源很古，如《易传·说卦传》"乾，健也；坤，顺也"，《易传·象传》"夬，决也""晋，进也"，如《论语·颜渊》"政者，正也"，《中庸》"仁者，人也"，《孟子·滕文公上》"庠者养也，校者教也，序者射也"，这些都是声训。义者宜也，也是如此。但声训有时是出于猜度，主要是利用音义关系阐明某种主张，未必反映了语言的历史事实。声训之法到汉代应用较广，汉末刘熙作《释名》一书，专门用声训解说词义。

西汉大儒董仲舒解说义字仍不离"宜"之义：

> 故曰义在正我，不在正人，此其法也。夫我无之求诸人，我有之而诽诸人，人之所不能受也。其理逆矣，何可谓义？义者，谓宜在我者。宜在我者，而后可以称义。故言义者，合我与宜以为一，言以此操之，义之为言我也。(《春秋繁露·仁义法》)

这是以宜和我二义合一，来解释义字的意义，只是他强调义者在我，故他解释的宜，也是宜在我。这与朱子所讲的宜是事之宜、理之宜是不同的。

汉代以后，以宜解义还是较为多见的。《论语·学而》有子曰"信近于义"，皇侃疏：

信，不欺也；义，合宜也。①

邢昺疏：

人言不欺为信，于事合宜为义。②

《论语·先进》"由也为之，比及三年，可使有勇，且知方也"，邢昺疏：

注："方，义方"。正义曰：义，宜也。方，道也。言能教之使知合宜之道也。《左传》曰："爱子教之以义方。"③

《论语》二疏都是以合宜训义。邢昺疏讲宜是于事合宜，强调事之宜，这一点为朱子所继承。此前韩愈《原道》说"博爱之谓仁，行而宜之之谓义"④，也是以宜论义。可见这个传统的影响之大。

特别值得注意的是，上述董仲舒的说法表示，义的对象是我，而义的本质是"正"。这在先秦儒家已多有其例，如我以前指出过的⑤，《礼记·乐记》已经说过"仁以爱之，义以正之"，《礼记·丧服四制》也说"礼以治之，义以正之"，《荀子·赋》则说过"行义以正"。儒家以外，《墨子·天志》更明确提出"义者正也"，义者正也，表示义具有"正其不正以归于正"的"规范"意义。《庄子·天地》"端正而不知以为义，相爱而不知以为仁"，也透露出以爱为仁，以正为义的用法。可见，除了宜以训义之外，以正释义，在战国时期已经相当流行，

---

① 皇侃撰，高尚榘校点：《论语义疏》卷一，中华书局2013年版，第18页。
② 何晏注，邢昺疏，朱汉民整理：《论语注疏》卷一，北京大学出版社1999年版，第11页。
③ 何晏注，邢昺疏，朱汉民整理：《论语注疏》卷十一，第155—156页。
④ 韩愈：《原道》，刘真伦、岳珍校注：《韩愈文集汇校笺注》，中华书局2010年版，第1页。
⑤ 陈来：《仁学本体论》，生活·读书·新知三联书店2014年版，第133页。

并延续到汉代。相比起来，以宜训义，是一种训诂学的方式；而以正释义，是一种语用学的方式。

另外，除了义的定义外，义的特性在古代亦有论例，如《郭店楚墓竹简·五行》有"强，义之方；柔，仁之方"①之语，用刚强来刻画义的特性，与仁柔相对。《荀子·法行》"温润而泽，仁也；栗而理，知也；坚刚而不屈，义也"，明确以义为刚，以仁为柔。这一思想对汉以后的思想也有重要影响。《易传·系辞》"理财正辞，禁民为非，曰义"，也体现了此种刚的特性所体现的伦理性质，及其与"以正释义"的关联。汉代扬雄《法言·君子》更说到"君子于仁也柔，于义也刚"。我曾指出，郭店《五行》以亲爱论仁，以果敢论义，以恭敬论礼，其中对仁和礼的理解与春秋以来德行论基本相同，而以果敢论义，已表现出与春秋时代的不同。②这些与春秋不同的"义"的理解，正是对后世有重要影响的内容。

二、汉唐注疏以"裁断"论"义"

汉以后，在以"宜"解"义"外，出现了两种新的解释，即以"裁制"和"断决"解"义"。东汉开始的对义字的这两点解释，对朱子影响甚大。

先来看裁制之说。东汉末年的《释名》谓："义，宜也。裁制事物，使合宜也。"③这种定义影响甚为深远。《礼记·表记》中有"义，天下之制也"，但意义不明确。《释名》此处以合宜解释义，来自先秦"义者宜也"的声训，而其裁制思想则可能受到《礼记》"义者正也"、《易传·系辞》"理财正辞，禁民为非，曰义"的影响。所谓裁制，是

---

① 荆门市博物馆编：《郭店楚墓竹简》，第151页。
② 陈来：《竹帛〈五行〉与简帛研究》，生活·读书·新知三联书店2009年版，第159页。
③ 刘熙：《释名》卷四《释言语第十二》，中华书局1985年版，第52页。

指裁非正偏，管制规范。以"裁制"解说义字之义，始自《释名》。从对事的态度来看，前引邢疏"于事合宜为义"，强调了事的需要，但与《释名》的说法仍有不同。《释名》的讲法是从主体上说，人裁制事物，使事物各个得宜。而邢疏是说人做事要合乎宜然，重在客体方面。

与"裁制"义相通，汉代同时出现用"断决"释义字之义：

> 义者，断决。（《白虎通德论·情性》，决多指断狱）

《白虎通》的"断决"义，《释名》的"裁制"义，这两种解释对后世解释义字，影响尤大，汉以后经学注疏中多用之。应该指出，这两种解释也还是结合了"宜"来做说明。如《论语·为政》北宋邢昺"正义曰"：

> 《白虎通》云："五常者何？谓仁、义、礼、智、信也。仁者不忍，好生爱人。义者宜也，断决得中也。礼者履也，履道成文。智者知也，或于事，见微知著。信者诚也，专一不移。故人生而应八卦之体，得五气以为常，仁、义、礼、智、信是也。"①

又如北宋孙奭《孟子注疏·题辞解》"正义曰"：

> 《释名》曰："仁，忍也，好生恶杀，善恶含忍也。义，宜也，裁制事物使合宜也。"②

---

① 《论语注疏》卷二，第24—25页。标点略有改动。"或于事"，整理本注曰："或"，今《白虎通》作"不惑"。

② 赵岐注，孙奭疏，廖名春、刘佑平整理：《孟子注疏》，北京大学出版社1999年版，第5页。

除了以上在注疏中直接引用《白虎通》和《释名》对义的界定外，还有不少文献包括注疏用"裁制"或类似的词语解释"义"。

《论语义疏》卷七皇侃疏"上好义，则民莫敢不服"云：

> 君上若裁断得宜，则民下皆服。义者，宜也。①

这是以裁断得宜为"义"，继承了《释名》的定义。

《论语义疏》卷一皇侃疏：

> 五常，谓仁义礼智信也。就五行而论，则木为仁，火为礼，金为义，水为信，土为智。人禀此五常而生，则备有仁、义、礼、智、信之性也。人有博爱之德谓之仁，有严断之德为义，有明辨尊卑敬让之德为礼，有言不虚妄之德为信，有照了之德为智。此五者是人性之恒，不可暂舍，故谓五常也。②

这是皇侃对马融"三纲五常"的解释，其以严断之德为义，承继了《白虎通》的说法。

《孟子注疏》卷三上"正义曰"：

> 能合道义以养其气，即至大至刚之气也。盖裁制度宜之谓义，故义之用则刚；万物莫不由之谓道，故道之用则大。气至充塞盈满乎天地之间，是其刚足以配义，大足以配道矣。此浩然大气之意也。③

---

① 皇侃：《论语义疏》卷七，第329页。
② 皇侃：《论语义疏》卷七，第42页。
③ 《孟子注疏》卷三上，第81页。

裁制度宜与裁断得宜相同。以义之用为刚,也应是汉儒的说法。

此种"裁制"的解释,在《论语》《孟子》注疏而外,其他文献亦然。如萧吉《五行大义》卷三"论五常"言"义者以合义为体,裁断以为用","金以义断,裁制万物"。① 孔颖达疏《礼记·乐记》中说道"礼以裁制为义","义主断割,礼为节限"。② 杜光庭《道德真经广圣义》卷三十言"裁制断割者义也"③,"仁有偏爱之私,义有裁制之断"④。《太平广记》卷六十一:"此则裁制之义无所施,兼爱之慈无所措,昭灼之圣无所用,机谲之智无所行,天下混然,归乎大顺,此玄圣之大旨也。"⑤ 宋陈舜俞《都官集·说实》:"义者得宜之名也,裁制画一,义之实也。"⑥ 宋胡瑗《周易口义》:"必得其义以裁制之,则各得其宜也"⑦,"以禁民之有非僻者,使皆合于义,而得其宜矣。然则所谓义者,盖裁制合宜之谓义也"⑧。司马光《古文孝经指解》:"政者正也,以正义裁制其情。"⑨ 这里提出的"以正义裁制",还是有意义的。

同样,汉唐其他注疏中也多见以"断决""断割""断制"解释"义"的说法。孔颖达疏《礼记·中庸》"天命之谓性"及郑玄注时说:"云'金神则义'者,秋为金,金主严杀,义亦果敢断决也。"⑩ 事实上,《老子河上公章句》中对"上义为之"的解释就是"为义以断割也"。

---

① 引自刘国忠《〈五行大义〉研究》附录五《五行大义》校文,辽宁教育出版社 1999 年版,第 225、226 页。
② 郑玄注,孔颖达疏,龚抗云整理:《礼记正义》(中册)卷三十七,北京大学出版社 1999 年版,第 1094 页。
③ 杜光庭:《道德真经广圣义》卷三十,引自《道德经集释》下册,中国书店 2015 年版,第 805 页。
④ 杜光庭:《道德真经广圣义》卷三十,引自《道德经集释》下册,第 801 页。
⑤ 李昉等编:《太平广记》第 2 册卷六十一《女仙六·王妙想》,中华书局 1961 年版,第 377 页。
⑥ 陈舜俞:《都官集》卷六,文渊阁《四库全书》本,第 32 页 b。
⑦ 胡瑗:《周易口义》卷一,文渊阁《四库全书》本,第 3 页 b。
⑧ 胡瑗:《周易口义》卷十二,文渊阁《四库全书》本,第 12 页 a。
⑨ 司马光:《古文孝经指解》,清《通志堂经解》本,第 19 页 b。
⑩ 《礼记正义》卷五十二,第 1423 页。

唐玄宗《御注道德真经》解"上义为之而有以为"时说:"义者裁非之义,谓为裁非之义,故曰为之。有以裁非断割,令得其宜,故云而有以为。"① 宋元之际胡三省在《资治通鉴》注中也说:"西方金位,主秋,色白,配义,义者以断决为本。"②

再来看"断制"之义。南北朝《无上秘要》卷六引《妙真经》说:

> 仁以好施,义以制断。③

北宋王昭禹说:

> 次席则以次列成文,黼纯则以断制为义,事之制也。道出而后有德,德出而后有事,故莞筵纷纯而加以缫席画纯,又加以次席黼纯,此出道之序也。④

南宋初的张行成也有类似说法:

> 意则蕴妙理而默喻,言则宣至理而导达,象则举大要以示典型,数则括庶物以穷名实,仁则覆冒而无边际,礼则会通而有仪物,义主断制,利在吊伐,智存术略,涉于机巧。⑤

事实上,朱子在《孟子集注》中也引用了宋人徐氏对《孟子》的训解:

---

① 引自《道德经全集》第3册,北京联合出版公司2017年版,第1252页。
② 司马光:《资治通鉴》卷二三八《唐纪五十四》,中华书局2013年版,第6430页。
③ 周作明点校:《无上秘要》卷六《王政品》,中华书局2016年版,第92页。
④ 王昭禹:《周礼详解》卷十九,文渊阁《四库全书》本,第2页a。
⑤ 张行成:《皇极经世索隐》卷上,文渊阁《四库全书》本,第24页a。

> 徐氏曰："礼主于辞逊，故进以礼；义主于制断，故退以义。难进而易退者也，在我者有礼义而已，得之不得则有命存焉。"①

制断即断制，可见汉唐注疏中对义的解释影响了不少宋人的理解。

此外，《容斋随笔》说：

> 人物以义为名者，其别最多。仗正道曰义，义师、义战是也。众所尊戴曰义，义帝是也。与众共之曰义，义仓、义社、义田、义学、义役、义井之类是也。至行过人曰义，义士、义侠、义姑、义夫、义妇之类是也。……禽畜之贤，则有义犬、义乌、义鹰、义鹘。②

可惜的是，其中多是对作为形容词的义的使用做了分疏，而未对义字本身做解说。这里所说的"仗正道曰义"，其中所说的正道即是正义，具有伦理学的意义，与司马光"以正义裁制"接近，而《容斋随笔》列举的其他名词则不具有伦理学意义。可惜，宋明理学对"正道曰义"的思想没有阐述发挥，仅仅突出了"仁"的价值意义。"义"的价值对仁的重要补充被忽视了。

三、朱子以"宜"训义

北宋道学论义不多，周子《通书》曰："爱曰仁，宜曰义。"还是以宜解义。二程对义字的讨论也只是围绕《孟子》中"配义与道"之说论之。如程颢：

---

① 朱熹：《孟子集注》卷九《万章章句上》，《四书章句集注》，第291页。
② 洪迈撰，穆公校点：《容斋随笔》卷八《人物以义为名》，上海古籍出版社2015年版，第43页。

> 仲尼言仁，未尝兼义，独于《易》曰："立人之道曰仁与义。"而孟子言仁必以义配。盖仁者体也，义者用也，知义之为用而不外焉者，可以语道矣。世之所论于义者多外之，不然则混而无别，非知仁义之说者也。①

这里只讲了仁义的体用关系，并没有论述仁义的性质。

又如程颐：

> 不动心有二：有造道而不动者，有以义制心而不动者。此义也，此不义也，义吾所当取，不义吾所当舍，此以义制心者也。义在我，由而行之，从容自中，非有所制也，此不动之异。②

这里提出的以义制心，显示出伊川对义的理解是从作用上来讲的，意味义是制导心的力量，义的作用，一方面是选择，另一方面是制心不动。这后一方面的意义就有裁制的意思。

钱穆曾指出："朱子治学不废汉唐，治经不废注疏。"③ 朱子在《四书集注》正式的训解中，皆采用"义者宜也"的古训。

如《孟子》开篇"王何必曰利，亦有仁义而已矣"，朱子注：

> 仁者，心之德、爱之理。义者，心之制、事之宜也。④

可见这代表了朱子对义的基本训释。其余如《孟子》"义，人之正路也"，朱子注：

---

① 《二程遗书》卷四，上海古籍出版社2000年版，第125页。
② 《二程遗书》卷二十一下，第328—329页。
③ 钱穆：《朱子新学案》第二册，九州出版社2011年版，第47页。
④ 朱熹：《孟子集注》卷一《梁惠王章句上》，《四书章句集注》，第187页。

> 义者，宜也，乃天理之当行，无人欲之邪曲，故曰正路。①

朱子注"义，人路也"：

> 义者行事之宜，谓之人路，则可以见其为出入往来必由之道，而不可须臾舍矣。②

朱子注《论语》中义字：

> 义者，事之宜也。复，践言也。恭，致敬也。礼，节文也。③
> 义者，天理之所宜。利者，人情之所欲。④
> 好义，则事合宜。⑤

从经学注疏的方法上说，朱子是沿袭《论语注疏》《孟子注疏》的注释方法的。如"仁义"，朱子似以为不释自明，故朱子不解释仁、义二字为道德之名、道义之名或道德之总体，而是分别就字义而训解。这就可以看出其注释并非纯义理式的说解，而是重视"训诂明"，以及在训诂明的基础上明义理。以《孟子》为例，义字除字义、章义、文义的用法外，朱子注中与"义"关联的词有义理、道义、礼义、公义、恩义，但朱子只是使用这类词语，不更做解释。而且这些连词的使用也不是解释原文中出现的义字，而是解释文义。其中有些词如理义、礼义见于《孟子》原文。此外，也有用裁制度宜解释其他文义的，如"道，义

---

① 朱熹：《孟子集注》卷七《离娄章句上》，《四书章句集注》，第263页。
② 朱熹：《孟子集注》卷十一《告子章句上》，《四书章句集注》，第312页。
③ 朱熹：《论语集注》卷一《学而第一》，《四书章句集注》，第53、54页。
④ 朱熹：《论语集注》卷二《里仁第四》，《四书章句集注》，第72页。
⑤ 朱熹：《论语集注》卷七《子路第十三》，《四书章句集注》，第135页。

理也。揆，度也。法，制度也。道揆，谓以义理度量事物而制其宜"①。

从朱子的这些解释中还可见，古文宜字并非直就当然而言，但朱子所理解的宜，不是实然，而是应然。如说宜是"天理之当行"，是"天理之所宜"。同时，此种解释应该说多是就"事之宜"而言的，而事之宜在朱子即是事之理，这是就宜的客观性意义而言的。

《朱子语类》中亦多此种解释：

> 又曰："《文言》上四句说天德之自然，下四句说人事之当然。元者，乃众善之长也；亨者，乃嘉之会也。会，犹齐也，言万物至此通畅茂盛，一齐皆好也。利者，义之和处也；贞者，乃事之桢干也。'体仁足以长人'，以仁为体，而温厚慈爱之理由此发出也。体，犹所谓'公而以人体之'之'体'。嘉会者，嘉其所会也。——以礼文节之，使之无不中节，乃嘉其所会也。'利物足以和义'，义者，事之宜也；利物，则合乎事之宜矣。此句乃翻转，'义'字愈明白，不利物则非义矣。贞固以贞为骨子，则坚定不可移易。"②

朱子已将义的理解区分为天德和人事两个方面。如果说《文言》上四句的"利者，义之和也"属于天德之自然，则这个意义上的义有其客观性，与在心上说的义有所不同。由于朱子对仁义礼智四德的理解是与《文言》的元亨利贞联结一体的，故朱子的思想重心，往往是在天德之自然的方面，即宇宙论的方面，而不是集中在人事之当然即价值论上。所以朱子论义的思想是和他对四德的整个看法联系在一起的。③

---

① 朱熹：《孟子集注》卷七《离娄章句上》，《四书章句集注》，第258页。
② 黎靖德编：《朱子语类》卷六，中华书局1986年版，第110页。
③ 参见陈来：《朱子思想中的四德论》，《哲学研究》2011年第1期；陈来：《朱子四德说续论》，《中华文史论丛》2011年第4期。

按《易传·乾·文言》原文:

> 元者,善之长也;亨者,嘉之会也;利者,义之和也;贞者,事之干也。君子体仁足以长人,嘉会足以合礼,利物足以和义,贞固足以干事。君子行此四德者,故曰:乾,元、亨、利、贞。

这是把"义者宜也"和《文言》"利物足以和义"联系起来解释,认为利物本身包含着合乎事之宜,不能利物也就不能合宜。这应该是在经典解释中对义字义理的延伸。

至于"利者,义之和也",朱子认为:

> "四德之元,犹五常之仁,偏言则一事,专言则包四者。"此段只于易"元者善之长"与《论语》言仁处看。若"天下之动,贞夫一者也",则贞又包四者。"《周易》一书,只说一个利",则利又大也。"元者,善之长也",善之首也。"亨者,嘉之会也",好底会聚也。义者,宜也,宜即义也;万物各得其所,义之合也。"干事",事之骨也,犹言体物也。看此一段,须与《太极图》通看。四德之元安在甚处?《剥》之为卦在甚处?"乾天也"一段在甚处?方能通成一片。不然,则不贯通。少间看得如此了,犹未是受用处在。①

照这个解释,义就是宜,宜就是义,其意义要看诠释者的重点何在。如在这里,朱子的重点在宜,一切得宜即是义。用《太极图说》的话来说,各得其所便是宜,宜便是义。故各得其所即各得其宜,此即是义之和了。这个说法便超出义的伦理学意义,而进入宇宙论的范围了。

---

① 黎靖德编:《朱子语类》卷六十八,第1690页。

> 问:"利物足以和义。"曰:"义便有分别。当其分别之时,觉得来不和。及其分别得各得其所,使物物皆利,却是和其义。"①

义而能和,此义后面讨论,这里要指出的是,义有分别之义,相比起来,仁的含义不是分别,而是一体。

朱子的以宜训义,与先秦即汉唐注疏的以宜训义有何不同呢?我以为这个不同就在于,《论语注疏》对义的训释皆是以事言,朱子则是以心言与以事言加以结合,他以"宜"为以事言,而明确以"裁制"等为以心言。这是朱子与汉唐注疏家的根本不同。我会在下节详细论述。

当然,朱子也会从其他角度论义的性质,如解《孟子》"义之实,从兄是也":

> 仁主于爱,而爱莫切于事亲;义主于敬,而敬莫先于从兄。故仁义之道,其用至广,而其实不越于事亲从兄之间。②

义主于敬,近于孟子"敬长义也"的意思,这是顺就文本原文而做的说解。

四、朱子以"裁制"解义

虽然朱子在《四书集注》中主要以"义者宜也"的故训,作为义字的训诂义。但在《朱子语类》中,朱子对义字做哲学思想的界定、把握时,则主要不是用宜来说明义字之义,而是用汉儒裁制、断决之

---

① 黎靖德编:《朱子语类》卷六十八,第1707页。
② 朱熹:《孟子集注》卷七《离娄章句上》,《四书章句集注》,第268页。

说来阐发义之思想义,显示出朱子经典诠释中对先秦和汉唐的训诂义做了基本区分。同时可见,汉唐注疏中的训释为朱子的思想提供了重要的学术依据,换言之,对朱子义理之学产生了影响。此外,汉儒以刚柔论仁义的思想也对宋儒颇有影响。这些都显示了汉儒之学对宋儒的影响。自然,朱子以裁制、断决说义,并非仅仅是对汉唐儒者说法的沿袭,也是他经过哲学的反思、反复的体会而得以形成的。

上面提到朱子《孟子集注》中说"义者,心之制、事之宜也。"其中"事之宜",是以宜训义。那么何谓"心之制"呢?此"制"即是"裁制"之意。事实上,《四书集注》在主要以宜训义之外,也用裁制释义,如解《孟子》"配义与道":

> 义者,人心之裁制。道者,天理之自然。①

这两句话,在后世《孟子》的诠释中影响甚大,也是《孟子集注》中朱子训释义字的代表性说法之一。也由此可见,"义者,心之制、事之宜也",其中的"心之制",便是心之裁制。在这里,宜字完全未出现。这就指出,义的解释不能只顺着先秦汉唐以宜解义的主流,只从事上去讲,还必须从心上去讲。"事之宜"是从事上讲的,而"心之制"是从心上讲的。当然,这两句注是顺着原文配义之说而来,但也要看到,这两句也是比照仁字的解释"心之德,爱之理"而来,所以对于义字,朱子解释义字的真正特色不在事之宜,而在与仁字一样,都要从心上界定。仁义也好,其他德行也好,都要从心上去定义。与汉儒不同处在于,朱子强调义之裁制是"人心之裁制"。

朱子《周易本义》解释《坤·文言》"直其正也,方其义也":

---

① 朱熹:《孟子集注》卷三《公孙丑章句上》,《四书章句集注》,第215页。

> 此以学言之。"正",谓本体。"义",谓裁制。敬则本体之守也。①

此处也明确训义为裁制。又如:

> 耳之德聪,目之德明,心之德仁,且将这意去思量体认。○将爱之理在自家心上自体认思量,便见得仁。○仁是个温和柔软底物事。老子说:"柔弱者,生之徒;坚强者,死之徒。"见得自是。看石头上如何种物事出!"蔼乎若春阳之温,泛乎若醴酒之醇。"此是形容仁底意思。○当来得于天者只是个仁,所以为心之全体。却自仁中分四界子:一界子上是仁之仁,一界子是仁之义,一界子是仁之礼,一界子是仁之智。一个物事,四脚撑在里面,唯仁兼统之。心里只有此四物,万物万事皆自此出。○天之春夏秋冬最分晓:春生,夏长,秋收,冬藏。虽分四时,然生意未尝不贯;纵雪霜之惨,亦是生意。○以"生"字说仁,生自是上一节事。当来天地生我底意,我而今须要自体认得。○试自看一个物坚硬如顽石,成甚物事!此便是不仁。○试自看温和柔软时如何,此所以"孝悌为仁之本"。若如顽石,更下种不得。俗说"硬心肠",可以见。硬心肠,如何可以与他说话!○恻隐、羞恶、辞逊、是非,都是两意:恻是初头子,隐是痛;羞是羞己之恶,恶是恶人之恶;辞在我,逊在彼;是、非自分明。○才仁,便生出礼,所以仁配春,礼配夏;义是裁制,到得智便了,所以配秋,配冬。②

这是说,义的本性是裁制,以四季而言,仁为春,礼为夏,义为秋,

---

① 朱熹撰,柯誉整理:《周易本义》卷一,中央编译出版社2010年版,第35页。
② 黎靖德编:《朱子语类》卷六,第115页。

智为冬。根据朱子的解释，羞恶之心根于义，其中羞是羞自己的恶，恶是恶他人之恶。朱子还说过："其恻隐，便是仁之善；羞恶，便是义之善。"① 朱子《孟子集注》中已经明确提出："羞，耻己之不善也。恶，憎人之不善也。"② 据此，义是一个面对恶的德性。义的属性就是面对恶时，要清楚判别善恶、憎恶不善，然后果断去恶。这就是裁制之意。朱子说过："克己复礼为仁，善善恶恶为义。"③ 仁是善善，义是恶恶，此意最为重要，可惜朱子对此发挥强调不多。应该说，对义的这种认识在根本上是源于孟子把羞恶与义连接思想的影响。

> 问："'君子喻于义'。义者，天理之所宜，凡事只看道理之所宜为，不顾己私。利者，人情之所欲得，凡事只任私意，但取其便于己则为之，不复顾道理如何。"曰："义利也未消说得如此重。义利犹头尾然。义者，宜也。君子见得这事合当如此，却那事合当如彼，但裁处其宜而为之，则何不利之有。君子只理会义，下一截利处更不理会。小人只理会下一截利，更不理会上一截义。盖是君子之心虚明洞彻，见得义分明。小人只管计较利，虽丝毫底利，也自理会得。"④

学生的理解，从义利之别而言，义是天理之所宜，即遇事只看道理之所宜为，这里的宜为便是当为、应为。利是遇事只取便利自己。朱子认为，义者宜也，是说见得这事合当如此。朱子这里也是把宜解释为合当、应然。下一截就是结果，上一截是动机，小人只管结果是否有利。君子则在心上看道理如何，要见得义分明。以上是就义利之别的

---

① 黎靖德编：《朱子语类》卷五，第93页。
② 朱熹：《孟子集注》卷三《公孙丑章句上》，《四书章句集注》，第221页。
③ 黎靖德编：《朱子语类》卷六，第120页。
④ 黎靖德编：《朱子语类》卷二十七，第702页。

讨论，来看朱子对宜的理解，但朱子论义的思想未止于此。君子要见得义，还要"裁处其宜而为之"。这就把以宜解义和以裁制解义结合在一起了。也就是说，义不仅是见事之当然之则，还是以此当然之则去裁处得当合宜，要如此去做。

朱子解释义字时，也常常把裁制和断决二义一并说出，可见汉唐注疏对他的影响：

> 问："圣人定之以中正仁义而主静。"曰："中正仁义皆谓发用处。正者，中之质；义者，仁之断。中则无过不及，随时以取中；正则当然之定理。仁则是恻隐慈爱之处，义是裁制断决之事。主静者，主正与义也。正义便是利贞，中是亨，仁是元。"①
>
> 或问："'配义与道'，盖人之能养是气，本无形声可验。惟于事物当然之理上有所裁制，方始得见其行之勇，断之决。缘这道义与那气厮合出来，所以'无是，馁也'。"曰："更须仔细。是如此，其间但有一两字转换费力，便说意不出。"②

可见在朱子那里，裁制与断决的意义是相通的，都是与"行之勇、断之决"相关的。

朱子也会把断和割联系在一起使用论义：

> 问："义者仁之质？"曰："义有裁制割断意，是把定处，便发出许多仁来。如非礼勿视听言动，便是把定处；'一日克己复礼，天下归仁'，便是流行处。"③

---

① 黎靖德编：《朱子语类》卷九十四，第2384—2385页。
② 黎靖德编：《朱子语类》卷五十二，第1258页。
③ 黎靖德编：《朱子语类》卷六，第122页。

"把定"与"流行"成为一对宇宙论概念,以前很少受到关注。这里则主要关注其中把裁制与割断联结使用,来解说义。义的宇宙论意义我们在最后一节再做讨论。

> 义本是个割截裁制之物,惟施得宜,则和,此所以为利。从前人说这一句都错。如东坡说道:"利所以为义之和。"他把义做个惨杀之物看了,却道得利方和。利是《乾卦》一德,如何这一句却去说义!兼他全不识义,如他处说亦然。①

割截和割断意近,至于"和"与"利"的关系,下节还会讨论。值得指出,若把义仅仅理解为裁制的形式功能,用《老子河上公章句》的说法,这更多的是讲"为义",那么也会在一定程度上减弱"义"的价值引导的作用。

五、朱子以"断制"论义

朱子更多用"断制"来解释义的价值特性。北宋儒学已有此种解释的例子。如李觏:

> 温厚而广爱者命之曰仁,断决而从宜者命之曰义。②

现在来看《朱子语类》:

> 如慈爱底人少断制,断制之人多残忍。盖仁多,便遮了义;

---

① 黎靖德编:《朱子语类》卷二十二,第518页。
② 李觏:《直讲李先生文集》卷二,《四部丛刊》景明成化本,第3页a—b。

义多，便遮了那仁。①

　　李问："世间有一种人，慈惠温厚，而于义不足，作事无断制，是如何？"曰："人生得多般样，这个便全是气禀。"②

断制二字应该是断决、裁制的简化表达，强调面对恶要态度决然，除恶要断然施行。朱子每以断制与慈惠对言，可见其意。这种对义的指示，我们也可以称之为价值特性或价值意向。

朱子认为，能不能有断制，与人的性格性情有关，而性格来自气禀。如能断制是金气禀受较多而致。

　　性有偏者。如得木气多者，仁较多；金气多者，义较多。③
　　却是汉儒解"天命之谓性"，云"木神仁，金神义"等语，却有意思，非苟言者。学者要体会亲切。④

朱子论义之断制：

　　程子曰："在物为理，处物为义。"道则是物我公共自然之理；义则吾心之能断制者，所用以处此理者也。⑤
　　义未有羞恶之心，只是个断制底心。惟是先有这物事在里面，但随所感触，便自是发出来。⑥

从这里可以看出我们在前面所说的，朱子是从心上来讲断制之义，所

---

① 黎靖德编：《朱子语类》卷四，第57页。
② 黎靖德编：《朱子语类》卷十三，第238页。
③ 黎靖德编：《朱子语类》卷四，第75页。
④ 黎靖德编：《朱子语类》卷五，第90页。
⑤ 黎靖德编：《朱子语类》卷五十二，第1256页。
⑥ 黎靖德编：《朱子语类》卷五十三，第1288页。

以强调义是"吾心之能断制者""只是个断制底心"。又如：

> 问："孟子以恻隐为仁之端，羞恶为义之端。周子曰：'爱曰仁，宜曰义。'然以其存于心者而言，则恻隐与爱固为仁心之发。然羞恶乃就耻不义上反说，而非直指义之端也。'宜'字乃是就事物上说。不知义在心上，其体段如何。"曰："义之在心，乃是决裂果断者也。"①

这里也可以看出，"义在心上""义之在心"，都重在从心上说义，这与宜在事上说不同。

朱子论义的另一个特点，正如其论仁一样，是把义的讨论置于宇宙论框架之中，使义具有大化流行论的意义。如：

> "仁"字须兼义礼智看，方看得出。仁者，仁之本体；礼者，仁之节文；义者，仁之断制；知者，仁之分别。犹春夏秋冬虽不同，而同出于春；春则生意之生也，夏则生意之长也，秋则生意之成，冬则生意之藏也。自四而两，两而一，则统之有宗，会之有元，故曰："五行一阴阳，阴阳一太极。"又曰："仁为四端之首，而智则能成始而成终；犹元为四德之长，然元不生于元而生于贞。盖天地之化，不翕聚则不能发散也。仁智交际之间，乃万化之机轴。此理循环不穷，吻合无间，故不贞则无以为元也。"又曰："贞而不固，则非贞。贞，如板筑之有干，不贞则无以为元。"②

于是，朱子论义，常常不能脱开对《文言》"利者义之和"的讨论：

---

① 黎靖德编：《朱子语类》卷六，第122页。
② 黎靖德编：《朱子语类》卷六，第109页。

> "利者义之和。"义是个有界分断制底物事，疑于不和。然使物各得其分，不相侵越，乃所以为和也。①
>
> 问："利物足以和义。"曰："义断是非，别曲直，近于不和。然是非曲直辨，则便是利，此乃是和处也。"②
>
> 义自是个断制底气象，有凛然不可犯处，似不和矣，其实却和。若臣而僭君，子而犯父，不安其分，便是不义；不义则不和矣。③
>
> 义是其间物来能应，事至能断者是。④

因为义有判分、断割之意，故一般认为义与和无关，而是与和相反的。但朱子坚持，义表面上似乎不和，其实是和。因为使事物各得其所、各得其宜、各得其分，正是为和创造了条件、奠定了基础。

> 问《文言》四德一段。曰："'元者善之长'以下四句，说天德之自然。'君子体仁足以长人'以下四句，说人事之当然。元只是善之长。万物生理皆始于此，众善百行皆统于此，故于时为春，于人为仁。亨是嘉之会。此句自来说者多不明。嘉，美也；会，犹齐也。嘉会，众美之会，犹言齐好也。春天发生万物，未大故齐。到夏时，洪纤高下，各各畅茂。盖春方生育，至此乃无一物不畅茂。其在人，则'礼仪三百，威仪三千'，事事物物，大大小小，一齐到恰好处，所谓动容周旋皆中礼，故于时为夏，于人为礼。利者，为义之和。万物至此，各遂其性，事理至此，无不得宜，故于时为秋，于人为义。贞者乃事之干。万物至此，收敛成实，事理至此，无不的正，故于时为冬，于人为智。此天

---

① 黎靖德编：《朱子语类》卷六十八，第1704页。
② 黎靖德编：《朱子语类》卷六十八，第1704页。
③ 黎靖德编：《朱子语类》卷二十二，第520页。
④ 黎靖德编：《朱子语类》卷十二，第216页。

德之自然。"①

这里对"利者义之和"的解释主要也是从得宜立论,认为各遂其性即是各个得宜,故可谓义之和。

朱子接着说:

> 其在君子所当从事于此者,则必"体仁乃足以长人,嘉会足以合礼,利物足以和义,贞固足以干事"。此四句倒用上面四个字,极有力。体者,以仁为体,仁为我之骨,我以之为体。仁皆从我发出,故无物不在所爱,所以能长人。"嘉会足以合礼"者,言须是美其所会也。欲其所会之美,当美其所会。盖其厚薄亲疏、尊卑小大相接之体,各有节文,无不中节,即所会皆美,所以能合于礼也。"利物足以和义"者,使物物各得其利,则义无不和。盖义是断制裁割底物,若似不和。然惟义能使事物各得其宜,不相妨害,自无乖戾,而各得其分之和,所以为义之和也。苏氏说"利者义之和",却说义惨杀而不和,不可徒义,须着些利则和。如此,则义是一物,利又是一物;义是苦物,恐人嫌,须着些利令甜,此不知义之言也。义中自有利,使人而皆义,则不遗其亲,不后其君,自无不利,非和而何?"贞固足以干事。"贞,正也,知其正之所在,固守而不去,故足以为事之干。干事,言事之所依以立,盖正而能固,万事依此而立。在人则是智,至灵至明,是是非非,确然不可移易,不可欺瞒,所以能立事也。干,如板筑之有桢干。今人筑墙,必立一木于土中为骨,俗谓之"夜叉木",无此则不可筑。横曰桢,直曰干。无是非之心,非知也。知得是是非非之正,紧固确守不可移易,故曰"知",周子则谓之

---

① 黎靖德编:《朱子语类》卷六十八,第1708页。

"正"也。①

这是说，物物各得其利便是义，便是义之和。义的价值特性是断制截割，但其作用能使事物各得其所宜。这就把义的特性和其作用做了区分。

朱子晚年的《玉山讲义》：

> 且道如何说个"仁义"二字底道理？大凡天之生物，各付一性，性非有物，只是一个道理之在我者耳。故性之所以为体，只是"仁义礼智信"五字，天下道理，不出于此。韩文公云"人之所以为性者五"，其说最为得之。……五者之中，所谓信者是个真实无妄底道理，如仁义礼智皆真实而无妄者也，故"信"字更不须说，只"仁义礼智"四字于中各有分别，不可不辨。盖仁则是个温和慈爱底道理，义则是个断制裁割底道理，礼则是个恭敬撙节底道理，智则是个分别是非底道理。凡此四者具于人心，乃是性之本体。方其未发，漠然无形象之可见；及其发而为用，则仁者为恻隐，义者为羞恶，礼者为恭敬，智者为是非，随事发见，各有苗脉，不相淆乱，所谓情也。故孟子曰："恻隐之心，仁之端也；羞恶之心，义之端也；恭敬之心，礼之端也；是非之心，智之端也。"……然后就此四者之中又自见得"仁义"两字是个大界限。如天地造化，四序流行，而其实不过一阴一阳而已。于此见得分明，然后就此又自见得"仁"字是个生底意思，通贯周流于四者之中。仁固仁之本体也，义则仁之断制也，礼则仁之节文也，智则仁之分别也。正如春之生气贯彻四时，春则生之生也，夏则生之长也，秋则生之收也，冬则生之藏也。故程子谓

---

① 黎靖德编：《朱子语类》卷六十八，第1709页。

"四德之元犹五常之仁，偏言则一事，专言则包四者"，正谓此也。……其又兼言礼智，亦是如此。盖礼又是仁之著，智又是义之藏，而仁之一字未尝不流行乎四者之中也。若论体用，亦有两说。盖以仁存于心而义形于外言之，则曰仁，人心也；义，人路也，而以仁义相为体用。若以仁对恻隐、义对羞恶而言，则就其一理之中，又以未发、已发相为体用。若认得熟，看得透，则玲珑穿穴，纵横颠倒，无处不通，而日用之间，行著习察，无不是著功夫处矣。①

本文第二节已经显示出，战国秦汉以来，常常把仁和义对举，标示出它们各自的价值特性与价值意向。朱子亦然，"仁是个温和慈爱底道理，义是个断制裁割底道理"②，便是他代表性的说法，并把四德的价值特性与价值意向归为性之本体，即性理。把义的分析用本体与其发用来展开，用已发未发的分析来说，义是断制截割的未发，断制截割是义的已发。所谓"××底道理"，就是××的理，在心性论上，就是指作为未发的本性的理。义是裁制断割的理，仁是温和慈爱的理，仁之发是温和慈爱，义之发是裁制断割。这是朱子哲学性情已发未发论的基本分析方法。以仁义礼智为性理包含了以四德为德性的思想。不过就论义而言，朱子更关注的似乎是义在由德性展开为德行过程中，义心的特点，即"义在心上"的特点。关于《玉山讲义》所涉及的四德说的宇宙论面向，我们会在最后一节一并论及。

朱子关于仁义价值特性的此类说法，也曾受到张九成子韶仁义说

---

① 《晦庵先生朱文公文集》卷七十四《玉山讲义》，朱杰人、严佐之、刘永翔主编：《朱子全书》第24册，上海古籍出版社/安徽教育出版社2010年版，第3588—3590页。
② 在《朱子思想中的四德论》(《哲学研究》2011年第1期) 一文中，我提出："仁义作为价值概念，其本身带有价值的意味，意思、气象都是指价值概念含蕴和发显的价值气息，可见，人道四德的'意思'，是指德目的价值蕴含，是属于道德哲学的讨论。仁的'意思'是慈爱温和，义的'意思'是刚毅果断，如此等等。"

的影响：

> 某旧见张子韶有个文字论仁义之实云："当其事亲之时，有以见其温然如春之意，便是仁；当其从兄之际，有以见其肃然如秋之意，便是义。"某尝对其说，古人固有习而不察，如今却是略略地习，却加意去察；古人固有由之而不知，如今却是略略地由，却加意去知。因笑云："李先生见某说，忽然曰：'公适间说得好，可更说一遍看。'"①
>
> 义是个毅然说话，如利刀着物。②
>
> 义如利刀相似，都割断了许多牵绊。③
>
> 义如利刀相似，胸中许多劳劳攘攘，到此一齐割断了。圣贤虽千言万语，千头万项，然一透都透。如孟子言义，伊川言敬，都彻上彻下。④
>
> "义"字如一横剑相似，凡事物到前，便两分去。"君子义以为质"，"义以为上"，"义不食也"，"义弗乘也"，"精义入神，以致用也"：是此义十分精熟，用便见也。⑤

这些说法，无论利刀、利刃、横剑，都是形容义字的割断义，都是从义的发用来讲的。

朱子甚至说：

> 生底意思是仁，杀底意思是义，发见会通是礼，收藏不测

---

① 黎靖德编：《朱子语类》卷一二四，第2984—2985页。
② 黎靖德编：《朱子语类》卷六，第120页。
③ 黎靖德编：《朱子语类》卷六，第120页。
④ 黎靖德编：《朱子语类》卷六，第120页。
⑤ 黎靖德编：《朱子语类》卷六，第120页。

是智。①

庞朴曾以杀论义，合乎朱子之说，而其论证方法是论述"宜"字本指一种祭祀之礼，此种祭祀礼是杀戮宰杀，以此证明义的原初意义与杀有关。②其实，先秦文献的以宜解义，其宜字都不是作为祭祀的宜祭。而且，从朱子的例子可以看出，"杀底意思"不是义字的字源意义，而是从东汉后起的解说中引申出来的思想义，正如生并不是仁字的原初义。所以我们并不能用后起的意义去推原字源的意义。

讲到这里，我们应该再回到第一节最后提及的《五行》中论义的思想：

> 不直不肆，不肆不果，不果不简，不简不行，不行不义。（13 章）③

> 中心辩然而正行之，直也。直而遂之，肆也。肆而不畏强御，果也。不以小道害大道，简也。有大罪而大诛之，行也。贵贵其等尊贤，义也。（20 章）④

不仅如此，《五行》又另用整整三章的篇幅申明简作为义的意义：

> 不简不行，不匿不辩于道。有大罪而大诛之，简也；有小罪而赦之，匿也。（22 章）

> 简之为言，犹练也，大而晏者也。匿之为言犹匿匿也，小而轸者也。简，义之方也；匿，仁之方也。强，义之方也；柔，仁

---

① 黎靖德编：《朱子语类》卷六，第 107 页。
② 庞朴：《中国文化十一讲》，中华书局 2008 年版，第 108 页。
③ 参见陈来：《竹帛〈五行〉与简帛研究》，第 113 页。
④ 陈来：《竹帛〈五行〉与简帛研究》，第 115 页。

> 之方也。……（23章）
>
> 大而晏者，能有取焉。小而轸者，能有取焉。……（24章）①

《五行》论义的讲法，比起先秦诸家用宜论义，在思想上更接近于汉以后对义的理解。其思想是，义是对善恶的清楚明辨（这就是辩然而直）；对恶要果敢断然去除（这就是果而不畏）；对罪的处置要坚持原则（这就是简行）。可见，从先秦以宜训义到汉代以裁断训义，中间有一个过渡的阶段，这就是竹简帛书《五行》所代表的对义的理解。可惜我们对这一点研究得还很不够。

六、朱子论"义"之刚柔阴阳体用

朱子论哲学概念的意义，常用"意思"的说法或方法，仁字的意思是如此，义字的意思也是如此。按汉儒的说法，义属金，金气属刚，故朱子论义多强调其刚的意思，如：

> 义属金，是天地自然有个清峻刚烈之气。所以人禀得，自然有裁制，便自然有羞恶之心。②

> "义"字有刚断之意。其养民则惠，使民则义。"惠"字与"义"字相反，便见得子产之政不专在于宽。就"都鄙有章"处，看得见"义"字在子产上，不在民上。③

> "大抵人之德性上，自有此四者意思。仁，便是个温和底意思；义，便是惨烈刚断底意思；礼，便是宣著发挥底意思；智，便是个收敛无痕底意思。性中有此四者，圣门却只以求仁为急

---

① 陈来：《竹帛〈五行〉与简帛研究》，第115页。
② 黎靖德编：《朱子语类》卷十七，第383页。
③ 黎靖德编：《朱子语类》卷二十九，第731页。

者,缘仁却是四者之先。若常存得温厚底意思在这里,到宣著发挥时,便自然会宣著发挥;到刚断时,便自然会刚断;到收敛时,便自然会收敛。若将别个做主,便都对副不著了。此仁之所以包四者也"。问:"仁即性,则'性'字可以言仁否?"曰:"性是统言。性如人身,仁是左手,礼是右手,义是左脚,智是右脚。"蜚卿问:"仁包得四者,谓手能包四支可乎?"曰:"且是譬喻如此。手固不能包四支,然人言手足,亦须先手而后足;言左右,亦须先左而后右。"直卿问:"此恐如五行之木,若不是先有个木,便亦自生下面四个不得。"曰:"若无木便无火,无火便无土,无土便无金,无金便无水。"道夫问:"向闻先生语学者:'五行不是相生,合下有时都有。'如何?"曰:"此难说。若会得底,便自然不相悖,唤做一齐有也得,唤做相生也得。便虽不是相生,他气亦自相灌注。如人五脏,固不曾有先后,但其灌注时,自有次序。"久之,又曰:"'仁'字如人酿酒:酒方微发时,带些温气,便是仁;到发得极热时,便是礼;到得熟时,便是义;到得成酒后,却只与水一般,便是智。又如一日之间,早间天气清明,便是仁;午间极热时,便是礼;晚下渐凉,便是义;到夜半全然收敛,无些形迹时,便是智。只如此看,甚分明。"①

"仁,便是个温和底意思;义,便是惨烈刚断底意思",这个表述主要是指,义作为文字,有刚断的意思、含义;义作为性理,具有如此刚断的性向。下面一段中讲的"说仁,便有慈爱底意思;说义,便有刚果底意思"也是一样。

  天下未尝有性外之物。仁则为慈爱之类;义则为刚断之类;

---

① 黎靖德编:《朱子语类》卷六,第110—111页。

礼则为谦逊；智则为明辨；信便是真个有仁义礼智，不是假，谓之信。①

除了"刚断"，朱子也用"刚果"：

> 吉甫问："仁义礼智，立名还有意义否。"曰："说仁，便有慈爱底意思；说义，便有刚果底意思。声音气象，自然如此。"直卿云："《六经》中专言仁者，包四端也；言仁义而不言礼智者，仁包礼，义包智。"②

照以上所说，义应属刚。而朱子又不认定全然如此。钱穆也认为，朱子论仁义刚柔可有两说，一曰仁刚义柔，又一则曰仁柔义刚。③ 朱子说：

> 以仁属阳，以义属阴。仁主发动而言，义主收敛而言。若扬子云："于仁也柔，于义也刚。"又自是一义。便是这物事不可一定名之，看他用处如何。④

照这个讲法，仁义属刚属柔，并非一定之说，要看论说的角度。

朱子多处明确反对以义为刚、以仁为柔：

> 仁与义是柔软底，礼智是坚实底。仁义是头，礼智是尾。一似说春秋冬夏相似，仁义是阳底一截，礼智是阴底一截。（渊。方

---

① 黎靖德编：《朱子语类》卷二十，第476页。
② 黎靖德编：《朱子语类》卷六，第105—106页。
③ 钱穆：《朱子新学案》第二册，第142页。
④ 黎靖德编：《朱子语类》卷六，第121页。

子录云：仁义是发出来嫩底，礼智是坚硬底。）①

照这个说法，仁义都是柔软的，都是属阳的一截，在这个讲法中，就不能说义是属刚的。按朱子以春夏秋冬四季比四德，其序应当是仁礼义智，这样的话，仁礼应该是阳的一截，义智应当是阴的一截。可是这里朱子却以仁义为阳的一截，颇不可晓。

> 问仁义礼智体用之别。曰："自阴阳上看下来，仁礼属阳，义智属阴；仁礼是用，义智是体。春夏是阳，秋冬是阴。只将仁义说，则'春作夏长'，仁也；'秋敛冬藏'，义也。"②

照这里所说，则义不属阳，而是属阴，是体；相对而言仁属于阳，是用。这与上一段所说义是阳的一截就不同了。而且这里区分了两种分析，一种是"自阴阳上看"，一种是"只将仁义说"。"自阴阳上看"是把四德分为阴阳；"只将仁义说"，是把四季分为仁义。但朱子没有说明，何以仁礼是用、义智是体。这样看来，自阴阳上看，是把事物分为阴阳。只将仁义说，是把事物分为仁义。还有第三种，就是"将仁义礼智说"，即把事物分为仁义礼智。朱子接着说：

> 若将仁义礼智说，则春，仁也；夏，礼也；秋，义也；冬，智也。仁礼是敷施出来底，义是肃杀果断底，智便是收藏底。如人肚脏有许多事，如何见得！其智愈大，其藏愈深。正如《易》中道："立天之道，曰阴与阳；立地之道，曰柔与刚；立人之道，曰仁与义。"解者多以仁为柔，以义为刚，非也。却是以仁为刚，

---

① 黎靖德编：《朱子语类》卷六，第106页。
② 黎靖德编：《朱子语类》卷六，第106页。

义为柔。盖仁是个发出来了，便硬而强；义便是收敛向里底，外面见之便是柔。①

从哲学上说，性情已发未发的分析属于体用的内外分析，而这里讲的是总体流行的阶段分析，不论已发未发。比照春夏秋冬四季流行，四德中"义"对应、相当于秋之肃杀，同时和冬之收藏一样，属于收敛，外在表现为柔（而不是刚）。这样，朱子所说的三种分析模式就涉及仁义的阴阳、刚柔的划分。照后面一句的说法，发出来的是刚，收敛向里的是柔。但此种论断的理据何在？

汉代扬雄早就说"于仁也柔，于义也刚"，这个说法，一般容易被接受。但朱子认为这只是从用上讲的，如果从体上说，则仁刚而义柔。上面一段中的"解者"就是指袁机仲，为此他和袁机仲还做了反复的辩论。

朱子答袁机仲书：

> 盖天地之间，一气而已，分阴分阳，便是两物，故阳为仁而阴为义。然阴阳有各分为二，故阳之初为木，为春，为仁，阳之盛为火，为夏，为礼。阴之初为金，为秋，为义，阴之极为水，为冬，为智。②

又书曰：

> 盖尝论之，阳主进而阴主退，阳主息而阴主消。进而息者其气强，退而消者其气弱，此阴阳之所以为柔刚也。阳刚温厚，居

---

① 黎靖德编：《朱子语类》卷六，第 106 页。
② 《晦庵先生朱文公文集》卷三十八《答袁机仲别幅》，朱杰人、严佐之、刘永翔主编：《朱子全书》第 21 册，第 1674 页。

东南主春夏,而以作长为事;阴柔严凝,居西北主秋冬,而以敛藏为事。作长为生,敛藏为杀,此刚柔之所以为仁义也。①

又曰:发生为仁,肃杀为义,三家之说皆无所悟。肃杀虽似乎刚,然实天地收敛退藏之气,自不妨其为阴柔也。②

朱子思想的理据来自汉代礼家之说。从阴阳两分来说,阴阳对应仁义,故仁阳义阴。这就说明了何以义属阴。从进退来讲,进而息者其气强,故阳为刚;退而消者其气弱,故阴为柔。于是,义为退而消者,所以属柔。这就是仁刚义柔说,此说主要不是就仁义的道德义而言的,而是就仁义的气化义而言的。后者应是从汉儒的卦气方位说而来。

仁礼属阳,义智属阴。袁机仲却说:"义是刚底物,合属阳;仁是柔底物,合属阴。"殊不知舒畅发达,便是那刚底意思;收敛藏缩,便是那阴底意思。他只念得"于仁也柔,于义也刚"两句,便如此说。殊不知正不如此。又云:"以气之呼吸言之,则呼为阳,吸为阴,吸便是收敛底意。《乡饮酒义》云:'温厚之气盛于东南,此天地之仁气也;严凝之气盛于西北,此天地之义气也。'"③

袁机仲认为不仅义是刚,而且属阳,因为刚者必定属阳。朱子明确反对,他的理由还是说发畅为刚,收敛为阴。他引用《礼记·乡饮酒义》中义气的说法,即凝敛的气被说成义气,以此来证明义是收敛所以属阴。这一争论的哲学意义并不是伦理学的,而是宇宙论的。

---

① 《晦庵先生朱文公文集》卷三十八《答袁机仲别幅》,朱杰人、严佐之、刘永翔主编:《朱子全书》第 21 册, 第 1673 页。
② 《晦庵先生朱文公文集》卷三十八《答袁机仲》,朱杰人、严佐之、刘永翔主编:《朱子全书》第 21 册, 第 1670 页。
③ 黎靖德编:《朱子语类》卷六, 第 106 页。

以仁为发用，以义为定体，还可见于以下的语录：

> "仁礼属阳，属健；义知属阴，属顺。"问："义则截然有定分，有收敛底意思，自是属阴顺。不知智如何解？"曰："智更是截然，更是收敛。如知得是，知得非，知得便了，更无作用，不似仁义礼三者有作用。智只是知得了，便交付恻隐、羞恶、辞逊三者。他那个更收敛得快。"①
>
> 义之严肃，即是仁底收敛。②
>
> 林子武问："龟山《语录》曰：'《西铭》理一而分殊。知其理一，所以为仁；知其分殊，所以为义。'"先生曰："仁，只是流出来底便是仁；各自成一个物事底便是义。仁只是那流行处，义是合当做处。仁只是发出来底；及至发出来有截然不可乱处，便是义。且如爱其亲，爱兄弟，爱亲戚，爱乡里，爱宗族，推而大之，以至于天下国家，只是这一个爱流出来；而爱之中便有许多等差。且如敬，只是这一个敬；便有许多合当敬底，如敬长、敬贤，便有许多分别。"又问礼。先生曰："以其事物之宜之谓义，义之有节文之谓礼。且如诸侯七庙，大夫五庙，士二，这个便是礼；礼里面便有义。所以说：'天命之谓性，率性之谓道，修道之谓教。'如《中庸集略》吕与叔所云：'自是合当恁地。'知得亲之当爱，子之当慈，这便是仁；至于各爱其亲，各慈其子，这便是义。这一个物事分不得。流出来底便是仁，仁打一动，便是义礼智信当来。不是要仁使时，仁来用；要义使时，义来用，只是这一个道理，流出去自然有许多分别。且如心、性、情，而今只略略动著，便有三个物事在那里，其实只是一个物。虚明而能应

---

① 黎靖德编：《朱子语类》卷六，第106—107页。
② 黎靖德编：《朱子语类》卷六，第121页。

物者，便是心；应物有这个道理，便是性；会做出来底，便是情，这只一个物事。"①

仁是发出来、流出来的，义是发出来后截然分别了、确定的，这些理解与分殊，都是把仁义范畴普遍化为宇宙论的范畴，其讨论也就超出了伦理学的范围，而变为宇宙论的讨论了。由此可见，朱子对义的讨论，如其对仁的讨论一样，更多地关注把义作为宇宙论范畴的理解和应用，把义作为生气流行有机过程的一个阶段，这跟朱子作为构建宇宙论体系的哲学家的关怀密切相关。

另两段也类似：

> 先生举《遗书》云："根本须先培壅然后可立趋向。"又云："学者须敬守此心，不可急迫，当栽培深厚，涵泳于其间，然后可以自得。今且要收敛此心，常提撕省察。且如坐间说时事，逐人说几件，若只管说，有甚是处！便截断了，提撕此心，令在此。凡遇事应物皆然。"问："当官事多，胶胶扰扰，奈何？"曰："他自胶扰，我何与焉？濂溪云：'定之以中正仁义而主静。'中与仁是发动处，正是当然定理处，义是截断处，常要主静。岂可只管放出不收敛！'截断'二字最紧要。"②

> 陈仲蔚因问："龟山说：'知其理一，所以为仁；知其分殊，所以为义。'仁便是体？义便是用否？"曰："仁只是流出来底，义是合当做底。如水，流动处是仁；流为江河，汇为池沼，便是义。如恻隐之心便是仁；爱父母，爱兄弟，爱乡党，爱朋友故旧，有许多等差，便是义。且如敬，只是一个敬；到敬君，敬长，敬

---

① 黎靖德编：《朱子语类》卷九十八，第2527页。
② 黎靖德编：《朱子语类》卷一一三，第2739—2740页。

贤，便有许多般样。礼也是如此。如天子七庙，诸侯五庙，这个便是礼；其或七或五之不同，便是义。礼是理之节文，义便是事之所宜处。吕与叔说'天命之谓性'云：'自斩而缌，丧服异等，而九族之情无所憾；自王公至皂隶，仪章异制，而上下之分莫敢争；自是天性合如此。'且如一堂有十房父子，到得父各慈其子，子各孝其父，而人不嫌者，自是合如此也。其慈，其孝，这便是仁；各亲其亲，各子其子，这便是义。这个物事分不得，流出来便是仁，仁打一动，义礼智便随在这里了。不是要仁使时，义却留在后面，少间放出来。其实只是一个道理，论著界分，便有许多分别。且如心性情虚明应物，知得这事合恁地，那事合恁地，这便是心；当这事感则这理应，当那事感则那理应，这便是性；出头露面来底便是情，其实只是一个物事。而今这里略略动，这三个便都在，子细看来，亦好则剧。"①

流动出来的是仁，流动的截断、定型和等差、分殊的是义。可见朱子论义处多是就宇宙论来讲，而不是专就伦理学来讲的。这是和其整个四德论是一致的。

不仅如此，其中还涉及仁义的体用问题。他进一步申发此理：

先生答叔重疑问曰："仁体刚而用柔，义体柔而用刚。"广请曰："自太极之动言之，则仁为刚，而义为柔；自一物中阴阳言之，则仁之用柔，义之用刚。"曰："也是如此。仁便有个流动发越之意，然其用则慈柔；义便有个商量从宜之义，然其用则决裂。"②

---

① 黎靖德编：《朱子语类》卷一一六，第2797页。
② 黎靖德编：《朱子语类》卷六，第121页。

这就指出，仁、义的刚柔，要看从体上说还是从用上说。朱子主张仁是体刚而用柔，义是体柔而用刚。也就是说，在体上说，仁刚而义柔；在用上说，则仁柔而义刚。这个观点是明确的。综合来看，朱子以仁、义在天德之自然的意义为体，以仁、义在人事之当然的意义为用。即，说仁是柔和义是刚，是在用上说的，而用应该是就人事的当然而言的。至于说仁是刚和义是柔，则是就天德流行中不同特征而言的，是在体上说的。如论太极动静，就是就天德流行之统体而言的。这种体用论是指一个事物自身的体和用，仁有体有用，义也有体有用。

另一种说法是，体用是指两个事物之间的体和用的关系。如在大化流行中，流动发越属于用，收敛截断属于体，故仁是用、义是体。这两种体用是不同的。

朱子在此意义上说仁是用，义是体。如：

"'圣人定之以中正仁义'，'正'字、'义'字却是体，'中'、'仁'却是发用处。"问："义是如何？"曰："义有个断制一定之体。"①

这也是说发动是仁，截断是义，仁是发用，义是定体。前面说的流行与把定之分，也是如此。

因此，朱子晚年之所以强调仁刚义柔，很大程度上是因为朱子以仁为体的本体宇宙论已经形成，义的刚柔阴阳，要在这一本体宇宙的架构内来定位，而不是仅仅从义的伦理价值功能来确认。② 从这一点来看，义的肃杀、截断义就远不是宜的意义所能替代的，其哲学意义和地位当然就超过了宜字及其意义。

以上是就朱子义字之说加以梳理。所论朱子之说，还不是朱子对

---

① 黎靖德编：《朱子语类》卷九十四，第2383页。
② 参看我的《仁学本体论》。

义概念使用的全部，也不是朱子对经典中义字使用的全部理解。这同我们研究朱子对仁字之说的处理一样。总结起来，义的哲学意义，先秦时代有以下几点：道德，道义，正义，善德，端正。而汉代以来，对"义"的道德要义的把握，其要点在坚守对道德原则的承诺，明辨是非善恶，果断裁非去恶，其根源是对先秦"以正释义"做了转进。受此影响，朱子很强调义是面对恶的德性，突出义是憎恶，是对不善的憎恶。朱子对义的哲学理解，一是继承了汉以来的论义的裁断要义，二是把义纳入以仁德为首的四德论体系，三是扩展了义在仁体宇宙论中的意义。同时，也应该承认，从历史的发展来看，裁断义的出现和影响，往往没有突出义概念的价值意义和内涵，而是突出了义作为主体实践的裁度功能，即裁其偏歧，制之归正。朱子对义的理解、使用受到汉以后经学词义训释的影响较大，这一方面使得义的价值意义没有得到明确化的发展，这是哲学家朱子受到训诂学影响的限制方面；当然，在仁体论的体系内，义不被作为首要价值来重视是必然的，这正如罗尔斯对基督教仁爱思想的批评一样。另一方面，义的裁断义又使朱子将之引向宇宙论成为可能，发展了义在朱子宇宙论中的意义，充实了朱子宇宙论的结构图景。

无论如何，这些问题是值得再深入研究的。

（谨以此文纪念朱子诞辰八百九十周年）

二、义与羞耻、好恶

谈羞恶之心

朱光潜

《新约》里《约翰福音》第八章记载这样一段故事：

耶稣在庙里布教，一大群人围着他听。刑名师和法利赛人带着一个行淫被拘的妇人来，把她放在群众当中，向耶稣说："这妇人是正在行淫时被拿着的。摩西在法律中吩咐过我们，像这样的人应用石头钉死，你说怎样办呢？"耶稣弯下身子来用指画地，好像没有听见他们。他们继续着问，耶稣于是抬起身子来向他们说："你们中间谁是没有罪的，就让谁先拿石头钉她。"说完又弯下身子用指画地。他们听到这话，各人心里都有内疚，一个一个地走出去，从最年老的到最后的，只剩下耶稣，那妇人仍站在当中。耶稣抬起身子来向她说："妇人，告你状的人到哪里去了呢？没有人定你的罪么？"她说："没有人，我主。"耶稣说："我也不定你的罪，去吧，以后不要再犯了。"

这段故事给我以极深的感动，也给我以不小的惶惑。耶稣的宽宥是恻隐之心的最高的表现，高到泯没羞恶之心的程度。这令人对于他的胸怀起伟大崇高之感。同时，我们也难免惶惑不安。如果这种宽宥的精神充类至尽，我们不就要姑息养奸，任世间一切罪孽过恶蔓延，简直不受惩罚或裁制么？

我们对于世间罪孽过恶原可以持种种不同的态度。是非善恶本是世间习用的分别，超出世间的看法，我们对于一切可作平等观。正觉烛照，五蕴皆空。瞋恚有碍正觉，有如"清冷云中，霹雳起火"。无论在人在我，销除过恶，都当以正觉净戒，不可起瞋恚。这是佛家的态度。其次，即就世间法而论，是非善恶之类道德观念起于"实用理性批判"。若超出实用的观点，我们可以拿实际人生中一切现象如同图画戏剧一样去欣赏，不作善恶判断，自不起道德上的爱恶，如尼采所主张的。这是美感的态度。再次，即就世间法的道德观点而论，人生来不能尽善尽美，我们彼此都有弱点，就不免彼此都有过错。这是人类共同的不幸。如果遇到弱点的表现，我们须了解这是人情所难免，加以哀矜与宽恕。"了解一切，就是宽恕一切。"这是耶稣教徒的态度。

这几种态度都各有很崇高的理想，值得我们景仰向往，而且有时值得我们努力追攀。不过在这不完全的世界中，理想永远是理想，我们不能希望一切人得佛家所谓正觉，对一切作平等观，不能而且也不应希望一切人得佛家所谓正觉，对一切作平等观，不能而且也不应希望一切人在一切时境都如艺术家对于罪孽过恶纯取欣赏态度，也不能希望一切人都有耶稣那样宽恕的态度，而且一切过恶都可受宽恕的感化。我们处在人的立场为人类谋幸福，必希望世间罪孽过恶减少到可能的最低限度。减少的方法甚多，积极的感化与消极的裁制似都不可少。我们不能人人有佛的正觉，也不能人人有耶稣的无边的爱，但是我们人人都有几分羞恶之心。世间许多法律制度和道德信条都是利用人类同有的羞恶之心作原动力。近代心理学更能证明羞恶之心对于人格形成的重要。基于羞恶之心的道德影响也许是比较下乘的，但同时也是比较实际的，近人情的。

"羞恶之心"一词出于孟子，他以为是"义之端"，这就是说，行为适宜或恰到好处，须从羞恶之心出发。朱子分羞恶为两事，以为"羞是羞己之恶，恶是恶人之恶"。其实只要是恶，在己者可羞亦可恶，在人者可恶亦可羞。只拿行为的恶做对象说，羞恶原是一事。不过从心理的差别说，羞恶确可分对己对人两种。就对己说，羞恶之心起于自尊情操。人生来有向上心，无论在学识、才能、道德或社会地位方面，总想达到甚至超过流行于所属社会的最高标准。如果达不到这标准，显得自己比人低下，就自引以为耻。耻便是羞恶之心，西方人所谓荣誉意识（sense of honour）的消极方面。有耻才能向上奋斗。这中间有一个人我比较，一方面自尊情操不容我居人下，一方面社会情操使我顾虑到社会的毁誉。所以知耻同时有自私的和泛爱的两个不同的动机。对于一般人，耻（即羞恶之心）可以说就是道德情操的基础。他们趋善避恶，与其说是出于良心或责任心，不如说是出于羞恶之心，一方面不甘居下流，一方面看重社会的同情。中国先儒认清此点，所以布政施教，特重明耻。管子甚至以礼义廉耻并称为"国之四维"。

人须有所为，有所不为。羞恶之心最初是使人有所不为。孟子在讲羞恶之心时，只说是"义之端"，并未举例说明，在另一段文字里他说："人能充无穿窬之心，而义不可胜用也，人能充无受尔汝之实，无所往而不为义也。"这里他似在举羞恶之心的实例，"无穿窬"（不做贼）和"无受尔汝之实"（不愿被人不恭敬地称呼），都偏于"有所不为"和"胁肩谄笑，病于夏畦"，"巧言令色足恭，左丘明耻之，丘亦耻之"之类心理相同。但孟子同时又说："人皆有所不为，达之于其所为，义也。"这就是说，羞恶之心可使人耻为所不应为，扩充起来，也可以使人耻不为所应为。为所应为便是尽责任，所以"知耻近乎勇"。人到了无耻，便无所不为，也便不能有所为。有所不为便可以寡过，但绝对无过实非常人所能。儒家与耶教都不责人有过，只力劝人改过。知过能改，须有悔悟。悔悟仍是羞恶之心的表现。羞恶未然的过恶是耻，羞恶已然的过恶是悔。耻令人免过，悔令人改过。

孟子说："不耻不若人，何若人有？"耻使人自尊自重，不自暴自弃。近代阿德勒（Adler）一派心理学说很可以引来说明这个道理。有羞恶之心先必发见自己的欠缺，发见了欠缺，自以为耻（阿德勒所谓

"卑劣情意综"），觉得非努力把它降伏下去，显出自己的尊严不可（阿德勒所谓"男性的抗议"），于是设法来弥补欠缺，结果不但欠缺弥补起，而且所达到的成就还比平常更优越。德摩斯梯尼本来口吃，不甘受这欠缺的限制，发愤练习演说，于是成为希腊的最大演说家。贝多芬本有耳病，不甘受这欠缺的限制，发愤练习音乐，于是成为德国的最大音乐家。阿德勒举过许多同样的实例，证明许多历史上的伟大人物在身体资禀或环境方面都有缺陷，这缺陷所生的"卑劣情意综"激起他们的"男性的抗议"，于是他们拿出非常的力量，成就非常的事业。中国左丘明因失明而作《国语》，孙子因膑足而作《兵法》，司马迁因受宫刑而作《史记》，也是很好的例证。阿德勒偏就器官技能方面着眼，其实他的学说可以引申到道德范围。因卑劣意识而起男性抗议，是"知耻近乎勇"的一个很好的解释。诸葛孔明要邀孙权和刘备联合去打曹操，先假劝他向曹操投降，孙权问刘备何以不降，他回答说："田横齐之壮士耳，犹守义不辱。况刘豫州王室之胄，英才盖世，安能复为之下乎？"孙权听到这话，便勃然宣布他的决心："吾不能举全吴之地，十万之众，受制于人！"这就是先激动羞耻心，再激动勇气，由卑劣意识引到男性抗议。

孟子讲羞恶之心，似专就己一方面说。朱子以为它还有对人一方面，想得更较周到。我们对人有羞恶之心，才能疾恶如仇，才肯努力去消除世间罪孽过恶。孔子大圣人，胸襟本极冲和，但《论语》记载他恶人的表现特别多。冉有不能救季氏僭礼，宰我对鲁哀公说话近逢迎，子路说轻视读书的话，樊迟请学稼圃，孔子对他们所表示的态度都含有羞恶的意味。子贡问他："君子亦有所恶乎？"他回答说："有，恶称人之恶者，恶居下流而讪上者，恶勇而无礼者，恶果敢而窒者。"一口气就数上一大串。他尝以"吾未见好仁者恶不仁者"为叹。他最恶的是乡愿（现在所谓伪君子），因为这种人"阉然媚于世，非之无举，刺之无刺，居之似忠信，行之似廉洁，众皆悦之，自以为是而不可与入尧舜之道"。他一度为鲁相，第一件要政就是诛少正卯，一个十足的乡愿。我特别提出孔子来说，因为照我们的想象，孔子似不轻于恶人，而他竟恶得如此厉害，这最足证明凡道德情操深厚的人对于过恶必有极深的厌恶。世间许多人没有对象可五体投地地去钦佩，也没有对象可深入骨髓地去厌恶，只一味周旋随和，这种人表面上像炉火纯青，实在是不明是非，缺乏正义感。社会上这种人愈多，恶人愈可横行无忌，不平的事件也愈可蔓延无碍，社会的混浊也就愈不易澄清。社会所借以维持的是公平（西方所谓 justice），一般人如果没有羞恶之心，任不公平的事件不受裁制，公平就无法存在。过去社会的游侠，和近代社会的革命者，都是迫于义愤，要"打抱不平"，虽非中行，究不失为狂狷，仍是有他们的用处。

个人须有羞恶之心，集团也是如此。田横的五百义士不肯屈服于刘邦，全体从容就义，历史传为佳话，古人谈兵，说明耻然后可以教战，因为明耻然后知道"所恶有胜于死者"，不会苟且偷生。我们民族这次英勇的抗战是最好的例证，大家牺牲安适、家庭、财产，以至于生命，就因为不甘做奴隶的那一点羞恶之心。大抵一个民族当承平的时候，羞恶之心表现于公是公非，人民都能受道德法律的裁制，使社会秩序井然。所谓"化行俗美""有耻且格"。到了混乱的时候，一般人廉耻道丧，全民族的羞恶之心只能借少数优秀分子保存，于是才有"气节"的风尚。东汉太学生郭泰、李膺、陈蕃诸人处外戚宦官专权恣肆之际，独持清议，一再遭钩党之祸而不稍屈服。明末魏阉执权乱国，士大夫多阿谀取容，其无耻之尤者至认阉作父，东林党人独仗义执言，对阉党声罪致讨，至粉身碎骨而不悔。这些党人的行径容或过于褊急，但在恶势力横行之际能不顾一切，挺身维持正气，对于民族精神所留的影响是不可磨灭的。

目前我们民族正遇着空前的大难，国耻一重一重地压来，抗战的英勇将士固可令人起敬，而此外卖国求荣、贪污误国和醉生梦死者还大有人在，原因正在羞恶之心的缺乏。我们应该记着"明耻教战"的古训，极力培养人皆有之的一点羞恶之心。我们须知道做奴隶可耻，自己睁着眼睛望做奴隶的路上走更可耻。罪过如果在自己，应该忏悔；如果在旁人，也应深恶痛绝，设法加以裁制。

仁　义[*]

庞　朴

儒家学说基本上是一种政治伦理学说,儒学的范畴主要是政治学和伦理学的范畴,历来都这样认为,事实也正是如此。这是没有争议的。

儒家认为,社会是一个整体,这个统一的整体由不同等级和处在不同关系中的人们所组成;而不同等级之间和不同的人之间的关系又是社会所必不可少的,人与人之间和等级之间的界限是不可逾越的。于是,维持人与人之间和等级间的平衡,从而达到整个社会的协调和谐,就成了社会的首要问题。

儒家还认为,人世间的一切都是遵照天的意志安排的,或者是符合天理或宇宙秩序的。于是,如何保持人与天的平衡与和谐,也成了人类应该关心的问题。

个人修身被儒家认为是维系各种关系之间平衡并进而达到和谐的出发点。因为儒家所谓的修身,和某些宗教的修行不同,它不以独善其身、个人得道为限,而是要通过修身来明确自己在社会关系乃至天

---

[*]　本文选自《儒家辩证法研究》,收入刘贻群编:《庞朴文集》第1卷,山东大学出版社2005年版。

人关系之网中的地位。一个人、一家人、一国人、普天下人都修身了，各个等级、各种关系中的人都明确了自己的地位，那时，天下太平的大和谐局面便会到来。

我们很容易看得出，儒家的这一套政治伦理学说和哲学不是没有关系的；或者说，它是以某种哲学思想作为理论基础的。贯穿在这种政治伦理思想之中的一个核心东西，就是保持平衡，取得协调，追求和谐；而构成平衡、协调与和谐的个人与人群，其地位又是互相差异直至根本对立的。这样，求和谐于对立，或者说，研究对立是怎样同一的，便成了儒家哲学的一个重要内容。

本文主要就从这个角度来探讨儒家学说，分析儒学各主要范畴的对立同一关系。

仁义是儒家学说两个最基本的范畴，它们的政治伦理方面的含义，人们已经说得够多了。现在，我们将指出它们还是一对相反相成的范畴，揭示出其辩证法方面的含义——正是这一方面，还几乎是一种拓荒的工作。

《易·说卦》说：

> 昔者圣人之作《易》也，将以顺性命之理，是以立天之道曰阴与阳，立地之道曰柔与刚，立人之道曰仁与义。兼三才而两之，故《易》六画而成卦；分阴分阳，迭用柔刚，故《易》六位而成章。

这是解释《易》之成卦、成章的原因。说的是由于天地人的本性都具有对立两面，三二得六，所以《易》有六画、六位。这种解释能否成立，不是我们这里要讨论的课题，暂置勿论。我们感兴趣的是，《说卦》把"仁与义"称为"人之道"，说成是圣人根据人性订立出来的道理，并把它们与"阴阳""柔刚"这两对公认的对立关系并列，明白表示"仁义"也是对立的范畴,倒是道出了儒家的真谛。

后来,《汉书·艺文志》的作者,把这个意思说得更明白:

> (诸子之学)辟犹水火,相灭亦相生也;(辟犹)仁之与义、敬之与和,相反而皆相成也。

所谓"相反相成",也就是对立同一。儒家认为,人们之间的关系,纵有五伦、九伦之殊,概括说来,都可以归结为人我关系,所谓"世道惟人与我"(郝敬:《孟子说解》卷六)。这是儒家学说的一大进步。在殷代和周初,思想家们所看到的只是君主、臣属,或者稍稍扩大一点到整个统治者和被统治者;那时的道德观念,都是针对这种个人和人群而言的。抽象的人我关系,以及适应抽象人我关系的道德观念,只是到了儒家创立才真正形成起来。儒家学说纵然适应于不同的人伦关系,有着不同的伦理要求,如君臣应该怎样,父子应该怎样,长幼应该怎样,朋友应该怎样等,而最集中、最概括的道德准则,却是处理人我关系上的准则,即仁与义;它对一切人伦关系都适用,对一切人都适用,是最一般的道德,因而也是通用的道德。所谓"立人之道曰仁与义"就是这个意思。

那么,什么叫作仁?

> 樊迟问仁。子曰:"爱人。"(《论语·颜渊》)

仁就是我去爱别人。儒家相信,这是处理人我关系的第一准则。作为一个道德规范,仁的范畴并非自孔子始,孔子以前已有不少认为仁是美德的记载;但是把仁推广为处理人我关系的一般准则,则是孔子的发明。《论语·雍也》有一段对话:

> 子贡曰:"如有博施于民而能济众,何如?可谓仁乎?"
> 子曰:"何事于仁,必也圣乎!尧舜其犹病诸。夫仁者,己欲立而立人,己欲达而达人。能近取譬,可谓仁之方也已。"

子贡以"博施于民而能济众"为仁,这不是他自我作古,而是对前人观念的转述,孔子以前的仁德,多是指的统治者对下仁慈。孔子时候,这种观念仍有残存,如:"君子而不仁者有矣夫,未有小人而仁者也"(《论语·宪问》)。但是,孔子强调的或向往的却是人人都能为仁,所谓"我欲仁,斯仁至矣"(《论语·述而》)。因为他把仁的范围从统治者下移了,扩大到一切"己"和"人"的关系中,只要"己欲立而立人,己欲达而达人",这便叫作仁。这里的"己",是一般意义上的每一个人自己,不再是统治者;这里的"人",也是一般意义上的任何一个人,不限于民众。尽管孔子的话在当时主要是说给统治者和准备参加统治行列的人听的,老百姓既听不到也不要听这些教义;但孔子在这样说的时候,确实是泛指一切人而言的。

孔子所以能够这样开明,自有他的现实的和历史的原因,这一点,本文不拟谈论;而将仁之被扩大,当作一个既定的事实来对待。值得我们注意的倒是,这种以爱人为内容的仁的原则,能否处理得了人我之间的全部关系?或者说,由我出发去对待别人,是否只需爱之一途便足,像某些宗教教条所宣传的那样?

谁都知道,在现实社会里,无论哪个人,除去有一些需要爱和值得爱的人之外,总还有那么一些需要恨和值得恨的人,以及为数更多的不需要也不值得爱和恨的人。这一情况,对于"率土之滨,莫非王臣"的君主和统治者来说,尚不清晰;因为除他以外的一切人,都是剥削对象和统治对象,可以一律对待;说是一样的爱,其实是一样的恨。一旦把仁扩大为一切人都可适用的道德规范,情况立刻发生变化,这时候,仁的对象不再限于自己的臣民,而成了自己以外的一切人。

其中，亲疏远近不同，好恶休戚非一，仅有爱这一个原则，便不足以应付了。

怎么办？

子曰："唯仁者能好人，能恶人。"（《论语·里仁》）
唯仁人为能爱人，能恶人。（《礼记·大学》）

具备了仁德的人，他应该不限于知道爱，还要懂得恨。他能爱人，也能恨人；他好其所当好，恶其所当恶。那些不待好恶的人，当然也就依违其间了。不仅如此，"唯仁者""唯仁人"云云，还意味着，只有仁者，即只有达到了"仁"的境界的人，方能好人与恶人；而未掌握"仁"的人，既然不知道如何去爱人，也便不知道如何去恨人，他无法做到真正的"好"与"恶"。在这里，孔子虽然没有把"恶"直接作为仁的内涵，而归之于仁者的情感和行为的另一个方面；但孔子也不曾在"仁"之外另立一个表示恨的道德规范。他用"能好人，能恶人"的双举办法，把恨作为爱的补充物和对立物，统一到一个有道德的人身上，事实上，也等于是统一到这个道德观念本身中去了。

因为爱与恨、好与恶，来自同一情感源。唯其有爱，必然有恨。"仁"以"爱人"为规定，本身就隐含着并要求着"恨人"作为补充。这是生活的真实，也是生活对于道德规范的制约。当人们仅仅从王座去看"率土之滨"的时候，就是说，仅仅沿着这条由上而下的线去观察生活的时候，生活对他们并没有全部显现，因之其道德学说也就不能充实；一旦增加一个角度，所见更广的时候，便知只鼓吹一种感情，只确立一种规范，将与生活本身不相适应了。

但是孔子的确并未另立一个表示恨的规范，他寓恨于仁，这样既可满足"仁"一元化的体系上的要求，得到理论上的安定感，也能勉强应付生活的逻辑，未尝不是一种办法。当然这种办法，对于矛盾的人我关系全体来说，终难免有顾此失彼之虞。这也反映出，儒家在此时期，尚处筚路蓝缕之中，还未形成一套完整的体系。随着生活和认识的进一步发展，这种藏在仁德内部的差异，必将两极化为外部的对立。

历史事实正是这样，不过比逻辑推论丰富得多。

仁爱思想到了"学儒者之业，受孔子之术"（《淮南子·要略》）的墨子手里，基于另一些现实的要求，发展至于极端，成了"兼爱""非攻"；它那固有的重在宣传仁爱的弱点，一下子就充分暴露出来了。当初，"仁"在孔子手里，固然定义为"爱人"，但尚规定有"能恶人"的要求，这对于人我的全部关系，大体上还能应付；无奈这个"能恶人"是隐含在"能好人"之中的，因而极易被忽视。墨子果然无视这一点，使仁爱成了兼爱。墨子说：

> 视人之国，若视其国；视人之家，若视其家；视人之身，若视其身。是故诸侯相爱，则不野战；家主相爱，则不相篡；人与人相爱，则不相贼；君臣相爱则惠忠；父子相爱则慈孝；兄弟相爱则和调。天下之人皆相爱，强不执弱，众不劫寡，富不侮贫，贵不傲贱，诈不欺愚；凡天下祸篡怨恨可使毋起者，以相爱生也。是以仁者誉之。（《墨子·兼爱中》）

墨子的幻想能否实现，是另一回事；这种兼爱思想之作为一种学说，还是有其价值的。可是这种打着"仁"字旗号的兼爱思想，却为儒家人士所不能容忍。因为儒家所谓的"爱人"，虽也泛指一切人，但儒家并不认为对于任何人的爱，都是同质同量、没有差等的。譬如子对父，应该孝；弟对兄，应该悌。这孝和悌虽然也是一种爱，甚至是"为仁之本"（《论语·学而》），但却不能简单归结为爱，因为它们比爱要更亲切更深厚，它们属于"亲亲"的范围。孟子说：

亲亲而仁民，仁民而爱物。(《孟子·尽心上》)

这里有三个层次：亲亲、仁民、爱物，每个层次还能细分为许多差等，都可统称之为爱，但却绝非等价的。这是儒家的宗法观念所使然，我们在此不多论证。儒家确信在生活中，有"爱而不仁"(《国语·楚语下》)的现象，也有"仁而不亲"的事实。现在墨子认为爱无差等，把爱人的主张绝对化，把父子、兄弟之间的爱和天下之人的相爱等量齐观，在儒家看来，这无异于否认亲子关系和兄弟关系，视父兄如路人。难怪孟子痛斥道："墨氏兼爱，是无父也"，"是禽兽也"(《孟子·滕文公下》)。

孟子泼口骂人，从实质上看，他是在执行思想发展摆在儒家面前的任务。这个任务是：一面要驳斥墨子对仁爱思想的滥用，恢复儒学的威信；一面要吸取仁爱可被滥用的教训，弥补儒学的弱点。这样的任务，归结到一点，就是要在"仁"之外，再行提倡一种道德规范，以使处理人我关系的"人之道"趋于完整；或者说，就是要使隐含在"仁"之内部的对立规定外部化为对立两极，以适应于人我关系的对立状况。这就是孟子提出"义"来和"仁"并列、"仁义"双修的理论上的原因。

(齐)王子垫问曰："士何事？"孟子曰："尚志。"曰："何谓尚志？"曰："仁义而已矣！"(《孟子·尽心上》)

孟子曰："王何必曰利，亦有仁义而已矣！"(《孟子·梁惠王上》)

"仁义而已矣"，"仁"之外再加上一个"义"，便足以尽矣了；这不仅是士的事，同样也是王的事。

那么，什么叫作"义"？

这是一个已经有了若干答案的老问题,因而也就成了一个难以准确答复的新问题。

"义"之作为道德规范,不是孟子的发明,孔子已说过不止一次,虽然孔子未曾拿它与"仁"并提。但它又还不是孔子的发明,更早的时候便被用作道德评语了。经师们说,仁义的"义"字本作"宜"。《礼记·中庸》也说:"义者,宜也。"何谓"宜"?《说文》说:"宜,所安也。"这样说来,"义"就是"宜",就是所安,这是久为学术界公认的"义"之确诂。出土的金器铭文中,仁义之"义"字正作"宜",也为此说提供了物证。

只是这样一来,我们很自然地面临着这样一个难题:安宜之"义"和爱人之"仁",何以会与"阴阳""柔刚"并列,而有相反相成的意思呢?或者"仁义"本非一对对立范畴,只是连绵词语,《易传》误传,《汉志》误志,本文轻信,全系庸人之扰?

为了弄清这个难题,需要稍微说远一点。

甲文中,有⌂、⌂者,释文为"宜"。其义或为祭礼,如:

> 癸卯,宜于义京,羌三人,卯十牛又。(《殷虚文字缀合》七一)

> 己未,宜于义京,羌三人,卯十牛。(《殷墟书契前编》六·二·三)

或用为动词,为杀,如:

> 庚戌贞,辛亥又门方燮太牢,宜太牢,兹用。(《殷墟书契后编》上二二·七)

> 丙寅卜贞,燮于河北三,沉三,宜一。(《殷虚文字缀合》三三九)

有时"宜"旁加"刀",成🗡,杀的意思更为明白,如:

> 贞🗡羌百……(《甲骨续存》一·三四七)

可见,"宜"或"劀",最早只是杀俘或杀牲以祭的意思。这种仪式,礼经中仍有保留。如:

> 大师(指誓师),宜于社,造于祖,设军社,类上帝。(《周礼·春官·大祝》)
>
> 天子将出,类乎上帝,宜乎社,造乎祢。诸侯将出,宜乎社,造乎祢。(《礼记·王制》)

这里的"宜""造""类"都是祭名。"类(類)"字从米从犬从页(头也——《说文》),其为祭,自无疑义。"造于祖"即甲金文中习见于"告于祖某","宜于社"有如前揭之"宜于义京",也都是不成问题的。《书·甘誓》有"用命赏于祖,弗用命戮于社",亦见社是举行杀祭的地方,"宜"义同于"戮"。经师们于古礼不甚了了,以"事类"释"类",以"便宜"释"宜"(孔颖达),望文生义,把本来简单的事情反而弄复杂了。

"宜"之为杀,也保留在"曡"字中。《诗经·时迈》歌颂武王威风时说:

> 薄言震之,莫不震曡。

曡,徒叶切。许慎云:"扬雄说以为古理官决罪,三日得其宜,乃行之。"(《说文·晶部》)按《周礼·秋官·乡士》谓"狱讼成,士师受中,协日刑杀","协日"应该就是"曡日",音近致讹或通假,即三日行刑的规定。扬雄的"得其宜"云云,那是以今为古,证明他已不知宜之本义为杀了。《诗经》的"莫不震叠",毛传云"叠,惧也",那是误"叠"为"慴"所致;其实应该解为莫不震叠于刑,即震于刑杀才是。

"宜"即"俎"。"宜""俎"一字之说,创自容庚教授,着实是一大发现。他在《金文编》中说:"宜,象置肉于且上之形,疑与俎为一字。"并引"俎宜同训肴"者三例为证。① 按:"肴"字后起,从字形看,似为"俎"之变。"宜""俎""肴"本一字,故得互训。此后逐渐分化,"宜"专用作杀牲,"俎"为载牲之器,"肴"则为牲肉矣。"肴"一作"殽",加"殳"以示杀,是孳乳,也是返祖。《礼记·礼运》有云:

是故夫政,必本于天殽以降命,命降于社为之殽也。

《释文》说:"殽"本作"肴"。而"殽""肴"一字,阮元有说。社为肴地,与前引之"宜于社""戮于社"诸说,若合符节。"本于天肴"云云,也就是《尚书·牧誓》的"恭行天之罚"了。

这些足以说明,"宜"之本义为杀,为杀牲而祭之礼,是没有疑义的了。

现在我们想搞清楚的是,杀义的"宜"字,何以引申而为安宜的呢?

于此,容庚转引字书说:"俎,肉几也","置肉于几,有安之谊,故引申而为训安之宜"(《金文编》第七)。按:置肉于几之为安,何如悬特于庭?容说之未安,十分显明。窃以为,"宜"之引申而为"所安"为"当",起初当如今语云"活该""罪有应得"等义;继而更活

---

① 唐兰教授进一步从字音证明。见《殷虚文字二记》,载《古文字研究》第 1 辑,中华书局 1979 年版。

用为一般的"合适""美""善"之类,变得道貌岸然,本义反而湮没,不为人们所知了。《说文》说"宜"字"从宀之下,一之上",即屋之下,地之上,所以"宜",有点像宋人解字方法,当然是不足为训的。

至于"安宜"的"宜"字用为道德规范,为仁义之"义",则是战国中后期的事。在出土的中山王三器上,用为仁义之"义"的"宜"字凡七见[①];其绝对年代约当公元前310年。而睡虎地秦简《为吏之道》有"申之义,以击畸"句,已经不再用"宜"了;其年代不晚于公元前220年。以"义"代"宜",或是这两个年代之间的事。

"义"字,说者以为原系威仪的"仪"字,《说文》:"义,己之威仪也。"《周礼·春官·肆师》郑玄注引郑司农云:"古者书仪但为义。"这一说法大概可信。甲文中,"义"字除用于地名外,有所谓"义行"者:

戍,重(唯)义行,用遘羌方,有戋。弜用义行,弗遘方。(《殷墟书契后编》下一三·五)

这个"义行",或许正应读为"仪行",即"我武维扬"之阵容。"义"的这种威严的含义,可以容纳得下"宜"的杀戮的意思以及合适、美善的意思,而且不带"宜"字固有的那种血腥气味;加上二字同音,便于通假,所以具有了取代"宜"字而为道德规范的最佳资格。

真正实现以"义"代"宜",应该发生在义德受到特别强调的时代,否则便没有那种社会需要。具体进行以"义"代"宜",当然还得通过某些有影响的人物或团体之手。这样一件工作,无论从出土器物所提示的年代来推定,还是从思想史的变化史实来判断,大概都可以设想为是由孟子及其门弟子完成的。

早于孟子七八十年的墨子也曾大谈其"义"。今存《墨子》有

---

① 见《文物》1979年第1期。

《贵义》之篇，谓"万事莫贵于义"；墨子还曾自诩为"我以义枭也"（《鲁问》）；有吴虑者，又曾面刺墨子"义耳义耳，焉用言之哉"（《鲁问》），足见其言义之不休。但是墨子的"义"就是"利"他（《经上》），就是"有力以劳人，有财以分人"（《鲁问》）；或者说，就是他的"主义"。墨子曾经明白说过：

> 天下之人异义。是以一人一义，十人十义，百人百义。其人数兹众，其所谓义者亦兹众。是以人是其义，而非人之义，故交相非也。（《墨子·尚同中》，上、下篇略同）

所以墨子所谓的"义"，正如我们今天所说的"主义"，是他们学派的主张和行为准则，并非纯粹的道德规范。

孟子的"义"则不然。它是道德性的，是原来存于"仁"之内部的"能恶人"一面的外现，与"爱人"的"仁"处于相反相成之中：

> 恻隐之心，仁也；羞恶之心，义也。（《孟子·告子上》）
> 人皆有所不忍，达之于其所忍，仁也；人皆有所不为，达之于其所为，义也。（《孟子·尽心下》）
> 仁，人心也；义，人路也。（《孟子·告子上》）
> 仁，人之安宅也；义，人之正路也。（《孟子·离娄上》）

义和仁的这种种定义，表示了二者之间有一种关系，那就是《礼记·礼运》所揭橥的：义者，仁之节也；仁者，义之本也。孟子强调"义"，正是从这种对仁予以节制的意义上着眼的。荀子后来也说："君子处仁以义，然后仁也。"这是他们后于孔子而得高于孔子的地方。

孔子也谈"义"，甚至说过"君子义以为上"（《论语·阳货》）、"君子义以为质"（《论语·卫灵公》）的话。但综观《论语》中那近二十条有关义的言论,不仅没有明白的定义,而且也无确定的内涵。其观念是既与的、拉杂的,既有本义"宜"(杀)的意思("上好义,则民莫敢不服"等),也有引申的"宜"(安)义("见利思义"等),还有如墨子惯用的那种"主义"("君子之仕也,行其义也"等);唯独就是没有像后来儒家那样拿"义"与"仁"并举。

以"义"与"仁"并举,或者说,以"义"对"仁"加以节制,从而"立人之道",是孟子的发明。这种节制,从思想发展的道路来说,是墨子将"仁"膨胀为"兼爱"的必然结果,是孟子对墨子的批判。

如果孔孟之间没有一位墨子,没有受孔子之术而又背叛了儒者之业的墨家学派的出现,仁学思想被推到极端的可能未必实现,对仁加以节制的要求未必产生,孟子高举"义"旗的事实也许难以形成。思想的发展,正如一切发展一样,往往不是直线进行,而是迂回前进的。

孟子强调了"义",并未赋予"义"以新义,只是致力于拿它辅成作为儒学旗号的"仁",使儒家学说更为体系化。而为能做到这一点,孟子也不能不对传统的资料给予必要改造。

以"义"代"宜",对别人也是对自己隐瞒起"宜"(杀)的血污,这是首先要做的。孟子主要活动年代在公元前四世纪末至前三世纪初,与我们前引的出土文字中"宜"字变为"义"字的年代相符。我们设想正是孟子及其门弟子采用"威义(仪)"之"义"代替了置肉于俎上之形的"宜"字,是十分可能的。

其次,更重要的,把"义"即"宜"从一种行为和行为的价值玄学化为人性,以渲染其道德属性,再作为他所需要的行为价值,与"仁"一同推广出去,则是孟子所要做的主要工作。"羞恶之心"等定义,就是这样制定出来的。

羞恶与恻隐,也就是恨与爱,或恶与好,本是人所具有的两种对立感情。孔子当年把它们统一在"仁"之中,突出强调其爱的一面。不过孔子并未明确谈过人性是仁的或不仁的,所谓"夫子之言性与天道，不可得而闻也"(《论语·公冶长》)；他只是承认人性本是相近的，后天的熏习使得人人变得不同，乃至形成两极对立，这叫作"性相近也，习相远也"(《论语·阳货》)。当然我们可以从孔子的言论中做一些推论，说他既主张"性相近"，又说过"有能一日用其力于仁矣乎？我未见力不足者"(《论语·里仁》)，而推测孔子似乎相信人性本仁。但这不过是按照后人的思维水平和习惯而做的推论而已；其实在孔子那时，尚未发生人性的问题，否则，孔子便会提出并予以回答了。

人性问题到了孟子时代才成为讨论的中心。羞恶、恻隐等，在孟子看来，不仅是感情的发挥而且是人性的表现；而人性，又系"天"所赋予。所谓"尽其心者，知其性也；知其性，则知天矣"(《孟子·尽心上》)。在这种天人合一、性情合一的基础上，孟子把儒家的道德学说认真地玄学化了，也大大地向前发展了。其中对"义"范畴的内容和地位的规定，最为重要。

"义"被说成是"羞恶之心"的道德表现，它同"恻隐之心"的"仁"相对，并且是对后者的一种节制。所谓"羞"，如后人所解释的，是耻自己之不善；而"恶"，是憎别人之不善。有了这一德目与"仁"并存，"恻隐"便不免形成一个界限，即只供使用于所谓的善人善行，而不致对一切都滥发慈悲。这就叫"义者，仁之节也"。另一方面，羞之与恶，又是为了自己之向善和与人为善，这可说是基于恻隐而起，这就叫"仁者，义之本也"。

"不忍"和"不为"亦复如此。贯彻所不忍（如牛之觳觫）于所忍（如百姓之劳苦），是恻隐之心的推广，这叫作"仁"；贯彻所不为（如不愿偷盗）于所为（如以言语来谋利），是羞恶之心的扩充，这叫作"义"。两者之间，"不忍"是"不为"的基础，正因为不忍损害别人，所以不愿偷盗；另一方面，"不为"又是"不忍"的节制，就是说，对于偷盗和以言语谋利之类的思想和行动，是不能用其不忍的，即应该下狠心不干的。

至于"人心"和"人路",则是"恻隐""羞恶"或"不忍""不为"的更为形象的说法。二者之间的关系,也是对立同一的。

值得认真注意的是,仁义之"义"纵然经过孟子如此精心安排的道德洗礼,但从"羞恶""不为"上,我们还是隐约可见"宜"字的未施铅华的本来面目。所谓"羞恶""不为",都是对不善而言,是对我之不善与人之不善应持的态度,或说是对恶的态度,是恶恶;说到底,也就是宜即杀了。"大义灭亲"之不能说成大仁灭亲或大勇灭亲,道理也在于此。这一点在后来某些儒书的未遑掩饰的文句里,可以看得更为清晰:

> 能收民狱者,义也。(《逸周书·本典》)
>
> 理财正辞,禁民为非曰义。(《易·系辞下》)
>
> 夫义者,所以限禁人之为恶与奸者也。(《荀子·强国》)
>
> 有大罪而大诛之,简;有小罪而赦之,匿也。……简,义之方也;匿,仁之方也。刚,义之方也;柔,仁之方也。(帛书《五行篇》)
>
> 司寇之官以成义。(《大戴礼记·盛德》)
>
> 大夫强而君杀之,义也。(《礼记·郊特牲》)
>
> 除去天地之害,谓之义。(《礼记·经解》)

一些道家著作中,也直截了当用了"义"的这种刑杀意义,如:

> 吾师乎,吾师乎,齑(粉碎之)万物而不为义,泽及万世而不为仁,长于上古而不为老,覆载天地刻雕众形而不为巧。(《庄子·大宗师》)
>
> 所谓仁者,同好者也;所谓义者,同恶者也。(《鹖冠子·学问》)

道家倡言"绝仁弃义"。他们所提到的仁义，都是儒家所主张的。由于站在反对立场，所以便没有义务去帮它掩饰，而直截了当了。因此，根本地说来，儒家道德学上的仁与义，也就有如它的政治学上的德与刑。或者说，这两对范畴，正是统治阶级应有的两手政策在儒家学说的两个领域中的表现。它们都是对立而又同一的。这是应该时刻把握的基本要领。离开这个要领去轻信儒家自己所作的种种虚假表白，去看待仁义关系和义的内容，都将无法了解儒学的本相。

被誉为醇儒的董仲舒，在这一点上，恰恰闹了一个大笑话。他在解释仁义及其关系时说：

> 春秋之所治，人与我也。所以治人与我者，仁与义也。以人安人，以义正我。故仁之为言，人也；义之为言，我也。言名以别矣。……
>
> 是故春秋为仁义法。仁之法在爱人，不在爱我；义之法在正我，不在正人。我不自正，虽能正人，弗予为义；人不被其爱，虽厚自爱，不予为仁。（《春秋繁露·仁义法》）

对于"义在正我"，他有更详细的解说：

> 夫我无之求诸人，我有之而诽诸人，人之所不能受也。其理逆矣，何可谓义？
>
> 义者谓宜在我者，宜在我者而后可以称义。故言义者，合"我"与"宜"以为一言。以此操之，义之为言我也。
>
> 故曰有为而得义者，谓之自得，有为而失义者，谓之自失；人好义者谓之自好，人不好义者谓之不自好。以此参之，义我明矣。（《春秋繁露·仁义法》）

董仲舒从人的各种关系都可最后抽象为"人与我"这一思辨的原则出发,相信仁与义的提出正是为了处理这种关系,这一看法,是符合儒家原义的。此外的"仁人义我"等,就都只好算作他自己的哲学,是汉代经师特有的望文生义、闻音生训的训诂之学,而远非仁义的真义了。

不过,董仲舒所闹的这个笑话,只是在训诂学的意义上来说,是一个笑话。从儒家思想的演变上来说,则带有其必然性。因为孟子当年以"义"代"宜",原是为的用道德来掩盖血污,但"义"本"仪"字,亦有威严肃杀的含义。儒学的进一步发展,必然有从道德上更加净化的要求,而发生对"义"的字义另作解释的事情。董仲舒的出现,不过做了这一历史使命的执行人而已。

恩格斯有一句名言:"在经济学的形式上是错误的东西,在世界历史上却可以是正确的。"① 董仲舒对"义"的解释和发挥,正是这样。在训诂学的形式上,它是错误的;但是,它却是当时地主阶级意识的象征,它以自己的更为普遍的形式,取代了前一个剥削阶级的不那么普遍的形式,支配了中国思想整整一个历史时代。直到这个社会形态的末期,地主阶级全面进行自我批判的时候,王引之才有勇气出来指明"古者俄义同声","《说文》曰:俄,行顷也""衺也",指责"《传》于义字,皆训为仁义之义",为"不可通"(见《经义述闻》四《义民》),比较接近地再现了"义"字的真面目。而王引之所以能够做出这一成绩,与其说是由于他的个人才智,不如看成整个历史的功劳,倒要能抓住事情的本质一些。

我们今天得以更为鲜明地看出"仁义"作为对立同一范畴,透过它们的道德油彩来分析其辩证内容,主要也是受惠于历史的前进,亦是毋庸置疑而不必沾沾自喜的。

---

① 卡尔·马克思:《哲学的贫困》,德文第一版序言。

罪感、惩罚、羞耻与侮辱[*]

〔德〕罗哲海 / 著　陈咏明　瞿德瑜 / 译

良心自省与行为自律，与违背规范所预期的制裁问题紧密关联。东亚社会经常被描写为"耻感文化"（shame-cultures），而与西方的"罪感文化"（guilt-cultures）相对。这种区别涉及了他律与自律、传统导向与心灵导向的差异。[①] 羞耻感被看作是一种外部制约，具体表现在遭受众人嘲笑之时；而罪孽感则被认为是一种个人的内在情操。[②]

其实，这种区别并不适用于中国古代伦理学的重构。在中国人的思维中，既不缺乏罪孽感，而且羞耻感亦非全然受外界影响——当我们使用羞耻感这个概念时，必须先行区隔外塑和内生的羞耻感。这种区隔，从20世纪50年代的皮尔斯（G. Piers）与辛格（M. B. Singer）

---

[*] 本文选自《轴心时期的儒家伦理》（陈咏明、瞿德瑜译，大象出版社2009年版）一书第11章。

[①] 关于"耻感文化"与"罪感文化"的区别，参见Benedict 1954。而里斯曼（D. Riesman）则把人类的定向标准区分为三类：传统、他人以及内在心灵导向，它们涉及文化的特殊形式，而其中所关联的人数逐步递减。在他看来，中国应属于传统导向的文化之列。里斯曼写道："传统导向型感受到其整体文化的影响，并经由日常接触之少数特定个体所左右。这些人并不深盼他是一种人格的特定典型，而是希望他以认可的方式行为。于是，对行为的制裁使人倾向于知耻。"而一个"心灵导向"的人则是"知罪"。（Riesman 1969，第24页）

[②] 参见Benedict 1954，第223页。至于罪孽感，可特别参考Ricoeur 1969，第100—108页。

提倡之后①，就已为人所悉，只可惜没有得到普遍的注意——特别是在谈到儒家所谓羞耻感的问题时。例如芬格莱特即认为，羞耻感是"对外关照，而非对内关照"，定位于"由传统仪式所限定之社会行为，而非个人的内心，亦即'自我'"。② 郝大维与安乐哲亦把羞耻感称作"在仪式定位之中，勾勒个人如何被他人认知的一种意识"③。此处所谓的羞耻感，直接涉及违反礼节，以及地位、角色之义务，这些乃是外界对个体的种种期待。在墨子刻所谓的"五四运动社会学"中，还存在另一种类似的羞耻外塑之概念，亦相当流行。④ 羞耻感的外塑形式也就是顾全颜面，在社会和文化人类学的研究中，面子问题常被说成是中国的特色。⑤

对于违反道德的纯粹外部制约便是惩罚。按照黑格尔的说法，在东方世界"道德的特性与要求展现为法律，然而主观意志却被这些法律所控制，正如受到外力制约一样"⑥。——陶德文即对此说法大表赞同。⑦ 因此，不道德的行为便是对于外在法律规定的违反，就要遭到一种可以被理解为"管教"的惩罚："中国人不认识主体性的尊严；与其说他们是被惩罚，不如说他们是被管教——就像我们的儿童被管教一

---

① 参见 Piers 与 Singer 1953，第 48—54 页；Wilson 1973；Ng 1981。

② 参见 Fingarette 1972，第 30 页。

③ 参见 Hall 与 Ames 1987，第 174 页；及 1984，第 8 页。

④ Metzger 1977，第 241 页。例如，孙隆基即坚持说，由于中国缺乏"超越界"，因此不具有"世俗关系以上的原则"——这显然是继承自韦伯的观点——所以仍属于一种只依据他人判断来进行定位的"羞耻感的文化"。(孙隆基 1983，第 157 页) 他显然忽略了其所抨击的"世俗"，正是一个早在周代就已为人使用，并且带有轻蔑意味的概念。当埃伯哈德提到儒家学说中存在"内在的羞耻感"时，也依然视之为替地位之维护效劳，而没有确实厘清羞耻感的外塑与内生。(Eberhard 1967，第 124 页) 至于在中国，特别是理学家有关羞耻感和罪孽感的讨论，可参见 Santangelo 1991 之综合分析。

⑤ 参见 Hu Hsien Chin 1944；Stover 1974，第 247—252 页；Baum 1982，第 1177 页；成中英 1986。

⑥ Hegel, *Vorlesungen über die Geschichte der Philosophie I*；见于 Hegel, Werke 11，1939，第 160 页。

⑦ Trauzettel 1977，第 349—350 页。

样。"① 惩罚本身似乎尚未排除对于"错误之内在性"的认知,至于管教之所以能够让行为收敛,只是因为人们对处罚的"畏惧",而并未"反省行为本身的性质"。②

正如黑格尔一样,在汉森按照古代中国之政治、伦理学说所建构出来的虚拟国度"支妮娜"中,她的公民也是"像儿童般地"被对待。惩罚被严格设定为一种涉及个体的概念,而这种概念正是中国所缺乏的。然而与黑格尔不同的是,汉森并非以管教来立论,而是通过"群体制约"和"行为操纵"来取代惩罚。③

上述所介绍的几种论点,都认为儒家或是中国人对于道德堕落的制裁乃是他律性质的。归根结底,其主旨在于否定中国存在真正的道德性,因为道德本身就是追求之目的所在,而非屈居于外在的法律之后。④ 因此,汉森建议把儒家学说归类为"非道德观点"。⑤ 但是,儒家或是中国真的不懂得"道德观点"吗?为了澄清这个关键点,我将谈一谈由以上之讨论所衍生出来的两个问题:我们能够在中国的经典中区分外塑与内生的羞耻感吗?而道德与罪、罚又有何种关联?

的确,儒家学说主要提倡的是一种"知耻"的伦理学,而非"知罪"的伦理学,但是这并不意味罪孽感并未在其中扮演任何角色。与一般论点相反的是,早在公元前第一个千年里,中国人由"知罪"转为"知耻"的发展线索即清楚地显现出来了。

最早的中国伦理学说,即周代早期的"天命"观——后来被儒家继承,并加以修改——保有一种明显的"知罪"伦理学。一个王朝如

---

① Hegel, *Vorlesungen über die Geschichte der Philosophie I*;见于 Hegel, Werke 11, 1939,第183页。
② Hegel, *Vorlesungen über die Geschichte der Philosophie I*;见于 Hegel, Werke 11, 1939。
③ Hansen 1985c,第373、377、378页。
④ 参看 Kant, *Metaphysik der Sitten: Tugendlehre*, AI;见于 Kant, Werke 7。另可参见 Tugendhat 1990,第9—10页。
⑤ Hansen 1985c,第362页。

果违背了上天的道德诫令①，就会失去其任命，并且加以降罪。舜的司法大臣皋陶曾言："天命有德……天讨有罪。"商汤则指夏桀"多罪"，"致天之罚"，故而起兵造反。② 这些话表达了古代"天命"学说的典型观念。

在《论语》中，我们也读到人可能"获罪于天"。③ 然而就援引宗教信仰来发展伦理学而言，孔子是相当谨慎的。当一位君子感到良心不安时，并不表示他的良心是根据神谕而展现的，因为上天是无语的。④ 此外，孔子学说的特点不在知罪，而在知耻，并且为后来的儒学所宗法。孟子提出的君子"三乐"中，就有"仰不愧于天，俯不怍于人"⑤。他虽然重新诉诸天的信仰，却让它与"知耻"的观念有所协调。

人不仅能获罪于天，而且也可能会获罪于国家的法律。后者对于道德有什么意义呢？陶德文根据黑格尔的观点，坚持认为在儒家的世界观里面存在着"法律和道德原则的一致性"。⑥ 我们确实也发现中国早期具有使道德融入司法的倾向，而对后来的法律产生很大的影响。⑦ 但是这种融合并非通则。不仅在注重礼节、孝道之伦理规范与国法之间存在着紧张关系，而且古代的儒家经典中也显示道德与法律之间有其冲突性。因此，把法律和道德、伦理准则的普遍混淆归咎于儒家，是没有道理的。对于那种视刑罚为通向道德之路的观点，这个学派的创建者曾经非常明确地表示质疑：

道之以政，齐之以刑，民免而无耻；道之以德，齐之以礼，

---

① 《尚书·皋陶谟》。
② 《尚书·汤誓》。
③ 《论语·八佾》。
④ 《论语·阳货》："天何言哉？"
⑤ 《孟子·尽心上》。
⑥ Trauzettel 1977，第350页。
⑦ 参见《轴心时期的儒家伦理》，第8章，第117页，注①。

有耻且格。①

季康子问政于孔子曰:"如杀无道,以就有道,何如?"孔子对曰:"子为政,焉用杀?子欲善,而民善矣。君子之德风,小人之德草;草上之风,必偃。"②

孔子主张依靠道德的示范作用,而非刑罚的制裁。如果政治的运作是依靠道德准则,而不只是行政管理的话,严厉的刑罚甚至可以被取消:

善人为邦百年,亦可以胜残去杀矣。③

针对刑罚与道德的冲突性,第一种看法是前者根本无助于道德,第二种看法则是实际的刑罚本身应服从于道德判断。儒家从来没有对犯罪行为应该得到法律制裁表示过怀疑,虽然上述出自《论语》的段落中提到死刑的弃置不用,但是儒家在原则上并不排斥死刑,只不过态度相当谨慎。④可是,那个时代的刑罚经常受到严厉的批评。常见的情况是,施行惩处的掌权者本身就是实际的罪犯,而政权的无道则逼使人民违法。这种观念已在《论语》中萌芽:孔子即告诉鲁国大臣季康说,正是因为他自身的贪婪,方有盗贼为患。⑤这种论调更为孟子所强化,因为他主张人性本善,因此着重以外部因素去解释罪恶的存在。

---

① 《论语·为政》。
② 《论语·子路》。
③ 《论语·为政》。
④ 孟子只有一种情况下赞成死刑,也就是:"国人皆曰可杀,然后察之;见可杀焉,然后杀之。"(《孟子·梁惠王下》)荀子也不反对死刑,然而他的理想乃是周室初兴之时的体制。按照他的说法:"文王诛四,武王诛二……至于成王,则安以无诛矣。"(《荀子·仲尼》)荀子并以纣王的命运为例:"纣刳比干,囚箕子,为炮烙刑,杀戮无时;臣下懔然,莫必其命。然而周师至,而令不行乎下,不能用其民。"(《荀子·议兵》)说明统治者如果本身缺乏道德的话,严刑峻法将毫无作用可言。
⑤ 《论语·颜渊》:"苟子之不欲,虽赏之不窃。"

他强调,尤其是不人道的政治迫使人们做出违法行为,而等到人民犯了罪之后再去惩罚他们,等于是布下罗网加以陷害。① 因此,最大的罪恶只能归咎于有权势的人物,特别是那个时代业已出现的军国主义者,因为他们给人类造成的伤害最大②,其罪孽如此深重,乃至于"不容于死"③。《荀子·宥坐》篇中,也借孔子之口说道:

> 上失之,下杀之,其可乎?不教其民而听其狱,杀不辜也。三军大败,不可斩也;狱犴不治,不可刑也。罪不在民故也。今慢令谨诛,贼也;今生也有时,敛也无时,暴也;不教而责成功,虐也。④ 已(止)此三者,然后刑可即也。⑤

在关于惩处之有效性和刑法之道德正当性的各种疑问中,产生出第三种看法,也就是有德者必须预期自身可能会与法律有所冲突。我们可以在荀子的著作中发现对此最明显的证据:他把肉刑称作形式上的"势辱",而与自身违反道德的"义辱"有所区别。⑥ 惩罚不一定能说明被惩罚者的真正品格,一位君子也可能会由于司法的混乱而成为受害者,但是这并无损于他道德方面的荣耀。然而人们也可能会以道德的名义去破坏法律,法家所谓"慈仁,过之母也"⑦ 的批评,即间接证明此点。在实行法家政策的国度中,法律与道德是势不两立的。法家和儒家的裂隙,乃是法律与道德在周代思想和社会层面中皆行崩溃之最明显的标志。

---

① 《孟子·滕文公上》:"及陷乎罪,然后从而刑之,是罔民也。"
② 《孟子·尽心下》:"有人曰:'我善为陈,我善为战。'大罪也。"
③ 《孟子·离娄上》。
④ 参见《论语·尧曰》:"不教而杀谓之虐,不戒视成谓之暴,慢令致期谓之贼。"
⑤ 《孔子家语·始诛》篇中亦有类似之语。
⑥ 《荀子·正论》。
⑦ 《商君书·说民》。

在早期儒家学说中,"耻"所带来的约束比罪孽之制裁更加重要——无论前者是基于上天或司法机构的惩罚,还是一种发自内心的负疚感。如果我们审查当时相关词语的使用情形,就会明确得出"耻"理应被解读为内在生成之结论。

虽然对于"耻"这个字最普遍的象形解释显示出这个概念具有某种他律倾向:它的繁体字"恥"是由"心"和"耳"两个部分组成,"耳"可能象征着某人的恶行已传到他人耳中——此乃引申义——故而感到面红耳赤。而"洗耻""雪耻"这些自古至今均为人使用的表述①,也与此相应,显示出道德现实主义那种生理与心理混同的迹象,在这种表述中,羞耻不是由内化解,而是自外涤净的对象。②然而,"耻"在早期儒家的学说中乃是指一种内部定向的过程。当然,我们必须对内在生成之羞耻感的两种可能形式加以区别:它可能是将实际之公众意见内在化之后所引发,或是面对自我,亦即一种虚拟的心灵论坛而触动。因此我们总共可以区分三种不同的羞耻感:(1)外部制约而成;(2)并非由当下之众议所左右,而是将社会之设定加以内在化之后而引发;(3)与他人之期待无关,而全然基于自我选定的理想。

关于第二种内在化模式,我们可以在成书颇早的《尚书·说命下》看到例证:商汤的大臣伊尹说道,如果他不能成功地使君王成为像尧、舜那样的统治者,他就会"其心愧耻,若挞于市"。正如我们先前读到的,北宫黝也部分是以这种虚拟的制裁来自我定位。另外在《管子》中,作为一种将公共准则内在化的耻,与礼、义、廉共列为保障国家不亡的"四维",因为知耻之人"不从枉,则邪事不生"③。

至于耻的第三种形式,则出现在《论语·里仁》中:

---

① 譬如《孟子·梁惠王上》:"梁惠王曰:'……寡人耻之,愿比死者一洒之。'"《韩非子·难二》:"管仲曰:'此非有国之耻也,公胡不雪之以政?'"

② 参见 Ricoeur 1969,第 25—29 页。

③ 《管子·牧民》。

> 士志于道，而耻恶衣恶食者，未足与议也。

衣着鄙陋可以算是有违于礼，然而恶衣恶食连在一起，就成为坚持道德人格而无法飞黄腾达的象征。对于这样的贫穷而不感到羞耻，意味着不因公众评价而放弃坚持，反而不为所动，只知效力于"道"。当孟子说"声闻过情，君子耻之"时，就把这种思想表达得更为清晰。[1] 公众的意见正是反映在"声闻"之中，然而它并不足以说明一个人的真正品格。因此，儒家的"耻"并非将公众的意见内在化，反而是必须加以抵消。在《荀子·非十二子》中，也清楚说明"耻"具有这种功能：

> 君子能为可贵，不能使人必贵己；能为可信，不能使人必信己；能为可用，不能使人必用己。故君子耻不修，不耻见污；耻不信，不耻不见信；耻不能，不耻不见用。是以不诱于誉，不恐于诽，率道而行，端然正己，不为物倾侧，夫是之谓诚君子。[2]

因为社会或权威人士的判断均不足以完全信赖，于是儒家的君子选择了"正己"之道。他的羞耻感根本与他人的指责无关，而是与经验世界中尚未实现的某些事物所关联——或是道德人类的图像，或是一种人格的理想，这些均可以在儒家学说中寻得，并且尽力由自身加以体现。如果这种理想得不到实现，将会伤害作为一切道德行为之基础的自尊。[3] "耻"正是对于自尊受到伤害的一种反应。[4] 无论命运为何，那些通过自省而无愧于心之人也不必因为他人的指责而感到羞惭。汉朝

---

[1] 《孟子·离娄下》。另参见《论语·宪问》："君子耻其言而过其行。"
[2] 《荀子·非十二子》。
[3] 参见 Schwartz 1985，第 107 页。
[4] 参见 Rawls 1972，第 256、443—446 页。

的荀悦把"耻"分成几种不同的层次：

> 或曰："修行者，不为人；耻诸神明，其至也乎？"——（荀悦）曰："未也。自耻者本也①；耻诸神明，其次也；耻诸人，外矣。夫唯外，则愿积于内矣。故君子审乎自耻。"②

在儒家经典及轴心时期的其他文献中，一般都对"耻"予以正面评价，少有例外的情况。孟子即认为，"羞恶之心"属于人类自身的高尚情操，乃是天赋四端的"义之端也"③，而对某些行为进行节制。④

与"耻"相较，"辱"则主要是一种公众执行的外部制裁。儒家对于"辱"的态度是矛盾的，它一贯涉及人类共同体的教训，然而他们又知道这并不牢靠。要想避免受辱，首先可以通过道德的实践。孟子便向我们保证："仁则荣，不仁则辱。"⑤与此相似的是，荀子在他专门讨论荣与辱的文章中断言："先义而后利者荣，先利而后义者辱。"⑥尽管如此，尚不能排除不应受辱而受辱的情况，正如人们也可能享受不相称的荣誉。因此，区分不同形式的"辱"是有必要的。荀子在对宋钘的驳难中，即发挥了这种观点。

宋钘——又被称为宋牼、宋荣子或子宋子——是轴心时期著名的漫游哲学家⑦，最为著称且引起最多争议的是他一贯不懈地主张宽恕和反战。弗尔克即把这说成是缺乏"刚毅、自豪和荣誉感"的"奴隶

---

① 一般版本均写作"有耻"，而我在观察上下文之后，认为此乃句末"自耻"之误写。
② 《申鉴·杂言下》。
③ 《孟子·公孙丑上》。
④ 参见《孟子·尽心上》："非其有而取之，非义也。"
⑤ 《孟子·公孙丑上》。另参见《孟子·离娄上》："苟不志于仁，终身忧辱。"
⑥ 《荀子·荣辱》。
⑦ 他的《宋子》十八篇（见于《汉书·艺文志》）已佚。郭沫若认为《管子》中的《心术》和《内业》即是宋钘的著作。（郭沫若1957，第245—271页）

道德"①——然而这样的评语只揭露出弗尔克自身的成见,实际上对宋钘并不贴切,因为宋钘正是对这些旧标准表示怀疑,而显示出一个轴心时期自由思想家不折不扣的自豪。《庄子》里面提到,宋钘听说古代具有道术之人"不累于俗",而感到喜悦②,这使他能够"举世而誉之而不加劝,举世而非之而不加沮",因为他能"定乎内外之分,辩乎荣辱之境"③。这种"内""外"的区隔,反映出当代普遍视传统为不足的后习俗信念。在荀子批驳宋钘的格言"见侮不辱"时④,实际上亦是抱持着这种内外二分的信念,于是将荣、辱各自加以区划:

> 有义荣者,有势荣者;有义辱者,有势辱者。志意修、德行厚、知虑明,是荣之由中出者也,夫是之谓义荣;爵列尊、贡禄厚、形势胜……是荣之从外至者也,夫是之谓势荣。流淫污僈、犯分乱理、骄暴贪利,是辱之由中出者也,夫是之谓义辱;詈侮捽搏,捶笞膑脚,斩断枯磔,藉靡舌纆,是辱之由外至者也,夫是之谓势辱。是荣辱之两端也。故君子可以有势辱,而不可以有义辱;小人可以有势荣,而不可以有义荣。有势辱,无害为尧;有势荣,无害为桀。义荣、势荣,唯君子然后兼有之;义辱、势辱,唯小人然后兼有之。是荣辱之分也。⑤

这一段无疑表明在周代的儒学中,已经很清楚地把内生和外塑的"辱"区分开来。荀子这种内、外的本质区隔,分别划归于道德和政治权

---

① Forke 1964,第 558 页。
② 《庄子·天下》。
③ 《庄子·逍遥游》。
④ 此为宋钘和尹文共同之名句,在周代文献中经常被提及;参见《荀子·正论》《荀子·正名》《庄子·天下》《韩非子·显学》《吕氏春秋·正名》。荀子引述此语,指斥宋钘乱名,认为并不能靠它来解决战乱纷争。(《荀子·正名》《荀子·正论》)
⑤ 《荀子·正论》。

力两种不同的领域,这令人想起孟子对"天爵"和"人爵"所做的区隔。①国家所施予的惩罚,不但与道德无涉,甚至会让当事人滋生真正的荣誉感。这种观点反映出轴心时期的基本问题:"实然"与"应然"的分离。在道家的学说中,我们也能看到此点。《庄子》即对那些蒙受刑法羞辱,被弄得身残体缺的受害者表现出夸张的偏爱,视其为不受一般规范节制,而能达致真理的象征。这种后习俗精神的表征不仅存在于道家学说,而且存在于整个中国古代哲学之内。荀子把肉刑评价成只是形式上的"势辱",即是承袭了《论语》对于依赖法律手段表示怀疑的思想脉络。

由此可知,纯正儒家之"耻"与"辱"的概念与所谓"耻感文化"或"罪感文化"的刻板说法不同,绝不是一种道德他律性的表现。用科尔伯格的话来说,一方面是"自我尊不尊重",另一方面是"社会尊不尊重"的问题,这是一种对所有后习俗伦理学必要的基本区别。② 对于后习俗道德规范而言,一种独立自尊,而非将他律内在化的羞耻感,其效果较内在之罪孽感不遑多让。而与罪孽感不同的地方在于,它"不是导向一种严峻诫令下的道德,而是导向一种相互和自我尊重的伦理学"③。

---

① 《孟子·告子上》。
② Kohlberg 1971,第 171 页。
③ Rawls 1972,第 256 页。他也是在这种意义上诠释康德的理论。

好恶是有对错的吗？
——《论语》4.3 蕴含的一个哲学问题

方旭东

跟大多数中国经典一样，《论语》文辞简约，多论断而少论证，从而为后代诠释留下了很大空间，其意蕴随论者不同而呈现出不同面相。正是这种开放性使它"与时俱进"，常读常新。本文拟讨论的《论语》4.3 诠释将提供又一例证。该章原文甚短，仅记载了孔子的一句话：

> 子曰："唯仁者能好人，能恶人。"

翻译成现代汉语，即是：

> 孔子说："只有仁人才能够喜爱某人，厌恶某人。"

事实上，流传甚广的杨伯峻《论语译注》就是这样翻译的。①

然而，这个译文使人产生如下疑问：喜爱某人、厌恶某人难道不是人人都会的事吗？为什么说只有仁者才能够？孔子这样说究竟是什

---

① 杨伯峻：《论语译注》，中华书局 2006 年版，第 38 页。

么意思?

通过对中外那些重要的《论语》诠释的研究,笔者发现,《论语》4.3 不只是在陈述一个道德教训那么简单,而是蕴含了一个重要的哲学问题,那就是:对于好恶这类人之常情,我们是否可以说对错?换言之,好恶是否也存在正当性问题?

一

韦利(Arthur Waley)等英译者首先注意到与这章类似的一个说法"唯仁人能爱人,能恶人"出现在《大学》第十章。① 无疑,《大学》这段文字为我们理解《论语》4.3 的含义提供了一个参考。为了准确把握《大学》这句话的意思,我们需要将其上下文联系起来考虑,而朱熹的评论亦有助于我们弄清文义,故一并引之如下:

> 《秦誓》曰:"若有一个臣,断断兮无他技,其心休休焉,其如有容焉。人之有技,若己有之,人之彦圣,其心好之,不啻若自其口出,寔能容之,以能保我子孙黎民,尚亦有利哉。人之有技,媢疾以恶之,人之彦圣,而违之俾不通,寔不能容,以不能保我子孙黎民,亦曰殆哉。"【朱注:个,古贺反,《书》作介。断,丁乱反。媢,音冒。《秦誓》,周书。断断,诚一之貌。彦,美士也。圣,通明也。尚,庶几也。媢,忌也。违,拂戾也。殆,危也。】唯仁人放流之,迸诸四夷,不与同中国。此谓唯仁人能爱人,能恶人。【朱注:迸,读为屏,古字通用。迸,犹逐也。言有此媢疾之人,妨贤而病国,则仁人必深恶而痛绝之。以其至公无

---

① 韦利英译,杨伯峻今译:《论语:汉英对照》,外语教学与研究出版社 2000 年版,第 39 页;Roger T. Ames and Henry Rosemont, Jr, *The Analects of Confucius: A Philosophical Translation*, New York Ballantine Books: The Random House Publishing Group, 1998。

私，故能得好恶之正如此也。】①

在这一章，作者先是引了《尚书·秦誓》中的一段话，这段话从为人及其对国家的利害等几个方面对比了两种人，一为贤臣一为小人。接着声称，只有仁人才能将这种嫉贤妒能的小人流放出中国。然后又评论说，这就叫作"唯仁人能爱人，能恶人"（只有有仁德的人才能对小人或恶人深恶痛绝，对贤人或好人爱护有加）。

可以看到，《大学》本文结合实例具体解释了"唯仁人能爱人，能恶人"的含义，但对何以只有仁人才能爱人恶人这个问题却未置一词。朱熹的注在最后对这个问题做了一个简明的回答，那就是："以其（仁人——引者按）至公无私，故能得好恶之正如此也。"

这个回答不仅给出了原因，而且对"能爱人能恶人"的意义做了明确规定，那就是：得好恶之正。换言之，所谓能爱人能恶人，就是**能够正确地**爱人恶人。

经过这样解释，"唯仁者能好人，能恶人"就不再那么明显地与常情相悖。常情以为，好人恶人，人谁不能？好人恶人，人谁不可？既无须学习，亦无须经谁批准。从这种常情推测，孔子的意思应当不是说仁者之外的人不可以好人恶人，而是想强调仁者之外的人不能正确地好人恶人。如此说来，孔子在这里所讨论的主要是好恶之情的是非对错问题，而不是好恶之情的能力与权利问题。

也许是基于这种认识，一些现代译者在翻译《论语》4.3时，干脆就在好恶前面加上"正确地"一词，如孙钦善将全句翻作：

> 孔子说，"只有有仁德的人才能**正确地**去喜爱人，才能**正确地**去厌恶人。"②

---

① 朱熹：《大学章句》，《四书章句集注》，中华书局1983年版，第11—12页。
② 孙钦善：《论语注译》，巴蜀社1990年版，第47页。黑体为引者后加。

孙钦善认为，本章说明孔子主张好恶必须有是非标准，并不是无原则的，仁就是标准。① 同时，他还找出一些内证，像《论语》13.24：

> 子贡问曰："乡人皆好之，何如？"子曰："未可也。""乡人皆恶之，何如？"子曰："未可也；不如乡人之善者好之，其不善者恶之。"

和《论语》15.28：

> 子曰："众恶之，必察焉；众好之，必察焉。"

以支持这种解释。②

在孙氏之前，杨伯峻已提出，4.3、13.24、15.28这三章可相互发明。③

在理解4.3章时，联系到13.24与15.28两章，要亦不无所见，因为这三章都谈到了好恶问题，且对好恶都做了某种限制。然而仔细推敲，却不难发现它们其实各有侧重。

4.3章讨论的是：

> Q1. 什么样的人才能正确行使对他人的好恶？

孔子的主张是：

> A1. 只有那些好人（仁者）才能正确行使对他人的好恶。

---

① 朱熹：《大学章句》，《四书章句集注》，第11—12页。
② 孙钦善：《论语注译》，第224页。
③ 杨伯峻：《论语译注》，第160页。

Q1 可以转换为：

  Q2. 怎样正确行使对他人的好恶？

可以设想，孔子的回答将是：

  A2. 只有以仁为标准才能正确行使对他人的好恶。①

而 13.24、15.28 两章讨论的则是：

  Q3. 如何看待来自他人的好恶？

从 13.24 章可知孔子的看法是：

  A3. 只有那些好人（善者）对自己的好恶才值得重视。

  对某个道德行为主体来说，Q2 将其置于施动者的位置，而 Q3 则将其置于受动者的位置。位置不同，应对自然也就两样。正是在这个意义上，我们说 4.3 章与 13.24、15.28 章处理的不是同一问题，应当加以区别。

  不过，在另一方面，4.3 章与 13.24、15.28 章也并非绝缘。在某种程度上，它们甚至还存在一种因果关联：A1 可以被看成是 A3 的根据，A3 可以被看成是 A1 的一种应用。在此意义上，无妨承认 4.3、13.24、15.28 三章可相互发明；在逻辑层面，它们犹如同义反复。确切地说，13.24 章是为 4.3 章提供了一个印证。如果我们要问 A3 的根

---

① 之所以能做这种转换，是基于它们在逻辑上是等值的。事实上，前揭孙钦善译注即用之。

据,那么,在 A1 那里可以找到。然而,如果我们要问 A1 或 A2 的根据,A3 就无能为力了。

在文本上,与上述情况不无相似的是,《论语》4.3 与《国语·楚语下》中这段话的关系:

> 子高曰:"……吾闻之,唯仁者可好也,可恶也,可高也,可下也。好之不偪,恶之不怨,高之不骄,下之不惧。不仁者则不然。人好之则偪,恶之则怨,高之则骄,下之则惧。骄有欲焉,惧有恶焉,欲恶怨偪,所以生诈谋也。……"

"唯仁者可好也,可恶也",意思是"只有仁人才可以被喜欢与不喜欢"。整体观之,子高这段话所讨论的是,对于什么样的人我们才可以放心地去好去恶。而如前所述,《论语》4.3 所关心的问题是:Q1. 什么样的人才能正确行使对他人的好恶。显然,这两者讨论的根本不是一回事。

在翻译《论语》4.3 时,韦利(Arthur Waley)曾注意到《国语》这段话,并将后者当作一个不同诠释的例子:

> In the *Guo Yu* (ch. 18), however, the saying is quite differently interpreted: "Only a good man is safe to like and safe to dislike...For if you like him, he will not take undue advantage of it; and if you dislike him, he will not resent it." ①

然而,据我们以上分析可知,《论语》4.3 与《国语》这段话谈的根本不是一个问题,因此,也就无从比较其诠释有何不同。

在对文本上的这些枝蔓加以清理之后,我们看到,《论语》4.3 的

---

① 韦利英译,杨伯峻今译:《论语:汉英对照》,第 39 页。

诠释障碍依然还摆在那里：为什么只有那些好人（仁者）才能正确地行使对他人的好恶？

二

分析地看，"为什么只有仁者才能得好恶之正？"这个问题包含两个子问题：

W1. 为什么仁者能得好恶之正？
W2. 为什么不仁者不能得好恶之正？

前已提及，朱熹在注《大学》所引"唯仁者能好人，能恶人"时曾指出："以其至公无私，故能得好恶之正如此也。"这是用仁者的"公"（无私）来解释仁者好恶的"正"（正确）。

需要指出的是，这个讲法并非朱熹首发，而是继自程颐。程颐在解《论语》4.3时曾言简意赅地评论说："得其公正也。"[①] 朱熹的《论语集注》采纳了程说："盖无私心，然后好恶当于理，程子所谓'得其公正'是也。"[②]

比较而言，程颐还只说到仁者得好恶之公正，朱熹则进一步点出公正就是"当于理"，从而将好恶问题直接与"理"挂搭上，体现出鲜明的理学解经特色。

从形式上看，程颐的解说主要回答了W1，而不及W2，朱熹的注则对W2也有正面回应。在引程说之后，朱熹又引了程门高弟游酢（定夫）之说。

---

① 《论语解》，《二程集》，中华书局2004年版，第1137页。
② 朱熹：《论语集注》卷二，《四书章句集注》，第69页。

> 游氏曰："好善而恶恶，天下之同情，然人每失其正者，心有所系而不能自克也。唯仁者无私心，所以能好恶也。"①

相对于程颐，游氏之说显得更加全面，他不仅解释了仁者何以能得好恶之正，同时还从心理上分析了一般人不能正的原因。游氏指出，那是因为这些人"心有所系而不能自克"。

考虑到"心"在中国哲学中有丰富的含义：它有时表示情感（相当于 feeling），有时表示心智（相当于 understanding），有时表示意念（相当于 attention），相应地，"心有所系"可以分为三种情况：或指情感指向某个特定的对象（object），或指心智停留在某个层次（level），或指意念聚焦于某种利益（interest）。在这三种情况下，良知或本心都受到遮蔽，从而主体的所好非善，所恶非恶，也就是不得好恶之正。第一种情况，可谓为情所困或为情所迷；第二种情况，可谓知有不逮或知所不及；第三种情况，可谓利令智昏或利欲熏心。如果说，在第一和第二种情况下，主体的好恶偏离正道是出于无心或无知，那么在第三种情况下，主体的好恶偏离正道则属于有意而为或明知故犯。尽管它们之间存在这种差异，但从儒家的观点看，它们都属于有私（心），而应当加以克服。

关于不仁之人怎样因为私心而失去好恶之正，现代学者钱穆做了更加深入的分析，在某种意义上可视为对朱熹注解的一种"接着讲"。

钱穆认为，一方面，不仁之人因为心多私欲，有所谋求，有所顾虑，以至于不敢表达自己真实的好恶之情，也就是缺乏仁者那样的"勇"：

> 好人恶人，人孰不能？但不仁之人，心多私欲，因多谋求顾虑，遂使心之所好，不能真好。心之所恶，亦不能真恶。……若

---

① 朱熹：《论语集注》卷二，《四书章句集注》，第69页。

人人能安仁利仁，使仁道明行于人群间，则善人尽得人好，而善道光昌，恶人尽得人恶，而恶行匿迹。人人能真有其好恶，而此人群亦成为一正义快乐之人群。此即仁者必有勇之说。①

另一方面，钱穆又提出，人心因为被私欲遮蔽缠缚，从而对好恶看不清，即所谓好恶失其正；这种不能好恶，可以说是因为不知而造成的。与之相反，仁者有知，心智明通，对好恶能够看得很清，从而好恶也就能得其正。

人心为私欲所障蔽，所缠缚，于是好恶失其正，有"好之欲其生，恶之欲其死"者，此又不能好之一征。惟仁者其心明通，乃始能好人恶人，此又仁者必有知之说。②

结合孔子关于"仁者必有勇""仁者必有知"的思想③，钱穆对"唯仁者能好人，能恶人"一语做了别开生面的新诠。这句话的意思于是可以写作：

1. 只有仁人才敢爱（好人）敢恨（恶人）。④

---

① 钱穆：《论语新解》，生活·读书·新知三联书店 2002 年版，第 89 页。
② 钱穆：《论语新解》，第 89—90 页。
③ "仁者必有勇"是孔子的原话："有德者必有言，有言者不必有德。仁者必有勇，勇者不必有仁。"（《论语·宪问》）而"仁者必有知"则是钱穆对《论语》有关说法的一种提炼。
④ 这里，我们将"好人"与"恶人"译为单字"爱"与"恨"，而不取一般现代译者所用的"喜爱"（杨伯峻、孙钦善）/"喜欢"（李泽厚）与"厌恶"（杨伯峻、孙钦善）/"憎恶"（李泽厚），主要是出于行文简练的考虑。对这两个名词的英译也并不统一，有将"好人"译为 love、将"恶人"译为 hate 的，如理雅各（James Legge）：The Master said, "It is only the truly virtuous man, who can love, or who can hate, others." (p.89)；有将"好人"译为 like、将"恶人"译为 dislike 的，如韦利（Arthur Waley）: "Only a Good Man knows how to like people, knows how to dislike them," the Master said, "He whose heart is in the smallest degree set upon Goodness will dislike no one." (p.39) 刘殿爵（D. C. Lau）：The Master said, "It is the benevolent man alone who is capable of liking or disliking other men." (p.51)。而安乐哲（Roger T. Ames）的译法最为独特：The Master said, "The authoritative person（转下页）

2. 只有仁人才明白怎样（正确地）去爱（好人）去恨（恶人）。

句中的"能"字兼具"勇""知"二义：其一是"勇于"或"敢于"（dare to），其二是"知道"或"明白"（know how to do）。

在古代汉语里，"能"字用作"勇于"或"敢于"的情况比较少见。① 在这个意义上，它成了表达主体主观意愿的一个词，而不再像通常那样主要用以表达主体的某种客观能力。如果说后者主要同知识或理性有关，那么前者主要同意志有关。

按照钱穆的理解，"仁"的品格当中内在地含有"勇"与"知"两种德性，而"仁"属情感范畴，因此，"知""仁""勇"就分别对应于"知""情""意"："知当知识，仁当情感，勇当意志。"②

可以看到，钱穆不自觉地运用西方哲学（尤其是康德以来）有关知情意三分法的理论，来解说中国传统哲学中的"知""仁""勇"。不过，与康德重视理性的特点不同，钱穆在知情意三者之间尤其重视情："而知情意三者之间，实以情为主。情感者，心理活动之中枢也。真情畅遂，一片天机。"③ 情被他视作心理活动的中枢，换句话说，情感可以支配理智和意志。钱穆的这种立场可称之为一种重情主义。④

并不奇怪，提出"情本体"说的李泽厚将钱穆引为同道。在解说这章大意时，李泽厚一开始也承认，它无非是说明喜恶之中仍有理智判断在。

（接上页）(ren 仁) alone has the wherewithal to properly discriminate the good person from the bad."（p.89）即是将"能好人，能恶人"理解为"有能力正确地区别好人与坏人"，不能不说，这与原意相差甚远。参见 Bryan W. Van Norden (ed.), *Confucius and the Analects: New Essays*, Oxford University Press, 2002。

① 钱穆似乎对自己的这个讲法颇有自得之意，他说："从来解此章者……都不识得'能'字。"（《论语要略》，转引自李泽厚：《论语今读》，安徽文艺出版社 1998 年版，第 103 页）

② 《论语要略》，转引自李泽厚：《论语今读》，第 103 页。

③ 《论语要略》，转引自李泽厚：《论语今读》，第 103 页。

④ 事实上，钱穆曾宣称："仁者……以真情示人，故能自有好恶。"（《论语要略》，转引自李泽厚：《论语今读》，第 103 页）

> 谁不能喜恶？这里依然是说，虽喜恶也并非一任情感的自然，其中仍应有理知判断在内。……这样，喜恶才不只是情绪性，更不是生物性的反应，而只有"仁人"（真正具有人性的人）能做到这一点。①

然而，接下来，他忽然转为强调仁不能等同于理，而是其中有理也有情，仁者的是非之心不只是理智判断，或某种服从先验的律令态度，而是融理于情的人生态度，不同于西方讲的"是非"，也不同于康德讲的实践理性。②

李泽厚说的这些，要亦不无所见，但问题是，《论语》4.3 的主旨与此无关，因而未免有离题之嫌。

总体说来，以朱熹为代表的理学诠释，在处理《论语》4.3 的义理困难时，首先将好人恶人理解为好恶一出于理，即好善恶恶，然后把主要精力放在说明仁者何以能做到好恶得其公正。其言说策略是抓住仁者无私这一点来做文章。因为无私，所以仁者可以无所顾虑、直抒胸臆；因为无私，所以仁者可以无所遮蔽、通晓事理。由此，从两方面对"能"字做了定义：一为主观情愿（would like to），一为具备客观实力（be able to）。

三

无论是对"能"字的定义，还是对"好人恶人"的理解，汉学诠释都表现出与理学诠释完全不同的思路。在汉学家那里，哲学的设定是，不存在一个独立的、具有某种绝对意味的当然之理，最高的原则

---

① 李泽厚：《论语今读》，第 103 页。
② 李泽厚：《论语今读》，第 103 页。

乃是人之常情。对于好恶问题，也不例外，最高境界就是与大众的好恶相同。为了达到这一点，一个人主要的工作就是要了解大众的好恶到底是什么。因此，认识能力在其中扮演至关重要的角色。仁者的过人之处正在于他能了解别人的好恶。仁者之所以有此能力，是因为他作为极仁之人，具有高度灵敏的知觉。

对《论语》4.3 的汉学诠释，其经典表述是由汉代孔安国给出的。魏人何晏的《论语集解》为我们保留了孔安国的一个注：

> 子曰：惟仁者能好人能恶人。【注】孔安国曰：惟仁者能审人之好恶也。①

孔安国将"好人恶人"转换为"审人之好恶"，为汉学诠释迈出了关键的一步。严格说来，"审人之好恶"并不就是"好人恶人"，它只是通向后者的一个必要途径。汉学注释者将"能好人能恶人"简作"能好能恶"，并将其看作"能好人之所好，恶人之所恶"的缩略。清人焦循在《论语补疏》中还对孔说做了疏通：

> 仁者好人之所好，恶人之所恶，故为能好能恶。必先审人之所好所恶，然后人之所好好之，人之所恶恶之，斯为能好能恶也。②

焦循描述了通向"能好能恶"的必由之路：第一步：审人之所好所恶；第二步：人之所好好之，人之所恶恶之。至于何以仁人就能"审人之所好所恶"，他并无交代。南朝梁人皇侃的疏则提供了一个解释，这个解释在一定程度上是受西晋人缪播启发而来。

---

① 何晏注，皇侃疏：《论语集解义疏》卷二，《四库全书》本。
② 转引自刘宝楠：《论语正义》，中华书局 1990 年版，第 141 页。

【疏】"子曰"至"恶人"：夫仁人不佞，故能言人之好恶，是能好人能恶人也。"雍也，仁而不佞"是也。《注》"孔安国曰"至"恶也"：亦得为向释也。又一解云，谓极仁之人也。极仁之人，颜氏是也。既极仁昭，故能识审他人好恶也。故缪播[①]曰，仁者，人之极也，能审好恶之表也，故可以定好恶。若未免好恶之境，何足以明物哉。[②]

皇侃的说明可以写成这样一个推理式：

p 且 q → r

其中，p 代表"仁者是极仁之人"，q 代表"一个人如果极仁昭，就能审他人好恶"，r 代表"仁者能审他人好恶"。

而缪播的说法略有不同。他似乎认为，仁者是没有自己的好恶的，如果仁人有自己的好恶，那么，他就无法洞明事物。仁者只是作为旁观者来对他人的好恶加以审察。审察之后，仁者就可以对好恶给予判定。

对于缪播的话，皇侃并没有全盘接收。他吸取了前者关于"仁者，人之极也，能审好恶之表"的看法，但对仁者没有自己的好恶的思想则有所保留。皇侃的这种保留态度，可能也是为了照顾到"仁者能好人能恶人"的说法，因为这个讲法明确肯定仁者可以有好恶，且其好恶就是他人的好恶。

宋人邢昺在对仁者能审人之好恶的原因进行说明时，接续了皇侃

---

① 缪播（？—309），字宣则，兰陵（今山东枣庄）人。西晋玄学家，曾为《论语》作注，著有《论语旨序》一书，久逸，皇侃《论语义疏》间采其说，清马国翰《玉函山房辑佚书》从皇《疏》辑得《论语旨序》凡十四条。论者以为，缪播解《论语》多以玄理入之。

② 何晏注，皇侃疏：《论语集解义疏》卷二，《四库全书》本，25b—26a。

的思路,即将仁者能审人之好恶的原因归结为仁者自身所涵的德性或品格:"此章言唯有仁德者无私于物,故能审人之好恶也。"① 因为仁者自身对物没有任何个人特殊的好恶,所以他立场中立,视野开阔,因而能了解他人对事物的好恶。

这个解释主要强调了仁者对他人好恶的洞察能力,在逻辑上与仁者能好人之所好、恶人之所恶并不等值,甚至彼此相反。这个情况反映出,汉学诠释的内部存在着某种不易觉察的断裂。

在《论语》原文中,"人"只是作为主体好恶的对象存在。而一旦将"能好人能恶人"理解为"能好人之所好,能恶人之所恶","人"的角色就发生了一个变化,变成了主体好恶的参照系。② 并且这样一来,原文中的"能"字,现在就主要落到"审人之所好所恶"上。

就经典解释的要求来看,把"能好人能恶人"理解为"能好人之所好,能恶人之所恶",由于不符合经济原则而难以被视为最佳诠释。事实上,刘宝楠虽然也收录了邢注,但并不满意,又引焦循之说加以疏通:"《注》说颇曲,姑依焦说通之。"③

另一方面,从哲学的角度看,汉学传统的解释,其特点是通过引进认识(审)这个环节,将原文关于好恶的正当性(能)问题转化为一个知识论(认知能力)问题。而将"能"理解为认知能力,在某种程度上,是对原文的一种合理化处理,由此可以避开原文表达与常识之间的矛盾。就其基本立场而言,是维护好恶作为人的情感反应不存在能力问题的常识观点。然而,如果孔子在此所要质疑的恰恰就是这种常识观点,那么,站在常识立场对原文所做的这种"改造"就不仅

---

① 何晏注,邢昺疏:《论语注疏》,《十三经注疏》标点本,北京大学出版社1999年版,第47页。

② 参照系这一点,在将"好人之所好,恶人之所恶"翻成英文之后就会看得非常清楚:To like what people like, to dislike what people dislike 或 to like as people do, to dislike as people do。

③ 刘宝楠:《论语正义》,第141页。

不合法，同时也错过了原文中可能存在的哲学洞见。

最后，在本文结尾，笔者对理学与汉学在《论语》4.3 诠释上的分歧作一点评论。

清人梁章钜（1775—1849）曾试图调和孔、朱：

> 按：《集注》似与孔《注》不同，而其实正相发明也。盖惟仁者好人之所好，恶人之所恶。必先审人之所好所恶，而后人之所好好之，人之所恶恶之，斯为能好恶，非公正同情而何哉？①

梁氏注意到理学诠释的关键词"公正""同情"，同时，他认为汉学诠释的基石——"人之所好好之，人之所恶恶之，斯为能好恶"——所体现出来的正是一种公正与同情。他因此断定，《集注》与孔《注》貌似不同，而实相互发明。

从形式看，好恶与人相同，的确可以称之为"公"，称之为"同"。然而，理学所理解的公与同是好善恶恶，与其说这是一种现实描述或摹写（discription），不如说是一种规范（norm），理学作为一种道德理想主义的性质，正是在这些地方表现出来。

然而，好恶与人相同，并不就能保证所好是善，所恶是恶。其间自有分际，不可不辨，孔子在《论语》13.24、15.28 中已反复致意。如果说"理"代表的是某种超越特定时空与人群的普遍价值，那么，好恶之"同"所代表的则是某一特定社群的特殊价值。如果说以"理"为对错的标准接近真理的符合论，那么，以"同"为对错的标准则接近真理的约定论。可见，即便我们承认好恶情感有对错可言，它的确切含义也会因为对对错标准的理解不同而不同。孔子本人未必有这样清楚的意识，但我们从《论语》4.3 是可以读出这些哲学内容的。

---

① 《论语旁证》，转引自程树德：《论语集释》卷七，中华书局 1990 年版，第 230 页。

孟子思想中的羞恶之心与义之德性

〔美〕万白安 / 著　安鹏 / 译　张琼 / 校

> 在不孤立道德罪责的权威性并把近似于我们称为"罪责"的东西置于更广义的羞耻概念下的社会和心理结构中，希腊人再次展示了其现实、真实和善意的疏忽。
>
> ——伯纳德·威廉斯《羞耻与必然性》

> 无耻之耻，无耻矣。
>
> ——《孟子》

柏拉图和托马斯式传统的四主德，即智慧、正义、勇敢和节制，只有一种符合甚至只是近似于孟子的四德（仁、义、礼和智）。[①] 职是之故，从事德性研究的哲学家应能从孟子那里找到丰富的资源。遗憾的是，关于孟子德性的翔实的已发表研究并不多见。在本文中，我想对孟子关于"义"（virtue of *yi*）的理解予以深入考察（"义"通常被译为 righteousness，即"正义"）。在第一节，通过概述孟子整体上关于

---

① Mencius 是中文"孟子"的拉丁文转写。孟子是前 4 世纪的儒家哲人。他在今天之所以为人所知，主要是通过一本叫作《孟子》的书。尽管"勇"对孟子来说不是核心的德性，但他也有引人入胜的讨论，参见 Van Norden 1997。关于以美德为基础的孔子思想，参见 Wilson。

修身和德性的见解，我将为义的讨论提供背景知识。在第二节，我会考察义与孟子的关键观念"扩充"如何关联起来。在第三节，我会讨论到义与羞耻的关系。第四节，简要讨论孟子的义引出的一些问题。

1. 孟子的德性与修身概述

在《追寻美德》一书中，麦金太尔指出西方前启蒙运动的道德体系"存在着'偶然成为人'和'一旦认识到自己本性后可能成为人'的两个重要对照……乐善与禁恶的戒律教导我们如何从潜能转变为行动，如何实现我们的真实本性，如何达到我们的真实目的"（MacIntyre: 52）。这明显是亚里士多德式的语调。而且，就如何充实这套体系，亚里士多德和孟子之间存在巨大的差异（参见本页脚注②及 3.2 以下）。尽管如此，人具有潜能的基本设想与孟子的观点相当吻合，这种潜能以顺应生命的特定方式得以呈现和实现。

作为儒者，孟子认为每个人都有为善的潜能。[①] 然而，他也认为大部分人并未意识到或实现该潜能。他用一些农作物的譬喻描述之，其中最引人注目的是四端的比喻（Lau 2000: 214 note 19; Graham 1990: 28; and Allan: 113-114）。[②] "端"表明活动、感受、欲望、理解和思想向善的初生趋向。四端分别对应着仁、义、礼、智四种最主要的德性。即便是未开化的野人，四端依然是活泼泼的。它们不时地在对特定情

[①] Donald Munro 认为这种保证是儒家的特色。见 Munro。
[②] 和柏拉图一样，孟子并不常拘泥狭义上的专用术语。他用多种术语表达 sprout，包括"端"（2A6），"苗"（2A2.16），"孽"（6A8），"萌"（6A8，6A9）等。同样，他表达 extension 的术语（见下文）也包括了"推"、"及"（1A7.12）、"达"（7A15，7B31）和"扩而充"（2A6）。本文对《孟子》段落的引用遵循詹姆斯·理雅各翻译的分段（Legge 1970）。关于《孟子》不同译本可参见 Nivision: 175-201。参考的其他早期中国文本是 *Harvard-Yenching Institute Sinological Index Series*。除特殊说明外，所有翻译都来自 Ivanhoe and Van Norden。

境的道德回应中呈现自我。① 在《孟子》最有名的章节之一中，他以如下的思想实验阐明四端的发生机理：

> 今人乍见孺子将入于井，皆有怵惕恻隐之心——非所以内交于孺子之父母也，非所以要誉于乡党朋友也，非恶其声而然也。（2A6）②

这是仁之端的呈现。显然，这与在同情受难的动物（1A7）、事亲（4A27）并爱亲（7A15），以及有德之君爱民（1A7, 2A6）中所呈现的是同一端。不过确切地讲，将"仁"翻译为 benevolence（仁爱、厚道）多少有些误导，因为我们经常将 benevolence 理解为这样一种德性，即当其成熟时会无差等地施及于每个人，但是孟子认为德性完满的人会更关心与自己亲近的人，并为他们承担特殊的伦理义务，比如他的亲属、朋友和有特定社会角色的人（3A5, 4B24, 7A45）。

孟子认为仁、义、礼、智四端的呈现是我们能够成善的保证（6A6），但他并**不**③认为人一出生就具有完满的德性。如孟子精心选择的"端"的譬喻所示，人内在固具的仅仅是最初向善的趋势，并且这些最初的德性常常在本该呈现的情境中无法呈现自身，所以我们会为雨中走失的小狗而感到怜悯，却无视在垃圾箱翻拣残羹冷炙的乞者（对比 1A7）。我们没法忍受超市收银员丝毫的怠慢，却对欲购买我们

---

① 在这一点上亚里士多德和孟子的德性概念看起来存在有趣的差异。根据亚里士多德，为了道德地行为，一个人必须表现出一种"稳定且不变的状态"（Aristotle 1985: 40）。孟子"端"的譬喻清楚表明我们内在的反应并不是完满的德性。然而，他似乎又承认这些反应已经是道德的，而不是仅只刚够得上"道德的"。例如，在 6A6 中明显提到我们内在固有的但最初的反应，他把这样的"恻隐之心"等同于仁。进一步的对比可以参照 Nivison: 116-118。关于孟子和亚里士多德伦理学之间有趣的相似性和差异性，可以参见 Yearley。

② 以下在文中提及和引用《孟子》仅用篇、节、章号表示，比如 2A6 即是《孟子》第 2 篇上节第 6 章。

③ 原文用斜体字强调的词汇，译文用黑体来表示。下同。——译者

东西的雇主极尽卑躬屈膝之态（对比 7B31 和 6A10，并参看 2 以下）。因此，孟子说必须"扩充"我们四端的呈现，即让内在的最初德性从已经呈现的典型案例"扩充"到与之相似的本该呈现而没有呈现的情形中，他接着说：

> 凡有四端于我者，知皆扩而充之矣，若火之始然，泉之始达。苟能充之，足以保四海；苟不充之，不足以事父母。（2A6）

孟子的扩充可以包含两个方面，我们可以称之为"认知扩充"（cognitive extension）和"感情扩充"（affective extension）。认知扩充会出现在那些极具相似性的境况之间，在这些境况下，我们当下会做出合乎道德的适当回应。感情扩充通常在恰当的道德欲望、态度和情感中呈现并发挥作用。扩充会引起一些争议，我会在 4.3 中略作讨论。[1]

2. 义与扩充

何为义以及它如何被置于这个总体框架中？更早的文本对"义"给出如下定义："义者，宜也"（《中庸》），这大概也是所有中国思想家共同认可的。但这仅仅是一个"大致定义"（thin definition），哲学家对什么是"宜"（合宜的）以及如何确定它的问题聚讼不已。比如，墨家为具有普遍性的后果论做辩护，主张义就是所有人都获利

---

[1] 本文对孟子伦理的概述参照了 Nivison 的著作，尤其参见收入 Nivison 1996 的"Two Roots or One?"和"Motivation and Moral Action in Mencius"两文。其他重要的研究包括 Shun 1989: 317-343、Van Norden 1991: 353-370、Wong 31-44 和 Ivanhoe 2002。以我的判断，即使在现今，对孟子的许多解释都过分地受到新儒家注疏传统的形而上学式预设的影响。关于孟子是如何被他的一位主要的新儒家拥护者误读的例子，参见 Ivanhoe 2002。

（Graham 1978:44-52; Ivanhoe 1998:451-455）。与此相反，孟子反对以利益或功用作为判定行为适当与否的准绳（1A1，6B4）。和2A6详细阐明的仁之端一样，我认为6A10提供了关于义之端的独特洞见：

> 一箪食，一豆羹，得之则生，弗得则死，呼尔而与之，行道之人弗受；蹴尔而与之，乞人不屑也。万钟则不辩礼义而受之。万钟于我何加焉？为宫室之美、妻妾之奉、所识穷乏者得我与？乡为身死而不受，今为宫室之美为之；乡为身死而不受，今为妻妾之奉为之；乡为身死而不受，今为所识穷乏者得我而为之，是亦不可以已乎？此之谓失其本心。

尽管这段文字中未见"端"的字眼，但依然可以很自然地看作是对义之端的阐发。孟子给出一个心理学的宣称：即使为生存必要，也没有人会让自己蒙羞。如果这一论断没问题，那就可以说所有人都具有义之端，因为让我们不能忍受蒙羞的正是此端，哪怕为此丢掉性命。但是这个宣称似乎不太可靠，我们知道一些人为活下去会不择手段，即便让自己颜面扫地也无所顾惜。然而，孟子为证明义之端的存在实不必做出如此强烈的论断，他只要确保如下论断的真实性：每个人都会避免去做某些事，因为他/她相信那是羞耻的。接下来，我会论证相信其真实性的一些理由（见3.2和4.1）。

孟子还想说服我们接受另一个说法：有一些在当前被我们视作义的事，实际上应该视其为不义，因为它们在伦理方面和我们认识的不义之事很相似。例如，我们不应该像获得救济金那样，为更高的薪水而牺牲自己的尊严。孟子认为我们必须以这种方式扩充我们的反应，这在下面引文中非常清楚：

> 人皆有所不忍，达之于其所忍，仁也；人皆有所不为，达

之于其所为，义也。人能充无欲害人之心，而仁不可胜用也；人能充无穿踰之心①，而义不可胜用也。人能充无受尔汝之实（core reaction）②，无所往而不为义也。士未可以言而言，是以言餂之也；可以言而不言，是以不言餂之也③，是皆穿踰之类也。（7B31）

孟子在这里清楚表明所有人都有避免做出特定行为和拒绝接受特定待遇的品性（disposition）。④此外，孟子认为通过把这种反应扩充到原本缺乏义的同类情境中，我们会充满正义感。他用古代中国人尽皆知的设想说明这一点：被聘任为政府要员的士应该和阿谀奉承国君的廷臣共事，还是保持沉默？应该反对失策之政，还是缄默？通过扩充可以知道，做这些错事和穿踰或接受嗟来之食是一样羞耻的。

3.1. 羞耻

孟子的每一端都与特定的情感或态度相对应。所以，仁为恻隐，智为是非，礼为恭敬（6A6）或辞让（2A6），义则是"羞恶"——这个复合词翻译为"羞耻和憎恶"（Legge），"羞耻和恶心"（Giles），"羞耻和丢脸"（Dobson: 132），或简单译为"羞耻"（Lau 1970）或（神奇地）"良心"（Hinton）。显然，我们需要确定羞恶究竟指的是一种反应还是两种。另外，尽管所有翻译都将义之端跟 shame 联系起来，

---

① 字面意思是：如果人们让心灵充满不干穿墙打洞偷盗勾当的念头（比较 3B3）。
② 此处和 4A27"实"的用法表明它是孟子的专门术语，指端芽的典型反应。因此，我称之为"核心反应"（core reaction）。
③ 对照《论语》15:8。通常来讲，"不可以"有"不应该"（should not）的含义，"可以"有"能"（can）或"可能"（may）的含义，所以这段或许可能被翻译为："如果一个人可能（may）言说，但他却不言说……"但有时候（例如在这里），"可以"似乎要求更强意义上的"应该"（"should" or "ought to"）（比较《荀子》：85/22/60 的用法）。
④ 宋代大儒朱熹（1130—1200）注解这段说："恻隐羞恶之心，人皆有之，故莫不有所不忍不为，此仁义之端也。"（Zhu: 7B31.1）。关于羞恶作为义的情感态度，参见 3.1。

但没人提供详细的文本来论证羞恶（或其他中文的经典术语）与西方 shame 的含义是相吻合的。我会论证上述翻译没有一个是精确的，然而在看到"羞恶"和 shame 的联系这一点上，他们却是正确的。为此，我会先回顾西方关于羞耻的一些主流讨论。然后再考察孟子和其他早期中国思想家是如何使用羞、恶和相关术语的。有理由相信，我们能够成功勾勒出古代中国"羞恶"一词和西方 shame 一词重叠的范围。例如，我们期待（鉴于我们的文化背景，最好用"同情的想象"）的中国作者用"羞"和其他术语描述的态度或反应，是否和我们用 shame 所表达的相同。

转向这个工作前，不妨先做一些初步观察和术语辨析。可以用 shame（羞耻）来指称某种特定的情感。现代哲学关于情感本质的讨论卷帙浩繁，在此我不能遍举（参考 Sartre; Soloman; de Sousa）。职是之故，我会在下面给出一些假定，但并没有论证。情感反应要么是"理性的"，要么是"非理性的"（或"自明的"/"不自明的"，或"合理的"/"不合理的"），至少有这两种方式。举例来说，我对飞行中的飞机的恐惧是不理性的（不自明的/不合理的），不但是因为我**相信**飞行不总是特别危险的，而且我相信这个观点是不证自明的。另一方面，如果一个小孩相信他未被田径队录取是羞耻的，那我们可以说，他感到羞耻并非**客观**证明，而是他误以为此事是可耻的。然而，他的羞耻感依然得到了**主观**证明，尽管和我对飞机的恐惧不同，因为他所持的信念将证明他的情感（假如这些信念本身是正当的）。进而，我认为，由于情感和证实情感的信念之间的这些有趣联系，试图理解特定情感的最好办法是从情感（至少主观地）被证实的例子开始。

孟子对"扩充"的讨论可以表明，在某种意义上，情感甚至可以在某人并未感受到它们的例子中被证实。接下来我们看到（4.3），孟子也认为人们已感受到的情感也可能无法被证明。这在孔子和后期的荀子那里也有同样的结论。

接着术语分析，我们用"羞耻"（shamefulness 或 disgracefulness）指称一种行为或情境的性质（property），一个有适当感知能力的人会因做出那种行为或处于那种情境而感到羞耻，并用"羞耻感"（a sense of shame）指称某种品性（disposition），且区分它的广义和狭义用法。就狭义来说，羞耻感指在一个人辨认出（recognizes）对自己或他认同的人是可羞耻的情境中感到羞耻的品性。① 广义来说，羞耻感指在行为或情境是可羞耻的（无论对于自我还是他者，也无论过去、现在、未来，甚至只是假设）时辨认出来，并对此辨认做出适当的情感和行为回应的品性。

最后，近来西方普遍将羞耻（shame）和罪责（guilt）对照起来讨论。总结二者差异的方式很多。在我看来，最有效的是根据其聚焦点来区分这两种情感。诚如伯纳德·威廉斯（Bernard Williams）所说，"**我已做的事**一方面指向他人遭遇了什么，而另一方面指向我是什么。内疚基本上出现在第一种情况下，羞耻则出现于后者"（Williams: 92-93）。进一步讲，这两种情感可以由他人的反应区别开来：

> 导致主体罪责感的是某个行动或疏忽，它们通常会引起他人的愤怒、怨恨和愤慨……另一方面，导致主体羞耻的则是通常会引起他人蔑视、嘲笑或回避的事情。（Williams: 89-90）②

本文聚焦于羞耻的一个简单理由是儒家比较关注它。这是个有趣的议题，强调羞耻的道德意义是什么？对将古代中国看作"耻感文化"（shame culture）的观点有多少启发意义？我们在 4.2 中还会继续讨论到。

---

① 就像我使用的这个术语那样，除非 X 真的是 Y，否则人们不能**认出**（recognize）X 是 Y。
② 关于这种和前面那种区别内疚和羞耻的方式，可以对比 Rawls: 445 和 Gibbard: 139。

3.2. 西方羞耻论

亚里士多德在《尼各马可伦理学》中对羞耻有细致讨论，但让人异常不解的是，他既没有对羞耻情感（the emotion of shame）和羞耻感（a sense of shame）做区分，也没有对羞耻感做广义和狭义的区分。① 亚里士多德开头就声明："羞耻不适合被视为一种德性，与其说它是一种品质，倒不如说只是一种感受。"（Aristotle 1985: 114）他补充道："鉴于年轻人经常误入歧途又被羞耻约束，我们认为他们易于感到羞耻是正确的……相反，因引发老年人羞耻感的任何行为对他而言都是错误的，因此我们认为没有人会赞扬易于感到羞耻的老年人。"（Aristotle 1985: 115）亚里士多德正确地指出，将羞耻**情感**视作一种美德是简单的类别错误。此外，他还正确地指出，感到羞耻一般而言并不是件好事，因为这表明某人已经做出（或者至少**相信**某人已经做出）某些可耻的事（该论断并不包含儿童，他们经常做错事，却也从羞耻之中学习）。然而，羞耻感呢？这是一种品性，所以它属于德性的范畴。亚里士多德在该书的其他章节也意识到羞耻感对健康生活的重要性。比如他批判"无耻"（shamelessness）（1115a14），并且将意识到并避免羞耻同德性联结起来（1179b11-13）。可怪的是，亚里士多德依然否认羞耻感是一种德性：

> 再者，如果有人因做了无耻之事而感到可耻，就据此认为他是得体的，这是多么荒谬，因为羞耻是发自内心的东西，而得体之人并不会自愿去做卑劣之事。羞耻可能是个体面的假设，因为

---

① 古希腊文中有数个与羞耻相关的术语，比如 *aidoōs, aischunē* 和 *aischros*。遗憾的是，这些术语没有被使用来区分羞耻（shame）、羞耻（shamefulness）和羞耻感（a sense of shame）。事实上我认为，较之亚里士多德和其他许多西方哲学家，孟子和其他早期儒者更清楚地认识到羞耻及相关概念的本质和意义。

如果一个得体之人做了可耻之事,那他会因此而感到可耻。但这并不适用于美德。(Aristotle 1985: 115)

尽管不总是很清晰,但我想亚里士多德的观点大概是这样:一个有德行的人有种品性,使他/她做了某件可耻之事后会感到羞耻。然而,将这种品性视作一种德性却面临一个概念性的难题。首先,一个有德行的人,因为有德行故而不会做可耻之事,因此将没有机会运用这种品性;其次,行使德性是人类繁荣的基础,但行使一种感到羞耻的品性则绝对不是如此。由此可见,这种品性并不是德性。亚里士多德的观点可以接受,但应该补充限定条件。一个有德行的人因为有德行故而不会做可耻之事,自然是正确的,但并非人人都是圣贤而不做可耻之事,因此现实之人定然会有机会行使令他感到羞耻的品性。而且亚里士多德似乎将羞耻感只限定在狭义的方面加以讨论,但若通观《尼各马可伦理学》一书,比如上文所引用到的材料,似乎要求他将广义的羞耻感视为德性。

帕特里夏·格林斯潘(Patricia Greenspan)的一些评论或许有助于理解亚里士多德为什么不会像孟子那样强调羞耻:

亚里士多德否定具有德行的成年人的羞耻,凸显出他对德性概念有不愿妥协的高标准。或许可以说,亚里士多德的德目表并不是为了给道德主体提供直接的指南而精心设计的,不像教育家或其他人从一开始就去规划或评价整个生活。(Greenspan: 62)

相反,在《孟子》中,我们发现孟子特别直接地劝告不完美的成人。

亚里士多德在《修辞学》中,同样详尽描述了被我们称为"羞耻现象"的东西(Book II, Chapter 6)。他说:"一些糟糕事会让我们感到羞耻,就像对自己或所关心的人来说是可耻的一样。这种罪恶主要是由道德败坏所致。"(Aristotle 1941:1392)。为了举例说明道德败坏，亚里士多德列举了懦弱、淫荡、贪婪、卑鄙、谄媚和自傲等。较之孟子，亚里士多德特别强调了通过可耻方式获利的例子：

> 通过吝啬或无耻手段而获利，或漠视无助者，在贫穷或死人身上（获利）……
> 当借钱看起来像乞讨，乞讨像索取该有的回报，索取这份回报又像是乞讨，赞扬一个人仿佛它祈求（如此赞扬），尽管失败了，仍然继续乞讨……

亚里士多德的这些例子非常近似于《孟子》6A 10（第2节有讨论）和 4B 33（其中，齐人的妻和妾为其丈夫的可耻行径而哭泣，因为她们发现丈夫为了酒肉和潘慕虚荣而乞食于墓祭者）中可耻地乞讨的例子。除了道德败坏，亚里士多德还注意到我们会因为无法共享荣耀之事而感到羞耻，这种事被其他人或几乎所有喜欢我们的人所共享。最后，我们"为我们的所作所为……那些使我们丢脸和蒙羞的行径而感到羞愧……例如当我们屈服于愤怒时。"(Aristotle 1941:1393，参照《孟子》7B 31，上面第2节讨论到)

同时，亚里士多德在继续讨论羞耻的过程中提出一个棘手的问题，尽管他对这个问题的看法不明确。具体来说，难道一个人只对他人注意到并视为可耻的事情感到羞耻吗？还是会为我们私下做的或其他人不认为可耻的事也感到羞耻？亚里士多德强调羞耻的社会情景，指出"那些我们会在其面前感到羞耻的人，他们关于我们的评价对我们很重要"，以及"没有人在小孩或动物面前感到羞耻"(Aristotle 1941:1393)。然而，他也区分出了因真正的错误而感到羞愧和因习俗性错误而感到羞愧(Aristotle 1941:1393)。

近来最有影响力的羞恶论述，或许是罗尔斯的《正义论》。罗尔斯将"羞耻刻画为当某人自尊受到伤害或受到打击时所产生的感受"（Rawls: 442）[①]。一个人有自尊需要符合两个条件：（1）他"坚定地相信自己关于善的理解、关于生活的计划是值得努力追求的"；（2）他"相信自己实现目标的能力，只要在个人能力范围之内"。此外，罗尔斯还提出了显然是经验主义心理学所宣称的"支持……我们自身价值感的环境"。首先，当有一个合理的生活计划时，人们倾向于在实践活动中挖掘价值，尤其是满足"亚里士多德式原则"的活动（Rawls: 440）[②]。罗尔斯关于合理计划由什么构成的讨论详尽而精微。简言之，理性的生活计划指，该计划与理性选择的原则相一致，也就是行动者选择"完全审慎的理性，即充分了解相关事实并在仔细考虑后果之后的理性"（Rawls: 408）[③]。关于"亚里士多德式原则"，罗尔斯解释道：

> 这里直觉的观念是，随着人们对某件事熟练程度的提高，他们会在做这件事时获得更多乐趣。在两件做得同样好的活动之间，他们会偏爱需要做出更复杂、精微的辨别的更大工程的活动。（Rawls: 426）

其次，"除非我们的努力得到同事的赞赏，否则很难坚信这些努力是有价值的"（Rawls: 441）。罗尔斯对羞耻的描述受到各式各样的批评，玛莎·纳斯鲍姆（Martha Nussbaum）批评罗尔斯的主张太主观主义了。他以汽车装配线上的普通工人为例：

[①] 罗尔斯交替使用"self-respect"和"self-esteem"表示"自尊"（Rawls: 440），但加布里埃尔·泰勒区分了二者（Taylor: 77-79），并且区分了羞耻（shame）、害羞（embarrassment）和侮辱（humiliation）。

[②] "亚里士多德式原则"这个术语具有误导性。纳斯鲍姆对羞耻的描述（见下）就比罗尔斯更亚里士多德主义。

[③] 关于理性选择原则的进一步讨论，参见 Rawls: 63；关于审慎理性的进一步讨论，参见 Rawls: 64。

> 他整天在做一件重复性的工作。他帮助做的事情不在他的控制之内，但他感觉很好，他为自己作为繁荣的资本经济的一部分而自豪；他甚至可能相信，完成简单重复的工作是他唯一拥有的能力，这是他无法主导的事。他的这种内在价值认知算不算真正的自尊？（Nussbaum 1980: 398-399）[①]

对这样生活的工人来说，并不是因为从事体力劳动（而不是智力劳动）使他感到可耻，指出这一点很重要。好工头会使用政治美德，好木匠会创新，小企业主必须谨慎等。但是纳斯鲍姆认为虽然她所描述的工人符合罗尔斯所谓的自尊标准，但他的生活方式依然是狭隘的——并不是因为从事体力劳动，而是因为仅限于没有创造性、没有挑战性和无法控制的劳动。这样的工人或许不会感到羞耻，但他应该感到羞耻。

罗尔斯的理论有足够的资源说明纳斯鲍姆意识到的问题。罗尔斯说，根据亚里士多德式原则，人并不倾向于发现简单、机械、单调活动的价值。尽管不确定亚里士多德式原则是否对所有人甚至大多数人有效。罗尔斯"可能严重低估了我们容易知足的能力"（Nussbaum 1980: 398-399）。我们应该对亚里士多德式原则没法适用的人的自尊说什么呢？罗尔斯自己举了一个恰当的例子，并且清楚表明他接受关于生活计划的主观主义的后果：

> 想象这样一个人，他唯一的快乐就是在诸如公园广场或修整过的草坪等不同地方数树叶。若换一种方式，则他是智慧的，会实际拥有不寻常的技艺，因为他可以处理复杂的计算，由此获得

[①] 纳斯鲍姆（在通信中）告诉我，这篇文章关于羞耻的观点已经被她更近的羞耻论述（Nussbaum 2001: ch. 4, 9-16）所取代。

酬金并养活自己。对善的定义会强制我们承认，这个人的善就是数树叶。（Rawls: 432）①

然而一些人同样认为，无论一个人对自己生活的主观判断如何，罗尔斯所谓数树叶的生活并不都是可耻的和没有自尊的。

有趣的是，孟子可能不会同意罗尔斯和纳斯鲍姆的观点。上文所见，孟子理解的羞恶不是主观的，这一点倒是接近纳斯鲍姆。然而纳斯鲍姆是站在亚里士多德传统中的，该传统倾向于轻视家庭的重要性，而强调在理论和政治层面的德性实践。相较而言，儒家特别重视家庭参与的价值。比如孟子举到即将成为圣王的舜的故事，虽然他富有天下、妻帝二女并且贵为天子，但是依然不足以解忧，因为父母不爱他（5A1）。因此孟子会认为纳斯鲍姆所描述的工人如果是一个好丈夫、慈父、孝子或好兄弟，则没必要觉得羞耻。

虽然纳斯鲍姆和罗尔斯的观点相左，但她同样认可羞耻和自尊之间有关联。② 相反，约翰·戴夫（John Deigh）对此提出挑战。他举例说一个人的自尊可能受到伤害但并不会感到羞耻，或者感到羞耻而自尊心却未遭受伤害。在前者，戴夫让我们想象一位高中网球明星，根据他能掌握的最好证据，他坚信自己有能力成为最出色的职业运动员，并以此为终生努力的目标。然而：

> 当他第一次参加锦标赛时，很快就发现自己的技能跟那些顶级种子选手相差甚远。他首次失败不必是耻辱的，只是证实自己不如人。虽然他会失去一些自尊，但我们也没法得出他感到羞耻

---

① 罗尔斯本人并没有用这个例子讨论自尊和羞耻之间的关系，但我认为这样做并没有什么大问题。

② 不过，纳斯鲍姆并没有像罗尔斯那样，给"自尊"下一个严格而专门的定义（Nussbaum 1980: 403）。

的结论。(Deigh: 139)

尽管如此沉着应变的青少年不常见，但并非没有可能。但是人们不禁要问，这样一位青年在生活中如果没有其他来源的自尊，那他还能否避免羞耻（例如，他相信无论自己是否为一个出色的网球运动员，他都是一个孝子，或诚实的朋友，或虔敬的穆斯林，等等）。

对罗尔斯更有力的质疑或许是戴夫这样的设想：罗尔斯所谓的自尊并没有受到伤害，但人们依然可能会感到羞耻。例如我们常常会对高歇病、失态或其他让我们看起来可笑的事而感到羞耻（Deigh: 139-144）。这些例子表明：

> 当羞耻如果不是排他性的时，它通常更多是对他人明显的反对意见的回应，而不是一种因目标低劣或缺乏实现目标的天赋或能力的评价而引起的情感。(Deigh: 141)

与罗尔斯式的分析不同，戴夫认为，"我们不应把羞耻视为对失去的反应，而应是对威胁的反应，尤其是那种一个人将招致有损人格的、显得这个人更少价值的对待的威胁"（Deigh: 150）。但是这种刻画同样成问题，因为（正如孟子所认识到的）一个人会（并且经常）在他人并不视为羞耻的事情上感到羞耻。而如果他人不认为这事是羞耻的，那就不存在需要回应的"有损人格的对待之威胁"。因此，我认为戴夫对羞耻的刻画跟罗尔斯的一样主观，因为他没有区别看起来可羞耻的和本质上可羞耻的二者。

这个区别是阿诺德·伊森伯格（Arnold Isenberg）处理羞耻的核心。尽管他承认我们"会为那些引起他人蔑视和厌恶的品质而感到羞愧"，但是"由于一个人可能会在他看来因无关紧要的事（并且除了他自己的判断外，没有别的判断）而感到羞耻的事实，我们必须承认自发良心（autonomous conscience）的存在"（Isenberg: 366）[①]。伊森伯格也重提了"羞耻是否会服务于一些有用目的"这一问题（最先由亚里士多德提出）。一方面，伊森伯格承认"为我们的软弱而忧愁……是病态的。沮丧是一种**弱点**（*weakness*），它削弱了行动力；它只会强化我们的沮丧和对自我的厌恶；它暗示努力并没有用"（Isenberg: 374）。另一方面：

> 如果不把自己暴露在羞耻的攻击中，我们就无法反思错误……因此，羞耻像为自己的缺点和克服它们的努力所付出的代价；而病态或持续自责的倾向，则是这种努力失败和行动无能的证据。（Isenberg: 375）

尽管伊森伯格的叙述有很多优点，但我认为他的羞耻定义太宽泛了，因为在他看来，羞耻是"一种意识到过错、弱点、劣势等不能称心如意的品质之后的感受"（Isenberg: 365）。但实际上，我不必为自己的每一个不利特质或劣势而感到羞耻（比如生理缺陷）。[②]

准确定义羞耻是困难的，这迫使我们不得不接受约翰·凯克斯（John Kekes）的说法：

> 羞耻并不存在贴切的定义。它与尴尬、卑谦、懊恼、罪责、耻辱、后悔、悔恨、拘谨、耻辱等渐渐难以分辨清楚。试图列出羞耻的必要和充分条件，就是武断地简化一种本身极为复杂的体验。（Kekes: 283）

[①] 伊森伯格对羞耻的论述写于50多年前，它是我见过的最好的解释之一，我发现这非常有趣。

[②] 伊森伯格试图努力解决这个问题（Isenberg: 370），但我发现结果还是晦涩不通。

避免给羞耻下一般定义的同时，凯克斯还分析了一种他认为与道德进步有特殊关系的羞耻。这类羞耻

> 是一种超出比较的自我意识，由此得出的结论是我们在某些方面并不完美，因为我们没有达到一些重要的标准。……而且我们感觉到我们所违反的这些标准的重要性，因为我们的美好生活的观念需要我们达到这些标准。（Kekes: 286）

凯克斯还认为，依据已被违反而引发羞耻的标准之性质，这种羞耻还可以细分。例如，"如果所有标准都是或应该是内化的公共标准"，那我们就说是"荣誉耻辱"（Kekes: 288）。与此相对，"价值耻辱"则与违反"私人"或"个人"的标准有关，这可能与公共标准不同（参见 Kekes: 290）。① 凯克斯还给出两个评价指标：首先，他说"个人从承担义务……到荣誉羞耻，再到价值羞耻的变化，是某种道德进步"（Kekes: 290）。更具争议的是，凯克斯认为如果个人和文化"摆脱一切形式的羞耻，转向对道德失败的其他回应"（Kekes: 291），那么这也是道德进步的表现。他由此指出：

> 对我们违反道德承诺的行为，羞耻并不是唯一可能的反应。恼恨自己，决心提升自己，渴望得到补偿，或要求理解我们做自己都认为错误事情的苦衷等——这是一些其他的反应。（Kekes: 292）

---

① 凯克斯还界定了"礼节羞耻"，在这种羞耻中，判断的标准仅仅是人的外在表现（无论这种外在表现是否反映个体真正的像一个人）。尽管如此，就外在表现是否与羞耻相关而言，凯克斯也注意到了"荣誉羞耻"和"价值羞耻"之间的区别。我担心这会使得凯克斯混淆下述区别：（1）羞耻确实聚焦于一个人如何在他人面前表现，和羞耻不聚焦于一个人如何在他人面前表现，以及（2）不区分个人标准和公共标准的羞耻，和区分私人标准和公共标准的羞耻。例如，一个人本有相信自己在他人面前的表现跟羞耻紧密相关的纯粹个人标准，但公共标准却认为这种外在表现对羞耻而言是无关紧要的。

再者，羞耻自身会"削弱道德主体并遗留残余，而残余又会给他们已经不得不面对的缺憾增加负担"（Kekes: 291）。

我们如何理解凯克斯对耻辱的贬斥？第一反应告诉我们，当人们没有实现理想，而它又被认为是构成美好生活的重要部分时，他们在心理上不能不感到羞耻。令人惊讶的是，凯克斯承认这一点："如果我们有自尊而且知道自己的道德在沦丧，就会感到羞耻。"尽管在某些境况中感到羞耻是难以避免的，但"我们可以拒绝关注这个感受，而是把它放在背后，并且故意将关注的焦点保持在其他对象上"。确切地说，这个替代性对象"应该是我们美好生活的观念"（Kekes: 294）。这样就很难知道问题出在哪里。如果凯克斯承认对自己的失败过分而消极的关注是邪恶的，那很难设想有人会不同意他。例如，伊森伯格明确地批评"病态"。此外，鉴于人们如此善于自欺欺人，一个人不禁想知道，决心忽视羞耻的感觉是否并不会通常导致同样忽视产生羞耻的原因。正如吉姆·贝克（Jim Bakker）妇孺皆知的证明，人很容易将注意力集中在美好生活的观念上，并忽略我们不能达到那个理想的程度，这将带来灾难性后果。因此看起来，就像我们拥有希望实现的个性理想一样，我们也将拥有感到羞耻的能力（见 4.1）。并且只要我们不是陷入病态，这种能力将起到至关重要的道德作用。

通过简要回顾西方文献中的羞耻，我们可以从中获得什么呢？撇开他们的争议不论，因为不同的观点只是仰赖各自所强调的范式以及如何充实其中细节而产生的，我认为只存在两种典型的羞耻："习俗羞耻"（conventional shame）和"伦理羞耻"（ethical shame）。[①] 习俗羞耻指（自己或认可的人）被那些我们看重其见解的人看不起时产生的不愉快情感，所依据的是我们共享的外在标准。让我们来看看这个定义的一些后果：首先，"那些我们看重其见解的人"不限于我们喜欢或

[①] 这些讨论我受到 Shun 关于"道德羞耻"讨论的启发，见 Shun 1986: 2.1。

尊敬的人。因此，在"敌人"面前，我们会感到羞耻。值得注意的是，这种羞耻取决于我们的外在标准。在公共场合打嗝可能在这种文化里是羞耻的，而在另一种文化则不是。你可能会因为我的衣服便宜而轻视我，但是如果我不认同你的外在标准，这也不会让我感到羞愧。① 习俗羞耻可能在这几个方面被批评为不当的或缺乏根据的：别人并没有看不起我们，看不起我们的人的意见无关紧要，应该不认同看不起我们的人，应该拒绝使别人看不起我们的外在标准等。比如在试图减轻朋友的羞耻感时，我们会说："除了你，没人在乎你的口音"；"谁在乎他怎么想？他就是个混蛋"；"是你丈夫自己在宴会上丢人，与你无关"；"别人说它俗气，但我就觉得它非常有品味"。

相对地，伦理羞耻是当我们相信自己或认可之人有明显的品格缺陷时的不愉快情感。当然也可能会对自己或认可之人的行为而产生伦理羞耻。这是事实，我们为自己的行为感到羞耻是因为相信这些行为揭示了我们的品格。和习俗羞耻一样，伦理羞耻同样可能会被批评为是不当的或缺乏根据的，因为我们认可不应该认可的人："因在商店行窃被捕的是你的兄弟，而不是你。"无论他人是否意识到我们的品格缺陷，是否因为这些缺陷而看不起我们，或者他们的意见对我们是否重要——这些都与伦理羞耻**无**关。② 与伦理羞耻有关的，是我们的品格是否真的有缺陷。因此，我们可以告慰朋友，"你不应该为 20 年前发生的事情感到羞耻。你现在不同了"，或者"不要这么传统，这种想法并没有错"。

戴夫的讨论最接近对纯粹习俗羞耻的描述，纳斯鲍姆的讨论则最接近纯粹伦理羞耻，亚里士多德、罗尔斯和伊森伯格则将二者混在一

---

① 当然也有例外。如果别人坚持用一些我不认同的标准（比如，因为我的种族血统）而看不起我，我可能会感到羞耻。这也是种族主义如此阴险的原因之一。

② 在本节下文我们会看到，确切地说，他人的看法跟伦理羞耻之间没有直接关系，这一点并不像习俗羞耻那样。

起,凯克斯对"荣誉羞耻"和"价值羞耻"的区分和我的最接近。利用在 3.1 中所做的区别,我们可以进一步区分习俗羞耻(conventional shamefulness)和伦理羞耻(ethical shamefulness),以及习俗羞耻感(conventional sense of shame)和伦理羞耻感(ethical sense of shame)。

让我们看一些具体事例。(1)苏珊因早上和丈夫吵架而生自己的气。但她解释说,她被要批改的论文整得又忙乱又易怒。她一时的易怒并没有反映出任何稳定的品格缺陷。她决定回家后道歉并忘记这件事。在这种情况下,苏珊并不感到羞耻,而且自以为是公正的。(2)苏珊的头发在上班途中被风吹起,所以做早教时像蓬草一般直竖起来。当苏珊讲完后看到镜子里的自己时,她感到习俗性羞耻。(3)苏珊有婚外情。她和她丈夫的婚姻幸福而美满,他们没有公开关系,如果苏珊发现她丈夫有外遇,一定会很生气。如果苏珊对自己所做的事情毫无伦理羞耻(不管是否被发现),这将揭示出她品格的什么?她意识到自己是什么样的人并严重背离了想要成为的人之后,依然没有感到羞耻,这是明智(intelligible)的吗?

我们将习俗羞耻和伦理羞耻都称之为"羞耻",难道仅仅是因为同名么?我认为这两种情感之间确实存在深层关联。诚如亚里士多德和孟子很早就强调的,这种关联的存在是因为人是社会动物。人是社会性的,不仅因为他们喜欢与其他人互动,而且这些互动是正确运用我们理论理性和实践理性的必要条件。成为一个好的理论家(经济学家、物理学家或英语教授)需要积极回应同事的意见。如果他对同事的赞扬和批评漠不关心,那就非常糟糕。同样,一个好的理性行动者有责任对道德团体成员的意见做出回应,完全忽视其他成员的伦理意见的人,是一个危险的狂热分子。①

---

① 孟子认为习俗标准和伦理羞耻之间的关联,是由义之德性和礼之德性的紧密关系所提示的。关于这一点,参见 Van Norden 1993: 369-376。

并非每个人都同意理论理性和实践理性的观念。笛卡尔在其《方法论》中刻画了一个生动而深入人心的理论沉思者形象:"独自一人关在暖气融融的房子里",在没有他人干扰的情况下研究自己的思想(Descartes: 235)。这在许多现代文学的主人公身上都有它的伦理契合点,他在面对暴民时遵循他的纯粹良知。[①] 当然有一些情况,即便面对严厉的批评和反对,我们也应该坚守自己的理论和实践承诺。但是,正如缺乏创新或挑战精神表明缺乏自豪感一样,对别人的意见无动于衷也表示一种傲慢的恶习。因此伦理羞耻和习俗羞耻密切相关,因为谦卑的美德要求人们关心个体如何在他人面前表现。我并不否认,存在一些生物遵从伦理羞耻却并不遵从习俗羞耻,这在概念上是可能的。但我认为人并不是这种生物。对人类来说,一种可以从他人那里学来的却又不承受习俗羞耻的谦卑,在心理上是不可能的。

3.3. 羞(Xiu)、恶(Wu)和相关术语

在 3.1 中已经说过,孟子将"羞恶"作为义的心理特征。把个人情感归结到被抽离文化和历史的个体身上,通常是一种不够稳妥的尝试。但是如果注意到孟子和其他早期中国思想家对"羞""恶"以及其他相关术语的使用,会发现它们通常被用来描述人们在面对特定情境时的态度,而在此情境中,我们可以更恰当地判断是习俗羞耻还是伦理羞耻,由此可以初步证明西方羞耻观念和这些概念之间的关联。基于此,接下来需要论证义之端是一种广义上的伦理羞耻感。让我们看看汉字"羞耻""羞恶"等的使用情况。

朱熹或许是关注到复合词"羞恶"准确含义的首位注疏家。他

[①] 事实上,威廉斯就批评了他所说的"道德笛卡尔主义"(Williams: 99),我认为我在这里的立场跟他的非常接近。

注解道:"羞,耻己之不善也;恶,憎人之不善也。"但是,诚如信广来(Kwong-loi Shun)所言,这并不准确,因为孟子有时会用"恶"描述对自己失德行为的态度(见6A10,6B6)(Shun 1997: 60)。唐纳德·门罗(Donald Munro)指出"恶"描述的是内心因某些行为而产生的厌恶感,"羞"是堕入罪过后的(被认为是普遍的)感情。在我看来,试图明确区分出二者边界的努力实际上于事无补,因为孟子很多时候是互用的,比如在2A9和5B1中都提到柳下惠不因污君而"羞",但是在6B6中则用了"恶"字。

"羞"字在《孟子》中并不常见,在《论语》中则仅一见。除柳下惠的例子,孟子还提到一位驾车的御者"羞"于协助非礼的射者获得猎物(3B1)、妻子和小妾"羞"于他们乞食的丈夫(4B33)。① 不过在古典中文中,还有两个词与"羞"密切相关,即"耻"和"辱"。实际上它们三者在词义上常常可以互训②,因此我将通过后两个词的用法来揭示"羞"的含义。

《论语》中,人有时会对恶衣恶食(《论语》4.9)、求教于不如己者(5.15)、穿蔽袍而处于富贵等行为或处境感到"耻"——但他们不应该耻于做这些事。同时,人都应该在有道时耻于贫且贱,无道时耻于富且贵(8.13),耻于不能践行诺言(4.22),耻于匿怨而友其人(5.25),而无论实际是否如此。

《孟子》中,国君会因为战败而"耻"(1A5.1),为他国国君暴虐的行为而"耻"(1B3.7),小国因受命于大国而"耻"(4A8.3-4),因欲行其道的士在自己国土上受饥饿而"耻"(6B14.4)。总之,一

---

① 顺便提请注意,这一段说明在孟子看来女人和男人一样具有义之端。
② 例如,参见Morohashi Tetsuji(诸桥辙次)的如下条目:chi(4-10585)、ru(10-38686)、和xiu(9-28471)。这三个词在语法上有一些区别,"吾耻之"和"吾辱之"都可以既意指"我因它感到可羞耻"又意指"我使它蒙羞耻"。但是,"吾辱之"只能意指"我使它蒙羞耻"。我认为,"耻"是三者中唯一可以表示羞耻感的词汇。注意在2A6和6A6中,孟子使用"羞"指称的并不是羞耻感,而是对这种感受的态度特性。

个人因受奴役于他人而"耻"(2A7.3),因名誉不符情实而"耻"(4B18.3),因居于朝廷之位却不能产生积极的道德影响而"耻"(5B5.5),因不如人而"耻"(7A7.3)。

孔子和孟子都强调羞耻感对于成德成人的重要性。例如当问到一个真正的士该具有何种德性时,孔子回答道:"行己有耻,使于四方,不辱君命,可谓士矣"(《论语》13.20)。相似情况下孟子则说"人不可以无耻,无耻之耻,无耻矣"(7A6)。在回答别人的诘难时说"不耻不若人,何若人有"(7A7)。然而《论语》似乎更加强调如下行为的重要性:在不宜羞耻之时,**不要**感到羞耻(例如,士不应耻于正直的贫穷)。

古典时代儒学的殿军荀子在回应早期思想家宋子关于"辱"的主张时有非常精辟的论述。宋子主张(1)见侮不辱,(2)见侮而以为耻辱的信念会导致暴力,以及(3)意识到见侮不辱可以消弭(或至少减轻)暴力。荀子据此提出两点批评。第一,相信某种行为可耻,对暴力而言既非必要也非充分条件。暴力通常因"恶"("厌恶")某种行为而起,而无论此行为是否可耻①,比如对强盗的反击并非因其行为可耻。② 同样,有时候人们尽管认为某种行为羞辱了他们,但没必要诉诸暴力,比如小丑可以接受羞辱,甚至对羞辱不会厌恶。

第二,荀子区分了"义"(正义的)荣和辱,以及"势"(习俗的)荣和辱,这也是我们想要讨论的。他说:

> 志意修,德行厚,知虑明,是荣之由中出者也,夫是之谓义荣。爵列尊,贡禄厚,形势(埶)胜,上为天子诸侯,下为卿相

---

① 这里对"恶"的使用表明,有时候这个词可以用来表示与羞耻无关的态度。并参本小节下文。

② 很可能宋子认为,感觉受到了侮辱是暴力的一个来源,但并非唯一一个。但是,荀子突出了宋子的这一表达。

士大夫，是荣之从外至者也，夫是之谓势荣。流淫污僈，犯分乱理，骄暴贪利，是辱之由中出者也，夫是之谓义辱。詈侮捽搏，捶笞膑脚，斩断枯磔，藉靡舌纆，是辱之由外至者也，夫是之谓势辱。是荣辱之两端也。

故君子可以有势辱（conventional disgrace），而不可以有义辱（righteous disgrace）；小人可以有势荣，而不可以有义荣。(《荀子·正论篇》)

注意荀子的对辱的不同类型的区分，看来非常接近上面我对西方传统中"习俗羞耻"（conventionally shameful）和"伦理羞耻"（ethically shameful）的区分。总的来说，我认为如果回顾前述全部三位儒者所举的例子，我们会发现关于什么或许会被视为"辱"，或什么会被视为"羞""耻"的可能对象，非常接近于西方传统关于什么会被视为习俗的或伦理的羞耻的典型例子。[1]

"恶"在中国早期文本中相当常见，并且含义丰富，因此以下讨论仅限定在我认为与"义"有关联的、具有启发意义的特定方面。通常，"恶"看起来仅仅指"不喜欢"，如孟子说到不喜欢潮湿（2A4）、死亡（4A3，6A10），以及不若人的手指（6A12），或者劝谏君主自己所不喜欢的就勿施加给民众（4A9）。但在其他段落中，"恶"看起来更接近"羞"，即将一些行为视为应受道德谴责，而不仅仅是不受欢迎。因此孟子有"恶辱"（2A4），"恶无礼"（3B7），恶醉（4A3），"恶污君"（6B6），"恶心不若人"（6A12），"恶似是而非"（7B37），恶与恶人同朝（2A9），恶嗟来之食（6A10）等说法。[2]

---

[1] 信广来总结说"羞"和"耻"是某事背离特定标准之后产生的鄙视态度，这些标准要么是"社会标准"，要么是"伦理标准"。这一点和我的看法接近。

[2] 注意最后三个引文并非直接引用，而是我的转述，除了7B37外都不在Ivanhoe & Van Norden 2002收入的文章中，这里的翻译略有不同。

一些与"羞"没有关涉的尚且不论,"恶"的用法已经如此宽泛,那为何孟子还要用"羞恶"这个复合词来指称与义相配的态度呢?信广来的研究极富启发意义。他认为"恶"的态度"可以针对任何不喜欢的对象",但是"羞"和"耻"只能"指向被认为是对自己的负面反映"的事情或与其有"特殊关系"的那些人(Shun 1997:60)。我基本同意这种看法。如果孟子仅仅用"羞"或者复合词"羞耻"指称与义相配的态度,他就会把义之端限定在羞耻感的狭义方面(3.1),但孟子明显想将义之端视为广义的羞耻感。

信广来补充说,"羞"和"恶"在指向"自己的行为或发生在自己身上的事"时有区别,也就是说,"直接地指向'恶'的态度与某人对他所厌恶的东西的态度一样"(Shun, 1997:79)。这可能是正确的。但请回想一下柳下惠,正如前面所说,孟子在2A9和5B1中都说他不"羞"污君,但在6B6中用的却是"恶"。柳下惠和污君共事是既成的事实,所以属于指涉自己的系列行动。但若根据信广来的解释,则孟子希望在2A9/5B1和6B6的不同记载中,将柳下惠对此事的态度略做区别。为证实信广来的第二个说法,我想需要解释为什么孟子在不同章节对柳下惠的态度有所不同。①

那么,有充分理由相信"羞"和"恶"是中文版的"shame"。具体到孟子使用它们的意义上说,羞X即X是可羞耻的(shameful),根据文义,恶X也可以认为X是可羞耻的。根据X和自己的关系,羞X或恶X可能包含也可能不包含感到羞耻。因此羞和恶指与羞耻情感相关但非等同的态度。因此,可以把2A6和6A6中的羞、恶称为"情感态度"(emotional attitudes),并将它们翻译为"鄙视和厌恶"

---

① 除了这个小小的分歧之外,我和信广来对"羞"和相关术语的分析也有很多相同之处。但是信广来并没有像我这样把这些术语和西方的羞耻论述联系起来。在他的书出版之前,我一直在做这方面的研究。当然信广来的博士论文(Shun 1986:21)我拜读过,而且获益匪浅,在其中确实也提到了西方羞耻的说法。

("disdain and dislike")。

具有这些情感态度的能力（孟子称之为"义之端"）正是广义的羞耻感。并且，它是一种伦理羞耻感，因为（如以上例子所示）孟子通常将"羞恶词汇"跟败坏的特性联系起来使用，而不是跟外在标准。总体而言，我们所考虑的例证表明早期儒家致力于削弱"习俗羞耻"的重要性，而将"伦理羞耻"凸显出来。

4.1. 问题和展望 I：孟子的适应性问题

在本文最后一节，我想简单地讨论一下孟子的正义论述所引发的三个哲学问题：一是能否改变孟子的立场而使之符合非目的论的世界观；二是将古代中国理解为一种"耻感文化"是否妥当；最后一个问题涉及正义与实践理性的关系。

孟子的伦理学建立在一种形上的生物学基础之上，宇宙（包括人）在目的论上是由准神论的实体"天"构成的（2B 13; Ivanhoe 1988: 153-165），天赋予人以德性（3A 5.3, 6A 6.8, 6A 7.1, 6A 15, 7A 1;《中庸》）。这种形上的生物学根据在智识时代的今天似乎不足为训，但关于羞耻的已然结论给我们其他理由来相信人皆有义之端。具体来说，我们已经发现，有理想人格设定的任何人（无论扩充前多么幼稚或混乱）都会有羞耻感（或者如孟子所谓的"义之端"）。现在，任何能引领一种可辨识的**人类**生活的人都需要有一个理想的品格概念，如果这是正确的，那么任何能引领可辨识的人类生活的人都会拥有义之端。并且，似乎确实是这样——过一种可辨识的人类生活要求有这样的理想。缺乏义之端的人会漠视他/她自己品格中的一些或一切变化，而且会毫不设限地去满足转瞬即逝的欲望。我想凡是能按照独特的人类方式生活的人，都不会这样对待自己的欲望和品格。

有个例子有助于那些不相信这一说法的人。回想在电影《午夜快车》中希斯被他未婚妻关进监狱时揪心的一幕。他的本能行为几乎是兽性的,这表明由于受到严酷虐待,他的义之端已经或接近被摧毁了。

有趣的是,中国早期传统中并非人人都认为羞耻感很重要。耻和羞没有在"道家"的作品《庄子》中出现,也没有在墨家著作中出现。为什么呢?正如我们所看到的,羞耻感与人的理想道德品质有关,但墨家和庄子对道德品质的培养毫无兴趣,尽管他们的理由各异。就墨家而言,他们相信人类天性的可塑性极强,因此道德修养在很大程度上是多余的(Nivison: 130;《墨子·兼爱》)。他们相信人的欲望和性情如此容易被改变,以至于在他们的转变间,符合后果主义理念的重大失败并不太可能。因此人没有必要,也没有机会感到羞耻。关于庄子我在别处讨论过,他认为至人已经超越了普通人的欲望和道德承诺(Van Norden 1996)。因此,庄子认为羞耻也要被超越。

总之,墨家忽视羞耻是因为他们对道德修养本身不感兴趣;庄子忽视羞耻则是因为他不强调过独特的人类生活的重要性。

4.2. 问题和展望 II:耻感文化或罪感文化?

伯纳德·威廉斯在《羞耻和必要性》一书中,从哲学角度揭示了古希腊经典思想中有关羞耻的讨论。[①] 早期中国思想研究者或许对书中的大部分内容有兴趣,但这里我只讨论他非常著名的论断:古希腊是"耻感文化",有别于我们自己当代的"罪感文化"。威廉斯自己也承认,如果我们对何为羞耻只有一个粗鲁而怪诞的印象,就极有可能误解他的本意(Williams: ch. 4)。[②] 而且,希腊人有时用羞耻一词来描述错误行动中受害者(而非施行者)的情感,并认为可耻的行为能适当

[①] 除了部分原创思想外,威廉斯还对泰勒的一些想法有所拓展,使其更加清晰准确,因此我没有单独讨论泰勒的作品。

[②] 威廉斯反对这种说法,即简单地将羞耻的驱动视为肤浅的、他律的或利己的。

激发旁观者的正义的愤怒感（而非蔑视感）。然而我们之前讨论过（见3.1），这些与罪恶感的显著特征截然不同，它们会极大限定将希腊视为"耻感文化"的适用范围。①

我感觉当人们把希腊或中国描述为一种"耻感文化"时，就已经用"习俗羞耻"来排除"伦理羞耻"。但是早期儒家传统强调"伦理羞耻"而不是"习俗羞耻"。若以此为限定条件，我们可以公平地说，中国古代文化比古希腊来说，是一种更彻底的耻感文化。在我发现的所有例子中，中国人的"羞耻"通常关注情感的主体，而不是主体所影响的其他人（如果有被影响的人）。我因**我**所做的或**我**所遭受的事情感到羞耻，而不是因我所做的对**你**产生了什么影响。那在中国的道德观中，是否为受害者留有余地呢？当然存在，但以极为不同的方式，比如仁和恩及其相关情感（如同情）都集中在受害者身上。回想 1A7 中的例子，统治者被要求向他的人民表露同情不忍之心（他们的受苦在很大程度上是统治者的忽视和暴虐造成的）。②

如何看待与希腊羞耻相关的义愤呢？儒家对义愤的态度是复杂的。例如，即使受到他人的恶劣对待，也不要屈从于**怨**，这在孟子时代似乎已经是儒者的传统看法。（2B13, 5A1.2, 5B1.3, 6B3.1）③ 孟子有时似乎赞同这个看法（2A9.2, 5A3.2, 5B1.3），有时却为有德者的怨或怒而极力辩护（1B3, 2B13, 5A1.2, 6B3.2-4）。因此他称赞舜能对他的弟弟"不藏怒焉，不宿怨焉"，尽管弟弟试图杀害舜（5A3.2）。另一方面，他也称许武王因耻于"一人横行于天下"，故"一怒而安天下之民"（1B3.7）。然而，值得注意的是，武王是对**他人行为蛮横**而感到

---

① 然而，威廉斯认为有些地方需要区分：他们的情感反应"如果没有得到单独承认，就不仅仅是罪责感；就正如如果没有罪责感做对比，羞耻也是不一样的"（Williams: 91）。

② 仁慈在柏拉图或亚里士多德那里都不是一种德性，这是非常显眼的对比。

③ 2B13 对此有有趣而细致的讨论，关于结论可参见 Ivanhoe 1988。这部分的主要翻译是我自己完成的，并非来自 Ivanhoe & Van Norden 的文本。

羞耻。他们的行为冒犯了天（见4.1），而武王与天命保持一致。如果认为武王对他人的蛮横行为而有"罪责"感，那就是可怪之论。此外有段关于伊尹流放太甲的记载，太甲经历了一场道德转变，"悔过，**自怨，自艾**"（5A6.5）。这些例子表明：（1）早期儒家对待义愤的态度是矛盾的；（2）儒家的羞耻**不**像可预见到他人义愤的罪责感；只要义愤与羞耻有关，那就是对自己或对那些让自己蒙羞的人的愤怒；（3）如前所说，儒家的羞耻关注情感的主体，而不是可耻行为的受害者（如果有的话）。

中国和西方的"传统的开端"之间的这些差异可能有助于解释其他差异。例如，有人认为中国传统没有"人权"的本土概念（Rosemont:ch. III），这种主张可能过于极端。"权利"观念有如此多不同的概念化方式，很难想象中国传统中没有与之相应的概念（Macauley:175-177）。例如，广义来说，儒家认为人民有受到统治者仁慈对待的"权利"。然而，看起来古希腊比古中国更强调罪责感这类东西，而且权利与罪责感的联系更为紧密：当我们考虑一个人的权利受到侵犯时，通常会关注受害者，而且认为他们的愤怒在情理之中。因此，尽管我们对荷马文化感到陌生，但那些愿意看到他/她的权利被尊重的普通西方人，在这点上与"最好的亚该亚人（the Achaian）"而不是与圣王舜有更多相同点。

4.3. 问题与展望 III：认知扩充

孟子的义关涉的第三个问题是，确定如何识别哪些行为和情境与典型的羞耻行为或情境是同一类。这种认知扩充在两种情况下可能失效，孟子都意识到了。如前面的例子所示，他着重指出，没有辨别出真正可耻的行为，这是可耻的。孟子同时也意识到，我们会误认不可耻的事为可耻。因此，他指责伯夷"隘"："非其君不事，非其友不友，不立于恶人之朝，不与恶人言。立于恶人之朝，与恶人言，如以朝衣朝冠坐于涂炭。推恶恶之心，思与乡人立，其冠不正，望望然去之，若将浼焉。"（2A9）

孟子通常会用显见的例子，通过类比来说明为何某些行为是（或不是）同一道德类型。例如，我们很少有人会质疑为少量财富（一箪食一豆羹）而羞辱自己，和为大量财富（万钟之禄）而不辩礼义地羞辱自己是同样可耻的（6A10）；或怀疑为了避免一个无辜者死去（援救溺水的嫂夫人）而违反礼节是合宜的（4A17.1）。孟子关注如此显见的案例，部分原因是他认为我们的最低道德义务是相当容易被接受的，而且只要人们满足这些最低要求，世界就会变好："道在迩而求诸远，事在易而求诸难。人人亲其亲，长其长，而天下平。"（4A11）至少在我看来，这不是一个荒谬的信念。

尽管如此，一个人即便不必是智者也可以思考这些真正的"窘境"，而我们也希望我们的伦理能在这些案例中给我们提供指导。但是提供伦理指导的方式并不相同，更不能想当然地认为其中某一种具有优越性。具体来说，或许我们倾向于认为，我们的伦理（如果要在困境中为我们提供实用指导的话）必须指定一般的决策程序，让我们能在特定情形中决定应当采取何种行动。某些康德主义和功利主义的说法就是这样承诺的，墨家就是如此。墨子说：

> 必立仪，言而毋仪，譬犹运钧之上而立朝夕也，是非利害之辨，不可得而明知也。（《墨子·非命上》）

如果按照有效满足一般决策的要求这个标准来看，孟子的伦理观相当糟糕，因为他没有任何可计算性。然而当代许多伦理学家认为这一要求本身就是伪理性的，我们并无恰当的位置重述双方各自的观点（Nussbaum 1990: 54-105; Wiggins: 221-240; Charls Taylor: 223）。我想说的是，如果抛弃一种伦理的决策程序，那么孟子能给我们提供什么？

孟子强调德行的情境敏感性（context-sensitivity），即不同的道德个体会在不同的情境中做出不同的反应（具体见2A2.22-24、4A1、5B1和6B1）。但是，在特定的情境中，存在客观上正确或错误的回应，因此孟子坚持认为道德主体"易地则皆然"（4B29.5; 4B31.3）。顺此脉络，他说舜和文王尽管前后相去千年，生活在截然不同的世界中，但"得志行乎中国，若合符节。先圣后圣，其揆一也"（4B1）。最后，他指出有些圣王传贤而有些传子，但"其义一也"（5A6）。

孟子似乎同样承认存在一些不可侵犯（却极为普遍）的道德准则，他认为圣人因处境不同而选择各异，因此弟子问他："然则有同与？"孟子说："行一不义，杀一不辜而得天下，皆不为也，是则同"（2A2.24）。孟子所偏爱的获得实践智慧的模式类似于获得良工巧匠的技艺，而不是对一系列指令的记忆和运用（5B1.7）。工匠必须获得前辈的技巧和智慧，因此孟子把学习圣王的技艺比作正五音必用六律、正方圆必以规矩（4A1），然而，工匠的技艺超出了"书中"的任何东西。因此，孟子指出"梓匠轮舆能与人规矩，不能使人巧"（7B5）。①

把实践智慧看作一种情境敏感的技巧，并不意味着孟子就有反理性主义的伦理观。理性要求对相似案例采取相似的处理方式，但用高度普遍的规则来捕捉相关的相似性，或者好的实践理性者诉诸高度普遍的规则来得出结论，都不是合乎理性的要求。孟子认为在特定的情境中，可以明智地讨论伦理上的显著特征是什么。事实上，我们从《孟子》第五篇的具体历史和文学案例中可以学到很多，比如在5A2.1中，舜为什么可以不告而娶？这显然是不合礼制的。这一点从5A2.3中可以清楚地看出，舜的父母和兄弟对他十分不友好，如果他们知道

---

① 对比麦金太尔关于美德是"实践"基石，以及真正的创新需要前期实践和智慧的背景等论述（MacIntyre: 181-203）。

就有可能反对这桩婚姻，孟子解释道：

> 告则不得娶。男女居室，人之大伦也。如告，则废人之大伦，以怼父母，是以不告也。（5A2.3）

请注意，孟子并没有说不告知父母就结婚总是可以接受的，而且他也没说不受父母待见的人不告而娶总是可以接受的。在我看来，他没有被要求以理性的方式声明或仅仅在脑海中存有一个完美的普遍规则（在完全不可行的条件下），以此来解释不告而娶在什么时候才是可以接受的。无论如何，孟子的情境敏感性的讨论确实为我们提供了信息，并且可以帮助我们获得在其他情境中发现在伦理上突出的东西的技能。

5. 结论

我在第1节解释了，孟子认为由于内在固有的但最初的德性倾向（他称为"端"），因此每个人都有能力成为有德性的人。为了成就完满的德性，我们必须培养这些善端，使得我们的德性反应**扩充**到越来越广泛的适当情境中。在第2节，我解释了这一过程如何适用于义之德性。然后在3.1中，我指出每一端的特征都是一组特定的情感或态度。由此，义的特征在于羞恶。接着我探究了"羞恶"和西方shame观念的关系。在3.2中，我考察了西方几种主要的羞耻观念。在3.3中，我考察了一些早期儒者对羞、恶及相关术语的使用。这一研究证实了羞恶之端相当于我所界定的**"广义的伦理羞耻感"**。通过中西比较，（我希望）可以澄清关于羞耻的哲学层面问题。我将羞耻分为两种：**习俗羞耻**和**伦理羞耻**。二者之间有关联，因为我们对何为羞耻之事的理解是并应当是受到他人关于何为羞耻之事的观点的启发。在本文第4节，我讨论了由孟子对羞耻和正义的理解而带出的三个问题。

第一，孟子关于善端具有普遍性的主张，乃奠基于今天我们很多人认为站不住脚的**形上的生物学**。但是，我们对羞耻的讨论表明，只要我们致力于任何理想人格概念，那羞耻就无可避免。这个思路可能被视为将信念"移植"（naturalize）入义之端的一种方式。然而，对墨子和庄子的反思有助于澄清，只有当人认为实现和保持理想的人格极为困难，而且致力于过一种独特的人类生活时，羞耻感才是重要的。第二，从孟子对待羞耻的态度引出这个问题：古代中国是否可以被理解为一种**"耻感文化"**。我认为，事实上，较之古希腊，古代中国更加是耻感文化。这点对中西文化后来的发展有一定影响。我讨论的最后一个问题，是孟子**实践理性**的反律主义观念。我认为孟子的观点并不是非理性主义的，并且（至少）与当代西方伦理学的某些重要趋势若合符契。

我希望通过本文可以揭示出，孟子的义之德性的概念在本质上是有哲学意趣的。并且，我希望通过个例表明，对中国哲学的研究可以与西方哲学相互取益。最后，虽然我承认还有很多问题需要解决，但我仍希望通过本文表明某种形式的新孟子主义远不止于古文物研究的兴趣，并展望一种可行的哲学立场（并参见 Ivanhoe 1994: 165-183; Kupperman 1999）。①

参考文献：

Allan, Sarah. 1997. *The of Water and Sprouts of Virtue*. Albany: SUNY Press.
Analects（《论语》）. Harvard-Yenching Concordance.
Aristotle. 1941. *The Basic Works of Aristotle*. Ed. by Richard McKeon.

---

① 我要感谢 Taylor Garman、Margaret Holland、Eric Hutton、Philip J. Ivanhoe、Kwong-loi Shun、Robert Solomon、David Wong，以及两位匿名评审对本文写作的帮助。本文也将收入 David Wong and Kwong-loi Shun (eds.), *Confucian Ethhics: A Comparative Study of Slef, Autonomy, and Community*, New York: Cambridge University Press。

New York: Random House.

———. 1985. *Nicomachean Ethics*. Trans. by T. Irwin. Indianapolis: Hackett Publishing.

de Sousa, Ronald. 1987. *The Rationality of Emotion*. Cambridge: MIT Press.

Deigh, John. 1992. "Shame and Self-Esteem: A Critique." In *Ethics and Personality*. Ed. by John Deigh. Chicago: University of Chicago Press.

Dobson, W. A. C. H., trans. 1963. *Mencius*. Toronto: University of Toronto Press.

Gibbard, Allan. 1990. *Wise Choices, Apt Feelings*. Cambridge: Harvard University Press.

Giles, Lionel, trans. 1993. *The Book of Mencius*. Rutland, VT: Charles E. Tuttle Company.

Graham, A. C. 1978. *Later Mohist Logic*, Ethics and Science. London: School of Oriental and African Studies.

———. 1989. *Disputers of the Tao*. Chicago: Open Court Press.

———. 1992. *Two Chinese Philosophers*. Chicago: Open Court Press.

Greenspan, Patricia. 1994. "Guilt and Virtue." *The Journal of Philosophy* 91.2: 57-70.

Isenberg, Arnold. 1980. "Natural Pride and Natural Shame." In *Explaining Emotions*. Ed. by A.O. Rorty. Berkeley: University of California Press.

Ivanhoe, Philip J. 1988. "A Question of Faith: A New Interpretation of *Mencius* 2B.13." *Early China* 13: 153-65.

———. 1994. "Confucianism and Contemporary Western Ethics." In *The Universal and Particular Natures of Confucianism*. Ed. by Lee Hyun-jae. Seoul: Yong Jin-sa.

———. 1998. "Mohist Philosophy." In *The Routledge Encyclopedia of Philosophy*. London: Routledge Press. vol. 6: 451-455.

———. 2000. *Ethics in the Confucian Tradition: The Thought of MengZi and Wang Yang-ming*. Indianapolis: Hackett Publishing.

———. 2002. "Confucian Self-Cultivation and Mengzi's Notion of Extension." In *Essays the Moral Philosophy of Mengzi*. Ed. by Xiusheng Liu and Philip J. Ivanhoe. Indianapolis: Hackett Publishing.

Ivanhoe, Philip & Bryan Van Norden, eds. 2002. *Readings in Classical Chinese Philosophy*. New York: Seven Press.

Kekes, John. 1988. "Shame and Moral Progress." In *Midwest Studies in Philosophy Volume XIII: Ethical theory: Character and Virtue*. Ed. by Peter French et al. Notre Dame: University of Notre Dame Press.

Kupperman, Joel J. 1999. *Learning from Asian Philosophy*. New York: Oxford University Press.

Lau, D. C. 2000. "Theories of Human Nature in *Mencius* and *Xunzi*." In *Virtue, Nature, and Agengy in the Xunzi*. Ed. by T. C. Kline and Philip J. Ivanhoe. Indianapolis: Hackett Publishing.

———. trans. 1970. *Mencius*. New York: Penguin.

Legge, J., trans. 1970. *The Works of Mencius*. New York: Dover.

MacIntyre, Mlissa. 1994. "A Chinese Mirror." *Journal of Asian Studies* 53.1: 175-177.

MacIntyre, Alasdair. 1984. *After Virtue*. 2nd ed. Notre Dame: University of Notre Dame Press.

Mengzi (《孟子》). English translations see Dobson 1963, Giles 1993, Hinton 1998, Legge 1970, Lau 1970 (Chinese text and sectioning according to Legge 1970).

Morohashi, Tetsuji, trans. 1984. *Daikanwajiten* (《大汉和辞典》). Revised edition. Tokyo: Taishukan Shoten.

Mozi (《墨子》). Harvard-Yenching Concordance. Selected English translations in Ivanhoe van Norden.

Munro, Donald. 1969. *The Concept of Man in Early China*. Stanford: Stanford University Press.

Nivison, David S. 1996. *The Ways of Confucianism*. Chicago: Open Court Press.

Nussbaum, Martha C. 1980. "Shame, Separateness, and Political Unity: Aristotle's Criticism of Plato." In *Essays on Aristotle's Ethics*. Ed. by A. O. Rorty. Berkeley: University of California Press.

——. 1990. *Love's Knowledge*. New York: Oxford University Press.

——. 2001. *Upheavals of Thought: The Intelligence of Emotions*. New York: Cambridge University Press.

Rawls, John. 1971. *A Theory of Justice*. Cambridge: Harvard University Press.

Rosemont, Henry. 1991. *A Chinese Mirror*. La Salle, Ill.: Open Court.

Sartre, Jean-Paul. 1993. "The Emotions: Outline of a Theory." In *Essays in Existentialism*. Ed. by Wade Baskin. New York: Citadel Press.

Shun, Kwong-Loi. 1986. "Virtue, Mind and Morality: A Study in Mencian Ethics." Ph. D. dissertation, Stanford University.

——. 1989. "Moral Reasons in Confucian Ethics." *Journal of Chinese Philosophy* 16 : 3/4: 317-343.

——. 1997. *Mencius and Early Chinese Thought*. Stanford: Stanford University Press.

Solomon, Robert. 1993. *The Passions: Emotions and the Meaning of Life*. Indianapolis: Hackett Publishing.

Taylor, Charles. 1989. "The Diversity of Goods." In *Anti-Theory in Ethics and Moral Conservatism*. Ed. by S. G. Clarke and E. Simpson. Albany, NY: Suny Press.

Taylor, Gabriele. 1985. *Pride, Shame, and Guilt*. New York: Oxford University Press.

Van Norden, Bryan W. 1991. "Kwong-loi Shun on Moral Reasons in Mencius." *Journal of Chinese Philosophy* 18.4: 353-370.

———. 1993. "Yearley on Mencius." *Journal of Religious Ethics* 21.2: 369-376.

———. 1996. "Competing Interpretations of the Inner Chapters." *Philosophy East and West* 46.2: 247-268.

———. 1997. "Mencius on Courage." *Midwest Studies in Philosophy: Volume 21: The Philosophy of Religion*. Notre Dame: University of Notre Dame Press.

Wiggins, David. 1980. "Deliberation and Practical Reason." In *Essays on Aristotle's Ethics*. Ed. by A. Rorty. Berkeley: University of California Press.

Williams, Bernard. 1993. *Shame and Necessity*. Berkeley: University of California Press.

Wilson, Stephen A. 2002. "Conformity, Inidividuality, and the Nature of Virtue." In *Confucius and the Analects*. Ed. by B. W. Van Norden. New York: Oxford University Press.

Wong, David. 1991. "Is There a Distinction between Reason and Emotion in Mencius?" *Philosophy East and West* 41.1: 31-44.

Xunzi (《荀子》). Harvard-Yenching Concordance.

Yearley, Lee H. 1990. *Mencius and Aquinas: Theories of Virtue and Conceptions of Courage*. Albany, NY: SUNY Press.

Zhong Yong (《中庸》). 1971. In *Confucian Analects, Great Learning, and Doctrine of the Mean*. Trans. by James Legge. New York: Dover Books.

Zhu, Xi (朱熹). *Collected Commentaries on the Four Books* (《四书章句集注》).

羞何以必要？
——以孟子为中心的考察

贡华南

中国哲人重视"羞",特别是孟子,他分别以先天的"羞"等"四端"作为仁义等美德超越的根据,将"羞恶之心"发掘出来作为"义"的源泉与起点。羞在生命之流中展开,以羞迎接世界与他人,从而守护、成就着醇厚的德性。本文即针对孟子这一路向做一检讨,揭示这一路向的双重意义:一方面,重视"羞"有益于美德的培养、品位的提升;另一方面,强化"由自己负责"及"对自己负责"的心性结构中难以彰显出的"他人"维度,难以使规范、法则走向社会层面而获得的更高普遍性。

一、性之羞与味之羞

说起"羞",大家可能首先想到的是男女两情意义上的"性羞感"。"羞"与"性"确实在存在着密切的联系。比如,在德语中,Scham 既有羞耻、羞惭、羞愧、害羞等含义,也指人的阴部、人的外生殖器。羞与人的生殖器不仅在词义上有显著的关联,在思想上两者的关联也十分密切。德语出现的时间相对较晚,对"羞"的这个看法受《圣经》传统的影响深刻。《圣经》对性与羞有经典表述，如《创世记》3∶5，7："因为神知道，你们吃的日子眼睛就明亮了，你们便如神能知道善恶。""他们二人的眼睛就明亮了，才知道自己是赤身裸体，便拿无花果样的叶子，为自己编作裙子。"舍勒曾对此段神话的意义做过精辟的概括："就道德谱系学而言，旧约神话在对一个普遍真理的图画式描述中透出深沉的智慧。它显明羞感反应是善恶知识的起源。"① 羞感，首先是性羞感是善恶知识的起源，是良知的起源。性羞感在这个神话中被提升到了羞感的开端与源泉，它也因此成为其他羞感的原型与尺度。

毋庸置疑，性羞感是羞感领域比较普遍、比较强烈的一种。但是，性羞感的普遍性与强烈性并不意味着它具有普世的本源性。在汉语思想传统中，我们可以清楚地看到，羞首先与"味（食）"密切相关，并且占据着首要的位置，发挥着重要的作用。在先秦典籍中"羞"的这种词义被广泛使用：

> 惟羞刑暴德之人同于厥邦。（《尚书·立政》）
> 可荐于鬼神，可羞于王公。（《左传·隐公三年》）
> 雍巫有宠于卫共姬，因寺人貂以荐羞于公。（《左传·僖公十七年》）
> 包羞。（《易·否·六三》）

以上典籍中的"羞"既有"进献"意义，如"羞刑"，也有"美味（食物）"之义，如"包羞""荐羞"，也有兼两者含义的，如"可羞于王公"（"进献食物"）。所以，"羞"既可作动词，也可作名词。《说文解字》说："羞，进献也。从羊，羊，所进也；从丑。"许慎将"羞"

---

① 舍勒：《价值的颠覆》，罗梯伦等译，生活·读书·新知三联书店1997年版，第265页。

理解为"进献"显然缩小了"羞"的意义，不过，他揭示"羞"与"羊""丑"两义之间的相关性，无疑也触及了"羞"的丰富含义。羊的价值首先在于其甘美的滋味，所以，羞首先涉及的是有滋味的食物。所谓的"丑"不是与"美"相对的丑陋的意思，它表示的是"手"或手的动作"举手"。《说文解字·丑部》曰："丑，纽也。十二月，万物动，用事。象手之形。时加丑，亦举手也。"与此相应，作为动词的"羞"则指把自己最美好的东西进献出来。

美味意义上的"羞"何时转化为"羞耻""羞辱"意义上的"羞"？首先值得我们关注的是《易·恒·九三》"不恒其德，或承之羞"及后世对它的阐释。正如《易·否·六三》"包羞"之"羞"指熟肉，《易·恒·九三》"或承之羞"之"羞"首先指"饮食"，来知德在《周易集注》卷七中恰当地指出："长女为长男之妇，不恒其德而改节，则失其妇之职矣。既失其职，则夫不能容，而妇被黜矣。'或'者，外人也。'承'者，进也。'羞'者，致滋味也。变坎有饮食之象，'羞'之象也。因妇见黜，外人与夫进其羞也。……若依旧注'羞'作羞耻，则下'吝'字重言羞矣。"① 人们对《易·恒》意义的争论表明似乎已经注意到"羞"的这种意义转换。

究此转换之源头，我们不能不提《论语》。大家都熟悉先秦思想家习惯引用权威典籍来表达自己的思想，成功的引用不求引用与被引用之间的完全符合，而追求所引用的章句与所面对的情境之间恰当的近似、部分的贴近。在这方面孔子、孟子、庄子都得心应手。在《论语·子路》中，孔子引用《易·恒·九三》来表述自己重德思想，同时把它放入其道德体系之中，由此把"羞"转换、确定为"羞耻""羞辱"。这无疑是一次关键的转换：将美味意义上的"羞"转换为"羞耻"意义上的"羞"。至此，"羞"具有了"羞耻""羞辱"之意义。

---

① 来知德：《周易集注》，九州出版社2004年版，第385页。

"羞"有了新的意义,不过,它还是首先与美味紧密结合在一起。

> 奸仁为佻,奸礼为羞,奸勇为贼。(《国语》卷二)①
> 父母虽没,将为善,思贻父母令名,必果;将为不善,思贻父母羞辱,必不果。(《礼记·内则》)

饮食之美味意义上的"羞"如何能转化为"羞耻"意义上的"羞"呢?让我们再回到"羞"字本身。前面我们说"羞"由"羊"与"丑"构成。《考工记》解释:"羊,善也。"《说文解字》曰:"羊,祥也。""羊"是善、吉祥的象征。它之所以能成为"善""吉祥"的象征,一方面可能是出于其温顺的形象,另一方面与其甘美的滋味有关。《说文解字》:"美,甘也。从羊,从大。羊在六畜主给膳也。美与善同意。"与此相关的说法是"羊大则美"与"羊人为美"②。就字源上看,"善"也与"羊"有关。《说文解字·誩部》:"善,吉也。从誩、从羊,此与义、美同意。"我们还可注意的是"义"字,古"义"字为"義",也与"羊"有关。《说文解字·我部》曰:"義,己之威仪也。从我、羊。"徐铉注曰:"此与善同意,故从羊。""羞"与"羊"这种美味的事物相关,与善、美、义等正的价值相关。广而言之,"羞"与一切有价值的东西相关。相关点就在"丑"义上:这些有价值的东西呈现在手上,而且要进承于他人,那么,对于有德的人(或追求德性的人)来说是需要敏锐地感受、思考诸多问题:这些有价值的东西与我有何关系?它是我的吗?我该不该拿呢?"羞"字展示的就是这种以手举

---

① 旧传《国语》为春秋时左丘明撰,现一般认为是先秦史家编纂各国史料而成。在《鲁语》中有对孔子的记述,因此,其成书当在孔子之后。从时间看,其中的《周语》早于孔子,但《周语》的写作、流传可能在孔子之后。

② 参见李泽厚、刘纲纪主编:《中国美学史》,中国社会科学出版社1984年版,第79—81页脚注。

羊,欲抓未抓时游移不定的神态,引申为面对羊等美好的、有价值的东西时有所感,有所想。"有羞"表现的正是良心动荡的情态,或者说是良心呈现,发生作用的情态。我们在孔子所说的"见得思义"①思想中也能揣摩到这种感想。如上面所示,"義"的字面意思是自己拿自己的羊,自己取得属于自己的东西,引申为:做自己该做的事情,或者以正当的方式行事。做到这一点的前提是能够在面对所得时考虑该不该获取,以何种方式获取,这样做的意义是什么,等等。简言之,有"义"的前提就是有羞。

从以上的分析我们只想指出,汉语思想世界中"羞"与食物、美味具有十分亲密的关系。在词源上的亲密关系却表明:汉语世界中的羞首要的含义不是"性羞感",而是饮食美味意义上的"羞"。尽管后来"馐"从"羞"中分掉其"食物"的含义,但词义的分化说明思想在分化、细化,但分化并不能抹杀两者在源头上的亲缘关系:既是词义上的亲缘,也是思想上的亲缘。饮食道德占据源头,成为其他道德(比如性道德)的根源与起点。②

二、羞感的作用:从羞到义

与孔子重内在的"仁"与外在的"礼"不同,孟子重内在的"仁"与"义"。对于内德之"仁"与"义",孟子分别以内在本具的"四

---

① 孔子"见得思义"与"羞"的意义转换之间的关联为我们上文对"羞"的意义之转换时期的论证提供了部分印证。"见得思义"正是从饮食美味意义上的"羞"转换为羞耻意义上"羞"的思想根源。

② 舍勒则根据天主教传统得出以下结论:"各种占统治地位的性道德根本不只是当时实行的道德的一部分,或其他像多数道德系谱学家迄今为止所认为的那样,只是为了实现非性的价值而设想,并让人承担的一系列标准,它们反而是一切道德及当时占统治地位的其余道德规范的根源和起点,可以说是组成一切道德价值观念的独立的变种。"参见舍勒:《价值的颠覆》,罗梯伦等译,第266页。

端"作为其超越的根据，特别是将"羞恶之心"发掘出来作为"义"的源泉与起点，并将"羞"定位为先天的根据，从而开启了一个非常重要的心性领域。如果说"羞"在孔子时代还是一个不大重要的道德范畴，到孟子这里，作为一个道德范畴的羞之地位与作用被大大提高，甚而被当作本善之性的一个极其重要的源泉，被当作良知的根源，乃至被当作人之为人的主要依据。孟子说：

> 人皆有不忍人之心。……无恻隐之心，非人也；无羞恶之心，非人也；无辞让之心，非人也；无是非之心，非人也。恻隐之心，仁之端也；羞恶之心，义之端也；辞让之心，礼之端也；是非之心，智之端也。人之有是四端也，犹其有四体也。有是四端而自谓不能者，自贼者也；谓其君不能者，贼其君者也。凡有四端于我者，知皆扩而充之矣，若火之始然，泉之始达。苟能充之，足以保四海；苟不充之，不足以事父母。（《孟子·公孙丑上》）

现代哲学研究者一直批评说，单纯从逻辑上说，"四心"不能充当"人"的充要条件。不过，这段在逻辑上存在颇多问题的论证其实向我们表明的是：没有羞恶之心的人不成其为人，起码不成其为道德人，不具备成为道德人的资格。用今天的话说即是，羞恶之心是"道德人"的必要前提。"道德人"需要知道"应该"（"义"），也需要将"应该"放在心里。"羞恶之心，义之端也"，强调的正是"应该"与人性之间的内在一致性。这里的"义"既指人内在德性之目的"义"，即人所拥有的一贯而稳定的品格，也可指以外在性形态存在的规范。先天的"端"不仅是德性的前提、始点、根据，也是普遍道德规范的前提、始点、根据。或者说，只有建立在"端"之上的德性、规范才具有真实性与现实的可能性。

什么是"羞恶"呢？朱熹在《四书章句集注·孟子集注》中解释

道:"羞,耻己之不善也,恶,憎人之不善也。"朱熹之后的王夫之完全承袭了这个解释。① 按照这个解释,"羞"与"恶"分别指向不同的主体:羞对着自己之不善而发,恶对着他人之不善而发。"耻己之不善",这里的"不善"既指行动招致的不善后果,也可以指"不善的动机"。前者是指对客观规范、原则的违背,是已成的事实;后者则指尚未形于迹,却已在心灵中展开了的行为与规范之间冲突的预演。"羞"既可以为"不善"而发,更会因"未尽善"而起。"未尽善"不必"不善","可羞"之事未必"可耻"、未必"可恶"。所以,"所羞"所辖制的区域更广,它的道德意义较之"耻""恶"更弱。

羞之所起,不尽是因为已经触犯、违反了道德规范,也不尽是因为做得不对而自责,它尤其偏向"未发",即偏向对种种可能性的评价,随时担心自己做得不好,担忧尊严之潜在的失落。因此,羞首先表现为精神有意识的自我防护。对于有"羞"者来说,自己知道何者更好、最好,或本来可以做得更好、最好,但没有尽力去做,因此,虽然没有触犯、违背明文规定的规范,但不尽心或消极地做而导致更好的状况无法实现,羞亦会呈现。故羞与价值等级、秩序有关。能实现更高价值而实际上落于低级价值,或满足于低级价值都属于"可羞"之列。

羞起于自我价值可能的沉沦,"羞"当然是精神性的,但身体也会成为羞的缘起。身体的缺陷、身体举止之失当都可能引发羞的涌现。逐渐萌现自我的儿童会因身体的暴露(比如性器官)而羞涩,同样会因自我的暴露,比如言行不当,而羞赧。"无羞恶之心,非人也。""羞"因担心自我的失落而起,故羞可以阻止人向"非人"的沉沦。

但"羞"何以能阻止人沉沦?"羞"到底能发挥多大的作用?

---

① "羞,耻己之不善也,恶,憎人之不善也。"王夫之:《船山全书》第八卷,岳麓书社 1996 年版,第 214 页。

"羞恶之心"首先表现为"怕羞"。有"羞"的人"怕羞",是担心"羞人的"结果出现,所怕的多属可能发生而未必发生者。所怕一旦发生,会直接"害羞",会出现"羞感"。"怕羞"使人谨慎,使人有所顾忌,有所不为。做有违规范或未及人们对自己期待的事而能害羞,一方面表明羞者有自尊,对规范、对他人的期待、他人的注视具有敏锐感受;另一方面,由在乎自尊,担心有失尊严而改正失误、错误。拥有确定社会角色的人都拥有相对确定的社会期待,包括自我、家庭、社会对此人能力、身份、德性的期待。拥有某一身份,该身份同时对拥有者有所要求,包括要求此人以何种方式视、听、言、动,也就是说,不仅要求他做得"对",而且要求他视、听、言、动都要做得"好"。

以"好"(乃至"最好")为标尺,故"所羞者"包含负价值,也包含着中性价值。所以,《国语》以"礼"作为"羞"的参照系:"奸仁为佻,奸礼为羞,奸勇为贼。"(《国语》卷二)有"礼"之视、听、言、动不仅是"对的",而且是"好的",优雅的,因此,礼所塑造的是"对"之上的品位。正是这个原因,与"礼"相对的"羞"所涉及或辖制的是距离"恶"相对遥远的中性区域。这个中性区域之内可能不一定是"好的",但却都是"对的"。这些"羞于做"的区域缓冲着与"恶"的接近,由于"羞于做"而不为无疑使人远离了"恶"。所以,不管是由做了"羞于做"的事而害羞,还是由于"羞于做"而不为,能够"羞"的人总是拥有向善的更大可能。

如孟子所示,"行仁义"("对")还称不上"德性",真正的德性需要"由仁义行"("好")。由仁义行即自觉行仁义,自觉有所为固然重要,但所为总是有限的,而"不为"却指向着无限,自觉地不为"不义"更深刻地体现着行为者的自觉性。故孟子认为,真正有"义"之德的人是由"不为"而至于"为"的:"人皆有所不为,达之于其所为,义也。"(《孟子·尽心下》)之所以"不为",是因为明白"为"

会陷于"不义"。"自好者不为"(《孟子·万章上》),自好自爱者时时刻刻的担心所指的并不是实际的"恶",而是可能的"恶"。这种对"不义"的忧虑阻止不义之行,因此,有所不为。

为什么通达"所为"的道路要由"所不为"铺设?"羞"与"恶"如何筑就通达"所为"的道路?"恶"是对"不义"的反感、厌恶,发自内心的反感、厌恶能保障人不做"不义之事"吗?孔子说"唯仁者能爱人,能恶人。"(《论语·里仁》)"恶"是以自我为中心、标准与出发点的情感,一般人的情感往往局限于自我,只有真正的仁者才能做到情与理的统一(从心所欲不逾矩),个体的爱恶与普遍的规范与原理相协调。好与恶具有鲜明的个体特征,《大学》说:真正的德性"如好好色,如恶恶臭"。"恶"是衡量主体道德水平的一个尺度,"能恶"标志着主体道德品性的确立。但"恶"首先指向他人之不善,而指向自身,担当起建构、守护主体自身品性的却是"羞"。

> 孟子曰:人皆有所不忍,达之于其所忍,仁也;人皆有所不为,达之于其所为,义也。人能充无欲害人之心,而仁不可胜用也;人能充无穿踰之心,而义不可胜用也。人能充无受尔汝之实,无所往而不为义也。士未可以言而言,是以言餂之也;可以言而不言,是以不言餂之也,是皆穿踰之类也。(《孟子·尽心下》)

> (朱熹注曰)盖尔汝人所轻贱之称,人虽或有所贪昧隐忍而甘受之者,然其中心必有惭忿而不肯受之之实。人能即此而推之,使其充满无所亏缺,则无适而非义也。(《四书章句集注·孟子集注》)

如何扩充羞恶之心至义?孟子以为,从"不为"到达"为"可以把羞恶之心扩充为义。"不为"首先指向不当为,即为规范禁止之行,也包括不可为、不愿为,即能力所不及与意志所不愿之行。不当为而为产生的后果是他人对"为者"的指责、蔑视。为者一方面接受他者对自己的轻贱,更重要的是要面对自己良心的审判。"不愿为"不仅自觉不当为而为的后果,而且能自觉专注、自愿坚守善德。羞之展开于人便"如临深渊,如履薄冰",鲜明地拒斥着不义而守护着大义。

不过,"保护""守护"对于德性培养来说还只是消极的,羞还具有宝贵的积极价值。正如我们前文所述,"羞"是"进献",是进献美味,是将有价值的东西呈现出来。对于人来说,就是将自己的内在价值——"味"涌现出来。这种由内而外的进献无疑首先基于深度的内在价值。孟子认为四端就是每个人先天具有的深度价值。"端"是价值的开始,也是价值的源头。《孟子·离娄下》曰:"原泉混混,不舍昼夜。盈科而后进,放乎四海。有本者如是,是之取尔。"价值之泉正如山中之泉,在没有小体物欲阻塞情况下就会不舍昼夜地涌现。但是这个价值之源却不是现成地呈现,它需要坚持不懈地发掘,孟子喻之为"掘井":"有为者辟若掘井,掘井九轫而不及泉,犹为弃井也。"(《孟子·尽心上》)不自暴不自弃,深入发掘自己的本善之心,发现自己本善之心,呈现出自己的善端,为尊严夯实基础。找到价值之源、尊严之源后还需要进一步使它顺畅地涌现,孟子说:"凡有四端于我者,知皆扩而充之矣,若火之始然,泉之始达。"(《孟子·公孙丑上》)四端呈现如火燃泉达,有"羞"之人会以敏锐的感受方式一次次将自我领回本善之端,将每一个念头、每一个行为、每一个事件带回先天的价值之源。而一旦涌现中断、终止,泉源就无法显现出来,便会害羞,会涌现羞感。羞会打通中断泉源之物、之心,从而使内德外形,自由顺畅。在这个意义上,"羞"与"义"体现为同质的价值,所以,孟子曰:"羞恶之心,义也。"(《孟子·告子上》)他这里直接将两者等同起来而不仅仅将"羞恶之心"看作"义"的"端"。

正如舍勒所论,羞源自人的精神存在与身体要求之间的不平衡和不和谐。[①]在孟子哲学中,羞则起于"大体"("义")与"小体"("生")之间的冲突、对立。"生,亦我所欲也;义,亦我所欲也,二者不可得兼,舍生而取义者也。"(《孟子·告子上》)"可欲"(善)为多,而不是一。在特定社会历史系统中,多种可欲有其层级、秩序,对于特定个人来说,也有多种可欲及其多个层级、秩序。这些价值层级、秩序体现在个人身上会有差异,但对社会全体成员来说仍有一些公共尺度:其底线是有羞恶之心,其终极则指向"舍生取义"。有意义的人生就是由底线向终极目标不断地运动、趋近。羞实际上产生于反向过程,即由高级价值向低级价值的堕落。羞感的作用就在于阻止堕落的发生,维护高级价值。有羞才可能有义,此即孟子所谓"羞恶之心,义之端也"。

在孟子看来,小体随生命之开展而展开,人因之随时会有堕入"非人"的危险。儒者在以礼养欲,以礼养小体的过程中,时时刻刻让大体充溢,让至大至刚的浩然之气驱散邪恶之气、暴戾之气,保护大体,使其免受邪恶的侵蚀。让充实的内在价值照亮、润泽每个小体,使大体的尊严通过小体显现出来。《孟子·尽心上》曰:"仁义礼智根于心,其生色也,睟然见于面,盎于背,施于四体,四体不言而喻。"身体之羞与精神之羞的差异在身体精神化之后逐渐弥合。当人"羞得无地自容",不仅会面红耳赤,目光不知落在何处,背部如有刀剑般的目光刺着,手足无所措,大地虽阔远,却由于"羞"而失去所有立足之地。所以,身体可以有羞,可以因为身体的缘故而羞起来,身体同样也承载着精神之羞,渗透着精神之羞。

因此,羞对精神的保护就体现在"羞于做某事",即做某事之前就会思考所为的意义,"羞于"表明精神富有高度自觉性。"由仁义行",强调的不是做了错事而羞,更重要的是对"所羞"的预感。当然,羞

[①] 参见舍勒:《价值的颠覆》,罗梯伦等译,第167页。

感、羞心随时显发，事前"羞于做"，事中、事后能为之羞，同样可以保护先天的价值。所以，有羞感、羞心，"义"才能成为"内在的品性"，它才有意义。

比较而言，"义"属于理性的、普遍的规范与德性，"羞恶之心"则属于个人的具体存在，属于个人的情感。孟子把两者打通的意义一方面在于为普遍的形式规范奠定个体存在的基础，另一方面，不同于孔子将外在形式（礼）与内在实质（仁）的结合，孟子更注重理性形式（仁、义）与情感实质（恻隐之心、羞恶之心）的结合。

三、羞感的结构：无需他人的自我

日常生活中常出现这样的情形：做了不得当、不得体的事情之后会担心别人看见，他人的目光会使人羞愧难当，而环顾四周，发现没有人在场时，往往会松一口气。似乎羞就建立在他人之存在的前提上。比如，萨特就说：

> 羞耻是对以下三维的统一领会：我在他人面前对我感到羞耻。如果这三维中之一维消失了，羞耻也就消失了。①

羞耻是"我对我自身"的羞耻，主语"我"是指当前反身而思，并有感的我，后一个我是指所发言行之主。我反身而思，判断言行当否，并会有相应的情绪反应。反身而思的参照系是"他人"吗？他人的注视、他人的存在确实可以督促我反思自身，但他人能够充当羞耻发生的必要条件吗？在无人注视时，当我发现我没有坚持最起码的道义，当我说出一贯为自己所不容的话，做出连自己都感觉不成体统的事，

---

① 萨特：《存在与虚无》，陈宣良等译，安徽文艺出版社1998年版，第380页。

我依然会产生羞耻感。在许多时候，"亏心事"是在无人在场情况下做出的，即做出了"亏心事"而别人又不见、不知。他人不在场，他人不会注视，但自身却清楚自己之言行有违于普遍的规范，这个普遍规范在外（他人了解、掌握），亦在内（自己了解、掌握）。所谓"劝君莫做亏心事，免得半夜鬼叫门"，"鬼"的到来是随自心而来，即因做了有违规范之事而自我评价、自我审判。他人不知，他人不在场，自我也会害羞，甚而产生羞耻。因此，"有羞耻"未必如萨特所论能够证明"他人"的存在，毋宁说，"有羞耻"只能证明"良心"的存在，证明了"对规范、法则敬畏之情"的存在，也证明了规范、法则（"义"）的存在。他人的存在、他人的目光只是规范、法则的体现。我们因此也就不难理解"羞耻"与"敬长""义"的关联。

当然，我们也会说"为某人害羞"。害羞者之羞由他人引起，但害羞的主体是"我"，是我觉得某人之所作所为达不到某人应该作为。"为某人害羞"其实是说：这个某人在此情境下应该像个有尊严的人一样"害羞"，所应羞的是这个"某人"而不应是"替代者"。羞的前提是有个有尊严的自我，替他人害羞无疑是对这个有尊严自我的否定，这等于说，你是个没有尊严的人，要是你有尊严，你应当害羞。所以，"替某人害羞"这种说法表达的是自己对某种情境下某种作为与应该的作为的一种态度。比如，《孟子·离娄下》载齐人乞食而骄妻妾之典故，孟子批评说："由君子观之，则人之所以求富贵利达者，其妻妾不羞也而不相泣者，几希矣！"齐人以枉曲之道求富贵损害的是其自己的尊严，故齐人应当起羞。其妻妾之羞的原因是遇人不良而不是以枉曲之道求富贵。因此，齐人妻妾之羞对的是自己而不是替齐人"害羞"。真正的"羞"是他人替代不了的，正如不可能替别人快乐、替别人伤心一样，替别人害羞虽由他人而起，但羞者还是自己。我们在孟子对伯夷、柳下惠的一段批评中可以较清楚地发现"羞"的这个特征：

> 伯夷，非其君不事，非其友不友。不立于恶人之朝，不与恶人言。立于恶人之朝，与恶人言，如以朝衣朝冠坐于涂炭。推恶恶之心，思与乡人立，其冠不正，望望然去之，若将浼焉。是故诸侯虽有善其辞命而至者，不受也。不受也者，是亦不屑就已。柳下惠，不羞污君，不卑小官。进不隐贤，必以其道。遗佚而不怨，阨穷而不悯。故曰："尔为尔，我为我，虽袒裼裸裎于我侧，尔焉能浼我哉？"故由由然与之偕而不自失焉，援而止之而止。援而止之而止者，是亦不屑去已。孟子曰：伯夷隘，柳下惠不恭。隘与不恭，君子不由也。(《孟子·公孙丑上》)

如上所述，羞所对的是自我，柳下惠不羞污君，原因即在于羞的自我性质，尔羞是尔羞，我羞是我羞。在他看来，他人袒裼裸裎于我侧时，该羞的是他人（尔），而不是我。如果说柳下惠的做法有问题，那么，他的问题在于将羞的自我性贯彻到了极端，由此，只注重"修己"而无涉于"安人""安百姓"，柳下惠对于"义"的普遍性缺乏实现于天下的热情。就"羞恶之心"说，缺少了仁性的关爱、润泽时，"穷""达"时能由"羞"而"独善其身"，但却不能"兼济天下"。孔子谓柳下惠："降志辱身"，但"言中伦，行中虑"。(《论语·微子》)身心受辱而不羞，原因就在于"羞"是对自身的羞，自守不失故不羞，恶亦如是。由于羞对自身而起，"羞"及"所羞"之中对他人的关怀及注意都被悬置起来。所谓"隘"与"不恭"都涉及爱心、"恻隐之心"的缺位，涉及"他人"的缺位。对于柳下惠来说，他人袒裼裸裎涉及的是他人的羞，而不是自身的羞。

我们还应当区分"羞他人"与"为他人害羞"，"羞他人"是指我唤醒他人的羞心，他人应当为自己而羞。"为他人害羞"，其实是以自己一颗"善羞"的心来为"他人自己"害羞。因此，"为他人害羞"所涉及的依然是"他人自己"而不是"他人"之外的人。柳下惠"不羞污君"指的是不为与污君相处而羞,污在君而不在我故也。然而,羞如果只对自己负责,羞恶之心如何能导向"义"呢?"义"指每个人之"应该",每个人应该遵循的道路。作为父亲应该慈,作为儿子应该孝……自己的不同身份而不是他人的身份决定了"义"的具体内涵。他人缺位,"义"没有具体展开但仍在,因此,孟子主张"由仁义行",而反对由他人的脸色、他人的目光而行。这种意义上的"义"侧重的是自身的"应该",而不是权利与义务的对等或平衡。个人对"规范"或"义务"自身尊敬、负责,个人通过"修己"工夫将"义"内化为"良心",在有德性的人身上,对规范的尊敬、负责就体现为我对自己良心的关系。

儒家一向追求、推重的是"为己之学","为己"是建构自身、确立自身,即确立有尊严的"我"。这个"我"只对自身负责,对绝对的规范、原理(义、天)负责。"爱人不亲,反其仁;治人不治,反其智;礼人不答,反其敬。行有不得者皆反求诸己,其身正而天下归之。"(《孟子·离娄上》)行为没有达到预料的效果首先要反求诸己,审视自身作为。需要随时接受良心的指导与调适。"羞耻"表明了自身对待既有事实的态度,同时也昭示了对待未来的态度。"羞耻"不是做给他人看的,是由内而外的涌现。

儒家的"慎独"理论对自我状态的意义有着深刻的阐述。"莫见乎隐,莫显乎微,故君子慎其独也。"(《中庸》)朱熹注曰:"言幽暗之中,细微之事,迹虽未形而几则已动,人虽不知而己独知之,则是天下之事无有著见明显而过于此者。是以君子既常戒惧,而于此尤加谨焉,所以遏人欲于将萌,而不使其滋长于隐微之中,以至离道之远也。"(《四书章句集注·中庸章句》)"隐"是另一种"显",即无人注视情形下对自我的"显现","微"是另一种形态的"著",即自己昭然明觉意义上的"著"。这两者是他人所不见、所不知的幽暗之处,也就是说,他人出场与否并不影响自我良知的活动,不影响我对"义"

的感知。在此意义上,"慎独"彰显了自我之自足义。

把"羞恶之心"当作四端之一,注重"羞"的作用,而把内在心性规定为终极的根据,《孟子》对于"羞"的看法无疑与慎独说有一贯之处。"人之所不学而能者,其良能也。所不虑而知者,其良知也。孩提之童,无不知爱其亲者,及其长也,无不知敬其兄也。亲亲,仁也。敬长,义也。无他,达之天下也。"(《孟子·尽心上》)"义"是"仁"的自然生长、延伸,或者说,"义"的根据、基础就在"亲亲之仁"上。尽管如此,两者也还不能等同。"义之端"之"羞恶之心"与"仁之端"之"恻隐之心"是平行的开端。羞、能羞的前提是知"是非",知"辞让",因此,羞恶之心可以涵盖辞让之心、是非之心。如果说"亲亲"之"亲"是自然发生的情感的话,那么,内含"羞恶之心""辞让之心""是非之心"的"敬"则可以说是建立在尊卑秩序基础上的理性情感。有尊卑、有秩序、有伦有理,故它可以区别于与动相对的"宁静",以及与污浊相对的"洁净"。有羞耻的人是敬己,敬己而尊己(有自尊),敬人的人人敬之。以此为根据,宋儒以"敬"取代佛家的"净"与道家的"静"当作最重要的心性修养工夫。

四、有羞之心与有羞之在

道德修习要求羞心持续一贯地涌动,而不会出现只有羞心而无羞的涌动的时刻,如舍勒、萨特所理解的羞感那样,只有在被他人注视的情况下才会害羞。因此,设定羞心的存在,设定羞心"不舍昼夜"地涌动,这使羞获得了体与用两个方面的规定与保证。仅就活动说,羞的出现可能仅是突如其来的"事件",可能是蓦然回首的发现。舍勒说:"在羞感一词的某种意义上,羞感是对我们自己的感觉的一种形式,因此属于自我感觉的范围,这是羞感的实质。因为在任何羞感里都有一个事件发生，我想称之为'转回自我'。"①"'害羞'始终是为了某事而害羞，它与某个事实相关，这个事实自发地'要求'害羞，这与我们的个体的'我'之状态毫无关系。"②舍勒、萨特在原罪论传统下无法承认人有先天的善性，也无法承认"恻隐之心，人皆有之；羞恶之心，人皆有之"。舍勒说："灵魂的羞涩感以精神的个人之存在为前提，所以，身体的羞感极其普遍地存在于人身上和人的发展的任何时间之内……相反，灵魂的羞涩感肯定不是人的普遍属性，更不会出现在个体发展和民族发展的每个阶段。"③没有羞之体与用的架构，羞就成为在个体发展与民族发展过程中偶然出现的个别事件，因此，舍勒对羞有"转回自我"之说。相反，在儒家思想里，羞是体用一源的，此即如牟宗三所概括，两者是"即实体即活动"。儒家很早就确定了一个"泉源混混，不舍昼夜"的羞之"体"，有了这个"体"，才可能"行己有耻"（孔子）、"常惺惺"（宋明理学），也就是说，羞可以、也应该在个体发展的任何时间、任何情境展开。在羞心基础上，怕羞、害羞与羞愧三者展现为统一的过程与形态，有羞心的人担心自我尊严的失落，担心自我价值的沉沦，因而"怕羞"。由于怕羞而有所不为，有所敬畏，因此，怕羞属于未来。自我尊严在失落的当儿，自我价值在沉沦的当儿，深切感受到自我当下的状况，所为冲击积极的自我感受，自我受挫，即感受而感应，因而害羞。自我尊严的失落、自我价值的沉沦，此种事实会持续对羞恶之心产生作用，回味、反思，愧对过去所期待的深层价值、愧对羞恶之心，由此而"羞愧"。羞与在一道展开，怕羞、害羞、羞愧三者分别对应着存在者的三个维度：未来、现在与过去。由羞愧经验而担心自尊再次受伤害，由担心羞愧而怕羞，由怕羞而害羞……羞恶之心是体，不舍昼夜地发挥持续不已的作用。

---

① 舍勒：《价值的颠覆》，罗梯伦等译，第179—180页。
② 舍勒：《价值的颠覆》，罗梯伦等译，第184页。
③ 舍勒：《价值的颠覆》，罗梯伦等译，第197—198页。

孟子把"羞"当作尊严、价值的最重要的源泉之一,"羞"把人塑造成道德人,有尊严的人,没有羞恶之心,人就会向自然人,甚至向禽兽堕落。由此,我们可以更好地理解"无羞恶之心,非人也"的深层意蕴。由于有了这样的源泉,人们自重、自守、自尊,才能够抵制向自然人的堕落,从而拉开与"生之谓性"论的距离。孟子以"羞"作为价值之源,存在之根,其提供的价值秩序即是现实羞感的内容,其普遍意义则在于将羞作为人存在的灵性根源与现实方式。

从存在论上说,"羞"不仅是自我展开最重要的方式之一,也是自我与世界打交道的最重要的方式之一:以此感受世界、感应世界。万物、他人都被拉到我的内在之心面前,万物、他人的出现首先是作为对我具有某种意义的存在者,能够对我造成某种作用的存在者。[①] 我们的经验、理性都基于这样一种存在方式,换言之,这种存在方式相应地塑造了一种奠基于"羞"的特殊的经验方式与特殊的思想方式。以"羞"接物,"羞"的自我性质决定人们关注的物首先不是客观自存的"实体",而是与人发生关联,并对人产生作用的物,是成为"事"的物。以羞接物使物成为"事","物犹事也"这一经典的诠释正体现了这种经验方式与理性思想方式的特殊关注。

儒家趋向于人伦道德的自守,从而突出羞心的作用,并由此塑造出体用一源的存在:有羞之在。对于亦十分注重心性自守的道家来说,羞也被当作一种守护心性的重要关隘。在《庄子》外篇、杂篇中,羞被多次托孔子之口使用,其意义与儒家羞的意义亦不乏一致之处,如:

> 其于佞人也,羞闻其言,而况亲见其身乎!而何以为存!(《庄子·则阳》)

[①] 当然,在儒家思想架构中,万物他人之所以能成为有意味的存在,这与恻隐之心的感通作用同样密切相关。

> 夫为人父者，必能诏其子；为人兄者，必能教其弟。若父不能诏其子，兄不能教其弟，则无贵父子兄弟之亲矣。今先生，世之才士也，弟为盗跖，为天下害，而弗能教也，丘窃为先生羞之。（《庄子·盗跖》）

不难发现，道家之所羞与孟子等儒家心目中之所羞类似，不过，道家强调自守其"素朴"之心性，他们以有损于素朴本性的言行、事物而羞，以失去素朴本性而羞。有羞而有诸多不为之言行，这样才能自守不失。《庄子·让王》中北人无择将见舜视为丧失原则之事，将之视为自守的底线，因而"羞见之"，为躲避一见而自投清泠之渊。《庄子·天地》中抱瓮者知道机械的效率，亦知机械会带来机事，机事会产生机心，故而对机械"羞而不为"。"羞"成为素朴本性的守卫者，"所羞"是自守的底线。因而，羞对于道家式心性的修养亦至关重要。因此，可以说，在道家，由有羞之心而至于有羞之在无疑也是一条通达大道的思想之路与存在之路。

羞恶、义与正当

——孟子"羞恶之心,义之端也"详解及其理论内涵

陈乔见

引言

儒家核心价值是仁义。从儒学史看,孔子贵仁,仁义并重始于孟子。《孟子》卷首特载孟子答梁惠王曰"王何必曰利,亦有仁义而已矣"(《孟子·梁惠王上》1.1)①,可谓揭橥全书宗旨。孟子辟杨、墨,亦因其认为二者"充塞仁义"(《滕文公下》6.9)。孟文其余仁义并举,不胜枚举。为此,朱熹《孟子集注·孟子序说》引程子之言说:"孟子有功于圣门,不可胜言。仲尼只说一个仁字,孟子开口便说仁义。"②无须多言,"仁—义"为孟子思想之基本架构。

由于以下几个方面的原因,需要我们特别关注孟子的义论思想。其一,就孟子本人而言,他对仁义的核心界定是"恻隐之心,仁之端也;羞恶之心,义之端也"(《公孙丑上》3.6),然而,孟子对恻隐之心有所论证,仁之内涵亦较为明确,后世学者也有较多论述;但孟子

---

① 本文凡引《孟子》皆据杨伯峻:《孟子译注》,中华书局2005年版。
② 朱熹:《四书章句集注》,中华书局1983年版,第199页。

对羞恶之心并无明言论证，其义论的思想内涵亦不甚明了，因此有待我们补正和阐明。其二，从儒家内部系统看，仁的观念始终独大，义的观念隐晦不明，甚至依附于仁，理学家所谓"仁包四德"即其典型（详下文），因此有必要给予义以独立的理解和阐发。其三，从中西比较来看，西方道德哲学和政治哲学自古希腊的柏拉图（Plato）、亚里士多德（Arsitotle）到当代的约翰·罗尔斯（John Rawls），其基本主题是正义，相对而言，儒家传统重仁爱而轻正义。实际上，儒家所谓"义"与西方所谓"正义"（justice）有部分交集，应给予揭示。其四，从古今之变来看，现代社会制度应该建立在义或正义的基础上，而非仁或仁爱的基础上。罗尔斯"正义是社会制度的首要价值"[①]的说法，明确表达了这一点。因此，有必要发掘儒家传统的义论思想资源。纵观儒学史，孟子的义论最具原创性和系统性，值得重点关注。

基于以上视域，本文从孟子"羞恶之心，义之端也"这一说法入手，在前贤相关解释和研究的基础上，根据孟文的一些例子和论说，补充证明"羞恶之心，人皆有之"，然后坐实"羞恶之心"与"义"的内在关联，最后阐明和揭示孟子义论的实质内涵和理论立场。

一、从恻隐（仁）理解羞恶（义）及其不足

"义"之字形和含义的演变，前贤多有考证，此文聚焦孟子，不拟赘述。只须说明，自《中庸》所谓"义者宜也"之后，"宜"成了"义"字的一般训诂，它也经常被用于解释孟文之"义"论。然而，诚如日儒伊藤仁斋指出："义训宜，汉儒以来，因袭其说，而不知意有所不同……学者当照孟子'羞恶之心，义之端也'暨'人皆有所不为，

---

① 约翰·罗尔斯：《正义论》，何怀宏、何包钢、廖申白译，中国社会科学出版社1988年版，第1页。

达之于其所为，义也'等语，求其意义，自可分明。设专以宜字解之，则处处窒碍，失圣贤之意者甚多矣。"① 而且，"义者宜也"的训诂乃同义反复，没有增加任何实质内容，因为何谓"宜"或"合宜"，还得回到"义"本身。实际上，"义"除了较泛的形式化用法之外，尚有它独特的实质性含义，于孟子仁—义思想架构中的义论而言，更是如此。自然，阐明孟子义论的独特内涵和理论旨趣，最可靠和最直接的方法当然是看孟子本人如何界定和论说"义"。

孟子对"义"最为重要和最具特色的讨论就是把它与"羞恶之心"联系在一起。孟子劝谏君王"以不忍人之心，行不忍人之政"时，对"不忍人之心"有所论证：

> 所以谓人皆有不忍人之心者，今人乍见孺子将入于井，皆有怵惕恻隐之心——非所以内交于孺子之父母也，非所以要誉于乡党朋友也，非恶其声而然也。由是观之，无恻隐之心，非人也；无羞恶之心，非人也；无辞让之心，非人也；无是非之心，非人也。恻隐之心，仁之端也；羞恶之心，义之端也；辞让之心，礼之端也；是非之心，智之端也。人之有是四端也，犹其有四体也。（《公孙丑上》3.6）②

孟子在此通过"孺子入井"这一情景构想来显示人皆有"恻隐之心"（不忍人之心）。这一诉诸心理经验感受的论证是相当具有说服力的，无论这种恻隐情感是多么微弱和短暂，但其真实性和普遍性却很难被

---

① 伊藤仁斋：《论孟字义》，《仁义礼智》第九条，见吉川幸次郎、清水茂校注：《伊藤仁斋、伊藤东涯》（日本思想大系33），东京岩波书店1971年版，第131页。
② 孟子谈论四心与四德的关系凡两见，另见《告子上》11.6："恻隐之心，仁也；羞恶之心，义也；恭敬之心，礼也；是非之心，智也。"彼云"羞恶之心，义之端也"，此云"羞恶之心，义也"，通观《孟子》，羞恶之心只能理解为义之端而不能径直等同于义（详后文）。

否认。可是,孟子在此对"人皆有羞恶之心"并未提供类似的经验情景或逻辑论证。从孟子顺势提出人皆有四端之心来看,可能有两种理由:(1)他认为没有这个必要,人们完全可以根据"孺子入井"的情景设想足以阐明人皆有羞恶之心的类似情景。(2)可以直接从恻隐之心推导出羞恶、辞让、是非之心,因此,证明了恻隐之心,也就同时阐明了羞恶之心等。

对此问题,历代注疏大都囫囵而过,不予重视。不过,朱熹及其门人精研"四书",铢分毫析,对于此问题自然不会放过。《朱子语类》卷五十三讨论此章处载:

> 问:"明道先生以上蔡面赤为恻隐之心,何也?"曰:"指其动处而言之,只是羞恶之心。然恻隐之心必须动,则方有羞恶之心。如肃然恭敬,其中必动。羞恶、恭敬、是非之心,皆自仁中出。故仁,专言则包四者,是个带子。无仁则麻痹死了,安有羞恶、恭敬、是非之心!仁则有知觉,痒则觉得痒,痛则觉得痛,痒痛虽不同,其觉则一也。"
>
> 问:"前面专说不忍之心,后面兼说四端,亦是仁包四者否?"曰:"然。"
>
> 恻隐是个脑子,羞恶、辞逊、是非须从这里发来。若非恻隐,三者俱是死物了。恻隐之心,通贯此三者。①

这就是朱子经常谈起的"恻隐包四端"和"仁包四德"说。这一观点可分析出两层含义:(1)就情感的产生而言,恻隐是前提条件,羞恶等"须从这里发出来","恻隐之心必须动,则方有羞恶之心",两个

---

① 黎靖德编:《朱子语类》第四册(卷五十三),王星贤点校,中华书局1986年版,第1297、1289页。

"须"字表明，无恻隐则羞恶等就不可能产生。质言之，恻隐是羞恶之必要条件。（2）就主次关系而言，恻隐为主，羞恶等为次，恻隐贯通后三者。如朱子说恻隐是个头脑，若无此头脑，羞恶等三者俱是死物。两层含义亦可概括为一个观念：恻隐为本，羞恶为末，由恻隐而羞恶。

今人陈少明先生对此问题的讨论，亦继承了这一思路。陈先生遵循朱子"羞，耻己之不善也。恶，憎人之不善也"①的分别，首先分析了孟子有关"不忍人之心"的另外一个著名事例：齐人拟杀牛衅钟，齐宣王偶遇，"不忍其觳觫，若无罪而就死地，故以羊易之也"（《梁惠王上》1.7），认为此例中齐宣王因对受难者（牛）的不忍之情而引发对自身行为不当的反思，"这种意识就是羞耻心的萌发。简言之，不忍或恻隐会触发对伤害无辜的羞耻感"②。依据同样的逻辑，陈先生又以孟子对"汤放桀、武王伐纣"和"汤征葛伯"等历史事件的评论来说明不忍或恻隐亦会触发对伤害无辜的作恶者的憎恶感，这种憎恶感进而引起挺身制恶的行动。其结论是：在孟子的概念中，义包括羞与恶两层意义，两者均与对无辜受难者的恻隐之心相关，前者因恻隐而反思悔过，后者则因恻隐而挺身制恶，共同构成儒家对待恶，或者说道德负面现象的完整态度，因此，羞恶与恻隐"在意识经验中存在内在关联，义与仁便非外在的结合，而是一体两面的事情"③。

以上是由恻隐来解释羞恶的产生机制，就仁义关系言，此思路可概括为"仁包义"或"由仁及义"。与此思路有所不同的是庞朴先生的观点。庞先生考证，"义"之本义与杀戮有关，他敏锐地注意到，孔子说"唯仁者能爱人，能恶人"（《论语·里仁》），表明孔子之仁，既讲爱人，亦讲憎人；孟子以羞恶之心来界定义，便是"原来存于'仁'之内部的'能恶人'一面的外现，与'爱人'的'仁'处于相反相成

---

① 朱熹：《四书章句集注》，第237页。
② 陈少明：《仁义之间》，《哲学研究》2012年第11期，第35页。
③ 陈少明：《仁义之间》，《哲学研究》2012年第11期，第35页。

之中"①。又说："'义'被说成是'羞恶之心'的道德表现，它同'恻隐之心'的'仁'相对，并且是对后者的一种节制……有了这一德目与'仁'并存，'恻隐'便不免形成了一个界限，即只供使用于所谓的善人善行，而不致对一切都滥发慈悲。这就叫'义者，仁之节也'。另一方面，羞之与恶，又是为自己之向善和与人为善，这可说基于恻隐而起，这就叫作'仁者，义之本也'。"②确切地说，庞先生其实注意到仁义关系的两条路向：一是恻隐（仁）为本，羞恶基于恻隐而起，但其说较模糊；一是羞恶（尤其是恶）对恻隐形成一种界限，义为仁之节制。总体上看，庞先生更为强调后者，对此也说得极为明白，他认为孟子特重义便是出自对墨家兼爱的节制。笔者以为，从孔—墨—孟之思想发展脉络看，庞先生此说似乎极有道理。然而，就孟子仁义学说而言，其解释多属推测，他没有给出孟子自己的例子，所引"义者，仁之节也"的说法也不是本自《孟子》，而是出自《礼记·礼运》。诚如陈少明指出："庞先生的论述非常精致……但它不能用来解释孟子，因为孟文没有一处表现出对过度'恻隐'或慈悲的担心而需要加以限制的，相反，是唯恐扩之未尽。"③

笔者很赞同陈先生的这一批评。然而，宋明儒者对仁义的理解，除了"仁包四德"说之外，他们的整体思想倾向强调更多的正是庞先生所说的"义为仁之节制"。如程颐在论张载《西铭》时提出"理一分殊"说："分殊之蔽，私胜而失仁；无分之罪，兼爱而无义……无别而迷兼爱，至于无父之极，义之贼也。"④朱子继承和发展了"理一分殊"理论并特别强调"分殊"："仁，只是流出来底便是仁；各自成一

---

① 庞朴：《儒家辩证法研究》，刘贻群编：《庞朴文集》第一卷，山东大学出版社2005年版，第450页。
② 庞朴：《儒家辩证法研究》，刘贻群编：《庞朴文集》第一卷，第452页。
③ 陈少明：《仁义之间》，《哲学研究》2012年第11期，第34页。
④ 程颢、程颐：《二程集》下册，王孝鱼点校，中华书局2004年版，第609页。

个物事底便是义。仁只是那流行处,义是合当做处。仁只是发出来底;及至发出来有截然不可乱处,便是义。且如爱其亲,爱兄弟,爱亲戚,爱乡里,爱宗族,推而大之,以至于天下国家,只是这一个爱流出来;而爱之中便有许多差等。"① 就连大谈特谈"万物一体"的王阳明亦说:"《大学》所谓厚薄,是良知上自然的条理,不可逾越,此便谓之义。"② 总而言之,宋明儒者基本上是把"义"理解为一种界限,一种对仁爱流于无差等之爱的节制,虽然在他们的论述中,这种界限和节制不是针对作恶者,而主要是就情感(爱)的亲疏厚薄而论,但以意推之,宋明儒者对待作恶者的态度,不能滥施仁爱,自是题中应有之义。③ 笔者以为,把"义"理解为差等之爱,根源于秦汉以降"义者宜也"这一常见训诂:宜亲亲而仁民,宜仁民而爱物,这无疑是儒家的核心观念之一。然而,用"义"来表达或说明差等之爱的合理性,绝非孟子义论的本意和主要内涵,否则,孟子完全可以说"亲亲而仁民,仁民而爱物,义也"。不难看出,在宋明儒者的解释中,义的实质性内涵其实被虚化,它从相反的角度表明义从属于仁,亦即义不过是仁的适当应用和节制罢了。

综上所述,前贤对恻隐(仁)与羞恶(义)之关系的理解有三:(1)认为恻隐是羞恶的必要条件(朱子);(2)恻隐可触发羞恶(朱子、陈少明);(3)义不过是仁之合宜的流行发用(宋儒)。就孟子本人的思想而言,笔者以为(1)和(3)显然不对,因为后文将会看到,在有些情况下羞恶的产生与恻隐无关;至于(3)则是宋儒之义论,与孟子义论无关,虽然他们经常把它与孟子联系在一起,而且确实与孟

---

① 黎靖德编:《朱子语类》第七册(卷九十八),第 2527 页。
② 王守仁:《王阳明全集》上册,吴光、钱明、董平、姚延福编校,上海古籍出版社 1992 年版,第 108 页。
③ 有关宋明儒者的仁义说,详参见陈乔见:《普遍之爱与特殊之爱的统一如何可能——宋明儒者仁义说为中心的考察》,《华东师范大学学报(哲学社会科学版)》2012 年第 1 期。

子的某些思想相符。第（2）种观点值得仔细分析，确实，一个麻木不仁的人我们很难想象他会有羞恶之心，而一个很容易义愤填膺（姑且不论是否得当）的人也往往是一个具有悲天悯地情怀的人，相较而言，恻隐确实比羞恶更为根本。但是，笔者更愿意把羞恶理解为对自己或他人不当行动的一种本能的情感反应（前引朱子对"羞恶"的注解即强调是对"不善"之耻、憎也表明这一点），如果这种不当行动造成了对无辜者的伤害，那么这种羞恶情感则会因为主体对无辜受害者的恻隐同情而变得更加强烈。也就是说，羞恶的产生根源归根结底是对不当行动本身的心灵反应，对无辜受害者的恻隐只是加强了这种反应。此外，以上三种理解都强调恻隐的根本性，这于孟子来说，确实有此倾向。但是，从笔者引言所述之中西视域和古今之变来看，作为当代的诠释者，我们很有必要对羞恶与义尽可能赋予其独立的理解。而且，在后文我们将会看到，孟子本人也确实在一定程度上赋予了其独立性。

二、人皆有羞恶之心的例证与阐明

实际上，在孟子的思想中，羞恶的产生不必以恻隐为必要前提，义的内涵亦不必完全借助仁来界说，羞恶与义都具有相对的独立性。而且，孟子确实也提供了一些有关"羞恶之心"的例证和阐明。其中的典型例证便是"嗟来之食"。孟子曰：

> 生亦我所欲也，义亦我所欲也；二者不可得兼，舍生而取义者也。生亦我所欲，所欲有甚于生者，故不为苟得也；死亦我所恶，所恶有甚于死者，故患有所不辟也。如使人之所欲莫甚于生，则凡可以得生者，何不用也？使人之所恶莫甚于死者，则凡可以辟患者，何不为也？由是则生而有不用也，由是则可以辟患而有不为也，是故所欲有甚于生者，所恶有甚于死者。非独贤者有是

心也,人皆有之,贤者能勿丧耳。一箪食,一豆羹,得之则生,弗得则死,呼尔而与之,行道之人弗受;蹴尔而与之,乞人不屑也。万钟则不辨礼义而受之。万钟于我何加焉?为宫室之美、妻妾之奉、所识穷乏者得我与?乡为身死而不受,今为宫室之美为之;乡为身死而不受,今为妻妾之奉为之;乡为身死而不受,今为所识穷乏者得我而为之,是亦不可以已乎?此之谓失其本心。(《告子上》11.10)

此章单独论"义",不涉及"仁",主题是"舍生取义"。此种大义往往使人联想到文天祥这等的民族英雄,但却很少留意孟子是通过一个小情景来显示这番道理。孟子说:今有饥饿之人,有人施舍箪食豆羹,饥者得之则生,弗得则死,然若施舍者呼尔而与之,那么即便是一般的行路之人也不会接受这种施舍;倘若施舍者蹴尔(以足踩踏箪食豆羹)而与之,那么即便是濒临饿死的乞丐也不会接受这种施舍。路人和乞丐为何不接受此种施舍,原因即在于他们具有羞恶之心。孟子没有明言,但朱子《孟子集注》于此明确点出了这一点:"言虽欲食之急而犹恶无礼,有宁死而不食者,是其羞恶之本心,欲恶有甚于生死者,人皆有之也。"孟子此文末提到"失其本心",所谓"本心"就是人所固有的恻隐、羞恶、辞让(或恭敬)、是非之心,此处当特指羞恶之心。所以朱子《孟子集注》于此章宗旨又云:"本心,谓羞恶之心。此章言羞恶之心,人所固有。"①

孟子所述此故事,让人想起儒家所说的"嗟来之食"的典故。《礼记·檀弓下》载:"齐大饥,黔敖为食于路,以待饿者而食之。有饿者蒙袂辑屦,贸贸然来。黔敖左奉食,右执饮,曰:'嗟,来食!'扬其目而视之,曰:'予唯不食嗟来之食,以至于斯也。'从而谢焉,终不

---

① 朱熹:《四书章句集注》,第333页。

食而死。曾子闻之，曰：'微与！其嗟也可去，其谢也可食。'"① 在此故事中，施舍者吆喝饿者"嗟！来食"（类似孟文"呼尔而与之"），饿者因羞耻之心而不接受此嗟来之食；即便黔敖意识到自己的无礼行为后马上向饿者致歉，饿者亦终不接受而饿死。在此例子中，饿者具有非常强烈的羞恶感，此人来时"蒙袂辑屦"、之前再三拒绝嗟来之食，以及在黔敖致歉之后仍不接受其施舍，都充分表明了这一点。所以曾子并不完全赞同其行为，认为实无必要如此：当黔敖嗟时可辞去，而当黔敖致歉后则可接受。这里涉及羞恶的适当与否，姑且不论。无疑，此例也足证"羞恶之心"的实有，没准孟子所述或许就脱胎于此故事。此外，羞感和恶感似乎是同时产生，比如在"嗟来之食"（因其性质相似，笔者以此统称孟子所述"呼尔"和"蹴尔"之食）的情形中，主体（路人和乞丐）因自尊而感到羞耻，同时也因施舍者的无礼而对彼感到厌恶。在此，主体羞恶感的产生并不需要恻隐或不忍来触发，更不必说以其为必要条件了。

　　孟子通过饥者不愿受嗟来之食，来显示饥者羞恶之心之实有。然而，个殊羞恶之心的实有，并不能推出"人皆有羞恶之心"的普遍判断。在孟子的思想体系中，从个殊到普遍的衔接，是通过"心有所同然"来完成的。《告子上》11.7云："口之于味也，有同耆焉；耳之于声也，有同听焉；目之于色也，有同美焉。至于心，独无所同然乎？心之所同然者何也？谓理也，义也。圣人先得我心之所同然耳。故理义之悦我心，犹刍豢之悦我口。"从经验观察可知，人之口、耳、目等外感觉有共同的好恶；既然外感觉有共同的好恶，难道人之心这一内感觉反而没有共同的好恶么？在此，孟子通过感觉经验和类比推论，对"心有所同好"做了紧缩论证。孟子的这一设问和反思，蕴含了肯定的答案。至于这一判断是否为真，即便在哲学理论或经验科学如心

---

　　① 孙希旦：《礼记集解》上，沈啸寰、王星贤点校，中华书局1989年版，第298页。

理学、生物学等高度发达的今天，恐怕仍难给出绝对肯定或绝对否定的答案；但我们每个人确实可以通过自身经验和某种反思，大体上认可这一说法。在笔者看来，"嗟来之食"堪与"孺子入井"的例证等量齐观，彼处旨在证明"人皆有恻隐之心"，此处旨在证明"人皆有羞恶之心"，虽然彼处是明言论证，此处是隐含论证，但两者都具有相当的说服力。就羞恶之心而言，我们甚至可以想象，即使饥者接受了嗟来之食，也很难就此否定他没有羞恶之心，而只能说明求生本能胜过了羞恶之心。

回到此章"舍生取义"的主题。孟子认为，欲生恶死，乃人之常情；然而，所欲有甚于生者，此就是"义"；所恶有甚于死者，此就是"义"。因为有义（或羞恶之心），所以不为苟得；因为害怕陷于不义，为人耻笑，所以患有所不避。如果使人所欲莫甚于生，那么，人们为了生存就什么苟且之事都干得出来；如果使人之所恶莫甚于死，那么，则但凡可以躲避患难的行为，亦什么都可以干。而这种所欲有甚于生的"义"和所恶有甚于死的"不义"，就起源于羞恶之心。孟子认为此心"非独贤者有是心也，人皆有之，贤者能勿丧耳"，随后他即以"嗟来之食"的例子表明即便是饥饿的路人和乞丐亦有是心。尤其值得重视的是，孟子这里反复强调心之"所欲"和"所恶"，这就直接把"羞恶"与"义"或"不义"联系起来了。情感能够引起主体对某行动或事件的赞许或谴责（羞恶之心侧重在"所恶"和谴责），换言之，引起主体的道德判断，进而有可能引起主体的行动选择。就此而言，孟子似乎表达了类似英国哲学家休谟的一个观点，即道德区别或道德判断的根基在道德情感。① 在此段末尾，孟子说：如果万钟（代表权势财富）不辨是否合乎礼义而一概接受，那么这样的士尚不如路人和乞丐能出

---

① 休谟对此的论证，详见休谟：《道德原则研究》附录一《关于道德情感》，曾晓平译，商务印书馆 2001 年版。

于羞恶之心而断然拒绝不当得利。羞恶之心一旦泯灭，则任何恶事皆有可能做得出，也正因为此，孟子反复强调"养心"和"扩而充之"。在孟子看来，即便这种富贵可以给自己带来宫室之美，能够奉养妻妾，甚至可以救济穷乏者，但如果这种富贵不符合礼义，则仍不可取。无疑，这里我们也看到孟子一贯强调"义利之辨"中义之于利的优先性。

三、扩充羞恶之心于事事物物

在孟文中，我们还可以找到一个足证"人皆有羞恶之心"的经典例子，这就是"穿窬之心"。孟子曰：

> 人皆有所不忍，达之于其所忍，仁也；人皆有所不为，达之于其所为，义也。人能充无欲害人之心，而仁不可胜用也；人能充无穿窬之心，而义不可胜用也。人能充无受尔汝之实，无所往而不为义也。（《尽心下》14.31）

在此，孟子同样通过一种"以小见大"的方式来显示羞恶之心的实有。此所谓"无欲害人之心"即恻隐之心；所谓"无穿窬之心"即羞恶之心。毫无疑问，人们都羞耻于自己为穿穴窬墙之盗行，也都憎恶他人为穿穴窬墙之盗行。总之，人们羞恶于为盗（哪怕是仅有为盗之心），因此也都知道为盗为非或为不义，这是十分显白的事实，这亦可证"人皆有羞恶之心"。孙奭疏解此章便点出了这一点："人能充大不欲害人之心而为仁，则仁道于是乎备，故不可胜用也；人能充大其无穿窬奸利之心以为义，则义于是乎尽，故义不可胜用也。人能充大其不受人尔汝之实，是不为人所轻贱，故无所行而不为义者也，言所为皆可以为义矣。盖恻隐有不忍者，仁之端也；羞恶有不为者，义也；

但能充而大之，则为仁义矣。"① 可以说，孟子此文是对"恻隐之心，仁之端也"和"羞恶之心，义之端也"更为翔实的论述。此但就羞恶与义的关系论，所谓"人皆有所不为"即是羞恶之心不喜为或不欲为之事，如孟子在此提到的穿踰为盗和受尔汝之实。关于"尔汝之实"，赵岐注："德行可轻贱，人所尔汝者也"②，可知"尔汝"是人们对无德之人的一种贱称，其性质有点类似"呼尔"和"嗟来"，带有蔑视和侮辱。不难想象，即使是一个无德之人，当他被别人如此轻贱地称呼时，他也一定有羞恶之心，羞耻于自身德行不好，又厌恶于他人带有蔑视和侮辱的称呼。孟子之意，正在于引导人们"充无穿踰之心"和"充无受尔汝之实"，由不喜为显而易见的不当行为发展到不喜为并不那么显而易见的不当行为。这就是孟子所说的"人皆有所不为，达之于其所为，义也。""有所不为"，即指那些显白的羞恶之心不喜为之事；"其所为"即指那些不那么显白的羞恶之心不喜为之事。所以，这句话的正确理解是：人们皆有羞恶之心不喜为之事，把此扩充到那些曾经昧着羞恶之心（或应当羞恶却没有羞恶意识）所为之事而能不肯再为，这就能形成完整而健全的义与不义的道德判断或是非善恶标准。在"穿踰为盗"的例子中，我们也看到，羞恶感的产生不必以恻隐为前提或由恻隐而触发，它就是对不正当行为的一种类似本能的情感反应。

实际上，儒家经常使用"穿踰"之譬。《论语·阳货》载孔子曰："色厉而内荏，譬诸小人，其犹穿窬之盗也与？"邢昺《正义》云："言外自矜厉，而内柔佞，为人如此，譬之犹小人，外虽持正，内常有穿壁窬墙窃盗之心也与。"③ 色厉内荏之人就好像常怀有穿窬盗窃之心的小人一样，这也可以反过来理解，常怀有穿窬盗窃之心的人，一定是

---

① 赵岐注，孙奭疏：《孟子注疏》卷十四下，阮元校刻：《十三经注疏》，中华书局影印本1980年版，第2778页下栏。
② 赵岐注，孙奭疏：《孟子注疏》卷十四下，阮元校刻：《十三经注疏》，第2778页下栏。
③ 何晏集解，邢昺疏：《论语注疏》卷十七，阮元校刻：《十三经注疏》，第2525页下栏。

色厉内荏。为何如此？因为羞耻于为盗（哪怕仅有为盗之心），所以在世人面前要故作色厉，然其羞恶之心不能自已，无法欺骗自己，故必内荏。这一心理现象似乎也可为孟子"人皆有羞恶之心"的命题做一注脚。此外，孟子还讲述了婚姻中的"穿踰"行径，他说："丈夫生而愿为之有室，女子生而愿为之有家；父母之心，人皆有之。不待父母之命、媒妁之言，钻穴隙相窥，踰墙相从，则父母国人皆贱之。"（《滕文公下》6.3）古代婚姻需要有父母之命、媒妁之言，方能成礼；只有经由此种礼仪，婚姻才具有有效性或合法性。如果男女双方不顾此等礼仪（在彼时实具有民法效力），像窃贼一样偷偷摸摸恋爱，那么父母国人都会轻贱之。对于一般男女而言，也羞于此等钻穴踰墙的行径。孟子此论，意在说明出仕之道："古之人未尝不欲仕也，又恶不由其道。不由其道而往者，与钻穴隙之类也。"（《滕文公下》6.3）既然羞恶于穿窬为盗和钻踰恋爱，自然也应把此羞恶之心扩充到出仕事务上，坚守出仕之正道，拒绝枉道求仕。

由小见大，由显而隐，扩充羞恶之心于事事物物上，主体就能养成健全的有关是非善恶的道德区别与道德判断，若人人如此，则整个社会也就会形成一套健全的是非善恶标准，亦即义与不义的价值判断和标准。孟子对此反复申论，除了前文论及的"充无受嗟来之食""充无穿踰之心""充无受尔汝之实"外，相似的说法反复出现在孟文中：

（1）孟子曰："人有不为也，而后可以有为。"（《离娄下》8.8）
（2）孟子曰："无为其所不为，无欲其所不欲，如此而已矣。"（《尽心上》13.17）

这两句没有上下语境的话，往往被人所忽视，甚至不得其解。其实，联系孟子的用语和整体思想来看，这两句显然是在谈论羞恶之心与义的关系。实际上，历代注家也看到这一点。所以，孙奭《正义》疏解

(1)云:"此章指言贵贱廉耻,乃有不为;不为非义,义乃可由也。孟子言人之有不为非义之事,然后可以有为其义矣。又所谓'人皆有所不为,达之于其所为,义也',亦是意也。"①孙奭引用他处孟子说义文解释此章,以孟解孟,可谓深契孟子。朱子《四书章句集注》于(2)引李氏曰:"有所不为不欲,人皆有是心也。至于私意一萌,而不能以礼义制之,则为所不为、欲所不欲者多矣。能反是心,则所谓扩充其羞恶之心者,而义不可胜用矣,故曰如此而已矣。"②朱子明确用羞恶之心和义来解释此章,亦可谓深契孟子。实际上,此两章皆可视为"羞恶之心,义之端也"和"扩而充之"的补充说明。

四、义与正当

如果有所留意,不难发现,在孟子的谈论中,羞恶之心总是与食物、职位、富贵等益品(goods)的取与相关,这表明孟子的义论思想主要关乎这些益品的取与。由于彼时社会环境和自身的处境,在孟子的论述中,他往往把羞恶之心特别地与出仕之道联系在一起;而仕与不仕小则关系到个人之衣食温饱,进而是个人之富贵,大则关系到兼济天下。可见,在彼时,出仕之道既是观察一个人是否有羞恶之心(义德)的重要途径,亦是衡量一个社会是否义或不义(义政)的重要标准。实际上,在当代社会,获取职位尤其是进入公共职位的原则和方式,仍是衡量一个社会是否正义的重要判准。

孟子曾讲述了齐之某良人餍足酒肉的故事。此良人(丈夫)有一妻一妾,他经常到人家墓地祭祀处乞讨酒肉。如此餍足之后,返回家里,告其妻妾,所与饮食者,尽富贵也,并以此来骄其妻妾。其妻颇

---

① 赵岐注、孙奭疏:《孟子注疏》卷十四下,阮元校刻:《十三经注疏》,第2726页下栏。
② 朱熹:《四书章句集注》,第353页。

怀疑，一日遂暗中尾随，发现其龌龊行径，返回乃与妾讪其良人，而相泣于中庭。孟子讲述此故事后，如此评论："由君子观之，则人之所以求富贵利达者，其妻妾不羞也，而不相泣者，几希矣。"(《离娄下》8.33）这里的"羞"，不是这一妻一妾耻己之不善，而是替其良人感到羞耻，当然，这种羞耻也含有对良人的厌恶（由"讪其良人"可证）。此良人可羞恶之处颇多，但根本处在于其餍足酒肉的方式几无羞恶之心，谋生之道十分不正当。从孟子的评论可知，孟子正是意在借此来讽刺当时之人枉道以求富贵利达的行径。值得一提的是，良人羞于向妻妾吐露实情，这似乎也表明良人实有羞恶之心，只是他未能守住羞恶之心之不欲为的底线。所以孟子说"学问之道无他，求其放心而已矣"(《告子上》11.11），就是要人们通过反思，找回丧失的羞恶等本心，守住做人做事的底线。

孟子与弟子又有关于"羞"于"枉尺直寻"的讨论，在此值得好好分析。

> 陈代曰："不见诸侯，宜若小然；今一见之，大则以王，小则以霸。且《志》曰'枉尺而直寻'，宜若可为也。"孟子曰："昔齐景公田，招虞人以旌，不至，将杀之。'志士不忘在沟壑，勇士不忘丧其元'，孔子奚取焉？取非其招不往也。如不待其招而往，何哉？且夫枉尺而直寻者，以利言也。如以利，则枉寻直尺而利，亦可为与？昔者赵简子使王良与嬖奚乘，终日而不获一禽。嬖奚反命曰：'天下之贱工也。'或以告王良。良曰：'请复之。'强而后可，一朝而获十禽。嬖奚反命曰：'天下之良工也。'简子曰：'我使掌与女乘。'谓王良。良不可，曰：'吾为之范我驰驱，终日不获一；为之诡遇，一朝而获十……我不贯与小人乘，请辞。'御者且羞与射者比；比而得禽兽，虽若丘陵，弗为也。如枉道而从彼，何也？且子过矣：枉己者，未有能直人者也。"(《滕文公

下》6.1）

有诸侯招聘孟子（可以想见，是以不符合道义或礼义的方式招聘孟子），孟子不见，于是弟子陈代建议孟子委屈小节，应聘诸侯，可成就大功。陈代又引古人"枉尺而直寻"之谚语来劝谏。何谓"枉尺而直寻"，朱熹《孟子集注》："枉，屈也。直，伸也。八尺曰寻。枉尺直寻，犹屈己一见诸侯，而可以致王霸，所屈者小，所伸者大也。"尺小寻大，陈代建议孟子屈小伸大。孟子没有直接回应，而是先讲了两个故事：一个是虞人因齐景公招聘不合礼（应当招以皮冠而齐景公招以旌）而宁死不就。一个是御者王良不肯以不合礼法的手段获禽，且羞与小人（赵简子嬖臣）为伍。孟子之意，即使处低贱职位的虞人和御者尚且羞于以诡道（不正当的方式）谋求职位或被任用，更何况作为士君子，焉能毫无羞恶之心，枉道以求仕。更为重要的是，在孟子看来：（1）枉尺直寻，屈小伸大，这是功利的算计。如若专以功利计，则"枉尺直寻"必将走向"枉寻直尺"，亦即由"屈小伸大"走向"屈大伸小"，最终走向为一己私利而牺牲天下公利。孟子反复强调，若未能守住羞恶之"端"，则必将走向物欲横流。（2）枉己者，未有能直人者也。这是儒家对政治的基本理解和信念，孔子就曾说过："政者，正也"（《论语·颜渊》），"其身正，不令而行；其身不正，虽令不从"（《论语·子路》）。孟子无疑认同孔子的观点："惟大人为能格君心之非。君仁，莫不仁；君义，莫不义；君正，莫不正。一正君而国定矣。"（《离娄上》7.20）孟子非常清楚，"枉尺直寻"，即便见用于诸侯，由于自身不正在先，焉能格君心之非。

如前所言，孟子谈论羞恶之心，几乎总是与食物、职位、富贵等益品的取与有关，实际上，这正是孟子对"义"的另外一个在笔者看来非常关键和重要却为人所忽视的界定：

杀一无罪，非仁也；非其有而取之，非义也。居恶在？仁是也。路恶在？义是也。(《尽心上》13.33)

在此，孟子对"仁""义"做了一般化的界定，虽然是以否定的方式——何谓"非仁""非义"——来界定。杀一无罪非仁也，表明仁主要以生命关怀或生命权为其实质内涵。非其有而取之非义也，表明义主要与食物、职位、财富等益品的取与有关。所谓"非其有而取之"概有两类：（1）在私人关系中，属于他人的财货，你通过某种不正当的方式夺取；（2）依系于公共职位的富贵等益品，你通过某种不正当的手段或方式来获取。我们这里可以把"义"换成"羞耻之心"，则此命题为："非其有而取之，无羞耻之心也"。这样一来，羞耻之心与义的内在关联，便一目了然。重要的是，仔细琢磨，这里的"义"蕴含正当、权利（right）的观念，实际上，理雅各在对"非其有而取之非义也"的英译中就加进了 right 一词："How to take what one has not a *right* to is contrary to righteousness"。① "正当""权利"正是反复出现在西方各种正义论中的核心概念。就此而言，孟子义论与西方正义论的某些主题有实质性的交集。

正是基于这一界定，孟子说："非其义也，非其道也，禄之以天下，弗顾也；系马千驷，弗视也。非其义也，非其道也，一介不以与人，一介不以取诸人。"(《万章上》9.7) 他人授予你天下，赐予你系马千驷，如果不符合道义，你就不应当接受，甚至不该心存觊觎。面对大富贵如此，面对一介之微物亦如此：如果不符合道义，即便一介之微物也不应该与人或取之于人。孟子此说明确表达了权利界限观念和权利的不可侵犯性原则，具有鲜明的道义论（deontology，或译义务

---

① 理雅各（James Legge）译，*The Works of Mencius*，外语教学与研究出版社2011年版，第262页。

论）立场。这种立场在"行一不义，杀一不辜，而得天下，皆不为也"（《公孙丑上》3.2）的表述中，得到了更加凝练有力的表达。笔者曾在他文指出，孟子这一表述，非常类似当代道义论的著名代表罗尔斯的表述："每个人都拥有一种基于正义的不可侵犯性，这种不可侵犯性即使以社会整体利益之名也不能逾越。"[①] 不难发现，二者的基本立场若合符节，都明确反对功利主义，无论这种功利是天下大利还是社会整体利益，它都不能牺牲个体的正当权利。在此，笔者固然有借西方道义论来揭示孟子义论所蕴含的理论内涵，但却不是借彼来证明此的绝对真理性；因为所有道德理论大体上都可划入要么道义论要么功利主义（或后果主义）的阵营[②]，而此二者到底孰优孰劣，谁更有说服力，这在西方学界，时至今日，仍在不断争论和讨论。笔者仅就学理的角度，分析指出孟子义论所体现的基本思想倾向大体属于道义论阵营。

以上是关于"义"的界定和由之而形成的一般原则。孟子对于此种不义，亦谈及具体事例。

> 戴盈之曰："什一，去关市之征，今兹未能，请轻之，以待来年，然后已，何如？"孟子曰："今有人日攘其邻之鸡者，或告之曰：'是非君子之道。'曰：'请损之，月攘一鸡，以待来年，然后已。'——如知其非义，斯速已矣，何待来年。"（《滕文公下》6.8）

[①] 约翰·罗尔斯：《正义论》，第3—4页。详参陈乔见：《公私辨：历史衍化与现代诠释》，生活·读书·新知三联书店2013年版，第201—202页。
[②] 我基本赞同牛津大学哲学教授罗杰·克里斯普（Roger Crisp）的看法，他说："道德理论可以合理地被区分，一方面是广义的后果主义，另一方面是非后果主义或者说道义论。" Roger Crisp, "Methods, Methodology, and Moral Judgement: Sidgwick on the Nature of Ethics", *Revue internationale de philosophie*, 2013/4. 他也解释了德性伦理学为什么不是一种独立的理论，而是非功利主义的道义论的一种形式，参见 Roger Crisp, "A Third Method of Ethics?", *Philosophy and Phenomenological Research*, 2015, vol.90 (2), pp.257-273. 儒家具有鲜明的德性伦理学特征和道义论的立场倾向，这与克里斯普的判断也颇为吻合。

"攘鸡"（即偷鸡）显然是通过一种不正当的方式获取他人财物，其不义性显而易见，人人皆知。同理，政府对人民横征暴敛，同样是不义，而且是更大的不义。这里的不义主要表现在政府赋税不合比例。政府赋税过重，这无异于从黎民百姓手中窃取财物。而且，正如孟子反复强调的，财物之取与的正当性（义）或不正当性（不义），并不会因为财物之小大、多少、程度轻重而改变。日攘一鸡为不义，月攘一鸡亦为不义。同理，政府严重超过赋税合适比例是不义，轻度超过此合适比例同为不义。在此，孟子再次娴熟地运用了"以小见大"和"由显见隐"的方式，充分说明了政府横征暴敛的不义性质。我们也再次看到，孟子之义论，不仅仅局限于主体德性的养成（义德），以及个人之权利诉求，它指向的是整个社会制度（义政），目的在于改良社会制度，使其更加公正。

陈少明敏锐地注意到孟子羞恶之恶是研究儒家正义感的一条线索，并指出作为性善论奠基者的孟子，一开始就正视世界存在着邪恶，主张面对邪恶挺身而出，行侠仗义或替天行道。这很有见地，笔者很赞同他的诠释，但却不敢苟同他对孟子正义观的如下说法："它不是利益主体自身的权利诉求"，"与当代思想中流行的合理利己主义正义观比，孟子式的利他主义的正义观，在处理常态的社会交换中，作用受限制是显而易见的"。[①] 确实，孟子虽然并不否定社会交换的必要性（详见孟子对"有为神农之言者许行"的批评，《滕文公上》5.4），但其义论不是直接讨论交换原则和分配原则（像亚里士多德和罗尔斯等那样），而是太多地聚焦在出仕（如辞受进退）原则方面，这有其自身历史境域的局限。但是，如前所析，孟子的正义观中无疑含有权利的观念，包括自身权利诉求的合理利己主义观念，实际上，孟子本人就曾多次

---

① 陈少明：《仁义之间》，《哲学研究》2012 年第 11 期，第 40 页。

为自己的合理权利辩护。① 而且，笔者认为这是孟子义论所蕴含的比较重要的一项内涵。

　　一般而言，出于恻隐和仁爱而要求提供积极帮助的行动，是较高的道德义务，但却不是不得不为的道德义务；而出于羞恶和义的行动，则近于底线的道德义务，尤其是不为不义的禁制性道德义务更是如此。孟子由羞恶谈论义以及经常由不义来论说义，这本身就表明义所规定的义务更多是禁制性的。此外，我们常说"义不容辞"而不说"仁不容辞"，亦表明了这一点。其实，孟子本人已有类似说法："大人者，言不必信，行不必果，惟义所在。"（《离娄下》8.11）孟子不说"惟仁所在"而说"唯义所在"，这与孔子不把"忠"道而把"恕"道视为"有一言而可以终身行之"（《论语·卫灵公》）的道理相同，因为"恕"和"义"大都是底线的道德义务要求。进而言之，就人之常情而言，自身权利的合理诉求显然较利他主义的义务为急切；就良好社会的形成而言，有一套明确的禁制性的道德义务和原则规范比高谈利他主义的仁爱精神更为有效；就政府责任而言，"义政"要求政府不侵犯黎民权利，消除明显的恶与不义，"仁政"要求政府爱民如子，视民如伤，显然，前者之于政府的义务要求较后者更为迫切而不可宽贷。这是我们在当代社会更应重视孟子义论的缘由所在。孟子义论的特色是与羞恶之心联系在一起，这也隐伏着其短处，即他对主体羞恶之心所激起的道德自律太过乐观，而对个体权利的保障机制则缺乏充分的考量，虽然他已经实质性地涉及此问题。

---

① 详见《滕文公下》6.4"彭更问曰后车数十乘"章。

三、羞耻：古希腊与基督教

辩驳与羞耻[*]

林丽娟

在柏拉图对话，特别是早期对话[①]中，苏格拉底[②]常常使用**辩驳**（*elenchos*[③]）的方法对他的对话者就某一主题所发表的观点进行检验。

---

[*] 本文基于作者博士论文《理性的助手——柏拉图论羞耻感及相关情感》（*Die Helfer der Vernunft — Scham und verwandte Emotionen bei Platon*，慕尼黑大学，2016）第一章修改而成，由国家留学基金委（CSC）所提供的博士奖学金资助。Thomas Buchheim、Michael Erler、Jörn Müller、程炜等诸位师友曾对本文初稿提出许多有益的改进建议，帮助笔者进一步完善了部分细节论证，在此谨致谢忱。此文完成后，笔者亦曾在 2014 年中国古希腊罗马哲学大会（杭州）和德国慕尼黑大学哲学系第一教席高级研讨会上做相关报告，在此也向两次报告中在场并提出批评或建议的老师和同学一并致谢。本文删节版曾刊于《世界哲学》2017 年第 3 期，第 110—121 页。

[①] 我将以下作品算作早期对话（按照西文首字母顺序排列）：《申辩》《卡尔米德》《欧绪德谟》《游叙弗伦》《高尔吉亚》《小希庇阿》《伊翁》《克力同》《拉刻》《吕西斯》《美涅克塞努》《美诺》《普罗塔戈拉》。文中所引柏拉图对话大部分为笔者依据法国布德协会于 1951—1964 所出希腊文本直接译出，并参照了由 Hofmann 等修订的施莱尔马赫德译本，洛布（Loeb）版和 Cooper 主编英译本。中译本部分参考了严群译本（严群：《游叙弗伦·苏格拉底的申辩·克力同》，商务印书馆 2003 年版）、王太庆译本（王太庆：《柏拉图对话集》，商务印书馆 2004 年版）、王晓朝译本（王晓朝：《柏拉图全集》，人民出版社 2002—2003 年版），个别处略有改动。一些对话也采用了其他中文译本，将在下文注释和参考文献中特别注明。关于柏拉图对话及其他古典作品篇名的缩写，参见 LSJ（H. G. Liddell, R. Scott, H. St. Jones, *A Greek-English Lexicon*, Oxford, 1996）所附缩写表。

[②] 本文中所谈的苏格拉底主要指柏拉图的苏格拉底。

[③] ἔλεγχος（elenchos）一词具有多种含义，包括"检验""研究""反驳"和"羞辱"等。在当代的柏拉图研究中，学者往往用该词来描述苏格拉底在柏拉图早期对话中所使用的方法。由于该词含义丰富，在现代语言中很难找到准确的对应译名，故在目前的西文研究当中，往往没有对应的翻译，而保留了该词的原始形态 elenchos。中文常译此词作"诘问""问答"或"检验"，日文又译作"非难"，皆只切合其中一部分含义，并且尤其没有兼顾 elenchos 一词的最初含义。由于 elenchos 一词最早有羞辱之义，后来又作为法律术语有法庭辩驳之义，更在智者那里发展为一种专（转下页）

这些主题通常可以用"什么是 X"这样的结构来表达,比如:"什么是审慎"(《卡尔米德》),"什么是虔诚"(《游叙弗伦》),"什么是勇敢"(《拉刻》),"什么是美"(《大希庇阿》),"什么是德性"(《美诺》),"什么是修辞学"(《高尔吉亚》)。当苏格拉底提出这样的问题之后,他的对话者,往往自认为是这个领域的专家,会尝试给出一个答案。接下来,苏格拉底会通过提问和反驳的方式对这个论点进行检验,而通常经历这样一番检验之后,对话者最终会得出与他最开始提出的论点相矛盾的结论。这样一来,他的论点在经由苏格拉底式的辩驳之后往往被证明是错误的,或者至少是论证不够充分的。

虽然在后期对话中,苏格拉底曾多次谈及他的方法(μέθοδος),但柏拉图似乎从未让他在早期对话中直接谈论这个主题。柏拉图曾使用不同的词来描述苏格拉底式的检验,比如提问(ἐρωτᾶν, ἐρέειν),研究(ζητεῖν, ἐρευνᾶν, διερευνᾶν),省察(ἐξετάζειν),观察、研究(σκοπεῖν, διασκοπεῖν, σκέπτεσθαι, διασκέπτεσθαι),检验、研究、反驳(ἐλέγχειν),但是对这种方法的统一命名却始终未曾出现。只有在当代的柏拉图研究当中,苏格拉底在早期柏拉图对话中的方法才被命名为 *elenchos*(**检验、研究、反驳**)。① 不过,就 *elenchos* 能够相对准确地描述苏格拉底通过

(接上页)门的辩驳术,而苏格拉底之 *elenchos* 则直接脱胎于在法律用语和智者语境下所使用的 elenchos,不过不再有羞辱、口舌之辩等消极含义,而主要指一种哲学上的辩驳、研究、检验(参见本文第二、三部分)。为强调这一层关联,本文暂译 elenchos 为"辩驳"。

① 1865 年 Grote 第一次在他的著作中使用了 *elenchos* 这个词来描述苏格拉底的方法,参见 G. Grote, *Plato and the Other Companions of Socrates*, vol. 1/4, New York, 1973², p. 374。这个命名后来亦为 Campbell (*The Sophistes and Politicus of Plato, a Revised Text and English Note*, Oxford, 1867) 和 Sidgwick ("The Sophists", *Journal of Philology*, vol. 4, no. 8, 1872, pp. 288-307) 所接受,参见 G. Vlastos, "The Socratic Elenchus", *Oxford Studies in Ancient Philosophy*, vol.1, 1983, pp. 27-58,注 7。罗宾森在《柏拉图的早期辩证法》(*Plato's Earlier Dialectic*),以及 Vlastos 在他的上述文章中都继续沿用了 *elenchos* 这种用法,参见 R. Robinson, *Plato's Earlier Dialectic*, Oxford, 1953²; G. Vlastos, "The Socratic Elenchus"。关于 *elenchos* 作为对于苏格拉底方法的命名是否适合,或者是否真的存在所谓苏格拉底方法,在后来的研究中仍有争论,参见 G. A. Scott (ed.), *Does Socrates Have a Method? Rethinking the Elenchus in Plato's Dialogues and Beyond*, Pennsylvania, 2002, pp. 1-16。值得注意的是,Tarrant 认为 ἐξέτασις 作为苏格拉底方法的命名更为适合,参见 H. Tarrant, "Elenchos and Exetasis: Capturing the Purpose of Socratic Interrogation", in G. A. Scott (ed.), *Does Socrates Have a Method?* (转下页)

提问和反驳所进行的检验这一点而言，这种追加的命名的确是贴切的。

值得注意的是，苏格拉底式的辩驳在一些中期和后期的对话当中仍有出现，比如《政制》第一卷当中苏格拉底就"什么是正义"对三个对话者的检验，在《会饮》中对阿伽通就"什么是爱"的检验，在《泰阿泰德》中就"什么是知识"对泰阿泰德的检验，等等。① 在另一些地方，elenchos 甚至被当作主题来讨论。②

在对话中常常出现这样的情况，即对话者在经受苏格拉底式的辩驳之后感到羞耻。在此意义上，羞耻感（αἰδώς/αἰσχύνη）在苏格拉底式的辩驳当中也扮演着重要的角色。事实上，正是因为这种羞耻的因素曾使苏格拉底式的辩驳饱受质疑。在有关这个主题最早的一些研究当中，比如在罗宾森的《柏拉图的早期辩证法》一书当中，苏格拉底辩驳中所涉及的羞耻感就曾被认为主要发挥了消极的作用。③ 这种观点至今依然葆有生命力，因为在这一领域的许多研究都直接或间接地分

（接上页）*Rethinking the Elenchus in Plato's Dialogues and Beyond*, pp. 61-77。对于这一观点不无道理的反驳参见 Ch. M. Young, "Comments on Lesher, Ausland, and Tarrant", in G. A. Scott (ed.), *Does Socrates Have a Method? Rethinking the Elenchus in Plato's Dialogues and Beyond*, pp. 84-86。

① 在 Davidson 看来，在《菲勒布》中苏格拉底就"快乐"对普罗塔库（Protarchos）所进行的检验也应被算作 elenchos。参见 D. Davidson, "Plato's Philosopher", in R. W. Sharples (ed.), *Modern Thinkers and Ancient Thinkers*, London, 1993, pp. 99-116。

② 参见 R. VII 534c, Sph. 230cd, Ti. 54b, Ep. 7, 344b。

③ 罗宾森曾就"辩驳与羞耻"问题进行过专门的讨论，属于最早的有关这一主题的研究之一，参见 R. Robinson, *Plato's Earlier Dialectic*, pp. 7-20。在之后的讨论中，特别在 20 世纪 80 年代以来有关苏格拉底辩驳的讨论中，这一主题却似乎被忽略了，除了 Schmid（W. T. Schmid, "Socrates's Practice of Elenchus in the Charmides", in J. W. Prior (ed.), *Socrates Critical Assessments III: Socratic Method*, London and New York, 2000², pp. 20-27）和 Kahn（Ch. Kahn, "Drama and Dialectic in Plato's Gorgias", *Oxford Studies in Classical Philosophy*, vol. 1, 1983）曾经简略地讨论过这一点以外。这当中的一个原因或许在于，传统上通常将苏格拉底辩驳的基本特征看作是纯粹理智主义的，也就是说，诸如羞耻类情感不应在苏格拉底辩驳当中扮演任何角色，对此参见 M. C. Nussbaum, *The Fragility of Goodness: Luck and Ethics in Greek Tragedy and Philosophy*, Cambridge, 1986, p. 133: "The Platonic elenchos is deeply suspicious of this. It teaches by appeal to intellect alone; learning takes place when the interlocutor is enmeshed in logical contradiction. He may, of course, consult his memories and intuitions during the argument; but he approaches them through and for the sake of an intellectual question. No jarring event, no experience that directly awakens feeling, should play any role in these interlocutors' learning."

享了相似的观点或者至少相似的前提。① 本文主要以罗宾森的解释为讨论的对象，不过也希望能够通过这一讨论给相关主题的最新研究提供一些新的思路。

本文共分为五个部分。(1) 总结了罗宾森的主要观点：罗宾森认

---

① 罗宾森有关苏格拉底辩驳的消极阐释一直被认为是这个领域的经典研究，自 1941 年该研究初次发表以来，他对苏格拉底的 *elenchos* 的消极阐释长久以来为学界所接受，几乎没有引起过争议。直到 20 世纪 80 年代通过 Vlastos 对 *elenchos* 的正名（参见 G. Vlastos, "The Socratic Elenchus"），*elenchos* 问题才重新回归讨论。而在此之前不久，Schmid 亦对罗宾森的研究提出了异议，认为将苏格拉底的辩驳单纯做破坏性和消极的理解是片面的，参见 W. T. Schmid, "Socrates's Practice of Elenchus in the *Charmides*"。有关此段学术史，参见 Prior, *Socrates Critical Assessments: III Socratic Method*, p. 3. 不过，继 Schmid 和 Vlastos 对罗宾森的批评之后，罗宾森的解释似乎依然葆有生命力，参见 C. H. Kahn, "Vlastos's Socrates", *Pronesis*, vol. 37, 1992, p. 253, 注 33; D. Pekarsky, "Socratic Teching: A Critical Assesment", *Journal of Moral Education*, vol. 23, no. 2, 1994, pp. 119-134; G. A. Scott, *Plato's Socrates as Educator*, Albany, NY, 2000, p. 141. 值得一提的是，21 世纪初出现了一系列有关苏格拉底、柏拉图道德心理学研究，其中特别是 Brickhouse、Smith 所提出的有关苏格拉底理智主义的新解释，使得"辩驳与羞耻"这一问题重新受到了关注。有关这方面的研究，参见 P. B. Woodruff, "Socrates and the Irrational", in N. D. Smith, P. B. Woodruff (eds.), *Reason and Religion in Socratic Philosophy*, Oxford, 2000, pp. 130-150; D. R. Sanderman, "Why Does Socrates Mock His Interlocutors?", *Skepsis*, vol. 15, 2004, pp. 431-441; J. Moss, "Shame, Pleasure, and the Divided Soul", *Oxford Studies in Ancient Philosophy*, vol. 29, 2005, pp. 137-170 & "The Doctor and the Pastry Chef: Pleasure and Persuasion in Plato's *Gorgias*", *Ancient Philosophy*, vol. 27, 2007, pp. 229-249; T. C. Brickhouse, N. D. Smith, *The Philosophy of Socrates*, Boulder, 2000, pp. 179-181, 216-226 & *Socratic Moral Psychology*, Cambridge, 2010, pp. 53-62, 136-137 & "Moral Psychology in Plato's *Apology*", in G. Anagnostopoulos, F. D. Miller Jr. (eds.), *Reason and Analysis in Ancient Greek Philosophy: Essays in Honor of David Keyt*, Dordrecht, 2013, pp. 49-50 & "Socratic Moral Psychology", in J. Bussanich, N. D. Smith (ed.), *The Bloomsbury Companion to Socrates*, Bloomsbury, 2013, pp. 197-200 & "Socrates on the emotions", *Plato: The Internet Journal of the International Plato Society*, vol. 15, 2015, pp. 9-28; D. Hoesly, N. D. Smith, "Thrasymachus: Diagnosis and Treatment", in N. Notomi, L. Brisson (eds.), *Dialogues on Plato's Politeia (Republic): Selected Papers from the Ninth Symposium Platonicum*, Sankt Augustin, 2013, pp. 60-65; D. Levy, "Socrates vs. Callicles: Examination and Ridicule in Plato's *Gorgias*", *Plato: The Internet Journal of the International Plato Society*, vol. 13, 2013, pp. 27-36. 在 Brickhouse、Smith 看来，柏拉图早期对话中所描述的苏格拉底持有一种更为复杂的道德心理学，也即，他认为诸如羞耻感一类的情感在道德行为的动机当中扮演着"成因性"（causal）的角色。在苏格拉底的辩驳当中所涉及的羞耻感也因此可以使对话者变得更好，并且在本质上对他们是有益的。在强调羞耻感的积极作用方面，本文与此类研究存在着一些共同点，不过，本文主要在以下方面区别于此类研究：和罗宾森一样，Brickhouse、Smith 仍将苏格拉底的辩驳视作"羞辱性的"（shaming，参见 T. C. Brickhouse, N. D. Smith, *Socratic Moral Psychology*, pp. 57-59, 136-137），本文则试图论证，苏格拉底的辩驳在本质上是一种友好的真理探寻，它意在在对话者那里唤起一种向内的、好的和有益的羞耻感。

为,苏格拉底的方法是成问题的,因为苏格拉底并不是像他所声称的那样,是通过**论证**(*logos*)来反驳他的对话者的,而恰恰是通过欺骗和反讽;这种不正当的论证方式最终导致了在大多数对话者那里的坏的羞耻感。(2)基于这种理解,苏格拉底便显得和智者尤为相似,因为智者也将 elenchos 作为羞辱对手和取得辩论胜利的重要手段。(3)与这种解释相反,我试图在下文中论证,苏格拉底式的方法不仅和智者式的辩驳全然不同,且恰恰应该被视为后者的对立面。但这并不意味着,羞耻感在苏格拉底式的辩驳当中并不重要,恰恰相反,它在其中扮演着极为重要的角色。(4)不过,苏格拉底式的辩驳所关联的羞耻感并非一种坏的羞耻感,而恰恰是一种好的羞耻感,即所谓在自身面前的羞耻,这种羞耻感应该有助于人们对于真理的追求。(5)而对于在柏拉图对话中不少对话者那里所出现的坏的羞耻感,其原因很大程度上并不在苏格拉底。这种负面的效果恰恰应归咎于对话者自身,因为他们缺少一些重要的辩证对话的德性。

一、苏格拉底式的辩驳所招致的批评:以罗宾森为例

作为一种方法,苏格拉底式的辩驳曾受到强烈的质疑和批评。罗宾森在他的开山之作《柏拉图的早期辩证法》一书中特别强调了辩驳的破坏性和消极性的一面。[①] 根据罗宾森的看法,苏格拉底式的辩驳在本质上是极不诚实的(insincere):苏格拉底通常声称他对所讨论的话题一无所知;他也认为在对话中人们只应关注事情本身,而非关注人(Grg. 457e);有时他甚至强调,在对话中是**论证**(*logos*)本身在反驳,而不是苏格拉底。苏格拉底对于他的知识的否认以及对于辩驳的主观层面的否认,在罗宾森看来都是极不诚实和具有欺骗性的,因为

[①] 参见 R. Robinson, *Plato's Earlier Dialectic*, pp. 7-19。

事实上人们马上就可以看到，苏格拉底不仅拥有比他的对话者多得多的知识，而且从对话的一开始，他就已经意图要驳倒他的对话者：

> 这种对他正在进行 *elenchus* 的否认是不诚实的，正是这一点构成了所谓苏格拉底式的狡黠或反讽。无论是出于神灵启示还是概率上的可能性，这些论证都不可能是如此的熟练和富有目的性，这些结果也不可能是如此一贯的消极。如果我们仔细检查其中一个论证，哪怕只是看看它的逻辑结构如何，我们就会确信，从第二次提问开始，苏格拉底就计划着反驳最初问题的答案……所谓他"要看看这个答案是否是正确"之类的陈述是不诚实的。①

在罗宾森看来，正是这种不诚实或者"苏格拉底式的反讽"，使得对话者们受辱和激发了他们的愤怒；而这种愤怒后来把苏格拉底推上了法庭，并最终导致了他的死亡。②

罗宾森特别提到了几位曾被苏格拉底激怒或者对他反感的对话者：在《政制》中特拉叙马霍斯（Thrasymachus）认为，苏格拉底不应该只是提问，他也必须回答，因为"提问比回答要容易"（R. 336c）——紧接着他指责苏格拉底"那种出了名的苏格拉底的反讽"（ἐκείνη ἡ εἰωθυῖα εἰρωνεία Σωκράτους, R. 337a）；美诺（Meno）曾把苏格拉底

---

① R. Robinson, *Plato's Earlier Dialectic*, pp. 8-9: "This denial that he is conducting an elenchus is insincere, and constitutes what is known as the Socratic slyness or irony. The arguments could not be so workmanlike and purposeful, the results could not be so invariably negative, by divine inspiration or by mathematical probability. When we examine one of the arguments in detail, and see just what its logical structure is, we become convinced that from the very first of the secondary questions Socrates saw and intended the refutation of the primary answer ... The statements that he is 'seeing whether the answer is true' are insincere."

② R. Robinson, *Plato's Earlier Dialectic*, p. 10: "The picture which we have so far obtained of the Socratic elenchus is by no means a favourable one. This elenchus involved persistent hypocrisy; it showed a negative and destructive spirit; it caused pain to its victims; it thereby made them enemies of Socrates; it thereby brought him to trial, according to his own admission in Plato's Apology; and so it brought him to his death."

比作电鳗，因为他使得任何靠近或接触他的人立时动弹不得（Men. 80ab）。事实上除此以外，我们还可以找到其他的例子，比如在《高尔吉亚》中苏格拉底就被他的一位对话者卡利克勒（Callicles）指责说，他不正当地使用了诡计（τὸ σοφόν）以及玩弄文字（Grg. 483a, 489b）。卡利克勒最后甚至根本不愿意继续和苏格拉底对话（Grg. 497a ff.）。在《申辩》中苏格拉底自己也承认，他通过辩驳招致了许多厌恶和诽谤（Ap. 21b-23a）。

罗宾森还指出了柏拉图对于苏格拉底式辩驳的三处辩护：1. 辩驳使人意识到他的无知，而只有当人觉察出这一点，人们才会去追求真正的知识（Men. 80b）；2. 辩驳使人感到一种有益的羞耻，从而能够帮助人消除错误的意见，并铺平通往真理的路（Sph. 230b-d）；3. 辩驳从根本上是依据神的嘱托所进行的对于生活的检验（ἔλεγχον τοῦ βίου）。通过这种检验，被检验者应该意识到他的无知，并为他们错误的生活方式感到羞耻，从而转向富于德性的生活方式（Ap. 29d-30b, 39c）。

对于这种辩护，罗宾森显然并不满意。虽然他承认，苏格拉底式的辩驳可能有一个好的目的（即使人意识到自己的无知，继而走上追求真理的道路），但他仍然质疑这种辩驳能够实现这种目的的可能性。罗宾森尤其质疑有益的羞耻感的可能性，即那种可以帮助人消除错误的意见，使人转向对于真理的追求和正确的生活方式的羞耻感。因为在他看来，因为苏格拉底式辩驳的不诚实及其反讽特征，被省察的人只会感到一种坏的和无益的羞耻感，这种羞耻感将对人们对于自己无知的觉察及其生活方式的改变毫无帮助。而只有当辩驳是以一种直接和诚实的方式进行的时候，那种有益的羞耻感方有可能出现：

> 我们很难设想，当受害者的愤怒冷却下来之后他们会承认自己的无知，开始改善他们的生活，因为《申辩》已经暗示出他们中的大多数到死都仍然保持愤怒，毫不信服。阿尔西比亚德在苏

格拉底面前所感到的那种有益的羞耻感（Smp. 216），尼昔亚斯在被反驳时所感到的愉悦和受用（La. 188），一定来自一种直接的、没有隐瞒的 *elenchus*；因为，倘若苏格拉底一开始就打算驳斥他的密友们，他不可能这样做了好多次，却仍让他们蒙在鼓里。①

在罗宾森看来，柏拉图自己之后也注意到了辩驳的消极性和破坏性的一面，因此他逐渐放弃了这种方法。而在后期的对话中一方面辩驳几乎不再出现，另一方面它失去了反讽的特征。关于后一点，罗宾森还特别指出了"第七封信"中的一处文本，在那里柏拉图强调，辩驳应以友善的方式进行（ἐν εὐμενέσιν ἐλέγχοις, 344b）。

如果我们接受罗宾森对于苏格拉底式辩驳的批评，即苏格拉底式的辩驳某种程度上是通过欺骗和反讽而进行的，因此注定会激起他人的愤怒和坏的羞耻感，而不能使他们变得更好，所以它主要是消极的和破坏性的——那么我们已经离一个进一步的、十分危险的推断不远了：苏格拉底原本和智者是非常相似的，因为两者都通过欺骗和不诚实的方式反驳对手，并且最终使他们受辱。②

---

① R. Robinson, *Plato's Earlier Dialectic*, p. 18: "We can hardly suppose that after the victims's anger has cooled they admit their ignorance and start to reform their lives, for the Apology implies that most of them have remained angry and unconvinced to the end of their days. The beneficial shame that Alcibiades felt in the presence of Socrates (Smp. 216), the pleasantness and utility that Nicias found in being refuted (La. 188), must have come from a straightforward and unconcealed elenchus; for Socrates could not refute his intimates many times and still prevent their knowing when he was about to do so."

② 认为柏拉图的苏格拉底在许多方面都和智者极其相似的研究者并不在少数。Vlastos 在其名篇 "Socratic Irony" (*The Classical Quarterly*, vol. 37, 1987, pp. 79-96) 已经为我们列举一二：E. R. Dodds, *Plato: Gorgias, a Revised Text with Introduction and Commentary*, Oxford, 1959, p. 249: "看来柏拉图似乎满足于让苏格拉底对智者以其人之道还之彼身，就像苏格拉底常常做的那样"；P. Friedländer, *Platon*, Band 2, *Die Platonischen Schriften, erste Periode*, Berlin, 1964³, pp. 132-133: "苏格拉底精通所有智者式的手段以服务于善的目的，他是出于正当目的而进行欺骗的教育者"；W. K. C. Guthrie, *History of Greek Philosophy, IV: Plato: The Man and His Dialogues: Earlier Period*, Cambridge, 1975, p. 246: "人们必须承认，柏拉图在他愿意的时候会让苏格拉底使用一种邪恶的智者式的模棱两可。"类似的观点还可参见 H. L. Sinaiko, *Love, Knowledge, and Discourse in Plato*, （转下页）

二、在法律用语和智者语境下的辩驳

事实上，elenchos 一词的原始含义并非中性的"检验和反驳"，而是消极的"耻辱"，这一点可以在古典文本中找到一系列的例证。[①] 在荷马的史诗当中，elenchos 甚至可以被当作"羞耻"（αἰδώς/αἰσχύνη）的近义词使用。[②] 大概公元前5世纪该词成为法律术语，有"对诉讼另一方或者证人的说法进行检验和反驳，揭露并证明其罪行"之义。[③] 虽

（接上页）Chicago, 1965, pp. 12-16; N. Gulley, *The Philosophy of Socrates*, New York, 1968, pp. 24, 44-45; W. Boder, *Die sokratische Ironie in den platonischen Frühdialogen*, Amsterdam, 1973, pp. 162-163; Ch. Kahn, "Drama and Dialectic in Plato's *Gorgias*", p. 93 & "Vlastos's Socrates", *Phronesis*, pp. 252-253; R. Weiss, "When Winning is Everything: Socratic Elenchus and Euthydemian Eristic", in T. M. Robinson, L. Brisson eds., *Plato Euthydemus, Lysis, Charmides: Proceedings of the V Symposium Platonicum Selected Papers*, Sankt Augustin, 2000; J. Beversluis, *Cross-Examining Socrates. A Defense of the Interlocutors in Plato's Early Dialogues*, Cambridge, 2000; C. C. W. Taylor, "Socrates the Sophist", in V. Karasmanis (ed.), *Socrates: 2400 Years Since His Death*, Athen, 2001; H. W. Ausland, "Forensic Characteristics of Socratic Argumentation", in G. A. Scott (ed.), *Does Socrates Have a Method? Rethinking the Elenchus in Plato's Dialogues and Beyond*, Pennsylvania, 2002; M. McCoy, *Plato on the Rhetoric of Philosophers and Sophists*, Cambridge, 2008。其中尤其是 Beversluis 激烈批评了苏格拉底不诚实的、成问题的、完全不能使人信服的论证方式（特别是在早期对话中），参见 J. Beversluis, *Cross-Examining Socrates: A Defense of the Interlocutors in Plato's Early Dialogues*, pp. 10-12, 40。值得注意的还有 McCoy 的观点，她认为在柏拉图的著作中根本很难区分苏格拉底和智者，参见 M. McCoy, *Plato on the Rhetoric of Philosophers and Sophists*, p. 3。

事实上，早在苏格拉底的同时代人那里，他就已经被认为很难与智者相区分。关于对苏格拉底的控告和苏格拉底的申辩，参见 Ap. 19d-20c。在阿里斯托芬的《云》中，苏格拉底也被刻画为智者的代表：他像智者那样收费授徒，使弱的说法变强，以及败坏青年。在针对 Timarchos 的演说词中，Aeschines 也将苏格拉底说成是败坏青年的智者，参见 In Tim. 173。Th. Schirren、Th. Zinsmaier 在其所编《智者》导言中认为，"历史上活生生的苏格拉底，在雅典同时代的和他本人没有私人接触的公众看来，无异于一名智者。"参见 Th. Schirren, Th. Zinsmaier (eds.), *Die Sophisten*, Stuttgart, 2003, p. 8。

[①] 参见 Th. Buchheim, *Die Sophistik als Avantgarde normalen Lebens*, Hamburg, 1986, pp. 4-5; J. H. Lesher, "Socrates' Disavowal of Knowledge", *Journal of the History of Philosophy*, vol. 25, 2002, pp. 22-24。

[②] 参见 D. Cairns, *Αἰδώς: The Psychology and Ethics of Honour and Shame in Ancient Greek Literature*, Oxford, 1993, pp. 65-68。

[③] 相关用例参见 Ap. 24c ff.; Lg. 917d; Antiphon, tetr. I 1,1; 1,9; 1,10; 2,3; 2,4; 3.1, 3,8; 3,9; 4,10; Lysias, or. 6,34; 7,11; 8,9; 12,14; 12,31; 16,6; 19,4; 25,5; 27,16; 30,7; Isaios, or. 3, 4ff.; 4, 1, 10; 9, 7; 11, 17f.。关于 elenchos 作为法律用语也请参见 J. Dalfen, *Platon: Gorgias, Übersetzung und Kommentar*, Göttingen, 2004, pp. 277-278。

然法庭应致力于客观地寻求真相和正义,但鉴于主观判断对于法官的决定仍然发挥着不可小觑的影响,而主观判断又往往受制于言辞的说服力,故对于法庭之上的辩驳来说,如何能用雄辩的言辞反驳和击败对手,便至关重要。① 作为对于诉讼另一方罪行的"揭露"和"证明",法庭辩驳最终应服务于胜诉。②

而智者正是法庭辩驳术和修辞术的大师。③ 在古典作品中,智者不诚实的辩驳特点曾被反复描写。亚里士多德在其《智者辩驳术》(Sophistici Elenchi)一开篇即这样写道:"我们现在来探讨有关智者式的辩驳以及那些表面看上去是辩驳,而实质上是谬误,并非辩驳的那些论证……"(περὶ δὲ τῶν σοφιστικῶν ἐλέγχων καὶ τῶν φαινομένων μὲν ἐλέγχων, ὄντων δὲ παραλογισμῶν ἀλλ᾽ οὐκ ἐλέγχων)(SE 164a20-22)亚里士多德接着指出,智者之所以能使那些虚假的结论看上去像是真的,其原因首先在于他们对于语词的粗暴运用,即他们有意混淆名词(τὰ ὀνόματα)和名词所代表的事物本身(αὐτὰ τὰ πράγματα)(SE 165a6-19)。④ 由此,智者式的辩驳获得了一种神秘性,借此他们能够使对手猝不及防,从而能轻而易举战胜他们。亚里士多德因此称智者式的辩驳是"欺骗性的和不正派的"(ἀπατητικὸς καὶ ἄδικος)"(SE 171b21-22)。类似的对于智者虚假知识和语词暴力的批评,在柏拉图的作品中更是俯拾皆是。柏拉图在其《智者》中写道,智者只具有

---

① 关于真理和法庭之间的张力,在智者的作品中有许多描述。参见 Antiphon, tetr. II 3, 3; or. 5, 2ff., 6, 18 以及 Gorgias, *The Defense of Palamedes*, DK 82 B 11 a 2, 4, 15, 35。关于后者也请参见 Buchheim 的注释:Th. Buchheim, *Gorgias von Leontinoi: Reden, Fragmente und Testimonien*, Hamburg, 2012², pp. 173-182, 特别是注 3, 8, 22, 42。

② 参见 Th. Buchheim, *Die Sophistik als Avantgarde normalen Lebens*, p. 5。

③ 参见 Grg. 452de, Euthd. 272a。

④ 在亚里士多德看来,对名词的粗暴使用是智者得以以假乱真的最"最自然和最常见"(εὐφύστατός καὶ σημοσιώτατος)的原因,参见 SE 165a4-5。亚里士多德对于这一点的批评还可参见 Metaph. Γ5 1009a15-22。关于智者的语词暴力(βία ἐν τῷ λόγῳ, Metaph. Γ6 1011a15, 21)的阐释,可参见 Th. Buchheim, *Die Sophistik als Avantgarde normalen Lebens*, pp. 1-4。

"关于万物的虚假的知识（σοξαστικὴν τινὰ περὶ πάντων ἐπιστήμην），而非真理（ἀλήθειαν）"（Sph. 233c）。① 在《政制》中，柏拉图特别批评了智者的语词暴力："……因为他们（即那些使用辩驳术的人）没有能力，依据种类（κατ᾽ εἴδη）对所说的东西加以区分，而只是停留于名词之上，去寻求所说东西的反面（ἀλλὰ κατ᾽ αὐτὸ τὸ ὄνομα διώκειν τοῦ λεχθέντος τὴν ἐναντίωσιν）。由此他们互相之间陷入了争辩，而非进行辩证式的谈话（ἔριδι, οὐ διαλέκτῳ πρὸς ἀλλήλους χρώμενοι）。"（R. 454a）② 此外，智者在其辩驳术当中也会使用其他不正派的手段，这些在柏拉图的对话当中亦有描述：比如，嘲笑对方（Grg. 473e③, Hi. Mi. 364cd）；寻求在场者，而非谈话对象本人的认同（Grg. 471e-472a）；等等。通过这些策略，智者希望能够凸显自身的优越性，并进而使其对手受辱。我们还可以在《欧绪德谟》中找到这样的例子：在智者欧绪德谟（Euthydemus）向年轻人克雷尼阿斯（Cleinias）提问之前，他的同伴，另一个智者狄奥尼索多洛斯（Dionysodorus）向苏格拉底俯下身去，"面带微笑，轻声耳语说：苏格拉底，我可以提前就肯定地告诉你，不管这个年轻人回答什么，他都将被羞辱（ἐξελεγχθήσεται）"（275e）。很显然，同法庭上的辩驳术类似，智者的辩驳术其目标亦首先不在于对真理的寻求，而仅仅在于驳斥和羞辱对手，最终取得辩论

---

① 柏拉图紧接着认为，智者式的辩驳本质上只是一种模仿的技艺——"借此他们才能以语词经由耳朵去迷惑那些年轻人和那些离事物真正的本质还有一段距离的人：通过展示他们所说出的所有事物的影像（εἴδωλα），智者使人们相信，他们所说的是真实的东西，而作为说出这些的人，他们是所有人当中最智慧者，通晓一切事物。"（Sph. 234c）
② 类似说法还可参见 R. 349a, 509d; Euthd. 278a-c, 164cd, 180ab。关于智者争辩过程的具体描述，参见柏拉图《欧绪德谟》，比如 284b-285a。
③ 苏格拉底："怎么，波卢斯（Polos）？你在笑？这是另一种辩驳方式（εἶδος ἐλέγχου）吗？在别人讲话的时候嘲笑他，而不是反驳他（καταγελᾶν, ἐλέγχειν δὲ μή）？"事实上，嘲笑作为一种辩驳方式亦为波卢斯的老师，著名智者高尔吉亚（Gorgias）所推崇。亚里士多德《修辞学》当中记载了高尔吉亚曾说过的话："必须用嘲笑瓦解对手的认真，用认真瓦解他的嘲笑（τὴν μὲν σπουδὴν διαφθείρειν τῶν ἐναντίων γέλωτι, τὸν δὲ γέλωτα σπουδῇ）。"（Rh. 1419b 3-5, DK 82 B 12）

比赛的胜利（Sph. 225a-226a）。①

现在让我们回到苏格拉底的辩驳。如果我们接受罗宾森对于苏格拉底式辩驳的解释，那么，苏格拉底似乎便显得与智者极其相似：二者都通过某种欺骗来进行反驳，并由此导致了他们的对手的不适感和坏的羞耻感。虽然二者的目的可能并不相同：智者意在取得辩论比赛的胜利，而苏格拉底的最终目标却在于寻求真理，但是他们的手段却如出一辙：二者都没有以正派的方式去辩驳对手，而是或多或少地都遵循了 *elenchos* 的传统形式，即那种给对手带来羞耻感的 *elenchos*。在这种解释之下，苏格拉底对话者的愤怒和羞耻似乎完全是可以理解的了；进一步地，人们似乎也可以理解，为什么苏格拉底会被他的同时代人视为智者。不过，即便是作为智者，苏格拉底似乎也极不成功：如果说其他智者通过羞辱对手的辩驳赢得了所有在场者的掌声，随后开班授徒，名利双收；苏格拉底却不仅被他的对话者，而且被所有在场者所厌恶（Ap. 21b-23a），随后被告上法庭，甚至最终被处死。

三、柏拉图笔下的苏格拉底辩驳

在我看来，罗宾森的解释中的苏格拉底形象，与柏拉图作品中所描绘的苏格拉底形象，可谓大相径庭。不满于苏格拉底被时人安上的智者名声，柏拉图希望能够为他的老师做出辩护，而几乎在他所有的作品当中，他都试图把作为一个真正哲学家的苏格拉底和智者在一切方面加以区分。② 其中，苏格拉底式的辩驳与智者式的辩驳被尤其严格

---

① 关于法庭上的辩驳与智者式辩驳的相似性，参见 M. Erler, "*elenchos*", in Ch. Schäfer (ed.), *Platon-Lexikon: Begriffswörterbuch zu Platon und der platonischen Tradition*, Darmstadt, 2007, p. 107.

② 柏拉图从多个方面对苏格拉底与智者做出了区分：智者号称自己是无所不知者（πάσσοφοι）（Grg. 448a），而事实上他们却只是魔术师（γόητες）和模仿者（μιμηταί）（Sph. 235a）；与此相对，苏格拉底自称一无所知，但是依照德尔菲神谕，他却是世间最智慧的人（Ap. 23b）。智者只关心现实的利益，他们通过传授"智慧"来赚钱（Ap. 19e-20a），而苏格拉底，这位世间最智（转下页）

地区分开来。在柏拉图的苏格拉底那里，*elenchos* 一词失去了它负面的羞辱含义，而主要在一种中性的含义上被使用，即检验和反驳。由此，苏格拉底式的辩驳便被塑造为法庭辩驳和智者辩驳的对立面。①

在《高尔吉亚》中，当苏格拉底意识到他的对话者波卢斯（Polus）试图进行一种法庭式的辩驳时，他极其严厉地批评了这种辩驳方式："我亲爱的先生，你试图用演说的方式来反驳我，就像那些在法庭之上

（接上页）慧的人，却"陷入赤贫"（Ap. 23b）。智者号称他们能够教会年轻人最好的技艺，即修辞术（Grg. 448c）——通过修辞术，他们能够用最短的时间说服他人，获取金钱和名声——而事实上，这种说服的技艺只能制造不可靠的信念（πίστιν）（Grg. 454c-455a）；与此相对，苏格拉底称自己"完全不擅长演说"（Ap. 17b），他只拥有一门助产士的技艺，但是通过这种技艺，他却能够帮助他人孕育真正的知识（ἐπιστήμην）（Tht. 149aff.）。

总之，柏拉图完全将智术作为哲学的反面来加以谴责，而正是他的谴责进一步发生了极其深远的影响：自那以后，智者的形象几乎完全趋于负面。而自 19 世纪以来，通过一系列关于智者的研究，智者的名声才逐渐得以恢复，参见 G. W. F. Hegel, *Vorlesungen über die Geschichte der Philosophie,* Teil II, *Griechische Philosophie,* in Hegel, Georg Wilhelm Friedrich: Werke: in 20 Bd., auf der Grundlage der Werke von 1832-1845 neu edierte Ausgabe Redaktion E. Moldenhauer und K. M. Michel, Band 18, Hamburg, 1989, pp. 406-441; E. Zeller, *Die Philosophie der Griechen in ihrer geschichtlichen Entwicklung I/III,* Abteilung II, Darmstadt, 1963[7], pp. 1278-1459; W. Jaeger, *Paideia. Die Formung des griechischen Menschen,* Band I, Berlin/Leipzig, 1936[2], pp. 364ff.; W. Nestle, *Vom Mythos zum Logos. Die Selbstentfaltung des griechischen Denkens von Homer bis auf die Sophistik und Sokrates,* Stuttgart, 1941[2], pp. 249-528; W. K. C. Guthrie, *A History of Greek Philosophy,* vol. 3: *The Fifth-Century Enlightenment,* Cambridge, 1969; G. B. Kerferd, *The Sophistic Movement,* Cambridge, 1981 & G. B. Kerferd (ed.), *The Sophists and Their Legacy,* Wiesbaden, 1981; J. D. Romilly, *Les Grands Sophistes dans l'Athènes de Périclès,* Paris, 1988; H. Scholten, *Die Sophistik: eine Bedrohung für die Religion und Politik der Polis?,* Berlin, 2003; H. Tell, *Plato's Counterfeit Sophists,* Cambridge, 2011。在此背景下，有些研究者认为柏拉图关于智者的描述也是成问题的，参见 C. J. Classen (ed.), *Sophistik,* Darmstadt, 1976, p. 5; H. Scholten, *Die Sophistik: Eine Bedrohung für die Religion und Politik der Polis?,* Berlin, 2003, p. 14; W. Schröder, *Moralischer Nihilismus: Radikale Moralkritik von den Sophisten bis Nietzsche,* Stuttgart, 2005, pp. 169-170。不过尽管如此，在我看来，柏拉图关于智者的描述也依然值得我们注意，因为一方面，柏拉图对于智者的许多指责即便从历史上看也依然是有道理的，另一方面柏拉图在其作品中对于智者的描述亦非尽皆负面，可参见 R. Pfeiffer, "Die Sophisten, ihre Zeitgenossen und Schüler", in H. J. Classen (ed.), *Sophistik,* pp. 179-180; Th. Buchheim, *Die Sophistik als Avantgarde normalen Lebens*; M. Dreher, "Review of Helga Scholten: Die Sophistik", in *Gnomen,* vol. 76, no. 6, 2004, pp. 514-517; M. Erler, "Sophisten", in Ch. Horn, J. Müller, J. Söder (eds.), *Platon Handbuch: Leben-Werk-Wirkung,* Stuttgart/Weimar, 2009, pp. 83-86。关于智者研究的综述，参见 H. J. Classen (ed.), *Sophistik,* pp. 1-18。

① *Elenchos* 的中性用法可在一系列自公元前五世纪上半叶的古典作品中找到例证，参见 J. H. Lesher, "Socrates' Disavowal of Knowledge"。

的人所理解的辩驳那样（ῥητορικῶς γάρ με ἐπιχειρεῖς ἐλέγχειν, ὥσπερ οἱ ἐν τοῖς δικαστηρίοις ἡγούμενοι ἐλέγχειν）。因为在那里，一方如果能够为他所说的话给出许多有名望的证人，而对方则只能给出一个，或者一个也给不出，那么这样他就能够驳倒（ἐλέγχειν）对方。但是，就真理而言，这个反驳是毫无价值的（Οὗτος δὲ ὁ ἔλεγχος οὐδενὸς ἄξιός ἐστιν πρὸς τὴν ἀλήθειαν）。因为有时一个人会成为多数有名望的人所提出的虚假证据的牺牲品。"（Grg. 471e-472a）而智者式的辩驳同样也不适合对于真理的寻求，应在辩证式的谈话当中避免，就像苏格拉底在《美诺》当中所说的那样："如果提问的人是那种专家，好辩者及好斗者（τῶν σοφῶν τις εἴη καὶ ἐριστικῶν τε καὶ ἀγωνιστικῶν），那么我会对他说：我已经说了我的看法，如果我说的是错的，那么现在轮到你来接过这个论证，并且反驳（ἐλέγχειν）我。如果是朋友（φίλοι）之间的谈话（διαλέγεσθαι），就像你我现在这样，那么我当然会比较温和（πρᾳότερόν），以更适合辩证谈话的方式（διαλεκτικώτερον）来回答。更适合辩证谈话的方式（τὸ διαλεκτικώτερον）即，不仅要回答真的东西，而且要通过那些对方也承认自己知道的东西来回答。"（Men. 75cd）① 在《欧绪德谟》中苏格拉底说道，只有少数像欧绪德谟（Euthydemos）和狄奥尼索多洛斯（Dionysodoros）这样的智者，才会满足于智者式的辩驳术，而其他"受人尊敬的和有名望的人"，"对他们来说用这样的论证去驳斥他人比他们自己受到驳斥还要可耻（αἰσχυνθεῖεν ἄν μᾶλλον ἐξελέγχοντες τοιούτοις λόγοις τοὺς ἄλλους ἢ αὐτοὶ ἐξελεγχόμενοι）"（303cd）。

由此可知，苏格拉底式的辩驳既非法庭论辩，亦非智者式的辩论比赛，而是一场友好的谈话和一次共同的真理探寻体验。一切可能破坏这场真理探寻的不正派的因素都应该被避免：比如给出错误的证人，以及热衷于取得比赛的胜利。在此意义上，苏格拉底式的辩

---

① 还可参见 Tht. 167d-168b。

驳应只针对论证本身,而非针对人①,就像苏格拉底自己曾多次在不同的地方所强调的那样:在《高尔吉亚》中他对高尔吉亚(Gorgias)说:"当我有这种疑虑的时候,为什么我要问你,而不是自己来回答呢?不是因为你,而是因为论证(οὐ σοῦ ἕνεκα, ἀλλὰ τοῦ λόγου),以使得它能够继续进行,进而可以尽可能地澄清我们现在所谈论的话题"(453c);在《卡尔米德》中他对卡尔米德(Charmides)说:"因为无论如何,我们并非要去考虑谁说了什么,而是所说的是否正确(ἀληθὲς)"(161c);在《斐莱布》中他对普罗塔库(Protarchus)说:"我们现在并非要竞争到底是我所说的还是你所说得应该取得胜利,而是我们二人应该为了那最正确者(τῷ δ' ἀληθεστάτῳ)而共同奋斗(συμμαχεῖν)。"(14b)② 而苏格拉底式的辩驳只关乎论证这一点,尤其体现在,苏格拉底不仅仅只会检验他的对话者所给出的答案,而且也会试图反驳由他自己所提出的观点:在《卡尔米德》中克里底亚(Kritias)曾经质疑苏格拉底并非关心论证,而只是为了反驳他,对此苏格拉底回答道:"即便我真的反驳(ἐλέγχω)了你,你怎么会认为我是出于别的动机而这样做的呢?我反驳你的动机和我质疑自己所说的话的动机原是同一个,那就是我担心自己无意中认为自己知道些什么,而事实上却对它一无所知。"(Chrm. 166cd)

与此相关,在苏格拉底式的辩驳中,对话者彼此的关系并不是对手,而恰恰是朋友(φίλοι, Men. 75d③);而对话者之间的善意(εὔνοια)亦被看作是三种必备的辩证谈话的德性之一(Grg. 487a)④。

---

① 这里所说的苏格拉底辩驳不针对人,指的是苏格拉底辩驳不会包含足以破坏真理探求的主观个人因素,而并非是说苏格拉底辩驳是不关注人的。在第四部分中,我将对非法的与人相关性和合法的与人相关性进行区分,而苏格拉底的辩驳所关涉的正是后者。
② 有关这一点还可参见 La. 184e, Euthd. 307bc, Grg. 454c, R. 500b, Phd. 91bc, Lg. 640de。
③ 还可参见 Ly. 223b, La. 194c, Grg. 473a, Cra. 430d。
④ 关于"善意作为辩证谈话的德性"参见 R. Geiger, *Dialektische Tugenden*, Paderborn, 2006, pp. 108-119。

在此意义上，辩驳不再是一种具有羞辱含义的行为，而恰恰是善意和友谊的表达，因为辩驳使人得以可能从错误的意见，即恶当中解放出来，苏格拉底由此称自己属于"乐于被反驳"的那类人："我是哪一类人呢？如果我说错了，我会乐于被反驳（Τῶν ἡδέως μὲν ἂν ἐλεγχθέντων），而如果别人说错了，我也乐于反驳他（ἡδέως δ' ἂν ἐλεγξάντων）。被反驳的愉悦不输于反驳别人（οὐκ ἀηδέστερον μεντἂν ἐλεγχθέντων ἢ ἐλεγξάντων）。因为我认为，被反驳是一种更大的好（μεῖζον [...] ἀγαθὸν），就好比使自己从最大的恶（κακοῦ τοῦ μεγίστου）当中解放出来比将他人从中解放出来更好一样。在我看来，没有比关于我们现在所讨论的话题的错误意见（δόξα ψευδὴς）更大的恶了（Grg. 458a）。"① 而人们应该温和地（πράως）或友善地（εὐμενῶς）面对反驳，这一点也在对话中被多次强调（Hp. Mi. 364cd, Phd. 88 e, R. IX 589c, Phlb. 16a）；在《小希庇亚》中，辩驳甚至被视为敬意之表达（369d）。即便在苏格拉底不再作为主要对话者出场的后期著作中，类似的原则也一再被强调：人们"不应该愤懑地，而应温和地（μὴ χαλεπῶς ἀλλὰ πράως）"（Lg. I 634c）对待辩驳；"不应心怀恶意，而应带有善意地（τῷ μὴ φθόνῳ ... ἀλλ᾽ εὐνοίᾳ）"对待检验（Lg. I 635b）；而对于正确的辩驳应给予"友好的桂冠（φίλια τὰ ἆθλα）"（Ti. 54b）。这些一再出现的——不光在后期对话中，也在早期对话中——关于辩驳中的温和（πραότης）、善意（εὔνοια）和友谊（φιλία）的强调，向我们表明，在柏拉图那里辩驳的友善特征从始至终未曾改变。如前所述，罗宾森曾以在"第七封信"中提到"善意的辩驳"的一处文本②

---

① 在此意义上，辩驳和药有着相似的功用，而反驳者则好比医生，参见 Grg. 475de, Hp. Mi. 372e。在《智者》中辩驳被称作"一种最大和最重要的净化（μεγίστη καὶ κυριωτάτη τῶν καθάρσεων）"（230de）。关于苏格拉底辩驳的善意，还可参见《泰阿泰德》中的描述（151cd）。关于苏格拉底乐于接受他人的反驳，参见 Grg. 462a, 470c, 482b, 504c, 506bc。

② 参见Ep. VII 344bc："名词、定义、形象和感知（ὀνόματα καὶ λόγοι ὄψις τε καὶ αἰσθήσεις）——通过努力将这其中之一在其他三者那里研磨，通过在善意的辩驳中进行检验（ἐν εὐμενέσιν ἐλέγχοις [转下页]

为依据，试图论证柏拉图在后期注意到了辩驳的消极和破坏性的一面，而后试图改善这种方法。而事实上，这处文本并不能论证这一点，因为它只是在柏拉图作品中到处出现的关于辩驳的友好和善意特征描述的诸多文本中的一处而已。值得一提的是，苏格拉底在辩驳时所展现的友好态度也曾被在场者之一——斐多——所称赞："他（苏格拉底）最令我感到惊奇的是，他是如何愉悦、友善、赞赏地（ὡς ἡδέως καὶ εὐμενῶς καὶ ἀγαμένως）接受了年轻人们的反对意见……"（Phd. 89a）

　　谈话者的善意应最终促成一场并肩作战的探讨，而在这场探讨当中每个参与者都是不可或缺的。在《拉刻》中苏格拉底对拉刻说道："不要指望我会让你从这个论证共同体（κοινωνίας τοῦ λόγου）当中溜走，而要集中注意力，一道思考（συσκόπει）所说的话。"（La. 197e）①在这场共同的探讨当中，谈话者一方面应该十分严肃地说出他自己的看法，而不宜开玩笑（Prg. 331cd, Grg. 500bc, R. 348e-349a）；另一方面，他也有义务尽量清楚地给出他的回答，以使得他的对话者能够跟上讨论（Men. 75cd, Grg. 454c），因为探讨的最终目标，即真理，是一种共同的好（κοινὸν ἀγαθόν）（Phd. 63d, Chrm. 166d）。

　　而智者们则可能并非想要进行这样一种并肩作战的探讨和友好的谈话。在《普罗塔哥拉》中，柏拉图曾借智者普罗塔哥拉之口道出了其中原因所在。针对苏格拉底主张他们现在进行辩证谈话

[接上页] ἐλεγχόμενα），通过不带恶意地（ἄνευ φθόνων）使用提问和回答，关于每一对象的理智和理性（φρόνησις περὶ ἕκαστον καὶ νοῦς）才会闪现，而那时人亦已达到他能力的极限。"

① 关于苏格拉底（以及对话中的其他主要谈话者）所要求的"共同探讨"的不同表达，参见 συζητεῖν: Men. 80b, 90b, Hi. Ma. 295b; κοινῇ ζητεῖν: Men. 86c; συζητεῖν κοινῇ: Cra. 384c; συσκοπεῖν: La. 189c, 197e, Phd. 89a; κοινῇ συσκοπεῖν: Sph. 218b; κοινὴ ἡ σκέψις: Phlb. 26e; κοινὸς λόγος: Lg. 633a。亦可参考 Chrm. 165bc, 166cd, R. 583c, Tht. 181c, Plt. 258cd, 277a, Phlb. 54b。关于这一主题的研究参见 R. Geiger, *Dialektische Tugenden*, 2006; R. Waldenfels, *Das Sokratische Fragen. Aporie, Elenchos, Anamnesis*, Meisenheim, 1961, p. 78。

(διαλέξεσθαι)的建议，普罗塔哥拉如是说道："苏格拉底……我曾与多人进行过辩论比赛，如果我照你的吩咐去做，采用我的对手使用的方法，那么我就不能显得更强，普罗塔哥拉也不能在希腊人中赢得名声。"（Prt. 335a）显然，智者及其学生更愿意进行一场以胜利为目标的辩论比赛。我们可以想见，要和这样好辩的对手进行一场友好的讨论和谈话会有多么困难。而苏格拉底尝试克服这样的困难，为此他常常不得不暂时中断对话，一再解释和强调辩证谈话的原则。[1]

当然，强调苏格拉底式的辩驳的友好特征并不等于说，苏格拉底从不会使用任何"策略"（tactic）。我们看到，柏拉图对话中的苏格拉底有时会嘲讽他的对话者，比如苏格拉底对于游叙弗伦之智慧（比如 Euthphr. 4b）或对智者之智慧（比如 Euthd. 271cff.）的夸大其词和带有讽刺的赞美；有时苏格拉底尝试对其对话者略施惩戒，比如他针对卡利克勒所使用的计策（Grg. 505c）；又有另外一些时候，他的论证似乎并不能够使所有人信服，比如他对卡尔米德"节制即羞耻感（αἰδώς）"（Chrm. 160d-161b）这一论点的反驳。[2] 不过，在我看来，苏格拉底所使用的这些策略并不与其辩驳的友好特征相违背，因为这些策略首先是为了真理的方便，或者为了对话者的好处而被使用的。通过其带有讽刺效果的赞扬，苏格拉底或许是在向他的对话者们提供一种测验，从而检验他们是否已经准备好转向哲学[3]；对于如卡利克勒一般的、毫

---

[1] 讨论中有多么容易引发争端，这一点苏格拉底知道得太清楚了，参见《高尔吉亚》457c-e："高尔吉亚，我想你和我一样有过这样的经验，在讨论中你会看到有些发言者几乎无法共同限定争论的主题，相互教导和互相学习后使讨论结束，而是在争论中，如果有一方坚持另一方的观点是不正确的或晦涩的，他们就生气，认为对手说的话是恶意的，他们急于在争论中取胜，而不是关心对讨论的主题进行考察。最后他们中有些人就以一种最可耻的方式互相谩骂，从而使他们的听众感到后悔，真不该来听这些人讨论。"

[2] 在柏拉图对话中不难找到类似的例子，参见 R. K. Sprague, *Plato's Use of Fallacy: A Study of the Euthydemus and Some Other Dialogues*, London, 1962。

[3] 参见 M. Erler, "Das Sokratesbild in Ficinos argumenta zu den kleineren Platonischen Dialogen", in Ch. Riedweg, Ph. Mudry (eds.), *Argumenta in Dialogos Platonis*, Basel, 2010, pp. 247-265。

无约束和并不友善的对话者而言，一个小小的惩戒并无害处，反而有可能警示他们对自己的言行进行反思[1]；苏格拉底的一些论证虽然看起来并不能使每个人都信服，但是至少在当时的情景下、针对当时的对话者而言是奏效的：在卡尔米德的例子里面，苏格拉底的这一论证恰恰能够帮助害羞的卡尔米德去反思，羞耻感是否有时也可能是坏的。[2] 在所有这些地方，柏拉图的苏格拉底都贯彻了一条他曾在《斐德若》中通过其写作批判（Schriftkritik）所提出来的原则，那就是视对话者的具体情况来选择论证策略的原则。[3] 或者用埃勒尔（M. Erler）的话来说，苏格拉底"依据对话者的性情来选择温和或强硬的态度"（"Milde und Härte entsprechend der Disposition seiner Partner"[4]）。在这个意义上，苏格拉底所使用的策略绝非有意欺骗[5]，而应被理解为一种教育策略，它

---

[1] 被惩戒的往往是智者及其学生，针对这一点，参见 Sanderman, "Why does Socrates mock his interlocutors?"; Hoesly, Smith, "Thrasymachus: Diagnosis and Treatment"。

[2] 参见 W. T. Schmid, *Plato's Charmides and the Socratic Ideal of Rationality*, New York, 1998, pp. 25-29; T. Tuozzo, *Plato's Charmides: Positive Elenchus in a "Socratic" Dialogue*, Cambridge, 2011, pp. 161-165; Ch. C. Raymond, *Shame and Virtue in Plato and Aristotle*, Dissertation, Austin, 2013, pp. 55-92。

[3] 这就是说，理想的辩证对话只有在有经验的辩证法家和"合适的灵魂"（Phdr. 276e）之间方有可能。对此参见 T. A. Szlezák, *Platon und die Schriftlichkeit der Philosophie: Interpretationen zu den frühen und mittleren Dialogen & Platon Lesen*, Stuttgart-Bad Cannstatt, 1993, pp. 56-66; R. Geiger, *Dialektische Tugenden*, pp. 34-38。另参见 M. Erler, "Das Sokratesbild in Ficinos argumenta zu den kleineren Platonischen Dialogen", p. 255。

[4] 参见 M. Erler, "Parrhesie und Ironie: Platons Sokrates und die epikureische Tradition", in R. F. Glei (ed.), *Ironie – Griechische und lateinische Fallstudien*, Trier, 2009, p. 68。Erler 将这项原则追溯至文字复兴时期新柏拉图主义的复兴者 Ficino，后者又可再追溯至君士坦丁王朝罗马皇帝尤利安时代的柏拉图解释传统，参见 M. Erler, "Das Sokratesbild in Ficinos argumenta zu den kleineren Platonischen Dialogen"。关于柏拉图对话中"伙伴，接受者和性格刻画"（"Partner, Adressat und Charakterzeichnung"）这一主题，参见 M. Erler, *Platon, Grundriss der Geschichte der Philosophie: Die Philosophie der Antike*, 2/2, Basel, 2007, pp. 85-87。

[5] 参见比如 Ch. Rowe, "The Moral Psychology of the Gorgias", in M. Erler, L. Brisson (eds.), *Gorgias – Menon: Selected Papers from the 7th Symposium Platonicum*, Sankt Augustin, 2007, p. 96: "What lies behind this strategy of Socrates' is not some sort of sleight of hand, attempt to fool his interlocutors (what would Plato have to gain from that, when he is pulling all the strings?), but rather a sense of what dialectic might, or even would, achieve with a Polus or a Callicles, given sufficient time, in contrast with what it can achieve with them as they are now. Or, to put it another way, Socrates constructs his argument on the （转下页）

在本质上并不违背辩驳的友好特征,并且反而能够更好地服务和支持对真理的探求。①

根据以上的分析可以清楚地看到,我们究竟应该在何种意义上理解苏格拉底式的辩驳。② 作为一种友好的对真理的共同探讨,苏格拉底式的辩驳是热衷于取胜和具有羞辱性质的智者式辩驳之反面。而罗宾森对于苏格拉底式辩驳的解释在一定程度上是成问题的,因为这种解释恰恰使得苏格拉底的形象更趋近于智者。由于苏格拉底式的辩驳的友好特征被柏拉图在其作品中一再强调,这使得我们有理由相信,柏拉图在这一点上是认真的,而与此相关的描述并非仅仅只是带有欺骗性或者策略性的说辞。苏格拉底对其辩驳的一再澄清更像是一种提醒,因为他太知道

(接上页) basis of a combination of what the other two will accept, in the context of their present beliefs, together with what he, Socrates, actually thinks is true." 关于苏格拉底对其知识的否定并非不诚实这一点,相关的辩护观点可参见 T. Irwin, *Plato's Moral Theory*, Oxford, 1977, pp. 39-40; R. Kraut, *Socrates and the State*, Princeton, 1984, pp. 270-274; S. Austin, "The Paradox of Socratic Ignorance (How to Know That You Don't Know)", *Philosophical Topics*, vol. 15, 1987, pp. 23-34; Lesher, "Socrates' Disavowal of Knowledge"; G. Vlastos, "Socrates' Disavowal of Knowledge" & "Does Socrates Cheat?", in G. Vlastos, *Socrates: Ironist and Moral Philosopher*, Ithaca, 1991, pp. 132-156; P. Woodruff, "Plato's Early Theory of Knowledge", in S. Everson (ed.), *Companions to Ancient Thought I: Epistemology*, Cambridge, 1990, pp. 60-84; T. C. Brickhouse, N. D. Smith, "Vlastos on the Elenchus", *Oxford Studies of Ancient Philosophy*, vol. 2, 1984, pp. 185-195 & *Plato's Socrates*, Oxford, 1994, pp. 30-38; Sanderman, "Why does Socrates mock his interlocutors?"。关于对苏格拉底反讽的解释,也可参见 G. Vlastos, "Socratic Irony", *The Classical Quarterly*, vol. 37, 1987, pp. 79-96; I. Vasiliou, "Conditional Irony in the Socratic Dialogues", *The Classical Quaterly*, vol. 49, no. 2, 1999, pp. 456-472 & "Socratic Irony", in J. Bussanich, N. D. Smith (eds.), *The Bloomsbury Companion to Socrates*, London/New York, 2013, pp. 20-33; P. Wolfsdorf, "The Irony of Socrates", *Journal of Aesthetics and Art Criticism*, vol. 65, 2007, pp. 175-187; M. Erler, "Parrhesie und Ironie: Platons Sokrates und die epikureische Tradition", pp. 59-75.

① 值得一提的还有 Hermeias《斐德若》注释中如下一处,Erler 在其 "Das Sokratesbild in Ficinos argumenta zu den kleineren Platonischen Dialogen" 一文中亦曾提及:"苏格拉底是为了使人类和青年灵魂获益而来的。因为就灵魂的性格及其活动而言(κατά τε τὰ ἤθη καὶ τὰ ἐπιτηδεύματα τῶν ψυχῶν)存在着很大的差别,他便以不同的方式使每类人各自获益,以一种方式对待年轻人,又以另外一种方式对待智者,而他向所有人伸出手,使他们转向哲学(ἄλλως τοὺς νέους, ἄλλως τοὺς σοφιστάς, πᾶσι χεῖρας ὀρέγων καὶ ἐπὶ φιλοσοφίαν προτρεπόμενος)。"参见 P. Couvreur (ed.), *Hermiae Alexandrini in Platonis Phaedrum scholia*, Paris, 1901, 1f.。本段中译参考了 Bernard 德译本(*Hermeias von Alexandrien: Kommentar zu Platons Phaidros*, H. Bernard (trans.), Tübingen, 1997)。

② 有关柏拉图的苏格拉底关于 logos 的理解,参见 M. Erler, *Der Sinn der Aporien in den Dialogen Platons: Übungsstücke zur Anleitung im philosophischen Denken*, Berlin, 1987, pp. 268-279。

在对话当中有多么容易引起无意义的争吵了（Grg. 457c-e）。然而，强调苏格拉底式辩驳的友好特征并不等于说，谈话者在受到辩驳时完全感受不到任何羞耻感，事实上恰恰相反。在下一部分中，我将说明在苏格拉底的辩驳当中为何会出现羞耻感，以及这里所关涉的是何种羞耻感。

四、苏格拉底式的辩驳与羞耻

在《智者》中，异乡人解释了苏格拉底式辩驳的发生过程和原理，并将其与羞耻感紧密地联系在了一起：

> 当某人自认为"说及某些东西"但是却"没有任何意谓"的时候，他们就向这个人进行提问，由此很容易检察到这个人的意见（τὰς δόξας）是游移不定的，然后他们把这些意见归纳起来，进行互相比较，通过这种比较证明各个意见关于同一些主题针对同一些事物在同一些方面上正好互相矛盾（αὐτὰς αὑταῖς ἅμα περὶ τῶν αὐτῶν πρὸς τὰ αὐτὰ κατὰ ταὐτὰ ἐναντίας）。当他们觉察到这一点，他们就会责难自己，并温顺地对待他人（ἑαυτοῖς μὲν χαλεπαίνουσι, πρὸς δὲ τοὺς ἄλλους ἡμεροῦνται）；通过这种方式，他们从自己严重和固执的意见（μεγάλων καὶ σκληρῶν δοξῶν）中解脱了出来，而这种解脱的过程，可以给一道倾听者带来最大的快乐（ἡδίστην），给接受者带来最可信之事（βεβαιότατα）。亲爱的年轻人啊，照料身体的医生认为，除非某人排除了身体里面的障碍物，否则身体不能从所提供的滋养中得享益处，同样，那些灵魂的医生也认为，除非通过辩驳使被辩驳者陷入羞耻之中（πρὶν ἂν ἐλέγχων τις τὸν ἐλεγχόμενον εἰς αἰσχύνην καταστήσας），通过移除那些阻碍知识的意见来净化他，并使他认识到他只知道他所知道的而再无其他，否则灵魂不可能从他们所提供的任何知识

中得到助益。(Sph. 230b-d)①

异乡人首先阐明了辩驳的对象,也即人们那些游移不定的、自相矛盾的意见。这些意见的持有者往往相信自己知道些什么,而事实表明他们并不知道,这即所谓的虚假知识,苏格拉底称之为"可耻的无知"(Ap. 29b)。而辩驳的作用即在于,它能够将被辩驳者从其拥有知识的幻象中解脱出来,使他真正认识到自己的无知。也只有舍弃了知识的幻象,方有可能使得被检验者的灵魂获得真正的知识。在异乡人看来,知识的幻象作为"某种巨大且严重的无知"(Sph. 229c)构成了获取知识的极大障碍,因为"没有人愿意学习那些他自认为已经很精通的东西"(Sph. 230a)。对于这种知识幻象的去除,传统教育中的训诫术(τὸ νουθετητικὸν εἶδος τῆς παιδείας)收效甚微(Sph. 229e-230a);而辩驳作为灵魂净化的治疗术,却恰恰能有效地揭露虚假的知识,从而为真正的真理探求做好准备。

在经历辩驳之后,当接受者意识到自己思想当中的不一致和自己的无知的时候,他就会感到羞耻。这样一来,羞耻感便是突然意识到虚假知识之存在的一个非常明显的、外在的信号。值得注意的是,在这里,被辩驳者只是为自己的无知而羞耻,而并非为当众被反驳而羞耻。这里所涉及的也并非一种坏的和无益的羞耻感,而恰恰是一种好的羞耻感:如果说前者往往和对于无知的无意识相关联,并对人理智改进无丝毫助益,那么后者则只有当人意识到自己错误的时候方才出现,它使人"责难自己,并温顺地对待他人"②。在中文语境中,这种好的羞耻或可被称为"羞愧"。可以想象,这种羞愧之心可以继续帮助

---

① 本段及以下《智者》中的译文参考了詹文杰译本(柏拉图:《智者》,詹文杰译,商务印书馆2001年版),略有改动。

② Blank 也曾注意到这里对话者的自我厌恶,参见 D. L. Blank, "The Arousal of Emotion in Plato's Dialogues", in *Classical Quarterly* 43, no. 2, 1993, pp. 428-439,特别文中第二、三部分。

人们，完全清除错误的意见，并进而寻求真知。由此，羞耻感便成了人迈向真理的第一步。值得注意的还有，这种使人感到羞耻的辩驳并没有任何不友好的特征，恰恰相反，它可以给在场者带来"最大的快乐"，给接受者带来"最可信之事"。

同样的观点也曾出现在《泰阿泰德》中苏格拉底为普罗塔哥拉所拟辩护词当中：

> 现在，如果你能从根本上驳斥这种学说，请证明其相反学说的正确性，或者如果你愿意的话，也可以用提问的方法进行反驳。因为一个智慧的人不会逃避这样的方式；相反，他一定会寻求这样的做法。不过，要注意这一点：提问不能不公道。一个自称关心美德的人在辩论中不公道是极不合理的。不公道是因为看不到辩论和辩证谈话的区别，像辩论（ἀγωνιζόμενος）一样的交谈是一回事，而辩证谈话（διαλεγόμενος）则是另一回事。在前者中人们可以开玩笑（παίζῃ），或者尽己所能地使对方犯错（σφάλλῃ），而辩证谈话应当严肃地（σπουδάζῃ）进行；谈话人要帮助对方找到归于他本人或归于他从前的同伴的那些错误。如果你这样做的话，那些和你谈话的人就会责备他们自己的混乱和困惑（ἑαυτοὺς αἰτιάσονται οἱ προσδιατρίβοντές σοι τῆς αὑτῶν ταραχῆς καὶ ἀπορίας），而不会责怪你；他们会追随你，喜欢你，而会讨厌自己（αὑτοὺς δὲ μισήσουσι），逃离自己并转向哲学，以此摆脱先前那个自己而成为不同的人。但若你像大多数人一样，反其道而行之，那么你会得到相反的结果：不是把你的同伴引向哲学，而是使他们在年长一些的时候变成哲学的敌人。如果你听从我的建议，像我所说的，不带敌意，亦不挑起争端，而是以一种大度的态度放低姿态（οὐ δυσμενῶς οὐδὲ μαχητικῶς ἀλλ᾽ ἵλεῳ τῇ διανοίᾳ συγκαθεὶς），真正去探究我们是什么意思，也就是说当我们说一切事物都处在运

动之中，事物对人呈现的那个样子即是对他而言的事物自身，而无论针对个人还是城邦而言都是这样，我们到底是什么意思。从这里出发，也可以进一步探究知识和感觉是否一回事，还是它们是不同的东西，而不是像你刚刚所做的那样，依据语词和名称的一般用法去探究，大多数人正是以这样的方式任意歪曲，从而导致了彼此之间各种各样的困惑。（Tht. 167d-168b）①

从各方面来看，这里所说的严肃的探究都与苏格拉底的辩驳极为相似：通过理性的、友好的检验，这种探究将展示出对话者自身有多么混乱和无知，从而使他感到一种有益的羞耻感，并进而使他批评自身，并且感激那位反驳者。进一步地，这也使得对话者有可能最终被哲学所吸引，走上追寻真理的道路。这种探究应以尽可能友好的方式进行这一点，也同样在这里被强调了出来。

由是观之，在苏格拉底式的辩驳中，羞耻感出现的重要原因之一便是对于自身无知的意识。不过，这却并非唯一的原因。羞耻与辩驳的直接联系进一步还体现在，苏格拉底式的辩驳（特别是在早期对话中）从一开始就具有一种与人相关性，因为被检验的并不单单是论证，而也包括那个人及其所过的生活。② 在《申辩》中苏格拉底告诉雅典人，他的探究实质上是一种对于生活的检验（ἔλεγχον τοῦ βίου, Ap. 39c）。按照神的意愿，苏格拉底到处进行这样的检验，为的就是让那些被检验的人认识到他们所过的是一种错误的生活方式，从而使他们转向有德性的生活（Ap. 28e-31c）。③ 苏格拉底对话者之一尼西亚斯（Nicias）

---

① 本段由笔者从古希腊原文直接译出。

② 参见 K. Seeskin, *Dialogue and Discovery: A Study in Socratic Method*, Albany, 1987, pp. 1-3; T. C. Brickhouse, N. D. Smith, *Plato's Socrates*, Oxford, 1994, pp. 12-14。后者提醒我们注意，苏格拉底总说他检验人（"examines *people*"），参见 Ap. 21c, 23b, 23c, 28e, 29e, 38a。

③ 不过，苏格拉底不光检验他人的生活，也对自己的生活进行检验，参见 Ap. 28e, 38a; Prt. 333c。

也意识到了其辩驳的个人特征,在《拉刻》中他曾就苏格拉底式的辩驳评论道:"你(吕西玛库,Lysimachus)似乎完全不知道,凡是苏格拉底如家人一般亲密的谈话者,一旦与他开始对话,那么无论他们开始谈论的是什么话题,都注定会被他带着不停绕圈子,直到那个人最后开始谈论他自己,谈论他现在的生活方式以及他过去是如何生活的;一旦他被引到了这一步,苏格拉底就绝不会放他走,直到他完全彻底地进行了考察。"(La. 187e-188a)据此,"人应该如何生活"构成了苏格拉底式辩驳的一个中心问题,而对这一问题的研究具备极其重大的意义。在《高尔吉亚》中苏格拉底对卡利克勒(Callicles)说道:"在一切研究当中最美的,就是关于你刚刚指责我的那些事情的研究,即一个人应该成为什么样的人,他应该追求什么,年轻时和年老时各应做到什么程度"(Grg. 487e-488a);在《政制》中他对特拉叙马霍斯(Thrasymachus)说道:"因为所谈的并非一般的事情,而是关于人应该如何生活(περὶ τοῦ ὄντινα τρόπον χρὴ ζῆν)。"(R. I 352d)

而这一检验的实现,要求被检验者必须具备另一种辩证谈话的德性,即坦诚(παρρησία)(Grg. 487a)。这就是说,在对话当中人们应该只说他自己所相信的东西,就像苏格拉底在多处所强调的那样。[①] 人

[①] 在《普罗塔戈拉》中苏格拉底对普罗塔戈拉(Protagoras)说:"我根本不想检验(ἐλέγχεσθαι)诸如'如果你愿意的话'和'如果像你认为的那样'这些情况,我只关心'我'和'你'。我说'我'和'你'的意思是,只有当去掉'如果',我们才能最好地检验这个论证"(Prg. 331cd);在《克力同》中他对克力同(Crito)说:"留神,克力同,在你同意这一点的时候,不要违背自己的信念(παρὰ δόξαν)"(Cri. 49cd);在《高尔吉亚》中他对卡利克勒说:"现在,友谊之神宙斯在上,哦卡利克勒,不要跟我开玩笑,也不要违背自己关于事实的信念来回答,更不要把我要说的话当做是开玩笑"(Grg. 500bc);在《政制》中他对特拉叙马霍斯说:"尽管如此,我们不应放弃继续探究这个论证,只要我依然可以相信,你所说的是你真实所想(ἅπερ διανοεῖ)。因为在我看来你并不是在开玩笑,哦特拉叙马霍斯,而是在说你关于真理的看法(τὰ δοκοῦντα περὶ τῆς ἀληθείας)。"(R. 349a) 此外还可参见 Grg. 472b-c, 474a, 475e-476a, 459a, 499b-c。

罗宾森首次注意到苏格拉底关于"说出你的真实所想"这一要求,并称之为辩驳的个人特征,参见 R. Robinson, *Plato's Earlier Dialectic*, pp. 15-16。相关研究还可参见 T. Irwin, *Plato's Moral Theory*, p. 39 & *Plato's Ethics*, Oxford, 1995, p. 20; G. Vlastos, "The Socratic elenchus", pp. 36-38; Ch. Kahn, "Drama and Dialectic in Plato's *Gorgias*"; S. Seeskin, *Dialogue and Discovery*, pp. 1-2; H. Benson(转下页)

们不应诉诸大多数人的意见或者其他证人的意见。① 但这并不是说，苏格拉底式的辩驳从一开始就具有一种主观的偶然性和不恰当的与人相关性，并由此逊于纯客观的科学研究。② 在这里，我们必须区分非法的与人相关性和合法的与人相关性。③ 如果说前者包括了一些不恰当的个人因素——比如论证被某人的年龄、名声或权威性所左右——由此会阻碍对于真理的探求，那么在后者那里，所有这些因素都要被彻底清除，而所谓与人相关性只是意味着，在辩驳当中，不光对话者的知识，而且他的人格和德性也会被一道检验。在苏格拉底式的辩驳中，

（接上页）"The Problem of the Elenchus Reconsidered", *Ancient Philosophy*, vol. 7, 1987, pp. 67-85 & "A Note on Eristic and the Socratic Elenchus", *Journal of the History of Philosophy*, vol. 27, 1989, p. 596; T. C. Brickhouse, N. D. Smith, *Plato's Socrates*, pp. 12-14, D. Clay, *Platonic Questions: Dialogues with the Silent Philosopher*, Pennsylvania, 2000, pp. 159-160; R. Geiger, *Dialektische Tugenden*, pp. 28-43. 研究综述参见 J. Beversluis, *Cross-Examining Socrates*, pp. 37-38, 注 2、3。

① 在《高尔吉亚》中波卢斯即试图通过诉诸他人来证明自己的观点，对此苏格拉底说道："但是我，单单自己一人，无法同意你。因为你什么都没有向我证明；你只是通过向我提出许多错误的证人试图将我逐出我的存在和真理（τῆς οὐσίας καὶ τοῦ ἀληθοῦς）。而我，如果我不能把你自己单独一人提为证人，同意我所说的话，我就根本不会认为，我就我们所谈论的话题说了什么有价值的话。"（Grg. 472bc）

② R. Robinson, *Plato's Earlier Dialectic*, p. 16: "By addressing itself always to this person here and now, elenchus takes on particularity and accidentalness, which are defects. In this respect it is inferior to the impersonal and universal and rational march of a science axiomatized according to Aristotle's prescription." 即便根据亚里士多德的理论，这个论断也是不恰当的，参见 R. Geiger, *Dialektische Tugenden*, p. 30, 注 26 和 N. Gulley, *The Philosophy of Socrates*, New York, 1968, p. 60。

③ 关于这个区分，参见 R. Geiger, *Dialektische Tugenden*, pp. 30-33。Benson 称这样一种合法的与人相关的方法为"辩证的方法"（"the dialectical method"），它是除智者式的方法（只意在对人的说服）和论证式方法（只意在绝对客观的确定性）之外的第三种方法。（H. Benson, "The Problem of the Elenchus Reconsidered", pp. 71-72: "The dialectical method lies between the sophistical and demonstrative methods because neither soundness alone nor persuasion are necessary for success. Rather, both soundness and persuasion are necessary for the success of dialectic. The dialectical method is concerned with persuading someone of a proposition by means of a sound argument."）此外，还有另一处对苏格拉底方法的与人相关性的辩护（Ch. Kahn, "Drama and Dialectic in Plato's *Gorgias*", p. 120: "An unfriendly critic might complain that Plato has thrown literary dust in our eyes, dazzling us by his brilliant portrayal so that we are blind to the gaping holes in his arguments. Taking a more favorable view of the relation between drama and dialectic, I suggest that we see Plato as exploiting his artistic powers to produce in us the readers a simulacrum of the personal impact of Socrates upon the life of his original auditors, and first and foremost upon Plato himself."）。

非法的与人相关性被明确禁止①，而合法的与人相关性却构成了这种特殊辩驳的最本质的特征。这种合法的与人相关性，或者对于对话者德性的检验亦不应和人们对于知识的追求相矛盾，恰恰相反，它有助于人们寻求知识，因为对于苏格拉底来说，知识即德性（La. 194d-195a, Euthphr. 14c, Men. 87b-88d）。

既然苏格拉底式的辩驳具有这样一种与人相关性，那么我们便不难理解，为什么它会和羞耻感有着紧密的联系了：因为一旦被检验者受到了反驳，那么受到驳斥的不光是他的观点，而且他自己和他的生活也一道被质疑了。对于自己错误的生活方式，人们无疑应感到羞耻，就像苏格拉底在《申辩》中对雅典人所说的那样："最好的人，你是雅典人，这个最伟大、最以智慧和力量著称的城邦的人，你只想着聚敛尽可能多的钱财，追求名声和荣誉，却不关心，也不追求智慧和真理，以及怎样使灵魂变成最好的，你不为这些事而羞耻吗（οὐκ αἰσχύνῃ)？"（Ap. 29de）②苏格拉底式的辩驳正意图将被检验者引向这样一种对过去生活的羞耻感，而这种羞耻感应该继而引导他转向充满德性的生活方式。

综上所述，苏格拉底式的辩驳应给对话者带来双重的羞耻感：他将既为他的无知而感到羞耻，又为他所过的错误的生活方式而感到羞耻。针对这一点，柏拉图的《阿尔西比亚德一》给我们提供了一个极好的例子。在这部作品中，我们可以清楚地看到，苏格拉底是如

---

① 柏拉图曾多次强调：人们不应关注老师的年龄或名声（La. 189ab, Phlb. 59b），理性的判断不应被权威或者朋友所左右（R. X 595bc, Tht. 162a, 168e）。正是在此意义上，苏格拉底强调人们应该只关注事情本身，而非人，参见上文第三部分及本书第 270 页注①。但这并不是说，苏格拉底式的辩驳不容许有一种合法的与人相关性。参见 R. Robinson, *Plato's Earlier Dialectic*, p. 1: "The Socratic elenchus is a very personal affair, in spite of Socrates' ironical declarations that it is an impersonal search for the truth." 在这里，罗宾森混淆了非法的与人相关性与合法的与人相关性。

② 此处译文参考了吴飞译本（《苏格拉底的申辩》，吴飞译疏，华夏出版社 2017 年版），略有改动。

何通过辩驳将阿尔西比亚德带入如上所述的羞耻感当中的。经过苏格拉底式的辩驳，阿尔西比亚德方才意识到，他关于最重要的事情（τὰ μέγιστα），也就是正义的、美的、好的和有益的事情毫不知晓，尽管他认为自己知道些什么。（Alc. 1. 118ab）同时，他也意识到自己不正确的生活方式：尽管他拥有无与伦比的美貌，杰出的天赋和高贵的出身，他却从未真正关心自己。（比如 Alc. 1. 104a-c, 127e）① 当阿尔西比亚德发现这一点的时候，他便感觉到一种强烈的羞耻感："诸神在上，苏格拉底，我自己也不再知道我是什么意思，不知不觉我好像已经进入一种极为可耻的状态中（αἴσχιστα ἔχων）一段时间了。"（Alc. 1. 127d）不过，这里阿尔西比亚德所体验到的羞耻感无疑是一种好的情感，它激励他去追问一些他之前未曾关心的重要问题，比如人如何能变得更好，以及如何能正确地行动——正如我们在接下来的对话中所能看到的一样。（Alc. 1. 127d 及以下）在对话的结尾，阿尔西比亚德甚至决定，从今以后将一直追随苏格拉底。（Alc. 1. 135d）②

与苏格拉底对阿尔西比亚德所进行的辩驳极为类似，同样的过程也曾在苏格拉底的另一位弟子埃斯基涅斯（Aischines）所写作的同名苏格拉底对话当中被描述了出来，只是在那里阿尔西比亚德的羞耻感明显要更为强烈："阿尔西比亚德把头低下来放在我的膝盖上，痛哭失声，悲叹他在能力上与地米斯托克利相差太远，无法匹敌"（κλάειν θέντα τὴν κεφαλὴν ἐπὶ τὰ γόνατα ἀθυμήσαντα, ὡς οὐδ᾽ ἐγγὺς ὄντα τῷ Θεμιστοκλεῖ τὴν παρασκευήν）③；"他恳切地请求我，将他变得更有德性，将他从可耻的无能当中解救出来"（um se Alcibiades

---

① 有关阿尔西比亚德的高傲，亦可参见 Dittmar (H. Dittmar (ed.), *Aischines von Sphettos. Studien zur Literaturgeschichte der Sokratiker, Untersuchungen und Fragmente*, Berlin, 1912) 残篇 5，或 SSR (G. Giannantoni (ed.), *Socratis et Socraticorum Reliquiae*, 4 volumes, Napoli, 1990-1991) VI A 残篇 46。

② 有关《阿尔西比亚德一》的译文由笔者从古希腊原文直接译出。

③ 参见 Dittmar 残篇 10，SSR VI A 51, 6-7，中译参考了 Nestle 的德译（*Die Sokratiker*, W. Nestle (trans.), Aalen, 1968） adflictaret lacrimansque Socrati supplex esset, ut sibi virtutem traderet turpitudinemque depelleret）①。值得注意的是，这里所呈现出的情景，无疑和柏拉图的阿尔西比亚德在《会饮》当中所描述的情景也非常相似："就拿我自己来说吧，先生们，要不是怕你们说我已经完全醉了，我可以向你们发誓，他的话语对我有过奇妙的影响，而且至今仍在起作用。一听他讲话，我就会陷入一种神圣的疯狂，比科里班忒仪式的疯狂还要厉害。我的心狂跳不止，眼泪会夺眶而出（ἥ τε καρδία πηδᾷ, καὶ δάκρυα ἐκχεῖται ὑπὸ τῶν λόγων τῶν τούτου）。哦，不仅是我，我看到还有许多听众也是这样。没错，我听过伯利克里和其他许多大演说家们的讲话，我承认他们非常雄辩，但他们从来没有对我产生过这样的影响。他们从来没有使我的灵魂动荡不宁，深感自己的卑微。"（τοιοῦτον δ᾽ οὐδὲν ἔπασχον, οὐδ᾽ ἐτεθορύβητό μου ἡ ψυχή, οὐδ᾽ ἠγανάκτει ὡς ἀνδραποδωδῶς διακειμένου, Smp. 215d-216a）阿尔西比亚德在此的确感受到了羞耻感这一点，也随即在之后的叙述当中得到了确认："在和这个人（苏格拉底）的交往中我才体会到了和他人交往时从未体会过的东西，那就是感到羞耻（τὸ αἰσχύνεσθαι）；只有在这个人面前我感到羞耻（Ἐγὼ δὲ τοῦτον μόνον αἰσχύνομαι）。因为我知道，我不能违背他，应该照他说的去做……"（Smp. 216ab）很明显，这里所涉及的同样是一种好的羞耻感。②

所有这一切都向我们表明，苏格拉底式的辩驳当中的羞耻感绝非

---

① 参见 Dittmar 残篇 10，SSR VI A 52, 1-3。
② 此外，色诺芬《回忆录》中的欧绪德谟对话（IV, 2）亦值得注意，这则对话很可能也是以苏格拉底和阿尔西比亚德之间的对话为原型来写作的，参见 K. Gaiser, *Protreptik und Paränese bei Platon. Untersuchungen zur Form des platonischen Dialogs*, Stuttgart, 1959, p. 78。在那里，年轻的欧绪德谟本骄傲于自己的良好教育和过人智慧，而经过苏格拉底式的辩驳之后，他意识到了自己的无知。有关这两则对话（《回忆录》中的欧绪德谟对话和柏拉图的《阿尔西比亚德一》）之间的相似性亦可参见 Gaiser 的总结（pp. 86-87）。在这本书中，我们亦可找到对于埃斯基涅斯的《阿尔西比亚德》的重构（pp. 92-95）。

坏的和无益的，反而是好的，并对人之进步和道德教育极有助益。这进一步暗示出，这里所涉及的好的羞耻感是一种极为特殊的情感：它并非传统意义上的羞耻感，即所谓对外的在他人面前的羞耻感，而是一种完全不同意义上的羞耻感，即向内的、在自己面前的羞耻感。我们可以在苏格拉底身上清楚地看到这一点。[1] 在柏拉图对话中，苏格拉底似乎从来不关注大多数人的看法，亦从不为违反众人意见或所谓在众人面前丢脸而羞耻[2]；而使他倍感羞耻的，只有他自己的无知以及由无知而产生的不好的行为。只有当某人正确地反驳了苏格拉底，他才会感到羞耻，不管当时有多少人在场。对此他在《高尔吉亚》中说："如果有人能够反驳（ἐξελέγχοι）我，说我不能为自己和他人提供这种帮助（对神和对人都不说也不做不正义的事情），那么我将感到羞耻，无论我是在多数人面前，还是少数人面前，还是只是一对一地被驳倒。"（αἰσχυνοίμην ἂν καὶ ἐν πολλοῖς καὶ ἐν ὀλίγοις ἐξελεγχόμενος καὶ μόνος ὑπὸ μόνου, 522c）而因为能够就某件事情正确地反驳他人的人，只可能是那个领域的专家（ἐπαΐων），所以不难设想，在苏格拉底看来，人们只应在专家的意见面前感到羞耻，就像他在《克力同》中所强调的那样："那么，我们不必一个接一个地列举所有的事情，我们来考虑在对与错、耻辱和高贵、好与坏的事情上，我们应该遵循和畏惧

---

[1] 参见 P. Woodruff, "Socrates and the Irrational", pp. 143-144; R. B. Cain, *The Socratic Method: Plato's Use of Philosophical Drama*, London, 2007, p. 23. Woodruff 称这种羞耻感为苏格拉底式的羞耻感（"the Socratic shame"）："A full awareness that one has betrayed values that are entirely one's own" (p. 144)。他进一步认为，这种向内的羞耻感对于柏拉图的苏格拉底是极为决定性的：正是这种新的羞耻感引领了苏格拉底式的辩驳及其整个道德理论。不过，Woodruff 进而却将这个观点推向了极端，他认为这种新的羞耻感在本质上是一种非理性的东西，而由此苏格拉底恰恰站在了理性主义的对立面。我无法同意这种解释，在我看来，苏格拉底式的羞耻感更应被理解为理性的知识探求的有益助手。

[2] 参见 Grg. 474a, Cri. 44bff., 46cff., 47bc, 48bc, 49b, 即便有许多人在场（Chrm. 154a, R. I），苏格拉底也不对众人说话，而只对单个对话者说话。与苏格拉底相对的是智者的形象，他们更擅长对大多数人演讲（Grg. 452e, 454eff., 456c, 457a; R. 493a-d），而即便在与苏格拉底的对话当中，他们也更关注在场人的感受（Grg. 458bc, Prt. 317cd）。

大多数人的意见，还是那一个人的观点呢？如果这个人通晓这方面的事情，那么相比所有其他人而言，我们是否应该更加在他面前感到羞耻（αἰσχύνεσθαι）和畏惧（φοβεῖσθαι）他的意见？"（47cd）而这种苏格拉底式的羞耻感当然也只可能是那种好的羞耻，那种能够助人寻求真理，使人温和对待他人并严格对待自己的羞耻感。如我们之前所提到的，在苏格拉底看来，那些能够使他从最大的恶（即无知）当中解放出来的人，应被授予"友好的桂冠"（Ti. 54b）。

通过他的辩驳，苏格拉底想要使他的对话者达到的，正是这种积极的在自己面前的羞耻感，而绝非那种消极的和破坏性的耻辱感。通过一方面揭露被检验者的知识幻象，另一方面挑战他对生活不加反省的满足感，苏格拉底使人感受到了羞耻：他将既为他的无知，亦为他错误的生活方式而羞耻。而这两种羞耻感在本质上是同一种，即向内的在自己面前的羞耻感。这种新的羞耻感不依附于任何外在的标准，而只是依据内在的理性之判断，它更与友好的讨论氛围毫无抵触。对于一场理性的探寻来说，这样的一种羞耻之心自然是极好的助手。①

至此，关于苏格拉底式的辩驳如何与羞耻相关，而所涉及的又是何种羞耻这一点应该已经清楚了。接下来一个，也是最后一个亟待解决的问题是：如果说苏格拉底式的辩驳从一开始就与一种好的羞耻感相关联，那么为什么在柏拉图对话中如此多他的对话者感受到了一种坏的羞耻感呢？如何解释这样一种坏的羞耻感的产生？本文的最后一部分，正是为解决这一问题。不过，在此之前，我们首先需要阐明，究竟什么样的对话者才有可能获得一种在自身面前的、好的羞耻感。

---

① 在此意义上，苏格拉底式的辩驳并不像罗宾森所说的那样，是消极的和破坏性的（或者人们可以称苏格拉底式的辩驳为"消极的和破坏性的"，就辩驳本身解构了对话者的观点而言，而非就辩驳从一开始就意图羞辱对话者而言），而是积极的和建构性的：它意在对人的教育。可参见 W. T. Schmid, "Socrates's Practice of Elenchus in the *Charmides*"; H. Teloh, *Socratic Education in Plato's Early Dialogues*, Indiana, 1986; K. Seeskin, *Dialogue and Discovery*, p. 5; T. C. Brickhouse, N. D. Smith, *Plato's Socrates*, pp. 16-18; T. Irwin, *Plato's Ethics*, pp. 20-21。

五、何来坏的羞耻感？——羞耻与辩证对话的德性

在《高尔吉亚》中，苏格拉底在其与卡利克勒的对话中谈及了理想的对话者所应具备的条件：

> 因为我认为，如果有人想要对一个人的灵魂进行充分的考察，看它过的是否是正确的生活的话，那么他必须具备三个条件，而这些条件你全都具备，即知识、善意和坦诚（ἐπιστήμην τε καὶ εὔνοιαν καὶ παρρησίαν）。因为我遇到过很多人，他们没有能力对我进行考察，因为他们不像你那样智慧。而另一些人虽然是智慧的，却不愿意对我说实话，因为他们不像你那样关心我。我们在场的两位客人，高尔吉亚和波卢斯，虽然既智慧，又对我友善，但却缺乏坦诚，显得过于害羞了（αἰσχυντηροτέρω μᾶλλον τοῦ δέοντος）。而他们的羞耻感[1]已经到达这样一种程度，因为这种羞耻感（διὰ τὸ αἰσχύνεσθαι），他们二者敢于当着众人的面自相矛盾，即使在涉及最重要的事情上也是如此。而你却具备他人缺乏的所有条件。（486e-487b）

能够与之进行最彻底的考察的理想的对话者，在苏格拉底看来，须得具备三种辩证谈话的德性[2]，即知识、善意和坦诚。所谓知识应该首先指的是一种理智能力和洞察力，它能够使人们做出正确的判断，从而使人们能够跟上对于真理的探讨。它也意味着一定程度的知识水平，因为对话者的知识水平与考察的水平是直接相关的。不过，至

---

[1] 从《高尔吉亚》文本背景来看，这里高尔吉亚和波卢斯的羞耻感指的是一种对外的在他人面前的羞耻感，这种羞耻感阻止他们说出自己的真实想法，而为了能够不挑战传统道德观念，他们宁愿陷入自相矛盾，参见 Grg. 460e-461b, 475c-e。这种羞耻感，显然并非苏格拉底想要达到的那种对哲学思考有益的、向内的、在自己面前的羞耻感。

[2] 在这里我接受 Geiger 的说法，将这三种条件称作三种辩证谈话的德性（dialektische Tugenden），参见 R. Geiger, *Dialektische Tugenden*。

少在早期对话当中,苏格拉底对其对话者的知识水平似乎并无太高要求:对于一场普通的考察来说,对话者只需要具备一些基础知识,比如他应会说希腊语(Men. 82b)。在《美诺》中,苏格拉底甚至和一个童奴一同进行了一番成功的辩驳考察。[①] 对于苏格拉底式的辩驳来说,对话者的理智能力似乎要比知识水平更加重要,因为如果对话者缺乏正确的判断力的话,那么与其进行一场有益的共同研讨几乎是不可能的。

其他两种德性对于苏格拉底式的辩驳来说也是不可缺少的。相关理由我们已在上文中给出(参见第三、四部分)。因为苏格拉底式的辩驳本质上是一种友好的共同探讨,对话者的善意便自然是必要的;而因为苏格拉底式的辩驳一方面以真理为目的,另一方面关心被检验者的德性和生活方式,故自然也需要对话者的坦诚。苏格拉底特别强调了坦诚的重要性,即在辩驳中人们只应说出他真实所想;因为在他人面前的羞耻而压制自己的真实想法是绝不被允许的。

很显然,苏格拉底自己并不缺乏这三种辩证谈话德性中的任何一种。[②] 然而,对话的成功并非仅取决于苏格拉底:只有对话者亦具备了知识、善意和坦诚,苏格拉底方能和他进行理想的辩驳。[③] 毫无疑问,这种辩驳将只关注事情本身,而通过呈现对话者的无知它将把人带向一种好的羞耻感,即羞愧。但如果对话者缺少辩证谈话的德性,这种以真理为目的的辩驳就不再可能,恰恰相反,所涉及的很可能是一种

---

① 在后期对话中则完全不同,在那里对于对话者的知识水平的要求是非常高的,参见比如 Ti. 53bc。关于这一点,参见 R. Geiger, *Dialektische Tugenden*, pp. 106-107。

② 苏格拉底明显比他的对话者们有更多的知识。关于他的善意,参见上文第三部分。关于他的坦诚,参见上文第四部分以及比如 Ap. 24a, La. 189a。因为苏格拉底不关心众人的意见,而只关注事情本身,所以他才是真正的坦诚者。关于苏格拉底的坦诚和反讽的关系,参见 M. Erler, "Parrhesie und Ironie: Platons Sokrates und die epikureische Tradition"。

③ 在此意义上,对话者的性格在苏格拉底式的辩驳当中扮演着重要的角色,参见 W. T. Schmid, "Socrates's Practice of Elenchus in the *Charmides*"; H. Teloh, *Socratic Education in Plato's Early Dialogues*, pp. 11-14; K. Seeskin, *Dialogue and Discovery*, p. 3。

辩论竞赛式的竞争，而输掉比赛的一方将感受到一种负面的羞耻感，即耻辱感。而后者正是柏拉图早期对话当中苏格拉底的对话者们的情况。比如《美诺》中的美诺，作为高尔吉亚的学生，他明显缺少一种理智能力：他一再坚持苏格拉底对"德性是否可教"这个问题给出回答（70a, 86cd），尽管苏格拉底已经多次跟他强调，在人们知道什么是德性之前，是无法回答这个问题的（70ab, 86d-87c）。而就在苏格拉底刚刚才说不存在教导（διδαχὴν），而只存在回忆（ἀνάμνησιν）之后，美诺便紧接着问，苏格拉底是否可以就这一点教（διδάξαι）他（81e）。美诺显然无法领会苏格拉底的意思，而他所想要的，亦并非一场共同的探寻，而只是一个教条式的答案。进一步地，美诺也不够友善和坦诚：在他所给出的两个关于德性的定义被苏格拉底驳倒之后，他便生了气，并且认为，他并不是不知道德性是什么，而只是现在（由于苏格拉底的败坏）没有能力来谈论这一点（79e-80b）。

在高尔吉亚的另外两个学生——波卢斯和卡利克勒——那里的情形也是一样。如苏格拉底所说，波卢斯因为在他人面前的羞耻而不够坦诚，这一点无须多言。而进一步地，他却并非像苏格拉底所说的那样，既智慧又友善，事实上恰恰相反：他并不智慧，因为就像美诺一样，波卢斯无法区分"什么是 X"（τί ἐστιν）和"X 怎么样（ὁποῖόν τι）"这两类问题。[①]虽然他擅长修辞术，但是对于谈话的技艺，他却一无所知（448d, 471de）。而就他试图以智者的方式，即通过嘲笑来反驳苏格拉底这一点可以看出，他在谈话中亦绝非友善（473e）。而卡利克勒，虽然苏格拉底称赞他，说他具备所有辩证谈话的德性，但在那之后我们很快

[①] 在《美诺》中苏格拉底非常清楚地强调了"什么是 X"这一问题的优先性："对于一个我根本不知道它是什么（τί ἐστιν）的东西，我怎么知道它怎么样（ὁποῖόν τι）呢？"（71b）对类似观点的描述还可参见 Men. 86de, La. 189e-190a, Euthd. 6e, R. I 354c, Prt. 360e, 361c。苏格拉底特别批评了波卢斯对于这两个问题类型的混淆，参见 Grg. 448e, 462cd, 463de。"什么是 X"这一问题的优先性还进一步体现在，柏拉图早期对话的主题最常用这一问题类型来表达。

就可以看到，实际上所有这些德性都跟他全然无关。[①] 他既没有能力跟上苏格拉底的论证，也无法理解其中含义（490e, 497b）。他只关心自己会不会被驳倒（495a），而对于苏格拉底的提问，他的反应充满了敌意，不断发出抱怨，虽然他并不能给出抱怨的充分理由（497bc, 498d, 505c）。进一步地，他亦绝非坦诚，因为他既拒绝说出自己的真实想法（495a），也不愿承认他之前说过的话是他自己的观点（499b）。最后他甚至不愿意再继续回答苏格拉底的问题，而——在柏拉图对话中可谓史无前例地——让苏格拉底一人将谈话进行到了最后（506c）。

我们同样可以在智者那里发现辩证谈话德性的缺失，特别是善意和坦诚的缺失。在《卡尔米德》中克里底亚（Critias）看起来既非友善又非坦诚：克里底亚并非意在寻求真理，而是急于在卡尔米德以及诸在场者面前展示自己，以获得赞扬（162c, 169c）。当他的观点被苏格拉底合理地驳回之后，他羞于承认自己的无能，而只是一味试图掩饰自己的窘境（169c）。同样，《政制》中的特拉叙马霍斯也以非常相似的方式介入了对话，希图展示自己和获取掌声（335b, 336b, 338a, 338c）；而一旦他的论点被驳回，他却立刻否认这是他的观点（339c, 340cd）。即便在那些最为著名的智者那里，情况似乎也不容乐观：无论是高尔吉亚，还是普罗塔戈拉，都关心在场听众的反应甚于所讨论的主题（Grg. 458bc, Prt. 317cd）；另外，普罗塔戈拉似乎并不愿意在对话中扮演回答者的角色（Prt. 333e, 335ab, 348b），有时他也不愿说出自己的真实看法（Prt. 333c）；而几乎所有的智者都如此骄傲于他们的名声和成就，以至于他们根本就没有准备要去进行一场友好的共同

[①] 一些研究者曾经把苏格拉底对于卡利克勒的称赞当真，参见比如 E. R. Dodds, *Plato: Gorgias*, p. 14; T. Irwin, *Plato: Gorgias*, Oxford, 1979, pp. 182-183。对这一点的批评参见 T. A. Szlezák, *Platon und die Schriftlichkeit der Philosophie: Interpretationen zu den frühen und mittleren Dialogen*, Berlin/New York, 1985, pp. 196-199。类似的观点还可参见比如 H. Teloh, *Socratic Education in Plato's Early Dialogues*, pp. 11, 134-135。

探讨（Hp. Mi. 364a; Hp. Ma. 281a, 282de; Grg. 448a; Prt. 318a）。

与智者和他们的学生们相反，作为苏格拉底谈话者的另外一些年轻人却的确将对话视作一场共同的真理探寻，而在对话中他们表现得十分友善和坦诚。吕西斯（Lysis）总是充满善意地倾听苏格拉底的意见，并且全心全意地留心所讲的东西（Ly. 206bc, 213d），他既非傲慢又非热衷虚名，而是充满敬畏、谦恭有礼（207ab, 213d）。同样的谦逊和友善我们也可以在卡尔米德那里发现（Chrm. 158c, 160de）。在《政制》中格劳孔（Glaucon）充分展现了他的善意：当论证遇到险境的时候，他对苏格拉底说："我不会离开你，而是会尽我所能地帮助你；我会通过善意和鼓励（εὐνοίᾳ τε καὶ παρακελεύεσθαι）来帮助你，也许我还能比别人更恰当地（ἐμμελέστερον）回答你的问题。"（R. 474ab）而正是这些乐于被省察和以真理为目标的年轻人，才是苏格拉底所寻找的真正的谈话对象（Grg. 458a）；而只有这些年轻人才有可能体验到好的羞耻，就像阿尔西比亚德所曾体验到的那样。[①]

如果说这些温和而好学的年轻人在对话中感受到了在自己面前的好的羞耻，那么智者及其学生则往往在对话的末尾感到了坏的羞耻。而导致这种坏的羞耻的主要原因并不在于苏格拉底的欺骗和反讽，而恰恰在于他们自己辩证对话德性的缺失。受这种坏的羞耻的影响，他们往往激烈地批评苏格拉底及其方法，就像我们在前面第一部分所看到的那样。不幸的是，罗宾森恰恰将这些批评当了真，并将其应用于对苏格拉底及其方法的解释上，而在这一过程当中，他忽略了最为重要的一点，即这些批评本身实际上是成问题的，也是极不公正的。

[①] 关于年轻人在苏格拉底面前的羞愧，还可参见 Prt. 312a。除此以外，还有另外一些并不年轻的对话者也乐于接受省察，比如《拉刻》中，尼西阿斯和拉刻都乐于被苏格拉底教导和考察（La. 188b, 189b）。

六、结论

基于对罗宾森解释的反思，我试图重新阐释苏格拉底式的辩驳与羞耻感之间的关系。在罗宾森看来，苏格拉底式的辩驳主要是以一种消极和破坏性的方式和羞耻感联系起来的：由于苏格拉底通过欺骗和反讽来进行论证，所以他势必会在他的对话者那里引发一种坏的羞耻感，而这种坏的羞耻感并不能够使对话者意识到自己的无知，更无法使他们改变自己的生活。虽然苏格拉底式的辩驳可能本以好的羞耻感为目的，但它不诚实的特征使其根本无法达成这一好的目的。

在我看来，这种解释是成问题的，因为基于这种解释，我们将很难区分苏格拉底式的辩驳和智者式的辩驳。而在柏拉图的对话中无数的例子都向我们证明，苏格拉底式的辩驳作为一种友好的对真理的共同探讨，从一开始就站在了一心求胜和羞辱对手的智者式辩驳的对立面。因为苏格拉底式的辩驳一方面揭露了对话者的知识幻象，另一方面挑战了他们对于生活不加反省的满足，所以它必然会使他们感到羞耻，但是这种羞耻感本质上是一种好的和有益的羞耻感，即向内的在自身面前的羞耻感，而对于一场理性的探寻来说，这种羞耻感将是弥足珍贵的。至于在一些对话者那里所出现的坏的羞耻感，其原因很大程度上并不在于苏格拉底，而恰恰在于对话者本身，因为他们缺少一些重要的辩证对话的德性，即知识、善意和坦诚。最后，对于苏格拉底式辩驳来说，好的羞耻感绝非一个永远不可能达成的目标：在阿尔西比亚德和苏格拉底其他学生那里所出现的好的羞耻感已经向我们证明，苏格拉底式的辩驳在本质上能够使人获得好的和有益的羞耻感，而它将帮助人们最终彻底地清除谬见，并转而去探求真知。

不过，强调苏格拉底式的辩驳能够使人感受到好的羞耻并不是说，在使用辩驳这种方法的时候人们不应该加倍小心——在许多对话者那里所出现的坏的羞耻感恰恰提醒我们，这种方法并非对所有人都适用。

而人们也应注意,所谓好的羞耻感,并非已经是我们所应追求的全部,它只是通往哲学之路的第一步。羞耻作为一种情感,依然是软弱的,并不一定能够引导人真正走向真理。[①] 阿尔西比亚德最后没有选择哲学,而是屈从于大多数人的价值(Smp. 216ab),已经清楚地说明了这一点。

---

① 在亚里士多德看来,羞耻感尚非德性,参见 EN 1128b 15-16:"说羞耻是某种德性并不恰当,看起来与其说它是一种品质还不如说它是一种感受(Περὶ δὲ αἰδοῦς ὥς τινος ἀρετῆς οὐ προσήκει λέγειν πάθει γὰρ μᾶλλον ἔοικεν ἢ ἕξει)。"此处译文参考苗力田译本(苗力田主编:《亚里士多德全集》第八卷,中国人民大学出版社1994年版),略有改动。不过,羞耻感对于年轻人的德性教育仍有帮助,参见 EN 1179b 4-16。关于这一点,也可参见 M. F. Burnyeat, "Aristotle on Learning to Be Good", in A. O. Rorty (ed.), *Essays on Aristotle's Ethics*, Berkeley and Los Angeles/London, 1980, pp. 78-79。

罪与罚中的羞

——重构奥古斯丁《上帝之城》中的羞感[*]

吴天岳

"羞感文化"(shame-culture)这一术语最初由人类学家们引入,用来刻画以日本为代表的这样一种类型的社会:它接受公众的评断或者其他外在的传统和约束作为道德行为的标准,由此而同强调道德的内在性的西方社会的"罪感文化"(guilt-culture)形成鲜明对照。[①] 在《希腊人和非理性》这部探究希腊文化精神影响深远的著作中,E. R. Dodds 将羞感文化这一观念延展到荷马时期的希腊社会。[②] 此后,古典

---

[*] 这一选题得到我的导师 Carlos Steel 教授的大力支持,没有他最初的建议和随后的悉心指导,本文的完成难以想象。他对草稿不多的几处评述都令我受益匪浅。同时,Russell Friedman 教授仔细纠正了本文的英文稿中的文法错误,他在对本文的评论中征引的奥古斯丁早期著作也使本文的论证得以更加严谨,在此并致谢意。当然,文中的一切错误都归于笔者。

[①] 露丝·本尼迪克特(Ruth Benedict)在她对日本文化颇具影响力的研究《菊与刀》中提出了羞感文化与罪感文化对立的经典陈述,参见 *The Chrysanthemum and the Sword*, Boston: Houghton Mifflin Company, 1946, 特别是 pp. 222-224。正如 Douglas L. Cairns 在他对古希腊文化中的 aidos (羞、荣誉)研究的导言中提到的,这种文化分类的理论基础可以追溯到米德(Margaret Mead)在 1937 年出版的《原始民族的合作与竞争》中。参见 Douglas L. Cairns, *Aidos: The Psychology and Ethics of Honour and Shame in Ancient Greek Literature*, Oxford: Clarendon Press, 1993, 特别是 pp. 27-47。Cairns 对人类学家就这组对立的早期表述进行了批判性的概述,并特别提到了它在荷马史诗社会中的应用。

[②] E. R. Dodds, *The Greeks and the Irrational*, Berkeley and Los Angeles: University of California Press, 1951, 特别参见 pp. 43-47。

学者们相继指出，对**羞**（*aidos*）的道德内涵的强调从荷马时期一直延伸到公元前5世纪，随后强烈地影响了柏拉图和亚里士多德的道德哲学。① 当代对希腊文化的研究中，羞感仍然被视为希腊道德观念的核心，这在 Bernard Williams 著名的 Sather 古典讲座的标题中表现无遗：《羞与必然》，尽管他提供了一种全然不同于前述学者的对羞感的更加内在化的解释。② 与羞感文化相对应，罪感文化通常被认为建立在对罪的内在的确认的基础上而无视外在的规范约束。如此看来似乎毋庸置疑，奥古斯丁是这一原罪观念最为热诚的捍卫者，对羞这一现象应当没有任何值得留意的论述。而事实上，羞这一主题，特别是它对于奥古斯丁道德哲学的意义，即使在奥古斯丁学界也很少被关注。③ 学者们通常认定羞在奥古斯丁的价值体系中没有独立地位，羞仅仅是一种作为对原罪的惩罚而存在的否定性情感，在其中我们体察不到任何对人的本性或是德性的肯定和确认，真正体现奥古斯丁的人性观的是他对人作为罪人的反思和强调。然而，在最近的研究中，有学者指出奥古斯丁年轻时内心的争斗和他最终皈依基督教更多地是由羞感而不是由罪感所引导。④ 这已经暗示了解读奥古斯丁有关羞感的思考的另一种可能。固然，我们不能否认奥古斯丁对羞的讨论大多在原罪和作为惩戒的肉

---

① Arthur W. H. Adkins, *Merit and Responsibility: A Study in Greek Values*, Oxford: Clarendon Press, 1960, 特别是 pp. 154ff.

② Bernard Williams, *Shame and Necessity*, Berkeley and Los Angeles: California Press, 1993. 特别参见第四章 "论羞耻与自主性"。

③ 只有法国学者 François-Joseph Thonnard 在他对《论婚姻与欲念》（*De nuptiis et concupiscentia*）一书译文的补充注释中对羞感（*pudor, pudeur*）心理学做了概述，并特别提到了《上帝之城》的第十四卷。Donald Capps 的文章则讨论了羞感在奥古斯丁自身心理发展中的作用，参见《奥古斯丁的忏悔》。参见 "Augustine's Confessions: The Scourge of Shame and the Silencing of Adeodatus"; "Augustine as Narcissist: Of Grandiosity and Shame", 两篇文章均见 *The Hunger of the Heart. Reflections on the Confessions of Augustine*, eds. by D. Capps and J. E. Dittes, West Lafayette: Society for the Scientific Study of Religion Monograph Series, 1990, pp. 69-94, 169-184。Denis Trout 在历史背景中重新审视奥古斯丁对卢克来提亚受辱的叙述。参见 "Re-Textualizing Lucretia: Cultural Subversion in the City of God", *Journal of Early Christian Studies* 2, 1994, pp. 53-70。

④ 参见 Donald Capps, *The Hunger of Heart*, 特别是 176。

欲（carnis concupiscentia）的语境之中[1]，但通过细致的解读我们将发现，这并未减损奥古斯丁对羞这一现象的精辟评述的价值，尤其是他对羞感在人类堕落后出现的深刻的道德心理学的解析和本体论的洞察。在《上帝之城》中，奥古斯丁不仅展示了他对亚当和夏娃最初的羞感的洞察，同时在第一卷中以一整节对卢克莱提亚的传说中所表达的羞感进行批判性的解读，而这一传奇人物的受辱和出于羞愤的自杀长期以来被视为德性的范例（exemplum virtutis）。重读奥古斯丁对这两个案例的转述和诊断，我深信，必将有助于我们更加深刻地理解羞感。

在结束这一简短的导论前，须对本文关注的焦点做一澄清。尽管有关羞的讨论最早出现在人类学文本中，但在我们重新梳理奥古斯丁有关羞感的思想时，羞感首先是一个哲学论题。如所周知，羞感对当代哲学家来说并非一个陌生的话题。20世纪初，舍勒就贡献了一篇未尽的长文去定位羞和羞感（Scham und Schamgefühl），探索羞感和人的存在方式的本质关联。[2] 列维纳斯也指出，羞感揭示出逃离自我进而掩蔽自我的根本不可能，同时也暗示了不可改变的我向着自身（du moi à soi-même）的呈现。[3] 萨特在《存在与虚无》中也强调了**羞**（honte）在自我和他者的存在中的地位。[4] 在英美哲学中，Gabriele Taylor 利用舍勒和萨特所分析的案例强调羞乃是一种自我保护情感，它紧密地连接着自尊的实现和行为主体的价值。[5] 在本文对奥古斯丁对羞的沉思的重

---

[1] 例如 De civitate Dei（后作 DCD）, XIV, 17-26, De Genesi ad litteram, XI, 31, 40-34, 46, De nuptitia et concupiscentia, I, 4, 5-6, 7, Contra Julianum, IV, 16, 82, Contra Julianum opus imperfectum, IV, 44。

[2] Max Scheler, "Shame and Feelings of Modesty", in *Person and Self-Value: Three Essays*, ed. and partially trans. by M.S. Frings, Dordrecht: Martinus Nijhoff Publishers, 1987, pp. 1-86.

[3] Emmanuel Levinas, *On Escape: De l'évasion*, translated by Bettina Bergo, Stanford: Stanford University Press, 2003, 特别是 p. 64.

[4] J.-P. Sartre, *L'être et le néant*, Paris: Librairie gallimard, 1943, 特别是 pp. 275-277.

[5] Gabriele Taylor, *Pride, Shame, and Guilt: Emotions of Self-Assessment*, Oxford: Clarendon Press, 1985, 特别是 pp. 81-84.

新解读中，我将追随这一哲学传统，更多地强调羞感和自我评估，羞感和自我同一性的关联，借此以彰显奥古斯丁在罪的语境中反思羞所体现的深刻洞见以及它对于我们当下理解羞和理解自我的存在的意义。

卢克莱提亚羞感的悖谬

尽管其真实性在当今学界受到普遍质疑，但卢克莱提亚受辱和自杀的传奇故事对于罗马人具有极其重要的道德和政治意义。[①] 这个传奇频繁地被罗马的政治家、诗人、历史学家和哲学家引述来阐发他们对自由（无论是个人的还是公众的）和德性（特别是贞节）的理解。《上帝之城》中有关卢克莱提亚的叙述主要源自史学家李维[②]。李维在《建城以来史》中对这一传奇的生动叙述可简要重构如下[③]：

> 在阿尔代亚（Ardea）被围困的一个夜晚，一群年轻罗马王族开始夸耀他们妻子的品德。克拉丁（Tarquinius Collatinus）坚持说他的妻子卢克莱提亚远胜过其他人，他建议他的伙伴们不妨给他们的妻子们一次出其不意的暗访来做个决断。这群年轻人随即奔赴罗马，却发现他们的妻子正在宴饮狂欢。而在克拉提亚（Collatia），卢克莱提亚则坐在大厅里纺线。毫无疑问，桂冠归于这位贤德的夫人，然而这次胜利却将带给她致命的打击，因为她

---

① Ian Donaldson, *The Rapes of Lucretia: A Myth and its Transformations*, Oxford: Clarendon Press, 1982, pp. 5-12.

② S. Angus, *The Sources of the First Ten Books of Augustine's De civitate Dei*, Princeton: Princeton University Press, 1906, 特别是 p. 28. 也可参见 H. Hagendahl, *Augustine and the Latin Classics*, Göteborg: Almqvist and Wiksell, 1967, 1, pp. 195-206; 2, pp. 650-666. 以上两处转引自 Dennis Trout, "Re-Textualizing Lucretia", pp. 55-56。

③ 参见 Livy, *Ab vrbe condita*, edited by R. S. Conway and C. F. Walters, Oxford: Clarendon Press, 1914, I. 57-60。

的美丽（*forma*）和贞节（*castitas*）点燃了罗马末代国王 Tarquinius Superbus 的儿子 Sextus Tarquin 的邪恶欲望（*mala libido*）。

几天之后，Sextus Tarquin 带着一个奴隶回到了克拉提亚。入夜，他走进卢克莱提亚的房间，手里拿着匕首，威逼利诱企图动摇卢克莱提亚的心。一切徒劳无功之后，他威胁着要杀掉她并把一个裸体奴隶的尸体放在她身旁，以此宣称他们被捉奸在床而受死。这潜在的巨大羞辱令卢克莱提亚震惊不已，她屈服了。但是，第二天她召集自己的丈夫和兄弟，让他们每人带一个可信任的朋友作为见证。她向他们讲述了自己的遭遇，坚称"只有身体遭到了践踏，灵魂是无辜的；死亡将为此作见证"①。在他们答应为她的受辱报仇之后，卢克莱提亚用匕首刺进了胸膛。随后，贤德的卢克莱提亚的死亡成为 Tarquinius 暴政最为雄辩的证据。在卢克莱提亚自杀的见证人之一小布鲁图斯的领导下，罗马人起来反对并推翻了王族统治，建立了共和国。

李维将卢克莱提亚的受辱和死亡刻画为"德性的例证"，这在古代罗马极有影响。正如 Dennis Trout 所指出，"对于马西姆斯（Valerius Maximus）、塞涅卡、昆体良和普鲁塔克来说，她的名字就是贞节和一种不同寻常的男子勇气的代名词"②。甚至在早期基督教教父中，卢克莱提亚仍然如同德性的星座一般耀眼。德尔图良将卢克莱提亚作为他最喜爱的例子来激励基督徒朝向更贞节的生活。③ 卢克莱提亚同时也在哲罗姆所敬仰的女性名单中占一席之地，这些女性如此珍视自己的贞节，

---

① Livy, *Ab vrbe condita*, eds. by R. S. Conway and C. F. Walters, I. 58: "ceterum corpus est tantum violatum, animus insons; mors testis erit."
② 参见 "Re-Textualizing Lucretia", p. 61。
③ Tertullian, *Ad martyras* 4, *De exhortatione castitatis* 13, *De monogamia* 17, *Ad uxorem* I, 6, 引自 Elizabeth A. Clark, "Sex, Shame, and Rhetoric: Engendering Early Christian Ethics", *Journal of the American Academy of Religion* 59, 1992, pp. 221-245, 特别是 p. 225. 也可参见 "Re-Textualizing Lucretia", p. 61。

宁愿自杀也不愿苟活在羞辱之中。① 然而，当奥古斯丁为那些经历了公元 410 年罗马陷落而幸存下来的基督教妇女辩护时，卢克莱提亚自愿的死亡却成为一个问题：一些基督教女子在罗马的陷落中承受了同样悲惨的命运，但她们却并没有出于羞愤而自杀。卢克莱提亚的事迹很容易被奥古斯丁的论敌用来羞辱这些命运不济的女子。② 身为主教，奥古斯丁自觉有义务捍卫他的基督徒同胞的纯洁，抗辩异教徒对卢克莱提亚守贞的颂扬，给予这些战争的牺牲者以安慰，这一具有护教性质的目的构成了奥古斯丁探究卢克莱提亚的自杀的道德内涵和意蕴的基本背景。③

我们先略过奥古斯丁这一辩护，直接进入《上帝之城》第一卷第十九节对卢克莱提亚的传奇的重新解读。简短地重述了李维版本的卢克莱提亚的故事之后，奥古斯丁随即毫不容情地提问："我们该说什么呢？她应当被看作通奸者还是一个贞节的妇女呢？"④ 奥古斯丁很清楚这个问题的答案对于古罗马人来说是显而易见的，而且问题自身毫无价值可言，正如对这个故事的一句古老的评语所言，"确实有两个人，但只有一个犯了通奸"⑤。同时，奥古斯丁显然也赞同这一评语后的道德判断，亦即贞节的德性并不会仅仅因为身体所承受的暴力而被破坏。这一论点充分体现在前文所引述的卢克莱提亚的遗言中："只有身体遭到了践踏，灵魂是无辜的。"⑥ 对李维来说，性的纯洁或是贞节位于灵魂的宝座中。奥古斯丁从未质疑这一观点，并且将它包容进他的有关意愿认同的理论之中。在奥古斯丁眼中，如果意愿（*voluntas*）能够保

---

① Jerome, *Ad Jovinianum*, I, 46, 49. 参见 *The Rapes of Lucretia*, p. 25 以及 "Re-Textualizing Lucretia", p. 62。

② Augustine, *DCD*, I, 16; I, 19, edited by Bernardus Dombart and Alphonsus kalb, reprinted in CCSL XLVII-XLVIII.

③ Augustine, *DCD*, I, 16.

④ Augustine, *DCD*, I, 19: "Quid dicemus? Adultera haec an casta iudicanda est?"

⑤ Augustine, *DCD*, I, 19: "Duo, inquit, fuerunt, et adulterium unus admisit."

⑥ 参见本书第 285 页脚注 ①。

持坚定不移,不屈服于欲望(libido)的强力冲动,即使心灵不能够摆脱被另一个行为主体所不情愿地唤起的身体的渴望,甚至有可能在其中实现了身体的快感,这些欲望的承受者绝对是无罪的。① 这一论点将在后文讨论奥古斯丁对基督教妇女所受侮辱的分析中得到深化。然而,当奥古斯丁带着这一想法重思卢克莱提亚的案例时,卢克莱提亚自我强加的死刑判决就变得完全不可理喻。如果卢克莱提亚并没有认同由那次暴力侵犯所唤起的肉欲而犯下通奸的罪行,那么她的自杀,作为对这样一个没有依据甚至根本不存在的罪行的自我施与的惩罚,对她这样一个无辜的女子而言,毫无疑问是不公正的。而在奥古斯丁眼里更糟糕的是,自杀同样是杀人,而且在这里是处死一个贞节的女子,很明显是一项重罪。② 另一方面,如果我们将这次自杀认为是正当的惩罚,我们就必须被迫承认卢克莱提亚并未免于令人羞辱的通奸罪行,而这一点在将卢克莱提亚加冕为贞节女英雄的古代传统中显然是不可想象的。进而言之,即使在这样一种情形下,自杀作为杀人的一种方式仍然是不可以被宽恕的,因为它只不过是试图以一桩新的重罪去消解已有的罪行。卢克莱提亚的死再次被解释为一个不可解决的悖谬。③ 奥古斯丁也由此得出结论:"完全找不到摆脱(悖谬)的出路,人们只能问:如果她是通奸者,为什么会受颂扬?如果她是贞节的,为什么会被处死?"④

奥古斯丁对这位传奇女英雄毫不友善的剖析看起来似乎是一种时代错乱的胡言,这对一个生活在古代羞感文化中的女子来说是不公正

---

① Augustine, *DCD*, I, 16.
② 有关奥古斯丁自杀观的详细讨论,参见 Gustav Bardy, "Le question du suicide", in *Bibliotheque Augustinienne* 33, pp. 773-775; Patrick Baudet, "L'opinion de saint Augustin sur le suicide", in *Saint Augustin,* dossier conçu et dirigé par P. Ranson, Lausanne, 1988, pp. 125-152.
③ Augustine, *DCD*, I, 19.
④ Augustine, *DCD*, I, 19: "nec omnino invenitur exitus, ubi dicitur: 'Si adulterata, cur laudata; si pudica, cur occisa?'"

的。① 我们很容易认为我们比奥古斯丁能够更好地理解这样一个贤德女子的处境：她生活在一个强调荣誉和羞感的价值胜过一切的社会中，因此公众的评断，即使是一个错误的或是充满敌意的判断，对于一个关心自己在公众前形象的人来说，都是决定性的，甚至是致命的。人们往往难以容忍在自己的同胞前丧失名誉或是丢掉面子的痛苦。同时，我们还知道，在古代罗马一个女子的贞节往往同他的男性亲属的名誉联系在一起②，身体的被践踏，不管是通奸还是强暴，都意味着她自己的贞节和她丈夫的名誉的毁损③。因此，在这样的处境中，自杀通常被视为一个"理性的"选择以避免强奸的受害者被误认为通奸的爱好者。卢克莱提亚也宣称她拒绝成为一个例证，可以被其他确实不贞的妇女援引，作为她们苟活的理由。④ 尽管如此，如果我们耐心地追随奥古斯丁对于贞节这一传统德性的重新估价，我们将发现他的这一有些极端而且带有偏见的观点并不能够简单地还原为一种用罪的术语对羞感文化做出的时代错乱的解释。

奥古斯丁并未止步于揭示卢克莱提亚的自我谋杀所暗藏的内在悖谬，他接着给出了对这一命运不济的女子自杀动机的诊断。首先，奥古斯丁承认卢克莱提亚并没有认同那唯一的通奸者的欲念，但他随即指出，"尽管她遭受通奸者的侵犯而自己没有成为通奸者，她却杀死了自己，这不是出于贞节之爱（*pudicitiae caritas*），而是由于

---

① 燕卜荪（William Empson）将奥古斯丁的抨击简单地斥之为"粗鲁"，估计是不满于奥古斯丁未能达到一种道德相对主义的宽容。参见 *The Complete Signet Classic Shakespeare*, ed. by Sylvan Barnet, New York, etc., 1972, p. 1670, 引自 *The Rapes of Lucretia*, p. 29。

② 参见 S. Dixon, "Women and Rape in Roman Law", *Kønsroller, parforhold og samlivsformer: Arbejdsnotat nr. 3*, Copenhagen, 1982; S. B. Ortner, "The Virgin and the State", *Feminist Studies* 4.3 (1978) pp. 19-35, 引自 S. R. Joshel, "The Body Female and the Body Politic: Livy's Lucretia and Verginia", in *Sexuality and Gender in the Classical World: Readings and Sources*, edited by Laura K. McClure, Oxford: Blackwell, 2002, 174。

③ 参见 "The Body Female and the Body Politic", p. 179; 也可参见 *The Rapes of Lucretia*, p. 23。

④ Livy, *Ab vrbe condita, eds.* by R. S. Conway and C. F. Walters, I, 58: "ego me etsi peccato aboluo, suppicio non libero; nec ulla deinde impudica Lucretiae exemplo vivet".

来自羞感的软弱（pudoris infirmitas）"①。理解奥古斯丁对异教徒的贞节德性的重估，这是一个至关重要的区分。对奥古斯丁来说，显然羞（pudor）就其自身而言不能像挚爱（caritas）或是贞节（pudicitia atque verecundia）一样被看作一种德性。尽管卢克莱提亚的羞感起源于她拒绝被等同于她身体所受的践踏，拒绝被等同于她那不受控制的欲念——她为会被看作通奸者的可能性而感到羞辱并且深信她真实的自我要远胜于此，但是，这一羞感作为自发的和防御性的反应有其内在的弱点。我们可以追寻奥古斯丁对羞和贞节的区分来阐明这一观点。首先，正如那句古老的谚语所言，"羞栖身于目光之中"②。出于羞感，卢克莱提亚竭力用极端行为来维护她作为贞节妇女的自我形象，然而，这一自我形象主要依赖于公众的评判和社会风俗。她的行为更像是对他人批判的眼光的回应而不是对自我价值的深入洞察和自信的表达。这是对在公众前丢脸的潜在威胁的畏惧，而不是对一个人作为世界中的独一个体的爱。奥古斯丁还指出这个高贵的罗马妇人"极度渴求颂扬"（laudis avida nimium），并且认为"她必须借助自我惩罚将自己的心灵状态呈现于他人眼前（ad oculos hominum），因为在他人眼前她不能够展现自己的良知（conscientia）"③。"他人眼前"（ad oculos hominium）这一要素揭示出这一类型的羞感内在的疲弱乏力的根源：羞感依靠其自身并不能将这位贤德女子最为内在的良知带到人们的视野中。她心灵的窗户始终是晦暗的，不能被他人所看穿，羞感不足于

---

① Augustine, *DCD*, I, 19: "Quod ergo se ipsam, quoniam adulterum pertulit, etiam non adultera occidit, non est pudicitiae caritas, sed pudoris infirmitas." 引用了 Dyson 的翻译，并稍作修改。

② 参见 Aristotle, *Rhetoric*, II, 6, 1384a 35, trans. by W. Rhys Roberts, in *The Complete Works of Aristotle*, vol. 2, ed. by Jonathan Barnes, Princeton: Princeton University Press, 1984。

③ Augustine, *DCD*, I, 19: "Puduit enim eam turpitudinis alienae in se commissae, etiamsi non secum, et Romana mulier, laudis avida nimium, verita est ne putaretur, quod violenter est passa cum viveret, libenter passa si viveret. Vnde ad oculos hominum testem mentis suae illam poenam adhibendam putavit, quibus conscientiam demonstrare non potuit."

承担跨越不同心灵间鸿沟的重任。羞感本应当守护着真正自我的纯洁，抵抗任何可能来自他人的恶意判断，但在卢克莱提亚的案例中却最终导致了自我生命的终结，而这仅仅是出于对那些实在的或是虚构的观众的现实的或只是想象的判断的恐惧。

与卢克莱提亚的事迹中所呈现的羞感的软弱相对立，奥古斯丁坚持认为在罗马浩劫中受难的基督教妇女不仅展现了贞节的荣耀（*gloria castitatis*），同时也用一种更恰当的方式表达了羞的感觉。由此我们回到奥古斯丁在《上帝之城》第一卷第十六节中的一段评述，它值得我们全文征引：

> 首先应当提出并且加以确认的是：那使生活可以正当地度过的德性位于心灵的宝座之中（*ab animi sede*）；德性由此命令身体的其他器官；它借助圣洁的意愿而使身体变得圣洁；而且当这一意愿毫不动摇保持坚定，无论他人从身体中攫取了还是在身体中做了什么，这一切受害者无力在自己不犯罪的条件下摆脱，这时受害者是没有罪责的。而且，不仅仅是那些与痛苦相关的（*ad dolorem*），甚至涉及欲念的（*ad libidem*）都可能被强加在他人的身体上，但当这一切发生时，它们并不足于褫夺最坚定的心灵所持守的贞节，但却能触发羞感，以免人们相信那些不能够离开肉体的快乐而实现的行为同时也伴随着心灵的意愿（*cum mentis etiam voluntate*）。①

---

① Augustine, *DCD*, I, 16: "Sit igitur in primis positum atque firmatum virtutem, qua recte vivitur, ab animi sede membris corporis imperare sanctumque corpus usu fieri sanctae voluntatis, qua inconcussa ac stabili permanente, quidquid alius de corpore vel in corpore fecerit, quod sine peccato proprio non valeat evitari, praeter culpam esse patientis. Sed quia non solum quod ad dolorem, verum etiam quod ad libidinem pertinet, in corpore alieno perpetrari potest: quidquid tale factum fuerit, etsi retentam constantissimo animo pudicitiam non excutit, tamen pudorem incutit, ne credatur factum cum mentis etiam voluntate, quod fieri fortasse sine carnis aliqua voluptate non potuit."

在引入这一段评述前,奥古斯丁已经指出在这些事例中利害攸关的不是贞节这一德性,而是关于羞和理性(pudor atque ratio)的讨论。① 正如我们前文提到的,奥古斯丁坚持认为贞节这一德性取决于心灵的决断。依据奥古斯丁的行为理论,心灵通过意愿的命令做出决断并且控制身体。② 因此心灵的德性不可能在意愿不认同的情形下被玷污,同时,意愿的决断,哪怕是强奸暴行的受害者的决断,也不可能被身体的侵犯者所强迫,否则,心灵的决断就不是自由的,而这一意愿也很难被称为她或他自己的意愿。很显然,谈论一个被强迫的自愿行为是荒谬的。③ 所以在那些从罗马的浩劫中幸存的基督教女子的案例中,毫无必要去争论他们的信仰、虔敬和贞节的德性,因为去相信她们完全屈从于那野蛮的暴力并且享受那被敌人所强加的身体快感,无疑是欠缺考虑而且残忍的。很明显,由于没有屈服于她们身体令人困扰的欲念,这些女子坚守着她们的贞节毫不动摇,当她们忍受着敌人的践踏时,她们是无罪的。相应地,她们也没有理由在上帝面前产生负罪感,因为上帝见证了她们身体所遭受的苦难和她们灵魂的坚贞。

然而,罪孽感的缺席并不意味着取消了这一处境中羞感产生的合法性。这些受害者在身体被践踏时,不仅违背自己意愿地承受着痛苦的侵袭,同时也不情愿地经历着欲念的满足和相应的肉体快感。奥古

---

① Augustine, *DCD*, I, 16, "Hic vero non fides, non pietas, non ipsa virtus, que castitas dicitur, sed nostra potius disputatio inter pudorem atque rationem quibusdam coartatur angustiis."("这里所涉及的并不是信仰、虔诚,甚至不是被称为贞节的这一德性,我们的讨论被限制在羞和理性的狭小空间中。")

② 参见 Augustine, *Confessiones*, VIII, 8, 19- 9, 21; *De Trinitate*, Book XI; *DCD*, XIV, 6, XIV, 24; *De Genesi ad litteram*, VIII, 21, 40- 42。有关的二手文献,参见 Albrecht Dihle, *The Theory of Will in Classical Antiquity*, Berkeley and Los Angeles: University of California Press, 1982; Gerald O'Daly, *Augustine's Philosophy of Mind*, London: Duckworth, 1987; N. W. den Bok, "Freedom of the Will: A systematic and biographical Sounding of Augustine's Thoughts on Human Willing", *Augustiniana* 44, 1994, pp. 237- 270。可参见拙著《试论奥古斯丁著作中的意愿(voluntas)概念——以〈论自由选择〉和〈忏悔录〉为例》,《现代哲学》2005 年第 3 期。

③ 参见 Augustine, *De libero arbitrio*, III, 1, 2-3; III, 17, 48- 59; *Confessiones*, VIII, 9, 21; *DCD*, XII, 7。奥古斯丁强调,我们不应该寻找恶的意愿的任何效力因,因为意愿的决定不可能被任何东西强迫,甚至是意愿官能本身。

斯丁认为那不顺从的欲念（*concupiscentialis inoboedientia*）能够依着自己的律法驱使自身，毫不顾忌意愿的决断，例如在我们的梦中意愿就对这些桀骜不驯的欲望无可奈何。当然，如果没有对那欲念的认同，也没有罪可言。① 然而在这样的处境中，羞的感觉却可能被触发，作为一个可见的标志暗示隐藏着的意愿的内在决断，这一点在前文所引奥古斯丁对这些命运悲惨的女子的贞节的评述的最后一句中已经被强调了："它们并不足于褫夺最坚定的心灵所持守的贞节，但却能触发羞感，以免人们相信那些不能够离开肉体的快乐而实现的行为同时也伴随着心灵的意愿。"② 在这一对无辜者的羞感产生的评述中，暗含着奥古斯丁对羞感本性的深刻理解，这可以更加系统地表述如下。

首先，羞的感觉使自我和这些令人搅扰的冲动隔离开来，这些冲动在他人侵犯了我们的身体之后而出现在心灵之中。羞感表达出这些冲动的承受者并不愿意将他自己降格为肉体欲望的傀儡，如同动物一般，因为他在面对肉欲时清晰地感觉到自己的窘迫不安而不能将所发生的一切视为理所当然。这一令人困扰的不适感默默地回应着意愿对肉欲的拒斥，而这肉欲无疑不是由意愿的决定所带来的。在此，羞感作为对肉体欲念的最为直接和自发的反应，以至于它自身是不可能奠基于任何心灵的理性谋划的基础之上。因为，我们很显然不可能在理性谋划的基础上确切地决定何时、何地、为何而羞。羞的感觉往往突如其来地不期而至。羞将它自身展现为与心灵亲密相连的一种自然感

---

① Augustine, *DCD*, I, 25, "Quod si illa concupiscentialis inoboedientia, quae adhuc in membris moribundis habitat, praeter nostrae voluntatis legem quasi lege sua movetur, quanto magis absque culpa est in corpore non consentientis, si absque culpa est in corpore dormientis."（"如果这不顺从的欲念仍然留存于将死的躯体之中，它不顾意愿的法度，按着自身的律法来驱使自身，此时如果没有认同，那就无罪可言，正如当它出现在睡梦中的身体时我们可以脱罪一样。"）关于睡梦中的道德责任，参见 *Confessiones*, X, 30, 41，相关研究参见 Ishtiyaque Haji, "On Being Morally Responsible in a Dream", in *The Augustinian Tradition*, edited by Gareth B. Matthews, Berkeley and Los Angeles: University of California Press, 1999, pp. 166-182.

② 参见本书第 290 页脚注①。

觉，它独立于理智的理性谋划和意愿的选择。因此，在羞感的发生中最为关键的首先是心灵自身的状态和它的自我评价，尽管心灵不能够以审慎选择的方式来决定羞感。当然，羞感和心灵的这一内在关联仍然晦暗不明有待进一步的澄清，但已经可以证实的是羞的感觉首先并且首要地来源于心灵的最为内在的处境，而不是公众的评判或是社会风尚。一个有德性并且自信的人应当平静地蔑视这些很可能束缚心灵的陈规旧俗，但对于心灵自身的不安与困惑，则是另一回事。出于这一考虑，我们也就能够理解在奥古斯丁的眼中，这些基督教女子只是在内心深处感到惶惑，在上帝的目光下感到羞愧，这种不安窘迫的感觉首先所牵涉的并不是他人的目光。① 这一点已经在 Elisabeth A. Clark 对早期基督教中有关羞的修辞研究中正确地得到了强调，"对所有基督徒而言，那最终使人感到羞的是上帝。那洞察一切的眼睛始终见证着基督徒内在的思想和外在的行为"②。因此，受难者的良知对于那全能的观察者不再是隐匿不见的，也就没有必要以出于羞感的外在的极端行为来作为自己内在良知的见证。源自对上帝和他人的爱的贞节美德以及羞感的自然表达，对这些基督教女子来说，已经足以清除他们对潜在的被人怀疑的羞辱的恐惧。③ 在此所呈现的是羞感的一种更加有力、更为本真的表达，它捍卫着个人内在的自我评价不受任何他人恶意判断的侵扰。在此相关的是建立于意愿的认可和认同基础上的主体的自我形象，而不是相应于社会风尚和他人的评判的假象的自我形象。奥古斯丁强调一个伟大的灵魂应当在纯洁良知的光照下蔑视他人的判断，

---

① 参见 Augustine, *DCD*, I, 19。
② Elisabeth A. Clark, "Sex, Shame, and Rhetoric", p. 235.
③ Augustine, *DCD*, I, 19, "habent autem coram oculis Dei sui nec requirunt amplius, ubi quid recte faciant non habent amplius, ne deviant ab auctoritate legis divinae, cum male devitant offensionem suspicionis humanae." ("他们得到上帝的亲眼见证，不再需要更多。除了行正当之事，他们也无需得到更多。他们也不会在逃避被人怀疑的羞辱中背离神圣律法的权威。")

尤其是那些庸俗不堪的，往往包裹着嫉妒这样的阴暗错误的判断。①

然而，一个新的困惑却随着上文所重构的奥古斯丁对羞的解释应运而生：如果灵魂不认同欲念并且确信自己的贞节和无辜，为什么它仍然在羞的感觉中感到窘迫和困扰呢？羞从来不是一件让我们舒心的事情。在我们的内在自我深处，一定发生了什么而让羞成为这一心灵的内在变化的记号。即使确认了贞节的德性，羞感仍然一如既往地袭来，尽管它更加本真、更加贴近心灵。上文对奥古斯丁重思卢克莱提亚案例的重述，仅仅展示了他对羞这一现象，对羞和良知与自我评价之间的本质联系的洞见。未能触及的是羞感的心理的和本体的根源这一核心问题。这一难题将我们导向奥古斯丁在《上帝之城》第十四卷中对亚当和夏娃原初的羞感的叙述，它将揭开羞感所暗示的自我最为内在的紧张和人的基本的生存状态。

亚当和夏娃的羞与肉欲

《上帝之城》第十四卷撰写于公元 418 年至 420 年之间，正值奥古斯丁和裴拉基派论战时期。② 这一卷讨论了一系列不同但有内在关联的主题，其中包括对亚当的罪和惩罚的叙述，对肉体欲望、罪和生育的评述。③ 奥古斯丁在对亚当的堕落的反思中，追溯到基督徒所接受的人类社会的起源来从新的角度考察羞感的发生，这最终指向一种对羞的

---

① Augustine, *DCD*, I, 22, "majorque animus merito dicendus est, qui vitam aerumnosam magis potest ferre quam fugere et humanum iudicium maximeque vulgare, quod plerumque caligine erroris involuitur, prae conscientiae luce ac puritate contemnere."（"一个能够承受而不是逃避生命苦难的灵魂，它能够在良知的纯粹光照下蔑视人们尤其是庸俗之人的论断，它才配称作伟大的灵魂。"）

② 参见 G. Bardy, "Introduction Générale", in BA 33, *La Cité de Dieu*, Livres I-V, Desclee de Brouwer, 1959, p. 29. 也可参见 Peter Brown, *Augustine of Hippo: A Biography*, Berkeley and Los Angeles, 1967/ A new edition with an epilogue, 2000, p. 283. Gerald O'Daly, *Augustine's City of God: A Reader's Guide*, Oxford: Clarendon Press, 1999, pp. 34-35。

③ Gerald O'Daly, *Augustine's City of God: A Reader's Guide*, p. 153.

全新理解，它突破了以他人在场为基本思维构架的对羞的传统理解。①

首先，奥古斯丁着重指出在人类堕落之前的伊甸园中并不存在羞这一情感。这一点明确无误地写在《创世记》中："当时他们都赤身裸体，并不害羞。"② 然而当他们吞吃了禁忌之果公然违背上帝的律令时，圣经中写道："于是二人的眼开了，发觉自己赤身露体，遂用无花果树叶给自己编了个裙子。"③ 奥古斯丁将这一遮蔽自己身体的行为确认为他们在意识到自己的赤裸之后的尴尬和羞愧的自然表达。由于《创世记》的作者断定在乐园中绝无羞感产生的可能，因此在亚当和他的妻子身上一定发生了什么，而这一新事物首先被"他们的眼"注意到。"于是二人的眼开了"，显然不能够从字面上解读为他们在堕落之前一直生活在黑暗之中，如今才能看见事物。因为亚当显然能够看见他所命名的动物，而夏娃也看见那果树适于食用，同时愉悦眼球。④ 所以我们有必要从超越字义的角度来理解这一段圣经文本。恰好这一句也是奥古斯丁晚年最喜爱的圣经引文，特别是在他批驳尤利安这个裴拉基的杰出弟子、奥古斯丁晚年的最大论敌的著作之中。⑤ 在奥古斯丁第一部回应

---

① 奥古斯丁强调，虽然人是作为一个个体被创造的，但人类比其他任何物种都更在本质上是社会性的，因为亚当不是孤身一人：人类社会的统一性首先体现在在亚当和夏娃的亲密关系中。参见 DCD, XII, 22; XII, 28.

② DCD, XIV, 17 中引用的《创世记》2：25: "Nudi errant, et non confundebantur". 奥古斯丁此处使用的《圣经》版本与 De Genesi ad litteram, XI, 1 中有所不同，后者明确地使用了 pudere（感到羞耻）这一动词: "Et errant ambo nudi Adam et mulier ejus et non pudebat illos."（"亚当和他的女人两人赤身裸体，并不感到羞耻。"）本文中《圣经》引文的翻译尽可能贴近奥古斯丁所用的拉丁文译本，同时参考思高圣经学会中文译本。

③《创世记》3：7，引自 DCD, XIV, 17, "Et aperti sunt oculi amborum et agnoverunt quia nudi errant, et consuerunt folia fici et fecerunt sibi campestria."

④ Augustine, DCD, XIV, 17, "quando quidem et ille vidit animalia, quibus nomina inposuit, et de illa legitur: Vidit muler quia bonum lignum in escam et quia placet oculis ad videndum."（"他是确实能看到那些交由他命名的动物的，而关于她（即夏娃），经上写道：'女人看那果树实在好吃，悦人眼目。'"）奥古斯丁在他专门的《创世记》注疏中也强调亚当和夏娃在初罪之前是能看见的，参见 De Genesi ad litteram XI, 40.

⑤ 关于奥古斯丁与尤利安论争的扼要总结，参见 Gerard Bonner, St. Augustine of Hippo: Life and Controversies, Norwich: Canterbury Press, 1986, 特别是 pp. 347ff.

尤利安指控他否认婚姻的善的著作《论婚姻和欲望》中——这部著作写作时间与《上帝之城》十四卷极为接近——奥古斯丁特别评述了这一句引文：

> 于是二人的眼开了，我们应当理解为他们的注意力被吸引，发现并且认识到在他们那一直赤裸着并且眼睛早已熟悉的身体上发生了新的状况。①

很明显，他们遮蔽性器官的行为暗示出了这一新发生的窘迫感在身体上的确切定位。正如奥古斯丁自己多次提到，生殖器官在拉丁语中可以被称为"*membra pudenda*"（羞处）。然而，对奥古斯丁来说，身体这一令人害羞的部分自身却不能被视为羞感的唯一源泉。首先，从神学的观点看，亚当和夏娃只是在他们抗拒上帝律令的最初反叛之后才感到羞的存在。这一逾越律令或者不服从的行为是由我们的灵魂经由意愿的决断所犯下的罪，这一点对奥古斯丁来说是毋庸置疑的。他特别强调罪的原因，特别是原初的罪的原因，来自我们的灵魂，而不是身体。② 乃是意愿对于按照人的要求而不是按照上帝的要求去生活这一诱惑的认可，使得亚当和夏娃最忽略了上帝的律令。相应地，作为对这一心灵的反叛的惩罚也应当首先在心灵之中而不是在身体之中。进而言之，整个人的身体包括羞处都是由上帝所造，因而就其自身而言

---

① *De nuptiis et concupiscentia*, I, 5, 6. "Aperti sunt oculi amborum, intellegere debemus adtentos factos ad intuendum et agnoscendum quod novum in eorum corpore acciderat, quod utique corpus patentibus eorum oculis et nudum cotidie subiacebat et notum." 此处译文参见英译本 Roland J. Teske, *Answer to the Pelagians, II: Marriage and Desire, Answer to the Two Letters of the Pelagians, Answer to Julian*, New York: New City Press, 1998。

② 例如，DCD, XII, 6-8 在论证天使的邪恶意愿是其堕落的决定性因素时指出，他们这些高贵的存在物或者拥有更轻盈、等级更高的身体，或者完全没有身体。DCD, XIV, 3 则强调最在于灵魂，而不是肉体。

必然是善的。生殖器官在乐园之中就一直存在，因而不应当为羞感发生时人所感到的困扰而被责难。相应地，那引发了羞感的新状况首先也应当定位于灵魂之中，这一变化无疑决定性地改变了在乐园中身体和灵魂之间曾经亲密和谐的关系。

对受造物的善的神学强调引领着奥古斯丁去更仔细地思考羞感的发生。羞这一现象无疑揭示出在人的存在中潜藏着的侵扰和不和谐的因素，它首先彰显于性器官的运动之中。对奥古斯丁来说，那在人类的堕落之后所改变的乃是驱动着这一自然的身体运动的动因。正如奥古斯丁更早些时候对亚当和夏娃所受的惩罚的讨论中所宣称的：

> 尽管他们的器官还如同最初的时候一样，这些器官最初却不是令人为之害羞的。因此他们开始觉察到他们躯体里新的冲动，这一不顺从的冲动对应于他们对上帝的不顺从而成为对他们的惩罚。①

这一新的冲动被命名为"欲念或者欲望"（*libido or concupiscentia*）②，因为它不顾意愿的决断令肉体欲火中烧。③ 这一论断首先可以通过我们的日常经验加以确证：肉体的欲望或者欲念可以唤醒我们的性器官，即使我们并不愿意如此，反之当我们燃烧着强烈的生殖意愿时，这一

---

① Augustine, *DCD*, XIII, 13: "Quae prius eadem membra erant, sed pudenda non erant. Senserunt ergo novum motum inoboedientis carnis suae, tamquam reciprocam poenam inoboedientiae suae."

② 作为一个一般原则，奥古斯丁在提到性欲时，*libido* 和 *concupiscentia* 是几乎可以换用的，参见 Gerald Bonner, "*libido* and *concupiscentia* in St. Augustine", in *God's Decree and Man's Destiny: Studies on the Thought of Augustine of Hippo*, London, 1987, IX, pp. 303-314。在《上帝之城》中，奥古斯丁更常使用 *libido*。不过，在和裴拉基派尤其是和尤利安的论战中 *concupiscentia carnalis* 更常出现。

③ Augustine, *DCD*, XIV, 17, "Quod itaque adversus damnatam culpa inoboedientiae voluntatem libido inoboedenter movebat, verecundia pudenter tegebat."（"欲望以不顺从的方式去对抗那因不顺从之过错而被定罪的意愿，而贞洁则含羞地将之隐藏。"）

狂放不羁的欲望有时却使我们备受挫折。① 在前文对遭受劫难的基督教女子的分析中，我们也观察到肉体的欲念遵循着自己的法度，对抗着意愿的决断。依循使徒以来的传统，奥古斯丁将它称之为反抗心灵的"罪的法度"（lex peccati）。② 在此，奥古斯丁将羞感的产生放置于不受控制的欲念和意愿的软弱无力的语境之中。要探究奥古斯丁道德心理学体系中羞感的本性，我们首先应当理解欲念或者肉欲的侵扰，其次是意愿在羞感的产生中所扮演的角色，最后我们就可以借此以窥羞感所揭示的自我形象。

欲念或者欲望（libido or concupiscentia）是奥古斯丁和裴拉基派论战中一个至关重要的主题。③ 这一术语在奥古斯丁的著作中初看具有很强的性的指涉，奥古斯丁也遵循着这些词语的日常运用指出，当他们在使用时不特加说明所指涉的对象时，通常出现在人们的脑海里的只是那驱动着人的不洁净的器官的欲念。④ 因此要澄清这一生殖器官的驱动力量的内涵，我们应当从一开始就要注意到在奥古斯丁的写作中，concupiscentia 或者 libido 的含义要比纯粹的性冲动更广更深。这并不是一个新奇的评断，在奥古斯丁学界，特别是在 Gerald Bonner 和

---

① Augustine, *DCD*, XIV, 16, "Sed neque ipsi amatores huius voluptatis sive ad concubitus coniugales sive ad inmunditias flagitiorum cum voluerint commoventur; sed aliquando inportunus est ille motus poscente nullo, aliquando autem destituit inhiantem, et cum in animo concupiscentia ferveat, friget in corpore." （"但甚至那些热爱这种欢愉的人也不能在他们想要的时候，就可以进行婚内的结合或某种龌龊的恶行；这种不适宜的冲动有时不请自来，有时又会抛弃那热切的追求者，当欲念还在灵魂中发热，它却已经在身体中冷却。"）

② 《罗马书》7: 23，见 Augustine, *DCD*, XIV, 17 "Cognoverunt ergo quia nudi errant, nudati scilicet ea gratia, qua fiebat ut nuditas corporis nulla eos lege peccati menti eorum repugnante confunderet." （"他们因此知道自己赤身裸体，他们被剥夺了恩典，而正是这恩典在罪的法度没有与心灵为敌时让他们无需为自己身体的赤裸蒙羞。"）

③ 参见 Gerald Bonner, *St. Augustine of Hippo: Life and Controversies*, Norwich: Canterbury Press, 1963, 2002 the third edition, pp. 374ff.

④ Augustine, *DCD*, XIV, 16, "tamen cum libido dicitur neque cuius rei libido sit additur, non fere adsolet animo occurrere nisi illa, qua obscenae partes corporis excitantur." （"但当我们说'欲念'而不补充是对什么事物的'欲念'时，那么出现在我们心灵中的就只是那驱动身体的隐晦器官的欲念。"）

Mathijs Lamberigts 的著作中，这一点已经得到充分的强调。[①] 首先，奥古斯丁认为 *concupiscentia* 也可以是善的欲望，"有时，人也应当夸耀那所谓的欲望（*concupiscentia*），因为也有对抗肉体的属灵的欲望，也有对智慧的欲望"[②]。与之同时，奥古斯丁也谈论 *concupiscentia naturalis* 用来指对幸福的自然欲望。[③] 更进一步，奥古斯丁列举了欲念的多种形式：报复的欲念（怒气），对金钱的欲念（贪婪），不计代价的求胜的欲念（顽固），对荣耀的欲念（虚荣），等等。[④] 很显然，尽管欲念或者欲望首先将自身展显于性的领域之中，但这一术语的负面含义却并不由性的疆域所限定。奥古斯丁自己精辟地指出，那奠基于这些不同形式的欲念之下的，是人类为自己身体或者自己灵魂谋取好处的渴望，也就是按照人自身而不是按照上帝的真理生活的欲望。[⑤] 如所周知，这明确地指向作为尘世之城的根基的"自我之爱"（*amor sui*）而与上帝之爱（*amor Dei*）相对立。[⑥] 因此，*concupiscentia* 或者 *libido* 不能够草率地等同于性欲或者性冲动。它并不因为与性有关而令人害羞，而是因为它是如此强力的驱动力量，以至于把身体从意愿的控制中剥离出来并且推动着肉体按照自己的法度生活。正是这一难以驾驭的心灵倾向在亚当和夏娃的原罪之后降临在他们身上，令他们为之困扰。在此被认作对人类原初过犯的惩戒，同时也是羞的源泉的，不是自然的性的冲动，而是心灵的反叛倾向，它使得人们不再关注人类作

[①] 参见 Gerald Bonner, "Concupiscentia", in *Augustinus-Lexikon* vol. 1, Basel: Schwabe AG, 1993, 1113-1122. Mathijs Lamberigts, "A Critical Evaluation of Critiques of Augustine's View of Sexuality", in *Augustine and His Critics: Essays in Honour of Gerald Bonner*, edited by Robert Dodaro and George Lawless, London: Routledge, 2000, pp. 176-197, 特别是 p. 180。

[②] Augustine, *De nuptiis et concupiscentia*, II, 10, 23: "In concupiscentiae autem nomine aliquando gloriandum est, quia est et concupiscentia spiritus adversus carnem, est et concupiscentia sapientiae."

[③] *Contra Julianum Opus Imperfectum*, IV, 67, 引自 Mathijs Lamberigts, "A Critical Evaluation of Critiques of Augustine's View of Sexuality", p. 409.

[④] Augustine, *DCD*, XIV, 15.

[⑤] 倒如 "A Critical Evaluation of Critiques of Augustine's View of Sexuality", p. 409。

[⑥] 参见 Augustine, *DCD*, XIV, 28。

为属灵生物的灵性价值。①

然而，这一对欲望或者欲念的解释自然会带来这样一个问题：为什么性活动中所包含的欲望总是（尽管不是唯一的）令我们脸红，而其他难以驾驭的令人困扰的欲望却不会，即使后者往往更给我们压迫感甚至带来的后果更加严重。举例而言，强烈的复仇欲望比一个通奸者的欲念往往更有破坏力。奥古斯丁很敏感这样的责问：

> 而且，贞节感（verecundia）并不会像遮掩由性器官所表现的出于欲念的行为一样，遮掩出于愤怒的行为和与其他情感相关联的言语和举动。但这难道不正是因为在其他情感中，身体的器官并不是由这些情感自身所驱动，而是在意愿认可了这些激情之后由意愿所驱动吗？因为意愿统领着这些器官的使用权。因为没有一个人在愤怒中能够说出一个词或是击打别人，除非他的舌头或者手通过某种方式被意愿的命令所驱动。而这些器官在没有愤怒的情况下也能被同一意愿所驱动。但是性器官却在某种意义上如此完全地堕落到欲望的淫威下，以至于当这一激情缺席时，它就无力运动，除非欲望自然而然地产生或是被别人所唤醒。正是这点使我们为之害羞，正是这点使我们脸红着躲避旁观者的目光。②

---

① 在与奥古斯丁的缠斗中，尤利安更愿意谈论 calor genitalis（生殖之热量），而不是 concupiscentia carnalis（肉欲）。他坚持认为这一热量是人得以受孕的必要生理条件。正如彼得·布朗所论，这两个术语属于两个截然不同的世界，见 Peter Brown, "Sexuality and Society in the Fifth Century A.D.: Augustine and Julian of Eclanum", in *Tria Corda: Scritti in onore di Arnaldo Momigliano*, ed. by E. Gabba, Como: Edizioni New Press, 1983, pp. 49-70, 特别是 p. 63。

② Augustine, *DCD*, XIV, 19: "Quod autem irae opera aliarumque affectionum in quibusque dictis atque factis non sic abscondit verecundia, ut opera libidinis, quae fiunt genitalibus membris, quid causae est, nisi quia in ceteris membra corporis non ipsae affectiones, sed, cum eis consenserit, voluntas movet, quae in usu eorum omnino dominatur? Nam quisquis verbum emittit iratus vel etiam quequam percutit, non posset hoc facere, nisi lingua et manus iubente quodam modo voluntate moverentur; quae membra, etiam cum ira nulla est, moventur eadem voluntate. At vero genitales corporis partes ita libido suo iuri quodam modo mancipavit, ut moveri non valeant, si ipsa defuerit et nisi ipsa vel ultro vel excitata surrexerit. Hoc est quod pudet, hoc est quod intuentium oculos erubescendo devitat."

对奥古斯丁来说，这里至关重要的乃是意愿的角色。在愤怒这一情感里，意愿保持着它对身体完全的控制，并且作为身体运动的决定性因素控制着这一情感或者激情的身体表达。① 奥古斯丁的这一论断乃是依据他在《上帝之城》中对激情或者情感的唯意愿论的解释。他遵循古典时期对激情的讨论，特别是西塞罗的观点，将激情或者情感定义为"违背理性的心灵活动"（motus animi contra rationem）。② 野兽没有情感，因为他们缺乏理性。③ 奥古斯丁同时坚持这些情感对人的困扰不可能仅仅还原到身体，或更确切地说，还原到朽坏了的身体，如同维吉尔在他的诗句中所延展的柏拉图派的传统一样。④ 激情或者情感首先是理性灵魂的对抗其自身理性本性的活动。在人的灵魂中，激情呈现为心灵的非理性倾向，它搅扰着理性能力或者理智对灵魂的统治。激情或者情感本质性地属于灵魂，因为我们无须身体的感觉或者身体的运动仍然能够感觉到这些情感的搅扰。同时，奥古斯丁将我们行为或者不作为的决定权归于意愿这一心灵官能，意愿将其自身确立为心灵的驱动型力量。因此意愿的认可或者拒斥对于激情的发

---

① 奥古斯丁所使用的情感术语，见 DCD, IX, 4, "... his animi motibus, quae Graeci πάθη, nostri autem quidem, sicut Cicero, perturbationes, quidam affectiones vel affectus, quidam vero, sicut iste (sc. Apuleius) de Graeco expressius, passiones vocant."（"……这些灵魂的活动希腊人称之为 pathe，我们中有些人像西塞罗那样称之为 perturbationes、affectiones 或 affectus，有些人则和这位（指阿普莱乌斯）一样称之为 passiones。"）参见 DCD, VIII, 17; XIV, 5; Confessiones, X, pp. 21ff. 也可参见 Gerard J. P. O'Daly's 和 Adolar Zumkeller's 为《奥古斯丁词典》撰写的卓越词条，见 "Affectus (passio, perturbatio)", in Augustinus-Lexicon, I, pp. 166-180, 特别是 pp. 166-167。

② 参见 Cicero, Tusculanarum disputationum, IV, 6, 11. 此处，西塞罗接受芝诺对 πάθος 的定义，将其定义为"违背正确理性、对抗心灵本性的骚动（aversa a recta ratione contra naturam animi commotio）"。也可参见 DCD, VIII, 17; IX, 4; XIV, 5 ff。

③ Augustine, DCD, VIII, 17.

④ "Igneus est ollis vigor et caelestis origo/ Seminibus, quantum non noxia corpora tardant/ Terrenique hebetant artus moribundaque membra,/ Hinc metuunt cupiuntque, dolent gaudentque,/ nec auras/ Suspiciumt, clausae tenebris et carcere caeco."（"它们的种子的生命力有如烈火一般，因为它们的源泉来自天上，但是切勿让物质的躯体对它们产生有害的影响，妨碍它们，切勿让泥土做的肉身或死朽的肢体使它们变得呆滞。这肉体有恐惧，有欲望，有悲哀，有欢乐，心灵就像囚禁在暗无天日的牢房里，看不到晴空。"此处据杨周翰译文。）参见 Virgil, Aeneid, 6, pp. 730ff, 引自 DCD, XIV, 3。

生是至关重要的。

> 意愿存在于所有的（激情）之中；实际上，这些激情只是意愿的行为（voluntates）。因为所谓欲求或者快乐，难道不是意愿与我们所想要的相一致吗？而恐惧和悲伤不是我们的意愿不同于我们所排斥的吗？……广而言之，当一个人的意愿被它所追求或者所逃避的事物所吸引或者所拒斥，这意愿就改变并转化为这种或那种情感。①

奥古斯丁对激情的唯意愿论的解释，很显然接近斯多葛派以灵魂的认可为激情根基的理论。激情总是在心灵赞同时才产生，而并非不包含我们的意愿的心灵的纯粹冲动。② 因此，愤怒这一激情相应地彰显了我们在受到冒犯以后要去报复的意愿。而与此相应的发泄愤怒的身体的运动，则是由意愿这一官能所驱动的。举例来说，舌头和手的运动在这一情形下都服从意愿的命令。而与之形成鲜明对照的是，即使我们有强烈的生育的意愿，奥古斯丁依然坚持认为，为了实现这一意愿所必需的性器官的活动并不完全听从意愿的号令。它如此屈从于欲念的

---

① Augustine, *DCD*, XIV, 6, "Voluntas est quippe in omnibus; immo omnes nihil aliud quam voluntates sunt. Nam quid est cupiditas et laetitia nisi voluntas in eorum consensione quae volumus? Et quid est metus atque tristitia nisi voluntas in dissensione ab his quae nolumus? ... Et omnino pro varietate rerum, quae appetuntur atque fugiuntur, sicut allicitur vel offenditur voluntas hominis, ita in hos vel illos affectus mutatur et vertitur."

② 例如，塞涅卡即将愤怒解释为以意愿（voluntas）为基础的自愿行动，参见 De ira, II, 1, 4; II, 4, 1-2。毫无疑问，奥古斯丁对意愿官能的理解与斯多亚派的认可概念有所不同，尽管他们都会使用意愿这一术语。最重要的区别在于，奥古斯丁拒绝将意愿单纯认定为灵魂的理性同意或理性欲望。奥古斯丁希望强调 意愿作为一种有别于理智和欲求的能力的独立性。在这里，我们无法深入讨论奥古斯丁的唯意愿论情感解释的局限性，它似乎简化了情感的不同形式，过分强调了意愿在激情形成中的控制。当代心灵哲学在论及激情时，更倾向于在没有意愿的中介下，直接强调非理性的冲动和理性之间的对峙。然而，奥古斯丁和斯多亚的激情理论的一个明显优势是，他们可以解释我们的灵魂是如何积极参与激情的发生的。本文接受这种唯意愿论的情感解释，以便展示奥古斯丁如何解决上述关于羞耻和激情的难题。

威权，毫不顾忌意愿这一心灵能力。①

　　带着对激情和意愿关系的这一解释，我们回到激情和羞感之间令人困惑的关系中。我们必须明确地承认当我们意识到我们不正当地将怒气发泄在错误的人身上，特别是当受害者是我们所真正关爱的人身上时，我们也会感到困扰尴尬甚至脸红。然而，这种感觉只是在我们的激情退潮之后才会来临。根据奥古斯丁的理解，当我们完全被这激情所控制的时候，我们不会为这些激情的兴起而感到羞愧，因为我们并不认为在那一时刻我们的行为完全脱离了意愿的控制。② 根据奥古斯丁对意愿在激情发生中作用的强调，我们可以如此构建出在肉欲中羞这一令人不适的感觉和在其他激情中的尴尬的感觉之间的区别。后者往往来自事后的反思，它更接近懊悔而不是羞，因为我们确信，是我们意愿的错误决断引导着我们去如此行为，而且我们也可以通过审慎的思考去避免意愿的这一错误。这一尴尬的感觉所关涉的更多是那些可以尽量减少甚至避免的错误行为，而不涉及自我形象的迷失或者是自我评估的受挫。与此相对立的是，在性的欲念中，即使当这一令人困扰的欲望被应用于完全正当的目的，例如为了在婚姻中延续后代，我们仍然会对性的欲念自身感到羞愧。这是因为，尽管我们相信自己能够拒绝向这些欲念屈服，可是我们却不能够仅仅凭借意愿的决断去控制那和性欲的满足紧密相连的我们身体的活动。用奥古斯丁自己的话来说，"当它们（指欲念）被节制和克制的（德性）所冻结时，它们的运用是在人的能力控制下的，可是它们的活动却不是"③。简而言之，

---

　　① 奥古斯丁对性欲和其他激情的区分，已经在论争中收到尤利安的质疑。对这一论争已有出色的研究，例如 Richard Sorabji, *Emotion and Peace of Mind*, Oxford: Oxford University Press, 2000, 特别是第 26 章 "Augustine on Lust and the Will"，另参见 John C. Cavadini , "Feeling Right: Augustine on the Passions and Sexual Desire", *Augustinian Studies* 36: 1, 2005, pp. 195-217。

　　② 参见 Augustine, *DCD*, XIV, 19. Cf. note 70。

　　③ Augustine, *De nuptiis et concupiscentia*, II, 7, 18, "Quae tamen etsi frenentur temperaantia vel continentia, usus eorum aliquantum, motus tamen eorum non est in hominis potestate."

我们在这躯体的欲望狂风骤雨般的冲击前显得全然无力，它以自己的方式驱动着我们的生殖器官。正是由性欲所驱动的这一身体的不受控制的活动使得我们为之羞报，甚至要为合法合理的性交寻求隐私权。当我们意识到这一不受控制的肉欲时，羞的感觉就应期而至。更重要的是，在这一肉体的欲念得到实现之前，羞感就试图唤醒我们的良知去对抗这不守规矩的冲动，因为它的不可控制的特性威胁着我们的自我价值。当这一努力失败时，我们不仅仅为我们在性欲驱动下所做的一切害羞，而且更重要的是我们会为这欲望的出现自身羞报，因为性欲的在场同时又是我们性关系的实现所不可或缺的。

性的欲念和其他激情的这一差别同样体现在奥古斯丁有关身体和灵魂的等级框架之中。他接受柏拉图派的传统，特别是通过西塞罗的转述，确认性欲和愤怒为灵魂较低的部分，它们在等级上低于理性。特别地，性欲和生殖器官被视为一个不听从理性命令的生物。① 这些令人困扰的甚至无法无天的激情应当被心灵和理性所节制。当一种激情，例如愤怒攫获了人的灵魂时，这可以被解释为非理性的灵魂对抗理性灵魂的叛乱。可以说，灵魂被他自身，被他自身低级的部分所击溃。尽管这低级部分的胜利将灵魂带入可怜的混乱状态，但灵魂却没有完全异化到背离自身，仿佛自己被某种异质的事物完全控制。它可以产生强烈的困惑感和懊悔感，但却不会触发意味着自我价值完全丧失的羞感。然而，当灵魂被肉体的欲望所征服，不仅心灵和理性被迫屈从于灵魂的非理性活动，而且身体也被震离了灵魂的节制而仅仅听从欲望的冲动。根据奥古斯丁对柏拉图式的等级制的存在观的重新解释，灵魂显然是要高于身体的，因为只有灵魂才能赋予身体生命力。② 因此，"当灵魂的邪恶部分不顺从时，灵魂较少感到害羞，不像身体不听从它

---

① 参见 Plato, *Republic*, 435Bff, 586D; 589Cff; *Timaeus*, 41D-42D, 69Aff, 91B; Cicero, *De re publica*, III, 25, 37; Augustine, *DCD*, XIV, 19; XIV, 23。

② Augustine, *DCD*, XIV, 23.

的意愿和命令时那样。因为身体异于并且低于灵魂，而且没有灵魂他就不能生活"①。

因此，羞感的根源在此被揭示为身体的悖逆和意愿的软弱。在奥古斯丁对亚当和夏娃的堕落的重述中，这一羞感的源泉自然地被解释为对人类自愿地背叛上帝的正当惩罚，因为这一背叛无疑来自他们的意愿自由选定的不服从的态度。奥古斯丁相信在乐园中，性器官是可以像其他的器官一样使用的，也就是说它同样听从意愿的命令。因为在那里在那时没有羞感也没有激情的搅扰。②即使我们可以设想性欲同样存在于乐园之中，这一性欲必然也是在意愿的完全控制之下的，否则有了狂放不羁的欲念和不受控制的身体活动，也就有了心灵和身体以及心灵自身内在的冲突，乐园里的生活就很难说得上是幸福的。灵魂和身体的和谐，意愿和激情包括性欲的和谐，都在见证着乐园生活的幸福。然而，我们却不可能用任何实例来证明人的这一和谐状态，因为在我们的生活中我们只能经历到意愿和肉欲的冲突。③在前文的分析中，我们强调了意愿在面对肉欲的压迫性力量前的无力状态，这只是呈现了羞的现象中意愿阴暗的角色。在随后的讨论中，我们将敞开意愿在它和肉欲和羞感的关联中更加积极主动的功用。在这样一个对意愿在羞感中的角色的全面展示之后，我们将发现羞感生动地暗示出这样一道鸿沟，它横亘在我们最初在乐园中的理想本性和我们在尘世中的现实本性之间。

首先，我们回到亚当堕落的故事中遮掩羞处这一行为的象征意义。

---

① Augustine, *DCD*, XIV, 23: "Minus tamen pudet, cum sibi animus ex vitiosis suis partibus non obtemperat, quam cum ei corpus, quod alterum ab illo est atque infra illum est et cuius sine illo natura non vivit, volenti iubentique non cedit." 奥古斯丁在这一论断之后立即强调，这并不意味着理性的灵魂失去了对身体欲望的节制。因为灵魂仍然可以阻止身体的其他部分参与肉体情欲的享受。尤利安后来指责奥古斯丁认为灵魂在性欲面前完全被动，这显然不正确。

② Augustine, *DCD*, XIV, 10; XIV, 24.

③ Augustine, *DCD*, XIV, 23.

正如我们前面所强调的，这一行为显然揭示了身体活动对理性灵魂的反叛，因而应该向旁观者遮掩这一难以驾驭的身体活动。另一方面，遮掩的举动同时也是来自意愿的命令，用来捍卫个体的尊严不受他人的评判。它表明了心灵和理性拒绝认同身体的这些反叛行为。羞感的这一维度同样在奥古斯丁驳斥尤利安对欲望和婚姻的讨论中得到了强调：

> 因此，当最初的人类觉察到肉体里的这一活动，它因为不顺从而是不得体的，他们为自己的赤裸感到羞涩，因而用无花果叶去遮蔽他们的那个器官。以那样一种方式，来自他们的羞感的一个决断（*arbitrium*）掩蔽了那不顾他们意愿的决断而被唤起的行为，同时，因为他们为自己不得体的欲望而羞愧，他们借着遮蔽这些器官而行了得体的行为。①

这一解释将羞的感觉和随后的遮掩羞处的行为区别对待。前者只是一种对由不顺从的身体所引起的搅扰自然的自发的反应。而后者则是对这一不请自来的激情中所暗藏的对人格尊严的冒犯的自主的回应。尽管意愿丧失了对肉欲的产生和退潮的完全控制，肉欲独立地驱动着性器官，但是意愿仍然能够拒绝认同肉欲的诱惑力并且能够阻止身体的其他部分去服务这一激情。去遮掩羞处这一行为确切地传达了意愿的内在决断，并且使得最初由羞感无言地暗示的晦暗的自我形象走到光亮中来。由于自然的羞的感觉，心灵开始意识到某种不得体的东西已经发生在身体的自然活动之中；借着遮蔽身体的外在行为，心灵则显明了它的真正本性不能够被降格到如此低下的生存方式，亦即像一个

---

① Augustine, *De nuptiis et concupiscentia*, I, 6, 7: "Hunc itaque motum ideo indecentem quia inoboedientem, cum illi primi homines in sua carne sensissent et in sua nuditate erubuissent, foliis ficulneis eadem membra texerunt, ut saltem arbitrio verecundantium velaretur quod non arbitrio volentium movebatur, et quoniam pudebat quod indecenter libebat, operiendo fieret quod decebat."

野兽一样任由肉欲驱使。遮掩的行为很显然是迈向人的尊严的确认的更进一步,因为它是由人的意愿所号令所引导。另一方面,遮掩自己的行为又如此紧密地和羞的感觉联系在一起,它昭示了羞感是迈向最终由意愿的自我保护的决断所实现的自主性的第一步。正是以意愿的这一决断为根基,贞洁的德性才被确立为人的性格的一种卓越性,一种真正的美德。

因此在羞的感觉中,我们不仅洞察到人的灵魂和意愿在面对肉体欲望时的软弱,而且也确认了那微弱的但确实存在着的一丝光亮,它使我们即使在这尘世之中也可以捍卫自我的尊严。羞这一现象同时揭示出人的生存的局限性和可能性。我们在羞感的引导下觉察到我们在此世的现实的生存状态,觉察到意愿自身内在的软弱性和灵魂潜在的自主性。正是凭借这一点,羞感不仅像其他情感或者激情一样令我们不适,令我们困扰,它同时也是紧密关联着自我同一性的一种深刻的感觉。因为在羞感中所揭示的正是我们是谁。正如海伦·梅里尔·林德在她对羞感和自我同一性的经典研究中所强调的,"羞是这样一种经验,它影响着自我同时也被自我影响。整个自我的卷入,这正是羞感的突出特性之一,这也使得羞感成为同一性的一个线索。"① 羞和自我的亲密联系使我们即使在合法的场合也更加关注那使我们蒙羞的活动的隐私权。在婚内性行为中,即使是双方亲生的孩子也被禁止在旁观看。因为羞的感觉逃避着他人的目光,即使心灵能够清楚地知道它的生育行为的合法性和正当性。② 在奥古斯丁看来,这样一种羞感,首先是一种当下的自发的对自我在蒙羞的境遇中所遭遇的变化的察觉,而

---

① 参见 Helen Merrell Lynd, *On Shame and the Search for Identity*, New York: Science Editions, Inc., 1961, p. 49。舍勒也有过类似的论断:"身体羞感的功能受限就是覆盖和遮掩,就像它是一个活生生的个体一样。""因此,羞是一种一般意义上的对自我的愧疚感。"参见 "Shame and Feelings of Modesty", pp. 6, 18。

② 参见 Augustine, *DCD*, XIV, 18, "Sic enim hoc recte factum ad sui notitiam lucem appetit animorum, ut tamen refugiat oculorum."(因为这正当的行动渴求心灵之光的认可,但却逃避[他人的]目光。)

不是完全依赖于习俗观点和他人判断的事后反思。羞这一自然情感拒斥着一切来自他人目光的注意力，它保护着自我不暴露在他人眼前而被判断。相应地，社会风俗，例如遮蔽赤裸的身体乃是建立在羞感的这一保护性功能之上，而不是相反地由习俗观念来决定羞感的自然表达。这一点在前文对卢克莱提亚的受辱和经历了罗马浩劫的基督教妇女的分析中已经得到证明。也正是出于这一考虑，奥古斯丁大力批驳犬儒派的谬误，他们明目张胆地蔑视并且践踏着自然的羞感（*pudor naturalis*），误以为这是愤世嫉俗的恰当表现。①

在总结奥古斯丁在《上帝之城》对羞的解释之前，还需要澄清最后但并非最不重要的一点：在羞感中保存下来并被保护的是什么样的自我？在前面的分析中，身体和灵魂、欲望和灵魂、精神和肉体的对立被强调以凸显奥古斯丁对羞感的原创性理解。这很容易让人在身体和灵魂的二元对立的框架中去描述羞这一现象。②当然，对奥古斯丁有关身体、灵魂和灵性的理论的全面理论是一个浩繁的工作，远远超越了本文的范畴。③但是其中与羞感相关联的几个关键论点可以扼要地描述如下。

首先，奥古斯丁反复地强调，身体同样属于人的本性，"因为它并非一件装饰或是外在于我们的辅助之物，相反它归属人的本性自身"④。奥古斯丁同时也拒绝将心灵的恶还原为身体的过错，他始终坚

---

① Augustine, *DCD*, XIV, 20.

② 例如舍勒对羞感的理解："在羞感起源之处，存在着某种精神人格的意义和要求与身体的需要之间的某种不平衡与不和谐。"参见 "Shame and Feelings of Modesty", p. 5。

③ 对奥古斯丁身体观的专门研究，参见 Margaret Ruth Miles, *Augustine on the body*, Missoula, MT.: Scholars Press, 1979. 相关二手文献中，以下两种概述最有助益 John. M. Rist, *Augustine: Ancient Thought Baptized*, Cambridge: Cambridge University Press, 1994, chap.4 "Soul, Body and Personal Identity", 以及 Peter Brown, *The Body and Society: Men, Women and Sexual Renunciation in Early Christianity*, New York: Columbia University Press, 1988, Chap. 19 "Sexuality and Society: Augustine", pp. 387-427。

④ Augustine, *DCD*, I, 13, "Haec enim non ad ornamentum vel adiutorium, quod adhibetur extrinsecus, sed ad ipsam naturam hominis pertinent." 奥古斯丁是在讨论身体复活时强调了这一点。

持在此所关涉的是"人的整个本性"(universa natura hominis)①。其次，在"肉体欲望"(concupiscentia carnalis)这一术语中，"肉体"这一限定语首先意味着的是与精神的需求相对立的欲望倾向。在此，肉体(caro)不能够等同于身体这一实体，因为那些本质上属于灵魂的欲望或者欲念，例如贪婪或者虚荣，也可以被称为 concupiscentia carnalis。② 即使我们不得不承认在人性的这两个构成要素间存在着某种程度的紧张，它也很显然不是笛卡儿式的身体和灵魂作为两个实体的对立。③ 最后，羞感的双重特性确切地揭显了我们在此世的现实的生存方式，它超越了灵魂和身体的二元对立。④ 一方面，羞感的保护性反应，显示了超越纯粹的身体需求的隐藏着的自我价值，它引导着我们追求与对身体的自私的爱相对立的，对真正的善的灵性之爱。在奥古斯丁的有关罪和救赎的语境中，羞引导着我们走向上帝之爱，他是真正的善和我们的自我价值的真实根基。另一方面，羞感内在的尴尬和窘迫表达的不仅是我们对认同这些身体欲念的犹豫不决，同时这些冲动也是确实地发生在我们自己身上，没有它们我们根本就不可能出生

---

① Augustine, *DCD*, XIV, 3, "Quod si quisquam dicit carnem causam esse in malis moribus quorumcumque vitiorum, eo quod anima carne affecta sic vivit, profecto non universam hominis naturam diligenter advertit."（"如果有人因为灵魂收了肉体的影响才如此生活，因此说肉体是一切恶德与恶行的原因，那么他显然就没有认真地考虑人的整个本性。"）

② 参见本书第 298 页脚注⑤。

③ 当然，奥古斯丁在其早期著作中坚持认为灵魂应当被定义为一种理性实体，它应当统领身体这一实体，例如 *De quantitate animae*, 13, 22, "Si autem definiri tibi animum vis, et ideo quaeris quid sit animus; facile respondeo. Nam mihi videtur esse substantia quaedam rationis particeps, regendo copori accommodata."（"但是如果你想让人定义灵魂，而你所追问的是什么是灵魂，那么，我可以轻易作答。在我看来，灵魂就是某种分有理性、适宜于统治身体的实体。"）必须承认，这一灵魂定义深受柏拉图派传统影响，具有二元论的特征。但是，在我们所谈论的肉欲这一话题中，重要的并不是灵魂和身体的对峙，而是尘世的欲望和属灵的需求之间的冲突。后者显然超越了本体论意义的灵魂与身体二分。我非常感谢 Russell Friedman 教授在评注中提醒我关注这段文本和身心二元论问题。

④ 有关这一难题的出色论文，参见 Paula Fredriksen, "Beyond the body/soul dichotomy: Augustine on Paul against the Manichees and the Pelagians", *Recherches Augustiniennes*, XXIII (1988), pp. 87-114。

在这个世界。这些欲望确实属于我们，尽管是以一种不同于意愿的方式，否则我们也不会为拥有这些欲念而羞愧而苦恼。没有我们的自我的卷入，我们不会为他人的错误行为而害羞尴尬。我们为他人的行为蒙羞，至少是因为我们觉察到我们是和他们一样的理性生物。这些狂放不羁的欲念本质上是背离意愿的，他们就像疾病一样降临在我们头上，或者用奥古斯丁的术语，他们就如同加于生活在此世的人们的惩罚。奥古斯丁非常敏感人类的内在弱点，并且将它确认为灵魂的自我分裂的根源，也就是对抗着自身的意愿。[①] 对奥古斯丁来说，人的生存的弱点只能够被上帝的恩典救治，特别是借着基督的道成肉身。但是即使将奥古斯丁这一对救赎的神学关注悬置，我们仍然可以欣赏他对人作为灵魂和身体的完整的自我的更加现实的观察和解析，而这一点贯穿他对羞感的解读。

在《上帝之城》中，通过对卢克莱提亚的受辱和亚当遮蔽自己这些案例的解析，在罪与罚的语境中，奥古斯丁提供我们的是对羞感的极为复杂和微妙的描绘，它始终强调羞感的超越了社会风尚和公众评判的内在价值。正如在导论中扼要地提到的，正是羞和自我同一性的这一本质关联驱策着当代哲学家在不同的语境中探讨羞感的意义。然而，在我们上文对奥古斯丁思想的重构中已经很清楚的是，他对自我和自我同一性的理解迥异于那些讨论羞感的当代哲学家。我们不妨以 Bernard Williams 极有影响的对古希腊的羞感价值的辩护为例，通过扼要的比较来显示奥古斯丁思想的这一特点。Williams 认为一种本真的羞感既超越了对个人荣耀的独断的自我关注，同时也超越了对公众意见的随大流的关注。[②] 在羞感经验中，我们的整个存在被投射到一个主

[①] 参见 Augustine, *Confessiones*, VIII, 特别是 VIII, 5, 10-12, VIII, 8, 20-10, 22。

[②] 参见 Bernard Williams, *Shame and Necessity*, p. 81。

体交互影响的语境的中心，它包含着自我评估和内在化的他人眼光中的自我形象之间的对话。与罪感相对立的是，我们首先感到害羞的并非我们的所作所为及其后果，而是为这些行为中所涉及的我们的自我形象，特别是为我们和他者联系可能发生的改变而害羞。羞感解释的不仅是我之所是，同时也充当着自我与世界之间的一个介质。^① 很明显，在此羞感和自我同一性的亲密联系更多的是从交互主体的角度来谈论。与之相对立的是，奥古斯丁将羞感定位在它和意愿的动力之间的内在联系上。出于对人类救赎的神学关注，对奥古斯丁来说，自我同一性的问题首先是人的自我作为一个个人如何在全能的上帝之前呈现。正如前面的研究所强调的，奥古斯丁断定这一自我形象本质性地建立在意愿的自由决断的基础之上。相应地，奥古斯丁对羞的探究选取了一条更加内在的路径，它聚焦于意愿在激情发生特别是在肉欲产生中的角色。羞感既呈现了意愿在面对欲望时的失败，也呈现了意愿重新获取对人的整个存在的控制的努力。羞感的本体论起源这一思想维度被当代思想家或者忽略或者刻意回避掉了。我们不得不承认在一定程度上奥古斯丁过度强调了意愿这一官能以及它对人的整个自我的统治，特别是在他对激情的唯意愿论的解释中。他对肉欲和其他激情的区分只能建立在一个非常个人化的特异的对 *carnalis concupiscientia* 的解释之上，在他的思想体系中，*carnalis concupiscentia* 指的是违背理性统治的罪的倾向。而且，身体的价值似乎也显得如同某种附加于我们的真实自我之上的外在之物，尽管奥古斯丁一再强调乐园之中身体的原初的善，在那里身体完全听命于理性和意愿。在奥古斯丁的分析中，身体从来不曾拥有独立的或是内在于自身的价值。身体的唯一意义在于他对理性灵魂的服从。更进一步，奥古斯丁有关羞感的讨论大多局限在性羞感之上，性被视为羞感产生的首要的虽然不是唯一的

---

① Bernard Williams, *Shame and Necessity*, p. 101.

场合。尽管如此，通过更加耐心和细致地解读奥古斯丁有关羞感的讨论，我们看到奥古斯丁同样在身体、灵魂和意愿的语境中，呈现给我们对羞这一现象的引人入胜而且富有穿透力的叙述。与当代哲学过高估价羞感与自我同一性的联系的倾向相对立，奥古斯丁从未夸大这一方面，因为他断定羞只是一种感觉，是对令人搅扰的欲望的自发的反应。对奥古斯丁来说，羞只是迈向真正的自我之爱的第一步，它完全不能等同于建立在意愿的决断基础上的贞洁的德性。这是对羞感与我们的自我认识的关系的一个更加谦逊也更加确切的估量。正是出于这一原因，奥古斯丁对意愿作用的洞察，对羞感中的自我涉入的洞察对于我们当代对于自我同一性的反思仍然是有启发性的，特别是那体现在诸如羞一般的情感表达中的自我，它如此生动如此自然地浮现在我们的身体之上：在羞赧的表情中，我们既见证了自我的软弱无力，同时也确认了自我超越的可能，一面无可否认，另一面同样不容忽视，它如此确切地体现了人的生存的丰富性。

四、羞耻：从现象学到儒家

论害羞与羞感[*]

〔德〕舍勒/著　林克/译　刘小枫/校

引言　羞感之"所在"与人的生存方式

　　害羞和羞感的现象学必须处理罕见的难题，这些难题产生的原因在于害羞和羞感自身。羞感仿佛属于人类模棱两可的天性。**人在世界生物的宏伟的梯形建构中的独特地位和位置**，即他在上帝与动物之间的位置，如此鲜明和直接地表现在**羞感**之中，对此任何其他感觉无法与之相比。显而易见，羞感本来的"所在"不外乎是一种活生生的联系，这种联系是精神（包括一切超动物性的活动：思维、观察、意愿、爱及其存在形式——"位格"）以只是逐渐区别于动物的生命本能和生命感觉在人身上发现的。动物的许多感觉与人类相同，譬如畏惧、恐惧、厌恶甚至虚荣心，但是迄今为止的所有观察都证明，动物似乎缺乏害羞和对羞感的特定表达。[①] 如果想象有某位"害羞的上帝"，这简直荒谬绝伦。

---

　　[*]　本文选自《价值的颠覆》（刘小枫编，罗悌伦等译，生活·读书·新知三联书店1997年版），并参《舍勒选集》（刘小枫选编，上海三联书店1999年版）所收录。原文共五节，这里选录前三节。——编者

　　本篇原题 Über Scham und Schamgefühl（1913年部分初次发表，1933年全文初次发表）。——译者

　　[①]　埃利斯（Havelock Ellis）《性冲动与羞感》一书中提到的动物中的羞感表现的例（转下页）

人所特有的意识之光对于一切生命本能和生命需求的总体是一种多余现象[①]，它已经基本摆脱了澄清生命对外界可能做出的反应这种职能，只有当这种意识之光同时在存在上与某一生物的生命相联系，并且投射到该生命的冲动之上时，才为羞感的本质设定了**基本条件**。

因此，在开始观察害羞和羞感的种种现象之前，现在就可以讲明其起源的最终法则。如果撇开我们"为之"而害羞或可能"引起羞涩"的一切特殊内容，撇开属于羞涩体验（如"在某人面前"感到害羞）的一切关系，那么羞涩印象的外表或"场所"似乎依附于某种独特的体验，这种体验始终存在，只要任何上述精神意向（被实际贯彻的意向）沉浸于任何纯实事的和超生物性的内容或目的，但在蓦然**回顾**始终同时给定的暧昧的**身体**之时，它却发现自己被束缚在一种深受时空限制的极其贫乏的动物般的生存之上。我们可以想象一位沉浸于自己的创作活动的艺术家，当他沉浸于创作时，他绝不可能以他的"我"（即他的"肉体"）作为创作意图的出发点。他生活在创作活动之中，一步一步地发掘价值和画意，使之在画笔下获得实现，此时，他整个人就生活在这样一个世界，它的内涵、"意义"、规律和时刻变化的可以感觉的"要求"（"应当如此"：这里要暗，这里着红色）与下述客观事实毫无关系：此刻站在画面或大理石前的是某个特定的人，姓甚名谁，他受到一切自然规律的限制，作为所有现实的因果关系的总体之一环，他在许许多多方面依附于它。假设出于某种原因，艺术家的关注意识突然转回到所有这些事实上，他就会发现并经历到，方才那种沉浸于自主"意义"之世界的行动"已经结束"，"被束缚在"那个具有局限性和依附性的身体的人物身上！或者设想一位刚刚"沉浸于"

（接上页）子（当公狗接近母狗时，母狗将身子紧压住地面）实际属于撒娇、卖弄风骚。这种情形在动物中尤其普遍：绝对不可把这与羞及羞感的表现混为一谈，下面将要评论 Stendhal 在《论爱》（*De La mour*）一书第 26 章中提及的鸟类的行为——它们饮水时将整个头栽进水中——明显与羞无关。

① 摩尔根（Lloyd Morgan）在《习惯与本能》（1909，第 294 页以下）有非常清晰的描述。

所爱对象价值之中的恋人,或一位"沉浸于"某种意义关联(如某个数学问题)的学者,他们怎样完成同样的转折!

我并不是说,只要遇到所有这些经历或这种性质的经历,就必然产生羞感。但只要有这种经历,就可能限定一个范围,确定一个理想的**场所**,羞感只能在此产生,仿佛这里是它的"家"。无论我们设想这种性质的经历在质上怎样丰富多彩,但在它们之中,始终而且必须包含着一种冲突之经历,这种冲突最好称之为这两者的冲突:那些活动的**本质**要求、本真**意义**和个人的出发点(按照活动的本质)与那些活动的具体和现实的**存在方式**。

在我看来,这种冲突体验的某一特定形式——因为还可能存在多种形式,似乎是神秘莫测但值得注意的**羞感**的根源,同时也是始终与羞涩同在的诸因素的根源:譬如"惊异""迷惑",或对某种理想的"应在之物"与某种"实物"的矛盾经历。在这种冲突经历之中,或许存在着"堕落"观念在宗教神话里所衍生的众多形态的根本基础,堕落即人当初从某一高度的堕落,按照《旧约》神话的说法,从这一高度人本来可以大胆地将自己视为并感觉为"上帝的形象"。而且,《旧约》神话特别将"偷食禁果"(禁果是原罪的在此存在的具体形象)直接描述为羞感的根源:"他们二人的眼睛就明亮了,才知道自己是赤身露体,便拿无花果树的叶子,为自己编作裙子"(《创世记》3:7),在此,神话与我们的观点正好吻合,只不过神话的表达方式神秘而形象。因此可以说,在人的精神个体的意义和要求与人的身体需求之间,**人的**不平衡和**不和谐**属于羞感产生的基本条件。唯因身体属于人的本质,人才会处于必须害羞的境地;唯因人在经历其精神的个体存在时,此存在从本质上独立于这样一个"身体",独立于可能出自身体的一切,人处于能够害羞的境地才是可能的。

所以,"灵"与"肉"、永恒与暂时、本质与生存均以值得注意但神秘莫测的方式交会于羞感之中。我们将加以区别的一切不同种类和形式的羞感,羞感"赖以"产生的内容所具有的一切特殊性(随历史和地点,从男人到女人,从一代到另一代变换无穷),包含在人"在某人面前"感到害羞的体验之中的一切个人关系,它们都有一个最普遍的重大背景:人在深处感到并知道自己是介于两种存在秩序和本质秩序之间的一道"桥梁",一种"过渡",他同样牢固地植根于这两种秩序之中,片刻也不能放弃它们,否则他就不再成其为"人"。故在此桥梁和过渡的界限之处,无论向此端或向彼端延伸,没有任何存在者和生存者能够具有羞感:神和动物不会害羞。但是人必须害羞——并非出于这种或那种"原因",也不是因为他主要"面对"此者或彼者,而是因为他作为这种处于持续运动之中的过渡本身。归根究底,他是因为他自己并在他心中的上帝"面前"害羞。

一、身体羞感出现的先决条件

在进行实质分析之前,我准备概述一下在生命界的发展和等级王国的范围之内,出现某种仅仅可能的**身体羞感**(区别于精神的羞涩及其基本种类,如敬畏)似乎必备的先决条件。

毫无疑问,这种感觉与生命单位的个体化程度有着十分密切的联系。只要在生命界之内,个体始终为一连串繁殖过程充当着一个或多或少无关紧要的中间点,因而在譬如细菌培养之类的简单完成中,个体追求的内在目的似乎根本不是活生生的个体,而是那种繁殖过程本身,就谈不上某种可能的羞感的必要的先决条件。因为掩蔽活生生的个体,仿佛将其笼罩起来,这始终是身体羞感的一个功能;而且,倘不考虑这种非常普遍的功能,就无法排除与不符合个体及其价值的生命相混合的可能性,这也是性羞感的一个功能。故有下面两种情况:其一,生长和繁殖尚未或仅仅粗略地彼此分开,即要么生长对于直接的完成就像是在一种生命内部进行的各部分之繁殖,要么繁殖就像是个体超出自身的一种单纯生长（K. v. Baer）；其二，生物似乎完全献身于繁殖，而繁殖似乎只是个体的生命活动之一。在上述两种情况中或上述两种情况同在时，都显然缺乏与生物体有关的条件，但没有这些条件，就根本不可能考虑身体羞感的存在。只有当个体生命的延续超出繁殖期（即向后移至诞生和向前移至死亡），当诞生与父母的死亡，自己的死亡与繁殖行为的完成在功能和时间上日益明显地分开，而且它们在时间和生命力上的距离开始日益增大，才会形成一种方向，它将指明某种可能的害羞与生物体有关的先决条件。

我们在生命系列中发现的另一个倾向似乎与上述倾向一致：由于对繁殖伴侣的种类的**可选择性**因素逐渐强化，**繁殖的质**对繁殖的量所具有的意义优势在缓慢而持续地上升。假设胚胎和生命个体的变异在数量和质量上的最终结果相同，那么在这些变异中，物种选择的灭种率就会降低，而这自然与繁殖质对繁殖量的优势的上升联系在一起。在植物界，性的选种显然只能以动物和人做媒介，在动物界则相反（两性动物尤其明显），具有某种预见（即可以预定可能的生殖结果）的能力已经形成，它们表现为选择最强壮和最有美感的性伴侣，并为此而竞争。在直觉引导下对性伴侣进行取舍，在此相当于这样一种行为，在较低的生命等级的某一特定点上，这种行为似乎是一种无选择的行为（交媾、结合），如两种化学元素的化合。在动物的交配活动之前的竞争和游戏中（我们在此已清楚地注意到献媚的现象），或可视为人的羞感之雏形的感觉和冲动同时扮演着何等角色。被不受欢迎的雄性强行交配的雌性，以及被竞争对手击败而被迫与较差的雌性"凑合"的雄性，在何种程度上体验到这些感觉，我们对此并不清楚，甚至在我们更准确地认识引导性选择的各个因素之前（包括动物具备这些因素所必需的感受和想象），我们的探讨也不允许采用类比推论。

如果从另一个角度考察生命系列，我们就会发现，由于上述变异方向的影响，为繁殖服务的器官、功能和行为习惯同时也日益明显地从人整个易受到刺激的有机体及其统一的反应方式和感受方式中脱离出来,此外,它形成了雌性和雄性的更好识别的差异,这些差异又分布到日益明显时空限定的活生生的个体单位身上(核心组成部分)。我们在此暂不讨论,雄性与雌性的对立最初出现在生命的等级建构中的哪个位置,是否这种对立包含一切生物(如古人的设想),以及是否可以为细胞核中的染色体设定一种雄性和雌性的质(通过进行繁殖的单细胞生物的分裂和结合),无论如何,那种分化的出现,就总体而言本身已经对纯粹的繁殖过程构成了一种障碍,因为只要繁殖不是与每个生命单位自身,而是与两个不同质的生命单位相联系,现存生命单位的繁殖总数在同样情况下就必然减半。繁殖所必需的因素出现的那种新的质的分化,**绝不**是为了种类的单纯维持(这种维持与这个种类在再生产中必定发生的变异形成对照),因为在同等前提下,如果没有那种性的区分,种类的维持大概反而容易得多。正如就总体而言,这种分化已经对纯粹的繁殖过程构成了一种障碍(在此过程中,生命的本质似乎已经在最低的等级上形成),它也清楚地表明,以这种分化为起点,重要的不再是单纯的种类**维持**,而是通过逐渐**优化**生殖力来加大被生殖者的个体化之可能性。

因为,只有借助于这种分化,某种"选择"和在实际生殖之前已经决定着新生者的价值的某种力——它后来被称之为性直觉、爱情等——按照其先决条件才成为可能。"一切性爱均可追溯到一种重建一个整体的本能,这个整体存在于较早的发展阶段",古代哲学关于性爱的这一基本观念早已出现在柏拉图的《会饮篇》中,近来又常常被人们装饰以现代科学加以阐述,但是,它在此与实际情况大相径庭。繁殖的因素分化为雄性和雌性,正是通过这一分化,爱情选择之要素才进入到繁殖过程之中,才使繁殖过程成为一种优化繁殖高贵而强壮的类型的可能的过程;对一种更古老的无区别的状态的向往,并不属于性爱的本质。

但在后面，我们将把性爱的某一形式看作性羞感的条件。另一方面，羞涩现象将证明自己与性的形式和性冲突并没有必然联系，尽管性羞感无疑最先引起羞涩现象的观察者的注意，并且在羞涩现象的发展中领先于更高级的精神的羞涩感及其形式（如敬畏）。还有一点对于我们的问题至关重要：无论性的区分何时出现，始终是雌性与有机生命的上一等级保持着更深的相似性，这样一种区分当时还不可能被发现。与此相应，繁殖的重任主要落在雌性身上，它的组织更适合于这项任务。在大自然中，雄性的原则通常表现为年轻的生命形式，这种形式对于单纯的繁殖不太必要（单雌生殖），我们将发现，这一事实对于身体和精神的羞感在男人和女人身上的分配十分重要。

但是，只有当雌性和雄性的原则越来越紧密地结合到界限更加分明的个体生命单位上时，才能使性功能逐渐隶属于个体生物的生命功能之整体，类似于树的雄花和雌花及花的花粉和雌蕊，这些生命单位可能还属于一个个体的生命整体，而在最高级的生命等级上，它们已经与这些个体的生命整体趋于同一。

器官的形式划分与上述变异方向相吻合。与植物相比较，动物的基本模式——尽管在这些基本模式中的实际形式所具有的变异性是无穷无尽的——表现了下述普遍事实：其一，感觉隶属于本能活动和行动的冲动；其二，繁殖隶属于个体生存的维持；其三，通过繁殖对种类的维持隶属于提高种类的倾向（通过特殊选择因素进入没有这些因素仍然可能的性结合），在较高等的动物身上，我们已经必须非常严格地区分单纯的性本能和繁殖本能与那些选择因素。我们将会发现，这种区分是性羞感产生的必要前提。只有当诸如个体化和价值选择之类的东西能够在繁殖过程中出现，当那种模式即繁殖功能隶属于个体的**自我维持本能**（这是上述区分的条件）出现之时，才为某种可能的性羞感的出现预先确定了空间。然而，生命的提高本身又与这样一种个体的自我维持本能的存在联系在一起。与植物相对照，从大多数较高等动物的结构外观已经可以看出,性器官在一定程度上隶属于身体结构的整体。叔本华的说法也许过分夸张:植物一般任其性器官像其存在的中心点一样简单地公开袒露①,仿佛想以此表明它生存的意义仅仅局限于繁殖;与此相反,动物通常比较"隐蔽"它的性器官,使其明显隶属于它的行动系统及属于该系统的神经中枢器官,这适合它的天性——维持个体的目的性更强,同时更擅长运动和更具有攻击性。人们在此几乎可以说,这是一种客观的**羞涩现象**。②这种现象恰恰表明,羞感本身在感觉上所企图的,即让性隶属于一个生命整体,是一种牢固的生存形式。

如果我们终于注意到个体生命过程的时间划分,则将证实在生命的等级阶梯上取得这些进步时(它们与迄今为止提到的变异方向相吻合),使繁殖活动日益隶属于一个生命整体的现象同样存在。动物发情期的时间周期性,性成熟和生殖能力的界限的存在及不断延迟(以死亡为方向),这些都足够清晰地表明了上述观点。较之于植物界那种严格受环境和季节限制的繁殖过程,(动物的)繁殖似乎从发情阶段起就建立在一种感觉、一种本能之上,它们也能够以某种方式避开那些周期性的规律。③从某种角度观察,人类的性羞感也表现为一种更不稳定的感觉替代,即替代性本能和繁殖本能的活动开始与结束的客观周期,这种周期在人身上只剩下微弱的痕迹;同时,这种感觉替代的不稳定性和灵活性,也容易产生一种更有意义的,以个体化为更迫切的目的的作用:克制并缓解本能活动。

正是在人的身上,已经出现在上述现象中的纯粹的羞感现象才日益失去了它的客观现实的表达,并且成为一种感觉:人隐蔽自己的性器官,即使他还不曾以穿衣来抵御诱惑,他也这样做。穿衣的需求

---

① 即通过其器官的形态划分。
② 好像可以称拟色为一种"客观的防护欺骗"。
③ 并且以此带来一种感觉活动同时出现的可能性,这种活动在人身上可称为"害羞"。

大概是这样形成的：遮羞使性器官易受温度和其他影响的伤害，这种可伤害性逐渐扩展到受这些影响波及的其余的身体部分，于是，性器官对某些保护装束的适应就会进一步要求整个身体对这些装束的"适应"。所以，羞感是通过穿衣才产生的，而穿衣本身是出于保护需求，这种说法纯属无稽之谈。在许多原始部落，人们只遮盖所谓的阴部[①]，这该如何理解呢？毋宁说，最原始的穿着形式起源于害羞，身体其余部分的穿着需求产生于第二步适应，即身体对遮羞导致的娇惯效果的适应。"上衣"在此似乎是过渡。人穿衣是因为他害羞，而且首先以他身体的那些部分为羞耻，它们使他与整个低等生物界——他觉得自己是它的主宰者——很深地联系在一起，他觉得自己仿佛又从它们那里被拽沉，沉入那无边的混沌之中，而他曾经从混沌中奋起，他那种有所感觉的神性的高贵曾经将他从混沌中提升出来（脸的趋向）。有鉴于此，很难说害羞是实用需求的结果，毋宁说，穿衣对实用这一事实是遮羞的结果。服饰本来只是"掩饰"，即一种遮蔽物，在遮蔽物下面人仍然觉得自己是裸露的。[②] 文明人不再这样，他甚至在床上也穿着衬衣，这就表明，他觉得剥去衣服才是裸露的，衣服遮蔽着裸体。

这里，我们不会为此惊奇：根据人种学者的经验，首先遮蔽阴部的大多是男人，而不是女人。这一点恰恰符合我们的引论：归根结底，羞感产生于较高的意识等级与较低的本能知觉的碰撞。因为作为更分裂更二元化的人，正是男人首先更深刻地体验到那种冲突，相对于女人，男人觉得自己不仅"在自然之中"，而且更"在自然而上"。[③] 就

[①] 阴部：Schamteile，直译为"羞部"，这里的联系很微妙。——译者

[②] 诚然，"裸露"现象本身在此已经是服饰意识的结果。或可以这样说，原始人并不"裸露"，而觉得皮肤是他的"衣服"；他只是"未穿衣服"，至于裸露的附带"刺激"——无论就色情或是就审美而言——当然只是服饰的结果，这点无须证明。"追随自然者"大概不会对此有何异议。

[③] 我们准备在后面探讨，是否女人"天生"比男人更害羞，或是否仅仅在社会意义上，对女人身上的羞涩的评价超过男人，之所以这样，或许正因为——根据边际效用价值的法则——女人天生比男人更不害羞。

连我们在动物界发现的区别于植物界的那种"客观的羞感",和我们掌握的那种羞感的制约条件,也同是下述事实的一个结果:在动物身上,意识对动物趋向之特性的表现越透彻,它束缚于下一瞬间之存在的程度就越轻,动物具有直接(无须计算和推论)纵观较长时间段落的**直觉**,这种直觉投射到具有运动目的性(而非"实用性")的生命总体现象——此运动已将生命的总体现象与一切死者分隔开来——及其活动能力上,此外,直觉也需要在运动和形式变异方面"学习"(没有"记忆"),当然,这里的运动和形式变异还在直觉和可能的形式变异的活动范围之内,它们规定了直觉的组织和结构。除了与植物共有各自的瞬间"趋向"之外,动物与自己的生命还有一种经历过的联系,这种联系能够调整那些瞬间趋向,尽管动物的意识总是很难摆脱维持生存的重任。毫不奇怪,我们在男人和女人之间又找到一种类似于动物和植物之间的关系,另一方面,如果由此否认保守的原始女人(她比男人更长久地保持着动物似的遮蔽状态①)具有羞涩感,或只是将它视为受男人教育的结果,这大概也是完全错误的。

  实证主义的害羞理论②有一个原则性错误,它首先将害羞与"羞涩",然后将羞涩本身与特殊的表现形式混淆起来③,这些形式恰恰可以在一些文明程度更高的民族中找到。没有遮蔽自己阴部的黑种女人甚至具有非常强烈的羞感,这可以用下面的事实说明:虽然传教士要求她遮蔽阴部,她却按照一切自然的害羞表达方式顽强地拒绝这样做;但是,如果她后来违心地顺从了,跑到树丛后或茅棚里躲藏起来,最初还不愿意穿着衣服公开露面。这里的原因很好解释:她觉得皮肤是她的衣服,而且肯定把阴毛当作她的皮围裙,反倒把沉重的皮围裙或

---

  ① 达尔文(Darwin)已有这种观点。
  ② 例如埃利斯的《性冲动与羞感》(1907)一书。
  ③ 实证主义在此遵循着詹姆斯—兰格(James-Lange)情绪理论,这种理论将羞感和羞涩感看作(内在和外在)表达活动的单纯结果。

套裙当作某种恰恰使人注意自己阴部的东西,她那一族的男人肯定会这样,因为她太了解他们的注意方式。一旦在自己的感觉中体验到注意力被引向那个部位,就会引起害羞。至于旧"风俗"如何看待"新东西"的意义,这完全无关紧要。以上所述与这个或许存在的事实也绝不矛盾:总之,女人在本质上比男人更不害羞。因为这个事实与上述害羞冲动的强度和纯度毫无关系。

上面已经概述了羞感在自然中的位置和地位,现在还必须廓清羞感与相近感觉的界限,更明确更仔细地分析羞感本身,并且了解它在人类生命领域中的功能和作用。

二、害羞与相近的感觉

"爱""感官性"和"感觉"这些词语同时表现了我们的精神生活或心理生活的一个基本事实,对于这个事实,"性爱"、性的感官性和感觉不过构成了特殊情况,但在简要使用这些词语时,它们也能够无须附加成分单独表明后面那些事实。[①]与此类似,"羞"一词也具备独特的双重含义。[②]虽然很难说这一事实是偶然的,而是深深植根于现象本身,它却不能诱使人得到一种看法,诚然,它常常诱使自然主义哲学得到这种看法:我们以这些词语表示的原现象本身完全是性及性爱生活的事实,只是由于将这些现象与非性的事实联想起来,或者从发生学的角度对体验之事实进行了加工,才使这些词语的含义引申到非性的经历上,二者仅仅类似,而且程度不一。或可举出另一个完全相同的错误:我们感到厌恶,它最初肯定产生于令人难受的味觉和嗅觉现象,在这种厌恶中可以找到一种感觉,它本来只与这些感官范围

[①] 在德文中,Liebe(爱)、Sinnlichkeit(感官性)和 Sinne(感觉)都有与性相关的第二层含义。——译者

[②] 严格地讲还有第三层含义,因为它也可以单独表示女性的性器官。

相关并且出自它们，只是后来转移到其他方面，如"对某人厌恶"和"道德上的厌恶"等等。但是，不能让那些现象通常在时间上首先出现的位置将我们引向这类错误；这同样适合于下述或许存在的事实：羞的现象在性生活的范围内起着一种引人注目的、在生物学上十分重要的作用，或者，它们无法表现出来，如果不同时牵连到属于那些部位的体验，如像任何厌恶都影响到胃并令人作呕，任何恐惧都影响到肠区，任何羞感都使血液涌入头部——这是性冲动的特征，导致脸红（官能性脸红；因愤怒和羞而脸红；机制与功能）。最后提到的这些事实只不过属于冯特（W. Wundt）确切表述过的"感觉上的类似感受的联想原理"的应用范围①，例如该原理断定，在"酸涩""苦"和"甜的"情绪活动中，我们的面部表情看起来就像我们过去体验那些味觉时一样，但是，如果将基本现象本身与这些直接和间接作用于身体的事实及其在特定范围的功能分隔开来（而不是陷入詹姆斯—兰格情绪论的谬误），它们就构成了简单和基本的情感质。

这一点也适合于羞感。正因为羞感绝不是一种**社会**的感觉，所以它也**不是**纯粹的**性**感觉。就像在他人面前的害羞一样，在害羞一词的每个方面都存在同样本源的"面对自己的羞涩"，和"面对自己感到害羞"。这也同样适合于将在后面区分的身体—灵魂的羞感。一个怕羞的姑娘只要看见或触摸到自己的身体，她就会害羞；而在自慰的过程中，羞感所起的抑制作用并不亚于与他人发生性关系的时候。② 当我们试图以一个概念或一个判断澄清并确定自己朦朦胧胧的、或多或少下意识的冲动和情感震荡，或只是想更清楚地关注它们，灵魂的羞涩就同样构成了一种抑制力，它如同"礼节"和"忌讳"，阻止人们涉入别人内心的秘密。

---

① 参见冯特：《生理心理学》，第Ⅱ卷，"表达活动的一般形式气"。
② 即使害羞在此分别按照同性恋所扮演的角色，取女性和男性的羞感的独特形式，它也与正常和反常的，尤其是同性的冲动之情形判然有别。

在某种意义上，羞感一词是对我们自己的感觉的一种形式，因此属于自我感觉的范围，这是羞感的实质。因为在任何羞感里都有一个事件发生，我想称之为"**转回自我**"。这一点尤其清晰地表现在这种时刻，例如，一种指向外部的强烈兴趣先前排除了对自己的自我意识和感觉，随后羞感油然而生。为了从大火中救出自己的孩子，母亲不会先穿衣裙，而是穿着内衣或光着身子冲出房屋，一旦脱离危险，注意力转回自我，就会产生羞感。又如，一个很怕羞的女人对某个人的爱情此时如此强烈，她的感觉和目光完全沉醉在他身上，尽管她的处境完全有理由使她感到害羞；但只要这种情意绵绵的沉醉稍有松懈，她就会萌发对自己和自己的身体的意识，羞感就会随之产生。这里也是典型的"转回"。"知道被人注视"本身还不一定引起羞感，以一个很怕羞的女人为例，假设她作为模特儿在画家眼前，或作为病人在医生眼前，甚至入浴时在仆人眼前出现，她几乎不会感到害羞，正如她面对情人忘我地注视他一样——尽管出于完全不同的理由。只要她觉得自己"被交给"画家，作为审美现象的场景和具有艺术价值的景物，就不会发生那种转回；或者她知道自己被作为"病例"交给医生，作为"女主人"交给仆人，情况亦然。这里的理由都一样：她觉得自己不是作为"个体"被给出。很明显，如果反过来她知道自己只是作为个体被给出，羞感的理由也完全不存在。因为这正是面对情人的情况，只要这个例子所涉及的事实构成了产生羞感的"理由"，我们就可以借此例首先获悉羞感的一个基本特征。我们让画家、医生和仆人的精神意向暂时转移到个体身上（她可以感觉到），于是"画面""病例""女主人"消失了：在她完成"转回"的时候，她会有剧烈的羞感反应。反之，我们让情人的意向从她这个有个人特征的人物身上移开，或者让他像打量一位"美丽的女性"或一幅美丽的"画"那样打量她（她可以感觉到：譬如她发现，他拿另一个女人与她相比，或由她想起了那个女人，或说出一句话，她知道他从前对别的女人说过这句话），与先前面对画家的情况一样，她会立刻做出羞感反应。

这就说明：只要人们知道自己作为惯例或作为个体"被给出"，就不会出现那种"转回"自我——引起羞感的原动力，这种"转回"出现在可以感觉到他人的意向摇摆于个体化的与一般化的看法之间，而且鉴于这种差别，自己的意向和所体验到的对方的意向不是相同的，而是相反的。① 与此完全相似，如果我们将一种完全个体的、属于我们自己的体验纳入一种普遍的概念，仿佛"断定"这就是同情，就是爱情，我们也会感觉到一种轻微的羞感。我们有时反思自己，从对经历的朴素体验反射性地反省到同情和爱，如像我们的意识的一种"公开"，那种完全个体的体验很少披露于它，一如我们的私生活很少见报，这也属于判断和概念的范围。由此也可以理解，为什么性生活如此深刻、如此紧密地与羞感联系在一起，尽管它并非羞感的本源，而只是羞感的一个尤其突出的应用领域。原因在于，它是我们的生命与一切动物甚至一切生命共有的最普遍的东西，但同时也是最个体的东西——因为对于这里所考虑的功过得失，不存在任何法庭和法官，只有感觉本身。②

如果羞感因此总之是**个体**及其个体的价值的一种**保护感**——针对普遍的东西的总体范围，那么，我们觉得特殊的性羞感后来则表现为两种**基本运动**合力产生的一种独特的后果，这两种基本运动调节着性关系：其一是爱（而且是两种形式即灵魂的爱和性情之爱），它首先指

---

① 因此，正如人们所报道的那样，妓女可以毫无羞感地面对嫖客，也可以毫无羞感地对她们的情人公开做出最羞人、最妩媚的举动。因为在这两种情况下都没有发生意向的冲突。嫖客找的是妓女，而非个体，妓女找的是嫖客；另外一例，二者所找的均为个体。

② 因而在此，对于求爱受到拒绝这类最深痛的伤害，以及对于最深重的最触及灵魂的羞辱，除了复仇或压抑，没有别的情感可输导，这就说明了这一事实：压抑及其有害后果往往产生于这些情感。这里同样排除了其他任何"赔礼"和公开赎罪的可能性，如像其他任何谈判和解释——它们在别的所谓"个人爱好问题"上始终是可能的。就连通过倾诉的情感疏导和由此达到的情感宣泄在此也绝无可能，因为它们本身就或可归于不知羞耻，而且只会被人耻笑。所以，不幸的恋人最难指望"与人分担痛苦则痛苦减半"。

向价值，其次与献身于对象相关，最后同时是建立性关系时的优化和个体化的原则；其二是纯感官性的性本能，它首先以快感状态代替价值，其次以追求感官上的个人快感代替献身于对象，最后表现为以量表示的、种属性的性关系原则。但在此必须说明：假若一个人不具备这两种能力，不能控制他所体验到的这两种（固然指向同一个异性的）力之间的对立，那么他大概与性羞感无缘，因为性羞感不是别的什么，它只相当于一种精密的度量工具，用来测量别人或本人身上这两种力在不同时候的对比状况。这就清楚地提示了纯粹的羞感现象与特殊的性羞感之间的联系，纯粹的羞感现象就是已经在人身上主体化并成为一种感觉的反应之反应，它仿佛是个体的东西对沉入普遍和一般的东西即更高价值的载体，以及沉入更低价值的载体之中的"恐惧"；它也已经在前面提到"对象性的羞感"中被给定。我将在后面详细讨论特殊的性羞感。

我曾经将主观的羞感称之为一种自我感觉，而且是一种个体的自我保护感，但这绝不是说，它因此始终只与害羞者的个体的自我相关。因为我们可以如此自然地"面对"他人或面对我们自己害羞，我们同样可以如此自然地"替"他人害羞，如我们自己害羞，但为之感到羞感的事情是他人对第三者或我们自己的行为，这种情况在以下事例中最为清楚（我常常在自己身上观察它们），譬如某人讲述一个不太正经的故事。在男人之中，它根本不会使我害羞，但是若有一位年轻姑娘在场则相反；或者，假如这位姑娘并不害羞，因此谈不上产生同感或情感感染，却足以使我感到强烈的害羞，使我脸红。确实，这种"替他人害羞"也可能是这样一种害羞，我对它的体验不仅是"替他"，而且（类似于"面对自己害羞"的情形）并非鉴于我或某个第三者，而是鉴于他自己。就像一个套语所明确表达的那样："我从你自己的灵魂深处感到羞愧。"所以，羞感总之是对个体的一种负罪感，它不一定针对我的个体的自我，而是针对一种总之已被给定的自我，无论在我身上或是在他人身上。这也恰恰表明，羞感并不是一种黏附在"我"身上的感觉质，如像悲哀和忧伤。人们忧伤和悲哀，或者同情分担他人的这些感觉，但人们不可能像这样"害羞"。毋宁说这种基本现象的原因就在于，"害羞"始终是为某事而害羞，它与某个事实相关，这个事实自发地"要求"害羞，这与我们的个体的"我"之状态毫无关系。这种害羞是一种独特的情感活动，这种活动尚未包含使自己害羞，即已体验过的"我"与感觉的关联，当然更未包含我"为"我"害羞"这个事实。因此，羞感出现的形式也就不是羞的"萌动"，即受到羞感的"侵袭"或触动。①

现在可以由此出发概观**羞感与相近情感的关系**。对此只需做一简述。

在羞与自豪、羞与谦卑之间存在着一种深刻的关系。对这两者，羞感似乎兼而有之，这一点颇值得注意，羞与**自豪**即对自己的自我价值的肯定感——即使我们"为某人"，如为儿女、妻子和学生而自豪，也没有超出自己的范围——的联系在于，它也是一种自我价值感。但是羞与自豪也有区别（自豪也可能与财产和地位等相关），羞完全与个体相关，而不像自豪必然与自己的自我相关，我们不会像替他人害羞那样"替"他自豪。② 另一方面，自豪者知道自己占有自己的自我价值，也具备保持它的能力和实力。一旦他或他的特性和行为在其价值上受到冲击，他就会越来越深地逃入他的自我的更实质的领域，以便在此牢牢地抓住他的肯定价值。与此相反，羞只是对个体的自我的一种保护和呵护的姿态，这种姿态也容易变成对他人的无声请求和无声祈求。恰恰在此，羞又类似于谦卑，但它却远不是谦卑。因为在羞那里，完全欠缺对无价值性的意识，欠缺对自觉地将自己置于已在爱中窥见的更高的个人价值之下的意识。尽管羞与自豪的区别如此之大：在羞感中，自我价值并未被牢牢占有和抓住，更欠缺——无论是通过辩护，

---

① 参见彼得拉克十四行诗。
② "害羞"具有模棱两可性，因为它既可以表示羞感冲动，也可以表示感应性的尊严感冲动，如像"我以你为羞耻"（相当于你使我蒙受耻辱）。

还是通过逃入更深的自我领域——呵护它的能力及实力意识,但是在羞感中,那种为羞所庇护的自我的肯定的价值性,而不是它的无价值性已经被隐约给定。在谦卑中,我们怀着爱化入他人的更高的价值,失去了自己,因为谦卑是一种反光,寓于爱之中的更高的价值载体将自己的光芒投射到我们身上——在此作为"无价值的"存在物。如上所述,假若没有爱,羞涩也是完全不可能的。但是羞比谦卑脆弱得多。我们在此从不完全像在谦卑中一样放弃自己,而是仿佛询问地回顾着隐约感觉到的自我价值:"爱者可否获得它。"羞感中的自我价值感使其与自豪相近,羞感中的爱和献身倾向使其与谦卑相近。二者的冲突为一切羞感奠定了基础,如因在这两者的冲突运动中,爱占上风并突破了羞感障碍,谦卑就会取代羞感。

在完全相反的方向上,一方面是懊悔,另一方面是尊严感与羞涩相近。上面提到过"害羞"的双重含义:其一是羞感冲动。其二在"你应当羞愧"这一表达中(要求羞感冲动大概是可笑的),如像在"面对某人害羞"这一表达中,它可以指:在某人面前体验到羞感冲动,因为他譬如想发现某种个体的东西;以及"由于某一行为受到谴责,并通过同样的自我谴责,才意识到该行为的无价值并为之懊悔",例如在不得不承认一个谎言时。"害羞"的双重含义像"耻辱"和"使人蒙受耻辱"这两个词一样标明了这类居间形象,这里,羞与懊悔相近是在"面对自己害羞"上面。诚然,羞绝不像懊悔那样原本指向否定价值,更不是指向道德上的否定价值。与展露某种缺点相比较,展露某种个体的优点——无论在他人面前,或只是在自己的逻辑意识的光亮之前——甚至可能引起更深刻更纯真的羞感。但是,一旦这种个体的东西与某种否定价值同时发生,而这种否定价值本身又出现在懊悔行动中,那种害羞的居间形象就会在第二种意义上完成。通常在受到父母指责时,儿童才意识到自己的行为的否定价值——即不仅被"拿获",如像成年的小偷,而且,他们此时才认识或自以为认识自己,尤其在他们身上,这两点很容易同时发生，于是他们以自己没有教养为"羞耻"（在受到指责的情况下）。另一方面，尊严感和羞感只是在女性的灵魂中结合得更加紧密。在她们身上，几乎始终可以从淡漠的羞感推断出淡漠的尊严感。原因在于，尊严和贞操对于男性的感觉固然是互相吻合的，但对于女性的感觉本身吻合程度更深。与男人相比，性在女人身上被感觉为一种个体性更强的东西。这个事实的原因在此尚未确定，它导致这个结果：羞感作为性的自我保护感与自我的尊严感部分吻合。

与此相反，灵魂的羞涩与功名心、**虚荣心**和**求荣欲**——总之与其时旨在外界的关注和旨在尊重、爱、声誉的一切追求相关，性羞感则与露阴癖处于一种动态对立和动态限制的关系。在此，露阴癖对于肉体的个人是同一种受关注的愿望，正如虚荣心看重人的社会形象，功名心是人在社会上建功立业的起点，名誉则构成了精神的个人及其事业本身的核心内涵。所有这些灵魂的强力大概只愿自己不停地追逐，结果使人在不同程度上迷失于世界，放弃了对自己亲密的自我的任何关注和关怀，与它们相反，羞感呵护着那个亲密的自我存在，以及自我不受公众与舆论影响的权力。

羞感作为身体感觉与厌恶和反感十分相似，作为心灵感觉与敬畏十分相似。有人将羞感和厌恶描述为针对性本能的实现而设置的"主要障碍"（弗洛伊德）。如果不考虑它们在作用上的共同性：尤其在青春期开始后的最初几年，它们使个体（特别是少女）避免过早的性投入，那么在其更典型的情况下，它们只是在心灵上共有抵制的成分和表达上的抗拒成分，此外在任何方面均不相同。厌恶是一种单纯的抵制，其形式是讨厌的事物使人产生强烈的（被动的）"反感"，厌恶伴随着对该事物的有害性的预感和轻微的恶心，而羞的抵制始终以一种强烈的潜流为前提，这种潜流将人吸引到羞所抵制的事物上。但是，羞和厌恶的这种巨大差异并不能否定观察所表明的情况，在这些情况中，几乎难以将羞感抵制和羞感抗拒从憎恶和厌恶抵制及其较温和的形态——"对什么反感"中区别出来。这两种感觉的某种经验上的联系已经由此建立：与害羞密切相关的身体器官——伴随着性本能冲动的最强烈的快感和刺激产生在这些器官上，同时是负责排便的器官，一方面某种快感与这些过程有轻度的联系，但是另一方面，产生厌恶的最基本的材料也已经随之被给定。总之，厌恶及其较温和的形式——反感，首先无疑是一种先天的感觉反应和意念反应的能力①，这种反应一部分针对一切腐烂的和有机体的分解现象的产物，如疮伤和化脓，一部分则针对某些生命现象，如老鼠和蛇，二者令人厌恶的共同特征还未能确定。其次，与通常不能引起厌恶的事物相比较，就可以发现厌恶是"过度饱和现象"的结果。最后，厌恶和反感也可能是过去的某种要求或食欲的反常，如像患某些疾病时，某种厌恶（如厌食肉类）本身就可以作为一种对比诊断的手段。在所有这些事例上，厌恶都具有事先预感某种伤害的特征，生物可能通过饮食和消化或传染上有害物受到这种伤害。

在所有这些特点中，厌恶至少就此而言与性羞感极其相似，譬如对于受饥饿决定的进食的要求，厌恶构成了同一种**崇尚价值**的抑制力，如性羞感对于性本能和繁殖本能。② 尽管饥肠辘辘，也可能没有食欲，

---

① 参见普夫吕格尔（A. Pflüger）：《从目的论看生命界的构造》，波恩，1877；此外詹姆斯（W. James）认为，肯定不存在对无机物的厌恶。

② 附带说，那些优生学的人种政治家企图以某种根据科学的遗传法则完成的人工交配代替爱的价值选择力，这种方法与下述观点同样荒唐：人们能够通过某种方式，以营养化学的法则及营养化学对饮食和饮食搭配的营养价值的具体说明，取代食欲、反感和厌恶的价值选择力。有些人觉得，前者是荒唐的，后者却颇有意义（机械论的生理学家大多这样认为），在此倒可以告诉他：后者并不比前者更有意义。这两种论断的哲学戒律都是错误的。任何"遗传"问题只能根据繁殖事实决定，而繁殖事实的存在和特性已经取决于爱及其"仆人"——羞感——的那种**价值选择**的选择作用和作用方式，决定着繁殖**生成**的因素绝不可能出现在对**已经生成**的繁殖的因素考虑之中。同样，关于饮食的客观的营养和营养价值的任何问题，都建立在某些事实的基础上，当这些事实完成时，食欲和厌恶已经完成了它们的职能。不管完成得好坏，只要它们发挥过自己的作用，就可能存在着完全不同的营养法则。因此，这里的问题其实不是以科学和人工的方式取代那些生物体的富有意义的价值选择力，而是相反，只是怎样使那些选择力摆脱对它和排泄器官在人们的理性主义和功利主义的歪曲解释，摆脱对它们所做的经验上的加工，让人清晰地聆听它们那意义如此深刻的、结构奇妙的语言和价值逻辑，这一点我已经将此作为爱而强调过，见《现象学与同情感理论》（哈勒，1913）。

这种营养的价值选择,完全等同于性爱之于性本能和繁殖本能。食欲不同于饥饿,它只是一种器官的急迫的状态感,也不同于"想吃它"只是器官对食物的一种非常普遍的要求,而且直接要求消除在胃部"由胃的容量感引起"的某些形式的刺激感(与末梢神经感到发痒时想搔痒并无本质不同),食欲是在感觉上对现存食物的消化情况的一种预测,它反映出身体目前的总体状况,并且附带着唾液分泌和实际消化必需的胃液分泌(巴甫洛夫[Pawlow]语)。与此完全类似,男人的性本能与女人的繁殖本能首先只是一种普遍的欲望,这种欲望的冲动或只是性的同感,在感觉上预测着与相关个体的某种可能满足本能的性结合的价值。正是羞感的抵制成分和抗拒成分如此长久地克制着那种满足本能的要求,直到爱达到足够的强度、执着和清晰度。

　　以上阐述了羞和厌恶的最基本的对象的密切联系,它产生于性器官构造上的统一,也产生于厌恶和羞感的非常突出的相似功能,也许还以这直接影响为基础:一方面,被人摄取的食物和液体的特殊的刺激质(如酒类或激发性功能的食品和享乐品)对性本能的冲动和那种刺激感的产生具有影响;另一方面,消化过程也对激起性感产生着同样影响。现在可以由此理解,在许多现存的居间现象中,不仅外界的观察者,而且体验之中的个体本人都很难区别,他的抵制体验和抵抗表现究竟出于反感和厌恶,还是出于害羞。这一点在女人身上特别明显,由于在阴蒂与阴道之间缺乏刺激传导,阴道就不敏感或敏感性较差,因此对男人的性器官产生了一种淡漠感,这种淡漠感还不是反感,但这时很容易由性器官联想到排尿器官,淡漠感就必然带来反感甚至厌恶。男人的神奇感和那种在正常男人看来笼罩着女人的性器官的"性爱之光"也会同样消失,譬如当男人的性本能转向同性恋时。这里还要补充一点,对性器官的任何孤立的关注,将其从人格整体的统觉中肢解出来(健康的爱不会这样),以及在现象上将其存在等同于解剖学上的身体,以此区别于内心、灵魂和激情活动的表现领域,这些都似乎剥夺了性器官的性爱价值，使其仅仅保留为排泄器官，并因此成为厌恶的对象。由于正常的羞感常常阻止那种"肢解"和那种将性器官当作身体现象与身体部件的外在把握，它在性行为中也就具有一种非常突出的作用，因为它恰恰以此阻止着厌恶的萌生，并在这种意义上抵制厌恶。①

就此而言，羞感正是人的整个的性的"天然的灵魂罩衣"。尼采有理由强调居约（Guyan）夫人这句话的罕见深度：羞感是"身体的遮蔽物"。是的，如上所述，实际的衣服只是羞感的结晶和它在人造躯体上的象征化。如果我们想从现象学的角度清楚、正确地观察事物，我们就必须将羞感看作一种灵敏的氛围——不可伤害的屏障，像界限一样围绕着人的身体。**对象性的羞感现象**也在其中，我觉得，希腊的雕塑家仿佛在他们最成功的阿芙罗狄蒂塑像上，以不可超越的艺术表现了这种氛围，他们的敬畏感敢于刻画裸露的女神，只是因为他们同时在自己身上感觉到灵魂的震撼力，最直接地展露那几乎等同于物质的羞处，反倒能够比蒙上层层服饰更深地呵护她，使她免受卑鄙的目光的玷污。

谁将羞感看作某种纯粹后天养成的习惯，他自然就会认为，当一个赤身的女人含羞出现在我们眼前时，即便对她的内心体验一无所知，我们从她身上那种羞态、拘谨和纯贞的印象是建立在"移情作用"之上，即自己的情感体验转移到一种感知内容之中，这种内容"最初"只向我们呈现她的纯身体和身体构造的现象。可是，事情的发生其实相反。不是附加和增值，而是抽取和减值导致了这个女人单纯以身体和特别以性器官的出现。其实在本来的感受中，那件天然的罩衣也已经被同时给定，即使我们在这个女人身上并没有情感成分，譬如当一

---

① 所以，即使对于单纯的性享受，羞感也是不可缺少的，更何况对于包含在性行为中的更高的生物学价值和心灵价值。

个正常的男孩看见一个裸体妓女的时候,它像一袭纯洁的轻纱罩在裸露的肉体上。如果后来在同样的情况下,那袭轻纱不见了,身体的物质出现在眼前,这正是一种减损,一种剥夺,这种现象常常基于人生误入歧途,是羞感功能不断丧失的结果。就观看者而言,不是赋予身体和身体的灵性导致了那种氛围,那种不可触动性和纯贞的界限,而是或多或少负罪地剥夺本初的总体现象的灵性造成了对身体和身体现象的孤立感觉。① 就此而言,对现在或原本作为身体存在的女人身体的自然产生的厌恶,只是对于那种负罪的剥夺灵性的自然赔偿。无羞耻心就这样以厌恶自我惩罚——根据一种永远铭刻在我们心里的法则,任何恣意妄为也不能摧毁它。

羞感与恐惧、畏和敬畏这些感觉之间的关系又另当别论。畏是对"危险"的预感,它与生命本身一样悠久。畏出现在危险的事物和事件的伤害作用于生物体之前,即这些事物同时被想象(詹宁斯[Jennings])。恐惧是同类的预感,但是缺乏对危险事物的想象。羞感与畏的关联甚少,与恐惧的关联则更多。羞感与恐惧不仅在表现上部分一致,例如,由于羞感而颤抖和由于恐惧而颤抖;而且在羞感的冲动上,整个情感姿态也类似于恐惧的姿态。无论哪种羞,对同时具有诱惑力的对象的抵制和反抗姿态尤其表现为一种"防护"姿态,即"不要让它发生!"正因为如此,它同时也是一种恐惧的反抗姿态。这一点特别表现在从未发生过的初次性行为之前,羞感作为保护手段起作用。既然这种性行为还根本没有经历过,甚至可能根本没有听说过,就绝不可能涉及畏,因为畏始终是以危险事物的经验为前提。恰恰在此,羞冲动与恐惧最密切地联系在一起。恐惧与羞感的十分密切的联系也建立在"羞怯"这种特性之中:思维过程或动机和意志的产生过

---

① 正如法学家最近尝试在不考虑被侮辱者的尊严感受到伤害的情况下为尊严伤害的概念下定义(Binding),他们将尊严正确地理解为有理由要求他人尊重的社会性位格的质,所以,人们也应当以**羞感本身**的伤害代替"羞感受到粗暴伤害"。

程仅仅由于或多或少的生人在场而受到阻碍，偏离了原来的方向，想向他们表达和描述这些过程时情况亦然，或因考虑到效果而恐惧，或因考虑到必须吐露和表明内心深处的东西而害羞。如果一种既存的强烈的羞感倾向——克制自己不流露自己的经历，只要觉得表达就意味着公之于众——又以可能受到指责的恐惧而懊恼，就会产生以羞感成分为主的羞怯和以已经建立在经验之上的畏成分为主的羞怯（窘迫）。①

敬畏更接近灵魂的羞涩。敬畏是一种畏，这种畏的对象并不取决于其危险的方面，而是同时享有尊重、爱或崇敬，但在任何情况下，它都是作为一种高级的肯定价值的载体被感觉和被给定。崇敬与畏之间的这种情感融合完全类似于吸引与排斥的那种融合，正如后者同样构成了羞涩的基础。羞涩与敬畏则紧密交织在**惊怵**之中，而且尤其在所谓"神圣的惊怵"之中。正是在这种联系中，羞涩作为某些民族的世界观和上帝观之建构的起因起着十分重要的作用。另一方面，某些民族的世界观和态度主要也可以由此理解：在它们那里，羞涩要么欠缺，要么发展很一般，尤其在印度人和日耳曼人的世界观中，关于世界和神性事物的任何思想都沉浸在对事物的深度和"奥秘"的敬畏和惊怵之中，与此相反，在犹太族和罗马语族（后者程度较轻）的世界观和宗教中，对奥秘的感觉已几乎荡然无存。叔本华有理由剥夺犹太人的 Verecundia（羞赧）。对他们而言，世界和上帝的存在从一开始就浅显明白得多，所以他们的宗教也就更缺乏奥秘和神秘。罗马语族虽然承认奥秘，但是倾向于用固定概念和定义去限定它，使它又成为某个体系的附庸，于是对它的满足更甚于它继续感受、观照和体验。

---

① "窘迫"与注意力被引回到心理过程相关。在这些过程中，某种意向在表达和行为中自我实现。这种引回同时正是这种实现的障碍。"窘迫者"不知道自己的手脚该任何处放；他感觉自己的言行遇到了障碍。引回的原因在于仿效旁观者和对话者的注意力活动，觉得它是针对自己的。于是，他通过介入这种活动而被逐回自身。窘迫既是思想障碍，也是运动机能的障碍。窘迫既没有掩饰的倾向，更不会为这种倾向作**价值**辩护。

同时，正是那种惊怵和敬畏赋予世界及灵魂以一种神秘的深度，使我们感觉到一种超出我们视野的广度和充实，面对它们，理智被辗得粉碎，并且意识到自己的狭隘和局限。在每个事物上，都有一种神秘的**存在之充实**当下存在于感知之中，而且无所不在，这种充实超过事物的可知的内涵，在化入无边无涯的广度之时萦绕着此内涵。另一方面，无疑正是这些情感在一定程度上遏制了科学对世界的侵占，甚至也在很大程度上遏制了艺术对世界的侵占。只要那种神秘的神性特征还笼罩并渗透着星空，只要对人的尸体还保持着一定程度的惊怵，那种演算天空的天文学和肢解尸体的解剖学就没有立足之地。同时，只有当宗教使自己的对象日益精神化，并由此揭示为那些不可触动现象和奥秘现象所笼罩的、更古老更直观的神秘事物之观念，神话题材和宗教的对象世界的题材对于雕塑、绘画和悲剧领域里的艺术家才是可塑的。与其他一切羞涩相比较，这种羞涩一直对心理学式的自我剖析构成了更大的障碍。

三、羞感的基本形式：关于羞感起源的学说

如上所述，羞感的本质一方面是使个体回顾自身，面对一切普遍性东西的领域保护个体自我的必要性的感觉；另一方面，它是一种感觉，在这种感觉中，对于强烈吸引较低级的本能追求的对象，进行价值选择的较高级的意识功能的未定性表现为两种意识等级的**对立**。羞感从这种本质规定中分化为两种根本不同的形式；身体羞感或生命的羞感与**灵魂羞涩**或精神的羞涩感，二者不能相互推导。性羞感只是最迫切的、最强烈的、生命的羞感，它仿佛将诸多生命的羞感集中在自己身上。羞感的第一种形式构成了下面两者之间的对立程度的指数，即**生命的爱**的价值选择功能（性爱是生命的爱的集中表现）和指向对愉悦物的感官感觉的**本能冲动**（快感刺激是这些感觉的集中表现）。这

种指向如此专注,仿佛存在着特殊的感官感觉质;性本能是一种最强烈和最迫切的本能冲动。羞感的第二种形式构成了精神和灵魂的爱的价值选择功能与生命的基本本能之间的对立指数,这种对立总是坚持提高生命力。但两种形式都只是在面对一切普遍的东西的领域时,用于呵护个体的自我价值。

换言之,我们在每一种羞感上始终有甲和乙两种意识功能:一种是较低级和无价值差异的(其运动方式较自发的)意识功能乙,坚定和实在的追求由它设定;一种是较高级的进行价值选择甚至价值发现的意识功能甲(其运行方式自发性较差,故比较容易转换),未确定性还以随时变化的程度被设置在这种功能中,肉体羞感中的对立面——生命本能与感官本能(或生命感觉与感官感觉),以及灵魂羞涩中的对立面——精神人格的爱、意愿、思想与生命领域,分别根据各自所处的甲和乙的位置趋于各自的维持本能或提高本能。

这些形式规定的意义和作用将在后文论及。在此,首先有一点对我们极其重要:根据这些规定,羞感现象从属于所有这种意识的建构,只要该意识具有在此单独构成前提的意识**层次**,尽管羞感现象始终是另外构成的;所以一般而言,羞感现象主要相对于人而存在,因为人以一种特殊的经验构成形式具有这种层次。即使人种学和人类学无法使我们确信(实际情况正是如此),**任何**人和任何民族都具有羞感及其各种表现,仍然有充足的理由将它接受为一个明显的事实。因为它恰恰是这种意识层次本身(及其个体的载体)与羞感现象之间的一种本质联系。假如未来的人种学家向我们保证,某个民族没有羞感的某种表现——羞感的基本经验范围绝不可能超出表现,那么,我们无疑有权向他指出,为了找到它,请他最好找下去[①];根据他的归纳法经验原

[①] 体验与表达的联系也不是因果联系,而首先是一种本质联系,因此也是一种认识联系。在此请参看我的著作:《现象学与同情感理论》的附录Ⅰ。

则，他只有权说，他还未能发现那种表现，而不是它不存在。

当然，就羞感的种类而言，这里存在着一种区别：因为肉体的羞感只以感官和生命的本能和感觉之层次为前提，而灵魂的羞涩感以精神的个人之存在为前提，所以，身体的羞感极其普遍地存在于人身上和人的发展的任何时间之内，甚至存在于较高等的动物身上，不过难以发现而已；相反，灵魂的羞涩感肯定不是人的普遍属性，更不会出现在个体发展和民族发展的每个阶段。①

有鉴于此，我们现在讨论关于**羞感的起源和扩展的学说**，首先只涉及**身体的羞感**。

认为羞感是教育的结果，将它归结为一种遵循一个社团中占统治地位的"道德原则"的产物（18世纪），而不是道德的根源之一，这种学说是最愚蠢的，它流传在特别"开明"的圈子里，但几乎不再为更严谨的科学所承认。教育者究竟怎样获得羞感，他们的羞感概念从何而来？那种观点所依据的假定"事实"根本不涉及这个问题，而是常常建立在三种幼稚而草率的**混淆**之上：其一，将羞感的一种固定为风俗习惯、有特定时间和地点的表达**形式**混淆为实际**表达本身**；其二，将它的**自然表达**（如脸红）混淆为**人为表达**（如浴衣）；其三，尤其将羞感混淆为羞感的**表达**。②除此之外，还存在着一系列混淆，即以对羞感的道德解释和利用取代羞感，而且是在社会的道德评价的范围之内——这种解释自然可能是五花八门的，虽然羞感毫无变化（例如各种贞操概念和纯贞概念）。再次，还有实际存在的自我欺骗；人们自以为体验到羞感，其实是别的表达动机和行为动机，它们使人总是以类似于这些欺骗的方式察觉到羞感（例如，一个女人的内衣很难看，她只是不想让人看，却以为这就是害羞）。

---

① 灵魂的羞涩感的衍生和化合则与此不同，如像敬畏、惊怵，因同情而羞涩等。
② 最终将羞感现象混淆为"害羞的感觉"。

事实上，羞感的表达**形式**本来不能决定于教育（教育本身不可能达到这种形式），却可能以殊异的方式决定于传统及其无意识的参与活动和模仿手段。如我们之所见，黑种女人突然穿上裙子就会触犯旁人的羞感。可是在日本，一家旅馆的所有客人，男人、女人和小孩毫无遮掩地同浴一池，这根本不会触犯旁人的羞感；相反，女人同男人跳舞，以及任何一种半遮掩形式（如我们的"袒胸露肩式女装"）却尤其令人尴尬。就羞感的这些不同表达形式足以写一部长篇巨著。这里的关键仅仅在于，在这些既定的羞感表达形式上，如果情况不变，对形式的任何偏离之所以引起羞感冲动，乃是因为，这就会将注意力过分引向个体的身体，使其突出，引人注目，所以，"时髦"始终意味着极度害羞，因为在这种情况下，某种特定的审美的形式价值（时髦的风度和穿着）与个体毫不招眼联系在一起，也使个体服从适合自己身份的表达形式；相反，一切引人注目的行为和穿着，一切不得体的事情或多或少带有不知羞的意味。

但是，也肯定会出现这种情况：虽然羞感的这些特殊表达形式通过传统转移到某个团体，它们却失去了与曾经滋生它们的羞感的活生生的体验联系，对它们的运用不过是历史惰性造成的毫无生气的延续而已；同时，只要羞感的实际表达是人为的，它就与这些更早的形式不相适应。正是这种现象被称为拘谨，故形式上保守的民族尤其具有拘谨的特征，譬如在这方面，英国人在法律和风俗习惯上都达到了无与伦比的程度。换言之，拘谨是羞感的一种表达形式，这种表达形式已经丧失了羞感，并且不再符合实际的羞感表达的倾向。拘谨的本质就在于故意坚持这种形式，即完成一种象征性的表达行为的形式，但不是以表达行为，而是以有目的的[①]行为，即有意图的行动来完成，结

---

① 我借用的这种恰当的区别出自科恩斯塔姆（Oskar Kohnstam）：《艺术即表达行为》（慕尼黑，1907）。

果使行为一再在这种形式之中起作用,而且是形式先于活动在现象上成为对象。拘谨本身也可以通过教育增强或减弱,所以说,那种理论正是将羞感与拘谨混淆起来。但这并不是说,在一个社会占统治地位的羞感表达形式——羞感表达在当时的实际规范,只要它们是人为的和(后来可以区分的)半人为的形式,如日本人疼痛时或听到坏消息时的"微笑"——本身也不可能带有或多或少的羞感意味。它们甚至肯定能够带有羞感意味,只要拘谨应该是可能的。因为拘谨就是客观的羞感与主观的羞感或羞感的冲突。与最害羞的黑种女人相比较,穿着衣服的欧洲女人也生活在程度更深的客观羞感的环境之中,即使她是最不知羞的妓女。不过这里的因素——它决定着这些羞感表达形式,它的变异可以使其同时发生变异,肯定是一种遗传继承的因素,这种因素只能通过混血,因而只能在世代更替和更大范围的遗传学的血缘关系的更替中发生改变;与此相反,传统只是继承既定形式的手段。半人为的羞感表达形式的变化始终与自然表达的变化相联系,人为的羞感表达形式则与半人为的羞感表达形式相联系,这些将在后面阐述。①

但是对于拘谨,也有一张很少被人正确理解的**负片**,它同样以活生生的羞感冲动与羞感表达形式之间的冲突为基础。这张负片就是**犬儒主义**,即崇尚自然、坦率、放肆等极其"犬儒的"形式。与其说犬儒主义缺乏羞感,不如说它是一种自我欺骗:通过对羞感表达的一种纯粹**故意的**(有目的的)伤害(而不是通过一种表达上的纯属无耻的伤害),将已经确实或以为变得空洞的羞感表达**形式**的实际和非常生动的羞感反应,视为**缺乏**羞感反应和无耻。于是,昔日的犬儒主义者通常在公共场合大小便、手淫,在穿着和生活上蔑视一切风俗;他们谴责婚姻,崇尚自由的爱情,尽管他们在自己的道德原则上恰恰高度赞扬坚忍的品质,竭力抨击一切只是为了满足情欲的东西,如一切奢侈,

---

① 关于英美人士的拘谨和献媚情态的根源,详见后文所述。

并且将清静无欲解释为主要的德行，正如他们自己过着托钵僧式的生活。然而，所有这些现象和类似现象最终都是一种过分敏感的羞感的结果，这种羞感顽强地抵制给人以空洞之感的占统治地位的羞感表达形式。十分羞涩的人的"故意放肆"也正是同一种现象：羞感沿下述趋向被明显"冲淡"，相关者出于羞感掩饰自己的羞赧（或羞怯），并且通过故意违反占统治地位的羞感表达形式（甚至违反自然的羞感表达倾向），人为地中断羞感的被体验过的传统表达倾向、自然的表达倾向同样包含着羞感及其表达的一切等级。在生物等级上以及在与自然的表达方式的关联之中，自然的表达倾向——它以"犬儒主义"之名取代更灵活自如的人为和半人为的形式——无非是露阴本能。迥异于弗洛伊德的完全错误的假定：露阴本能是一种被保持下来的"羞感产生"之前的婴儿期冲动，其实它完全以羞感（同时也以对羞感的同情的体验）为**前提**，它在羞感的基础上形成，只是表达着羞感的一种病态的反常行为。但是，如果这种倾向以更精神化的形式，以言语和行为，以哲学、文学或艺术的描述表现出来，它就正好澄清了犬儒主义的本质。

在此，猥亵癖也可以称之为一种相近现象，它总之与欠缺羞感完全不同。犬儒倾向是一种发自羞本身的、掩饰羞及其表达的冲动，它将正常的表达行为——不管是通过反常行动，或是以人为的方式——引入甚至转化为无耻之"象征要求"。与它相反，猥亵行为不是发自羞，但是却**指向**羞——不管是自己的或是他人的羞。猥亵行为确实指向对羞的**伤害**，或者更确切地说，指向伴随着这种伤害的令人震惊的反感的发生。可是，"伤害"在此绝不意味着"否定"或"宣称无效"。因为猥亵行为恰恰有此意图：让那种对羞感（而且是自己的羞感）的伤害仍然被感觉到和感受到，并且给人以**快感**。但由于这种伤害变成目的，而不单纯是一种自然的缺乏羞的表达行为的结果，即它被一种有目的的行为所追求，羞感的自然表达倾向的同时萌发，特别是这种表达的冲动，本身就已经是猥亵行为赖以成立的前提性的**基本依据**。

然而，那种本来痛苦的对羞感的震惊不是使人难受，而是被人享受，这就表明，猥亵癖涉及残忍与害羞的一种独特**联系**，并且通常涉及那种残忍，它虽然事后（而非当时）使人感受到给他人造成的痛苦，但造成痛苦的目的就是为了能够享受痛苦——可能也涉及给人以快感的自虐癖。我至少在猥亵以纯贞的面目出现的场合发现了这种情况，譬如在所谓中世纪的魔鬼聚会上，在波德莱尔的诗行里，在比尔兹利（Aubrey Beardsley）的画面上，在萨德（Sade）的更为粗俗的小说《朱斯蒂娜》和《朱丽叶》中，在这些地方，淫荡的观念与对象和人物的联系似乎构成了所追求的主要刺激，大概要求他们在自己身上引起一种非同寻常的惊怵：教会定性为"神圣"的事物，年轻的修女，等等。他们极其强烈地感觉到对羞的伤害，同时也渴求、享受羞之伤害，正是这一点使"猥亵"完全区别于淫荡和无耻。就在本来特别害羞的人的怪癖中——不时吐出一些淫荡的言辞，好以此震惊自己，那种给人以快感的自虐癖显露出来了。许多异常虔敬的历史人物声称，在倾注于上帝的祈祷情绪的形成过程中，恰恰当人感觉到上帝越来越临近时，一些特别强烈的淫荡意念突然涌入心间，这是一种普遍的经验；他们做出这样的解释，在这个时刻，"魔鬼为争夺灵魂和他的王国而殊死反抗"。无论在个体身上，或是在某个阶层的整体上，或是作为某个完整的阶段的癖好，猥亵现象似乎从根本上同时取决于：在猥亵出现之前，羞感已经通过传统和教育，受到一种特别强化和过激的培养——远远超出了羞感的意义和目的，尔后，这种培养却仿佛毁于阵发性爆发的本能的冲击。有些民族具有强烈的性道德，尤其看重害羞的价值（如英国人），在它们那里，上述现象也就比在更质朴和自然的民族那里频繁得多。错误的偏激的基督教信仰和过分敏锐的"罪感"是这种现象的根源之一，并不仅仅表现在波德莱尔身上。

我曾经说过，对于羞感之**道德或宗教—形而上学的**解释，教育也起着并非无关紧要的作用。但是，人们不能将这些随历史变化的解释与羞感本身混淆起来。后面将会阐明，在可能的爱的意义上，以及在通过爱来选择富有价值的性伴侣的意义上，性羞感限制着适合于繁殖的本能（性本能和繁殖本能），因此，它恰恰对繁殖起着不可替代的肯定的作用。但尤其在基督教会的历史上，性羞感常常受到纯粹否定的解释，从而使它附带着一种自然的绝对的贞操要求和纯贞要求，一种简单的"你不准……"仿佛是一种自然的独身生活的要求。可是显而易见，由此造成的羞感的意义上的异化并不亚于某些现代的解释所造成的异化。根据后者，羞感不过是一种掩饰自身丑陋的倾向，确切地说，是一种隐蔽在道德价值之中的自我蔑视和对嘲笑的恐惧；或是为了公众利益由社会逐渐灌输给个体（特别是女人）的一种感受上的保险形式，以免过早的和婚前的性交带来只会增加社会负担的私生子；或是对利比多的一种生理上的限制和抑制。它总是出现在临近青春期的个体身上（弗洛伊德）。

对性羞感的上述解释远未触及羞感的意义，那种形而上学的解释则远远超出了该意义，尤其值得注意的是，二者的原因相同，即**性爱**与性**本能**的根本**区分**尚付阙如。那种与基督教会的贞操观的错误形式相联系的荒谬解释固然发现了这个真实情况：羞限制着性本能的冲动，尤其限制着性本能的表达。但是它没有发现，一方面，羞的强度完全取决于性本能的大小和强弱，另一方面，羞不过是**爱**的最深邃和最自然的**助手**之一，它就像蛹壳，爱可以在里面慢慢成熟，直到自己最终天然地破壳而出。它从一开始就只是引导性本能，除性本能之外，它最多只知道性本能的普通义务性的"应用"；为所有那些无力完全遵循那种自然的贞操要求的人，像上帝所希望的那样生殖后代。那些现代的解释同样很少考虑到爱，它们只将爱视为性本能的一种更高雅的形式，而不是一种观察的、富有意义的价值选择的功能；爱不是被羞限制的性本能的**结果**（无论是有利于社会，或是有利于个体的成长），而是性羞感的前提和基础——性羞感只是以抵制纯性本能的盲目性来呵护爱。

对性羞感的这些错误解释自然归咎于教育，它们也必然带来极其有害的后果。它们之间的斗争是一种错误的歪曲事实的理性主义的重大谬误之间的斗争：一方可笑而错误地摆出尊严，另一方报之以嘲笑，显示廉价而空洞的开明；一方拘谨到荒唐的程度，另一方则狂妄无耻地尝试以自己的教条和新伎俩取代羞感的深刻意义。只要以对羞感的这些错误理解为前提，这种斗争就必然在一定程度上演变为对羞感的极尽可能的**压制**和清除，这难道还值得怀疑吗？因为假如羞只是一种有益于社会的感觉，那么无论如何，它最好被直接着眼于这种益处的理智思考取而代之。（特别是，试举一例，如果羞阻止姑娘们接受不为她们所爱的男人的好心照料，或者在出生率下降的时代，它更广泛地妨碍了人口增长，它也可能对社会十分有害。）假如它只是对利比多的一种哪怕生理上的"抑制"，以便将其能量用于其他活动，那么，考虑到这种抑制的有害于健康的后果，本来就必须以极其怀疑的眼光去看待它——这种看法在心理分析学家及其圈子里极端流行，促使他们坚持不懈地与羞感斗争，并将羞感看作压抑及上意识与下意识之间的"监控"的主要根源。

在此，我们还不能说：教育必须怎样肯定地对待羞感，只是强调了这一点：教育首先应当让羞感自由发展，避免一切过激的"羞感伤害"和"使人蒙羞"。教育首先必须使羞感摆脱解释的束缚，使人聆听它和它的律动，并且注意在自由顺从它时，不要因为考虑到效益或害怕患病而使它过早夭折。就是说，教育对于羞感只有消极意义，而没有任何建设性的积极意义。（羞可能具有病理学功能，后面所举的有关例子除外。）因为就连羞感的自然表达和自然的动机力，与表达它的现存的"人为"形式之间的联系也首先涉及传统，而不是涉及有意识的教育。

如果上述羞感观将导致人为造成的对生命目标极其有害的无耻，那么，羞即贞操要求这种**教会的解释**则将带来同样甚至更严重的危险。既然性羞感靠性本能维持，它就绝不可能压制性本能本身及其冲动，最多只能压制对性本能冲动的注重和认可。然而，这种简单的压制（没有积极的目的）一方面，它只能导致对几乎与性毫无关联的一切刺激的极度的性敏感，另一方面，它只能将这些偏离了自己的积极的性选择目的的冲动，或者引向或多或少性欲反常的对象，或者引向想象和幻想的对象，即导致那种对实现精神价值和生物价值同样有害的"脑性感"。据说圣利果里（hl. Alphons von Liguori）不愿再与任何女人握手，圣阿洛伊修斯（hl. Aloysius）则拒绝与他母亲见面。另一位西班牙修士也并非无端地在自己的斗室撰出唐璜这个形象。

现代英国人和美国人的"调情"，那种男女之间的轻微和似乎无意的"偶然"接触上的性满足（当事者常常承认此乃"无心寻柳"），也表明了性感受的这种过分敏感和"脑症状"，可以归结为那种清教徒式的道德习俗的产物，那种习俗基本上说明了古代和近代英国人的生活（韦伯），它同样让羞感充当那种纯粹消极的受压制的角色，在更年轻、更有激情的一代人身上，它造成了那些不良的**替代**现象，即调情或"爱情似的友情"，以补偿有所欠缺的在爱情中自由经历的性满足；正是那些现象使生活勉强维持着表面的道德标准，但同时使交际和友情上的一切纯真的精神要求化为乌有，因为它们给这些要求蒙上了一层令人厌恶的色彩，一层暧昧不明的缺乏韵味的色情色彩。那些现象一旦消失，就不可能维持出于金钱考虑或其他理智考虑而缔结的难以忍受的婚姻。在比较年老的个体身上，性本能逐渐消失（或可联想到大家熟悉的那类"老处女"和"老童男"），那种道德习俗造成了一种值得注意的现象：他们专门寻找羞反应的机会和随之而来的"道德愤慨"的机会，之所以如此，乃是因为这种反应本身**被享受为**最后一种形式的性满足。正是由于那种错误的解释，羞感终于不能对积极的爱有所裨益，却在此成为一种破坏一切异性关系的力量（一种典型的忌妒现象）；同时，由于羞冲动可以说不再涉及对自己的感受的压制，它也就更倾向于从道德上谴责一切他人的感受，并且以这种形式被享受为唯一可能的性满足。这样一种错误的贞操观一旦行之有效，即通过长年禁欲使性本能本身趋于消失（例如这种情况就出现在许多僧侣身上），那么，不仅贞操谈不上任何道德功绩，而且表明那种羞感解释本来就是荒谬的，这一点也可以由此看出：始终靠性本能维持的羞感本身不是有所增强，而是完全消失了，在对待一切与性有关的事物时，它已经被无以复加的粗俗取而代之。

所以，上述一切均可能是这样一种"教育"的结果，在那些理论家看来，这种"教育"应当对羞感的产生负责——但不是真正的名副其实的羞感，而只是"假羞感"；或者确切地说，正是对羞感的那些错误解释，使纯真的引导性的羞感冲动在错误观念和实用准则下濒于窒息。

可能有助于这种教育理论的第三个事实系列是一些经多次提到的**害羞错觉**，这些错觉明显有别于对羞感的上述错误解释。① 只要人们以这些错觉来评判羞感，就必须假定羞感本身也是教育的一个结果，因为这些错觉的产生其实常常是教育的结果。由于社会道德习俗通常赋予羞感现象一种较高的价值，对它进行赞扬和表彰，对无耻及没有或欠缺羞感则加以谴责和抨击，也就更容易形成这些害羞错觉。譬如，这种情感冲动——对他人和自己的上意识，掩饰任何否定的自我价值（一种不好的念头，一种不良的冲动，一种总之按照自己的感觉和评价具有否定价值的个性，或一个丑陋的身体部位，一个肉体生命的缺陷），就可以被个体视为即在感觉上**幻化**为羞冲动，使他以为感受到羞耻，其实根本没有感受到。主要为了替自己的、暗中觉得是否定的无

---

① 参见拙文《论自欺》，《病理心理学杂志》(Ⅰ)，1911。

耻进行辩护，人们自古以来就对羞感持怀疑态度，讽刺揶揄，使其声名狼藉：羞感不过是对一种本能的虚荣心和对暴露自己弱点的恐惧的道德解释。

这类羞感错觉自然比比皆是。然而，正是这种由它们造成的滑稽印象表明，这里没有真正的羞感，只有一种真正的忌妒错觉及其结果：通过幻觉使某种被感受到的压迫自我感觉的缺陷，成为本身只是幻觉般地提高和增强自我感觉的一种手段，其方法是，误以为有的羞感冲动的肯定价值像一幅透明画一样掩盖了那种缺陷的否定价值——因为尽管没有对缺陷位置的附带的图像——想象，那种否定价值却仍然被觉察到了：人们还是隐约感觉到自己对自己掩饰的真实。那种讽刺揶揄已经超出了一个已被透视的事件，而被一般化了，可是它并不亚于忌妒的效果，因为它也只是一种形式：通过贬低羞的价值，使自己对已经感受到的自己的无耻之否定价值视而不见，并以此使自己的自我感受摆脱负罪压力。"拘谨"而忌妒的女人和忌妒的妓女，其实不相上下，假如我们的笑话集不仅像通常那样以前者，而且也以后者为题材，它们就会有趣得多。真正害羞和正直的女人断难与她们同日而语。

尼采的论断不无道理：美属于女人害羞的特性。因为一般而论，真正的羞始终建立在对肯定的自我价值的感受之上。这种羞仿佛蕴含着一个无声的询问：某种形式的"公开"是否有资格承受那种价值。在灵魂的羞涩上，这个询问针对具有肯定价值的情绪冲动（例如爱和好感的情绪冲动），或针对一种好的个性，就它们而言，个人对它们的反省，尤其是一种非常自由的袒露似乎已经从它们的价值中有所收获；在身体羞感上，则是针对一切身体的优点和美。在保护感的功能上，羞感只能指向肯定的自我价值，因为只有这类价值要求并需要呵护。生命朦胧地感觉和意识到自己越高贵，它的羞感就越强烈，龌龊的东西对它的威胁越大，天性为他最高贵的核心所设的那层天然保护罩就越牢固。羞涩只指向个体的肯定的自我价值，这就是一种本质联系。

因此，另一方面，羞涩的发现也始终是"美"的发现。原因在于，对于那些尚不明显的在羞涩中"预感到的"美——羞涩执意掩饰它们；羞涩具有审美上的象征价值，有鉴于此，羞涩是一种美的东西。这里有一种非常奇妙的现象：被发现的羞涩方才使发现者仿佛感觉到一种价值深度，一种从不可能直接给定的、与发现的价值的维度不同的价值维度，在这种维度中，无尽的宝藏依然沉睡着，同时也放射出迷人的光芒。

羞涩是"美的"，因为它是一种美的、完全直接的美之承诺。它的承诺方式是"美的"，因为这种承诺是无意的承诺，通过对美的东西的掩饰，它才无意识地指出美的品质的隐秘存在。（灵魂的）羞涩想要掩饰的善的东西，也是通过直接物的形式才变为美的，在这种形式中，善的东西成为现实，譬如在保留着天然的羞涩"壳"的善良人身上。值得注意的是，甚至明显丑的，如一个丑女人，在其羞涩表达被发现时也会变美，这种表达仿佛在说："我并不像你认为的那样丑。"与此完全相同，敬畏才会使人发现世界的价值深度，反之，没有敬畏心的人必定永远只满足于世界价值的表层维度。

从这种联系出发也就不难理解，作为最突出的审美的——爱欲的魅力之一，身体羞感也只是在性的领域才起作用。在女性的所有魅力中，恐怕再没有比她竭力掩饰的羞感更令人动心的了。似乎可以由此看出，正是通过这种更强烈的吸引，羞感又在一定程度上丧失了通过自己的掩饰和种种反抗所获得的呵护力。但情感生活不至于如此荒谬！假如羞只是某种否定的东西，某种无用的力，这个推论大概就不可避免。但是，正如羞感一方面靠性本能维持，另一方面，它只存在于爱的能力的范围之中，它并不拒绝爱的表达，而是在爱占据主导地位之前，拒绝性**本能**冲动的表达。不过在理解性地把握对方的羞感这种功能上，羞感反应的这种内在建构和这种结构也完全相同。相关者之所以能够理解他人的羞，不是因为他本人想必体验过羞感，如今面对他人的羞态复制羞感，而是因为他自己的本质同样具有这种结构体。因此，他对他人的羞的"理解"程度现在也完全取决于，在这种结构中，本能和行动在何种程度上作用于相关个体。这就形成了以下定势：借助于羞感反应的结构之中的爱的成分——它已经构成了在被吸引之前"理解"他人的羞的前提，男人必定以何种程度关注女人的羞态，女人的羞态就只能以同样的程度吸引男人。因为正是男人的内心态度上对女人的爱，像她的羞涩一样，追求女人的个体的自我价值并力图呵护它，而且是性的领域中那种特殊的自我价值：只有当女人无疑能够明确地爱的时候，她才委身于人。因为正如女人和被追求者的羞态存在于此，当她还没有明确的爱时，她拒绝表达和顺从性的本能冲动，甚至在内心感受上漠然视之；同样，男人或追求者的羞态存在于此，只有当他相信自己同时被爱的时候，他才以他相信的程度继续他的特质性更强的追求。在同样情况下，鉴于他在该女人身上获得的经验变化不定，他的追求的程度也只等同于他自己爱的程度。因为爱与回应之爱按照其律令是本质联系。但是，只要他在爱，他就必须肯定绝不能违逆女人的羞涩。只有他的爱的表达，而绝非对他的本能冲动的表露或认可，才能通过增强回应之爱并以正当的方式消除羞态，后者反而使羞态强化为固执的反感和随之产生的厌恶。

换言之，如果羞就其二重性而言是一种魅力：作为萌动的（固然还不坚定的）爱的标志和一种美的东西①，它使人"预感到"那种美丽的而且可见的品质，那么，一方面只有爱者可以为它所吸引；另一方面，由于它的美的价值，它仅仅对于爱是一种魅力，而不是对于本能，它已经使内心不再关注于本能的冲动，而且更强烈地阻止着这种冲动的表达或与这种冲动相应的行动。所以，女人的真正的羞态增强男人

---

① 毋庸置疑，较之于引起羞感反应（如脸红等）并经受着萌动的爱的个体，姑娘的羞感反应会强烈。

的爱，但是抑制本能。正如羞涩本身就是高贵的生命的特殊表达，它也只能诱使高贵的生命趋于爱。所以，好色之徒感受不到羞态之美，而只觉得羞态抑制他的欲望。如果一个女人向他表现出真正的强烈的羞态，他就会立刻放弃对她的追求①；相反，羞态会激励作为爱者的爱者，长久地遏制作为追求者的爱者，直到爱的坚定性的增强使它逐步自行化解。至于在羞态对于客观上（即对于繁殖的质量）同样富有价值的性结合的自我保护功能之外（仍然作为羞感现象本身），由于它对生命更为高贵的男性个体的吸引价值，以及作为对比较卑鄙的个体的排斥手段，羞态怎样在**崇尚价值**的同时，作用于依靠既存的性本能冲动方才"可能的"繁殖领域，这将在后面讨论。

我明确强调以上所述仅仅针对真正的羞感反应的现象。因为它们完全不适合某种尤其在表达上相似的现象——"献媚"，与献媚相适合的恰恰相反。

献媚与羞感反应表面上颇为接近，其实却有着天壤之别。作为一种游戏形式，献媚也不是有意图、有目的的行动，而是一种不由自主的表达行为，尽管一旦存在，它也很可能为一切可能的目的和意图所利用。在低于人的生物界，我们从未发现任何羞感表达，可是就像游戏本能一样，献媚在动物、鱼、鸟、狗等身上肯定存在，在此，它作为一种前哨战和性游戏也领先于性选择和性结合。这已经表明它的等级远远低于羞。献媚似乎在它出现的所有阶段均表现为：雌性一方做出表达活动，这些活动意味着对雄性求偶的游戏似的规避，同时也意味着为激发和强化求偶而施加刺激，其方式是，通过在表达上一再允诺一种最终满足，同时通过暂时而频繁地取消这种前景来激发性本能。

这种模式的献媚行为可能有成千上万种身体和心灵的变种，我们

---

① 例如，追求享乐的人会觉得克服羞态"太累"。

在此不再一一追寻。① 更为重要的是，更高等级的献媚仿佛只是模仿任何痒感的周期性过程，而痒感几乎无异于生命的感觉感受，它可以同样强烈地为其他一切（感官）感觉质和感觉形式及其附属刺激所激发，因此并不等同于它们之中的任何一种。痒感十分重要，并导致了许多生命功能，以下所述属于它的本质：痒感不是连续不断地增强，而是随着导致它的感受及其强度跳跃式地逐级增强，最终，正是对进入痒感的渴求成分和紧张成分本身的任何满足或消除，增强着那种紧张，同时更强烈地要求通过适当的刺激消除它（例如抓搔，有食欲时进食，有快感——最剧烈的极度痒感——时摩挲性器官）。因此，在过程形式上，痒感也与那些献媚式的反射形式相近，在后者那里，任何由刺激引起的活动本身，或由此活动决定的感受都为继续和增强此活动构成了一种刺激。痒感的这种周期以此告终：引起痒感的特定刺激量在一个时间单位已经暂时强化地扩散出来（这种量并未增长），这样就可以使这种痒感的强度提高到极限，在此，通过适当的处理排除痒感，并以此达到整个身体的绝对满足乃是必然结果，满足感必然产生。因为通过刺激量的暂时扩散，各初始紧张之新的满足点或消除点被导入下一过程，而刺激事件结束时产生的终极紧张已经加剧到某种程度，这种程度远远超过了在扩散较轻或立即作用的情况下，同一刺激所能达到的紧张程度。基于同样的事实，如果我一再将食物收回，然后再送过去，一条狗会越来越凶地扑向我送到它跟前的食物。② 还是基于这

---

① 西美尔（Simmel）将献媚与性爱甚至与柏拉图的著名定义联系起来，发现委身与拒绝在献媚中交替出现，我们觉得这是完全错误的。献媚与性爱毫无关系。献媚完全在本能的范围之内，它总之远不像西美尔所认为的那样神秘。首先在我看来，西美尔并没有注意到，它原本不是"**对某种东西**"（例如对委身和拒绝，即对一种心灵事件）的真正的表达流露，而只是一种绝不表达任何东西的周期性活动。它尤其不是一种真正的委身冲动和一种哪怕表面的拒绝——否则它至少接近害羞。参检西美尔：《哲学文化》中的"献媚"（莱比锡，1911）。

② 在突发的食欲中有一系列相对的满足点，这些满足点在进食之前就有了，它的增长促成食欲的增强。因此，应区别食欲中的满足与食欲的满足本身，正如性兴奋（如勃起）中的满足与性兴奋的满足本身不同。

个事实,如果我完全随意地给他 10 个 5 马克,15 个 10 马克和 5 个 20 马克,而不是一次赠送他 300 马克,一个人的"利欲"(如人们所说,它大概有过之而无不及)则以完全不同的方式膨胀。赌徒的赌博狂热无疑随输赢变化的大小而增减(如果最终结果相同),这种心理也主要基于这个事实。

就此而言,献媚是对男人的性兴奋的一种自然的强化,这种强化是根据上述法则并且通过女方的刺激的暂时扩散和满足而达到的。换言之,献媚是一种严格符合痒感的增长法则的行为。仅仅从这种基本模式来看,献媚缺少任何灵魂的和尤其是道德的意义。但是,通过与灵魂经历之表达的已经有所体验的相似性,具有这种自然和天生的周期性的女人行为①,会在不同程度上刻意导致这种冲动:用那种周期(它不是真正的表达现象)来伪装那类灵魂经历,这时,献媚可以立刻在人身上获得上述意义。

对此,当然没有任何灵魂体验比对羞涩的灵魂体验更为适合,后者的表达同样深刻地流露出萌动的爱,允诺不曾预料的美,并在美中唤醒爱。因为羞涩在表达上具有某些与献媚共同的东西。献媚的女人与害羞的女人一样"躲躲闪闪",二者都是时而垂下目光,时而瞄人一眼。但是献媚不可能唤醒任何一种爱。它只是激起本能,因此不能呵护个体,而是相反,它危及带有它的个体。可是,如果利用献媚过程来做出并不存在的羞涩的模样,献媚就变为"诱惑性的",也应当受到道德谴责。因为性"诱惑"并非单纯为了让对方性兴奋,而是在子虚乌有的爱和价值的伪装下有此图谋。在这种意义上,献媚变为一种在表达上对害羞的模仿。不过在献媚的与害羞的垂目和袖手之间,即使在单纯的表达现象上也保持着众多差异。就献媚而言,注意力在垂目时就已经窥视着举目,窥视着效果,根本没有发生那种"抛回到"自

---

① 男人献媚,除非它具有女性特征,即使撇开他的媚态,这些特征也表现为"女性的"。

己的自我——它怀着羞，仿佛在自己增长的包含着那种自我消逝的愿望，那种"羞煞的心情"（如像语言如此独特的描述）；即使在回避时，即使在转向其他无害的事物和转向自身的假象上时，献媚的女人的精神注意力也始终清醒而明确地指向对方。可是就羞涩的垂目而言，对于那种要求，即要求公开的价值，同时却要求隐秘地意识到个体的肯定的自我价值，羞涩是十足的谦卑，它笼罩并呵护着这种自我价值。与此对照，那种献媚则是十足的傲慢，是有意识的公开的自大感和自大要求，但也是对内在价值虚无的极其隐秘的意识。即使完全撇开这种"轻浮的"献媚，在普通女人身上也保持着自然的周期性的献媚，尤其在隶属于爱的时候，它与羞涩并存，是完全独立和正当的。

反之，如果使以羞涩象征、服饰等来施加诱惑的献媚在客观上象征化，这就应当在最准确的意义上叫作"轻浮"。轻浮完全区别于放荡，更区别于猥亵和粗俗。就轻浮而言，无论一个评语，或是一句戏言，无论半遮半露，或是在性爱的范围以外（例如"轻浮地"贬低值得敬畏或羞怯的东西），始终存在着这种情况：一种象征价值——无论是表达象征的价值，或是符号象征的价值，二者皆充当对羞涩或畏怯和敬畏所掩护的东西的价值象征——被当作披露和放弃这种羞涩掩盖物的价值象征加以应用或利用，这就违背了它的意义。一者是对羞涩的象征价值，另者是将这种象征价值当作对无耻的东西的价值象征加以应用或利用，在我看来，这两者之间的冲突恰恰可以解释"轻浮"的质。这种形式多样的现象最清楚地表现在一切所谓半遮掩物的轻浮刺激上，确切地说，表现在被罩子遮蔽的东西的明显强调意图上。在此，罩子本身是一种对羞涩的象征价值；然而，这种象征价值还是充当着披露羞涩禁止披露的东西的价值象征。

羞耻与注视*

〔法〕萨特/著　陈宣良等/译　杜小真/校

一、难题

我们曾从否定行为和我思出发描述人的实在。顺着这条线索，我们已发现，人的实在自为地存在。这是否把人的实在**包览无余**了呢？无须离开我们反思式的描述的立场，我们就能重新遇到一些意识的样式，它们似乎完全由于在自身中严格保持为自为，而指出了一种完全不同的本体论结构。这种本体论结构是**我的**本体论结构，我所关心的正是**我的**主体，然而对这种"为我"的关心向我揭示了一个没有"为我的存在"的、是**我的**存在的存在。

例如让我们考察羞耻。它涉及一种意识的样式，它的结构同一于我们前面描述的一切结构。它是（对）作为羞耻的自我（的）非位置意识，并且因此，这是德国人称为"经历"的东西的一个例子，它是容易受反思的影响的。而且，它的结构是意向性的，它是**对某物的**羞耻的领会，而且这某物就是**我**。我对我所是的东西感到羞耻。因此，

---

* 本文选自《存在与虚无》（陈宣良等译，杜小真校，生活·读书·新知三联书店2007年版）第三卷第一章。此章共四节，这里选录第一、四节。标题为编者所加。——编者

羞耻实现了我与我的一种内在关系：我通过羞耻发现了**我的**存在的一个方面。然而，尽管羞耻的某些复杂和派生的形式能在被反思的水平上显现，羞耻一开始却不是反思的现象。事实上，不管人们能在孤寂中通过宗教**实践**从羞耻中得出什么结论，羞耻按其原始结构是**在某人面前**的羞耻。我刚才做出了一个笨拙的或粗俗的动作：这个动作紧粘着我，我既没有判断它也没有指责它，我只是经历了它，我以自为的方式实现了它。但是这时我突然抬起头：有人在那里看着我。我一下子把我的动作实现为庸俗的，并且我感到羞耻。当然，我的羞耻不是反思的，因为他人面对我的意识在场，哪怕是以催化剂的方式，也是与反省的态度不可并存的：在反省的范围内，我唯一能遇到的意识是我的意识。但是他人是我和我本身之间不可缺少的中介：我**对我**自己感到羞耻，因为我向他人**显现**。而且，通过他人的显现本身，我才能像对一个对象做判断那样对我本身作判断，因为我正是作为对象对他人显现的。然而这个对他人显现的对象并不是一个别人的心灵中的一个空幻的形象。这个形象事实上将是完全可归因于他人的，而且不可能"触到"我。在它面前我可能感到不适，感到愤怒，就像在我的一幅画得不伦不类，将我所没有的丑陋或卑劣印象加之于我的肖像面前那样；但是我不可能被彻底地触及：羞耻根本上是**承认**。我承认我就**是**他人所看见的那个样子。然而这不涉及我为我所是的东西和我为他所是的东西的比较，就好像我以自为的存在方式在我之中发现了一种与我为他所是的东西等价的东西一样。首先，这种比较并未在我们身上作为具体的心理作用出现：羞耻是一种直接的颤抖，没有任何推论准备地从头至脚传遍全身。其次，这种比较是不可能的：我不能将我在自为的内在性中所是的那没有距离、没有后退、没有角度的东西与这个我为他所是的无可辩解的自在存在联系起来。这里没有相应的标尺和图表。此外，**庸俗**这概念本身就包含一种单子之间的关系。单独一个人不会是庸俗的。这样，他人不只是向我揭示了我是什么：他还在一种可以支持一些新的质定的新的存在类型上构成了我。这个存在在他人显现之前并不潜在地在我之中,因为它那时在自为中还没有地位,而且即使人们乐于在这身体对别人而言的存在**之前**给我一个完全构成的身体,也不可能潜在地在其中放上我的庸俗和不得体的行为,因为它们是意义,而且因此,它们超越了身体,并且同时推回到能够理解它们的见证人和我的人的实在的整体。但是,这个**对**他人显现的新存在不居**于**他人**之中**;正像那种旨在使是其所是的孩子们"知耻"的教育体系很好地指出的那样。这样,羞耻是**在他人面前对自我的羞耻**;这两个结构是不可分的。但是同时,我需要他人以便完全把握我的存在的一切结构,自为推到于他。因此,即使我们想在其整体中把握人的存在与自在的存在的关系,我们也不能满足于本书前面各章那些概略的描述:我们应该回答两个完全不同的令人望而生畏的问题:首先,是他人的存在,其次,是我与他人的**存在**的存在关系。

二、注视

我看见的向我走来的那位妇女,在路上走过的那个人,我隔窗听见他唱歌的那个乞丐,对我来说都是些**对象**,这是没有疑问的。这样,至少,他人面对我在场的模式之一是**对象性**,这点是真实的。但是我们已看到,如果这种对象性关系是他人与我本身的基本关系,他人的实存就仍纯粹是臆测。然而,我听到的那个声音是人的噪音而不是留声机的歌声,这就不仅是臆测的而且是**或然的**,我看见的行人是一个人而又是装置完善的机器人,这就无限地是**或然的**。这意味着,我把他人理解为对象,由于没有超出或然性的限度,并且来源于这种或然性本身,本质上就归结为对他人的一种基本把握,其中他人并不对我表现为对象而是表现为"自身的在场"。总之,要使他人是或然的对象而不是对象的幻影,他的对象性就必须不归结为原始的、我触及不到的孤独，而归结为他人在其中以不同于我获得认识的方式表现出来的一种基本联系。古典理论认为被感知的人的整个机体**归结**为某物，并且它归结到的那个东西是其或然性的基础和保证，这是有道理的。但是它的错误在于相信这种归结指出了一个孤立的存在，一个在可感知的表露背后的意识，就像实体在康德的**感觉**（*Empfindung*）背后一样。无论这个意识是不是在孤立状态中存在，我都不能把我看见的面孔归结于它，它也不是我感知的或然对象的真理。事实上，向着一种在其中别人是为我在场的孪生涌现的归结，就是向着"与别人比肩共在"的归结，而这是在认识之外被给出的，即使这认识被设想为直观秩序上的一种模糊而又不可言喻的形式，依然如此。换言之，人们一般认为他人的问题好像是他人由之展现出来的原始关系就是**对象性**，就是说好像他人首先是直接或间接地向我们的知觉揭示出来的。但是，因为这种知觉由于其本性本身归结到与它本身不同的东西上，并且由于它既不能归结为同类显现的无限系列——如同唯心论所说的对桌子或椅子的知觉那样——也不能归结为原则上我触及不到的实体，它的本质就应该是归结到我的意识与他人的意识的最初关系上。在这种关系中他人应该作为主体直接给予我，尽管这主体是在与我的联系中；这关系就是基本关系，就是我的为他之在的真正类型。

尽管如此，这里的归结不可能归结到某种神秘或不可言喻的经验。他人正是在日常的实在中向我们显现出来，并且他的或然性归结为日常的实在。因此问题应这样表述：在日常实在中是否有与他人的原始关系，这他人能经常被注意到，并且因此能对我展现出来，而又完全不归结为一个宗教的或神秘的不可认识物吗？要知道这一点，必须更明确地在我的知觉的范围内考问他人的这习以为常的显现：既然正是这显现归结为这种基本关系，它就应该能够至少作为被注意到的实在向我们展示出它所归结到的那种关系。

我在公园里。离我不远是一块草地，沿这块草地安放着一些椅子。

一个人在椅子旁边走过。我看见了这个人,我同时把他当作一个对象和一个人。这意味着什么呢?当我断言这个对象是一个人时,我是想说什么呢?

如果我应该认为他只不过是一具人体模型,我就能把我通常用来给时空"事物"归类的范畴用于他。就是说我把他当作在椅子"旁边",离草地 2.20 米,对地面有某种压力的,等等。他与别的对象的关系是一种纯粹相加的关系,这意味着,我能使他消失而别的对象之间的关系并不因而发生显著的变化。总之,任何新关系也不**因他**而出现在我的天地中的那些事物之间:这些事物是在我周围聚集并综合成的工具性复合体,它们将**因他**而分解为许多未分化的关系。相反,知觉到他是人,就是把握了椅子和他的关系是非相加的,就是记住了我的天地中的诸事物**无距离地**组织在这个特别优越的对象周围。当然,草地仍然距他 2.20 米;但**作为草地**,它在一种超越了这距离而同时又保持着这距离的关系中与他又是联系着的。距离的两端并非是毫不相干、可互相置换并在交互关系中的,这距离作为一种同质关系的综合涌现从我看见的人**出发扩展到**草地。这涉及的是一种**没有部分**、一下子就确是的联系,并且一种不是**我的**空间性的空间性从这种关系的内部扩展开来,因为问题不是在于诸对象**朝向我**的对象之聚合,而是**逃离我**的一个方向。当然,这种无距离无部分的关系完全不是我探寻的他人与我本身的原始关系:首先它涉及的只是人和世上的事物。然后,它还是认识的对象,我要表述它,可以说这个人**看着**草地,或说他不管禁止通行的牌子准备在草地上走走等等。最后,它保持着纯粹的或然性:首先,这个对象是一个人是或然的;其次,即使它确实是一个人,他在我知觉到他时**看着**草地也仍然只是或然的,他可能沉迷于某件事而并未明晰地意识到他周围的东西,他可能是瞎子,等等。然而,人这个对象和草地这个对象的这种新关系有一种特殊性,它完整向我表现,因为它作为我能认识的对象在那里,在世界中(事实上,这就是我在说：皮埃尔瞥了一眼他的表，让娜凭窗凝视等时所表示的一种客观关系），而同时，它又完全逃避了我；就人这个对象是这种关系的基本项而言，就这关系**走向**人这对象而言，这关系逃避了我，我不能置身于中心；在草地和人之间展开的距离通过这种原始关系的综合涌现，它否定了我在这两个对象之间建立的作为一种纯粹外在的否定的距离。它显现为我理解的我的天地的诸对象间关系的**分解**。而且不是我实现了这种分解，它对我表现为一种我徒然地通过我一开始在事物之间确立的距离追求着的关系。它好像是原则上脱离了我并从外面给予事物的事物的背景。这样，在**我的**天地中的对象之间，这个天地中的一个分解成分的显现，就是我所谓的**一个**人在我的天地中的显现。他人，首先是事物向着一个端点的逃逸，我同时把这个端点把握为与我有一定距离的对象，又把它把握为由于在它周围展开了它自己的距离而脱离了我的对象。但是这种分解是逐步进行的，如果草地和他人之间存在一种无距离并且创造距离的关系，那么他人和立在草地**中间**的雕像之间、他人和耸立在林荫道两旁的大栗树之间，也就必然有一种这样的关系，一个完整的空间聚集在他人周围，而且这个空间是**和我的空间**一起造成的，我处在这聚集体中而它逃离了我，它聚集起充斥于我的宇宙中的一切对象。这个聚集体总在那里，草地是被规定的事物，正是这个**绿色**的草地为他人存在；在这个意义下，对象的性质本身，它的深而艳的绿色处在与这个人的直接关系中，这绿色把逃离我的一面转向他人。我把绿色和他人的**关系**当作一种对象的关系，但是我不能**把**绿色看作是它向他人显现的**那样**。这样，对象突然好像从我这里偷去了世界。一切都在原地，一切仍然是为我地存在的，但是一切都被一种向一个新对象的不可觉察的和凝固的逃逝扫过了。因此，他人在世界中的显现相当于整个宇宙的被凝固的潜移，相当于世界在我造成的集中下面同时暗中进行的中心偏移。

但是**他人**还是**为我的**对象。他属于**我的**距离，此人在那里，离我二十步，背对着**我**。既然如此，他就重新离草地2.20米，离雕像6米：因此，我的天地的分解就是在这个宇宙本身的范围内被囊括的，不存在从世界向虚无或世界本身之外的离逝。但是不如说世界的存在中间被掘了一个空洞，并且世界不断从这洞里流出。宇宙，流出，空洞，这一切都在对象中被恢复，被重新把握及凝固了：这一切都作为世界的部分结构**为我地**在此，尽管事实上涉及的是宇宙的完全分解。此外，我通常能把这些分解保持在更狭窄的范围内：例如，这是一个一边散步一边看书的人。他表象的宇宙的分解纯粹是潜在的：他充耳不闻，两眼只看着他的书。在他的书和他之间，我把握了一种无可否认的、无距离的，与刚才联系着散步者与草地的关系同类的关系。但是，这一次，形式被封闭在自我本身之内：我有一个要完整把握的对象。在这世界之中，我可以说"在读书的人"，就像说"冰冷的石头"和"毛毛细雨"一样，我把握了一种以**阅读**为其主要性质的封闭的"完形"(gestalt)，它对其余的事不闻不问，让自己被认作和知觉为一个单纯的时空事物，并且似乎与其余的世界处在纯粹未分化的外在关系中。只不过，作为人与书的关系的"在读书的人"，这性质本身就是我的天地的一个特殊的细小裂缝；在这确实可见的形式内，他使自己成为一个特殊的空虚，只在表面上他才是块物团，他的真正意义在我的天地中、在离我十步、在这物团内部是一个完全被填塞和定了位的离逝。

因此，这一切完全没有使我们离开他人在其中是**对象**的这个基础。至多，我们是在同胡塞尔以**不在场**一词指出的那类特殊的对象性打交道，然而又没有指出他人并不被定义为一个意识对我看见的身体而言的不在场，而是被我在我对这世界的知觉内知觉到的世界的不在场所定义的。在这个水平上，他人是一个让自己被世界定义的世界的对象。但是逃逝和世界对我的不在场之间的这种关系只是或然的。如果是它定义了他人的客观性，那么它归结为什么样的他人的原始在场呢？我们现在能回答说：如果对象—他人在与世界的联系中被定义为

看见我看见的东西的对象,那我与主体—他人的基本关系就应该能归结为**我被他人看见**的恒常可能性。正是在揭示我是为他的对象时并通过这揭示,我才应该能把握他作为主体存在的在场。因为,正如他人对主体—我而言是一个或然的对象一样,我同样只能在变成或然的对象时对一个确定主体展现出来。这种揭示不可能来自**我的**天地是对对象—他人的对象这一事实,就好像他人的注视在扫视过草地和四周的对象之后,会遵循确定的道路落到我身上似的。我已指出,我不能是对一个对象而言的对象,他人必须做一彻底的转化使自己脱离客观性。因此,我不能认为他人投向我的注视是他的客观存在的可能表露之一:他人不能像他注视草地那样注视**我**。此外,我的客观性本身对**我来说**不能来自世界的客观性,因为恰恰是我才是使得有了世界的人;就是说原则上不能是对自身而言的对象的人。这样,我称为"被他人看见"的关系就远非是诸他人之间由人这个词给出意义的一种关系,而是表示一个既不能从作为对象的他人的本质中,也不能从我的作为主体存在的本质中推出的不可还原的事实。但是,相反,即使对象—他人这概念应该有意义,它也只能从这种原始关系的转化和蜕变中获得。总之,我把世界上的他人理解为**或然地**是一个人所参照的东西,就属于我被他人看见的恒常可能性,就是说对一个看见我的对象来说取代被我看见的对象的恒常可能性。"**被别人看见**"是"看见—别人"的**真理**。这样,他人这个概念无论如何也不能涉及我甚至无法思想的那种孤独的超世界的意识:人相关于世界和我本身而被定义:他是规定着宇宙的内在流出、内出血的那种世界对象,他是在我本身向对象化的那种流逝中向我展现的主体。但是,我本身和他人的原始关系不仅是通过在我的天地中的一个对象的具体在场所追求着的不在场的真理,它也是我时刻经验到的具体的日常的关系:他人时刻注视着我:因此,我们很容易通过一些具体例子描述这种应该成为一切他人理论的基础的基本联系;如果他人原则上是**注视着我的人**,我们就应该能阐明他人的注视的意义。

指向我的一切注视都在我们的知觉领域中与一个可感形式的显现的联系中表露出来，但是和人们可能相信的相反，它与任何被规定的形式无关。无疑，**最经常地**表露一种注视的东西，就是两个眼球会聚到我身上。但是它也完全可以因树枝的沙沙声，寂静中的脚步声，百叶窗的微缝，窗帘的轻微晃动而表现出来。在军事突袭时，在灌木丛中匍匐前进的人们**要逃避的注视**，不是两眼，而是对着天空映现的、在丘陵之上的白色村舍。不言而喻，这样构成的对象还只表露为或然的注视。在刚刚摇动过的灌木丛背后，有某个人正潜伏在那里窥视着我，只有这才是或然的。但是现在还不是考察这种或然性的时候：我们下面还要回过来谈这个问题，首要的是定义这注视本身。然后，灌木丛、农舍不是注视：它们只代表**眼睛**，因为眼睛首先不是被当作视觉的感觉器官，而是被当作注视的支撑物。因此，它们不归结为隐藏在窗帘背后、农舍的窗户背后窥视者的肉眼：单只就它们本身而言，就已经是眼睛了。另一方面，注视既不是在别的对象中造成眼睛的功能的对象的性质，也不是这个对象的完整形式，也不是建立在这个对象和我之间的"世界的"关系。正好相反，远不是知觉到注视**到**表露了注视的对象，我对转向我的注视的体会才在"注视我"的眼睛结构的基质中呈现：如果我体会到注视，我就不再知觉到眼睛：它们在那里，它们仍然作为纯粹的**表象**在我的知觉范围之内，但是，我用不着它们，它们被中立化了，退出了活动，它们不再是主题的对象，它们停留在"置于循环之外"的状态，在这个状态中，存在着为一个人会进行胡塞尔确定的现象学还原的意识的世界，并非在眼睛注视着你们时人们才能发现它们是美的或丑的，才能注意它们的颜色。他人的注视掩盖了他的眼睛，它似乎是**走在眼睛前面的**。这种幻觉的产生，是因为眼睛作为我的知觉对象，保持着在我和它们之间展开的一段确定的距离——总之，我是无距离地面对眼睛在场的，而它们却与我"所处"的地方有距离——然而注视同时无距离地在我身上并与我保持距离，就是说它面对我的直接在场展开了把我与它隔开的距离。因此，我不能把我的注意力引向注视而我的知觉又不同时分裂并过渡到次要地位。这里产生了某种类似于我曾在别处试图对想象物的主体指出的东西①；我那时说，我们不能同时知觉和想象，只能么是知觉，要么是想象。现在我要说：我们不能知觉世界又同时把握盯着我们的注视；必须要么是这个，要么是另一个。因为知觉就是**注视**，而且把握一个注视，并不是在一个世界上领会一个注视对象（除非这个注视没有被射向我们），而是意识到**被注视**。不管眼睛的本性是什么，**眼睛**显示的注视都是纯粹归结到我本身的。当听到我背后树枝折断时，我直接把握到的，不是背后**有什么人**，而是我是脆弱的，我有一个能被打伤的身体，我占据着一个位置而且我在任何情况下也不能从我毫无遮掩地在那里的空间中逃出去，总之我**被看见**了。这样，注视首先是从我推向我本身的中介。这个中介的本性是什么？对我来说，被看见意味着什么？

让我们想象我出于嫉妒、好奇心、怪癖而无意中把耳朵贴在门上，通过锁孔向里窥视。我单独一人，并且置身于（对）我（的）非正题意识的水平上。这首先意味着，没有为了占据我的意识的**我**。因此，没有任何东西我能对之联系上我的活动以便规定我的活动。这些活动完全不被**认识**，而**我就是**它们，并且只是因此，它们在自身中才有了全部理由。我是纯粹的**对事物的**意识，并且事物，受制于我的自我性的圈子中，向我提供出它们的潜在性，这些潜在性是作为我（对）我的固有可能性（的）非正题意识的复制品。这意味着，在这扇门背后，有一个场面被表明是"要看"的，一场谈话是"要听"的。门、锁，同时是工具又是障碍，它们代表"要小心地使用"；锁表明"要贴近并

---

① 《想象物》，N. R. F. 丛书，1939年。——原注

稍稍从侧面去注视";等等。从那时起,"我做着我不得不做的事情";任何超越的观看都没有赋予我的活动以一个判断能实施于它的**给定物**的特性;我的意识粘连在我的活动上,它就是**我**的活动,活动只受要达到的目的和要运用的工具所支配。例如,我的态度没有任何"外表",它纯粹处于工具(锁眼)和要达到的目的(要看见的场面)的关系中,它是我投身于世界之中的纯粹方式,它使我被事物吸收,就像吸墨纸吸收墨水一样,以便指向一个目的的工具性复合体,综合地在世界这基质上闪现。这次序和因果次序相反,是要达到的目的组织起在它之前的各个瞬间:目的给了手段以理由,手段不是为自身而存在的,不是在目的之外存在的。此外,这总体只相关于我的可能性的一个自由谋划而存在:这恰恰是嫉妒,这个我所是的可能性在超越这个工具性复合体走向嫉妒本身时把这复合体组织起来的。但是,这就是这个嫉妒,而我并不认识它。只有世界的工具性复合能使我知道它,如果我不是造成这复合而只是静观着它的话。正是这个与其双重而相反的规定共存于世界之上的总体——只因为我是嫉妒的才有了要在门背后**看见**的场面,但我的嫉妒不是别的什么,只不过是**有一个要**在门背后**看见的场面**这简单的客观事实——我们称之为**处境**。这个处境同时反映着我的人为性和我的自由;由于环绕着我的世界的某种对象结构,它以要自由完成的任务的形式向我反映我的自由;完全没有相反的东西,因为我的自由啃噬着我的可能,这也是因为世界的潜在性相应地只指示并提出自己。因此,我也并不真能把自己定义为在处境中**存在**的:首先,因为我不是对我本身的位置意识;其次,因为我是我自己的虚无。在这个意义下——而且既然我是我所不是和不是我所是——我甚至不能把自己定义为真是正在门后偷听的,我由于我的整个超越性而脱离了对我本身的这个定义;我们看到,这就是自欺的来源;这样,我不仅不能**认识**自己,而且甚至我的存在也脱离了我——尽管我就**是**对我的存在的这种脱离本身——并且我完全不是什么,**那**

里只有一个环绕某个在世界上显示出来对象整体并使之突现出来的纯粹虚无，这个虚无还把一个实在的系统、一种为某个目的对手段的配置突现出来。

然而，现在我听到了走廊里的脚步声：有人注视我。这意味着什么？这就是我在我的存在中突然被触及了，一些本质的变化在我的结构中显现 —— 我能通过反思的我思从观念上把握和确定的变化。

首先，现在我作为**我**对我的未反思的意识而存在。人们最经常的是这样描述我的这种突然闯入的：我看见**自己**是因为**有人**看见我，可以这样描述。在这种形式下的描述不是完全准确的。但是让我们进一步考察一下：只要我们孤立地考察过自为，我们就能说：未反思的意识不能被一个我所占据：这个我只是作为对象对反思的意识表现出来。但是现在是我来纠缠未反思的意识。然而，未反思的意识是**对世界的**意识。因此"我"在世界的诸对象的水平上为这意识存在，这仅是反思意识应起的作用：我的现时化现在属于未反思的意识。只不过，反思的意识直接把"我"作为对象。未反思的意识没有直接地把握个人并把他当作**它的**对象：个人是面对意识在场的，**因为他是为他的对象**。这意味着：我一下子意识到我，是由于我脱离了我，而不是由于我是我自己的虚无的基础，因为我有我在我之外的基础。我只是作为纯粹对他人的转移才为我地存在的。尽管如此，这里不应该认为对象是他人，也不应认为面对我的意识在场的**自我**是次级的结构或是作为他人—对象的意义，我们已指出过，他人在这里不是对象，而且不能是对象，而同时"我"又仍然是为他的对象并且不归于消失。这样，我并不追求作为对象的他人，也不追求我的自我成为我本身的对象。我甚至不能把一种虚空的意向引向这个**自我**，就像引向一个我显然触不到的对象那样。事实上，这自我和我之间隔着一个我无法填满的虚无，因为我把它当作**不是为我地存在**的，并且因为它原则上是对别人而言存在的；因此，我追求它，不是因为它有一天能给予我，而是相反，因为它原则上逃离了我，并且决不属于我。然而，我**是**它，我并不把它当作一个陌生的形象推开它，而它是作为一个我**是**而又不**认识**的我面对我在场的，因为正是在羞耻中（另一个情况是在骄傲中），我发现了它。正是羞耻和骄傲向我揭示了他人的注视和这注视终端的我本身，使我**有了**生命，而不是**认识**被注视者的处境。然而，我们在本章开头已指出，羞耻是对**自我**的羞耻，它**承认**我就**是**别人注意和判断着的那个对象。我只能因为我的自由脱离了我以便变**成给定**的对象而对我的自由感到羞耻。这样，我的未反思的意识一开始和我的被注视的**自我**的关系就不是一种**认识**的关系而是存在的关系。在我能拥有的一切认识之外，我是别人认识着的那个我。并且我在他人为我异化了的一个世界中是我是的这个我，因为他人的注视包围了我的存在，并且相应地包围了墙、门、锁；我没于这一切工具性事物而存在，它们把原则上脱离了我的一面转向别人。这样，我就是没于一个流向别人的世界、相对别人而言的**自我**。但是，刚才，我们已能把从**我的**世界流向作为对象的别人称为内出血：这是因为事实上，这放血仅仅由于我把这世界的血流向的那个他人凝固为**我的**世界的对象，就被挽回和被圈住了；这样，一滴血也没有失去，一切都被收回、被围住、被圈住了，尽管是被圈在一个渗入的存在中。在这里，相反，流逝是无止境的，它投身于外部，世界流到世界之外，而我流到我之外；他人的注视使我在我的在世的存在之外，没于一个同时是自己又不是自己的世界的存在中。我能与这个我所是的、羞耻向我展现的存在保持什么样的联系呢？

首先，是一种存在关系。我**是**这个存在。我无时无刻不梦想否认这点，而我的羞耻却对此是个证明。后来，我能以自欺来对自己掩盖它，但自欺也是一种承认，因为它是要逃避我所是的存在的努力。但是，我所是的这个存在，我不是以"不得不是"或"曾是"的方式是它：我不是在它的存在中建立它的；我不能直接产生它，但是它也同样不是我的活动的间接的、严格意义下的结果，就像我地上的影子、镜中的映象随着我做的姿势摇曳时那样。我所是的这种存在保留着某种无规定性，某种不可预料性。并且这些新特性不仅因为我不能**认识**他人，而且尤其是因为他人是自由的；或者更准确地说，反过来用这些术语，他人的自由就通过我为他所是的存在的令人不安的无规定性向我揭示出来。这样，这个存在不是我的可能，它并不总在我的自由内部的问题中：相反，它是我的自由的限制，在人们说的"底牌"的意义下的我的自由的"底"，它对我表现为一种重负，我担负着它而永远不能转过身来对着它以便认识它，甚至不能感觉到它的重量，它之所以能与我的影子相类比，是因为有一种影子投到一种运动着的不可预料的物质上，就像任何参照表都不能计算得自这些运动的形变那样。然而，问题正好涉及**我的**存在而不涉及我的存在的一个形象。问题在于在他人的自由中并通过他人的自由表现出来的我的存在。一切的发生就好像是我拥有由一个彻底的虚无把我与之分开的一维存在——而这个虚无，就是他人的自由；他人不得不使我的为他的存在存在，因为他不得不是他的存在，这样，我的每一个自由行为都使我介入一个新的中心，在这个中心，我的存在的质料本身是别人的一个不可预料的自由。然而，由于我的羞耻本身，我要求别人的这种自由成为我的自由，我肯定的是各意识间深刻的统一，不是人们有时误认为客观性的那种单子间的和谐，而是一种存在的统一，因为我接受并希望别人向我提供一个我承认的存在。

但是，羞耻向我揭示我是这个存在。不是以**曾是**或"不得不是"，而是以**自在**的方式。单独的我不能实现我的"坐着的存在"，至多人们能说我同时是它又不是它。他人注视着我就足以使我是我所是了。当然不是对我本身而言的：我决不能实现这种我在他人的注视中把握的坐着的存在，我总保持为意识，但是是对别人而言的意识。自为的虚无化离逝再一次被凝固，而自在就再一次按自为的样子重新构成。但是，这种变态再一次**有距离地**实现：对别人来说，**我坐着**就像这墨水瓶放**在**桌子**上**一样；对别人来说，我**伏**在锁眼上，就像那棵树被风

吹歪一样。这样，对别人来说，我剥去了我的超越性。这是因为事实上，对任何充当见证人的人，就是说规定自己不是这个超越性的人来说，这个超越性变成了纯粹被观察到的超越性、被给定的超越性，就是说，它获得一种本性只是由于别人给了它一种外表，这种外表不是通过某种变形或别人通过其各种范畴强加给它的折射，而是通过他的存在本身给它的。只要有一个别人，不管他是谁，在什么地方，他与我的关系如何，甚至非通过他的存在的纯粹涌现而不别样地作用于我，我就有了一个外表，一种**本性**；我的原始的堕落就是别人的存在；而羞耻——骄傲也一样——把我本身领会为本性，尽管这个本性本身脱离了我，并且作为本性它是不可认识的。确切地说，这不是因为我感到自己失去了自由才变成了一个**事物**，而是因为它在那边，在我的被体验到的自由之外，作为我对别人而言所是的那个存在的一种特定的属性。我在我的**活动**之中把别人的注视当作我自己的可能性的物化和异化。事实上，我所**是**的，并且成为我的超越性的条件的这些可能性，通过恐惧、焦急或审慎的期待，我感到它们在别处向一个别人表现自己，它们似乎反过来要被别人的诸种可能性超越。而别人作为注视，只是我的被超越的超越性。而且，无疑，按（对）这些可能性（的）非正题意识，我总**是**我的可能性，但是，同时，注视使我的这些可能性异化了：至此，我在世界上，而且在世界中正题地把这些可能性当作工具的潜在性了，走廊上的黑暗的角落反映出我躲藏的可能性是它的黝黯的简单潜在性，是对其黑暗的要求；对象的潜在性或工具性仅仅只属于它，并表现为一种客观的和理想的属性，同时指出它实在地属于我们曾称为处境的那个复合体。但是，随着他人的注视，各复合体的一种新组织将叠印在前者之上。事实上，把我当作被看见的东西，就是把我当作**在世界中**并从世界出发被看见的东西。注视没有使我在宇宙中显现，它将到我的处境中寻找我，并且只从我这里把握与各种工具的不可分割的关系；如果我被看成是坐着的，我就应该被看成"坐在椅子上的",如果我被当作弯着腰的,就是被当作"弯腰伏在锁跟上的",等等。但是,同时,作为**被注视**的我的异化意味着我组织起来的世界的异化。我被看成坐在这椅子上的是因为我完全没有看见椅子,因为我不可能看到它,因为它逃离了我,为的是在别的一些关系和别的一些距离中与对我同样不露面的别的一些对象一起被组织为一个不同方向的新复合体。这样,由于我是我的可能,我是我所不是和不是我所是,那**我**现在**就是**某个人。而且我所是的这东西——并且它原则上脱离了我——我**没于世界**地是它,因为它脱离了我。因此,我与对象的关系或对象的潜在性在他人的注视之下变质了,并且在世界上向我显现为我使用对象的可能性,因为这种可能性原则上脱离了我,就是说它被别人超越走向它自己的可能性。例如,黑墙角的潜在性变成了我躲藏到墙角中的特定的可能性,这只是由于本人能超越它走向我用电筒照亮墙角的可能性。这种可能性在那里,但是我通过我的焦虑和我放弃这个"不太可靠"的隐蔽处的决定,把它当作不在场的,当作**在别人中**的。这样,我的可能性因为别人对**我的**窥视而面对我的未反思的意识在场。如果我看到了他一切都准备好了的架势,他的手放在装有武器的口袋里,他的手指按在电铃上,并且准备好"我稍有动作"即向哨兵发出警报,我就知道了我的可能性是在外面的,而且是依赖他的,同时我**就是**这些可能性,这有点像人们通过语言客观地学会思想,同时又思考这思想**以便**使它附着于语言。那种逃跑的意图支配着我,裹挟着我,并且我就是这意图,我在这搜寻的注视和这另一种注视中察觉到了这意图:枪正瞄准我。别人告诉了我这种意图,因为他预见到了它并且已经有了准备。他告诉了我这意图,因为他超越了它并解除了它。但是我没有把握这超越本身,我只把握了我的可能性的死亡。微妙的死亡:因为我躲藏的可能性还保持为**我的**可能性;既然**我是**这可能性,它就总活着;而且黑暗的角落不断在向我示意,把它的潜在性反映给我。但是,如果工具性被定义为"能被超越而走向……"这一事实，那么我的可能性本身就变成了工具性。我躲到墙角去的可能性变成了他人能够向着"发现我"的可能性超越的东西，即向着认出我、抓住我之可能性超越的东西。它同时**为他地**是一个障碍并且像一切工具一样是一种手段。它是障碍，因为它强迫他人作某些新活动（朝我走来，揿亮他的手电筒）。它是手段，因为一旦发现在绝境中，我就"被抓住"了。换言之，用来反对他人的一切活动，原则上都能为他地成为他用来反对我的工具。而且我之所以把握了他人，恰恰不是因为对他能以我的活动造成的东西有清楚的看法，而是因为一种把我的一切可能性**体验**成情绪矛盾的恐惧。他人，就是我的可能性的隐藏起来的死亡，因为我体验到这种死亡是躲藏到世界中的。我的可能性与工具的关系，只不过是为了一个脱离了我的目的互相外在地安置下来的两个工具的关系。黑暗角落的黑暗和我躲在那里的可能性是**同时**被他人超越的，如果那时，在我能做出躲在里面的动作之前，他已用电筒照亮了墙角的话。于是，当我把握到他人的注视时，在一阵激动我的突然战栗中，就有这样的事发生：突然，我体验到我的一切可能性被安放到远离我的地方，它们与世界的对象一起没于世界，而且微妙地异化了。

　　但是，从这里可得出两个重要的结论。第一个就是，我的可能性变成我之外的**或然性**。既然别人把它当成被一个他所不是的、他充当其见证人并且计算其结果的自由所侵蚀，那它就是相关于各种可能的纯粹无规定性，而且我正是这样变成它的。以后，当我们通过言语与他人直接相关，并且逐步知道他如何想我们时，这就会同时使我们感到迷惑和恐怖："我向你发誓我要这样做！"——"那感情好啊。你对我说了，我很愿意相信你；事实上，你这样做是可能的。"这个对话本身就包含着这样的意义：他人一开始就处于我的自由面前，就像处于一种给定的无规定性的属性一样，并且处于我的可能面前，就像处于我的或然性面前一样。这就是一开始我在那边**为他地**感觉到的东西，而且我的存在的这个虚幻的轮廓使我达到我自己的内心，因为通过羞耻、愤怒和恐惧，我不断地这样承担着自己。我是盲目地承担自己的，因为我**不知道**我承担的是什么；我是**它**，如此而已。

第二个就是，我本身面对工具的工具可能性总体，对我显现为被他人超越和组织为世界的东西。由于他人的注视"处境"脱离了我，或者，用一种平常但很能表明我们的思想的表述：**我不再是处境的主人**。或者，更准确地说，我仍然是它的主人，但是它有实在的一维，它从那里脱离我，一些意外的颠倒由此而使它不同于它为我显现的那**样存在**。当然，可能有时，在最低限度的孤独中，我做出一个动作，这个动作的后果是完全与我的预料和我的愿望相反的：我轻轻地抽动一块木板想把这易碎的花瓶拉过来。但是这个动作的结果却使小青铜雕像跌落下来把花瓶砸碎了。不过，如果我更小心一些，如果我注意到物品的排列等等，这里就不会有我不能预料的事情：**原则上讲什么也没有脱离我**。相反，别人的显像使我并没有希求的面貌在处境中显现，我不是这种显像的主人而且它原则上脱离了我，因为它是**对别人而言的**。纪德①恰当地把它称为"魔鬼的方面"（la part du diable）。这是不可预料的然而是实在的**反面**。卡夫卡②在《诉讼》和《城堡》中力图描述的正是这种不可预料性：在一个意义下，K和工地测量员所做的一切都是属于他们自己的，而且既然他们作用于世界，后果就是严格符合他们的预见的：这是些成功的活动。但是，同时，这些活动的真理又总是脱离他们：他们原则上拥有的一种意义是他们**真正的意义**，而且是无论K还是土地测量员都决不会认识的意义。也许，卡夫卡在这里想达到神的超越性：正是对神来说人的活动才构成为真理。但是上帝在这里只是被推至限制的他人的概念。我们下面还要再谈这个问

---

① 纪德（André Gide，1869—1957），法国诗人、小说家、评论家、剧作家，1947年曾获诺贝尔文学奖。——译者

② 卡夫卡（Franz Kafka，1883—1924），奥地利小说家。——译者

题。《诉讼》的那种痛苦和不可捉摸的气氛，那种无知和对无知的体验，那种只能通过完全的半透明性表现出来的完全的不透明性，只不过是对我们没于为他的世界的存在的描述。因此，处境在其为他的超越中并通过这超越，把我的周围凝固并组织为**形式**，在格式塔主义者使用这个词的意义下：那里有一个我是其本质结构的特定的综合；而且这个综合同时具有出神的内聚力和自在的特性。我与我看见的正在说话的那些人的联系是在我之外一下子给出的，它是我本身建立的联系的不可认识的基质。尤其是，我自己的**注视**或与这些人的无距离的联系被剥夺了超越性，这仅仅是由于它是**被注视的注视**。事实上，我把我**看见**的人们确定为对象，我相关于他们而存在就像他人相关于我而存在一样，在注视他们时，我衡量了我的力量。但是如果他人看见他们并看见我，我的注视就失去了力量：它不可能把这些人变成为**他的**对象了，因为他们已经是他的注视的对象了。我的注视只表露了对象——我和被注视对象的一种没于世界的关系，像两个物体互相无距离地作用的吸引力之类的某种东西。一方面在这个注视周围，诸对象顺序排列——我和被注视者的距离现在**存在**着，但是这距离被我的注视抽紧、围定和压缩，"距离—对象"这总体像是注视以世界基质中的"这个"的方式闪现其上的基质。另一方面，我的态度表现为一系列用来"保持"这注视的手段。在这个意义下，我成了一个被组织起来的整体，它就**是**注视，我是一个注视—对象，就是说具有内在合目的性的工具性复合体，而且它本身能在手段和目的的关系中组织起来以便实现一个面对别的同样的对象无距离的在场。但是距离被给予了我。既然我被注视，我就没有展开距离，而仅限于**越渡**这个距离。他人的注视赋予我空间性。把自己当作被注视者就是把自己当作被空间化的空间化者。

但是他人的注视不仅被当作空间化：而且还被当作**时间**化，他人注视的显现通过我原则上不可能在孤独中获得的"体验"——同时性的体验对我表现出来。对单独一个自为来说，世界不可能以同时性来理解，而只能以共同在场来理解，因为自为总是外在于自身而投身于世界之中。并且以它单独的在场的统一去联系所有的存在。然而，同时性以不被任何别的关系联系起来的两个存在者的时间联系为前提。两个互相进行交往活动的存在者不是同时的，这恰恰是因为它们属于同一个系统。因此，同时性不属于各种世界存在者，它设定了两个被看成**面对……在场**的在场者对世界的共同在场。皮埃尔**面对**世界的在场**和**我的在场**一起**被同时化。在这个意义下，同时性的原初现象就是：这杯子**在**为我存在的**同时**也为保尔存在。因此，这假设了一切同时性的基础都必须是一个时间化的他人面对我自己的时间化的在场。但是，恰恰由于他人时间化了，他就使**我**和他一起时间化了：既然他向着他固有的时间冲动，我就在普遍时间中对他显现出来。**他人的注视**，由于我把握了它，将给**我的**时间新的一维。既然现在被他人当作我的现在，我的在场就有了一种外表；这种**为我地**现时化的在场为我地被异化为他人使自己为之在场的现在；我被抛到普遍的现在中，因为他人使自己成为面对我的在场。但是，我将在其中获得位置的普遍的现在纯粹是我的普遍现在的异化，物理时间流向我所不是的纯粹的、自由的时间化；在我体验到的那种同时性的领域内呈现的东西，就是一个虚无使我与之分离的绝对时间化。

　　作为世界的时空对象，作为一种世界上的时空处境的本质结构，我呈现在他人的判断中。这一点我也是通过**我思**的纯粹实施把握的：被注视，就是把自己当作不可认识的判断，尤其是价值判断的未知对象。但是，恰恰在我由于羞耻或骄傲承认了这些判断的根据的同时，我仍然认为它们是其所是：向着可能性对给定物的自由超越。判断是自由存在的超越活动。这样，被看见使我成了对一个不是我的自由的自由不设防的存在。正是在这个意义下，我们才能认为自己是"奴隶"，因为我们对他人显现出来。但是，这种奴隶并不是意识的抽象形式下的一种**生活**的结果——历史的结果和可能被超出的结果。我是奴隶，这就是说，我在我的存在中，在一个不是我的自由而是我的存在的条件本身的自由内部是奴隶。既然我是要规定我而我又不能作用于这种规定，甚至不能认识它的各种价值的对象，我就是在奴役中。同时，既然我是不是我的可能性的诸可能性的工具，我只是瞥见了这些可能性在我的存在之外的纯粹在场，并且它们否认我的超越性以便把我构成用以达到一些我不知道的目的的手段，我就是在**危险**中。而且这种危险不是偶然事故，而是我的为他的存在的恒常结构。

我们的描述可以结束了。首先必须指出在我们能用它来发现他人之前，它已经**在我思的水平上完全产生了**。我们只是说明了对恐惧（在他人的自由面前感到危险的感受）、骄傲或羞耻（我最终是我所是，但此外，是为他地在那里的感觉），对我的被奴役的认识（对我的一切可能性的异化的感觉），即他人的注视的那些主观反作用的意义。而且，这种说明完全不是概念地确定或多或少晦暗的**认识**。每个人都可以回顾一下他的经验：没有一个人不曾在有一天对一种可受谴责或简直可笑的态度感到惊讶的。那时我们经历的突然变化绝不是由一种认识的闯入而引起的。还不如说它本身就是我本身的物化和成层化，它没有触动我的可能性和我的"自为"结构，但却一下子把我推进新的一维存在：**不被揭示**的一维。这样，注视的显现被我当作一种存在的出神关系的涌现，这关系的一端是作为是其所不是和不是其所是的自为的我，而另一端还是我，但是我触及不到它，作用不到也认识不到它。而且这一端由于恰恰处于与自由的他人的无数可能性的联系中，它本身就是不被揭示的属性的无限和不可穷尽的综合。通过他人的注视，我**体验**到自己是没于世界而被凝固的，是在危险中、是无法挽回的。但是我既不**知道**我是**什么**人，也不知道我在世界上的位置是**什么**，也不知道我所处的世界把哪一面转向他人。

现在，我们可以确定他人在其注视中并通过其注视的那种涌现的意义了。无论如何，他人不是作为对象给予我们的。他人的对象化是他的注视—存在的倾覆。此外，我们已看到，他人的注视是作为表露了注视的他人的**眼睛**的消失本身，他人甚至不能是我的为他的存在领域内徒然被盯着的对象。我们将看到，他人的对象化是对我的存在的一种护卫，它恰恰使我从我的为他的存在中解脱出来，因为它给了他人一种为我的存在。在注视的现象中，他人原则上是不能成为对象的东西。同时，我们看到，他不可能是我和我本身的关系的**一项**，这一项使我为我本身作为**不被揭示的东西**涌现出来。他人同样不可能成我的**注意力**的对象：即使在他人注视的涌现中我**注意**到注视或他人，这也只能是**注意到一些对象**，因为注意力是意向地指向对象的。但是，不应该由此得出结论说他人是一种抽象的条件，出神关系的一种概念结构：事实上，这里没有一种实在地被思想到的、他人能是其一种普遍的和形式的结构的对象。他人当然是我的未被揭示的存在的条件。但是他是我的存在的具体的和个别的条件。他并没有作为我的存在的一个组成部分介入我的没于世界的存在，因为他恰恰是超越了我作为不被揭示的东西没于其中的那个世界，因此，他既不能是对象，也不能是形成和构成一个对象的成分。我们已看到，他不能对我显现为一个统一或规整了我的经验的范畴，因为他通过相遇来到我这里。那么他人是什么呢？

首先，他是我没有把我的注意力转而向之的存在。他是注视我而我还未注视他的存在，是向我本身表明我是**不被揭示的**，而本身又没有揭示出来的存在，是面对我在场的存在，这里因为他盯着我，而不是因为他被盯着。他是具体的一极，并且是我的流逝，我的可能的异化，以及世界向另一个**相同**然而与之不相联属的世界的流动所达不到的一极。但是，他不可能区别于这种异化本身和这种流动，他是它们的意义和方向，他纠缠着这个流动，不是作为**实在的**或**范畴的**成分，而是作为一个如果我试图使之"现时化"就会使之凝固并世界化的在场，而且这个在场绝不比我没有注意它的时候更现时，更急迫。如果例如我完全处在我的羞耻中，他人就是支撑着这个羞耻并从各方面包围它的巨大和不可见的在场，就是支撑着我的不被揭示的存在的中心。让我们看看是什么表明他人是**不能**通过我体验到不被揭示的经验而**被揭示**的。

  首先，**他人的注视作**为我的对象性的必要条件，摧毁了一切为我的对象性。他人的注视通过世界达于我，不仅改造了我本身而且完全改变了**世界**。我在一个被注视的世界中被注视。尤其是，他人的注视——它是注视—注视者而非注视—被注视者——否定了我与对象的距离并展开了它固有的距离。这种他人的注视直接表现为在一个无距离的在场之内使距离进入世界的东西。我后退了，我被夺去了我无距离地面对我的世界的在场，并且我被给予了一种与他人的距离：我离门15步，离窗户6米。但是他人来寻找我以便确定我与他有某种距离。既然他人把我确定与他相距6米远，他就必须是无距离地面对我在场的。这样，在我与事物和他人的距离的经验本身中，我体验到了他人无距离地面对我的在场。在这种抽象的描述中，每个人都会认识到常使他充满羞耻的他人的注视的直接和棘手的在场。换言之，既然我体验到自己被注视，对我来说他人超世界的在场就实现了：他人注视我并不像他"没于"**我的**世界存在而是像他的整个超越性走向世界和走向我；他注视我时，他之所以能与我公开，并不由于任何距离，任何实在的或理想的世界对象，任何世界之中的物体，而唯是由于其他人这本性。这样，他人注视的显现不是**世界中**的显现：既不是在"我的世界"中也不是在"他人的世界"中的显现；而且，把我与他人统一起来的关系不可能是世界之内的一种外在关系，而是通过他人的注视，我具体地体验到有一个世界之外的世界。他人是作为**不是我的****超越性**的一种超越性而没有任何中介地面对我在场的。但是这种在场不是交互的：为了使我面对他人在场，世界必须是完全稠密的。当我开始体验到他人的注视是注视时,那就意味着:无处不在而又不可把握的超越性,因为我是我的不被揭示的存在而又无中介地加到我身上,并且因为存在的无限而与我分离,因为我被这注视抛进一个被它的距离和他的工具充满的世界。

但是,此外,他人在把我的可能性凝固起来时,向我揭示出我不可能是对象,除非是对另一个自由而言。我不能是为我本身的本身,因为我是我所是;用尽了它所有的办法,反思双重的努力终于失败了,我总是被我重新把握住。而且当我天真地提出我可能是一个客观的对象而又不了解它时,我因此暗含地假设的正是他人的存在,因为如果这不是对一个主体而言我怎么会是对象呢?这样,他人对我来说首先是我是其对象的存在,就是说**使**我获得对象性的存在。如果我应该只能以对象的方式设想我的一种属性,他人就已经被给定了。而且他不是被给定为我的天地的对象,而是纯粹的主体。这样,我不能通过定义来**认识**这个主体,就是说不能把他作为对象提出来,当我试图把自己当作对象时他总是在此,触及不到而又没有距离。而且在对注视的体验中,由于我体验到自己是不被揭示的对象性,我就直接地并且和我的存在一起体验到了他人的不可把握的主体性。

同时,我体验到他的无限自由。因为正是对一个自由而言并通过一个自由,而且只对这个自由而言并且通过这自由,我的诸种可能才能被限制并被固定。一种物质障碍不可能使我的可能性凝固,对我来说它只是我谋划另外的可能的机会,它不可能给这些可能一个**外表**。因为下雨留在家中和因为人家不准我离开而留在家中并不是一回事。在第一种情况下,我决定自己留下,是由于考虑到我的行为的后果:我超越"下雨"这障碍而走向我本身,并且我使之成为工具。在第二种情况下,出去或留下作为我的可能性本身对我表现为被超越和被凝固的,而且是一个自由同时预见和预防了的。即使我们经常完全自然地而且毫无怨言地做使我们生气的事情,即使是一个别人指挥我们做的，这也不是任意的。因为秩序和防卫要求我们通过我们自己的奴役来体验他人的自由。这样，在注视中，我的可能性的死亡使我体验到他人的自由；这种死亡只在他人的自由内实现，并且我是对不可达到的我本身而言的我，然而这我本身是被抛到、弃置在他人的自由之中的。相关于这种体验，我对普遍时间的依属就只能对我显现为通过一种独立的时间化保持并实现，唯有一个自我时间化的自为才能把我抛入时间之中。

这样，通过注视，我具体地体验到他人是自由和有意识的主体，他在自己向自己的可能性时间化时使得有了一个世界。而且这个主体的无中介的在场是我试图构成的关于我本身的一切思想的必要条件。他人，就是没有任何东西把他与我分离开的这个我本身，绝对没有任何东西，如果不是纯粹和完整的自由的话。就是说唯有他人才不得不为了自我并通过自我成为自我本身的这种无规定性。

现在我们所知道的，已足以使我们尝试解释良知总是用来反对唯我论证明的那些不可动摇的反抗了。这些反抗实际上是建立在这样一个事实上，即他人对我表现为一个具体的、自明的在场，我完全不能从我之中抽出他，而他则既不能被怀疑，也不能成为一种现象学还原或任何别的"悬搁"的对象。

事实上，只要人家注视我，我就意识到**是**对象。但是这种意识只能在他人的实存中并通过他人的实存而产生。在这一点上黑格尔是有道理的。不过，这**别的**意识和这**别的**自由绝不是被**给予**我的，因为，如果它们是这样的话，它们就会被认识，因此就成为对象，而我就不再是对象了。我同样不能从中抽出我自己的基质的概念或表象。这首先因为我既没有"设想"它们也没有"表象"它们；类似的表述还是会把我们推回到"认识"，而认识从原则上讲与之并不相干。但是，其次，我能通过我本身获得的对自由的具体体验都是对**我的**自由的体验，对意识的任何具体领会都是（对）**我的**意识（的）意识，意识的概念本身只是归结为我的可能的意识。事实上，我们在导言中已确认，自由和意识的**实存**先于并制约它们的**本质**，因此，这些本质只能归入**我的**意识和**我的**自由的例证说明。最后，他人的自由和意识同样不能是用来统一我的各种表象的范畴。当然，胡塞尔已指出，"我的"世界的本体结构要求它也是**为他的世界**。但是，就他人把一种特殊的对象性给予**我的**世界的对象而言，这就是他已经作为对象在这世界中了。如果严格说来皮埃尔在我对面读书时把一类特殊的对象性给予了转向他的那一面书，这是给予了我原则上能看见的一面（即使我们已说过，它脱离了我，这恰恰是因为它被阅读），它属于我在其中的世界并因此是无距离地、并通过一种奇妙的联系而与皮埃尔这对象联系着。在这些条件下，他人的概念事实上能被确定为空洞的形式，并常被用来加强对那个就是我的世界的世界而言的对象性。但是，他人在其注视—注视者中的在场不可能有助于加强世界，相反它会使世界解体，因为它恰恰使世界脱离了我。当世界对我的脱离是**相对的**，并且是向着对象—他人脱离我时，它加强了对象性；世界和我本身对我的脱离，当它是绝对的，并且走向一个不是我的自由的自由时，它便分解了我的认识：世界蜕变以便在那边重新回复为世界，但是这种蜕变不是被给予我的，我不但不能认识它，甚至只思想它都不行。注视—他人面对我的在场因此既不是一种认识，也不是我的存在的一种投射，也不是一种统一化的形式或范畴。它**存在**，而且我不能从我这里派生出它来。

同时，我也不能使它落入现象学悬搁的影响之下。事实上，这种悬搁旨在把世界放到括弧中以便发现在绝对实在中的超越的意识。不管这种活动一般说来是否可能，这里说的东西不属于我们。但是，在上述的情况下，它不可能与**他人**不相干，因为，注视—注视者恰恰不属于世界。我们说，我**在他人面前**对我感到羞耻。现象学的还原的结果应该是与羞耻的对象不相干，以便更好地使羞耻本身在其绝对主观性中突出出来。但是他人不是羞耻的**对象**：我在世界上的活动或处境才是它的对象。严格地说只有它们才能被"还原"。他人甚至不是我的羞耻的对象条件。然而,他是我的羞耻的存在本身。羞耻不是以意识用以揭示对象的方式,而是以意识的环节用以单方面地包含另一个环节的方式揭示他人是它的动机。我们似乎通过我思达到了纯粹的意识,而且这种纯粹的意识只会是(对)是羞耻(的)意识,作为不可把握的在场的他人的意识还是会使它感到羞耻,并因此逃避了一切还原。这一切向我们充分表明,不应该首先在世界中寻找他人,而是应该到这样一个意识那里去寻找,在这意识中并通过这意识,意识使自己是其所是。如同我的被我思把握的意识无可怀疑地证明了它自己和它自己的存在一样,某些特殊的意识,例如"羞耻意识",对我思表现出来并证明了它们自身及他人无可怀疑的存在。

但是,人们会说,他人的注视不就只是我的为我对象性的**意义**吗?由此,我们会重新陷入唯我论:当我把自己作为对象并入我的表象的具体系统时,这种对象化的意义将被抛到我之外并被实体化为**他人**。

但是这里必须注意:

(1)我对我而言的对象性完全不是黑格尔"我是我"的表述。完全不涉及一种形式的同一性,而且我的对象—存在或为他的存在大不相同于我的为我的存在。事实上,我们在第一卷中已指出过,**对象性**的概念要求一个明确的否定。对象就是不是我的意识的东西,因而是没有意识特性的东西,因为对我来说唯一具有意识特性的存在者,就是**我的意识**这意识。这样,我这个为我的对象就是**不是我**的一个我,就是说没有意识特性的一个我。他是**渐弱的**意识;对象化是一种彻底的变化,而且,即使我能清楚明白地看到我是对象,我将看见的东西也不会是对我在我本身之中及对我本身而言所是的东西的,即对马尔罗所说的这个"不可比较而更为可取的妖怪"的完整的表象,而是对我的我之外存在的、对别人而言的把握,就是说对我的异在的对象式把握。我的异在完全不同于我的为我的存在,它也不归结为这种存在。

例如，把我当作**恶人**，不能是把我归属为我对我本身而言所是的东西，因为我不是也不能是对我而言的恶人。首先因为对我来讲，我并不比我不"是"职员或医生时更加坏。事实上我以不是我所是和是我所不是的方式存在。相反，恶人的规定表明我的特性是一个自在。其次，因为如果我应该**是**对我来说的恶人，我就必须以**不得不是他**的方式是他，就是说我应该把我当作并希望我是恶人。但是这意味着我应该发现自己希望着对我本身显现为与我的善相反的东西，而且这恰恰因为它是恶或我的善的反面。因此显然我必须希望我在同一时刻和同一关系下希望的东西的反面，就是说我厌恶我自己恰恰因为我是我本身。而且，为了完全在自为的基础上实现这种恶的本质，我必须保证自己是恶人，就是说我通过使我谴责自己的同一活动赞扬自己。人们清楚地看到，这种恶的概念完全不可能起源于我，因为我是我。而且，尽管我把出神推到它的极点，或使之脱离那把我确定为为我的"我"，如果我托付给我自己的才能，我也决不能给自己以"恶"，甚至不能为我地设想它。这是因为我**是**我对我自己的脱离，我是我自己的虚无；在我和我之间，我是我自己的中介，这就足以使一切对象性消失了。这种把我和作为对象的我分离开的虚无，我不应该**是**它；因为必须有我所是的对象对我的**表象**。这样，若没有中介，即一种不是我自己的能力而且我不能虚构和想象的对象化能力的中介，那我是不能赋予我自己以任何性质的。也许这就是说：人们早就说过他人告诉我我是谁。但是另一方面，支持着这个论点的同样的东西肯定说，我通过反思我自己的能力，通过投影和类比从我本身中获得他人的概念。因此它们停留在恶性循环内部而不能自拔。事实上，他人不能是我的对象性的意义，他是我的对象性的具体和超越的条件。这是因为，事实上，"恶""嫉妒""好感或恶感"等这些性质不是虚妄的梦幻：当我用它们来规定他人时，我清楚地看到我希望达到他的存在。然而我不能把它们体验为我自己的实在：即使是他人把它们给我，它们还是被承认是我为我本身所是的东西；当他人为我描述我的个性时，我完全没有"认识到"自己，而是我知道了"这是我"。人家介绍给我这个陌生人，我立刻就承受下来，然而他仍然是陌生人。这是因为他不是我的主观表象的简单统一，既不是在"我是我"的意义下我所是的一个"我"，也不是他人使我变成并且由他单独担负其责任的虚幻形象：这个无法与我不得不是的我比较的我还是我，但是它被一个新的中心所改变并且适应着这个中心，这是一个存在，**我的**存在，但它带有一些完全新的存在维度及模式，这是被一个不可逾越的虚无与我分离的我，因为我**是**这个我，但我不是这个把我与我分离的虚无。我通过一种最终的出神而是这个我，并且这个我超越了**我的**一切**出神**，因为这不是我不得不是的出神。我的为他的存在是通过绝对的虚空向对象性的堕落。而且由于这种堕落是**异化**，我不能使自己成为为我的对象，因为无论如何我也不能使我异化为我本身。

（2）此外，他人并不使我成为对我本身而言的对象，而是成为**对他而言**的对象。换言之，对于我对我本身拥有的认识来说，他充当调节的或结构的概念。因此，他人的在场并不使作为对象的我"显现"：我只不过把握了一种向……而对我的逃离。甚至当言语向我揭示出他人把我当作恶的或嫉妒的，我也没有对我的恶或我的嫉妒的具体直观。它们只不过是稍纵即逝的概念，其本性本身是脱离我的：我不会把握住我的恶，但是，由于这样那样的活动，我会脱离我本身，我会感到我异化并流向……这是一个我仅仅能空洞地思想为恶的存在，然而我不会感到我是这个存在，我会通过羞耻或恐惧有距离地体验到它。

这样，我的作为对象的我既不是认识，也不是认识的统一，而是不适，是体验到的脱离自为的出神统一，是我不能达到然而又正是它的极限。而且，使这个我**达到**了我的别人，既不是认识也不是范畴，而是一个异在的自由在场这个**事实**。事实上，我对我自身的脱离和他人的自由的涌现是一回事，我只能同时感受和体验它们，我甚至不能企图分别地设想它们。他人这事实是无可怀疑的，而且直达我的内心深处。我通过不适实现了他：由于他，我在一个就是**这个**世界，然而是我只能预感到的世界中永远**处在危险中**；而且他人并不对我显现为一个首先被构成以便后来遇见我的存在，而是显现为一个在与我共在的原始关系中涌现的存在，而且他的无可置疑性和**事实必然性**就是我自己的意识的无可置疑性和事实必然性。

然而还有许多困难要解决。尤其是，我们通过羞耻给了他人一种无可怀疑的在场。然而，我们看到，他人注视我仅仅是**或然的**。这个在山岗上**似乎**注视着突击队战士的农舍，肯定已被敌人占据了，但是敌方士兵现在正凭窗监视这一点并不确实。我听见这个人在我身后的脚步声，他注视着我这点并不确实，他的脸也许转过去了，他注视着地上或注视一本书；最后，按一种一般的方式，他的眼睛凝视着我，它们就是眼睛这点并不可靠，它们也许只是"仿造"实在的眼睛而"做成的"。总之，由于我们总是能自以为被注视，注视不就反过来变成**或然的**而非存在了吗？而且我们完全确信他人的存在不就因此具有一种纯粹假说的性质吗？

这个困难可以陈述如下：当世界上的某些显现似乎向我表露了一个注视时，我就在我本身中把握了某种"被注视"以及它的把我推向他人的实在存在的固有结构。但是我有可能弄错了：也许我当作眼睛的世界对象不是眼睛，也许只是风在摇曳我身后的灌木丛，总之也许这些具体的对象并不**实在地**表露一个注视。在这种情况下，我确信我**被注视**变成了什么呢？我的羞耻事实上是**在某人面前的羞耻**——但是没有人在那里。因此，羞耻不是在人面前的羞耻，就是说，既然它在没有人的地方提出了某个人，羞耻就是虚假的吗？

如果这个困难无助于我们研究的推进，无助于更纯粹地指出我们的为他的存在的本性，我们就不会用这么长时间去考察它，甚至不会提及它。事实上它混淆了两种不同的认识次序和两类不可比较的存在。我们一直相信在世的对象只能是或然的。这是由于其对象的特性本身。行人是个人，这点是或然的；而且即使他把眼睛转向我，尽管我立即确实地体验到**被注视**，我也不能使这种确实性进入我的对象—他人的经验。事实上这种确实性只使我发现主体—他人，面对世界超越的在场和我的对象—存在的实在条件。因此，不管怎样，也不可能使我对主体—他人的确信转到引起这种确信的对象—他人上，反之亦然，也不可能把主体—他人显现的自明性贬低成构成对象—他人的或然性的一部分。还不如说，我们已指出，**注视**是在表露了它的对象的毁灭的基础上而显现的。如果这个臃肿、丑陋的行人蹦跳着向我走来，突然注视着我，造成这注视的是他的丑陋、肥胖和蹦跳；当我感到自己被注视的时候，他是我本身和我之间纯粹中介的自由。因此被注视不可能**依赖**表露了注视的对象。而且既然羞耻作为可以反思地把握的"体验"，像证实它自身一样证实了他人，我就不会因一个原则上可以被怀疑的世界对象而讨论这羞耻。同样应该怀疑我自己的存在，因为我对我自己的身体的知觉（例如当我看见我的手时）也很容易出错。因此，如果**被注视**的、其全部纯洁性中被抽了出来的存在与**他人的身体**无关，这胜过于我的是意识的、从我思的纯粹实现中被抽出的意识与**我自己的身体**无关，那就必须认为某些对象在我的经验的范围内的显现，尤其是他人的眼光向我的方向的汇聚，是一种纯粹的**告诫**，是实现我的被注视的存在的纯粹偶因，对柏拉图来说，正是以这种方式，可感世界的矛盾成为进行一种哲学皈依的偶因。总之，确实的东西是**我被注视**，而或然的东西仅仅是注视相关于世界中这样那样的在场。况且，这并没有什么使我们感到奇怪的，因为我们已看到，绝不是**眼睛**注视我们，而是作为主体的他人在注视我们。然而，有人会说，我可以发现我弄错了：我正弯腰伏在锁眼上；突然我听到脚步声。我全身通过一种羞耻的战栗：什么人看见我了。我直起身来，我朝空寂的走廊扫视：原来是一场虚惊。我松了一口气。这里有没有发生过一种自我摧毁的经验呢？

让我们再进一步。这被揭示为错误的东西是我的为他的对象存在吗？完全不是。他人的存在是如此不可怀疑以致这场虚惊也完全能成为那使我放弃我的行动的结果。如果相反我坚持做下去，我就会感到我的心狂跳，并且留神地听着哪怕一点点响动，楼梯上脚步的任何一点咔嚓声。他人远没有随着我的第一场虚惊消失，他现在无处不在，在我的上上下下，在隔壁的房间里，并且我一直深深感到我的为他的存在；甚至可能我的羞耻也没有消失：现在，我伏在锁眼上，脸颊通红，我不断**体验**到我的为他的存在，我的可能性不断地"死亡"，而且"可能"有人在那边的楼梯上，"可能"有一个人的在场躲在那边的暗角里，而从这些"可能"出发的距离不断地向我展开。更确切地说，我之所以稍有动静就战栗，之所以任何响动都对我预示一个注视，是因为我已经处在被注视的状态。简言之，在虚惊时，究竟是什么虚假地显现，是什么自我摧毁呢？不是主体—他人，也不是他面对我的在场，而是他人的**人为性**，就是说他人与一个我的世界中的作为对象的存在的偶然联系。这样，值得怀疑的不是他人本身，而是他人的**此在**，就是说我们能以"有人在这房间里"这句话来说明的那种具体的历史事件。

这些看法会使我们走向极端。他人在世的在场事实上不可能通过分析而来源于主体—他人面对我的在场，因为这种原始的在场是超越的，就是说在这世界之外存在的。我曾相信他人现在在这房间里，但是我弄错了：他不在**那里**，他"不在场"。那么这不在场是什么？

若按不在场经验的和日常的用法来进行表述，很明显，我不会用它来指示任何一类"不在那里"。首先，如果我没有在习惯的位置上找到烟盒，我不会说它**不在场**，尽管我能宣称它"应该在那里"。这里因为一个物质对象或一个工具的位置，尽管有时能被精确地指出来，却并不是来自它的**本性**的。它的本性的确可以给它一个位置；但却是由于我一个工具的**位置**才实现的。人的实在是使一个位置由之进入对象的存在。而且，只有人的实在一开始就能获得一个位置，因为他就是他自己的可能性。但是另一方面，我同样不会说土耳其的可汗和摩洛哥的苏丹不在这栋楼里，而恰恰会说皮埃尔有一刻钟不在这里，因为平常他总在这里。总之，就人的实在本身通过它的在场规定的地点和位置而言，不在场被定义为它的一种存在方式。不在场不是与一个位置的联系的虚无，而是相反，我在宣称皮埃尔不在场时就规定了相对一个已被规定的地点而言的皮埃尔。最后，我也不是就一个自然的地点谈论皮埃尔的不在场，即使他习惯于经过这里。而是相反，我可能因他没有出席在他从未去过的某个地方"举行"的野餐而感到遗憾。皮埃尔的不在场就他应该决定自己在哪里的一个位置而被定义，但是这个位置本身被划定为位置不是通过处所或甚至通过地点同皮埃尔的相互关系，而是通过别的人的实在的在场。正是就**别的人**而言皮埃尔是不在场的。对泰莱丝而言，不在场是皮埃尔的具体存在方式；这是一些人的实在之间的一种联系，而不是人的实在与世界之间的联系。正是对泰莱丝而言，皮埃尔不在**这个地点**。因此，不在场是两个或多个人的实在之间的一种存在关系，它必然导致这些实在相互间的基本在场，此外，它又只是这种在场的特殊具体化之一。对于相对泰莱丝而言的皮埃尔来说，不在场就是面对她在场的特殊方式。事实上，不在场只在皮埃尔和泰莱丝的一切关系都是有保障的时候才有意义：他爱她，他是她的丈夫，他保证她的生活来源，等等。尤其是，不在场以保持皮埃尔的**具体**存在为前提：死亡不是一种不在场。因此皮埃尔和泰莱丝的**距离**没有使他们互相在场这一基本事实发生什么改变。事实上，如果我们从皮埃尔的观点考察这个在场，我们就看到，它**或者**意味着泰莱丝是作为对象——他人没于世界的存在，**或者**他感到自己对泰莱丝而言作为一个主体——他人存在。在第一种情况下，距离是偶然的事实，而且就基本的事实而言它丝毫不意味着皮埃尔和泰莱丝一样是使得"有"一个世界的人，而且不意味着皮埃尔作为使距离存在的人面对这世界无距离地在场。在第二种情况下，不管在什么地方皮埃尔都感到自己与泰莱丝无距离地存在：就她远离他并展开她与他之间的一个距离而言，她与他有距离地存在，整个世界把他们分开了。但是他对她而言是无距离地存在，因为他是在她使之成为存在的世界中的对象。因此，在任何情况下，远离都不能改变这些本质关系。无论距离是小是大，在对象—皮埃尔和主体—泰莱丝之间，在对象—泰莱丝和主体—皮埃尔之间，都隔有一个世界无限的厚墙；在主体—皮埃尔和对象—泰莱丝之间，在主体—泰莱丝和对象—皮埃尔之间，却完全没有距离。这样，不在场和在场的经验概念是对皮埃尔面对泰莱丝和泰莱丝面对皮埃尔的一种基本在场的两种规定，它们只是以一种方式或另一种方式说明它，并且只有通过这种方式才有意义。在伦敦，在印度，在美国，在一个荒无人烟的小岛上，皮埃尔是面对仍在巴黎的泰莱丝在场的，他只在她死了时才不再面对她在场。这是因为一个存在被**规定地位**不是通过它与各种地点的关系，通过它的经纬度：它处在人的空间中，"格尔曼特那边"和"斯旺家那边"之间，而且正是斯旺和格尔曼特公爵夫人的直接在场才能展开它处于其中的那个"路径学的"（hodologique）空间。然而这个在场发生在超越性中；正是我在摩洛哥的堂兄弟面对在超越性中我的在场使我能展开我与他之间的、使我处于世界中，而且人们能称为通往摩洛哥的道路的那个地域。事实上，这条道路只不过是我能在联系中**知觉**到的对象—他人和我的"为"无距离地面对我在场的主体—他人的"存在"之间的距离。这样，我的地点的确定可通过无数条道路，它们在与超越的主体们的直接在场的相互关系中把我引向**我的**世界的各种对象。而且由于世界和它的一切存在是同时给予我的，这些道路就只表象能使一个已经暗含而实在地保持在世界中的对象—他人显现为世界这基质中的"这个"的各工具性复合体的一个整体。但是可以把这些看法普遍化：不仅是皮埃尔、勒内、吕西安是在原始在场的基础上对我的不在场或在场的，因为不仅是他们有助于给我确定地位：我也被规定为对亚洲人或黑人而言的欧洲人，对年轻人而言的老人，对罪犯而言的法官，对工人而言的资本家，等等。总之，正是对每一个活着的人而言，任何人的实在都是在原始在场的基础上在场或不在场的。而且这个原始的在场只作为被注视的存在或进行注视的存在才能有意义，就是说只根据他人对我而言是对象或我本身是为他的对象才能有意义。为他的存在是我的人的实在的一个恒定的事实，而且我在我关于我本身形成的哪怕一点点思想中以他的必然性把握了他。无论我去哪里，不管我做什么，我都只是改变了我与他人—对象的距离，只踏上了通向他人的道路。远离我，接近我，发现这样一个特殊的他人—对象，都只是得出关于我的为他的存在的基本主题的各种经验。他人总是作为使我变成对象的东西面对我在场的。据此，我关于我刚才在路上遇见的一个对象性他人的经验在场总可能弄错。我很可能以为是安妮正向我走来，结果发现是一个不认识的人：安妮面对我的基本在场没有因之被改变。我原本以为是一个人在暗中窥视我，而结果发现那是被我当作一个人的存在的树洞，我面对一切人的基本在场，一切人面对我本身的在场都没有因之异化。因为一个人作为对象在我的经验的范围内的显现没有告诉我**有**一些人。我确信别人的存在是不依赖这些经验的，相反，正是这种确信使这些经验成为可能。那时对我显现并且关于它我可能弄错的东西，既不是他人也不是他人与我的实在而具体的联系，而是**能**表象一个作为对象的人而又同时好像没有表象他的一个**这个**。那仅仅或然的东西，就是他人的距离和实在的接近，就是说他的对象性和我使之被揭示的他对世界的属性是无可置疑的，这只是因为我通过我的涌现本身使一个他人显现出来。不过，这种客观性作为"世界上某个地方的他人"消失在世界中了：对象—他人当然是与我的主观性的复活相关的显现，但是只有当他人是**这个**对象时对象—他人才是确实的。同样，我的对一个主体而言的对象—存在这一基本事实，是和反思的自明性同样的一种自明性的东西，但是，在这个确定的时刻，并且对一个单个的他人来说，与其说我是浸没于一个基质的无区分之中，不如说我作为"这个"在世界这基质中突现出来。对无论哪一个德国人来说，我都是作为对象而存在的，这是毋庸置疑的，但是，我是作为欧洲人、法国人、巴黎人在这些集团的未分化中存在，还是作为**这个**巴黎人——巴黎居民和法国人集团突然在他周围组织起来以便充当他的基质呢？关于这一点，我从来只能获得或然的认识，尽管可能是无限或然的知识。

现在，我们能把握注视的本性了：在任何注视中，都有一个对象—他人作为我的知觉领域中具体的和或然的在场的显现，而且，由于这个他人的某些态度，我决定我自己通过羞耻、焦虑等把握我的"被注视的存在"。这个"被注视的存在"表现为我现在是这个具体的**这个**的纯粹或然性——这种或然性只能从一种基本态度，即他人因为我总是**为他**的而总是面对我在场的基本态度中获得其或然的意义和本性本身。我的人的状况、我是**一切**活着的人的对象，我在无数注视之下被抛上舞台，又无数次脱离我自己，对这些的体验，我是因一个对象在我的天地中涌现而具体地实现它的，如果这个对象向我指出我或然地是现在地作为**分化了的这个**对一个意识而言的对象的话。我们称为**注视**的是现象的总体。任何注视都使我们具体地体验到——而且具有我思的无可怀疑的可靠性——我们是为着一切活着的人存在的，就是说有（一些）我为之存在的意识，我们把"一些"放在括弧里以便更好地指出，在这个注视中面对我在场的主体—他人不是以多数的形式表现出来的，此外，同样不表现为单一的（除非在他与**一个**特殊的对象—他人的具体关系中）。事实上，多数性只属于对象，是通过一个世界化的自为的显现成为存在的。被注视的存在使（一些）主体对我们涌现出来而使我们面对一个不可胜数的实在。相反，从我注视注视着我的人们起，诸种别人的意识就使自己孤立在多数性中。另一方面，如果我离开作为具体体验的偶因的注视而力图**空幻地**思考人的在场的无限无差别性，并力图在绝不是对象的无限主体的概念下把它统一起来，我就获得了一个纯粹形式的概念，它归结为对他人的在场的神秘体验的无限系列，是作为**我为之**存在的永恒现在的、无限的主体的上帝的概念。但是这两种对象化，具体及可数的对象化和统一的抽象的对象化，也缺少被体验到的实在，就是说缺少他人的先于计数的在场。将使这样一些意见变得更具体的，是人人都能做的这样一种观察：如果我们有时"公开"露面来扮演一个角色或做一次讲演，我们一定会看到我们被注视，并且造成了我们**面对**注视已做出的动作的总体，进一步说，我们力图**为**这个注视确立一个存在和一个对象的总体。但是我们不会去数这个注视。只要我们说话，全神贯注于我们想发挥的观念，他人的在场就总是未分化的。在"阶级""听众"等标题下把它统一起来是虚假的：事实上，我们没有对一个和一个集体意识一起的具体个别的存在的意识，正是一些形象能在事后用来表明我们的经验，并且一半以上表达得走了样。但是我们同样不会把握一个复数的注视。还不如说涉及的是一个不可触知的、转瞬即逝的、永远现在的实在，它面对我们实现了我们的不被揭示的我，并且与我们协作产生这个脱离了我们的我。相反，如果我想证实我的思想是否被正确理解了，如果我反过来注视听众，我就会突然发现**一些**头和**一些**眼睛。他人的先于计数的实在在对象化时解体了，复数化了。但是注视也消失了。正是在这个先于计数的、具体的实在中，比在人的实在的不真实状态中更适合于保留"人们"这个词。无论我在什么地方，总有人们注视我，**人们**绝不可能被把握为对象，因为那样一来，人们立刻就解体了。

这样，注视使我们跟随我们的**为他**的**存在**，并且向我们揭示了我们对他而言才存在的那个他人的无可怀疑的存在。但是它不能把我们带到更远处了：现在我们必须考察的，是我和别人的基本关系，就像它向我们展现的那样，或不如说，现在我们应该正题地说明和确定在这个原始关系的范围内被理解的一切，并且询问这个为他的存在的**存在**是什么。

一个从上述看法中获取的考虑能帮助我们完成我们的任务，这就是，为他的存在不是自为的本体论结构。事实上，我们不能梦想像从原则中抽出结论那样从自为的存在中抽出为他的存在，或反过来从为他的存在中抽出自为的存在。也许我们的人的实在要求同时是自为的和为他的，但是我们现在的探索并不是要建立一种人类学。把一个自为设想为完全不受为他的约束，甚至它存在也无须怀疑有成为一个对象的可能性，这也许并非不可能。不过这个自为就不会是"人"了。在这里我思向我们揭示的，只是一个事实的必然性，它发现——而且这是无可怀疑的——我们那维系着自己的自为存在的存在也是为他的，对反思意识揭示出来的存在是"为他的自为"，笛卡尔的我思只是肯定了一个**事实**，即我们存在这一事实的绝对真理；同样，我们这里在稍许宽泛的意义下使用的我思把我们揭示为他人的存在和我的为他的存在。这就是我们所能说的一切。因此我的为他的存在，作为我的意识在存在中的涌现，有绝对事件的特性。由于这个事件同时是历史化——因为我作为面对他人的在场时间化——和一切历史的条件，我们就称它为先历史的历史化（historialisation antéhistorique）。而且我们在这里就是把它看成同时性的先历史的时间化。我们完全不把先历史理解为在一个先于历史的时间中——那是没有任何意义的——而是认为它是在使历史成为可能时自己历史化的那种原始历史化的一部分。我们将研究的为他的存在是一个事实——原始的永恒的事实——而不是本质的必然性。

我们前面已看到了分成内在型否定和外在型否定的区别。尤其是我们已指出，对一个被规定的存在的一切认识的基础是使自为在其涌现本身中必得不是这个存在而存在的原始关系。自为这样实现的否定是内在的否定；自为在其完全的自由中实现它，或更确切地说它**是**这种否定，因为它是作为有限性自我选择的。但是这个否定把自为和它所不是的存在不可分割地联系起来，并且我们可以说自为在其存在中包含着它所不是的对象的存在，因为他在其存在中作为不是**这个**存在是在问题中的。这些看法无须根本改变就能应用于自为和他人的原始关系。如果有一个一般意义上的他人，我首先就必须是不是这个他人的人，并且正是在这个我对我实行的否定本身中我使自己存在，而他人作为他人涌现出来。这种否定构成我的存在，并且如黑格尔所说，它使我作为"**同样的东西**"面对他人显现出来，因而在非正题的自我性的基础上把我构成为"**我本身**"。我们不应该由此认为一个**我**要寓于我们的意识中，而应该由此认为自我性在作为对另一个自我性的否定涌现出来时使自己得到加强，而且这种加强确定地被当作自我性连续地自己选择自己是**同一个**自我性和**这个自我性本身**。一个自为不得不是他的自我而不是**自我本身**是可以想象的。不过，我所是的自为不得不在否定别人的形式下成为它所是的，就是说，是它自身。这样，在使用适用于对一般非我的认识的表述时，我们能说，自为作为它自身，在它的存在中包含着他人的存在，因为它在它的不是他人的存在中是有问题的。换言之，为了使意识能够不是他人，而且因此，为了能够"有"一个他人而这个"不是"作为自我本身的条件又单纯是由一个"第三个人"的见证确认的对象，意识就必须通过把自己选择为单纯异于别人，又因此被别人汇集到"自我本身"中的一个虚无，而从他人中自由游离和摆脱出来。而且这种摆脱本身由于是自为的存在而使得有了一个他人。这并不意味着它把存在给予了别人，而仅仅意味着它给予他"异在"（l'être-autre）或"有"的本质条件。不言而喻，对自为来说，成为不是他人的东西的方式完全被虚无僵化了，自为按"反映—反映者"的虚无化方式成为不是他人的东西:"不是他人"绝不是被**给定**的,而是在一种永恒复活中的永恒的选择,意识能够不是他人只是由于它不是他人而是(对)自我本身(的)意识。这样,内在的否定在这里是处在面对世界在场的情况下,是一种统一的存在关系:他人必须从各方面面对意识在场,并且甚至完全穿过意识以便意识恰恰由于**不是什么**而能脱离这个很可能粘住他的他人。如果意识突然**已是**某物,自我本身和他人的区别就消失在一种完全的未分化中。

不过,这种描述应该包含一种会彻底改变其内容的本质的补充。事实上,当意识实现为不是这样那样的世界上的"这个"时,否定关系就不是交互的:被考察的"这个"没有使自己不是意识;意识在它之中并通过它决定自己不是它,但是就意识而言,"这个"仍然在一种未分化的纯粹外在性中;这是因为,它事实上保持了它**自在**的本性,并且它正是在否定本身中向意识揭示为**自在**,通过这一否定,自为在否定自我曾经是自在的过程中使自己存在。但是,相反,当涉及他人时,内在的否定关系就是一种交互的关系。意识必得不是的存在被定义为一个必得不是这个意识的存在。因为,事实上,当知觉到世界上的**这个**时,意识不仅由于其固有的个体性,而且也由于其存在方式而等同于**这个**。意识是面对**自在**的**自为**。在他人的涌现中,意识就其存在方式而言,非但与他人没有区别:他人是意识所是的东西,他是自为和意识,他归结到的那些可能是他的可能,他是排斥别人的自我本身,而且问题不可能是通过一种数字的规定与他人对立起来。这里没有两个或多个意识:计数假设了一个事实上是外在的见证人,并且是单纯外在的确认。只有在一种自发的,先于计数的否定中才可能有对自为而言的别人。别人只是作为被拒绝的自我来为了意识而存在。但是恰恰因为别人是一个自我,他才只能由于他是**否定我的自我本身**而为我的,并通过我的被否定的自我而存在。我不能把握或设想一个完全没有把握我的意识。唯一完全没有把握或否定我,并且我本身又能设想的意识，不是在世界之外某个地方的孤独的意识，而就是我自己的意识。这样我承认他以便否认他的那个别人，我首先是相对我的自为而存在的那个人。我使自己不是的那个人，事实上不仅由于我否认他是我才存在，而且我使自己不是一个使自己不是我的存在。不过，这个双重的否定在某种意义下自我解体了：或者，我使自己不是某个存在，而且那时这个存在是为我的对象，并且我失去了我对它的对象性；在这种情况下，他人不再是异在的我，就是说不再是由于否认是我而使我成为对象的主体，或者这个存在正是别人而且使自己不是我；但是在这种情况下我变成了对他而言的对象，而且他失去了他固有的对象性。这样，别人本来就是非对象的非我。无论他人的辩证法的最终过程如何，如果别人应该首先是别人，他就是原则上不能在使我否认是他的涌现本身中被揭示出来的人。在这个意义下，我的基本否定不能是直接的，因为没有什么东西能支持它。我最终要否认的，只能是对使别人把我变成对象的那个我的那种否认；或者可以说，我否认我的被否认的我，我通过否认被否认的我把自己规定为我本身；我在使我从他人中脱离出来的涌现本身中把这个被否认的我作为被异化的我提出来。但是，正是为此，我承认和肯定的不仅是他人，而且是我的"为他的我"的存在；这是因为，事实上，如果我不承担我的为他的对象—存在，我就不能不是他人。被异化的我的消失由于我本身的倾覆而导致他人的消失。由于让我的"我"在他手中异化，我脱离了他人。但是由于我自己选择了脱离他人，我就承担并承认这个为我的脱离的异化了的我。我对他人的脱离，就是说我之间我由于其本质结构而假定他人否定的这个我是**我的**；事情**仅此**而已。这样，这个被异化和被否定的我就同时是我与他人的联系和我们的绝对分离的象征。事实上，就我是由于肯定我的自我性而使得有了一个他人的那个人而言，那个对象的我是我的，并且我愿意承担它，因为他人和我本身的分离绝不是既定的，而且我在我的存在中永远应对它负责。但是，既然他人应对我们的原始分离负责,这个我就脱离了我,因为他是他人使自己不是的那个东西。这样,我愿意承认一个脱离了我的我,它是**我的**并为我的,并且由于我使自己不是他人,因为他人是和我的自发性一样的自发性,恰恰由于作为脱离我的我,我才要求这个对象的我。当这个对象的我脱离了我时,它就是**我所是的**我;而如果这个对象的我能与我本身重合到纯粹自我性中,我相反就会否认它是我的。这样,我的为他的存在,即我的"对象的我",就不是一个与我相割裂的并因在一个异在的意识中的形象,而是一个完全实在的存在,是作为我的面对他人的自我性和他人面对我的自我性的条件的我的存在。这是我的**外表存在**:不是一个被承受并且本身从外面得来的存在,而是一个作为**我的外在**而被承担和承认的存在。事实上,我能否认我是他人,只是因为他人本身是主体。我之所以直接否定他人是纯粹的对象——就是说没于世界的存在者——不是因为否定的是他人,而正是因为我否定的是原则上与主观性没有任何共同之处的一个对象;我始终对我与他人的完全同化不加防备,在真正他人的领域没有保持我的防卫,而我依然是主观性,他人的领域也是**我的**领域。我只能在承认我的主观性有一种限度时才能有距离地抓住他人。但是这种限度既不能来自我,也不能被我所思,因为我不能限制我本身,否则我就会是有限的整体。另一方面,按斯宾诺莎的术语,思想只能被思想所限制。意识只能被我的意识所限制。两个意识间的界限既然是通过进行限制的意识而产生并以被限制的意识所承担的,那它就是我的对象的我。并且我们应该以"限制"一词的两种意义来理解它。从限制者方面看,事实上限制被当作包括我并拘束我的内容,把我确定为与我不相干的整体的空套子;从被限制的方面看,它属于整个自我性的现象,就像数学的限制属于趋近于它而又达不到它的数列;我不得不是的整个存在属于它的限制,就像一条渐近线属于一条直线一样。这样,我就是一个被解体被定义的整体,被包容在一个有距离地拘束着它的有限整体中，并且我在我之外是这个有限整体，但既不能实现它，甚至也不能达到它。彭加勒所说的那个球的温度以中心向表面冷却，为我把握**我自己**的努力及这些努力的虚幻提供了一个很好的形象：一些有生命的存在力图从这个球的中心直达它的表面，但是温度的降低在它们身上引起持续增强的收缩；它们力图随着它们接近目标而无限地变得扁平，并且因此，它们通过一个无限的距离而与它分开。然而，这个达不到的限制，即我的对象我不是理想的：它是实在的存在。这个存在不是**自在**的，因为它不是在纯粹未分化的外在性中产生的，但是它同样不是**自为**的，因为它不是我在虚无化时不得不是的存在。它正是我的**为他的存在**，这个存在徘徊于起源完全不同而且意义相反的两个否定之间；因为他人不是他直观到的那个我，而且**我也没有**对我所是的这个我的**直观**。然而，这个由一方产生而由另一方承担的我，由于唯有它能分开两个甚至连存在方式都完全相同并且互相直接在场的存在，而获得其绝对的实在性。因为，意识只能限制意识，在它们之间任何中项都是不可设想的。

　　正是从主体—他人那种面对我的在场出发，正是在我的被承担的对象性中并通过这种对象性，我才能理解作为我与别人关系的第二个环节的他人的对象化。事实上，他人在我的不被揭示的限制之外的在场能充作我重新把自己当作自由的自我性的动因。就我否认自己是他人并且他人首先自己表露出来而言，他只能自己表露为他人，就是说表露为我限制不了的主体，就是说限制我的东西。事实上，除了他人之外，没有任何东西能限制我。因此，他人显现为在他完全的自由中，并且在他对他的可能性的谋划中，由于否认了"共做"（取德语 mit-machen 的意义），而使我不起作用并消除了我的超越性的东西。这样，我应该首先并独独把握两个否定中我不能对之负责的那个，即不是因我而来到我之中的那一个。但是正是在把握这种否定时，作为我本身的（对）我（的）意识涌现出来，就是说我能获得（对）我（的）明确的意识，因为我也对作为我自己的可能性的那种对他人的否定负责。这就是对第二个否定的说明，这否定是由我到他人的。真正说来，这否定已经在那里，但被别的否定掩盖着，因为它是为了使别人显现出来而被丢掉的。但是别人恰恰是新的否定呈现的动因：因为之所以有一个他人在假定我的超越性是纯粹被静观的时候使我不起作用，是因为我在承担了我的限度时脱离了他人。而且（对）这种脱离（的）意识**或**（对是）和他人**一样的**东西（的）意识是（对）我的自由自生性（的）意识。通过这种使别人占有了我的限制的脱离本身，我已经使别人不起作用了。因此，既然我获得（对）我本身（的）意识就像意识到我的一个自由可能性一样，而且既然我谋划我本身以便实现这种自我性，那我就是对他人的存在负责：正是我通过对我的自由自生性的肯定本身使得**有**了一个他人，而不仅仅是一个意识向其本身的无限回归。因此，他人恰好置身于外，他的存在是取决于我的东西，而因此，他的超越性不再是**超越我**走向他自己的超越性，而是纯粹被静观的超越性，它只是**既定**的自我性圈子。而且由于我不能同时实现这两个否定，新的否定，尽管有另一个否定为动因，还是反过来掩盖了它：他人对我显现为被减弱的在场。这是因为事实上别人和我共同对别人的存在负责，但是我不能通过这样两个否定，体验一个而不立即掩盖了另一个。这样，他人现在变成了我在我正谋划不是他人时所限制的东西。自然，在这里必须设想这种过渡的动因首先是情感的。例如，如果我恰恰在畏惧、羞耻或骄傲中实现了这不被揭示的东西，就没有什么能使我依然被这个不被揭示的东西和它的外表所迷惑。而且正是这些动因的情感性分析了这些观点变化的经验的偶然性。但是，这些感情只不过是我们情感地体验我们的为他的存在的方式。事实上畏惧意味着我作为被威胁者显现为没于世界的在场者，而不是显现为使得有了一个世界的自为。正是**我**所是的对象处于世界的危险中，并因此，由于它与我不得不是的存在不可分割的存在统一，而能导致我不得不是的自为与它一起的毁灭。因此，畏惧是因另一个对象在我的知觉领域中的显现而发现我的对象性生存。它回到一切畏惧的根源，即恐怖地发现我的单纯对象性，因为它被不是我的可能的一些可能所超出并超越。正是在我被抛向我自己的可能时，我才就我会认为我的对象性是非本质的而言逃避了恐怖。只有在我由于对他人的存在负责而把握了自己时，这才是可能的。那时他人变成了**我使自己不是的东西**，并且他的可能性是我否认的，并且只能静观的，因此是僵死的可能性。由此，我超越了我现在的可能性，因为我把它们看成总是能被他人的可能性超越的，但是我也超越了他人的可能性，那是通过按他拥有而又不是他固有的可能性——他的他人的特性本身，只是因为我使得有了一个他人——的唯一性质的观点考察它们，并且通过把它们作为我总能超越的、奔赴新的可能性的、超越我的可能性。这样，我同时作为无数可能性的永恒源泉，通过我（对）我（的）意识重新夺回了我的自为的存在，并且我把他人的可能性改造成了僵死的可能性，那是通过**不被我体验到**的这一特性，就是说**单纯既定**的特性来影响这全部的可能性。

同样，羞耻只是对我有外表存在的原始体验，这个外表的存在介入到另一个存在之中并因此毫无遮掩，它被从一个纯粹主体发出的绝对光明照亮，这是意识到无可挽回地是我曾经总是的东西："悬而不决"，就是说以"尚未"或"已不再"的方式。纯粹的羞耻不是感到是这样或那样可指责的对象，而是一般来说，感到是**一个**对象，就是说感到**认识到**我在我为他地是的那个被贬值、从属的，被凝固的存在中认识我自己。羞耻是对我原始堕落的体验，不是由于我犯下了这样那样的错误，而只是由于我"落"入了世界，没于事物之中，并且由于我需要他人为中介以便是我所是的东西。害羞，尤其是对在裸体状态被碰见时的恐惧，只是原始羞耻的象征性表现：身体在这里象征着我们无遮无掩的对象性。穿衣，就是掩盖其对象性，就要求看见而不被看见的权利，就是说要求成为纯粹主体的权利。所以圣经中犯了原罪之后堕落的标志就是亚当和夏娃"认识到他们是裸体的"这一事实。对羞耻的反应恰恰在于把那个把握了**我自己的**对象性的人当作对象。事实上，从那时起，他人对我显现为对象，他的主观性变成了被考察的对象的一种简单的属性。这种主观性削弱下去并被定义为"原则上躲避开我的**对象**属性的总体"。对象—他人"拥有"主观性，就像这个空盒子有"内部"一样。而且，我因此**复活**了：因为我不能是**一个对象的对象**。我不否认他人仍然通过他的"内部"与我相关联，但是他关于我是作为对象的意识的意识对我显现为无结果的纯粹内在性：这是这个"内部"的混杂于其他属性中的一种属性，类似于摄影机的暗箱内的感光胶片一样的东西。既然我使得有了一个他人，我就把自己当成了他人从我得出的认识的自由源泉，而且在我看来，他人在他的存在中就通过他关于我的存在的那种认识**影响**我，因为**我影响**了他，使他有了他人的特性。那时这种认识失去了**主观**的特性，在"相对的"的新意义下就是说它在主体—对象中保持为一种相对于我影响它使它拥有的他人存在的性质。它不再**触**及我；它是**我**在它之中的形象。这样，主观性被贬低为内在性，自由意识被贬低为原则的纯粹不在场，可能性被贬低为属性，而那使他人达于我的存在的认识被贬低为我在他人的"意识"中的纯粹形象。羞耻引起的反应超越了羞耻并且取消了羞耻，因为羞耻之中暗含着对主体成为对象存在的能力的一种非正题理解，我就是为这主体成为对象的。而这种理解只是（对）我的"本身存在"（的）意识，就是说对我的被加强的自我性的意识。事实上在"我对我感到羞耻"这一表述的结构中，羞耻假设了一个对别人而言的对象—我，但是同时也假设了一个感到羞耻的自我性，并且这表述中的"我"完整地体现了这种自我性。这样，羞耻是对以下三维的统一领会：**我在他人**面前对**我**感到羞耻。

如果这三维中有一维消失了，羞耻也就消失了。然而，如果我设想"人"是我在他面前感到羞耻的主体，因为他不能变成对象而又不离散为多数个他人，如果我假设他是完全不能变成对象的主体的绝对统一体，我就设定了我的对象—存在的永久性，并且我的羞耻就总是持续着。这就是在上帝面前的羞耻，就是说，认识到我在一个永远不能变成对象的主体面前的对象性；同时，我在绝对中**实现**并实体化我的对象性：上帝的地位引起了我的对象性的一种事物化（chosisme）；进一步说，我把我的"为上帝的对象存在"看作是比我的自为更实在的；我被异化地存在，并且我通过我的外表使自己知道我应该是什么。这就是在上帝面前的畏惧的起源。那些鬼神弥撒、对圣餐的亵渎、魔鬼附身的联想等，都以同样的努力将对象性赋予这绝对主体。我力图通过要为恶而恶静观神圣的超越性——把它看成纯粹既定的超越性并且我超越它而走向恶。于是我"使"上帝"蒙难"，我"激怒它"，等等。这些意向，由于意味着绝对地**承认**上帝是不能成为对象的主体，而包含着矛盾，并且永远归于失败。

骄傲与原始的羞耻并不是不相容的。它甚至是在基本的羞耻或为成为对象而羞耻的基础上形成的。这是一种暧昧的感情：骄傲时，我承认他人是使对象性进入我的存在的主体，但是我也承认我对我的对象性负责；我强调我的责任并承担了它。在某种意义上讲，骄傲首先是屈从：为了对**是这样**而感到骄傲，我必须首先对自己只**是这样**表示屈从。因此，这涉及了一种对羞耻的最初反应，并且这已经是对逃避和自欺的反应，因此，由于不停地把他人当作主体，我力图把自己当作通过我的对象性**影响**他人的人。总之，有两种原本的态度：使我认为他人是使我变成对象性的主体的态度——这就是羞耻；使我把自己当作使他人变成他人的存在的自由谋划的态度——这就是自豪或对我面对对象—他人的自由的肯定。但是骄傲——或虚荣——是一种不平衡的、自欺的感觉：因为我是对象，我力图在虚荣中作用于他人；通过一个反冲，我把他人在把我构成对象时给予我的那种美或力量或精神，利用起来，以使他人被动地感到一种赞赏或爱慕的感情。但是这种感情，作为对我的对象—存在的认可，我也要求他人感受到它，因为他是主体，就是说是自由。事实上这是赋予我的力量或我的美以绝对对象性的唯一的方式。这样，我要求他人的那种感情本身就包含着其固有的矛盾，因为我应该使他人感受到它，因为他人是自由的。这种感情以自欺的方式被感受到并且它的内在发展导致它的瓦解。事实上，为了享有我承担的对象—存在，我力图把它恢复**为对象**，并且由于他人是这种恢复的关键，我力图征服他人以便让他向我提供我的存在的秘密。这样，虚荣促使我去征服他人并把他构成一个对象，以便在这个对象内探寻及发现我固有的对象性。但是这无异于杀鸡取卵。由于把他人确定为对象，我使自己成为他人—对象之中的形象；因而虚荣幻灭了：为了收回我曾希望把握并融化到我的存在中的这个形象，我在其中**不再认识到我**自己，不管愿意不愿意我都应该把它作为一种他人的主观属性归因于他人，尽管我从我的对象性中解放出来了，我仍然单独地面对对象—他人，在我的不可规定的自我性中，我不得不是这自我性而决不能置它于我的能力之下。

羞耻、畏惧和骄傲因而是我的原始反应，它们只是我用以承认他人是达不到的主体的不同方式，并且它们之中包含着对我的自我性的理解，这种自我性能够并且应该被我用作把他人构成对象的动因。

这个突然对我显现的对象—他人，并不总是一种纯粹对象的抽象化。他在我面前和他的各种特殊意义一起涌现出来。他不仅仅是对象——自由是这个对象的一种作为被超越的超越性的属性。他也是"愤怒的""喜悦的"或"专心的"，他是"讨人喜欢的"或"令人厌恶的"，他是"吝啬的""暴躁的"，等等。这是因为，事实上，在我把自己看作我本身时，我就使对象—他人没于世界存在了。我承认他的超越性，但我并不是承认这超越性是进行超越的超越性，而是承认它是被超越的超越性。因此，这种超越性显现为工具向某些目的的一种超越，这是因为我在我本身的统一谋划中超越这些目的和工具，超越工具通过他人向这些目的的那种超越。这是因为，事实上，我绝不是抽象地把自己当作我本身的纯粹可能性，而是在向这样那样的目的的具体谋划中体验到我的自我性：我只作为**被介入的东西**存在，并且只是由于这样我才获得（对）存在（的）意识。正是以这个名义，我才是在超越对象——他人的具体和介入的超越中把握对象——他人。但是，反过来说，他人的介入作为他的存在方式向我显现出来，因为他作为**实在**的介入、作为**根基**被我的超越性所超越。总之，既然我**为我地**存在，我在一种处境中的"介入"就应该在人们说"我对某某有义务，我保证过还这笔钱"等意义下来理解。而且正是这种干预表明了主体——他人的特性，因为这是另一个我本身。但是，当我把他人当作对象时，这种被对象化了的干预，在人们说"刀子深深地插入伤口；军队进入了掩蔽地带"等的意义下，就失去了价值并变成一种对象——介入。事实上，必须明白，**由于我**而进入他人的没于世界的存在，是一个实在的存在。这不是一种纯粹主观的必然性使我认为他是没于世界的存在者；然而，另一方面，他人本身并未在世界中消失，而只是由于他对我来说是我不得不不是的人，就是说仅仅由于我使他作为纯粹被静观并向我自己的目的而被超越的实在保持在我之外。这样，客观性不是通过我的意识对他人的纯粹折射：它作为一种实在的规定通过我进入他人：我使他人没于世界存在。因此，我当作他人的实在特性的东西就是一个处境中的存在：事实上我把他没于世界组织起来是因为他对着他本身组织起世界，我把他当作工具和障碍的对象统一。我们在本书第二卷①中曾指出，工具的整体是我的可能性的严格相关物。由于我**是**我的可能性，工具在世界中的秩序就是被抛到自在中的我的可能性的形象，就是说我所是的东西的形象。但是我永远不能辨

---

① 参见第二卷，第三章，第三节。——原注

认出这种世界的形象，我在行动中并通过行动使自己适应它。他人同样地**介入他的形象**，因为他是主体。但是，由于我相反把他当作对象，这个世界的形象就跃出了我的视野：他人变成了被他与所有别的工具的关系定义的工具，他是**我的**工具的秩序，他被嵌入我强加给这些工具的秩序中；把握他人，就是把握这个嵌入—秩序并把他与一种中心的不在场或"内在性"联系起来，就是把这个不在场定义为**我的**世界的一些对象向**我的**天地的一个被定义的对象的被凝固的流逝。而且这种流逝的意义是这些对象本身提供给我的，它是对锤子和钉子、凿子和大理石的安排，因为我超越了这种安排而又不是它的基础，它确定了这种世界内出血的意义。这样，世界就在他人的整体中把他人宣告为整体。当然，这宣告仍然是暧昧的。但这是因为我把向着他人的世界秩序当作在某些明确的结构的显现的基础上未分化整体。如果我能说明一切工具复合体是由于这些结构转向他人，就是说如果我不仅能把握锤子和钉子在这个工具性复合中占据的位置，而且还能把握街道、城市、国家等，我就已明确地、整体地把他人的存在当成了对象。我之所以弄错了他人的意图，完全不是因为我把他的手势和一个达不到的主观性联系起来：这种自在的、自主的主观性与手势之间没有任何共同的尺度，因为它是自为的超越性、不可超越的超越性。而是因为我在这手势周围组织起整个世界，事实上它并非自己组织起来。这样，只是由于他人呈现为对象，他就在原则上把我确定为整体了，他作为综合、组织这个世界的世界能力扩展到整个世界。只不过，我不能解释清楚世界本身，我更不能解释这种综合组织。因为这世界是**我的**世界，主体—他人就是说自为的他人与对象—他人之间的区别不是全体和部分、隐蔽和突现间的区别：因为对象—他人原则上是一个相关于主观整体的全体，没有任何被隐蔽着的东西，而且，既然一切对象都推向别的对象，我就能在无限地阐明他人与别的世界工具的关系时无限扩大我对他人的认识；而且**认识**他人的理想仍然透彻说明了世界的流逝的意义。对象—他人和主体—他人的原则区别只鉴于这一事实,即主体—他人完全不能被认识,甚至不能被认为是主体—他人:不存在对主体—他人的认识的问题,并且世界的诸对象也不归向他的主观性;它们只作为世界内的流逝的、向着我的自我性被超越的意义,归属于他在世界上的对象性。这样,他人面对我的在场,作为造成了我的对象性的东西,被体验为一个主体—整体,并且如果我转向这个在场来把握它,我就重新把他人理解为整体:一个与世界整体有共同外延的对象—整体。而且这种理解是一下子造成的:正是从整个世界出发我进入了对象—他人。但是这永远只是些作为世界基质中的**形式**变得模糊不清的特殊关系。在那个我不认识的、在地铁上看书的人周围,整个世界都是在场的。而且在他的存在中定义他的不仅是他的作为世界对象的身体,而且是他的身份证,他乘坐的地铁列车的方向,他戴在手指上的戒指。不是作为他所是的东西的**姿势**——事实上这种姿势的概念会把我们推向一个我们甚至不能设想的主体性,并且恰恰在这主体性中他什么也不是,因为严格说来他是其所不是又不是其所是——而是作为他的存在的实在特性。不过,如果我**知道**他没于世界**存在**,在法国,在巴黎,正在读书,如果不看他的身份证,我就只能**假设**他是外国人(这意味着:假设他受到监视,登在警察局的那本册子上,必须对他说荷兰语、意大利语以便使他做出这样那样的姿势,国际邮局通过这样那样的途径把贴着这样那样邮票的信件送到他那里,等等)。然而,这个身份证原则上是没于世界地给予我的。它不脱离我——从它一做出来起,就注定是为我存在的。不过它以暗含的状态,作为被我看作完成的形式的任意圆点存在,而且必须改变我与世界关系的现时整体来使它呈现为宇宙基质中明确的**这个**。以同样的方式,对象—他人的愤怒,正像它通过叫喊、跺脚和威胁的手势表现给我们的,不是主观隐蔽的愤怒的标记;它不归结于为什么,只归结为别的手势和别的叫喊。它定义他人,它就**是**他人。当然,我可能会弄错，把一种佯装愤怒的东西当作真正的愤怒。但是只是就可以作为对象把握的别的手势和别的活动而言我才能弄错：如果我把手的运动当作猛击的**实在**意向，我就弄错了。就是说，如果我按可以作为对象来察知而又没有发生的手势来解释它，我就弄错了。总之，作为对象把握的愤怒是在世界内一个不在场——在场周围安排世界。这是不是说应该承认行为主义者是对的呢？当然不是。因为尽管行为主义者是从人的处境出发解释人的，他们仍没有看到人的主要特性是被超越的超越性。事实上，他人就是不能限制在他本身中的对象，就是只能以他的目的出发来理解的对象。对锤子和锯子的理解无疑没有什么不同。它们都是通过它们的功用而被把握的，就是说通过它们的目的。但是它们恰恰已经是人的。我能理解它们只是由于它们把我推到一个他人是其中心的工具组织，由于它们是向着我反过来超越了的一个目的被超越的完整复合体的一部分。因此，之所以能把他人和机器相比，是因为机器作为人造的东西，已经表现出被超越的超越性的痕迹，因为纺织厂里的织机只通过它们生产出来的布匹才得到说明：行为主义者的观点应该颠倒过来，而且这种颠倒将无损于他人的对象性，因为首先是对象的东西——我们按法国和英国心理学的方式称为意义，按现象学的方式称为意向，像海德格尔那样称为超越性，或像格式塔主义者那样称为完形——是这样一个事实，即他人只能通过世界的完整组织来定义，并且他是这个组织的关键。因此，我之所以从世界推到他人，不是由于世界使我理解了他人，而恰恰是由于他人—对象不是别的，而只是**我的**世界的自立的和世界内的参照中心。这样，我们在知觉到对象—他人时能领会到的作为对象的恐惧，便不是我们看到的，或我们用血压计或听诊器测出的慌乱的心理表现的总体：恐惧就是逃脱，就是藏匿。而且这些现象本身提供给我们的不纯粹是一系列**姿势**，而是被超越的超越性：逃走或藏匿，不仅仅是那种穿过荆棘的狂跑，或笨拙地跌倒在路上的石块上，它是对有一个他人作中心的工具组织产生的全部惊慌。正在逃走的那个士兵,在他刚射击完时还有敌人——他人。敌人与他的距离是用他的子弹弹道来测定的,而且我也能把握并超越这个距离,就像这距离是组织在"士兵"这中心周围的那样。但是现在他把枪抛在战壕里,并且逃跑了。敌人的在场立刻包围了他,压迫着他;以子弹弹道保持距离的敌人,就在道路消逝的那一瞬间向他冲来;同时,他所保卫的,他像依着一堵墙依恃着的作为后方的祖国,突然转过来,像扇子一样打开,变成了前方,变成他躲向的舒适的天宇。这一切,是我对象地观察到的,而且正是**这一切**就是我当作**恐惧**的。恐惧不是别的,只是试图凭借咒语消除我们不能有距离地保持的令人害怕的对象的一种神奇行为。① 而且我们正是通过这些结果来把握恐惧,因为它对我们表现为一种新的世界的世界内出血:从世界向一种神奇存在的过渡。

然而必须注意,他人只就我能对他而言是对象时才是为我地被规定的对象。因此,他将根据我本身对他而言是"人们"的成分或"可贵的不在场者"或**具体的这个人**,而客观化为"人们"的非个体化的部分或"不在场者",这不在场者纯粹是被他的书信和他的叙述表现出来的,或对象化为事实上在场的**这个人**。在任何情况下决定他人的对象化及规定的类型的东西都同时是我在世界上的处境和他的处境,就是说我们每个人组织起来的工具复合体和在世界的基质中互相呈现的不同的**这个**。这一切都自然地把我们引向人为性。正是我的人为性及他人的人为性决定他人是否能看见我和我是否能看见**这样的**他人。但是人为性的问题超出了这个一般描述的范围:我们将在下一章来考察它。

这样,我体验到他人的在场是我的为他的对象存在中诸主体的准整体,并且基于这个整体,我更明显地体验到一个具体主体的在场,

---

① 见我的《情绪的现象学理论概述》。——原注

尽管不能列数他是**这样的**他人。我对我的对象性的防卫反应将把他人作为**这样或那样的对象**呼唤到我面前。因此他人对我显现为"这个人",就是说他主观的准整体被贬值并变成与世界整体共外延的对象整体。这个整体向我揭示出来而不归属于他人的主观性:主体—他人和对象—他人的关系完全不同于人们习惯上在例如物理对象和知觉对象之间建立的关系。对象—他人向我表现出他**是**什么,他只是他本身。在一般对象性层次上,在其对象存在中对象—他人就只是他对我显现的那样;甚至不能设想我把我对他的任何意识带给了我因注视而体验到的那样的他的主观性。对象—他人只是对象,但是我对他的把握,在我处于另一存在层次上时,包含了对我总是能,并且原则上能使它成为另一种**体验**的领会;一方面,这种领会的成立是由于**知**我过去的体验,正如我们所知,应当承认这种知是这种体验的纯粹过去(达不到而且我不得不是的),另一方面,是由于暗含地领会了别人的辩证法:别人,显然就是我使自己不是的东西。但是,尽管我暂时摆脱了他,逃离了他,他在他周围却仍然是他**变成**别人的恒常可能性。尽管如此,由于这种可能性是在一种造成我面对他人—对象特有的态度的约束和强制中被现时化的,严格说来是**不能设想的**:首先,因为我不能设想一种可能性不是**我的**可能性,也不能在不超越这可能性时,就是说在把它当作被超越的超越性时理解一种超越性;其次,因为这种现时化的可能性不是他人—对象的可能性:对象—他人的可能性是归结到他人的其他客观方面的僵死可能性;把我当作对象的固有可能性是主体—他人的可能性;因此,对我来说完全不是个人的可能性;它是一种绝对的可能性,它只从其本身获得来源,它表明,在对象—他人的整体虚无化的基础上,有一种我将通过我的为他的对象性而体验到的主体—他人的涌现。这样,对象—他人是我凭借领会所使用的爆炸工具,因为我在他周围预感到**有人**使他闪现的恒常可能性,并且,由于这种闪现,我突然体验到世界从我这里逃走了,我的存在异化了。

因此，我经常关心的是使他人保持其客观性，而我与对象——他人的关系本质上是由旨在使其保持为对象的诡计所造成的。但是他人的注视足以使这一切诡计消失，足以使我重新体验到他人的变形。这样，我从变形被推向渐逝，从渐逝被推向变形，既不能形成对这两种他人的存在方式的总合的看法，——因为其中任何一种存在方式本身都是自足的而且只归结为其自身——又不能封闭在其中的一种上，——因为任何一种都有其固有的不稳定性并会消失以便另一种从其毁灭中涌现出来：只有一些为了永远是对象而决不变成主体的死者——因为死亡并不丧失其没于世界的对象性：一切死者都在那里，现于我们周围的世界；但是，这就失去了对一个他人揭示自己是主体的一切可能性。

在我们研究的这个新层次上，一旦阐明了为他的存在的本质结构，我们显然要试图提出形而上学的问题："为什么有别人？"我们知道，别人的存在事实上不是能从自为的本体论结构中得出的结论。确实，这是原始的偶然事件，但首先是**形而上学的**，就是说属于存在的偶然性的领域。从根本上说，**为什么**的问题是对这些形而上学的实存提出的。

我们还深知，对"为什么"的回答只能把我们推向原始的偶然性，但还是必须证明我们考察的形而上学现象是不可还原的偶然性。在这个意义下，我们觉得本体论能被定义为对那种被当作整体的存在者的存在结构的解释，并且不如说我们将把形而上学定义为对存在者的存在提出问题。所以，根据存在者的绝对偶然性，我们肯定了一切形而上学都应该完结于"那个存在着"，就是说完结于对这个偶然性的一种直接直观。

提出别人的实存的问题是可能的吗？这个实存是一个不可还原的事实还是应该由一个基本的偶然性派生出来？这些就是我们能反过来对提出别人的实存的问题的形而上学家们提出的先决问题。

让我们进一步考察一下形而上学问题的可能性。首先向我们显现的是为他的存在代表着自为的第三种出神。事实上，第一种出神是自为对它以不是的方式不得不是的存在的三维计划。它表示第一条缝隙，自为本身不得不是的虚无化，自为从他所是的一切中解脱出来，因为这种解脱构成了他的存在。第二种出神或反思的出神是从这种解脱本身中解脱出来。反思的分裂生殖相当于一种徒然的努力，这种努力意在获得对自为不得不是的虚无化的观点，为的是使这种作为单纯既定现象的虚无化是**存在着**的虚无化。但是同时，反思希望通过自在地肯定它**是**这个存在着的虚无化，恢复它力图看成纯粹给定物的这种解脱。矛盾是明显的：为了能把握我的超越性，我必须超越它。但是，恰恰只是我自己的超越性能进行超越，我**就是**这超越性；我不能用它来使它成为被超越的超越性；我注定永远是我自己的虚无化。总之，反思**是**被反思。尽管如此，反思的虚无化与作为单纯（对）自我（的）意识的纯粹自为的虚无化相比是推进了一步。事实上，在（对）自我（的）意识中，"反映者—被反映者"二元性中的两项是如此难以分别表现出来，以致这二元性总是不断趋于消失，而且任何一项在对另一项提出时都**会变成**另一项。但是，在反思的情况下，事情就不一样了，因为被反思的"反映—反映者"对一个反思的"反映—反映者"而言存在。因此，被反思和反思两者都倾向于独立，把它们分开的**乌有**倾向于把它们分开，较之自为不得不是的虚无分开反映和反映者更深刻。然而，无论反思还是被反思都不能分泌出这个进行分离的虚无，否则反思就会是一个针对着被反思的自主的自为，这就是假设外在的否定是内在否定的先决条件。如果反思完全不是一个存在，一个不得不是自己的虚无的存在，那就不可能有反思。这样，反思的出神走上一种更彻底的出神道路：为他的存在。虚无化的最终界限、理想的极点事实上应该是外在的否定，就是说一种自在的分裂生殖或未分化的空间外在性。就这种外在否定而言，这三种出神排成我们刚才排定的秩序，但是它们完全不可能完成这秩序，这秩序原则上仍然是理想的：事实上，对任何一个存在而言，自为都不能自己实现一种似为自在的否定，否则它将同时不再是自为的存在。因此，构成为他的存在的否定是一种**内在的否定**，是自为不得不是的一种虚无化，完全像反思的虚无化一样。但在这里，分裂增殖打击了否定本身：它不再仅仅是把存在分成被反映者和反映者的否定，也不是反过来把被反映者—反映者这一对分成被反映者（被反映者—反映者）和反映者（被反映者—反映者）的否定。而是分成两种内在的和相反的否定，其中每种否定都是内在的否定，然而它们互相之间被一个不可把握的外在虚无所分开。事实上，任何一个否定都尽力否认一个自为是另一个并且完全介入它不得不是的这个存在，它不再以其自身去自己否认它是相反的否定。在这里，**给定物**突然显现出来，不是显现为一种自在的存在的同一性的结果，而是一种这两种否定中的每一种都不得不是，然而又分开了它们的外在幻象。真正说来，我们在反思的存在中就已经发现了这种否定的反向的端倪。事实上，作为见证人的反思者，其反思性深深损害了他的存在，因此，既然他是反思者，他就追求不是被反思者。但是，反过来说，被反思者是作为**对**这样那样超越着的现象的被反思意识的（对）自我（的）意识。我们说过它知道自己被注视。在这个意义下，它从它这一面旨在不成为反思者，因为任何意识都是被其否定性所定义的。但是这种二元分化的倾向被这样一个事实恢复而扼杀的，即无论如何，反思者不得不是被反思者，而且被反思者不得不是反思者。这二元否定总是渐趋消失的。在第三种出神的情况下，我们好像亲临反思的更进一步分裂增殖。这些结论可能使我们吃惊：一方面，既然否定内在地进行，他人和我就不能成为互相外在的。必须有一个"我—他人"的**存在**，这个存在不得不是相反为他的分裂增殖，这就正像"反思者—被反思者"整体是一个不得不是自己的虚无的存在一样，就是说我的自我性和他人的自我性都是同一存在整体的结构。这样，黑格尔似乎是对的：整体的观点才是存在的观点、**真正的观点**。一切的发生就好像我的自我性通过一个把自己的虚无化推到极端的整体面对他人的自我性被产生出来和维持下去一样；为他的存在似乎是纯粹反思分裂增殖的延伸。在这个意义下，一切的发生就好像别人和我本身表示的一个自为整体重新把握自己并包容它以单纯自在的方式**不得不是**的东西，但这是徒劳的努力；这种重新把自己当作对象的努力，从这里被推到极限，就是说在反思的分裂之外，它会得出与这个整体趋向的目的相反的结果：这自为整体将通过要成为**对自我的**意识的努力**面对**自我成为必得不是它是其意识的自我**的**自我意识；反之亦然，对象—自我为了**存在**而应该体验到自己是通过一个他如果想存在就必得不是的意识，并对这个意识而言**被存在**。这样就产生了为他的分化；而且这种二分式分解无限分下去以便使**一切**意识成为一个彻底爆裂的碎片。"会有"**一些别人**，因此就会有相反于反思的失败的一种失败。事实上，在反思中，我之所以不能把自己当作对象，而仅仅当作准对象，是因为我是我想把握的对象；我不得不是把我与自己分开的虚无：我既不能脱离我的自我性又不能失去我对我本身的观点；这样，我始终实现不了存在，也实现不了在"有"的形式下对自己的把握，复活失败了，那是因为复活者本身是被复活者。相反，在为他的存在的情况下，分裂增殖不再推向前进，被反映者（反映—反映者）完全不同于反映者（反映—反映者），甚至因此能是它的对象。但是这一次，分裂增殖也失败了，因为被复活者**不是**复活者。这样，在是其所不是时不是其所是的整体，以完全脱离自我的努力处处产生其异在的存在：一个被粉碎的整体的自在的存在的闪烁，总是在别处，总是有距离的，永远不会在自身之中，然而又总是通过这个整体的不断爆裂保持存在，这就是别人和作为别人的我本身的存在。

但是另一方面，在我否定我本身的**同时**，他人也否认他是我。这两种否定对为他的存在来说是同样不可缺少的，而且它们不可能被任何综合汇合起来。这完全不是因为一个外在的虚无一开始就把它们分开了，而毋宁是因为自在将就另一个而言重新把握一个，而且只是由于任何一个都**不是**另一个，而不是因为必得不是另一个。这里似乎有自为的界限，它来自自为本身，但作为界限，又是独立于自为的：我们又发现了作为人为性的某种东西，而且我们不能设想我们刚才说的整体如何能在最彻底的对本身的脱离之中产生一个它永远不可能是的存在的虚无。事实上，虚无似乎溜进了这个整体以使其解体，就像留基伯原子论中的非存在溜进巴门尼德的存在的整体中来使它爆裂成原子一样。因此，它表示的是对整个综合整体的否定，人们从之出发声称懂得了意识的多样性。也许，它是不可把握的，因为它既不是由别人，也不是由我本身，又不是由一个中介物产生，因为我们已确定，诸意识是无中介地互相体验到的。也许，在我们视野所及的地方，我们所遇到的作为描述对象的东西只是一个单线外在的否定。然而，它在那里，在有否定之二元性这不可还原的事实中。它当然不是意识多样性的**基础**，因为如果它先于这种多样性存在，它就会使任何**为他**的**存在**成为不可能，相反，必须设想它是对这种多样性的经验；它与多样性一起显现。但是，由于**没有任何东西**能奠定它，无论是个别的意识还是在意识中闪现的整体都不能，它就显现为纯粹不可还原的偶然性，因为**事实是我否认我是他人不足以使他人存在，而还必须由他人与我固有的否定一起同时否定他是我**。它是为他的存在的**人为性本身**。

这样，我们得出了这个矛盾的结论：为他的存在只是在通过一个自我消失以便涌现出来的整体而**被存在**时才能存在，这导致我们去建立**精神**的存在和激情。但是，另一方面，这个为他的存在要能存在就只有包含一个不可把握的外在非存在，任何整体，哪怕是**精神**，都不能产生或建立它。在某种意义上讲，意识多样性的存在不能是一个最初的事实，并且这种存在把我们推向一个原始的事实，即脱离自我这精神的事实；这样，"为什么会有**一些**意识"这形而上学问题就会得到解答。但是，在另一种意义下，这种多样性的人为性似乎是不可还原的，而且如果人们从多样性这一事实出发考察精神，精神就消失了；

形而上学的问题不再有意义;我们遇到了基本的偶然性,并且我们只能以"就是这样"来回答它。这样,原始的出神深化了:人们似乎不能分享虚无。自为曾对我们显现为不是其所是和是其所不是地存在着的存在。精神的出神整体不仅是被瓦解的整体,而且对我们显现为一个人们既不能说它存在,又不能说它不存在的被分解的存在。这样,我们的描述使我们能满足我们对有关他人的存在的一切理论提出的先决条件了;意识的多样性对我们显现为一个**综合**而不是一个**集合**;但是这个综合的整体是不可设想的。

这是不是说整体的那种二分特性本身是不可还原的呢?或者,从一种更高的观点来看,我们能使这特性消失吗?我们是否应该提出精神是**存在而又不存在的存在**,就像我们曾提出的自为是其所不是和不是其所是的那样呢?这问题没有意义。事实上,它会假设我们有可能对于整体**获得一个观点**,就是说可能外在地考察整体。但是这是不可能的,因为恰恰是我作为我本身,在这个整体的基础上并且就我介入了这个整体而言存在。任何意识,即使是上帝的意识,都不能"看见背面",就是说把整体看成整体。因为如果上帝是意识,它就是与整体合为一体的。而如果按他的本性,他是**超乎意识之外的**存在,就是说作为其本身的基础的自在,整体就只能对他显现为**对象**——那么他就缺少其内在的分解,这种分解是作为自我把握的主观努力,或作为**主体**——那么,由于他**不是**这个主体,他就只能体验到它而不能认识它。这样,关于整体的任何观点都是不可设想的:整体无"外",而且它的"背面"的意义的问题本身也就失去了意义。我们不可能再进一步了。

我们的这个考察即将结束。我们已知道,他人的实存是在我的对象性的事实中,并通过这一事实明确地体验到的。而且我们也已看到,我对我自己的为他人异化的反应是通过把他人理解为对象表现出来的。简言之,他人对我们来说能以两种形式存在:如果我明白地体验到他，我就没有认识他；如果我认识了他，如果我作用于他，我就只达到他的对象存在和他的没于世界的或然实存。这两种形式的任何综合都是不可能的。但是我们不能就此停步：他人为我所是的对象和我为他所是的对象都表现为**身体**。那么我的身体是什么？他人的身体又是什么呢？

羞[*]

〔丹〕扎哈维 / 著　胡文迪 / 译　张任之 / 校

在许多标准解读中，羞都是一种瞄向并包含整个自我的情感。在羞中，"自我"被一种总体贬低所影响：它感到有缺陷（defective）、令人讨厌（objectionable）、有罪（condemned）。但是我们感到羞，这告诉了我们什么关于自我的本质呢？难道羞证明了一个自我概念的出现，一个（不成功的）自我理想，和一种批判的自我评价的能力，或者毋宁说，就如有的人曾表明的，它指出了这样一个事实，即自我部分地是由社会构造的？[①]羞应该首先被归类为自我意识的情感吗，或者，毋宁是一种独特的社会情感，还是这些选项其实都是误导性的？下面，我将探索这些问题，并最终表明对比如羞这类复杂情感的细致研究，可以为我们对"自我"的理解加入一些重要的面向，并帮助我

---

[*]　本文选自《自我与他者》(*Self and Other: Exploring Subjectivity, Empathy, and Shame*, Oxford University Press, 2014) 一书第三部分。——编者

　　由于 shame 本身可以有多种中译名称，含义有细微差异，比如"羞耻""害羞""羞感"等，但译为其中任何一个，都有可能偏离原文的意思，而且"羞感"在文中对应的英文是 feeling of shame。所以一般情况下把 shame 笼统地译为"羞"，读者可根据上下文推测"羞"具体是指"羞耻""害羞"，还是单纯的"羞感"。但在特殊情况下，也会有所变通，这时会在其后附以相关英文。——译者

[①]　C. Calhoun, "An Apology for Moral Shame", *Journal of Political Philosophy* 12/2, 2004, p.145.

弥合两种自我概念，也即极小的经验自我概念以及更为丰富的叙述性延展的自我概念。

一、羞和自我意识

情感以许多不同的形式和形态出现。情感研究曾花费大量时间来探究艾克曼（Paul Ekman）所说的六种基本情感：快乐、害怕、悲伤、惊讶、生气和厌恶[①]。据说这些情感出现在人类发展的早期，它们有生物学基础以及特有的面部表情，并且它们具有文化上的普遍性。然而，显然，这些基础或基本的情感并没有穷尽我们情感生命的丰富性。仅需想一想那些更复杂的情感，比如尴尬、羡慕（envy）、羞、内疚、骄傲、嫉妒（jealousy）、懊悔或感激。根据刘易斯（Michael Lewis），归类诸不同情感的一个有用方式就是通过区分自我意识的和无自我意识的情感。基本的情感不包含自我意识，然而更复杂的情感却包含[②]。的确，根据刘易斯的解释，后一组情感包含了一个复杂的认知过程，它们都通过自我反思而产生，而且它们都包含并需要一个自我概念。因此，对体验这类情感而言，在发展上就要求孩子拥有一个自我概念或自我表象，而根据刘易斯，这只会发生在大约18个月大的时候。刘易斯进一步区分了两组自我意识的情感。这两组都包含自我暴露（self-exposure）和客观的自我意识，即自我反思。但是第一组包含一种非评价的暴露，而后一组既包含自我暴露又包含评价。第一组出现在大约18个月的时候，包括像尴尬和羡慕这样的情感。第二组出现在大约36个月的时候。它包括羞、内疚，并且要求占有和内化标准、规则以及

[①] P. Ekman, *Emotions Revealed: Understanding Faces and Feelings*, London: Weidenfeld and Nicolson, 2003.

[②] M. Lewis, "Self-Conscious Emotional Development", in J. L. Tracy, R. W. Robins, and J. P. Tangney (eds.), *The Self-Conscious Emotions: Theory and Research*, New York: Guilford Press, 2007, p. 136.

目标的能力，以及相对于这些标准来评价和比较人们行为的能力①。

当刘易斯说到自我意识或自我觉知的时候，他究竟想的是什么呢？刘易斯在主观的自我意识和客观的自我意识之间进行了区分。依他的解释，所有的生命系统，从最简单到最复杂的，都在规定和监督它们自己。他给出的一些例子是关于身体追踪血液中二氧化碳程度的方式，或者T-细胞将它们自己与蛋白质区分开来的方式②。对刘易斯而言，这种自我规定和自我—他者（self-other）区分需要一定的主观的自我觉知，但是我们在此所处理的是一种无意识的自我觉知形式③。

所有的生命系统都有主观的自我觉知；但只有非常小的一部分生命系统可以达到客观的自我觉知的水平，这意味着一种更高的表象的复杂性。然而，当达到这一水平时，情感和体验就会变成有意识的。只有这时它们才像是向或为我们而在的事物。因此，根据刘易斯的解释，只有当我们有意识地反思我们自己的时候，只有当我们的注意朝向内部，并内在地把我们的精神状态当作注意力的客体而加以关注的时候，它们才变成有意识的④。刘易斯用下面的例子解释了这种想法：一阵大的噪音会使我处于一种惊吓的状态。然而，只有我反思它的时候我才有意识地体验到这一惊吓状态。先于反思，惊吓保持为一种无意识的。从一个发展的视角来考虑，刘易斯声称：先于客观的自我意识的出现，即，先于婴儿发展出一种自我概念和客观的自我表象，她可能有了情感状态，但是这些状态都不是有意识的⑤，就像她没有任何

---

① M. Lewis, "Self-Conscious Emotional Development", p. 135.

② M. Lewis, "The Development of Self-Consciousness", in J. Roessler and N. Eilan (eds.), *Agency and Self-Awareness*, Oxford: Oxford University Press, 2003, p. 279.

③ M. Lewis, *Shame: The Exposed Self*, New York: Free Press, 1992, pp. 16, 27. 也许如果刘易斯谈论无意识的自我规定和自我区分，而不是无意识的主观的自我觉知，可能会更好一点。要理解"白细胞具有主观的自我觉知"这样的想法确实有点困难。

④ M. Lewis, *Shame: The Exposed Self*, pp. 283-274.

⑤ M. Lewis, "The Emergence of Human Emotions", in J. M. Haviland-Jones (ed.), *Handbook of Emotions*, 2nd edtion, New York: Guilford Press, 2004, pp. 273-274.

其他的意识体验一样。

不断增加的认知能力会允许客观的自我觉知,并因此,根据刘易斯,也会允许有自我意识的情感,比如尴尬、同情以及羡慕。当对标准、规则和目标加入了甚至更加复杂的认知理解的时候,像骄傲、内疚和羞这样的自我意识的评价性情感就会成为可能,刘易斯最后把后者定义为一种强烈的消极情感,当一个人体验到与标准有关的失败,感到要为失败负责并相信这一失败反映了一个破败的自我的时候,就会引起这种情感。他认为公开的失败问题是与尴尬这样的情感有关的,然而,当涉及羞、内疚和骄傲时,他否认这种相关性①。

相反,现在考虑一下哈勒(Rom Harré)提出的对羞的解释。简短地说,哈勒论证道,尴尬是由认识到他人知道某人所做的事是对习俗和行为规范的破坏而引起的,而羞却是由认识到他人知道某人所做的事是违背道德的而引起的。②

我认为这些提议都是有问题的。尽管我们会欣然同意尴尬比羞更少让人感到震惊和痛苦,它更多地与不合适的社会暴露相连(由于纽扣开了,肚子咕咕叫,不合时宜的着装,等等),而不是与违背重要的个人价值有关。哈勒的定义和简洁的区分是不令人满意的。不仅因为他过于强调真实的观众的在场——好像一个人独自待着的时候就不会感到羞一样,好像一个人感到羞是因为他被发现了似的——他在违背道德和破坏习俗之间做出的尖锐区分也是有问题的。作为佐证,可以考虑下面这则雅阁比(Jacoby)描述的小花絮:一个男孩参加了和他班级同学的田野旅行,在返回的火车上,他患了严重的腹泻,但是因为厕所已被占用,他最后拉在了裤子上——这被整个班级的同学看

---

① M. Lewis, "Shame and Stigma", in P. Gilbert and B. Andrews (eds.), *Shame: Interpersonal Behavior, Psychopathology, and Culture*, New York: Oxford University Press, p. 127.

② R. Harré, "Embarrassment: A Conceptual Analysis", in W. R. Crozier (ed.), *Shyness and Embarrassment: Perspectives from Social Psychology*, Cambridge: Cambridge University Press, 1990, p. 199.

到了，并且受到了他们的嘲笑。① 正如雅阁比继续解释的，这段插曲成了这个孩子的严重创伤，甚至作为一个成人他也深受它的影响。把这段经历理解为一种暂时的尴尬感似乎是错误的，但另一方面，把它理解成一个道德犯规似乎也是不合理的。尽管人们会对违反道德感到羞（ashamed），但人们也肯定会对与伦理无关的事而感到羞。实际上，羞不必须由人们故意所做之事引起。人们可能对身体的残疾、他的出身或肤色而感到羞。所以，与其把羞和尴尬与对相关的道德价值和社会习俗的破坏相连（也是公然违抗这一事实的尝试：同样的事件可以被不同的人要么感觉为羞愧的要么感觉为尴尬的），我认为首先更加合理的划界标准是把羞而不是尴尬与一个总的自尊（self-esteem）或自我尊重（self-respect）的减少，以及对个人的缺陷和不足的痛苦觉知相连。这也很好地与施特劳森（Galen Strawson）的观察相符：尽管过去的尴尬可以很容易向人们提供关于自己的滑稽故事，然而对过去的羞和耻辱（shames and humiliations）也这样做则是很罕见的。②

就刘易斯的解释而言，有很多人可以与其相争论的内容。例如，看一下他对初级的和次级的情感做出的区分。刘易斯写道：

> 我建议情感可以通过与自我的角色相联系而被归类。害怕、快乐、厌恶、惊讶、生气、悲伤以及兴趣的产生，都不需要反省或自我指涉。因此，让我们把这些情感看作一组。嫉妒、羡慕、同情、尴尬、羞、骄傲以及内疚的产生需要反省或自我指涉。这些情感构成了另一组……因此，我建议初级的和次级的情感之间

---

① M. Jacoby, *Shame and the Origins of Self-Esteem: A Jungian Approach*, London: Routledge, 1994, p. 7.

② G. Strawson, "Don't Tread on Me", *London Review of Books*, 1994 16/19, pp. 11-12. 如同施特劳森后来指出的，童年的羞可能是某些少有的例外。难道我们不会在追忆中发现此类嘲弄可能重现并被感觉为羞是有趣的吗？然而，我猜，对此类过去的羞感到有趣的能力是以不再强烈地将我们认同为过去的自己为条件的。

的差异在于次级的情感包含自我指涉。次级的情感将被称为**自我意识的情感**；羞是一种自我意识的情感。①

初级的情感是非自我意识的，它们缺少对自我的指涉，这对吗？我认为这种说法至少在两点上是有争议的。第一点是认可一种前反思的自我意识的概念。如果人们这样做，就像我认为人们应该做的那样，那么挑选出作为自我意识的情感的复杂情感就是没有意义的，因为所有的情感，在主体第一人称地体验它们的时候，都是自我意识的。当然，刘易斯可能会反驳道，主体并没有有意识地体验到像害怕、生气和快乐这样的情感，至少没有首先将它们当成是反思的客体。以这种方式进行论证，通过把客体的自我意识当作现象意识的前提条件，他承认了这样的观点：缺少高阶表象能力的动物和婴儿也将缺少带有现象特性的体验；对它们而言不会有像疼、疲惫、泄气等这类体验。但是尽管并非只有他一个人持有此种观点——就如我们已经看到的，盖洛普（Gallup）和卡卢瑟（Carruthers）也有同样的看法——但也没什么可推荐的。

质疑刘易斯之区分的第二点是通过论证情感——以一种甚至比知觉或认知更加突出的方式——是包含自我的（self-involving）。考虑一下，我们有情感地对于我们而言重要的事情做出反应，对那些我们在乎的事、那些我们不会对其漠不关心的事做出反应。在那种情况下，有人会论证道，情感包含着对那些对我们重要的、有意义的、有价值的和相关的事情的评价。这不仅适用于像内疚、羞或骄傲这样的复杂情感，而且也必定适用于像快乐、厌恶、生气和害怕这样的情感。如果这是正确的，那么将不会有这样的说法：在像生气、害怕这样的情感和像羞、后悔这样的情感之间没有重要差异。而只是这一点是可疑

---

① M. Lewis, *Shame: The Exposed Self*, pp. 19-20.

的：相关的差异是否与这些情感是否是自我意识的或包含自我的有关。

但是人们应该在哪里寻找这种差异呢？一个相当明显的可能性是主张：不同的情感是以不同的方式包含自我的，无论是因为自我在某些情感中是注意力的焦点，还是因为某些情感在某种更加重要的术语意义上是构造着自我的（self-constituting）。

再考虑一下刘易斯的书的标题：《羞：暴露的自我》（Shame: The Exposed Self），刘易斯是这样来解释副标题的："这本书的副标题是'暴露的自我'。一个暴露的自我是什么，它向谁暴露？自我暴露在它自身面前，即我们能够观察我们自己。一个自我能够进行自我反思，这对人类是独一无二的。"[①] 总之，刘易斯把暴露定义为一个存在之物暴露在它自身面前。即，当他谈论暴露的自我时，他指的是我们的自我反思能力。但是难道这没有错失关键点吗？与下面达尔文的这一观点相比较："不是对我们自己外形的单纯反思行为，而是考虑他人如何看待我们，才激起一阵脸红。"[②] 像刘易斯那样定义羞——尤其把注意力集中在个体自己的消极自我评价上——的一个问题是：把羞与其他消极的自我评价，比如自我失望或自我批评相区分开变得困难。强调我们对我们自己可见的另一个问题是：它似乎忽略了一个重要的羞的类型，即这样一类羞：由对我们的公开出现的和社会的身份认同的泄气和贬损而引起的羞，由在我们声称要成为的人与我们被他人如何看待之间的矛盾引起的羞。任何对羞的解释都应该解释，为什么私下里被认为并被容忍为小缺点的个人缺陷，当它们被公开地暴露时，会被感觉为令人羞（shameful）的。

但是我对刘易斯和哈勒的批评似乎指向不同的方向。我责备哈勒夸大了对实际观众的需要，而刘易斯则贬低了社会性的重要性。这些

---

① M. Lewis, *Shame: The Exposed Self*, p. 36.
② C. Darwin, *The Expression of the Emotions in Man and Animals*, Cambridge: Cambridge University Press, 2009 (1872), p. 345.

批评如何能走到一起呢？让我们继续前行并考虑一些在现象学中发现的替代性观点。

二、羞的种类

在《存在与虚无》（*L'Être et le néant*）中，萨特区分了两类自我意识：前反思的和反思的。第一类具有优先性，因为它可以独立于后者而有效，然而反思的自我意识总是预设了前反思的自我意识。在《存在与虚无》的第三部分萨特在这一程度上使问题变复杂了：他现在论证有第三类被交互主体地中介的自我意识，即它让他者作为它的可能的条件。萨特认为有一些意识模式，尽管它们严格地保持为自为的（for-itself），即被前反思的自我意识所描述，然而却指着一个非常不同的存在论结构类型。尤其是，他做出了一些谜一般的主张：有一些意识模式，尽管它们是我的，然而却向我揭示了一种存在，这种存在不是为我而在（being-for-me）的我的存在。① 为了更好地理解萨特说的是什么，让我们看一下他自己给出的例子，即羞感（the feeling of shame）。

根据萨特，羞是一种意向意识形式，是怀着羞理解某物，而这个某物恰好就是我自己。我为我之所是感到羞，在那一程度上，羞也例证了一种自我关系。然而，就像萨特所指出的，羞并非主要地、原初地就是一种反思现象。我可以反思我自己的失败并最终感觉到羞，就像我可以反思我自己的羞感，但是"我能够感到羞"要先于进入反思中。就像他所说的，羞首先是"一种直接的战栗，这种战栗没有任何推论性准备地从头到脚贯穿我的全身"②。实际上，更重要的是，在其

---

① J. -P. Sartre, *Being and Nothingness: An Essay in Phenomenological Ontology*, H. E. Barnes (trans.), London: Routledge, 2003 (1943), p. 245.

② J. -P. Sartre, *Being and Nothingness: An Essay in Phenomenological Ontology*, H. E. Barnes (trans.), p. 246.

首要形式中，羞不是一种我可以简单地通过反思而凭自身得出的感觉；毋宁是，羞是一种对在他人之前的某人自己的羞。① 它预设了他者的介入，不仅是因为他者是我在其面前感到羞的人，而且更重要的是我所感到羞的事物只有在我与他人的相遇之中、并通过我与他人的相遇才被构建起来。所以，尽管羞例证了一种自我关系，我们在萨特的解释中处理的却是一种本质上被中介的自我关系形式，一种他者是我和我自身之间的媒介的关系形式。换句话说，与其说羞主要是一种包含消极的自我评价的自我反思的情感，不如说，对萨特而言，羞揭示了我们的关系性和我们的"为—他人—而在"（being-for-others）。因此萨特会否认羞或者仅仅是一种自我意识的情感或者仅仅是一种社会情感。依他的解释，两者都是。

羞使我意识到无法掌控以及在我自身之外有我的基础。他者的注视赋予了我一种真理，即我不是主人，并且在那时，我对其是无力的。② 因此，感到羞，根据萨特，就是极为迅速地认识到并接受他者的评价。感到羞就是同化为他者在看和判断的客体。③ 而且，对萨特而言，他者的评价积极与否都没有关系，因为正是客体化才引起了羞。他写道：

> 纯粹的羞不是对作为这个或那个有罪的客体的感觉，而是对在一般意义上作为**一个**客体的感觉；即对**认识到我自己**在为他者而在这种有失尊严的、固定的、依赖的存在中的感觉。羞是一种对**原初堕落**的感觉，不是因为我犯了这样或那样的错误，而只是因为我"落"入了世界，没于事物之中，并且为了成为我之所是

---

① J. -P. Sartre, *Being and Nothingness: An Essay in Phenomenological Ontology*, H. E. Barnes (trans.), pp. 246, 312.

② J. -P. Sartre, *Being and Nothingness: An Essay in Phenomenological Ontology*, H. E. Barnes (trans.), p. 260.

③ J. -P. Sartre, *Being and Nothingness: An Essay in Phenomenological Ontology*, H. E. Barnes (trans.), pp. 246, 287, 290.

我需要他者的中介。①

在羞中，我把他者认作我通过他获得客体性的主体。然而，萨特的看法是，这一认识采用了一个相当独特的形式。尽管我体验到他者为我提供了一个客体的自身等同——他者的注视使我的自由僵化，将我还原到一系列固定的决定中，我**是**他者看我的方式并且除此之外我什么都不是——这个客体的确切本质却总是逃避我的把捉。我既不能控制也不能确切地知道我是如何被他人评价的。为什么？部分是因为我根本没有能力接受他的看法。我不能像他者那样残忍地将我自己客体化，因为我缺乏所需的自我距离（self-distance）。因此尽管羞感向我揭示出我为他人而在并且可以为他人所见，尽管它向我揭示出我（部分地）被他者构成，并且我存在的维度是他者提供给我的，根据萨特，但是这是一个我不能像他人那样以同样的方式知道或直观到的我自己的维度。所以，毫不奇怪，萨特把我的"为—他人—而在"称为存在的**出神的**（ecstatic）和**外在的**（external）维度，并谈到通过我与他者的相遇而引起的**存在的异化**（existential alienation）。②

尽管萨特对羞的分析是最著名的现象学的解释，然而他的分析既不是第一个也不是最全面的现象学的解释。在 1933 年，埃尔文·施特劳斯（Erwin Straus）发表了一篇短小但有启发性的、标题为"作为历史学问题的羞"（Die Scham als historiologisches Problem），在早在二十年前马克斯·舍勒（Max Scheler）就写了一篇长文，标题为"关

---

① J. -P. Sartre, *Being and Nothingness: An Essay in Phenomenological Ontology*, H. E. Barnes (trans.), p. 312. 此段引文的中译参考了《存在与虚无》的中译本，但根据英译有所改动。萨特：《存在与虚无》，陈宣良等译，杜小真校，北京：生活·读书·新知三联书店 2009 年版，第 361 页。——译者

② J. -P. Sartre, *Being and Nothingness: An Essay in Phenomenological Ontology*, H. E. Barnes (trans.), pp. 286, 292, 320.

于羞与羞感"(Über Scham und Schamgefühl)。① 考察施特劳斯和舍勒的一个原因是他们都补充并且挑战了萨特的分析。而且,在最近几年,舍勒的解释获得了某种复兴,并在最近的几本书中,比如Nussbaum(2004)② 和Deonna(2011)③ 以及其他人的书中,他的解释获得了积极的评价。

在施特劳斯和舍勒之间的一个共性是他们都强调对各种类型的羞进行区分的需要。萨特的注意力几乎只在**羞**(*honte*)上,但是法语区分**羞**(*honte*)和**害羞**(*pudeur*),而德语区分**羞耻**(*Schande*)和**羞**(*Scham*)。两种含义也都可以在《牛津英语词典》(*Oxford English Dictionary*,以下简称OED)"羞"(shame)的条目中找到。OED区分了由于对在人们自己的行为中不诚实的或丢脸的行为的意识而引起的痛苦情感和我们的羞感,即我们知觉到不合适的或丢脸的事情。对舍勒和施特劳斯而言,他们都反驳这样的看法:羞是一种消极的和压抑的情感本身(per se),是一种我们应该旨在将其从我们生命中消除的情感(对比Schneider 1987④),因此他们会不同意Tangney和Dearing对羞的一般性描述:一种"极度痛苦和令人厌恶的感觉,在人际交往行为中有消极影响"⑤。施特劳斯自己则区分了羞的保护性形式——包

---

① 除了萨特和舍勒,列维纳斯是另一个早期强调过羞的问题的现象学中的主要人物。他的第一个分析发表在1935年以"论逃亡"(De l'évasion)为题的文本中。在列维纳斯后来的1961年的著作《整体与无限》(*Totalité et infini*)中,他论证了羞是对与他者的伦理相遇的反应,这个他者通过使我以及我的不合理的、专断的自由成为问题而扰乱并打断了我的宁静。E. Levinas, *Totality and Infinity*, A. Lingis (trans.), The Hague: Martinus Nijhoff, 1979 (1961), pp. 83-84; E. Levinas, *On Escape*, B. Bergo (trans.), Stanford: Stanford University Press, 2003 (1935).

② M. C. Nussbaum, *Hiding from Humanity: Disgust, Shame and the Law*, Princeton: Princeton University Press, 2004.

③ J. A. Deonna and F. Teroni, "Is Shame a Social Emotion?", in A. Konzelman-Ziv, K. Lehrer, and H. B. Schmid (eds.), *Self-Evaluation: Affective and Social Grounds of Intentionality*, Dordrecht: Springer, 2011, pp. 193-212; J. A. Deonna, R. Rodogno, and F. Teroni, *In Defense of Shame*, New York: Oxford University Press, 2001.

④ C. D. Schneider, "A Mature Sense of Shame", in D. L. Nathanson (ed.), *The Many Faces of Shame*, New York: Guilford Press, 1987, pp. 194-213.

⑤ J. P. Tangney and R. L. Dearing, *Shame and Guilt*, New York: Guilford Press, 2002, p. 3.

含着对亲密界限的敏感和尊重——和羞的掩饰性形式——更多地与保持社会声誉有关。[1] 为了例证说明当施特劳斯说到羞的保护性形式时究竟是什么意思，想象一下这样的情形，在这一情形中你因为使关于你生活的隐秘的细节被公开地揭露出来而感到羞。即使观众并没有批评性的反应，而仅仅是因为揭露本身，你甚至也会为此感到羞。波尔诺夫（Bollnow）讨论了同样的现象，他把羞与保护我们最私人的和最隐秘的核心免受由公众的窥探而引起的侵犯联系起来。[2]

对舍勒而言，他不仅认为在某些情况中羞感可以是令人愉悦的，而且更重要的，他在伦理价值上考虑对羞的敏感以及羞的能力，并将其与良心的出现相连——就如他指出的，"创世记"中明确地把羞与对善恶的知识联系起来并不是巧合。[3] 舍勒的第一点，关于羞的愉悦性，与他提出的一个特性联系起来，这个特性与施特劳斯提出的一个特性相符。舍勒区分了预料性的、保护性的脸红的处女的羞——根据他的观点，这被描述为一种可爱的温暖——与痛苦的懊悔性的羞（Schamreue）的体验——一种向后看的、充满了彻骨的苦涩和自憎的灼烧的羞。[4] 就第二点而言，舍勒强调当我们对某物感到羞的时候，羞的反应必须根据规范的约束被考察，这种约束先于某人对其感到羞的情况。[5] 羞感的出现正是因为人们持续认同的价值与实际情况之间的矛盾。实际上，羞感焦虑（shame anxiety），对羞的情况的害怕，会被当作是尊严的保护者。它使我们提防会使我们（和他人）处于令人羞

---

[1] E. W. Straus, "Shame as a Historiological Problem", in *Phenomenological Psychology: The Selected Papers of Erwin W. Straus*, New York: Basic Books, 1966 (1933), pp. 220.

[2] O. F. Bollnow, *Die Ehrfurcht: Wesen und Wandel der Tugenden*, Würzburg: Königshausen and Neumann, 2009 (1947), pp. 67, 91.

[3] M. Scheler, "Über Scham und Schamgefühl", in *Schriften aus dem Nachlass*, vol. 1, *Zur Ethik und Erkenntnislehre*, Bern: Francke Verlag, 1957 (1913), S. 142.

[4] M. Scheler, "Über Scham und Schamgefühl", S. 140.

[5] M. Scheler, "Über Scham und Schamgefühl", S. 100.

（shaming）的情形的不庄重的行为。① 就像柏拉图在《法律篇》（Laws）中指出的，羞会阻止或禁止一个人做出丢脸的行为。② 实际上，恰恰是无羞感（shamelessness）的概念表明有羞感是一种德性，而它的缺乏是一种无能的品质。与其说羞是一种内在的虚弱，不如说，简言之，羞在道德的发展中也发挥着积极的作用，不仅因为它可以通过促进社会的一致性为社会化提供帮助，而且因为它可以中断我的自满、改变我的自我理解，以及长久地刺激我重新调整我的生活方式。③ 此外，舍勒认为，羞的出现证明了某种自我尊重和自尊的出现；只因人们期待他自身的价值，这种期待才可能落空并产生羞。④

舍勒会同意羞是一种本质的包含自我的情感这种观点，但是他明确地拒绝这种主张：羞本质上是一种社会情感，这种情感必然包含着他人。毋宁说，舍勒认为，有一种羞的自我指向的（self-directed）形式，这种形式的羞就像在他人在场时人们感受到的羞一样基本，并认为羞的核心特征是它指出了在一方面高级的灵魂价值和另一方面我们的动物本性以及身体需要之间的冲突或矛盾。⑤ 这也是为什么舍勒声称羞是一种独特的人类情感，这种情感上帝和动物都不会具有。在他看来，这是一种基本的人类情感，一种具有**人类条件**（conditio humana）

---

① 下面的例子将会表明这一点。你在火车上，正在寻找卫生间。你找到它后就进去了，这时你发现一位可能忘记锁门的年轻妇女正在使用它。如果你有羞感，你不仅会立刻出来，而且会寻找另一个洗手间以使这位妇女免除当她出来又见到你时的不安体验。

② Plato, *Laws*, in E. Hamilton and H. Cairns (eds.), *The Collected Dialogues of Plato*, Princeton: Princeton University Press, 1961 (c.bce 348), p. 647a.

③ A. J. Steinbock, *Moral Emotions: Reclaiming the Evidence of the Heart*, Evanston, Ill.: Northwestern University Press, 2014. 即使羞感焦虑在社会化进程中可以发挥作用，很明显，它也可以通过扼杀主动性而变得虚弱：如果我不做任何事情，我就不会冒着潜在的令人感到羞的暴露的风险。类似的，在一些受到性侵犯的孩子感觉到的所谓的"有毒的羞"（toxic shame）中也很难看到任何积极因素。

④ M. Scheler, "Über Scham und Schamgefühl", S. 141. 同样可参见 G. Taylor, *Pride, Shame, and Guilt: Emotions of Self-Assessment*, Oxford: Clarendon Press, 1985; M. C. Nussbaum, *Hiding from Humanity: Disgust, Shame and the Law*。

⑤ M. Scheler, "Über Scham und Schamgefühl", S. 68, 78.

特征的情感。① 近来，Nussbaum 跟随这种观点，提出羞在我们意识到在一个独特的社会价值体系中什么是规范的之前就出现了，以及它最主要地涉及在一方面我们的抱负和理想与另一方面我们觉知到我们的限度和无能为力之间的张力。羞是对我们的虚弱、我们的缺点以及我们的不完美的无遮蔽和显露的情感反应②，显然，尽管社会上有通过教授什么是羞的合适场合的不同观点而不同地形成羞的体验的空间，羞仍然先于对社会规则的任何特殊的学习③。

这一点几乎不是不重要的：羞常常与赤裸联系起来，而且"羞"这个词的词源可以追溯至古高地德语词语 scama 以及追溯至前德语中的 skem，其含义是"覆盖"(to cover)。类似地，希腊语中表示"生殖器"(genitalia) 的词语 aidoia，与希腊语中其中一个表示羞的词语 aidos 相联系。④ 人们可能会补充道：德语中表示羞的词语 Scham，也指称生殖器，就像丹麦语中表示阴唇的词语 skamlœber，其字面意思是"羞之唇"(lips of shame)。根据舍勒，为什么传统上赤裸与羞联系，为什么我们要把我们的性器官遮蔽起来的一个原因，就恰恰是因为它们是动物性、必死性和匮乏性的象征。⑤ 想一下在对人们身体功能失去控制时，就像无法控制疾病和衰老时，如何被感觉为是让人感到羞的（shameful），就像觉察到在排便的时候被看到会引起羞一样。如同萨特之后论证的，对在赤裸的状态下被撞见感到害怕就是一种原初羞的象征性表现。身体象征着我们作为客体的无保护状态。穿上衣服就是尝试隐藏人们的客体状态；是要求不被看见而可以去看的权利，即作

---

① M. Scheler, "Über Scham und Schamgefühl", S. 67, 91.
② M. C. Nussbaum, *Hiding from Humanity: Disgust, Shame and the Law*, p. 173.
③ M. C. Nussbaum, *Hiding from Humanity: Disgust, Shame and the Law*, pp. 173, 185.
④ M. C. Nussbaum, *Hiding from Humanity: Disgust, Shame and the Law*, p. 182. 同样可参见 D. Konstan, "Shame in Ancient Greece", *Social Research* 70/4, 2003, pp. 1031–1060。
⑤ M. Scheler, "Über Scham und Schamgefühl", S. 75.

为一个纯粹主体的权利。①

三、对他人的考虑

此时,我们需要更清楚地弄明白他人扮演着什么样的角色。声称羞只出现在这一情形中:关于人们自己暴露在他人面前这样一个丢脸的事实,是难以令人信服的。当独自一人时人们也一定可以感到羞;即羞不需要一个实在的观众或听众。即使人们能够确定某件事将永远是一个秘密,人们还是会为其感到羞。但这是否意味着对他人的指涉是不必要的呢,并且对羞的解释可以无需社会的维度?我们还是不要这么草率。让我们看一下一些所谓的非社会的羞的情况:

(1)你有一个先天的面部缺陷,当你照镜子看到自己的时候,你感到羞。

(2)你做了某件你认为你本来不应该做的事情(或者没做到你认为你本来应该做的事情)。在这种情况下,事后你可能确实感到羞。你可能对这个特定的行为感到内疚,但是你也可能仅仅为成为一个本来能够做(或者没做到)这件事的人而感到羞。

(3)当与你过去之所是相比时,你为你变成了现在之所是而感到羞;即你为你辜负了你的能力而感到羞,为辜负了你的潜能而感到羞。

(4)你下定决心再也不碰酒。然而,在软弱的那一瞬,你纵容了你的欲望,又开始纵情喝酒,结果你失去了知觉。当你从你的昏迷中清醒过来时,你为你缺少自我控制而感到羞,为你屈服

---

① J. -P. Sartre, *Being and Nothingness: An Essay in Phenomenological Ontology*, H. E. Barnes (trans.), p. 312.

于你认为的卑鄙天性而感到羞。

（5）你和一群同龄人在一起。他们开始讨论一个政治问题，很快一个你非常不同意的种族主义的共识产生了。然而，为了不被嘲弄或排斥，羞感焦虑阻止你表达你的异议。然而，之后，你为你的懦弱态度感到深深的羞。

无疑，这些例子表明羞感不需要一个实在的观察者在场。无论如何，这些几乎不是萨特会否定的。只需看一下他的关于窥淫狂的著名例子：这个人正在通过钥匙孔进行窥探，突然听到在他后面有一阵脚步声。当一阵羞愧扫过他的时候，他战栗了一下，但是，当他挺直身子向走廊看去时，他才意识到这是一场虚惊。根本没有人在那里。① 萨特对此的阐释不是羞毕竟还是我可以凭一己之力达成的情感，毋宁说，他认为羞的感觉向我指出了作为主体的他者（the other-as-subject），作为主体的他者即使在作为客体的他者不在场时仍然会出现。对这一分析的赞成和反对，要说的都有很多。② 目前，我只想强调萨特承认当人们独自一人时也会感到羞。但就像伯纳德·威廉姆斯（Bernard Williams）

---

① J. -P. Sartre, *Being and Nothingness: An Essay in Phenomenological Ontology*, H. E. Barnes (trans.), p. 301.

② 当萨特提出这一主张时："看"只是我原初的"为一他者一而在"的具体情况（J. -P. Sartre, *Being and Nothingness: An Essay in Phenomenological Ontology*, H. E. Barnes [trans.], p. 441），他者出现在任何地方，通过这我因此成为一个客体，这种与他者的基本关系是我对主体的他者的独特体验的可能的条件（这就是为什么与个别的他者的具体相遇被描述为我的基本的"为一他者一而在"的单纯体验的变异）(J. -P. Sartre, *Being and Nothingness: An Essay in Phenomenological Ontology*, H. E. Barnes [trans.], pp. 303-304），很难不责备他提出了一种他批评在海德格尔的**共在**（Mitsein）中存在的那种先验论（更多全面的讨论，参见 D. Zahavi, *Husserl und die transzendentale Intersubjektivität: Eine Antwort auf die sprachpragmatische Kritik*, Dordrecht: Kluwer Academic Publishers, 1996, pp. 114-117）。更一般地说，在萨特的交互主体性的分析中可以发现许多有价值的洞见，但其中也仍然有大量让人难以苟同之处。这包括萨特的对我们与他人相遇的过分消极的评价和描述。毕竟，对萨特而言，羞不只是在他人中的一种情感，而且还是最好的把握了和最基本的描述了我们与他者的关系的情感。

指出的，忽视想象中的他者的重要性是愚蠢的。① 在许多这种情形中：体验羞的主体都是身体上独自一人，没有他人在场，他或她已经内化了他人的视角；他或她把他人考虑在内。② 而且，羞的体验的独特性常常包括这样的信念：他人不会做那件事或成为那样。在一件没有人能取得成功的事情上失败了，在一件没有人期待你取得成功的事情上失败了，不太会导致羞。想象中的他者最终可能会不仅会扮演批评者的角色，而且还会成为一个对比点或比较点。想象一下，例如，第一个例子。当照镜子的时候，尽管这个感到羞的有缺陷的人是独自一人，但我认为一个合乎自然的解释是羞的体验与这一事实相连：这个人把这一缺陷当作是一种耻辱，当作是将他或她排除在正常性之外的东西。

然而，对这一系列推理的反驳可以在由 Gabriele Taylor 以及 Julien Deonna 和 Fabrice Teroni 写的各种文章中找到。在 Taylor 题为《骄傲、羞和内疚：自我评价的情感》(*Pride, Shame, and Guilt: Emotions of Self-Assessment*) 的书中，她首先争辩道，萨特对羞的解释太简单了，因为它只涉及有限的几个例子。③ 在某种程度上，我会赞同这一评价，因为我也认为萨特的解释本来可以从对所谓的情感的羞之家族的成员：羞、尴尬、耻辱等之间更加严谨的区分而获益。根据 Taylor，羞主要地与在行为者的视角中向他自己或她自己的转向相关——这个转向尤其引起了对这一相反的矛盾的认识：行动者迄今对他自己的假设和由一个更

---

① B. A. O. Williams, *Shame and Necessity*, Berkeley: University of California Press, 1993, p. 82. 就如威廉姆斯继续说的，内化的他者不需要是一个个别的个体，或某些重要社会群体的代表；毋宁说，他者也可能会在伦理术语中被确定。他可能会被理解为是一个我会尊重其反应的人。有人可能会说，如果他者在这样的术语中被确定，那么他就不再是一个他者。但是，就像威廉姆斯所说，这是一个错误的结论。尽管他者不必须是一个可确定的个体，他也仍然潜在地是某人而不是没有人，是某人而不是我。B. A. O. Williams, *Shame and Necessity*, p. 84.

② P. Rochat, *Others in Mind: Social Origins of Self-Consciousness*, Cambridge: Cambridge University Press, 2009.

③ G. Taylor, *Pride, Shame, and Guilt: Emotions of Self-Assessment*, Oxford: Clarendon Press, 1985, p. 59.

加分离的观察者提供的视角之间的矛盾。① 根据 Taylor，这一转向通常由认识到人们是或者能够是另一个人的注意力的客体引起。然而，与萨特相反，他人，对 Taylor 而言，只是这个转向发生的工具。尽管不利的判断——对 Taylor 而言，羞是一个相当复杂的自我意识类型，因为它相当于一种反思的自我评价②——是由一个人的立场从一个观察者的视角是或可能是如何被看待而引起的，但最终自我指向的判断不会涉及这样一种观点。最终的判断只涉及一个人自身。一个人被绝对地贬低，不是只与一个特定的观察者或观众有关。③ 对 Taylor 而言，这指出了在羞与尴尬之间的一个重要差异。在尴尬中，在给定情况里，其关注点在行动者向他人的显现上，在他留给他人的印象上。如果总是涉及一个人相对于他人的立场，那么尴尬就是一种比羞更加社会性的情感。但是，根据 Taylor，这也使它成为一种较少痛苦和震惊的体验。如果其关注点仅在于一个人在一个特定的情景中把自己呈献给一个特定的观众，那么尴尬就可以通过环境和情景的改变而得到缓解，然而羞涉及一种绝对的失败，一种对整个人的相反的判断，这是为什么通常甚至在引起羞的环境已经改变或者停止之后它仍然在继续。④

尽管在 Taylor 的分析过程中，她能够指出羞的例子，在这种例子中社会的维度较少清晰性，尽管她可以想出不容易与萨特的模式相配的反例——例如通过指涉一个因他当前的作品与他早期的创作特质不相配而感到羞的艺术家⑤——然而，这就其自身而言并没有表明萨特的解释没能把捉到羞的主要类型。实际上，我认为 Taylor 的模式中的问题是她犯了同萨特一样的错误，并且向我们提供了一个几乎没有特点

---

① G. Taylor, *Pride, Shame, and Guilt: Emotions of Self-Assessment*, p. 66.
② G. Taylor, *Pride, Shame, and Guilt: Emotions of Self-Assessment*, p. 67.
③ G. Taylor, *Pride, Shame, and Guilt: Emotions of Self-Assessment*, p. 68.
④ G. Taylor, *Pride, Shame, and Guilt: Emotions of Self-Assessment*, pp. 70-76.
⑤ G. Taylor, *Pride, Shame, and Guilt: Emotions of Self-Assessment*, p. 58.

的解释。

在我继续更加详细地兑现这一批评之前，首先再来看一下 Deonna 和 Teroni 的反驳。Deonna 和 Teroni 坚持认为我们应该仔细地区分社会情感相当于什么的不同定义。难道是这种主张吗：（1）羞的客体尤其是社会性的，它的客体要么是其他的某个人，要么是我们的社会地位，或者（2）包含在羞中的价值是通过与他人相接触获得的，或者（3）羞总是需要对我们采取一个外在的视角，或者（4）羞总是发生在一个社会情景中？Deonna 和 Teroni 基本上拒绝所有这些提议。在他们看来，声称当我们感到羞的时候总有一个实在的或想象的观众是相当不合理的；在他们看来，这也是不对的：声称羞总是与观察到的对我们的社会地位的威胁以及对我们的社会形象的维持相联系。[①] 尽管当涉及他们所说的"表层的羞"的时候，情况确实如此，但他们所说的"深层的羞"是某些我们感受到的、由于个人的过错而与他人的评价毫无关系的情感，例如，当我反思我自己道德上的令人反感的行为的时候[②]，情况的确如此。关于一个具体且极端例子，看一下 Hutchinson 讨论的情况。它与 Léopard 有关，他在卢旺达大屠杀中犯下暴行。若干年之后，Léopard 在监狱中接受采访，他讲述他如何感受到深深的羞愧（shame），尽管这受到他的同僚们的嘲笑和愚弄。[③] 实际上，把 Léopard 的羞愧（shame）解释为是他同僚们的消极评价的结果是牵强的。Deonna 和 Teroni 下一步承认包含在羞中的价值可能是在社会上获得的，但是他们认为这对于证明羞本质上是社会性的情感的主张几乎是不充足的，因为包含在其他的非社会性的情感中的价值的获得同样

[①] J. A. Deonna, and F. Teroni, "The Self of Shame", in M. Salmela and V. Mayer (eds.), *Emotions, Ethics, and Authenticity*, Amsterdam: John Benjamins, 2009, p. 39; J. A. Deonna, and F. Teroni, "Is Shame a Social Emotion?", pp. 193-212.

[②] J. A. Deonna, and F. Teroni, "Is Shame a Social Emotion?", p. 201.

[③] P. Hutchinson, *Shame and Philosophy: An Investigation in the Philosophy of Emotions and Ethics*, Basingstoke: Palgrave Macmillan, 2008, pp. 141-143.

是社会性的。① 最后，Deonna 和 Teroni 接过视角改变的问题。他们写道，对一个人完全沉浸于其中的事物感到羞是不可能的。在那种意义上，羞不包含一个评价者的批评视角。但是他们否认评价者必须是另一个人，或在视角中的转换必须受到他人的刺激。毋宁说，在此他们与刘易斯的看法相当接近，视角的转换，只不过是一个从非反思的行为者向反思的评价者的转换。②

他们积极的提议是什么呢？在他们看来，羞包含着一个朝向一个人自身的消极评价的立场。它受到意识到这一冲突的刺激：在一个人完全服从的价值与一种由一个人所感到羞之物列举出的［无］价值（[dis]value）之间的冲突。③ 因此他们提出了下面这个对羞的定义：

> 羞是主体意识到他或她的行为方式与他在意的要去例证的价值之间是如此不一致，以至于这似乎取消了他对价值的恪守，也就是说，他觉察到他自己即使在最小程度上也没能力例证这一价值。④

更具体地说，他们认为只有下面三个条件得到满足时主体才会感到羞：

> [1] 她把她自己的一个特点或一个行为当成是自我相关的价值的极端反面的例子。[2] 她把这理解为表明了一种与对这种特殊价值的需求相关的独特的无能。[3] 这种无能在这个意义上是独特的：它在于即使在最小程度上例示这种价值的无能。⑤

---

① J. A. Deonna and F. Teroni, "Is Shame a Social Emotion?", p. 195.
② J. A. Deonna and F. Teroni, "Is Shame a Social Emotion?", p. 203.
③ J. A. Deonna and F. Teroni, "Is Shame a Social Emotion?", p. 203.
④ J. A. Deonna and F. Teroni, "The Self of Shame", p. 46.
⑤ J. A. Deonna, R. Rodogno, and F. Teroni, *In Defense of Shame*, New York: Oxford University Press, 2011, p. 103.

我们应该如何评价这些各种各样的反驳以及非社会性的定义呢？一个主要的考虑在于由 Deonna 和 Teroni 提供的定义——这种定义基本上以"羞"的高度详尽的、自我指向的判断形式为目标——似乎认知性的需求太强以至于它不仅会排除前反思性的羞，而且会排除婴儿期的羞。另一个担心是：与其说羞相关于一个人例示自我相关的价值的失败，不如说羞相关于对自我相关的缺点的例示；即引起羞的不是与理想中的自我有距离，而是与不希望的那个自我离得太近了。[1]

Taylor 和 Deonna 以及 Teroni 都非常在意想出一个覆盖所有可能情形的羞的定义。当然，在某种程度上，这是一种完全值得尊重的努力，但是这样的关注也是在冒险向我们呈现一幅太没有区分的情感图画。它会提供给我们一个使我们对其重要的区分充耳不闻的定义。我不相信每个人都会否认羞是一种多面的现象，因为就像我们已经看到的那样，有人会走得更远，并坚持对不同的不可还原的羞的形式做出区分的需要。提几个近便的候选项，如有人会区分丢脸性的羞和审慎性的羞，隐藏性的羞与保护性的羞，自然性的羞与道德性的羞，羡慕性的羞与嫉妒性的羞，或者身体性的羞与心理性的羞。[2] 而且，我们不应该忘记羞属于相互关联的情感家族。想出几个界限变得模糊的例子并不困难。同样的事件可以被不同的人感觉为耻辱的、令人感到羞的

---

[1] J. Lindsay-Hartz, J. de Rivera, and M. F. Mascolo, "Differentiating Guilt and Shame and their Effects on Motivations", in J. P. Tangney and K. W. Fischer (eds.), *Self-Conscious Emotions: The Psychology of Shame, Guilt, Embarrassment and Pride*, New York: Guilford Press, 1995, p. 277; P. Gilbert, "What Is Shame? Some Core Issues and Controversies", in P. Gilbert and B. Andrews (eds.), *Shame: Interpersonal Behavior, Psychopathology, and Culture*, New York: Oxford University Press, 1998, p. 19.

[2] 参见 D. P. Ausubel, "Relationships between Shame and Guilt in the Socializing Process", *Psychological Review*, 62/5, 1955, p. 382; O. F. Bollnow, *Die Ehrfurcht: Wesen und Wandel der Tugenden*, Würzburg: Königshausen and Neumann, 2009 (1947), pp. 55-57; R. H. Smith, J. M. Webster, W. G. Parrott, and H. L. Eyre, "The Role of Public Exposure in Moral and Nonmoral Shame and Guilt", *Journal of Personality and Social Psychology*, 83/1, 2002, p. 157; P. Gilbert, "Evolution, Social Roles, and the Differences in Shame and Guilt", *Social Research*, 70/4, 2003, p. 1215; J. Rawls, *A Theory of Justice*, Oxford: Clarendon Press, 1972, p. 444。

或者令人尴尬的,这一事实并没有使事情变得更容易。最终,我认为当 Susan Miller 做出这一主张时,她是相当正确的:由于像羞和尴尬这类概念被应用到体验上,并不像门或桌子这样的概念被用到客体上那样毫不费劲,所以可能最好还是不要假设对羞的研究就是对一个绝对清楚的、界限分明的体验范畴的研究。①

鉴于这一情形,我愿控制住自己不为"羞"提供一个清楚的定义——这个定义详细说明了它的必要且充足的特征,这是一个大胆但也可能太过于有雄心的工作。在下面我的目标将更加谦逊一点。与其尝试去反驳没有"羞的非社会性类型",我主要的观点是存在着其他类型的、可能更加原型性(prototypical)的羞的形式,这种形式在非社会性的条件下不能被恰当地理解,因此,给出一个对羞的非社会性定义的尝试注定会错失一些非常重要的东西。首先看一下——且接下来我的主要焦点将放在使人感到丢脸的羞(digrace shame)上——下面这五种情形:

(1)当你在写最近的一篇文章时,你广泛使用了一位鲜为人知、最近刚亡故的学者的一篇文章中的一些段落。当你的文章发表后,你参加一个公开会议,在那里你突然被指控剽窃,你断然否定了它,但是这个指控者,你所在部分的报复者,给出了无争议的证据。

(2)当你在高中的聚会上穿着过时地出现时,你遭到了你新班级同学的鄙视。

(3)你申请一个职位并且已经向你的朋友们吹嘘你一定会得到那个职位,但是工作面试结束后,在你朋友们的陪同下,选派委员会通知你说你完全没有得到这份工作的资格。

---

① S. Miller, *The Shame Experience*, London: Analytic Press, 1985, p. 28.

（4）你和你任性的五岁女儿在争吵，最后你失去了耐心扇了她一巴掌。你立刻感到了内疚，但是之后你突然发现幼儿园的园长已经看见了整个场面。

（5）你开始了一段新的浪漫关系。不久，在亲密接触的时候，你显示出你的性癖好。你的这一表现遭到了你另一半难以置信的目光。①

如果我们想象一下这五种情形，如果我们承认它们可能在某些人那里产生羞的体验（而不是，例如，尴尬），那么声称具体的他人对这种情绪而言是相当偶然的——至多只是它出现的一个引发点——在私密环境下同样的羞的体验也可能发生，这怎么会是合理的呢？我认为这样的建议根本不合理。②我并没有否定我们可以处在我们自己的判断中并因此感到羞，但是我认为这种后悔的、自我反思的羞，伴随着自我失望、自我痛苦或者甚至自我厌恶，与在他人在场时人们可以体验到的压倒性的羞的感觉相比，有某种不同的意向性结构和现象性。③在后一种情形

---

① 就如 Nussbaum 指出的，我们与他人越亲密，我们越多地暴露自己，我们也就越易于变得害羞（shame）。M. C. Nussbaum, *Hiding from Humanity: Disgust, Shame and the Law*, Princeton: Princeton University Press, 2004, p. 216.

② 显然，同样的情况也适用于代偿性的（vicarious）羞。值得注意的是，《牛津英语词典》在定义羞的时候尤其包括了对这些情形的指涉：在这些情形中，羞产生于对那些人的行为中——那些人的行为是指：某人把这些人的荣耀或耻辱看作是某人自己的——不光彩的、可笑的或不雅的事情的意识。

③ 在一项有趣的研究中，Smith 及其同事们让几个参与者阅读对可能发生在像他们自己那样的人身上的事件的假设性解释。他们被告知想象一下，这个解释中的主要人物将会想些什么以及会有什么感觉。读完这些解释之后，参与者被测试去衡量他们对这个人的体验的感觉。在一个测试中，不同的解释都包含一个违反了道德的主要人物，故事根据三个情境而变化（私密的，或者隐含的或明确的公开暴露）。在第一个情境中，违反行为发生在私密情况下。在第二个情境中，违反者或者看到或者被提醒有人不支持这一违反行为。在最后一种情境中，违反行为现实地为人目击。该发现明确地表明，与私密情境相比，明确的公开暴露加剧了羞的体验。如果违反行为包含着对个人标准的侵犯，在隐含的暴露情境中羞的感觉也会明显地比在私密的情境中强。R. H. Smith, J. M. Webster, W. G. Parrott, and H. L. Eyre, "The Role of Public Exposure in Moral and Nonmoral Shame and Guilt", pp. 138-159.

中,有一种加强了的暴露感和脆弱感,以及伴随着一种想要躲藏和消失,变得不可见,钻进地下的愿望。也存在着一个典型的焦点的缩小。当处于这种羞的情况下时,你不能够仔细地注意到在这个环境中的一些细节。毋宁说,世界在向后退而自我被揭露地突显出来。在萨特自己的解释中,他强调他者的看的方式中断了我对环境的控制。① 与其说只是纯粹地身体地存在,与其说只是沉浸在我的各种计划中,自信地与我周围的环境相互作用,毋宁说,我痛苦地意识到我的身体上的真实性和暴露性。事实上,强烈的羞的体验可能会产生某种类似于身体瘫痪的现象。羞的行为上的表现——消沉的姿势,低头的运动和回避注视,遮脸——也强调了情感的向心性(centripetality)。羞的体验是一种对自我的体验,但它是一种强加于我们的体验。无论愿意与否,我们都处在聚光灯下。它是那样一种压倒我们,并首先几乎不能避免、逃避或控制的情感。就像尼采在《朝霞》(*Morgenröte*)中说的:

> 当一个人突然为羞所压倒时,"我是世界的中心!"的感觉十分强烈地产生出来;这个人站在那里,好像迷茫地站在大海中间,感到好像被一只其目光射向我们、从四面八方穿透我们的巨眼弄得头晕目眩。②

这种羞也中断了正常的时间流动。尽管后悔性的自我反思的羞是内省的和指向过去的(past-oriented),尽管羞感焦虑——它在任何情况下都可能更是一种沉淀(disposition)而非当前的感觉——大体上是预

---

① J. -P. Sartre, *Being and Nothingness: An Essay in Phenomenological Ontology*, H. E. Barnes (trans.), p. 289.

② F. W. Nietzsche, *Daybreak: Thoughts on the Prejudices of Morality*, Cambridge: Cambridge University Press, 1997 (1881), p. 166.

期性的和未来指向的（future-oriented），但是我现在关注的、对羞的人际交互性的体验可能最好用"凝固的现在"这个术语来描述。① 未来失去了，主体被固定在了现在这一瞬。就像萨特所写的，在羞中，我体验到我自己如同陷入了真实性（facticity）中，如同无可救药地是我之所是（而不是有着未来的可能性的某个人，一个可以成为另一个样子的人），如同毫无防备地被一束绝对的光照亮（没有保护的隐私）。② 尽管"内疚"主要地集中在对他人的消极影响，包括没有做这个行为的愿望，并且可能会受到弥补的行为的促动，然而剧烈的人际交互性的羞感却没有为探索补偿性的未来之可能性留下空间。

就像已经提到的，Taylor 认为羞（与尴尬相对比）包含一种绝对的出丑的感觉，不仅是因为它与一个特定的观察者或观众有关。尽管人们在特定的他人面前可能会感到尴尬，即尽管尴尬可能会与特定的他人有关，并且人们可能会为这一尴尬寻求安慰，甚至与朋友、同盟一起对其开玩笑，然而羞的体验却是不同的。不仅很难对"羞"进行交流③，而且我们也没有（为了获得他人的同情和安慰）让他人进入其中的倾向。而且，尽管羞可以通过我们与一个特定的他者的相遇而被引发，我们也并不只在他或她面前感到羞。我们与每一个人的关系都是受到影响的。在那种程度上，羞比尴尬更是一种孤立性的体验。然而，与其把这看作是他人没有扮演重要角色（这是 Taylor 的阐释）的证据，我认为这一主张可能更合理：羞，与其说只包含一种总体的自尊和自我尊重的降低，不如说它本质上也通过这种方式——它普遍地影响并改变了我们与他人的关系和与他人的联系——被描述。此外，

---

① G. Karlsson and L. G. Sjöberg, "The Experiences of Guilt and Shame: A Phenomenological–Psychological Study", *Human Studies* 32/3, 2009, p. 353.

② J.-P. Sartre, *Being and Nothingness: An Essay in Phenomenological Ontology*, H. E. Barnes (trans.), pp. 286, 312.

③ 根据其临床经验，Miller 描述了试图谈论羞的人的言辞起先作为一种挣扎——这种挣扎发生在揭示的欲望和掩藏的欲望之间——是如何变得碎片化的。

就像我们将会看到的那样,他人可能在情感的发展中扮演着关键角色。

四、标准及评价

在萨特的分析中,他强调了注视的作用。然而,看的本质可以极大地相异。就像萨特指出的,窥淫狂的看与恋人之间的秋波暗送之间的差异,就像医学的触诊不同于温柔的爱抚。[1] 因此,萨特的分析可以被批评为有点太片面化了。然而,更重要的,差不仅可以被他人的看引发,而且也可以被他们的故意的忽视引发。在 Axel Honneth 的"不可见性"(invisibility)的有趣研究中,他讨论了故意不知觉(non-perception)的各种不同的行为序列:

> 在一场聚会上忘记向一个熟人打招呼显示出来的无害的不注意(inattention),相比于清洁女工——他忽视她因为她的社会上的无意义——对屋子的主人的无心的忽视,黑人自始至终受到的公开表明的视而不见只能被理解为耻辱的标记。[2]

Honneth 指出,对婴儿期的研究表明:一系列成年人的面部表情,比如爱怜的微笑、张开的手、亲切的点头,这些都让一个孩子知道他是关注和奉献的接受者,他接着认为,孩子,通过成为这种前语言的面部表情的接受者,变得在社会上可见了。相反,故意的不知觉,使一个人成为社会上不可见的,就是否定了对这个人的承认。[3] 我们因为被他人忽视或忽略而能够感到羞表明:在羞与需要这种承认和认识到这

---

[1] E. W. Straus, "Shame as a Historiological Problem", p. 219.

[2] A. Honneth, "Invisibility: On the Epistemology of 'Recognition'", *Proceedings of the Aristotelian Society*, Supplementary Volumes 75/1, 2001, p. 112.

[3] 参见 A. Honneth, "Invisibility: On the Epistemology of 'Recognition'", 2001, pp. 111-119。

种承认的缺失之间有重要联系。在最近精神分析的理论证明中，已经提出羞是对赞同性交流的缺失的反应。① 若如此，那么正是把羞放在了我们的人际交互性生活的核心中。尽管尴尬典型地包含着一种不被需要和不受欢迎的注意，而羞更多的与这样的社会承认的缺失有关。就如 Velleman 所说，尽管"尴尬的主体感觉到他丑态百出，然而羞的主体却感到丢脸——其差异恰恰在于显示（presenting）一个嘲弄的目标与根本没有显示（presenting）一个社会互动的目标"②。尽管他人的嘲笑可以引起尴尬，尽管他们的愤怒或愤慨可以引起内疚，然而他们的轻蔑和拒绝却更可能为羞提供了条件——至少只要我们尊重这些人并且意欲他们回以尊重。

亚里士多德在《修辞学》（Rhetoric）指出，我们在其面前感到羞的人是那些他们的看法对我们而言重要的人。③ 实际上，观众的身份是不相关的这种情况很少。把人们的错误暴露于所爱的人面前，这非常不同于把它们暴露于这样一个人面前，在这个人的在场中人们不会感到安全或被爱。不仅是否目击者是一个亲密的家庭成员——这个人是我们社会网络中的一部分——还是一个完全的陌生人（尤其是如果这个人也不知道我们是谁）是有关系的，而且层级和社会地位也发挥着作用。公开的低水平行为，如果被一个社会地位比你低得多的人注意到，会被体验为更令人羞的。例如，对比一下一位钢琴家在单独地演奏一段曲子的时候犯了一个错误的情形与另一情形——在这种情形中，他在作曲家出席的公开演奏会上犯了一个错误。然而，就像 Hilge

---

① P. Ikonen and E. Rechardt, "The Origin of Shame and its Vicissitudes", *Scandinavian Psychoanalytic Review* 16/2, 1993, p. 100. 鉴于这样的提议，一些精神分析家会把婴儿对静止的脸的实验的反应阐释为一种原初的羞之回应，这就不应该让人觉得惊讶。参见 D. L. Nathanson, "A Timetable for Shame", in D. L. Nathanson (ed.), *The Many Faces of Shame*, New York: Guilford Press, 1987, p. 22; F. J. Broucek, *Shame and the Self*, New York: Guilford Press, 1991, p. 31。

② J. D. Velleman, "The Genesis of Shame", *Philosophy and Public Affairs* 30/1, 2001, p. 49.

③ Aristotle [c. 340 bce], *Rhetoric*, in *The Complete Works of Aristotle* II, J. Barnes (ed.), Princeton: Princeton University Press, 1984, 1384a25.

Landweer 观察到的，目击者的地位和权威都影响着羞之体验的强烈程度。如果目击者期待并重视你的能力，如果她足够有资格注意到你的不足，那么即使她的能力不如你，比你的社会地位低，她的出现也会改变羞的特性以及强度。①

如我们所知道的，萨特认为羞首先是某人自己在他者面前感到羞，而这包含了对他者的评价的接受。② 对蕴含的接受的强调与 Karlsson 和 Sjöberg 的观察相匹配，即，在羞中揭示的东西，尽管非常地不受人欢迎，然而却被体验为关于一个人自己的实情的揭示。③

然而，这样的主张受到各种作者的争论，这些作者与已经强调的羞的**他律的**（*heteronomous*）特性形成对比。例如，John Deigh 认为我们必须"承认在回应另一个人的批评或者嘲弄——在其中，主体没有接受他人对他们的判断，因此没有做出任何同样的对他们自己的判断——的时候所感受到的羞"④。Cheshire Calhoun 甚至说过即使当人们不同意他们的道德批评，在那些人们与他们分有同样的道德实践的人面前感到羞是一种道德成熟的标记。⑤ 按照这种方式做出辩论，Calhoun 批评有这些主张的人："陈述的行动者只会**在他们自己的眼中**才会感到羞，并且只会为达不到他们自主地（*autonomously*）设定的标准而感到羞。"⑥

这点并不明显：对**自主的**（*autonomous*）和**他律的**（*heteronomous*）

---

① H. Landweer, *Scham und Macht: Phänomenologische Untersuchungen zur Sozialität eines Gefühls*, Tübingen: Mohr Siebeck, 1999, p. 94.

② J. -P. Sartre, *Being and Nothingness: An Essay in Phenomenological Ontology*, H. E. Barnes (trans.), pp. 246, 287.

③ G. Karlsson and L. G. Sjöberg, "The Experiences of Guilt and Shame: A Phenomenological-Psychological Study", p. 350.

④ J. Deigh, "Shame and Self-Esteem: A Critique", *Ethics* 93/2, 1983, p.233. 参见 R. Wollheim, *On the Emotions*, New Haven: Yale University Press, 1999, p. 152.

⑤ C. Calhoun, "An Apology for Moral Shame", p. 129.

⑥ C. Calhoun, "An Apology for Moral Shame", p. 129.

这些概念做这样的使用确实清楚。当站在萨特一侧，当认为只有在人们接受了所涉及的评价时才会感到羞的时候，显然，我并没有表明当没有达到他们自主地设定的标准时，人们才会感到羞。相关问题不在于标准是否是在完全独立于他人而被设定的意义上自主地被设定的（引用 Walsh，"假设人类完全孤立于他的同伴而行动，或者认为他们把纯洁的思想带给了他们的行为，这种思想绝不具有他们与其他人相联系的印记，这是幼稚的"[①]），而在于不考虑它们的起源，羞感是否涉及对这些标准的认同。简言之，真正的分歧点不在于是否他人把某种外在标准施加给主体——这几乎不会受到任何人的争议——而在于为了感到羞，这个主体是否需要认可这一评价。现在，Calhoun 进一步争论道：任何一个对策，"把羞的能力植根在行为者对感到羞之人的评价的认可上，在把握羞的独特的社会性特性上都会有麻烦"[②]，因为它最终把"我们在其面前感到羞的他者"还原到了"我们自己的镜像"上[③]。但是为什么我们应该接受这个推理呢？难道对他者的评价的内化不会包含对一个新标准的接受吗？若如此，这就几乎不是一个使他人成为一个人自己的镜像的问题。

然而，我们需要更加仔细地在他人的评价和底层的价值之间做出区分。考虑下面这个例子：当你救了一个溺水的女孩之后，给她做了人工呼吸，而路人却谴责你占了这个女孩的便宜。因为你有清楚的良知，你不接受这个评价，但是你确实分享这一潜在的价值：对一个毫无防御能力的女孩进行性利用是错的。根据 Castelfranchi 和 Poggi，在这种情况下你在他人的眼里会感到羞，而在自己面前则不会。[④] 这个建

[①] W. H. Walsh, "Pride, Shame and Responsibility", *Philosophical Quarterly* 20/78, 1970, p. 8.
[②] C. Calhoun, "An Apology for Moral Shame", p. 135.
[③] C. Calhoun, "An Apology for Moral Shame", p. 129.
[④] C. Castelfranchi and I. Poggi, "Blushing as a Discourse: Was Darwin Wrong?", in W. R. Crozier (ed.), *Shyness and Embarrassment: Perspectives from Social Psychology*, Cambridge: Cambridge University Press, 1990, p. 238.

议令人信服吗？人们在他人眼里时会感到羞而在自己面前则不会，谈论这种羞的情形真的有意义吗？显然，当他人可能认为一个人应该感到羞的时候这个人不感到羞，这是可能的，但那不是 Castelfranchi 和 Poggi 所想的。毋宁说，再说一次，他们认为人们不用在他们自己眼里感到羞也可能会感到羞。我对这种提议有点怀疑。我认为把这个例子阐释为一个包含尴尬而不是羞的例子，会更准确一点。

为什么？首先是因为我认为羞，与尴尬相对照，包含着一种有缺陷的自我的感觉，并且与总体上的自尊的贬低相连，我认为所讨论的情形——在其中，人们没有分享他人的评价，且知道那评价是错误的——不能为这样一种贬低提供条件。另一个原因是，就像 Bollnow 已观察到的，尴尬与面对他人的不确定性有关，这就是为什么当你独自一人的时候不会感到尴尬。重要的是，这种不确定性，这种尴尬的感觉，是某种典型的你将其感觉为一个恼人的阻碍，一种你希望你可以将它挤向一边并忘记的东西。羞，相反，是不同的。尽管它令人痛苦，但它不会被感觉为是一个令人恼怒的限制，而是某种必须被遵守和被尊重的东西。① 我怀疑 Castelfranchi 和 Poggi 描述的情形能够为这种感觉提供条件。

也许会有人反对这一评价，并坚持认为这个情形事实上可以引发羞。我同意在某些情况下它的确可以，但即使如此，也不能支持 Castelfranchi 和 Poggi 的阐释，因为羞感仍然会以接受他人的评价为条件。这种情况如何可能？好吧，在你试图使那个女孩复苏的时候你被她的美丽击中，感觉被她吸引了，甚至有过一个一闪而过的念头：她的嘴唇很撩人。如果是这样，会怎么样呢？如果情况果真如此，我认为，当受到路人的谴责的时候，这个人很可能会感到羞。在这个人的

---

① O. F. Bollnow, *Die Ehrfurcht: Wesen und Wandel der Tugenden*, Würzburg: Königshausen and Neumann, 2009 (1947), S. 66, 69.

心里会散播下这样的怀疑：可能终归还是涉及一种不正当的激起情欲的因素？为了使这个情形符合这个阐释，考虑一下对这个故事做一点稍微的改版。为了救下这位妇女，你必须要冒生命危险，因为你是一个非常糟糕的游泳者。当挣扎着把她带入安全地带，并开始试图使她复苏之后，路人谴责你试图利用这个情形玷污她的清白。在这种情况下，这个谴责如此牵强以至于根本不可能被这个被谴责者接受，因此，断言它会引起羞，我认为这是不合理的。甚至正相反，更可能的反应是强烈的愤慨。

对比下面这个例子再想一下。在某些城市，女性被期望戴面纱；没有这样做将会遭到严厉的指责。我认为这样的指责不太可能会引起这样一个女性的羞：她完全是非宗教的，并且根本不会尊敬进行指责的他人。但是如果她确实尊敬他们会怎么样呢；如果他们的承认对她确实很重要，会怎么样呢？难道之后当她面对他们的指责时不会感到羞吗，这不会支持 Calhoun 的看法吗？我不确定它会。与其把这样的情形看作是即使人们拒绝了相关的标准并且不同意这个评价时仍然感到羞的证据，我认为，毋宁是，为什么这个女性会感到羞的一个更可能的解释是，因为她意识到她引起了她所尊敬的那些人的不悦，她意识到她确实接受了部分评价。

但是有人可能会继续坚持，难道没有这样一种情形吗，在其中，即使人们拒绝了相关的标准，不同意那些评价，并且还鄙视那个评价者，人们还是可能感到羞？想一下羞与耻辱（humiliation）之间的关系。耻辱常常包含一种暂时的地位的改变——人们被放在一个更低的或有失体面的位置——而不是一个更加持久的身份的改变。而且，它的产生一般不是因为你自己做了什么，而是因为其他人对你做了什么的时候。在那种情况下，常常需要另一个行动者，一个力量在你之上的人。让某人感到耻辱就是对那个人主张并施加一种特殊的阴险的控制形式，因为这个人试图控制这个人的自尊和自我评价。事实上，这是要点，被侮辱的这个人由于其受辱地位而可能常常难以保持他的身份不被玷污。他会感到被玷污并且承担着一种不情愿的身份，甚至可能开始责备他自己并且感到要为这一地位负责。在这种情况下，也会有羞伴随。① 我认为，这可能是为什么受到性侵犯的人会感到羞的部分原因，尽管她们明显地是受害者而不是作恶者。② 然而，在某些情形下，耻辱和羞可以分开出现。在一些文化中，被地位稍低一点的人平等地对待可能会令人感到耻辱，但是尽管你会因为这感到耻辱，它也不涉及你接受了这一评价。这不会导致总体的自尊的贬低，我把这种贬低当作是羞的必要特征。对一个这种类型的文学例子，想一下马克·吐温（Mark Twain）关于王子和乞丐的故事。当爱德华王子取代了乞丐汤姆的位置，他显然一次又一次地面对着他的自我评价与他被他人观察的方式之间的冲突。尽管他人评价他的方式远比他的自我评价更消极和有辱人格，但这一张力却不会引起羞。为什么不会？因为爱德华的自我评价绝不会被他人观察他的方式所威胁和破坏。他们也许会把他当乞丐看，但是他知道他有着王室血统。只有爱德华接受了他人的评价，他才会体验到羞。人们相信（当然，在某些情况下是非常错误的）他们的羞是应得的，是合理的，然而他们也必然不相信他们应得他们的耻辱。这就是为什么耻辱常常包含对造成伤害的和不公平的他者的关注，以及为什么它会伴随着复仇的欲望。③

---

① S. Miller, *The Shame Experience*, London: Analytic Press, 1985, p. 44.
② 这样的论争不是否定下面这样一种事态是可能的：某人正在侮辱我，我因此感到羞：不是因为我接受并内化了他者的诋毁的评价，而是因为通过发现我自己处于令人感到耻辱的情况中，通过接受它，比如，害怕身体上的惩罚，我例示了一种我所鄙视的懦弱。承认这种情况可能发生，既不意味着接受 Calhoun 的看法，也不意味着抛弃萨特的主张后面的真正推力。尽管为什么前者不是这样会很明显，然而为什么后者是正确的却不是很清楚。无论如何，虽有表象，但这一事态的确是羞的自我反思形式的例子，并且萨特从未否认这样一种羞的可能性，这一事态也没有声称这样一种羞必然包含对他者的评价的接受。
③ P. Gilbert, "What is Shame? Some Core Issues and Controversies", pp. 3-38.

五、发展的考虑（Developmental considerations）

此刻让我返回到关于羞的发展的开端这个问题。就像我们已经知道的，刘易斯认为羞只出现在大约一个孩子第三年结束的时候。根据他的解释，如果"羞"要出现，一个孩子必须要具有客体的自我意识和自我概念。此外，她也必须要有认识、占有和内化标准、规则和目标的能力，并且根据这类标准评估和比较她的行为。① 类似的观点也受到 Zinck 和 Newen 的维护，他们认为羞需要一个微型理论作为基本要素，这个微型理论包括一个自我概念、一个对环境的认知性评价、关于与个体的具体的社会关系的信念以及对普遍的社会规范的信念，和关于未来的期待或希望。② 与之相比，舍勒主张羞从出生开始就以早期形式出现③，类似的观点也可以在许多精神分析的解释中找到④ 对我们目前目的而言，精确地确定早期的羞是如何出现的并不是最重要的；不如说，重要的问题是关于羞是否真的预设了对自我概念的拥有以及一种反思的自我意识的能力，或者是否它有可能预设了同情以及对他者的评价视角的敏感。

刘易斯不仅否定后者是正确的，而且他也认为这样一种敏感性自身是依赖于自我概念的拥有。实际上，刘易斯明确地否定了他者意识（other-awareness）的早期形式，包括同情和情感共享，因为它们都预设了婴儿所缺乏的东西，即一个概念上的自我—他者区分（self-other distinction）⑤。刘易斯并不是唯一一个论证这种依赖性的人。Doris

---

① M. Lewis, "Self-Conscious Emotional Development", p. 135.
② A. Zinck and A. Newen, "Classifying Emotion: A Developmental Account", *Synthese* 161/1, 2008, p. 14.
③ M. Scheler, "Über Scham und Schamgefühl", S. 107.
④ F. J. Broucek, *Shame and the Self*, New York: Guilford Press, 1991; D. L. Nathanson, *Shame and Pride: Affect, Sex and the Birth of Self*, New York: W. W. Norton, 1994.
⑤ M. Lewis, "Social Development in Infancy and Early Childhood", in J. Osofsky (ed.), *Handbook of Infant Development*, 2nd edtion, New York: Wiley, 1987, p. 431.

Bischof-Köhler 在其著作中也曾试图把羞和同情与对自我概念的拥有相联系起来。她的论据是什么呢？通过论证同情因为保留有自我—他者的区别而与情感感染（emotional contagion）相区分，Bischof-Köhler 跟随了这一惯常看法。根据她的解释，尽管同情需要同情者代替性地分享目标（target）的情感（这使同情不同于更加分离的认知视角），这种情感总是保留着属于他者的特征：它是以他者为中心的（other-centred）。① 在自我—他者区分是同情的一个需要的程度上，根据 Bischof-Köhler，后者也必须要预设一个自我概念的拥有，因为一个个体只有因这样一个概念才能意识到它自身与他人相分离并且与他人相区分。通过"自我概念"，Bischof-Köhler 理解的究竟是什么？对她而言，一个"自我概念"指的是我们把我们自己当作客体时概念上的知识，或者更准确地说，拥有一个自我概念就是具有这样一种能力，即将某人自己客体化并意识到某人自己的外在表象（appearance）、外在性是他自己（的一部分）。② 先于这样一种自我客体化，婴儿一定会拥有主体的自我意识（在此 Bischof-Köhler 接受了一种比刘易斯较少激进的观点），但是婴儿缺乏心理学上地区分自我和他人的能力；她尚处于不知道他人不同并分离于经验主体，因此会在情感感染中受到震惊（stuck）。③ 根据 Bischof-Köhler 的解释，同情因此需要一种特殊的把自我认识客体化的能力。这同样适用于羞，这种羞可以被看作是对这样的自我客体化的情感反应④，顺带地，这同样适用于镜像的自我识别，这就是为什么 Bischof-Köhler 声称同情的出现与通过镜像的自我

---

① D. Bischof-Köhler, "Empathy and Self-Recognition in Phylogenetic and Ontogenetic Perspective", *Emotion Review* 4/1, 2012, p. 41.

② D. Bischof-Köhler, "The Development of Empathy in Infants", in M. E. Lamb and H. Keller (eds.), *Infant Development: Perspectives from German Speaking Countries*, Hillsdale, NJ: Lawrence Erlbaum, 1991, p. 254.

③ D. Bischof-Köhler, "The Development of Empathy in Infants", pp. 254, 260.

④ D. Bischof-Köhler, *Spiegelbild und Empathie: Die Anfänge der sozialen Kognition*, Bern: Verlag Hans Huber, 1989, S. 165.

识别任务的能力有着直接的联系。因此，在最后，拥有一个自我概念成了同情、羞以及镜像自我识别的一个关键前提。①

这些看法并不是不可挑战的。有大量的作者认为：自我概念的拥有以及概念上的自我知识的拥有，与其说是交互主体性的前提，不如说预设了社会交互作用。例如，就像Tomasello和Hobson认为的，概念是可以普遍化的，可以被应用到不止一个无论他们挑出的哪个例子上。学习一个自我概念就意味着学习将它们运用到一个人自己和他人身上。这是看到了自我和他者之间的相似性。②但是只通过仔细观察我们自己的体验并不能注意到这种相似性。而是，通过采取或接纳他

---

① Bischof-Köhler认为，这个假设受到实验发现的证实，因为在那些被研究的孩子中——他们不能识别他们自己的镜像——没有一个表现出同情行为（D. Bischof-Köhler, "The Development of Empathy in Infants", p.66）。Bischof-Köhler是如何衡量同情的呢？她的实验包含一组年龄在16—24个月的孩子。一个一个，由他们的母亲陪伴着，这些孩子遇到一个独自拿着一只玩具熊的成年玩伴。不一会儿，这个玩伴"偶然地"使这只玩具熊丢了一只手臂。这个玩伴开始呜咽啜泣，并通过说"我的小熊坏了"，在言辞上表达出她的痛苦。同时，这只小熊和它的手臂躺在这个孩子面前的地板上。如果这个孩子之后试图通过安慰她、通过修复这只小熊，或者通过从孩子的母亲那里寻求帮助以改变这个玩伴的状况，那么他就被归类为有同情心的人（pp. 261-262）。Bischof-Köhler最后在她的实验设置中瞄向了亲社会的介入（prosocial intervention），并声称在这个发展阶段这是唯一可行的操作（p. 260）。这有点让人惊讶，鉴于Bischof-Köhler她自己很清楚同情（sympathy）与怜悯（compassion）必须做出区分，同情不必然是亲社会的（p. 259）。而且，在她的著作中，Bischof-Köhler实际上区分了引起同情的两种不同方式。它既可以被他者的表达性行为引起（表达引发的同情 [expression-induced empathy]），也可以被他者的状况引起（情境引发的同情 [situated-induced empathy]），她认为前者是更原初、更基础的同情形式（p. 248），后者包含着一种更加复杂的不自愿的视角改变（p. 269）。无论如何，她承认，她的实验设置更以"情境引发的同情"为目标（p. 269）。因此，Bischof-Köhler实际上衡量的是镜像的自我识别与亲社会的介入的出现之间的相互关系，后者出现于"情境引发的同情"的结果中。但是这样一种介入的缺失似乎与更加原初的、"表达引发的同情"形式的出现能够很好地相容，而"表达引发的同情"并没有造成亲社会介入，如果情况的确如此，就很难论证这项实验发现表明了一般意义上的同情预设了一个自我概念以及自我客体化的能力。此外，就如Draghi-Lorenz和他的同事们指出过的，更小的婴儿——在Bischof-Köhler的实验中没有资格被当作有同情心的人——没有独立行动的能力，因为处于痛苦中的人在它们能达到的范围之外，通常它们对于如何帮助某个痛苦的人只有有限的知识，但是它们的不活动状态并不能证明同情式的关心以及怜悯的缺乏。（R. Draghi-Lorenz, V. Reddy, and A. Costall, "Re-Thinking the Development of 'Non-Basic' Emotions: A Critical Review of Existing Theories", *Developmental Review* 21/3, 2001, p. 266）

② R. P. Hobson, G. Chidambi, J. Lee, and J. Meyer, *Foundations for Self-Awareness: An Exploration through Autism*, Oxford: Blackwell, 2006, p. 132.

者对她自己的视角，婴儿才开始看到她自己就像他人，把自己看作是众多他人中的一个，借此才开始有了一个真实的自我概念。[1] 因此，与刘易斯相对比，——刘易斯维护一个四步发展轨迹：（1）我知道，（2）我知道我知道，（3）我知道你知道，以及（4）我知道你知道我知道[2]——Hobson 和 Tomasello 不仅主张婴儿在她能够反思地把她自己当作一个客体之前，在与他人的关系中她能够知道她自己，而且还主张自我概念与其说是社会性的理解以及交互主体性的前提，不如说它是从交互主体性中产生的，而且是文化学习的产物。因此，只有以一种特殊的方式是社会性的或人际交互性的生物才能形成这样一个自我概念。[3] 更具体地说，Tomasello 和 Hobson 都提出了这个论点：受文化影响的认知形式被个体通过他人的视角理解某物的能力所刻画。[4] 不仅日益增加采纳视角的灵活性——对同一个物件同时采纳多种视角的能力——顾及一个更加复杂的理解，而且对他者关于一个人自己的看法的内化最终产生了批判地自我管理一个人自己的行为和认识的能力。通过采纳他者的视角，简言之，我们可以获得充足的自我距离以允许一种批判的自我质疑。[5]

---

[1] M. Tomasello, "On the Interpersonal Origins of Self-Concept", in U. Neisser (ed.), *The Perceived Self: Ecological and Interpersonal Sources of Self-Knowledge*, New York: Cambridge University Press, 1993, p. 181.

[2] M. Lewis, "The Origins and Uses of Self-Awareness; or, The Mental Representation of Me", *Consciousness and Cognition* 20/1, 2011, pp. 120-129.

[3] M. Tomasello, "On the Interpersonal Origins of Self-Concept", p. 174; R. P. Hobson, G. Chidambi, J. Lee, and J. Meyer, *Foundations for Self-Awareness: An Exploration through Autism*, pp. 132-133. 强调这一点很重要：这是一个关于通常的发展的主张。不应该排除可能有其他的形成一个自我概念的补偿性方式，例如，孤独症儿童使用的方式。R. P. Hobson, *Autism and the Development of Mind*, Hove: Psychology Press, 1993; K. A. Loveland, "Autism, Affordances, and the Self", in U. Neisser (ed.), *The Perceived Self: Ecological and Interpersonal Sources of Self-Knowledge*, Cambridge: Cambridge University Press, 1993, pp. 237-253.

[4] M. Tomasello, "On the Interpersonal Origins of Self-Concept", pp. 174-184.; R. P. Hobson, *Autism and the Development of Mind*.

[5] M. Tomasello, *The Cultural Origins of Human Cognition*, Cambridge, Mass.: Harvard University Press, 1999; R. P. Hobson, *The Cradle of Though*, London: Macmillan, 2002.

受到更多争议的是，人们究竟将自我概念以及概念上的自我知识等同于什么。与 Bischof-Köhler 相比，Tomasello 和 Hobson 似乎选择了一个要求更高的定义，所以最保险的策略也许是再次坚持对模式做出区分的需要。Philippe Rochat 认为，婴儿，通过她们与客体之间的互动，以及通过对她们自己的行为的感知结果的考察，已经进入了这样一个过程，在这个过程中，她们外化了她们自己的生命感觉，而且这个过程可以被认为是一种早期的自我客体化[①]，因此，如果我们跟随 Bischof-Köhler，就是一个早期的自我概念化。然而，如 Rochat 继续说的，与根源于社会互动的自我的客体化相比，这个过程的作用多半是微乎其微的。[②]

但是前语言的婴儿具有的什么样的他者体验（other-experiences）能够为这种社会的中介的自我体验的特殊形式提供支撑呢？让我们看一下相关的一些发展性的研究。

想一下"初级的交互主体性"（primary intersubjectivity）的概念，这个概念是 Trevarthen 为了标示小婴儿加入一种双向的（dyadic），有感情地索求与其他人交流、互动的能力。[③] 如同已提到的那样，婴儿从出生开始就对眼睛接触非常敏感。与注视一张回避目光接触的脸相比，新生儿会更加长时间地、更加频繁地注视一张直接的进行目光接触的脸，就像她们注视一张睁开眼睛的脸的时间也会比注视一张闭着眼睛的脸的时间更长。[④] 甚至更早的时候，婴儿就能够对（太多）注意力做出消极的反应，如果脱身（disengage）的尝试失败了，也会做出

[①] P. Rochat, "Early Objectification of the Self", in P. Rochat (ed.), *The Self in Infancy: Theory and Research*, Amsterdam: Elsevier, 1995, p. 62.

[②] P. Rochat, "Early Objectification of the Self", p. 64.

[③] C. Trevarthen, "Communication and Cooperation in Early Infancy: A Description of Primary Intersubjectivity", in M. M. Bullowa (ed.), *Before Speech: The Beginning of Interpersonal Communication*, New York: Cambridge University Press, 1979, pp. 321-347.

[④] T. Farroni, G. Csibra, F. Simion, and M. H. Johnson, "Eye Contact Detection in Humans from Birth", *Proceedings of the National Academy of Sciences of the United States of America*, 99/14, 2002, pp. 9602-9605.

痛苦的反应。① 延长眼睛接触的时间是一个令人惊讶的有力刺激——这在成年期显然也是如此。在2—3个月的年龄，婴儿会开始通过微笑和喊叫与其他人进入原始的交流（proto-conversation）中，并且显示出随她的同伴而改变交流的时间控制（timing）和强度的能力。这种早期的互动的目的似乎是互动本身，并伴随着参与者与另一个参与者有感情地产生共鸣。稍晚一点，婴儿会进入到 Trevarthen 所说的"二级交互主体性"（secondery intersubjectivity）阶段。她现在不仅可以注意到世界上的事件、人们及他们的行为，而且能够把这两者融合起来——注意到他人如何与世界互动，渐渐地，注意到他人如何关注这个婴儿把玩着的世界上的**同样的**小物件。② "三向联合注意"（triadic joint attention）的出现常被看作是走向一个完全成熟的人类社会认知和社会互动的发展的前兆。它在语言的获得上扮演着一个重要角色（为了学习一个新词，这个婴儿必须理解当成年人使用那个词时他所关注的是什么），然而语言就其自身而言涉及一个复杂得多、精细得多的"联合注意"（joint attention）的形式：思想的分享。

　　但是"联合注意"究竟是什么呢？一个普遍一致的看法是，"联合注意"不只是两个不相关的人同时看同一个事物的问题，也不只是他们其中一个人的注意因果性地受到他者的视线方向的影响，这个现象可以在狗、山羊以及渡鸦那里见到。若要"联合注意"发生，两个人（或者更多人）注意的焦点不应该只是平行地进行：它必须要在它被分享的意义上被联合起来；也就是说，它必须包含共同去关注的意识。这恰恰使"联合注意"非常不同于任何一种人们可能独自地具有的体验。"联合注意"的典型例子不仅包括这些情形：孩子被动地关注

---

① D. N. Stern, *The Interpersonal World of the Infant*, New York: Basic Books, 1985.
② C. Trevarthen and P. Hubley, "Secondary Intersubjectivity: Confidence, Confiding and Acts of Meaning in the First Year", in A. Lock (ed.), *Action, Gesture and Symbol: The Emergence of Language*, London: Academic Press, 1978, pp. 183–229.

他人,而且也包括这些情形:婴儿通过原初宣告性地指向性行为积极地邀请另一个人分享他的注意焦点。在两种情形中,婴儿都会频繁地在成人与客体之间看来看去,并利用从他的或她的脸上得来的反馈检查"联合注意"是否实现了。重要的是,注意力的联合不是首先表现在单纯的眼神交换中,而是在被分享的情感中,例如,在知道着的微笑中被表达。一个建议是:人际地协调的情感状态在建立联合时发挥着关键的发展性作用。① 另一个建议是:把"联合注意"看成是一种交流性互动的形式。根据这种建议,是交流——比如可以采取有意义地看的形式(即不必须是言语的)——把相互地被体验到的事件转化成某种真实的联合点。②

至于早期的"联合注意"是如何开启的,这尚有争议。通常的看法是:只有当婴儿在大约9—12个月的时候才会开始意识到他人的注意,就像他们日益增强的、加入到社会指涉、模仿学习等的能力所证明的那样。然而,如 Vasudevi Reddy 曾指出的:当例示"联合注意"和社会指涉的形式的时候,存在着一种倾向,即对包含着将一个客体从成人和婴儿空间地分开的三角形网的关注。但人们可能会因此而忽略各种各样的其他的"联合注意"的形式,包括那些"联合注意"的对象是其他人,或者其他与我们的身体隔得很近的客体,或者本身就是我们身体的一部分的客体,或者纯粹地、更加主要地这类情形:那些他人的注意力的客体就是这个婴儿自己。③ 就像 Reddy 指出的,如果婴儿只有在大约生命的第一年末才开始意识到他人的注意,那为什

---

① R. P. Hobson and J. Hobson, "Joint Attention or Joint Engagement? Insights from Autism", in A. Seemann (ed.), *Joint Attention: New Developments in Psychology, Philosophy of Mind, and Social Neuroscience*, Cambridge, Mass.: MIT Press, 2011, p. 116.

② M. Carpenter and K. Liebal, "Joint Attention, Communication, and Knowing Together in Infancy", in A. Seemann (ed.), *Joint Attention: New Developments in Psychology, Philosophy of Mind, and Social Neuroscience*, p. 168.

③ V. Reddy, *How Infants Know Minds*, Cambridge, Mass.: Harvard University Press, 2008, pp. 97-98.

么他们会更早地，即从2—3个月起，就进入了与他人的复杂的面对面交流中？如果后者不包含意识到其他人在关注他们，这可能意味着什么呢？① 根据Reddy，婴儿首先意识到他人的注意首先当它朝向他们自己的时候——她把这当作是我们任何一个人都曾有过的最有力的注意力体验——并且她认为，随后才意识到当朝向世界上的其他事物时候（这些事物可能是面前的目标、手中的物体或者远处的目标）他人的注意。②。因此，在她看来，从大约2—4个月起，婴儿展示出一种对他人的注意的扩展的意识。他们带着兴趣、愉悦或者痛苦回应他人的注意，他们通过发出声音唤起朝向他们的注意，并且为了保持和调整面对面的互动，似乎希望人们积极地与他们交流，就像例如在**静止的脸的实验**（*still-face experiment*）中证明的那样。在那个实验中，一个成人首先以常规的面对面的互动方式与这个婴儿互动。接着是一段时间，在这段时间里，这个成人变得没有了反应，并摆出一副静止的表情（静止的脸 [still-face]）。在这段面部静止的时段之后，通常再接着另一段时间的常规的面对面互动。2个月大的婴儿表现出强烈的对静止的脸的反应：他们对这样一种社会互动的中断很敏感，他们不仅通过微笑、叫喊以及手势试图使他们的社会伙伴重新加入，而且当这样做失败以后，他们表现出回避目光接触，而且表现出痛苦。③ 对这种发现的一

---

① V. Reddy, *How Infants Know Minds*, p. 91. 尽管Tomasello承认人类婴儿从一开始就是社会性的生物——他甚至把他们称为"实在的社会的"（ultral-social）——并且也接受：在大约2—3个月的时候，他们开始与他人双向地互动，在交替的次序中来回地表达情感，他也坚持这些早期的社会互动形式还不等于真正的交互主体性，这种交互主体性，根据他的解释，只有在大约9个月的时候才开始出现，并且他将其直接地与婴儿对作为体验主体的他人的理解相联系（M. Tomasello, *The Cultural Origins of Human Cognition*, Cambridge, Mass.: Harvard University Press, 1999, pp. 59-62）。Tomasello因此对社会性和交互主体性进行了区分，我认为这一区分有些潜在地混淆不清，而且比Trevarthen对初级的和二级的交互主体性做出的区分更少教益。

② V. Reddy, *How Infants Know Minds*, pp. 92-98.

③ E. Tronick, H. Als, L. Adamson, S. Wise, and T. B. Brazelton, "Infants' Response to Entrapment between Contradictory Messages in Face-to-Face Interaction", *Journal of the American Academy of Child and Adolescent Psychiatry* 17, 1978, pp. 1-13.

般解释是：不仅在他者目光中的某物被婴儿理解为对产生强烈的情感反应足够重要，而且他们有对面对面互动应该继续进行的方式的期待，以及对获得他们社会伙伴的适当的互动反应的类型的期待。[①] 部分地因为这类发现，Reddy 否定只有在晚一点的婴儿期婴儿才会发现他者的注意，相反，她认为从较早的婴儿期开始它已经被婴儿情感性地体验到了。[②]

不考虑人们是把"联合注意"的开始追溯至2—3个月还是9—12个月，也不考虑人们如何看待"双向联合注意"（dyadic joint attention）（有时被称为相互注意）和"三向联合注意"（triadic joint attention）之间的关系，对"联合注意"的探究显然与社会认知的争论相关。对一方而言，他们对一些有关其发展的开端的更加保守的看法表示怀疑。归根结底，2个月的婴儿通过显示出清晰的对他人的注意和感情的回应，表现出对他的伙伴的心理（而不仅仅是行为的）特性做出反应。现在，当然，这不是说婴儿已经享有对他人的视角的一种反思的或概念的理解。但是，就像 Barresi 和 Moore 曾说过的，在他们理解"分享体验"（share experience）是什么意思之前，他们也许就有了"对分享的体验"（experience of sharing），就像在他们开始理解注意概念之前，他们也许就有一种对他人之注意的体验，作为某种社会互动的条件。[③] 同样地，孩子接受他者的视角的能力先于，而且不应该合并于后来的、更加复杂的面对和比较不同视角的能力。[④]

[①] P. Rochat and T. Striano, "Social-Cognitive Development in the First Year", in P. Rochat (ed.), Early Social Cognition: Understanding Others in the First Months of Life, Hillsdale, NJ: Lawrence Erlbaum, 1999, pp. 3-34.

[②] V. Reddy, How Infants Know Minds, p. 144.

[③] J. Barresi and C. Moore, "Sharing a Perspective Precedes the Understanding of that Perspective", Behavioral and Brain Sciences 16/3, 1993, p. 513.

[④] H. Moll and A. N. Meltzoff, "Joint Attention as the Fundamental Basis of Understanding Perspectives", in A. Seemann (ed.), Joint Attention: New Developments in Psychology, Philosophy of Mind, and Social Neuroscience, Cambridge, Mass.: MIT Press, 2012, p. 394.

对"联合注意"的探究表明,在很大程度上,我们通过与他人分享客体以及事件而开始理解他们。Moll 及其同事认为,小婴儿在联合接触(joint engagements)的情况中——在这种情况下,成年人直接地和婴儿讲话,婴儿被包含在她的行动中——可以学习事物,展示技能,而这些都是他们在相反情况下做不到的。[1] 这样的发现显然对这个假设表示了怀疑:一个被放在单面镜后面的观察者和某个与那些她想要解释的东西进行互动的人相同。[2] 实际上,据显示,婴儿开始学习社会世界,不是"从这些从外面冷静地观察到'他的'(he's)或'她的'(she's)开始的,而是从他们带着联合的目标以及分享的注意与其互动并参与到合作性的活动中去的'你的'(you's)开始的"[3]。这偶然地与胡塞尔和施泰因之前提出的观点相契合,他们不仅强调了对他人的体验与共享世界的构造之间的相互关系,而且也认为我们对他人的同情体验包含着对他们的意向客体的共同关注。这也与舒茨的观点相似,他认为我们—关系(we-relationship)包含对这样一个情境的分享:在其中我们相关的意识流是连锁,在这种情况下,我们可以享有一种不是奠基在理论或想象之上的他人—理解(other-understanding)形式。的确,如果他人的视角是作为共同的参与者(co-attender)向你显现出来的,为什么为了理解他者的视角,你应参与到想象的或者推理的操作中呢?[4]

部分地是根据这类发现,Draghi-Lorenz 及其同事与 Lewis 的关于初级的(基础的)和二级的(自我意识)情感解释产生争议,并批评

---

[1] H. Moll, M. Carpenter, and M. Tomasello, "Fourteen-Month-Olds Know What Others Experience Only in Joint Engagement", *Developmental Science* 10/6, 2007, p. 833.

[2] S. Butterfill, "Interacting Mindreaders", *Philosophical Studies* 165/3, 2013, pp. 841-863.

[3] H. Moll and A. N. Meltzoff, "Joint Attention as the Fundamental Basis of Understanding Perspectives", p. 398.

[4] J. Roessler, "Joint Attention and the Problem of Other Minds", in A. Seemann (ed.), *Joint Attention: New Developments in Psychology, Philosophy of Mind, and Social Neuroscience*, p. 231.

他丢掉了不假思索的、表明了在生命的第一年像嫉妒和羞怯这样的情感出现的证据。在他们看来，与其说是这样的一种摒弃是建立在经验的发现上的，不如说是建立在一个先验的假设之上的，这是一个关于自我体验和交互主体性的后来出现的假设。① 这不是否定发展之改变的和成熟的事实。孩子比小婴儿有更丰富和更复杂的经验生命。要点只在于承认存在着通向这些更加复杂的体验的前兆。像羞、尴尬和羞怯这样的情感的出现，以及扮小丑的、炫耀的、戏弄的行为的出现，都表明在生命的第一年婴儿就有了对她自己作为他人的评价的对象的感知，以及这样的评价对她而言是重要的。② 事实上，与其争论自我意识的情感预设了自我概念并且包含着一种反思的自我评价，与其把这样的情感称为自我意识的情感，也许把它们称为自我—他人意识（self-other consciousness）的情感会更好，因为它们使我们意识到一种关系性的存在：它们涉及"处在与他人的关系中的自我"③。在它们发展的原初形式中，它们是这样的情感：它们揭示自我的暴露着的以及人际交互性的本质；它们被作为他人的注意力之客体的自我的可见性所规定。显然，这是一个相当不同的，但在我看来，是一个与刘易斯提供的解释相比，对自我的暴露本质相当于什么的恰当得多的理解。

六、害羞的自我（The shamed self）

尽管缺少一个对羞的精确的、不含糊的定义，在前面的分析中已经阐明了很多关于我开始提出的问题的回应：我们感到羞的事实告诉

---

① R. Draghi-Lorenz, V. Reddy, and A. Costall, "Re-Thinking the Development of 'Non-Basic' Emotions: A Critical Review of Existing Theories", pp. 263-304.

② M. Tomasello, *The Cultural Origins of Human Cognition*, p. 90; R. P. Hobson, *The Cradle of Though*, p. 82; V. Reddy, *How Infants Know Minds*, pp. 126-127, 137, 143.

③ V. Reddy, *How Infants Know Minds*, p. 145.

了我们什么关于羞的本质呢？在羞中受到影响的是什么样的自我？

在第一部分，我捍卫一种最小自我概念，并认为经验性自我（experiential self）发挥着基础作用。然而，在同时，我也强调这个自我概念能够解释的东西是有限的。这是一个单薄的自我概念；是一个缺乏深度的概念。探讨这一对羞的扩展讨论的一个原因恰恰是为了阐明经验性自我概念的局限。羞证明了我们的暴露、脆弱以及可见性，并且与这些问题重要的联系着：掩饰和揭示、社会性和疏离性、分离与依赖、区别与联系。害羞的自我不仅是经验的核心自我；或者说得更准确些，一个会感到羞的自我是一个比最小的经验性自我更加难懂的（和复杂的）自我。

如早些时候提到过的那样，Deonna 和 Teroni 采用了表层的和深层的羞之间的区别①，认为只有前者与我们的社会身份有关。他们对术语的选择强烈地表明了他们把我们的存在的内在核心、我们的真实身份看作是前社会的或缺乏社交性的，然而他们把我们的身份的社会维度看作是肤浅的，一个纯粹的表面之物。以这种方式进行论证，他们与在下面这段话中阐述的观点非常接近：

> 每个人——当在他自己面前的时候，不会比在所有他人面前的时候更感到羞——如果他被放在一个困难的位置，单独地打拼生活，那么他最终会以这一种或另一种方式变成人们的一个奴隶。除了对外观比对存在更感到羞以外，在他人面前比在一个人自己面前更感到羞还能是什么意思？②

从这样的一个观点到下面这个主张只有一步之遥：如果我们希望发现

---

① J. A. Deonna and F. Teroni, "Is Shame a Social Emotion?", p. 201.
② S. Kierkegaard, *Upbuilding Discourses in Various Spirits*, H. V. Hong and E. H. Hong (trans.), Princeton: Princeton University Press, 1993 (1847), p. 53.

我们真实的、本真的自我，即我们真正地是谁，我们应该从社会秩序和我们偶然的社会身份中离开。尽管我批评社会建构主义，我也非常希望现在这一点是清楚的：我自己对一种经验性自我的辩护绝没有被交付给这样一种浪漫的想法。尽管我的确持这样的看法：存在着一个前社会的我们的自我的核心维度，但是我反对这个自我的经验性概念在深层次的羞中占有地位。

也许参考一下米德（Mead）可以进一步澄清这些问题。就像之前提到过的，根据米德，我们是自己，不是因为单个人，而是因为我们与另一个人的联系。对米德而言，自我问题，首先是个体如何能够以成为他自己的一个客体而经验性地外在于他自己。在他看来，人们只能间接地成为对他自己而言的客体，即通过接受他人朝向一个人自己的态度，而这只有在社会环境中才能发生。① 米德进一步论证道：单个人的对他者朝向自己的态度的接受不仅涉及自我意识，而且还涉及自我批评、自我控制以及自我统一。通过接受他者朝向自己的态度，单个人，就像米德写到的，可以把"他自己，作为整个客体之物，带进他自己的经验视域中；因此他可以有意识地整合、统一他的自我的各个方面，形成一个单个的持续的、连贯以及有组织的人格"②。

在萨特对"羞"的分析中，我们已经发现了相关想法。对萨特而言，羞向我揭示我为他人而在，为他人可见。萨特也把我的"为—他人—而在"描述为存在的一种出神的（ecstatic）和外在的维度，谈到**存在的异化**（*existential alienation*）以与他者的相遇为条件。他者的注视使我意识到我的身体是某种承载他者看法之物。这就是为什么萨特把我的身体说成是在从四面八方逃避我，是一个永远"外在"于我的

---

① G. H. Mead, *Mind, Self and Society: From the Standpoint of a Social Behaviorist*, Chicago: University of Chicago Press, 1962 (1934), p. 138.

② G. H. Mead, *Mind, Self and Society: From the Standpoint of a Social Behaviorist*, p. 309.

私人"内在"之物。① 从他者的视角理解我自己就是把我自己理解为在世界中被看到,一个带着我不能选择的特性和规定的、处于诸事物之中的事物。他者的注视把我强行扔向了空间和时间。我不再作为世界的时间和空间的中心被给予我自己。我不再是仅仅在此地,而且还在门边或在沙发上;我不再是仅仅在此时,还且还在之后的约会。②

无论如何,萨特都不是第一个怀有这种观点的现象学家。胡塞尔间或地关注一种特殊的、非常重要的自我意识形式,即包含着当我体验我自己时对他人的体验。根据胡塞尔,这种重复同情(iterative empathy)的情形——我间接地对另一个人的体验与我的自我体验相一致——可以被描述为我通过他人之眼看见我自己的情形。③ 当我意识到我可以像他人被给予我那样被给予他人,即当我意识到我对他人而言是另一个人的时候,我的自我理解(self-apprehension)就相应地改变了。只有当我在理解(apprehend)我自己的时候理解他人,并把我自己当作是他人的他人的时候,我才以我理解他们的同样的方式理解我自己,并意识到他们所意识到的这同一个客体,即作为人的我自己。④ 因此,对胡塞尔而言,作为一个人而存在,就是在一个公共的视域中社会化的存在,这个公共的视域是指一个人与他自己的关系是

---

① J. -P. Sartre, *Being and Nothingness: An Essay in Phenomenological Ontology*, H. E. Barnes (trans.), p. 375.

② J. -P. Sartre, *Being and Nothingness: An Essay in Phenomenological Ontology*, H. E. Barnes (trans.), pp. 287, 291, 451, 544.

③ E. Husserl, *Erste Philosophie* (1923/24), vol. 2, *Theorie der phänomenologischen Reduktion*, R. Boehm (ed.), Husserliana 8, The Hague: Martinus Nijhoff, 1959, S. 136-137.

④ E. Husserl, *Die Krisis der europäischen Wissenschaften und die transzendentale Phänomenologie: Eine Einleitung in die phänomenologische Philosophie*, W. Biemel (ed.), Husserliana 6, The Hague: Martinus Nijhoff, 1954 (1936), S. 256; pp. 1-348, 357-386, 459-462, 473-475, 508-516; trans. by D. Carr as *The Crisis of European Sciences and Transcendental Phenomenology: An Introduction to Phenomenological Philosophy*, Evanston, Ill.: Northwestern University Press, 1970. E. Husserl, *Zur Phänomenologie der Intersubjektivität: Texte aus dem Nachlass*, vol. 2, 1921-1928, I. Kern (ed.), Husserliana 14, The Hague: Martinus Nijhoff, 1973b, S. 78.

从他人那里挪用来的①，胡塞尔间或地区分了两种类型的异化的自我理解。通过另一个主体，我可以学习把我自己理解为众多人中的一个人，即我可以学习对我自己采取一种**人格主义的**（*personalistic*）态度。然而，我也可以学习把我自己理解为一个在众多客体中因果性的被决定的客体，即，学习对我自己采取一种**自然主义的**（*naturalistic*）态度。通过采取一种他者用于我自己的客体化的视角，我学着把我自己既理解为一个人或人类，即，作为一个由人文和社会科学研究的社会主体，也理解为一个精神的或心理的实体，即一个由自然科学研究的自然主体。②这两种态度，没有任何一个是可以非中介地通达的；两者都涉及一个基本的、以他人为条件朝向一个人自己的态度的根本改变。是他者教会我从第三人称视角把我自己理解为一个文化和自然特征的载体。就像胡塞尔所说的，我不能直接地体验我自己的交互主体性的**实在形式**（*Realitätsform*），而是只能以，他补充道，导致自我异化的同情为

---

① E. Husserl, *Zur Phänomenologie der Intersubjektivität: Texte aus dem Nachlass*, vol. 2, 1921-1928, I. Kern (ed.), Husserliana 14, S. 175. E. Husserl, *Die Krisis der europäischen Wissenschaften und die transzendentale Phänomenologie: Eine Einleitung in die phänomenologische Philosophie*, W. Biemel (ed.), Husserliana 6, S. 315; pp. 1-348, 357-386, 459-462, 473-475, 508-516; trans. by D. Carr as *The Crisis of European Sciences and Transcendental Phenomenology: An Introduction to Phenomenological Philosophy*, Evanston, Ill.: Northwestern University Press, 1970. E. Husserl, *Ideen zu einer reinen Phänomenologie und phänomenologischen Philosophie*, Book 2, *Phänomenologische Untersuchungen zur Konstitution*, M. Biemel (ed.), Husserliana 4, The Hague: Martinus Nijhoff, 1952 (c.1912-1928), S. 204-205; trans. by R. Rojcewicz and A. Schuwer as *Ideas Pertaining to a Pure Phenomenology and to a Phenomenological Philosophy*, Book 2, Studies in the Phenomenology of Constitution, Dordrecht: Kluwer Academic Publishers, 1989. E. Husserl, *Zur Phänomenologie der Intersubjektivität: Texte aus dem Nachlass*, vol. 3, 1929-1935, I. Kern (ed.), Husserliana 15, The Hague: Martinus Nijhoff, 1973c, S. 177, 603.

② E. Husserl, *Erste Philosophie* (1923/24), vol. 2, *Theorie der phänomenologischen Reduktion*, R. Boehm (ed.), Husserliana 8, S. 71. E. Husserl, *Ideen zu einer reinen Phänomenologie und phänomenologischen Philosophie*, Book 2, *Phänomenologische Untersuchungen zur Konstitution*, M. Biemel (ed.), Husserliana 4, S. 142-143, 174-175; trans. by R. Rojcewicz and A. Schuwer as *Ideas Pertaining to a Pure Phenomenology and to a Phenomenological Philosophy*, Book 2, Studies in the Phenomenology of Constitution, Dordrecht: Kluwer Academic Publishers, 1989.

中介。①

我不是说米德、萨特和胡塞尔在所有事情上看法都一致。事实上，在他们之间的一个重要区别就是：尽管米德严格地区分了意识以及自我意识，甚至声称先于自我意识的出现，我们把我们自己的感觉和感知体验为环境的一部分而不是我们自己的一部分②，而胡塞尔和萨特都认为我们的经验生命从一开始就由一种自我意识的原初形式所刻画。然而，尽管有这个重要区别，我认为他们三个人都强调这一程度：在这个程度上，某种自我（一经验）形式构造性地依赖于他人。他们都提请注意：我们意识到他人朝向我们的态度的方式，以及随后接受这种态度的方式，这种引人注目的方式促成了作为自我的我们之发展。

再次考虑一下"经验自我"（experiential self）与"叙述自我"（narrative self）这两个概念之间的差别。显而易见，我们在处理两个放在天平两端的概念。一方面，我们在"自我"那里有一个最小的额度，这个额度通过第一人称视角的术语获得兑现。另一方面，我们有一个规范得多的引导性概念，这个概念使"自我"稳固地坐落于文化和历史中。最小的概念把握了我们经验生命的一个重要的但是前社会的方面，而"叙述自我"则最确定地包含着社会的维度，但是它是以强调语言的作用才的确如此的。鉴于这两个概念之间的差异，对其发展轨迹感到好奇就很自然。我们如何从一个过渡到另一个呢？一个可

---

① E. Husserl, *Ideen zu einer reinen Phänomenologie und phänomenologischen Philosophie*, Book 2, *Phänomenologische Untersuchungen zur Konstitution*, M. Biemel (ed.), Husserliana 4, S. 90, 111, 200; trans. by R. Rojcewicz and A. Schuwer as *Ideas Pertaining to a Pure Phenomenology and to a Phenomenological Philosophy*, Book 2, *Studies in the Phenomenology of Constitution*, Dordrecht: Kluwer Academic Publishers, 1989. E. Husserl, *Zur Phänomenologie der Intersubjektivität: Texte aus dem Nachlass*, vol. l, 1905-1920, I. Kern (ed.), Husserliana 13, The Hague: Martinus Nijhoff, 1973a, S. 342, 462. E. Husserl, *Zur Phänomenologie der Intersubjektivität: Texte aus dem Nachlass*, vol. 2, 1921-1928, I. Kern (ed.), Husserliana 14, S. 418. E. Husserl, *Zur Phänomenologie der Intersubjektivität: Texte aus dem Nachlass*, vol. 3, 1929-1935, I. Kern (ed.), Husserliana 15, S. 29, 589, 634.

② G. H. Mead, *Mind, Self and Society: From the Standpoint of a Social Behaviorist*, p. 171.

能的答案是——这个答案同时表明"经验自我"和"叙述自我"的概念需要补充的——考虑一个伴随着直接作用于自我的形成和发展的前语言的社会形式。说得更仔细一点，我的建议是，我们对他者朝向我们自身之态度的体验以及随后的接受，即我们开始通过他人去理解我们自己，这促成了一个新的自我维度，一个可以带我们超越经验自我的维度，而还没有达到完全成熟的叙述性地扩展的自我。[①] 在这样的背景中，整个自我—他人—意识（self-other-conscious）的情感的整个范围都变得相关了。对它们的研究允许我们去探究，跟随 Ulric Neisser，我们可以称其为"**人际自我**"（*interpersonal self*）的东西，即在其与他人的关系及互动中的自我[②]。与"经验自我"相比，"人际自我"明显是一个社会地被构造的自我。我们开始成为社会的自我，不仅通过在我们与他人的互动以及情感的反应中体验我们自己，而且通过体验以及内化在他者在我们自己身上的视角。这个"人际自我"将向一个随后的、更加规范地被丰富的和历时地被扩展的"叙述自我"的发展注入养料，并成为它的一个重要先兆，借此可以成为两个之前讨论过的自我维度之间的一座重要桥梁。但是它也，并且很重要地具有它自己的一个关键的预设，包括（这显然是在这本书的结构中有所反映）对第一人称视角的拥有以及同情的能力。

如果我们现在返回到羞的话题上，我的主张**不**是羞是"人际自我"

[①] 让我补充一点：萨特和米德都认为对他者的朝向我们的视角的接受，会在我们的语言的使用中继续进行。萨特写道：语言以"前—突显"（pre-eminent）的方式表达了我的"为—他人—而在"，因为它赋予了我重要性，对于这一重要性，他人已为其找到了语词（J. -P. Sartre, *Being and Nothingness: An Essay in Phenomenological Ontology*, H. E. Barnes [trans.], pp. 377, 395），而米德认为，语言过程对自我的发展是必要的，其决定性的重要性源于这个事实：交流需要个体采纳他者朝向他自己的态度。就如米德所说，一个在说什么的人是在对他自己说他向别人说了什么；否则，他就不知道他说了什么（G. H. Mead, *Mind, Self and Society: From the Standpoint of a Social Behaviorist*, pp. 69, 135, 142, 147）。

[②] U. Neisser, "Two Perceptually Given Aspects of the Self and their Development", *Developmental Review* 11/3, 1991, pp. 203-204.

的一个必要的可能条件，因为这个或那个原因而没有羞的体验的主体将不能发展出"人际自我"。我也没有否定一个显而易见的情况，即许多羞的体验嵌套在文化中并且预设了叙述的能力。然而，在其发展的原初形式中，羞要先于对特殊的社会标准的学习。它是一个有力的、揭示出自我暴露的和社会的（不）可见性的自我意识的情感的例子。这也是为什么我拒绝"使羞与众不同的是一种特殊的'**个人内在性的**'（intrapersonal）评价的出现，一种由主体自己承担的评价视角"①。我认为人们不能仅仅通过把注意力集中在这一事实上——羞的主体被扔回他自身——来把握使羞与众不同的东西。就如 Seidler 指出的，而且我认为这构成了一个基本的洞见："羞的主体是'完全地自我呈现的'，并且同时'处于他自己的旁边'。"② 我认为，这也是萨特的基本观点。萨特让羞包含一个存在异化。我赞同这一点——至少如果人们把它理解为相当于一个在人们自己身上的视角的决定性改变。在某些情况中，异化力量是一个不同的主体，萨特对我们关于羞的前反思的感觉的描述——当面对他者的评价性注视的时候——就是这样的一个例子。在另一些情况中，当我们处于由我们自己承担的判断中时，出现羞的感觉。但是在这样的情况下，还有一种暴露的和自我异化的形式，一种自我观察和自我疏离。换句话说，当伴随着他人的时候，羞的体验可以前反思地出现，因为异化的视角是共现（co-present）的。当单独一人时，羞的体验会采用一种更加反思的形式，因为异化的视角必须通过一种反思性的自我疏离的形式被提供。

因此，我坚持认为"羞"包含着一个重要的"**他异性**"（alterity）

---

① J. A. Deonna, R. Rodogno, and F. Teroni, *In Defense of Shame*, New York: Oxford University Press, 2011, p. 135.

② G. H. Seidler, *Der Blick des Anderen: Eine Analyse der Scham*, Stuttgart: Klett-Cotta, 2001, pp. 25-26.

组成部分。① 这一点在这类情况中很明显：羞的体验作为对他人的评价的反应而产生，但是甚至指向过去（past-oriented）自我反思的羞和指向未来的羞感焦虑都包含这一方面。之所以如此，不仅因为包含着自我疏离和双重视角，而且也因为他人影响着我们自己的标准的发展和形成。在那种程度上，他人的评价视角在我们的情感结构中发挥着重要作用，即使它们并没有实际地呈现或者明确地被想象。② 然而，更重要的是，即使人们可以认为，当你因没有达到你自己的标准而感到的羞，这种羞在任何直接的方式中都不是被社会地中介的（这不是那种羞：只有你丢脸了你才会感到羞，或者他人的评价常常是使我们感到羞的东西的一部分），我们也不应忽视涉及"**个人内在的**"（*intrapersonal*）和"**人际的**"（*interpersonal*）羞之间的关系的问题。我不仅已经拒绝了这样的主张：后者可以被还原到前者，或可以在前者的基础上被解释，而且也认为：个人内在的羞在人际的羞之后（并以人际的羞为条件）。我对他者之注意的同情式的意识以及我随后对那个外在视角的内化，最终使我获得了自我距离，这种自我距离为一种批判的自我评价所需，这种自我评价会导致自尊的贬低。就像萨特所写的，"尽管某些源自羞的复杂形式能够在反思的平面出现，羞并不原初地就是一种反思现象。事实上，在独处中通过对羞的宗教**实践**，无论人们获得了什么结果，在其基本结构中它都是**在某人面前的羞**"③。简言之，我认为原初形式的羞的体验为他人—中介的自我体验的诸形式提供了生动的例子，这也是为什么我反对把我们在羞中发现

---

① 存在着以其他的方式来探索内在于自我中的"他异性"，而不是通过考察羞。就如我在我的《自身意识与他异性》（*Self-Awareness and Alterity*）一书中所认为的，对意识的时间的和身体的特性的仔细考察表明：即使是前反思的自我意识的最基本的形式也包含着一种他异性的早期元素。

② H. Landweer, *Scham und Macht: Phänomenologische Untersuchungen zur Sozialität eines Gefühls*, Tübingen: Mohr Siebeck, 1999, pp. 57, 67.

③ J. -P. Sartre, *Being and Nothingness: An Essay in Phenomenological Ontology*, H. E. Barnes (trans.), p. 245.

的自我关系看成是包含自我的（self-contained）和指向内在的（inward-directed），就像刘易斯和 Deonna 以及 Teroni 所主张的那样。

进一步探究这一断言之有效性的显而易见的方式是，在孤独症患者中考察羞。鉴于后者的社会性的损害、他们缺乏关于他们如何出现于他人面前的认识，以及他们的把他们自己看作在他人头脑中的自我的困难，其推测将会是：他们缺少规范性的羞的体验。令人遗憾的是，迄今为止，在这个话题上，还很少有系统的研究。然而，在始于 2006 年的研究中，Hobson 及其同事询问了一些患有孤独症的小孩子的父母，孩子们是否表现出羞。根据他们的发现，与在控制组中的多数孩子相比，没有一个患有孤独症的孩子毫不含糊地被报告说表现出羞。少量的孤独症儿童被报告说表现出一些模糊的羞的迹象，但是在这些实验案例中，父母们是否真的报告的是羞而不是内疚，还是有些不确定，就像下面的这个例子所阐述的：

> 是的，当他做错了什么的时候，他会掩藏事实，并且说："你会骂我的，你会骂我的"……他知道如果他做了什么，就会有与之相关的惩罚。我觉得与害怕真的做出了破坏相比，他更加害怕结果，我就是这样认为的。①

关于羞的许多方面，还有很多要说的（更不用说社会自我的许多其他方面了）。一个更加宽泛的解释需要对这些内容做进一步的探究，比如，它的发展轨迹（它出现得有多早；婴儿期的羞，如果存在的话，与成人的羞有多相似；当一个人在独立和相互依赖这些问题上挣扎的时候，它在青春期以及其他生命阶段中发挥着什么样的作用？），它与

---

① R. P. Hobson, G. Chidambi, J. Lee, J. and Meyer, *Foundations for Self-Awareness: An Exploration through Autism*, Oxford: Blackwell, 2006, p. 66.

人格特征的关系（在自信和羞的脆弱性之间的关系是什么？），以及它的文化特性（在什么程度上，引起羞的情境、羞的体验以及可获得的应对策略是随着文化而改变的？）。这一点几乎不是不重要的：像羞这样的情感比基本情感更具有文化特性，文化视角对理解这些情感的十足复杂性也许的确是不可或缺的。①

---

① 例如，在汉语中，据说有113个与羞有关的术语，对这些说法都有特殊的术语："丢脸"（losing face）、"真丢脸"（truly losing face）、"脸丢得一塌糊涂"（losing face terribly）、"羞得要死"（being ashamed to death）、"丢了八代祖宗的脸"（being so ashamed that even the ancestors of eight generations can feel it）。（R. S. Edelstein and P. R. Shaver, "A Cross-Cultural Examination of Lexical Studies of Self-Conscious Emotions", in J. L. Tracy, R. W. Robins, and J. P. Tangney [eds.], *The Self-Conscious Emotions: Theory and Research*, New York: Guilford Press, p. 200）羞的文化心理可能是什么样的，关于此的进一步思考，参见 R. A. Shweder, "Toward a Deep Cultural Psychology of Shame", *Social Research* 70/4, 2003, pp. 1109-1130。

羞　耻 *

〔美〕安东尼·施泰因博克 / 著　　罗雨泽 / 译　　张任之 / 校

> 人们不是用羞耻造就革命……羞耻本身就是一种革命。
>
> ——卡尔·马克思

　　傲慢自由地、创造性地浮现着，它以一种动态的方式限定着我们作为人格的所是。但是，自我约束和自我掩饰才涉及我们作为人格的所是。傲慢并非那种"我"能够加以追问的心绪；"我"并不能对傲慢实行道德还原。羞耻以这样一种方式出现在人格的情感范围之内：它将我揭示给我自己。羞耻被经历为分裂性的体验，它甚至违背我的意愿而发生，但它也作为创造性的回应而出现，最为强烈的是对傲慢之运作的回应。以这样的方式，我在羞耻中被还原为 —— 我自身 —— 我是谦卑的，因此我就不能在我的作为对他者之抵触的自我突显之中对我自己做出辩护。羞耻在他者之在场中被抛回到我自身，使我停留在我的足迹之中，它引发了在傲慢中并不自明的自我揭示以及可能的自我批判之体验。

---

* 本文选自《道德情感》（*Moral Emotions: Reclaiming the Evidence of the Heart*, Evanston, IL: Northwestern University Press, 2014）一书第二部分。——编者

羞耻是一种复杂的道德情感，要以一章的篇幅去处理它的所有面向，这是不可能的。我迫使自己限定在羞耻的如下几个方面，以达到这样一个目的：将羞耻描述为在揭示人类人格的诸意义的语境中的道德情感。通过（1）介绍羞耻的动力，我把生命和精神的关系看作羞耻的核心。然后，（2）我把羞耻连同尴尬都看作分裂性体验，（3）关注在其积极的自身被给予性之内的羞耻的自我揭示的质性，（4）它的消极效价（valence）以及使人虚弱的羞耻的可能性。正是在同这种积极的自身被给予性的关联之内，羞耻才能被解释为一种"道德还原"。在（5）考察过羞耻的交互人格特性之后，我会（6）处理无耻这样一个问题，以及（7）羞耻的独特的时间性结构。

一、生命、精神和羞耻

羞耻问题常常出现在哲学、精神、宗教、心理分析以及文学的传统中，但它也在当下的思想和讨论中大行其道，尤其是在和生命概念的关系之中。由此，它就作为带有存在论、生存论、人格、心理学甚至生命政治的含义之物而被探究。我想以这样一种方式把羞耻的体验作为精神与生命相关的问题加以介绍：简要地考察它在三位在这方面对之进行考察的相对当代的思想家——黑格尔、马克斯·舍勒以及最近的吉奥乔·阿甘本——那里的出现情况。我这样做是因为这些思想家以他们自己的方式确定了对羞耻而言独特的"张力"或"冲突"，因此为我们提供了通向这种体验的引导线索。随后，我将转向对羞耻的更为细致的现象学分析。

在《精神现象学》中，黑格尔在主人和奴隶的辩证法中处理了生命体验。在这里，未竟的自我意识为了指示出它不仅仅是普遍的生命流中的形式，它以这样一种方式拿它的具体实存冒险：它将死亡展现为一种可能性。假如它的死亡仅仅是生命性的，那么对其自然位置的终结也就意味着终结它自身,重新加入到生命的无尽洪流中去。然而,焦虑出面干预,成了替代的生物性的死亡;它授予确定的实存自身的丧失。在焦虑中,具体的实存者并不将自身体验为确定的存在者,而是将其存在的彻底的不确定体验为一个整体。无须牺牲掉它的特殊形式,它就体验到了对其特殊形式的否定。在这里,焦虑是作为绝对精神的个别自我意识和生命间的交汇点。①

然而,在黑格尔的《百科全书》中,我们对生命和作为个体意识的精神的出现之间的关系有着不同的解释。意识对生命的认识(awaking)被描述为羞耻(而非焦虑、恐惧甚或对那样一件事的愧疚)。羞耻是人类和感性生命之间距离的明证,是某种只有从精神的视角看才被达成之物。正是由于这个原因,黑格尔写道:动物体验不到羞耻。此外,他反思到:人类的羞耻感是衣物的精神和道德的起源;相对而言,对衣服的生理性需求仅仅是次等的问题。生命和精神的距离,以及精神意识到自身是被打上羞耻印记的生命的距离,对于精神而言是至关重要的,即便它不是这样一个问题的终极目标:作为人而存在意味着什么。②

在舍勒的著作中,对羞耻和生命之间关系的提示以一种更为现象学的敏锐的方式而被研究。舍勒将羞耻置于生命和精神的缝隙之中,在哲学人类学的包容性视野之内研究了羞耻,揭示了它的存在论含义。他将羞耻描述为是扎根于生命的无尽运动和人格或精神的有限个体性

---

① G. W. F. Hegel, *Phänomenologie des Geistes*, Hamburg: Felix Meiner, 1952, 特别是 S. 145-150. 此外,通过歪曲生命性的死亡,焦虑能够使死亡提升为精神性的含义。作为一种可能性,表明了"否定性"的力量的死亡就成了自我意识存在的决定性特性。而且,接受了否定性原则(正如它在普遍生命那里被发现的那样)的迅速发展的自我意识制定了它**本己的**否定性原则。这样做时,对普遍生命而言独特的否定性就成了一项对自我意识可能的否定性的意识原则。最终,相对于普遍生命的独特形式,焦虑展示了保持这些具体规定的必然性以及这些规定在否定进程中所具有的本质性的作用。

② 参看 G. W. F. Hegel, *Enzyklopädie der philosophischen Wiseenschaft im Grundrisse* (1830), 第一部分, 第八卷, Frankfurt am Main: Suhrkamp, 1970, 第 89—90 页。

间的张力之中的。事实上，只有经由精神的出现，羞耻才能产生出来。依照舍勒，打个比方说，当我们正在经历一项行为（精神），并且以强调与普遍生命的背景相对的有限存在的人格的（独特的、个体的）质性方式突然转向我们自身时①，羞耻便自发地产生出来。因此，精神、生命的在场以及像不均、失衡和在感觉与断言之间的**人类的不和谐**这样一些对精神性人格和生命的必然性而言独特的事物的在场②都属于羞耻的基本条件和起源。或者换言之，这就是在与较低的同动因相关的努力有关的较高或较深的诸价值朝向之间被体验到的张力③。

当然，并非所有对自身的转向都是羞耻体验。但羞耻是对冲突的体验，亦即，是对本质性的断言以及这些行为和它们的带有具体的和实际的**实存模式**的人格出发点的真正感觉的体验。这也就是为什么舍勒指出：羞耻的首要功能之一就是自我保护。然而，舍勒这么说的意思并不是指免受他人侵害这样一种保护，就像 Gabriel Taylor 使用这个表达④时似乎暗示出的那样，而是对这样一种进程的个体性的保护：通过独特的人格性的朝向而相关于在生命领域中的普遍或共同之物的整个范围。尽管我会在下面更详细地处理这一点，但在这里重要的是要留意到：由于自身的肯定性的价值是在羞耻中作为任何评价的基础而被给予的，行为的否定性的价值是奠基在自身的肯定性价值中的。对某种事物感到羞愧是对这样一种羞耻的回溯性反应：这种羞耻追溯到对自身肯定性价值的保持和保护，在其中，这种价值的丧失一下子就

---

① Max Scheler, "Über Scham und Schamgefühl", in Schriften aus dem Nachlass, Band 1: *Zur Ethik und Erkenntneslehre*, Bern: Francke, 1957, S. 68. Rotenstreich 在他关于羞耻的章节中也对黑格尔和舍勒进行了比较，参见 Nathan Rotenstreich, *On the Human Subject: Studies in the Phenomenology of Ethics and Politics*, Springfield, Ill.: Charles C. Thomas, 1966, 特别是 S. 110ff.
② Max Scheler, "Über Scham und Schamgefühl", S. 69, 145。
③ Max Scheler, "Über Scham und Schamgefühl", S. 90.
④ Taylor, *Pride, Shame and Guilt*, p. 81. 因此，羞耻并不是最为根本的，像 Taylor 所写的那样，"自我保护的感情"，这种自我保护也不是说要在未来避免做某件事情。

被看到了。因此，一切羞耻感都走向肯定性的被感觉到的价值，而绝不走向否定性的价值。① 那么，我们就能总结舍勒那里的羞耻体验了：作为精神和生命朝向间的存在论的张力以及作为个体的独特性和对一切人共同的生命间的人格性的张力。

对吉奥乔·阿甘本而言，羞耻和生命之间的关联也作为基本关切而出现。在这个对羞耻的导言中，请允许我留给阿甘本稍微多一点地方，因为他所描述的主权（相关于此羞耻浮现出来）的结构和在生命政治学语境中被表述的傲慢享有共同的结构。

依靠古希腊人那里在 zoē 和 bios 之间的绝对区别，阿甘本分别描述了，在"基本生命"模式之中的生命，亦即，对一切有生命之物本身独特的生命，普遍生命，以及归属于个体或集体人格，对于那些被限定在政治上的生命而言独特的生存模式的生命。基本生命和被限定为政治性的生命之间的相互渗透最终构成了那种模糊不清的区域，即通过"排外状态"② 而产生的区域。

根据排外状态，阿甘本指的是这样的方式：在其中，通过把基本生命排斥于权力之外，基本生命被囊括于政治学中，借助于它的这种排斥而接受着它的规定（它的包含）。这一点的最主要的例子就是"阵营"③ 现象。阿甘本写道，阵营产生于排斥状态和战争法则。排外状态（以及对生与死的决定）是"主权"的权利。主权合法地被排除于法律

---

① Max Scheler, "Über Scham und Schamgefühl", S. 82, 101, 141, 142.
② Giorgio Agamben, *Means without End: Notes on Politics*, Vincenzo Binetti and Cesare Casarino (trans.), Minneapolis: University of Minnesota Press, 2000, 特别是 pp. 3-12, 37-45; Giorgio Agamben, *Homo Sacer: Sovereign, Power and Bare Life*, Daniel Heller-Roazen (trans.), Stanford. Calif: Standford University Press, 1998, 特别是 pp. 1-12, 15.
③ 参见 Agamben, *Homo Sacer*, pp. 166ff. Agamben, *Means without End*, pp. 37-45; *Homo Sacer*, p. 168; *Means without End*, p. 44: "现在，无秩序的定位（亦即作为永久的排外空间的阵营）符合于无定位的秩序（亦即在此期间法律被中止的排外状态）。"

阵营是处于基本生命和政治的不符之中的这种符合空间，它触及了一切现代的生命，以至于"今日并不存在着这样的所谓民主国家：它不作妥协并忙于大量的制造人类的痛苦"（Agamben, *Means without End*, p. 133）。

之外且具有合法的权力来中止法律的正当性，它能够通过开启对国家法的短暂中止而建立起排外状态。这种排外状态的时间性维度成为基本生命的永久的空间性安排且等同于司法规则本身。

此外，在人类那里的基本生命和政治之物的交汇点构成了作为 homo sacer 的人类。homo sacer，"牲人"（sacred man），是罗马法中似乎矛盾的人，他不会立马成为献祭仪式的对象，但他能够被任何无罪之人杀死，而无须被认定为杀人①行为。

总而言之，活人的人性在基本生命的"政治化"之中被构建。② 因此，排外状态作为主权结构是原初结构，在其中法律关涉着生命，借由中止它而包含它。被禁止的杀人行为（它并不是献祭仪式）既是法外的（被法律所抛弃的），也是合法的，并不作杀人罪论处③。产生出来的就是不确定的区域或者基本生命和政治、这样的生命和一种生命方式的渗透。阿甘本所称为主权结构的东西，在这种排除中且经由这种排除的包括进程，正是傲慢之结构。傲慢和主权（人格性的或是政治性的）具有如此之多的共同之处，这一点难道不奇怪吗？

在他对 homo sacer 三部曲进行注释以及这三部曲之前，阿甘本已经思考了羞耻体验。他写道，普里莫·莱维（Primo Levi）已经展示出，不仅仅存在着关于其他民族的国耻，就像我们可能在马克思那里④找到的羞耻，而且还有一种做人⑤的羞耻。阿甘本在这份早期文本

---

① Agamben, *Homo Sacer*, pp. 71-86, 114.
② Agamben, *Homo Sacer*, p. 8.
③ 阿甘本写道，排外状态的悖论之一就是：在此不可能把对法律的违背和对法律的执行区别开来。因此，他写道，一个在宵禁之时散步的人并不比杀掉他的士兵在这样做时更为违法。(*Homo Sacer*, p. 57)
④ Karl Marx, "From Letter to Arnold Ruge", in *The Letters of Karl Marx*, Saul K. Padover (trans.), Englewood Cliffs, N. J.: Prentice-Hall, 1979.
⑤ Agamben, *Means without End*, p. 132: "正如已经正确地指出那样，今天当我们面对思想的过分粗俗，观看电视节目，面对主持人的面容以及那些愉快地将他们的资历赋予媒体的政治游戏的那些'专家们'的成竹在胸的笑容时，我们所感到的正是这种类型的羞耻。"

之中将要发现的是：不能把羞耻限定为附带性的体验（像是"意大利之耻"），而是必须被理解为当下的**做人的基本（政治）体验**，因此是"主体性的最为情感性的色调"。

在他关于 homo sacer 的论文的第三册《奥斯维辛的幸存者：见证者和档案》中，阿甘本把一整个章节都留给了羞耻问题。① 通过从莱维至海德格尔、卡夫卡、济慈、索绪尔、宾斯旺格等人物，阿甘本编制了一套提示性的分析，他将羞耻刻画为主体性的结构。②

羞耻作为对人的主体性最为基本之物而出现，因为它是对这样一种冲突的揭示：在普遍生命和个体生命的渗透那里，在匿名生命、身体和政治市民的被限定的生命之间始终存在的张力那里，这种冲突浮现出来。基本生命在政治服务之中运作着，它不再具有其专属的特殊领域，而且不再能够和政治相分离；人类仍将他们自己从其本己的基本生命那里区分出来并且在一种包容性的排除中保持了同那种基本生命的关系。对阿甘本而言，这种普遍生命和个体生命的渗透在当下已经是**在政治上被限定的生命**中的基本生命的内涵了。这种内涵或模糊的范围是羞耻的条件，以至于一切生命总已是政治性的，而一切政治生命必然被构成为羞耻。③ 自我丧失和自我据有，奴役和主权都被体验为羞耻，阿甘本写道："因此，在羞耻之中主体除了它自身的去主体化就没有其他内容了；它成了自身无序、作为主体的自身遗忘的见证者。这种主体化和去主体化的双重运动就是羞耻。"④

---

① Giorgio Agamben, *Remnants of Auschwitz: The Witness and the Archive*, Daniel Heller-Roazen (trans.), New York: Zone Books, 2002, pp. 87-135.

② 无怪乎阿甘本认为列维纳斯早期对羞耻的解释是典范性的。

③ Agamben, *Homo Sacer*, p. 8: "因此，政治是作为西方形而上学的真正基本的结构而出现的，只要它占据这样一个入口：在这里生物和逻各斯之间的关系实现出来了。在基本生命的'政治化'——形而上学的卓越任务——之中，活人的人性就显而易见了。"

④ Agamben, *Remnants of Auschwitz*, p. 106; 参看 p. 107. "因此我们就能够提出首先的、暂时性的羞耻定义。它无非就是成为一个**主体**的基本情绪，这个短语有两个明显相反的含义：屈服（to be subjected）以及成为最高的统治者。"

因为羞耻是对担负起人类主体本身的去主体化或非人性的见证的体验，阿甘本就能够将羞耻体验和担负起见证及证明相联，和面对匿名的生命功能①说"我"的个体的言谈或语言的实在性相联。作为一切主体性和意识的潜在结构，羞耻是通过和生物相关的自我揭示而得到表明的事件。因此，正是羞耻表达出对张力的见证，亦即，对人性和非人性的见证，但却是——这一点是决定性的——从我们的被独特的个体性所证明的人性的观点出发的。②因此，羞耻是可能的，因为人和非人之间的同一性是不完整的，即便存在着关于基本生命和政治市民的无差别的区域，也依然存在着允许在羞耻样式中自身被给予性的不符。③同时，通过羞耻对我们自身的发现向我们揭示出一项新的任务，或至少像阿甘本指出的那样，在未被预见或不可预见的人性未来的方向上的忏悔和革命的开启。

借助于这些来自于黑格尔、舍勒和阿甘本的对羞耻的解释，我们对于作为人类的人格体验的基本的和构成性的特质的羞耻体验就有了一整套的引导线索。就让我在这里将它们总结一下。对黑格尔来说，羞耻是对作为精神和生命之间间隔的明证的生命之意识的觉醒；对舍勒来说，羞耻是在人的人格性存在和生命之内在张力的原初体验，在其中个体被转向它自身从而揭示出它的肯定性的朝向，根据它的肯定性朝向，否定性的朝向得到评估；对阿甘本来说，羞耻就是：作为在基本生命和政治的渗透之中的人，面对着我们的非人性担负起对个体主体性的见证和证明。尽管这些思想家中没有任何一位将羞耻仅仅看作是生命现象，但他们确实将羞耻评价为一种在和生命的相互关联中出现的体验。然而，为了让羞耻以他们所指出的基本方式运作，它必须要更为准确地被理解为一种自我揭示的人格模式。

---

① 例如，Agamben, *Remnants of Auschwitz*, pp. 121-123。
② Agamben, *Remnants of Auschwitz*, pp. 128-129.
③ Agamben, *Remnants of Auschwitz*, p. 133.

我将进一步沿着这个方向发展这些洞见，以辨明羞耻体验的意义和结构。虽然羞耻常常是心理分析、心理学和心理治疗著作的主题①，我将从哲学的，尤其是现象学的视角出发去考察羞耻的意义及其本质结构。②

在下面，我将考察作为分裂性体验的羞耻，在这样的体验中，我作为在他人面前的被暴露者而被揭示给我自己。在自我揭示之中出现的且允许我们重新定位自身的羞耻的自我批判的向度也在交互人格维度的语境之中出现，因此我们能够解释无耻现象。正是在这个方面，羞耻对作为主权结构的傲慢进行质疑。这种分析将使我们能够思考羞耻的时间性结构，并且去评价羞耻能否是预见性的，阻止着可耻的行为。

二、分裂性体验：尴尬和羞耻

分裂性体验是对处于诸朝向的差异之中的统一体的体验，在这些朝向中一个朝向比另一朝向更为基本，并且在某种程度上说，是对照另一朝向而被"测定"的。分裂性体验能以不同的方式被施行，在这些方式中，这种在人格层面上的占有就被理解为对分裂性体验的创造性的、"自发"的表露。说分裂性体验能够被创造性地经历也就是说：一方面，这种体验并不必以这样一种方式被占有，它是在人格层面上对生存境域的回应，它即兴地以这种方式而非另一方式被经历到，从

---

① 比如，参见 Jean-Luc Donnet, *L'humour et la honte*, Paris: Presses Universitaires de France, 2009，他结合 Conrad 的 Lord Jim 处理了这种体验。关于对和羞耻相关的心理分析文献的评价，参见 Lewis, *Shame: The Exposed Self*。

② Taylor 在这点上是正确的，他认为：谈论羞耻的不同情况更为重要，但不是羞耻的不同"种类"就好像它会具有不同的结构。现象学纲要的一个部分就是要清楚地表达它们共同的结构。参见 Taylor, *Pride, Shame and Guilt*, pp. 54, 76。

参见 Guenter Harry Seidler, *In Others' Eyes: An Analysis of Shame*, Andrew Jenkins (trans.), Madison, Conn: International University Press, 2000，他从心理分析的视角出发，结合相关于主客关系的基本的现象学朝向，对羞耻进行了透彻的解释。

而先于对要做什么的理性选择这样的层面。一旦被实现出来，这些不同的实现就成了对人格意义而言历史性的先天。我在下面将要处理的一些对分裂性体验的表露是尴尬、羞耻和愧疚。

宽泛地说，对羞耻来说独特的分裂性的维度就是其他人认作"冲突""张力""不谐"或"不符"的那种东西。这并不是说，一切"张力"都会引起羞耻。① 而是说，羞耻是经历到这种张力的独特方式（其他创造性回应之中的一种方式），以至于它能够引起一种重新定位。我的观点是，如果没有诸朝向差异中的统一，羞耻就不会是自我揭示性的。为了给出作为分裂性体验的羞耻的更为鲜明的轮廓，就让我将它和尴尬体验相比较。（我将在下一章处理作为分裂性体验的愧疚。）

尴尬和羞耻都是分裂性体验的种类。分裂性体验能够作为纯然的违背或破裂（一种异常）或是作为更为牢固的竞争或挑战而发生。② 尴尬作为第一种分裂性体验而出现，亦即，作为我所是的和谐的动态朝向的纯然的不合而出现。比如说，我在某人的房子中露面并发现我的袜子破了几个洞，或者当我试着给一群朋友留下印象的时候失足跌倒，只要这些时间仅仅是作为破裂而被我体验到，那么我或许会尴尬。注意到在尴尬中存在着体验中的一种断裂，也就是说，这个事件打断了我的预期，作为对我一般特性的偶然违背而被给出：我经常打扮得很好，但是现在我的袜子破了几个洞；我经常举止优雅，却愚蠢地在朋友面前跌倒在地。

我在尴尬中所体验为分裂的东西仅仅被构造为对另外的和谐的体验流的违背。事件或行为——分裂——作为我之所是的索引而生效，通过某种方式将我揭示给我自己。Taylor 在这一点上是正确的：她观

---

① 例如，参看 Frankl 对职业意义所做的揭示，Viktor E. Frankl, *Man's Search for Meaning*, Ilse Lasch (trans.), Boston: Beacon, 2006, pp. 104-105。

② 参见 Steinbock, *Home and Beyond*, 特别是第三节。

察到比起尴尬，羞耻"更为严重，给人的打击更大"①，只要我们的意思不是刘易斯所坚持的那样：尴尬是羞耻的温和版。② 我在这里要反对的是把尴尬和羞耻放在一起，就好像它们是同样的在量上的连续体，而事实上它们是在性质上判然有别的，即便它们同是分裂性体验的模式。因此，我们需要考察，羞耻"更为严重"能意味着什么。

当被经历到的分裂不仅仅作为违背而被给出之时，也就是说，当事件或行为以某种方式限定着我并危及我的特性的"重建"之时，羞耻作为一种体验就出现了。因此，与我的特性这样的背景相对，事件或行为并不仅仅是作为一种异常而被给予，而是作为从前面的一致那里偏离掉的新的不一致的一致性的出现而被给予的。现在存在着两种（或至少两种）竞争着的存在方式。然而，即是存在着两种存在方式的潜在竞争的秩序，它们也不是在同一个层面上被给予的；一者是作为比另一者更为"基本"的东西而被体验到的。如果没有（1）这种共同被给予性以及（2）更为基本的一方，也就不存在羞耻，而仅仅是几种可选择的存在方式。

不一致的一致性开始使一种新的意义得以建立起来，它对先前的内在的一致性，即人格的"被经历到的目的论"进行质疑；它建立的是一种可能的新的方向，从而使后者与前者针锋相对。一方面，对抗性的事件伴随着对质疑另一者的**足够严肃**而被给出；另一方面，它是如此被给出的，从而它危及了一种更为根本的朝向，随着这个方向我更为均衡地感觉到我自己。③ 这种对"teleoi"的偏离构成了规范性的

---

① 参见 Taylor, *Pride, Shame and Guilt*, pp. 69-75。亦见于 Deigh, "Shame and Self-Esteem", *Ethics*, vol. 2, 1993, pp. 225-226。

② Lewis, *Shame: The Exposed Self*, New York: Free Press, 1992, pp. 81-83。像所罗门所坚持的那样，在这一种"无辜"的感情这方面，尴尬和羞耻及愧疚并无不同。参见 Solomon, *True to Our Feelings*, p. 93。

③ 如果羞耻事件并没有伴随着构成性的反常——违背了被体验到的、被当成是理所应当的人格秩序的背景——意义而被给出——首先存在的并不是羞耻体验。

对比并且能够引起羞耻。

现在，依靠情景，我在上面作为尴尬的例子给出的任何特殊场景也能够引起羞耻体验；比如说，假如我的袜子破了几个洞是我之所是的（令人讨厌的）一部分，或者假如它将我作为未被觉察到的人格而加以揭示。因此，如果它是对我特性的反映（或者说如果它反映出"贫穷"，而由于广为接受的价值贫穷是要被避免的某种东西），那么它就可能引发羞耻。或许它反映出了糟糕的品味或是粗心大意。比如，我的房子很脏，我可能羞于让某人过来，作为我的特性的外在标志，我可能经历到羞耻，而不仅仅是尴尬（或许只是这一次比较脏）。要点在于，如果它与我密切相关，那么我就会体验到羞耻。即使我的房子只是这一次脏，但如果我将它体验为对我自己的表达，我也会体验到羞耻而不仅仅是尴尬。

这就意味着尴尬和羞耻间的差异并不是量的差异；不是说只发生一次或偶然性的发生构成了尴尬。单个事件也能诱发羞耻，只要事件或行为反映出并危及我所理解的我自己之所是。不如说，羞耻是和人格生成相关的质性的独特情感体验。将羞耻刻画为一种创造性地被施行并作为羞耻而经历的分裂性体验，我将更为深入地把它看作是一种自我揭示的模式而进行研究。

三、羞耻作为自我揭示

羞耻是一种在其中我们被转回到我们自己的体验，它被经历为一种与众不同的体验，通过它我们被揭示给我们自己。在这方面羞耻能够被理解为"道德还原"并且能够对傲慢进行质疑。

让我们从西方的亚伯拉罕传统出发，考察一个羞耻的范例。这个传统将羞耻置于"太初"这样的源头之中，将羞耻看作是原初的情感体验之一，它结合我们的更深的可能性定义了成为人意味着什么。让我们回忆一下，羞耻出现在对亚当和夏娃（最初的人）的解释之中，它出现在创世故事——《圣经》的第一卷"创世记"——之中。我的论点是，羞耻并不只是当亚当和夏娃发现他们自己是赤身裸体时的那种身体暴露的事实，而是说，在神圣的上帝面前自我揭示的动力。

当亚当和夏娃吃了伊甸园中心善恶树的果实——这件事是被禁止做的——之后，据说上帝问道，"你们在哪？"这个发问并不关涉空间性的位置（想来上帝是知道伊甸园的局部的位置的）。而是说，上帝是在寻求回应。"你们在哪？"这个问题需要承认人们倾向或朝向上帝的方式。需要留意的是，当上帝询问摩西或亚伯拉罕时，他们立即用"hineni"或"我在这"来回答。换言之，他们直接地倾向上帝，毫无疑问和犹豫。另一方面，亚当和夏娃在上帝那里藏了起来，这也就是说，他们将自己从神圣运动面前移开了，因此（以某种方式）不再朝向上帝。

羞耻是向亚当和夏娃自我揭示他们已经以某种方式远离上帝——不管是否是由于他们行为不负责任，不服从，或者更为根本地说，傲慢。因此，羞耻完全是作为交互人格自我揭示的交互人格现象。在这个例子中，**羞耻告诉了亚当和夏娃"他们在哪"**，以及他们以何种方式倾向（及不倾向）上帝。亚当和夏娃作为背离上帝者而被暴露在上帝面前。因此，"堕落"是背离神圣的"时刻"，它在羞耻体验中被发现。① 如果没有作为自我揭示的羞耻的基本维度，羞耻的其他模式也就

---

① 生命树就是善恶树。亚当和夏娃尚不知善恶。所以不能期望他们在服从的意义上从错误中了解到正确。在亚当和夏娃吃了果实之后，上帝问他们发生了什么。他们没有担负起责任，亚当责怪夏娃，夏娃责怪那条蛇。

在"堕落"之后，亚当和夏娃在彼此面前作为裸体的而显现，在彼此面前被暴露出来，这种在另一者面前暴露的意义表面上看是他们羞耻体验的动机。他们随后就制作出缠腰带来遮盖他们的"裸露"，他们的性器或者说在德语中有时被称为 Schamteil——字面上是"羞耻部位"，要么我们就把它叫作"隐私部位"——的部位。然而，Schamteil 这个词指的是：它们是应当保持为私密的隐私部位，但一旦它向他人暴露出来就包含着羞耻。

对这则寓言的最为熟悉的解释就是：羞耻由我们的私密在他人面前暴露而被引发，它是我对我自己所是的方式和我显现在他人面前的方式间的分离的体验。依照舍勒，这则寓言的核心之处在根本上说是生命和精神间的那种分离或张力。

无关紧要了。

羞耻是一种交互人格性的自我揭示,在这个方面我并不仅仅是作为在另一者面前被暴露者而被给出,而且是作为从另一者那里接受着我自身者。在这种交互人格框架中,亚当和夏娃从神圣那里作为可耻的而被给予他们自身。即使我们能够说他们从神圣(神圣者)方向那里作为可耻的而被给予他们自己,然而在这种返回到初人的羞耻之中存在着人格的创造性维度。因为即使亚当和夏娃体验到了羞耻,依然在根本上朝向上帝以及作为在其上一切迷途被测定的基础的正是他们的"信"。正是从这种潜在的对上帝的定向出发,他们的迷途才被揭示为可耻性的。否则的话,亚当和夏娃就只会是"无耻"了。我将在下面回到这点。①

在羞耻那里的独特的自我揭示在这样一种意义上是"自发性的":它是自行出现的,尽管他并非是我自我地揭示出来的(就像意识在自我反思和自我省察的情况中那样)。羞耻对我进行质疑;它并非我所意愿的某种东西,而事实上是我想要避免的一种体验。它将我保持在对我的作为自我凸显和对他者之抵抗的对他者的主权的仔细考察之中。但正因为我的自由的这一方面作为坚持、抵抗而被质疑了,它并不意

---

① 尽管我确实观察到"西方"和"东方"之间羞耻的某些相似性,但在这篇论文中我并不从"东方"的视角出发去思考羞耻,即便人们能够能收集到某些共同结构(如我们在下面关于预期性的羞耻将要看到的那样),即便东方普遍和羞耻相关。当然,我们能找到丰富的例证,它们都作为羞耻体验而击中我们,从 Dōgen's Schōbōgenzō(参见 Dōgen's Schōbōgenzō, *The treasure House of the Eye of the True Teaaching*, Hubert Nearman [trans.], Mount Shasta, Calif.: Shasta Abbey, 2007。例如,在 "Genjo Koan" "Uji" "Sansuikyo" "Gyoji" "Bukkyo")到《武士道》中的 Taria Shigesuke。但是我不愿还原道元那里的羞耻体验为亚伯拉罕传统中的羞耻体验,而没有觉察到对生成性的洞见和空虚之间的潜在的根本差异。参见 Steinbock, *Home and Beyond*,第四节。而且,借助于这里的分析,我拒绝那样一种老生常谈的、广为流传的"耻感文化"(东方)和"罪感文化"(西方)间的区分。参见鲁丝·本尼迪克特《菊与刀:日本文化模式》(Boston: Houghton Mifflin, 1946)。然而,像扎哈维注意到的那样,有趣的是:据说在中国人那里有 113 种相关于羞耻的表达。参见 Dan Zahavi, "Self, Consiousness and Shame", in Dan Zahavi (ed.), *The Oxford Handbook of Contemporary Phenomenology*, Oxford: Oxford University Press, 2012, pp. 304-323。但对之进行解释的比较性分析要求一项不同的研究。

味着羞耻是非创造性的或者说它并不在人格的范围之内发生。它是创造性的、原初的情感体验（而不是效果）；因此，我必定以这种方式而有所倾向或朝向：我被羞耻所打击。否则的话，我根本不会体验到羞耻。羞耻并不是被引起的；同样的环境设定或许不会每一回都引发羞耻。比如说，它们或许会导致尴尬，或者说作为傲慢之变异的自我失望和自我怀疑。同样，这样不能被归于文化范式之类的差异，因为在同样的文化背景或小的群体中我们能够具有同样的体验变项，而且不同的体验可能出现或者不出现。确实，存在着许多我暴露给他者的情况，在其中我被有疑问的行动或是傲慢情绪等占据，从而我并没有体验到羞耻。

作为自我揭示的羞耻的创造性的人格维度能够使羞耻具有批判性维度；它能够改变我理解自己的方式以及我之所是的方式。和伯纳德·威廉姆斯的结论——羞耻是对"无力"的表达——相反，羞耻是对自我揭示的表达，即使我并不掌控着我被揭示给自己的方式（这并不意味着在羞耻中不存在人格的创造性的内核）。[1] 这也就是为什么自我揭示，尤其是羞耻的自我揭示，总是对我至关重要；我们能够说，它是强烈的。尽管自行引发和自身觉知作为自身被给予性的类型总在自身之构建那里发生，羞耻作为自身觉知的模式仅仅在特定的情况和条件之下发生。[2]

我已经强调了自我揭示中的羞耻的人格性、创造性的维度，现在我要借助在羞耻中被预先设定的肯定性的自身被给予性来阐明羞耻的

---

[1] 然而，我们也能够将这种失控解释为威廉姆斯借其陈述所意指的东西。参见 Bernard Williams, *Shame and Necessity*, Berkeley: University of California Press, 1992, p. 220。

[2] 即便客观上我弄错了我陷入羞耻的情景并作为我在羞耻中所是的方式被揭示给我自己，也依然存在着关于自我揭示的固有真理；对我来说，它依然作为我的对自身的揭示而有其意义。然而，在一种自我揭示中，我可能欺骗我自己。在自身觉知中，存在着体验的不被欺骗的向来我属性，但是也存在着高阶的在其中我能够"出错"的自身觉知。自我揭示能阻止一种自身觉知（比如说，作为矫正性的）并重新定位一种自身觉知。（我将自己觉知为伟大的骑手，但在羞耻之中作为烂骑手而被揭示给我自己；现在我就有了一种不同的自身觉知。）

自我揭示维度,并将羞耻的否定性效价和衰减性的羞耻相区分。

和许多羞耻理论相反,如果没有真正的自爱和肯定性的自我评价,羞耻就是不可能的。当它和傲慢相区别的时候,我们就碰到了真正的自爱现象。简要概括起来:借真正的自爱,我指的是人格性的独特的自身被给予性以及朝向我作为人格(相关地,作为我自身)所能成为的深度。羞耻涉及我们作为人格的所是。如果我们用"宗教性的"这个词所理解的不是对宗教或教义的依附,而是符合神圣方向的爱的动态方向,那么由于我将自己体验为被给予"我自己"(作为固有的相关着的)并且将"爱"体验为向着为我的善本身敞开着的,以及并非是自我奠基的体验。这个朝向对我们可能体验到的其他羞耻模式是典范性的,不管它是政治性的、道德性的、社会的、经济的还是生态学的,它都表现出了这种自我揭示的维度。[①] 因此,舍勒就能够写道,羞耻是一种自爱感,因为羞耻是对指向更高价值的意识的反应,并且同时基于其上较低的价值被朝向。[②] 正是借助于我自己的肯定性的价值,引起羞耻的行为或事件就能够被衡量为否定性的。

此外,根据舍勒,"耻于……"是对羞耻的回溯性反应,像羞耻感一样,它追溯到对人格独特性的保持或保护那里,在其中肯定性价值的丧失一下子就被看到了。[③] 如我们上面所看到的那样,羞耻是一种自我保护的情感,不是在保护自己免受他人伤害这个意义上,而是保护受到行为和环境设定的挑战的我自己的肯定性价值。这也就是为什么我们耻于羞耻的缺乏,以及和忏悔与悔恨不同,羞愧总是失望的自

[①] 参见 Steinbock, *Phenomenology and Mysticism*,第八章。相关于其他羞耻类型,这种羞耻维度是"首要的",或者说,它相关于像愧疚体验是"首要的",这一点并不意味着它在时间上是首先到来的,而是说经由其自我揭示的维度,它对人格是为更根本的。

[②] 参见 Max Scheler, "Über Scham und Schamgefühl", S. 148-149。Hart 在他对羞耻的讨论中也坚持:羞耻总是预设了原初的自爱。参见 James G. Hart, *Who One Is*, Book 2: *Existenz and Transcendental Phenomenology*, Boston: Springer, 2009, pp. 388-351。

[③] Max Scheler, "Über Scham und Schamgefühl", S. 142.

爱时刻的缘故。① 但这也意味着，羞耻能够具有作为人格（个体或集体性的）的重新定位的变换的维度。由于这个缘故，不只马克思，阿甘本也提到这样的事实：羞耻体验是革命的开端（如我们所看到的那样，忏悔是其实现）。②

羞耻作为对真正的自爱及自身的正面价值的体验，作为"'我们自己'的开拓者"③，是隐含的及可能明确的自我批判的基础。因此，羞耻并非原初的就是作为某种断言的自欺形式，而是一种克服自欺的形式。在羞耻那里的心灵的明晰感觉（更准确地说，试图避免羞耻）被欧里庇德斯《希波吕托斯》中的淮德拉所把握到，当她说"我对我所说过的话感到羞愧。/把我挡住吧。我的泪水夺眶而出，/我的面容转为羞耻。/让思想直截了当是痛苦的/但疯狂是一种恶。/最好无知无觉地/死去。"④ 简而言之，正是在羞耻中的肯定的自身被给予性允许我们在重新定位我们自己时成为自我批评的。在这个意义上，羞耻能够将我们的方向给予我们，以至于没有它的话，我们可能会迷失。⑤ 毫无疑问，这也就是为什么在伯格曼的电影《羞耻》的结尾那里，那些（缺乏羞耻的）角色一连数天都被困于广阔无垠的大海中的小渔船上。

四、羞耻的否定性的效价以及衰减性的羞耻

尽管羞耻看到了自身的肯定性价值，它还带有一种潜在的自我批判，以至于羞耻伴随着否定性的效价而被给出。这也就是为什么羞耻总和自我轻视相混淆以及它被错误地、以一种偏否定性的方式被抛弃

---

① 参见 Max Scheler, "Über Scham und Schamgefühl", S. 82, 100-101, 142, 149.
② Agamben, *Means without End*, p.132.
③ Max Scheler, "Über Scham und Schamgefühl", S. 115.
④ Michael R. Halleran (trans.), *Euripides' Hippolytus*, Newburyport, Mass.: Focus, 2001, pp. 244-249.
⑤ 就像道元在《正法眼藏》中所写："他们过去和现在都没有羞耻，糊涂透顶，对佛陀所说的话胡乱解释。"

的一个原因。

羞耻的否定性效价是在一切羞耻体验中固有的,甚至是那些看起来平淡无奇的羞耻体验。让我们假定,我在朋友家看到了他的单车的一套新的比赛轮胎。说到羞耻体验,几种事情可能发生。(1)他告诉我他多么努力地工作来买这些轮胎,我感到羞耻因为我的所有比赛装备都是用便宜的价格或免费从别人那里得到的。(2)我从他的地下室里把他的新轮胎偷了过来,并把它们装在我的单车上。在比赛上,我的朋友看到他的新轮胎在我的单车上;我知道他留意到了它们,但他什么也没说。我对此感到羞愧:我辜负了我的作为朋友之所是,在这个方面,我偷走了它的轮胎。(3)我的朋友看到了轮胎,要求我归还它们,我羞愧不是因为我偷了它们,而是因为我被逮到了:我想道:"你把自己叫作一个贼;你应该对你自己感到羞愧。"(亦即,由于没有成为一个技术更高的窃贼)

像其他一些以更为值得注意的方式影响我们的情况一样,这些例子中共同的是一种不—适(un-comfortableness)、不—光彩(dis-grace)、不—名誉(dis-honor)、不—值得(un-worthiness)、不—自在的体验(being ill-at-ease),在这些抗拒性的倾向并通过这种体验流露出来。这个"不"("dis""un""ill")将羞耻作为被**否定性**价值所染色者而显示出来。当亚里士多德把羞耻定义为相关于坏事的痛苦或困扰时,他可能看到了这方面。①

我用否定性效价并不是指羞耻的目的或结果是否定性的;实际上,它能够产生肯定性的结果,例如当它把正在体验着羞耻的人重新定位到他的或她的,甚至是社会的更深方向相一致的更为整全的生命上。Phil Hutchinson 在这点上是正确的:他并不像一般所认为的那样把羞

---

① 参见 Aristotle, *Rhetoric*, 第二卷第六章, 见于 Richard Mckeon (ed. and trans.), *The Basic Works of Aristotle*, New York: Random House, 1941。

耻仅仅认作是"回退性的"。就像他评述的那样，让其成员承受能够容易避免的贫困的那样一种富足社会是可耻的，这里体验羞耻就不是某种回退性的东西。① 事实上，这种羞耻可能带来这种明晰：将我们向着道德上深重的方向移动。简而言之，存在着肯定性的羞耻结果正如存在着衰减性的和毁灭性的结果一样。但这不应被简化为：否定性的效价是羞耻所固有的。

在这里，这种否定性对于在羞耻持续期间我体验羞耻的方式而言是独特的。无论情况是什么，我都体验到了一种不适。确实，羞耻是"不"—适的，因此是"不"—快的等，我并不**想**体验羞耻。即使它能够是有益的，即使它能够在肯定性方向上引起自我批评，我也不欢迎羞耻。因此，我们想要避免羞耻，**即便它并不必然被避免**。这就是我所指的它的否定性效价。羞耻的否定性效价对羞耻感是如此本质，以至于没有这种隐含的、整全的否定性倾向，它就不能被体验到。即使某人要求我们，我们也不乐意体验到羞耻，它就是我们寻找的那种独特的不适或否定性。

此外，在羞耻体验之中发生的否定性效价并非原初地从反思性的自我评价或自我判断之中产生。和 Leon Wurmser 相反，这种否定性的效价**先于**否定性的自我判断而发生。② 面色通红，眼睛向下，头部低垂，一言不发，把脸藏在别人身后，有被揭露的感觉，身体动作上的逃避，渺小感——这些都是先于积极的自我评价而发生的羞耻的身体表达。③

当然，对自我失望或者自我批判可能反思性的、在羞耻事实之后

---

① Phil Hutchinson, *Shame and Philosophy*, New York: Palgrave Macmilan. 2008, pp. 146-147.

② Leon Wurmser, *The Mask of Shame*, Baltimore: Johns Hopkins University Press, 1981, pp. 41-44. 当 Taylor 提及不利地评判自己以及羞耻作为"自我意识的复杂类型"时，她正是沿着这个方向前进的。参见 Taylor, *Pride, Shame, and Guilt*, pp. 61, 67, 68。

③ 在羞耻中我并不是"顽固的"，而是作为面红耳赤的恳求者在他人面前出现。关于羞耻中的脸红，参见 John T. MacCurdy, "The Biological Significance of Blushing and Shame", *British Journal of Psychology* 21, 1930, pp. 174-182。

出现。但那种在羞耻中产生的被体验到的"不"或否定性评价是**以某种独特的方式作为我被揭示给我自己而出现的**。随后我可能批评我自己、对自己失望、怀疑自己或着手去述说羞耻,等等。[①] 这种否定性效价在某种程度上联结羞耻体验和愧疚之物,在很大程度上也将它和傲慢之类的体验区别开来。例如,我们看到在傲慢中(像是对某事骄傲、自尊、自满、自信这样的相关性现象)我的体验被肯定性的效价所染色。甚至当行为违背共有的社会规范或期待时,像非法窃听、抵制工会、贪赃枉法,如果我为我所做的事感到骄傲,那么体验就伴随着肯定性的效价而被给出。

衰减性(debilitating)羞耻是羞耻的独特种类,它既没有耗尽羞耻的意义,也不能被还原为羞耻的自我揭示、自我批判的特性,尤其是羞耻的否定性效价。这一点可能被反对:如果羞耻能够是衰减性的,我们可能需要用更为中性的术语"自身觉知"而非有更为肯定意义的"自我揭示"来解释羞耻。然而,我的观点是:不管自身是以相对于肯定性的自我批判而在此的方式还是以衰减性的方式被"给出",不管它源于有序还是无序的心,在羞耻中发生的事情都是一种对**非中性的自身的揭示**。[②] 我以这样或那样的方式被揭示给我自己,我严肃地对待它(客观地说,不管是否正当,都看作正确的),在羞耻体验中我在他人面前被抛回到我自己。事实上,如果我不能以肯定性的方式**被揭示**给我自己,如果我没有作为**被揭示**给我自己者而随着重要性和真实性体验到我自己,羞耻就不会是衰减性的。因此,羞耻并不是在自动情感中的中立的自身觉知或在"低阶"的自身觉知[③];而是一种自我揭示。

[①] 不同于 Michael Lewis, "Shame and Stigma", in *Shame: Interpersonal Behavior, Psychopathology, and Culture*, Paul Gilbert and Bernice Andrew (ed.), New York: Oxford University Press, 1988, pp. 126-127。

[②] 我认为这点很有意思:James Hart 颇为自发地使用"揭示"这个表达或者在羞耻的语境中向着自己的揭示。参见 James G. Hart, *Who One Is*, Book 2: *Existenz and Transcendental Phenomenology*, 尤其是 pp. 388-351。

[③] 依照阿甘本,自动感情对羞耻的类比,而不是羞耻的定义。参见 Agamben, *Remnants of Auschwitz*, p. 110。

这也就是为什么羞耻首先能够是衰减性的。

依照舍勒，衰减性羞耻从我们可能叫作"无序之心"的东西那里产生出来。① 在衰减性羞耻中，我通过价值的扭曲而被给予我自己，不管就他人还是我自己而言。在情感或身体性滥用的例子中，在规定价值典范（经济、社会、政治和身体性）的文化霸权主义中，被给出者是自身和他者的"无序"规范。有着暴虐父母的孩子、语言面貌和穿着打扮都不同的外国人、穷人，还有其他的一些人可能忍受着由价值之无序引起的预期的和内在的低落的自尊，它起源于他人的恨。② 然而，伴随着衰减性羞耻的问题并不是羞耻，而是有其根基的无序之心。③（由于谦卑和羞辱间的普遍的和未被发觉的混淆，在下面关于谦卑的章节中，我会处理属于衰减性羞耻的羞辱体验。）

在涉及无序之心的地方，我能够（a）以认识到它本身这样一种方式体验到无序，或者说（b）我能够在无序化不可见的或无序化成为规范的地方，将它体验*为*无序性的。马克思对类本质异化的批判给出了这种无序化的一个出色的例子。在这个例子中，精神性价值（创造性、自由）对生命价值（谋生）、使用价值甚至商品的从属到了这样一种程度，以至于人们"心甘情愿地"为后者而牺牲前者。这种扭曲锁闭了能作为价值而显现者，限制着另一者的生成，因此转向恨的而非爱的普遍方向。这种无序之心能引发衰减性的羞耻。简而言之，对于衰减性羞耻而言，我无法在一种开放性的共同存在之中忍受他者，因为它

---

① 参见舍勒，"Ordo Amoris"。舍勒的无序之心的观念以一种不同的方式符合 Johnston 和 Malabou 的论点：感觉能够不同于它们经由人格对它们的拥有而被接受（或误解）的那样。他们声称，这是心理分析的基本功课之一。

② 当 Helen Block Lewis 写羞耻是"低自尊的情感—认知性状态"时，她或许指的就是这点，但这么做就把羞耻削减为这种运作了。参见 Helen Block Lewis, *The Role of Shame in Symptoms Formation*, Hillside N.J.: Lawrence Erlbaum, 1987, p. 39. 也见于 Jane Middelton-Moz, *Shame and Guilt: Masters of Disguise*, Deerfield Beach, Fla.: Health Communications, 1990。

③ 参见 Lewis, *Shame: The Exposed Self*, 特别是第 8、第 9 章。

关闭了交互人格的关联。

衰减性羞耻可能具有许多源头。比如，其他我信任或爱着的人可能会强加一个任何行为据其得以评定的、错误的或有害的"自我形象"。依靠作为精神病医生所搜集的证据，James Gilligan——James Hart 追随他——坚持：最为暴力的（尤其是那些和精神病理学相关的）罪行都出现在那些由于童年时期被侵犯而感到深切的羞耻的人身上。① 当不存在这种卑劣的"缘故"时，他者能使我感觉到卑劣，或者他无法将我从"卑劣"中解放出来，不管它是现实的还是虚假的，以至于我不再能在他者或自己面前为我自己进行辩护（或被辩护）。② 这就是为什么我们将衰减性羞耻看作是"无凭无据的"甚至是悲惨的。

在衰减性羞耻中，羞耻的潜在的自我批判维度被削减为自我毁灭并可能导向自我憎恨。例如，在一篇关于种族骄傲的论文《论对自己感到羞愧》中，W. E. B. Du Bois 写道，经由种族主义的内在化并最终通过教育和社会地位之类的东西，"有色的美国人"直接或间接地为他们自己感到羞耻。尤其是，他指出上层的有色群体不想在白人面前被"未受训练和没有文化的有色民族"代表以及被他们所误解的动因。他写道，这揭示了这些情况的"隐秘羞耻"：被认作和那种人们无法掌控的人相等同，以及最终揭示出非自己所是者的爱的类型和随后的成为自己的羞耻。③

我曾提到过，这产生于无序之心，因为向着肯定性的自我批评回应的方向——至少是在宗教、伦理或"本体论"的记录中——而移动的羞耻之前提是另一个充满爱意的人或善人。在衰减性羞耻中，我必

---

① 参见 James Gilligan, *Violence: Reflections on a National Epidemic*, New York: Vintage, 1997, pp. 48-65。也见于 James G. Hart, *Who One Is*: Book 2: *Existenz and Transcendental Phenomenology*, pp. 347-351。

② Conversation with Claudia Welz.

③ W. E. B Du Bois, *The Oxford W. E. B. Du Bois Reader*, Eric J. Sundquist (ed.), New York: Oxford University Press, 1996, pp. 72-76.

须评价另一者所具有的我的价值范型，并以某种方式将它作为我的而接管过来，从而它成为我借之来衡量我自身者。当衰减性的羞耻从另一者那里产生时，通过爱的颠倒，即恨，羞变成毁灭性的或自我毁灭性的。当导致自我憎恨时，预先设定了真正自爱的羞耻就是衰减性的。

然而，将羞耻限定为衰减性之物对不同的文化和不同的宗教及文化语境而言可能是不同的。例如，尽管在西方我们可能会将导致自杀的羞耻称作是衰减性的（比如说，由于它是对个体人格的生命的终止），对于日本武士而言（在那里共同体的更为伟大的荣誉起着作用，并且处于更为广阔的轮回转世和生命的易逝本性这样的更为广阔的语境之内），导致仪式性自杀或切腹的羞耻并不是衰减性的。相反，它是超越的个体荣誉和勇气的证据。

然而，我涉及这点的主要观点是：不将被称作衰减性羞耻的单一的羞耻形式还原为羞耻的一切方面。从现象学上讲，我们必须将在羞耻中被体验到的、在一切羞耻中被体验为固有性的否定性效价同能由无序之心产生的衰减性羞耻区别开来。

尽管羞耻的缺席和无耻这样一些话题潜在地归属于对作为自我揭示模式的羞耻的讨论，但我将在他者在羞耻中的作用之后的那个部分着手对这些话题的讨论。这是因为对体验无耻的恰当理解要求将其定位于第一人称的复数性交互人格的语境之内。

总结：羞耻作为道德还原。请让我总结一下迄今为止羞耻所起的作用。羞耻在其核心中就是奠基于自爱的肯定的被给予性，而且在本质上不能等同于羞耻的衰减性变异。在羞耻中（从另一者那里）我受到质疑了，这种"受到质疑"就是自身揭示性的。尽管"受到质疑"作为羞耻的否定性效价而被感觉到，我同时以批判和肯定的方式被给予自己。只要一种方向或存在方式经验性地被质疑，它就是批判，只要后者基于作为我之所是的"根源"方向而发生，它就是肯定。这种体验统一体中的张力或分裂，作为由外部所激起者，构成了一种**自身**

被给予性；在这种自身被给予性揭示给我之所是之处（甚至违背我的意愿或喜好），**我在另一者之前被转回到我自己**。准确地说，这种羞耻是自我揭示的、自我开放的，而不是自我掩饰的或自我限制的。在羞耻中，我被"还原"——现象学的意义上——为我自己（myself），作为在另一个人面前的人。

以这种方式，羞耻能够质疑傲慢并用作肯定性的自我批判（如我们所看到的，可能导致忏悔），即使作为一种创造性的浮现（creative emergence），它也不必须被专用为积极的自我批判。在这里，这种"能够"并不是抽象的可能性，而是说它能够引起这样一种感觉：在其中作为一种人格的道德情感的羞耻作为一种像与他者一道存在的表达性/变换性模式一样的非中介的经验类型而出现。最后，即使羞耻不是"我"在积极感觉中实行的东西，这种我感觉到的、降临到身上的羞耻依然是创造性的、原初的和创生性的回应，它产生于人类人格的本质性内核。否则，我不会体验到任何张力；也不会存在着某种关于我自己的、能坚持体验到这种分裂的东西；否则，就只会存在着羞耻的缺席或我们能认作无耻的东西。

五、羞耻和他者性

到现在为止，我将羞耻刻画为分裂性运动的体验，通过以具有宗教、精神、道德、认识的含义的方式我被揭示给自己。许多哲学史上的人物也认识到羞耻的基本的社会性维度。简单总结起来：对亚里士多德来说，羞耻发生在那些我们所崇拜的、其意见对我而言至关重要的人面前[①]；笛卡尔将羞耻理解为出现在他人观点面前之物，即使它是

---

① Aristotle, *Rhetoric*, 第二卷第六章。

奠基于自爱的悲伤①；在斯宾诺莎那里，羞耻被理解为来自外界的自尊感的减少②；康德将羞耻看作是源于与我同时代的人的注意的焦虑③。

尽管这些以及其他的人物都潜在地指出了羞耻的社会性维度，然而让我（a）通过两个当代的羞耻的社会性维度的例子来考察它的社会特性，第一个来自于萨特，第二个来自于列维纳斯。我之所以强调这两个人是因为他们都给出了公认的羞耻的经典例证并且都——在不同的含义上——将羞耻定位于社会生存的维度之内。接下来我（b）将讲出不同的他者性模式，最后（c）考察交互人格羞耻的现象。④

羞耻的社会特性。尽管在亚伯拉罕传统中"堕落"是对作为神圣者面前的来自神圣者的指向性的颠覆（在那里对这种分裂的［自我］揭示是羞耻），对萨特来说，原初的"堕落"是他者本身的实存。这是因为：对他来说，他者是对我的自由可能性的潜在限制，使他者成了我的羞耻的存在。⑤

对于萨特，羞耻体验不可被还原为作为对象的我的身体的暴露，或者某种像在他者面前显现为赤裸的东西。不如说，羞耻作为我的自由被对象化这样一个问题而产生。我被还原为存在，而在那里我的身体存在只是另一个普遍存在的例子。根据萨特，即使我显然通过

---

① René Descartes, "The Passions of Soul", in *The Philosophical Works of Descartes*, article CCV："相反，羞耻是一种悲伤，它也在自爱那里被找到，它先于理解或是我们所具有的对被责备的恐惧；除此之外，它是一种谦虚或谦卑以及对自己的不信任。因为当我们如此看重自己的时候，我们不能想象自己被任何人所蔑视，我们不会轻易羞愧。"

② Benedict de Spinoza, "Ethics", in *On the Improvement of the Understanding, Ethics, Correspondence*, R. H. M Elwes (trans.), New York: Dover 1955. 参见 part 3, prop. 2, def. 3, prop. 9, prop. 30, prop. 89。

③ Immanuel Kant, *Immanuel Kant's "Anthropologie in pragmatischer Hinsicht"*, Lepizig: Immanuel Mueller, 1822, 76 节。英文译本 *Anthropology from a Pramatic Point of View*, Robert B. Louden (ed. and trans.), New York: Cambridge University Press, 2006, 76 节。

④ 参见 Lisa Guenther, "Shame and Temporality of Social Life", in *Continental Philosophy Review* 44, no. 1, 2011, pp. 23-39。

⑤ 参见 Satre, *L'être et le néant*, pp. 310-311; *Being and Nothingness*, p. 354。

他者而在"意识到……"这样的意向性的指向性中生活,"我的"自由也被具体化了,正是羞耻向我揭示我是这种存在,**在它自身中**(in-itself)。① 我在他者面前对我自己感到羞愧是因为我体验到了彻底的分裂,亦即我将我自己(我的自由)意识为逃离我自身及作为对象而被给出——由他者带来的分割。② 萨特称,他者并不是我的羞耻的客观性条件,而正是它的存在。③ 我并不羞于我之所是,而是羞于我在。

羞耻的动力或许在任何地方都没有像在萨特的典范性的"钥匙孔"例子中那样明显。我通过钥匙孔偷窥并在门边偷听,突然我听到了走廊的脚步声,同时察觉到某人正在观察着我(它是非质料性的,无论是真的存在着某个人,或是仅仅是我假想出来的)。对于萨特,羞耻是自我揭示性的,因为它"向我揭示出他者的注视,以及这种注视尽头的我自己"④。"羞耻是对这样一个事实的**认识**:我确**是**他者所注视和评判的对象。只有当我的自由逃离我以成为一个给定的对象时,我才能是羞愧的。"⑤

萨特解释的有问题的方面既不在于他抓到了两个我自身之间的我的体验的分裂这个事实,也不涉及我对我自己所是的方式以及我向着他者的暴露。而是说,有问题的是他的僵化的本体论的二元论,它让

---

① Satre, *L'être et le néant*, p. 308; *Being and Nothingness*, p. 351. 萨特写道,羞耻是"这样一种感觉:最终在他者那里成为我之所是"。*L'être et le néant*, p. 314; *Being and Nothingness*, p. 358. "而且我之所是者——原则上逃离我者——只要他逃离着我,我就是在世界之中的。"*L'être et le néant*, p. 310; *Being and Nothingness*, p. 353. 这和奴役或者我一切可能性的异化不同,也和恐惧或是在他人的自由之前陷入危机的感觉不同。*L'être et le néant*, p. 314; *Being and Nothingness*, p. 358.
② Satre, *L'être et le néant*, pp. 306, 319; *Being and Nothingness*, pp. 349, 364.
③ Satre, *L'être et le néant*, p. 319; *Being and Nothingness*, p. 364.
④ Satre, *L'être et le néant*, p. 307; *Being and Nothingness*, p. 350.
⑤ Satre, *L'être et le néant*, p. 310; *Being and Nothingness*, p. 352: "羞耻——像傲慢一样——是对作为本性的我自己的理解,尽管这种本性逃离了我,但是它本身是不可知的。严格地说,并不是我觉察到我自己失去了我的自由以成为物,而是我的本性就是——在外于我的被体验到的自由之处——作为这种我对于他者之所是的存在的属性。"参见 Satre, *L'être et le néant*, p. 307; *Being and Nothingness*, p. 350。

他错失了完整的羞耻现象。假定我在另一者面前体验到了羞耻,我可能探求引发羞耻的他者的不同经验,但这并不是在它的"主体—客体"本体论中展开的。如果情况如此,那么羞耻就无法被还原为他者的存在。我想要探求的是羞耻可能作为交互人格(而非主—客)的现象而被给出的方式。

让我们思考一下下面的例子。假定我是一个年轻的、天赋异禀的数学家,我用了很短的时间就出类拔萃了,但现在我觉得没有必要去发展那种能力了。完全可能的是:另一个人——父母、老师、导师、爱人——完全在我之所是这方面(并不是以像"我打算改变你或让你变得更好"这种屈尊俯就的方式)接近我。这个人格,比如说,指示、同情、无条件的爱,可能展示给我我之所是,从而我自己看到了:我已辜负了我之所是或我之所能是。在他的充满爱意的、洞见性的、同情的态度中,他或许比我自己更深刻地了解我,透过他的眼睛,我依照这种动态意义的我之所是来测定我所做过的事,我被要求成为我之所是。考虑到我过往和现在的行为,我可能经验到羞耻,不是因为我作为诸事物中的一样而被置于世界之中,成为我自己的对象,体验着我的作为逃离着我的自由。而是首先,我通过他者体验到我的作为我之所能成为的自由,并且我对此感到羞愧:我没有做只有我力所能及之事。①

以这样一种方式,另一个人把我向我自己揭示为超越于我现在之所是,并且以此方式从这样的视角出发引发了羞耻体验:在某种意义上是我之所是,在另一种意义上,超越了我之所是,我是以及我还不

---

① 当我体验到羞耻时,我体验到了他者(对我)的期待,无论这在客观上准确与否。从现象学上看,我们并未举出另一人格是否真的对我们有所期待,而是说,为使羞耻成为和体验相关的东西,我必须体验到他者的期待。比如说,我不体验他者的记忆。但我确实体验他者对我的期待。重申一遍,这不是说我体验到了他的体验,而是说在羞耻的情况中,我体验到了他人那方面的期待(无论我对此是否在客观上是正确的)。

是。它是一种被经历到的分裂,产生出羞耻,但却是在交互人格的而非主—客的联系之中。①

显然,羞耻的交互人格和道德维度在列维纳斯的著作中涌现出来。在其主要著作之一《总体与无限》中,列维纳斯坚持认为羞耻的规定源自和我的任意自由相关的他者的被给予性。②

一方面,主体是正在进行的自由实践,(通过享乐、使用、理解等)掌控世界的权力。主体只是在力所能及之处行事。在它无须任何辩护就能被实行这个意义上,这种自由是非正当的,由于这种源于我自己的(其唯一的依靠就是自身的)自由无须任何"外在的"辩护,故它也是不正当的。借助于自身,这个主体既不是正当的也不是不正当的。③ 在这里,前提是:自由和掌控的实行是一种同(在公开模式中的)事物的关系,从而主体不是正当的、非正当的或公正的。在这方面,我作为"存在论的孤独"而在,我的自发的自由是"素朴的""无辜的"。

另一方面,作为独立于任何他者的自由之规定是抽象的,因为我

---

① 这并不是说这种交互人格的联系会引发羞耻。这可能不会发生。或者,准确地说,这种"我—你的照面"由于相关于另一者的接受性、开放性的态度可能只引发了尴尬。我可能在意味受尊敬的音乐老师面前弹错了一个音符并感到尴尬。事实上,有趣的是:常常当一人弹错音符时,音乐家或者学生将会自发地道歉。这么做可能来自于两个动因:其一,这对音乐不公平,其二,这可能"冒犯"了听众。

② 尽管列维纳斯确实在《总体与无限》中述及了他者羞于其赤身露体,这也就是说,作为来自公开的被揭示和赦免的脸的裸露。《总体与无限》中的解释不同于在 De l'evasion 中给出的羞耻解释,后者将羞耻限定为交互主体体验。列维纳斯将羞耻描述为将自身发现为依附于自身的那种体验;它表达出了和存在整体的彻底亲密和逃离这个在场的能力;它是对被当作是常被设想之物的体验,但却是作为不可能设想它的体验。这种在羞耻中显露的主体性自身的结构后来被列维纳斯称作是某种"存在论的孤独"。参见 Agamben, *Remnants of Auschwitz*, 104-105; Emmanuel Levinas, *De l'evasion*, Paris: Fata Morgana, 1979, 特别是第五、第六节; Emmanuel Levinas, *Le temps et l'autre*, Paris: Fata Morgana, 特别是 pp. 17-44。

③ Emmanuel Levinas, *Totalité et infini*, The Hague: Martinus Nijhoff, 1961, pp. 55-56, 58. English translation by Alphonso Lingis, *Totality and Infinity*, Pittsburgh: Duquesne University Press, 1969, pp. 83-84, 86.

总已经是道德性人格。对于列维纳斯而言，具体地在他者的脸中，我的自由作为**道德上卑微**之物而具体地显露出来。通过这种他者的被给予性，我作为一种在他人面前的不正当的和不公正的自由被抛回到我自身：我不能在他者的脸中辩护我自身，我对自己的占据。这种对**不正当**的卑微体验——在他者面前列维纳斯称之为"道德上的卑微"——就是**羞耻**体验："因此这种经由无限的完美去衡量自身的方式不是理论的考虑；它作为羞耻而被实现。"①

因此，羞耻是道德意识的开端，因为它是对他者的欢迎，而这就质疑了我的自由。②在结构上而非时间上，作为我的自由素朴的依照在世界之中的对事物的掌控而运行（揭示），它立刻面对着那抵抗着这种占据的东西，因为只有他者才**不同地给出他或她自己**（揭示）。③

羞耻**在**这样的**自由**中产生：它**通过**欢迎将他或她自身强加于我的他者而感觉到了它自己的任意。列维纳斯写道："我的任意的自由在注视着我的眼睛那里理解到了它的羞耻。"④通过将我自己、我的自由指示为"非无辜的"和不正当的，羞耻等同于被他者所引起的——的确，它不可能源于我——对自身的批判。"当自由不再被自身所辩护，而是感觉到它自己是任意性和暴力性的，道德就产生了。"⑤被他者所引起的羞耻是对 tzedekah——公正、正义、慈善——的邀请。

不同于 Micheal Lewis，我们必须说：**通过**被暴露给他者，我被揭

---

① Levinas, *Totalité*, p. 56; *Totality*, p. 84.
② 参见 Levinas, *Totalité*, pp. 55-61; *Totality*, pp. 83-89。"能羞于自身的自由构成了真理……"因此，揭示（他者的被给予性）构成了对客体（或对作为客体的另一者）之揭露。
③ 他者（作为脸，作为上帝的踪迹）而被揭示，而不是（作为事物语境中的有意义之物）被揭露。在某种程度上，它纵向地侵入来自"上天"之揭示的视域性的世界。在他者之脸那里，我能够将我的自我占据——我的自由——发觉为"在这种实行中残忍的"，因为它最初的冲动就是发现作为物的"他者"，并借助自我占据而侵占着它。而在他者作为对话者、作为我不能施加权力者、作为我无法杀戮者被给出和揭示之处（在列维纳斯成为"对话"和"渴望"之物那里），我体验到了羞耻。
④ Levinas, *Totalité*, p. 230; *Totality*, p. 252.
⑤ Levinas, *Totalité*, p. 56; *Totality*, p. 84.

示给我自己,在这里,这个他者可能是(但不必然是)一个具体的他者。① 因此,和 Guenter Seidler 所持的观点相反,羞耻并不出现于**我的界限被侵犯**之时(比如,被暴露给另一者),因为羞耻是一种交互人格现象,而非仅仅是主—客现象。② 简而言之,借助在羞耻中在他人面前的暴露,我们并不是指我在他人面前暴露这样一个纯粹的事实;而是说,它涉及我作为被暴露的另一者而给予我自身的方式,因为如我们上面看到的那样,我也在羞耻的自我揭示中从另一者那里接受着我自己。③

他者性的模式。在羞耻中存在着许多自明的羞耻维度,这种他者性无须是具体的他者。在羞耻中在他者面前的暴露能够形成于神圣者及像导师、父母、压迫者的另一个人的人格性的在场中;或者像我们在下面将要看到的那样,他者性能在如家庭、社会团体或组织这样的集体人格体验中被给出。另一方面,羞耻能在社会规范的在场中,甚至借助于匿名的他者(例如,在摄像机镜头之前)而发生。④ 我体验到了由他者之期待或在被接受的社会规范的语境中而引发的羞耻。⑤ 同样的羞耻类型将适用于人格或社会缺陷的体验。正是在这种语境中,对

---

① 参见 Lewis, *Shame:The Exposed Self*,以及 Taylor, *Pride, Shame and Guilt*。
② Seidler, *In Other's Eyes*, p. 260.
③ 尽管他并不精确地诉诸这些术语,但我相信扎哈维会同意这个分析,只要他声称内在于人格的羞耻奠基于交互人格性的羞耻。他的观点是(内在于人格的)抛回到我自身是对羞耻的不充分的刻画。参见 Dan Zahavi, "Self, Consciousness, Shame", pp. 319-320. 对我而言,羞耻的自身揭示特性是交互人格性的。
④ 但这种匿名性是次要的。像 Deigh 指出的那样,在没有非连续的和稳定的目标以及借之衡量自身的范型的情况下,儿童也能体验到羞耻。参见 Deigh, "Shame and Self-Esteem", in *Self-Evaluation: Affective and Social Grounds of Intentionality*, Anita Konnzelmann Ziv, Keith Lehrer & Hans Bernard Schmid (eds.), Dordrecht: Springer, 2011, 特别是第六部分。
⑤ 例如,至少在西方,一个人会对公开哭泣感到羞耻。但只要哭泣被觉察为脆弱和软弱的标准,进一步说,这并不被评价为是男子气概的事情(粗陋和粗暴的男子气概的"标志"——"万宝路人",几乎不会被看到哭泣),它就不是哭泣。在另一个极端,如果万宝路人想要被觉察为敏感的,或者说如果敏感和同情被万宝路人所重视,哭泣就不会被体验为羞耻性的。奥德修斯也为哭泣而感到羞愧。

贫困的羞耻能作为可能性体验而产生——在那里不贫困是一种可能和"努力工作"、财富积累、社会身份的骄傲等特质相连的社会价值。

但羞耻也能够在作为另一者的我自身的面前发生。我作为另一者被暴露给我自身的原则性方式就是在我面对着作为职业性自身或大写的"我自身"①的我自身的情况之中的。作为职业性的我自身在这种意义上是"另一者"：它是我自身，但却是作为**被给予着我**的，因此是作为我而接受着我自身。我作为被给予我自身者而立于我自身之前。

这个"我自身"是对宗教、社会学、心理学意义开放的，即，是作为从外部自身接受着自身者。因此，就衍生出，这个我自身能作为职业性或专业性的我自身而发生，在其中"我"通过他者而被给予自身，这些他者给了我这种角色或功能，我对他们负责，或者说他们给了我他们的信任，对我实行我的角色抱有恰当的期望（比如说，作为公共的政府官员、警官、教师，或更为普遍地，作为有同情心的人类）。当我不符合这些期望或没有达成这些合适的义务时，我可能经验到羞耻。②此外，作为另一者的我自己也能够更为普遍地借助于人格范式，即最佳的自己而被分析，以及借助专业而被不同地分析，只要它涉及我所理解的我自己之所是：父亲、母亲、艺术家、运动员，甚或是窃贼。③因此，如果我不或者说不能够养家糊口，或者更为一般地说我不或不能表现得好，我能体验到羞耻而不仅仅是尴尬。

如所提到的那样，我被暴露在其之前的他者性可能也是非人格的。例如，在社会规范以及诸如此类的东西面前，甚至像舞蹈、音乐、雕塑的艺术性媒介这样的"物自身"面前都能体验到羞耻，借此，羞耻会通过不进行（not doing），例如合理地跳舞，而产生。以这样的方

---

① 这是我在我的尚在筹备的 *Vocations and Exemplars: The Verticality of Moral Experience* 中所处理的一个问题。
② 例如，也可参见 Taylor 在 *Pride, Shame, and Guilt*, p. 58 中所做的讨论。
③ 就像在 Robert Bresson 的同名电影中那样。

式，我或许会体验到关于达不到我试着去做成之事的羞耻，即使没有人真的看到我已经做了或没有成功地做成。①

交互人格的羞耻。羞耻并不只是关涉个体性之物，羞耻也不仅仅是一种发生在另一者之前意义上的交互人格现象。带有社会和政治意义的羞耻在这样的意义上是交互人格性的：它能够以同时性和生成性的方式被分享以及共同体验到。比如，作为美国市民，我可能为引起所谓的"先发制人"的伊拉克战争而体验到羞耻，即使作为个体我是反战的。作为一个人，我可能会为广岛和长崎的爆炸羞耻，即使这件事发生时我还没有出生。面对由石油泄漏引起的墨西哥湾区和非洲海岸的生态环境的灾难性破坏，我在使用石油产品时可能会羞耻。在这些例子中我能体验到羞耻的原因必定和相关于他乡的家园的构成有关。②

关于羞耻的产生，我不得不挪用——无论是隐含地还是明显地——这一意义：它来自于特殊的共同体或传统，不仅仅将这个"家园"体验为"我们的世界"，而是体验为在其中我起着构成性作用的**"我们的"**世界。它不仅仅是我出生在这个群体、文化、家庭等这样一

---

① 我们能举出在他人面前提交论文的例子（感谢 Christina Gould 提供的这个例子）。亦可参见 Teroni 和 Deonna, "Is Shame a Social Emotion?"，他们用了相似的例子。在这样的情况中，人们排除了"外在的"他者（在那里分裂的明显源头将会是自身或他者这样的东西）的问题。事实上，我们能够想出这样一个例子：我甚至不关心他者或者他们所想。将这个例子推向极端，我关注的一切就是我自己以及我对自己显示的方式，例如，在通常的傲慢的表现那里。

我依然体验到羞耻，但现在在场的他人被排除了，也就是说，不在羞耻体验中发挥作用。在我的作品中，他们并不失望：事实上，他们甚至不是中立的。他们对此感到愉悦；打个比方说，那甚至超过了他们的要求。这也是有趣的，因为在这个例子中，羞耻不是满足要求或不满足要求的问题。（我满足他们的要求，满足他们的期待，我甚至超出了他们的要求。）这点是正确的：不同于羞耻，愧疚可能由于我对他们的"亏欠"而不仅仅是他们的期待超出了他们所要求或能要求之物而产生。虽然我仍然羞于他者的评价。我可能感到羞愧，因为尽管他们不知道，但我让他们失望了。由于我糟糕的努力，我让他们误入歧途了，他们的愉快只让这点更加糟糕，因为现在我也对他们的误入歧途而愧疚并负有责任（他们认为像这样的工作是好的）。这点让我更加羞愧了。我对此羞愧：它以这样的方式来到他们之前，并且我在自己之前羞于"我自己"。我或辜负了上帝，我或许辜负了我职业性的自身（作为被给予自己的自身）；我或许辜负了我对自己的期待，我的老师、苏格拉底或者哲学意义。

② 参见我的 *Home and Beyond*，特别是第四节。

个事实，而是通过恰当和不恰当的过程使它的价值、意义成为我的一致的、完满的、典型的、熟悉的"家园"这样一个过程。在羞耻中，我体验到的冲突和分裂必然假定了作为这个体验之基础的家园，它不能严重到我不再将那个世界体验为家园——在这种情况中，其他东西就会被体验为家园。我关心的并不是说这在何时何地能够真实地发生，而只是指出：在我体验或依然体验羞耻的限度内，无论我可能感到离我的家园有多远，无论我感到这个分裂有多严重，这都在我是或依然是作为"家园同伴"的对这个家园世界的构建者。以此方式，对于我的家园、我当下的家园—同仁或家园—祖先，我都能够体验到羞耻。①

它也处于这种语境之内：我不仅能体验到像是"我羞于我所做过的事""你应当为你自己感到羞愧"这种事情，而且体验到"我替你感到羞耻"。为了据有**我自己**替**其他人**感到羞愧的体验，我们必须作为共同构建者被整合进同样的家园。因此，我们可能听到父母在一个孩子在公共场合调皮捣蛋的时候说他"我替你感到羞耻"。这是因为这个孩子是家庭的表现，也由于父母和家庭被暴露在特殊的目光之中，他们以一种特殊的方式（即违背家庭和父母方向的方式）向他们自己共同揭示着这个家庭和父母的集体性人格。这种统一和差异的动力和我们上面所看到的一样，但只是借助个体和集体人格的共同关系表达出来了。②

----

① 在这种语境中可能带来作为另一者羞耻的社会模式的关于他人的羞耻。在这样的情况中，体验到羞耻的并不是我，因为我并没有达到被认识到的社会预期或规范。不如说，羞耻在集体性人格（共同体、家庭）之内发生，即使我作为个体从未体验了那种羞耻。因此，一个队输掉了一场重要的比赛，给家乡或国家带来了羞耻，即便这个队的队员并没有体验到这种羞耻；或比如说，有婚外情的年轻人，给有着传统的"家庭"价值的共同体带来了羞耻。

② 我们也能够认识到一种由他者带给我的羞耻。这种羞耻和上面那种具有同样的对象性形态，但它是从体验到羞耻的人那一方被表达出来的。一个公共人物（运动员、公仆）有了外遇（不管他或她的配偶知道还是不知道），一旦它被公开，受害者体验到了羞耻，因为外遇对于其人格有所述说，让他或她"看起来糟糕"，或许他们是一个不够格的、不好的爱人，是一个糟糕的配偶。不管施害者是否感到羞耻，个体都会感觉到羞耻，即便"公众"认为应当羞愧的是施害方。

以不同的形态，我们能够说他人"让我蒙羞"，因为他人做了某件事（同样的事）却做得比我好，通过比较，他人"让我"感到羞耻。

因此，在差耻体验被关注之处，可能并不存在对像"完全陌生者"的体验。然而在信任中，完全的陌生者必须能够被给予，因为人们是在不可预期的开放性未来中信任他人的。① 但在羞耻中，另一者不能作为完全陌生者被给出。这是因为，尽管我可能不知道这个（我为其感到羞耻的）他人，但为体验到羞耻，这个陌生者必须以某种方式被整合进家园之中，他或她被觉察为同一宗教，来自同一个城镇或国家，有某种共有的服饰风格，亦即，以某种方式潜在或公开地被构造为家园—同伴。因此，替另一者羞愧是替"我们自己"羞愧的方式。

最后，我在羞耻中能具有"他者—朝向"。亦即，我能以这种方式行动：我不引起另一个人的羞耻。这种羞耻模式的与众不同之处在于它并不关涉自身的羞耻，而是感到他人可能体验到的羞耻。这不仅是预设了对他人的同情以体验到他人可能体验到羞耻这个事实及其方式（然后或许通过假装没有意识到这种不名誉的行为，尽可能去避免它），而是提出了羞耻和未来的关系这样的经验性问题。这是我在羞耻的时间性这个部分处理的问题。

六、羞耻的缺席和无耻

Rainer Krause 在他的"情感干扰的心理动机"之中引入了羞耻的缺席和无知之间的有益的区别。② 在讨论这个区别之前，询问这个区别是否在现象学上有意义是值得的。亦即，为了做出这些区别，我们对这种体验是否具有第一人称的切入点？我认为我们确实具有，但是留意到这点是重要的：作为孤独的个体，我既不能体验到羞耻的缺席也不能体验到无耻。在这个意义，而且只在这个意义上，羞耻的缺席和

---

① 参见施坦因博克的 *Moral Emotions* 一书第六章。
② Rainer Krause, "Psychodynamik der Emotionsstörungen", in *Enzyklopaedie der Psychologie*, K. R. Scheler (ed.), vol. C/IV/3: *Emotion*, Goettingen: Hofrefe, 1990, S. 630-705.

无耻在现象学的描述方面才是有意义的。

尽管我的确在当下体验到羞耻（如我们下面看到的），我既没有在当下体验到我自己的羞耻的缺席，也没有体验到我自己的所谓的无耻。要么我体验到羞耻，要么我体验不到。但我可能将另一者体验为缺乏羞耻或无耻。

当我将另一者体验为缺乏羞耻时，我将他或她体验为不具有羞耻体验或甚至体验为对羞耻的无能。当普里莫·莱维被红军从奥斯维辛解救的时候，他能够在年轻的士兵那里意识到羞耻："它正是我们熟知的羞耻，是拣选之后使我们下降的、我们每时每刻都必须要观看的、服从于它的羞耻，某种义愤：德国人所不知道的、正义的人在他者的罪行那里体验到的羞耻。"① 正是基于和他者有关的被觉察到的羞耻的缺乏，我才可能断言他或她应当体验到羞耻。甚至更为通常的表达"你应当替你自己感到羞耻"揭示了这点。他人被觉察为没有体验到应当感到的羞耻的人，但它并不是在集体性人格作为自我揭示而发生的羞耻。②

我对他者——我认为或许应当体验到羞耻者——那里羞耻的缺席的体验是不同于对无耻之人的体验的。尽管我在他者那里体验到羞耻的缺席时可能存在着无辜的恶毒，相反当我将他者体验为无耻时体验到了反对着他人或社会规范的无礼或武断；对于将他者体验为无耻的我来说，是她做错了，但她却坚持着反对着一切正直的错误行为。

---

① Primo Levi, *The Rewakening*, Stuart Woolf (trans.), New York: Simon and Schuster, 1965, p. 16.

② 无耻能产生"追溯性羞耻"，当我开始做某件事情而我并没有意识到做错事的时候，它就出现了；事实上，它能够被他人解释为不名誉的。只是随后这种行为可能被指责为，比如说，不名誉的，而现在就可能产生羞耻了。这个方向上的明显例子涵盖战争的参与者，他们的努力在战后以一种新的方式被揭示出来。这里的要点是：同样的行为曾一度被体验为不名誉的，在随后回溯性地被构造为对我来说以及/或者对他人来说羞耻性的。

我认为，Phil Hutchinson 是大错特错了：他借助第欧根尼的例子评论道，羞耻是训练的实际产物，从而他（错误地）称呼为"概念"的东西在根本上改变了。参见 Phil Hutchinson, *Shame and Philosophy*, New York: Palgrave Macmilan, 2008, pp. 106-108。

就让我更进一步考察这点。

从外部，或以回顾的方式，我们将下面这点归于无耻之人：他以某种方式具有规范性的"分裂"的迹象，但他并不让自己被它所推动；他觉得他自己背离着我们所共有的事物，但是他只是不关心他是否暴露给他者以及暴露给他者的方式；她知道她的行为违背了社会传统、被接受的准则，从这种观点看这可能"错了"，但无论如何她还是继续着，她颇为自宽，并宣示出：她的行为是"引人注目的"。

我仍然坚持：我不能将自己体验为无耻的（即使我回顾我的过往，反思到我曾是无耻的）。无耻是指向他人的体验，但它在现象学上是可通达的，因为它预设了：这个他者是在我们的第一人称的交互人格世界、我们的家园之内被给予的。因此，尽管我们不从第一人称的单数性的视角体验到无耻，但无耻能被从第一人称的复数性视角体验到，而且只是在这样的意义上，如我们下面要看到的那样，作为无耻者的我们自身属于家园。例如，我们能将英国石油公司的 CEO 体验为"无耻"的，因为他潜在地是享有着（或应当享有）"我们的"世界的价值、规范、典型的家园世界的家园—同仁。对我们来说，在这里他人应该感到羞耻，但因为某种原因它没有。对于我们而言，他违背了共有的道德指南，在那里羞耻产生出来，或者这个行为不会发生。既然体验到羞耻就是体验到诸方向统一中的分歧从而一种方向比另一种更为基本，那么（从我们的视角）对另一个人而言变得无耻，对其他人而言就是远离他不能够感受到应当感受到的羞耻的公认的**共享的基本方向**。而且，为使这种体验出现，我们必定会侵占着作为家园—同仁、家园的共同构造者的他人。这也就是为什么安德烈·塔可夫斯基能够让《乡愁》的 Dominico 面对在其核心之处无路可走的社会说："如果一个疯子告诉你，你必须要替你自己感到羞愧，这该是怎样的一个世界啊！"

如果我们返回到亚当和夏娃的例子，我们能够说：即使亚当和夏娃从上帝那里迷失了方向，他们通过迷失体验到羞耻这个事实也意味着：为体验到羞耻他们始终在根本上朝向着上帝。否则的话，他们就会被亚伯拉罕传统的信徒描述为"无耻的"了。因此，对斯宾诺莎来说，尽管羞耻不是可欲的，但它依然是好的，因为它展示出活得荣耀这种渴望。① 如果亚当或夏娃完全背离上帝，即不将羞耻体验为对奠基于更为深远方向中的背离的表现，他们将会在全新的方向上将自身体验"自我奠基性的"；他们将会体验到卓越的傲慢（而非羞耻）。亚当或夏娃对于信徒来说就成了"路西法"。他们仍体验到羞耻这样一个事实展示出：在他们那里存在着开创性的方向，并且是以这样的方式进行——他们沿着神圣的方向更为根本地创造性地联结着自身（在这个意义上，后者比背离更为根本）。

因此，我们能体验到在伴随着个体之内对羞耻的拒斥感的无耻感，以及那种不是在个体那里而是在家园之内的羞耻感中被给予的无耻感。因此，只是在归属于家园这个意义上，才可能说"我们"是无耻的。

在第一种情况下，无耻会意味着一种任意的、可知的对被接受准则的违背，它伴随着像我们在傲慢中看到的自我坚持。由于这个原因，我们几乎不会谈及那些做错了事并且道歉说自己是无耻的政治家。但是，如果个体坚持同样的错误行为，就像英国石油公司试着钻探阿拉斯加海岸，同时它不能控制在波斯湾的最为严重的"泄漏"之一，或者说如果 CEO 试着去掩盖它，甚至更糟糕，他根本就是费劲去掩盖他，我们就会将他体验为无耻的。这一点就暗示出：他知道得更好，他能做得更好。并不是"道德脆弱"使得规范缺乏，而是被揭露或已显露但却被忽视的违背或问题导致了这点。对我们来说，他应当体验羞耻从而停止并修复和他者的关系，但他继续轻视这种被给予性和期望。就我们参与到归属于同样的家园的活动中的限度而言，在这种共

---

① 亦参见 Spinoza, *Ethics*, prop. 58。

同一负责的意义上才可能使我们体验到无耻。

为结束对无耻的讨论,我们能够在两种类型的现象间做出区分。在第一种情况中,人们体验到羞耻,但依然被囊括进产生羞耻的运动,在这个意义上,违背羞耻中的自身揭示就是"无耻"。在第二种情况中,人们坚持逾越礼节的行为,并应当体验羞耻——但却没有——甚至当他坚持这种行为之时。在"我们的"世界,亦即涉及家园之处,存在着冲突或分裂,因此羞耻是向着家园—同仁开放的。因此"我们"将这种行为体验为厚脸皮的、站不住脚的,最终是无耻的。

七、作为在场化的羞耻的时间性

在这个部分我将思考作为在场的羞耻的时间性规定,并且考察"预期性的"羞耻的可能性。我这么做首先是要展示作为在场的羞耻的时间性的统一,即便"自身"在过去、现在、未来的自身中是成问题的;其次,我想要确定是否以及在何种程度上羞耻对未来行为具有影响——如通常所宣称的那样——并限定其具体的未来的质性而非羞怯。

在作为在场的羞耻中的时间性统一。 羞耻预先设定了通过经验中的分裂而持续的、被经历到的统一。当羞耻中存在着自我分裂之时,同样也存在着统一,或者如我们也会说的那样,以作为自我在场的自我揭示为中心的"内在一致"。为强调这点,我将从三个不同的时间性视角来考察它。

现在,我总是正在体验着一切的人。但更为具体的是在下面这个例子之中,正是和现在的我相关的过去行为作为羞耻性的而显示出来——但始终预先设定了诸方向之不同中的统一。让我们想象,作为棋手的我自信过头并且放弃了操练,而我在我的比赛中表现糟糕。几年之后,我不仅对我在过去的表现情况感到羞愧,而且还有我荒废了我的天分和训练,让我的老师丢脸——远离我最近发现或重新发现的真正的"自身"。在这里,我为过去所做的事情感到羞耻,正是(a)我当下体验着羞耻,(b)在那里过去在"同样者"的内在一致性中关涉着现在的我自己。

然而,从一种不同的时间性视角体验羞耻是可能的。比如,我能够相关于我之曾是者而在现在我之所是者那里体验到羞耻。在这里我可能体验到的是:"我曾是这样或那样的人,但是看看现在的我吧。"考虑到人格的内在一致,这就呈现出一种有趣的动力,因为很明显,涉及羞耻的不是现在的自己,而是过去的自己。我并不以有意义的方式去测定我之前是如何的。我对我已经成为的人而感到羞愧。而且,如果我只是和我的过去**等同**,不论好坏,我都不会体验到羞耻。然而,在这里存在着通向另一种方向的被体验到的分裂。

在这种情况下,我借之而对我自己的羞耻体验进行衡量的自身之"规范"产生于过去,以这样一种方式,我远离了我自己。而且,它不能是完全过去的自己,因为那样的话我就和它没有任何往来了。我必须仍将我自己体验为和现在的我有所往来的"那个"过去的人格;我仍是那个"过去的"自己:和这个一致/非最优的自己相关的那个一致/最优的自己,它和我之所是和要成为者处于一种更大的一致性之中。而且,这种运动是远离在过去被实现的最优的我自己的运动;它并非作为我能成为的我自己,而是作为我已经是的自己。这种对羞耻的认识联结着我和我的过去的自己;体验到羞耻的并不是在过去之中的我自己(myself in the past),而是那个**我现在仍然是**的过去的我自己(the past myself)。通过差异中的统一,羞耻既揭示了脱离自身的我又揭示了和自身相联的我,而这就是我能够描述作为在场的羞耻的时间性意义的原因之一。

举个例子说,我并未体验到我过去的和当下的行为中的不符,从而(至少是以潜在的方式)存在着的只是剩下来的被体验到的"同一"。但在和一个朋友说过话之后,或在我获得对我自己的某种洞见之后,我体验到了对我过去或现在所做之事的羞耻。为使我体验到关于我过去/当下的羞耻，我必须将我自己体验为已经领先于我自己的。这个"领先于我自己"在其最深的意义上说就是我在上面所说的作为职业性自身的"我自己"（myself），借此人格规范或期待，或"最优"的自身，能被理解为对这个我自己（myself）的阐明；在这里，这个我自己（myself）并不是某种由我或为我所客观地设定的抽象的未来的自身。

但是，在涉及在羞耻中的未来之处，我正是这个我自身（myself），从而我现在之所是和唯一的我——我自身（myself）——之所是和所能是互相冲突着。它是作为能是的体验羞耻的我自己的自我——从那种视角出发的自身——而不是当下的自身（尽管它无非就是当下的自身）。即使我从没有成为那种人，羞耻在这里通过辜负我之所能是而出现了。而且，如果我不把这个我自身（myself）体验为我之所是/所能是，那么我现在所做之事就不会作为分裂性体验而被给出。它仅仅会是我做的其他事情。

羞耻的时间性意义。羞耻是通过作为在他者面前被暴露的分裂性体验而发生的自我揭示的模式。当思考情感体验的时间性之时，我们要区分出它的时间性的两种意义：（1）对象—方向以及（2）体验的时间性含义。

在涉及羞耻之处，我们留意到：羞耻体验（在"我"的意义上）能够指向过去之物（我为我曾做过的事而羞愧）或者现在之物（当"被卷入"当下的行为——例如入室盗窃、煮坏咖啡、某个词不知道怎么读，等等——之时，我体验到了羞耻）。但是羞耻本身似乎并不占据未来的指向。即使我体验到像"如果我这么做，我会感到羞耻"之类的东西，这也还不是羞耻体验。

不如说，如果要把某种东西算作羞耻，它必须作为被完成之物而被给予。我将在关于愧疚的章节再次处理这点，但在这里我明确一下：我用被完成的这个词并不意味着我有意识地实现某物或一个行为被完成了。相反，完成是被构造的意义：为成为它对我之所是，它以这样一种方式"被接受"：它不止阐释了时刻，还有诸倾向和方向。因此，为使意义被构造，它不必是自我的"产物"；简单的默许、无保留的侵占、认为理所当然等都在这个意义上被算作一种完成。简而言之，羞耻的对象的方向就是过去和当下。

当我们追问羞耻的时间性**意义**，我们问的并不是像"目的"之类的东西，而是说，我们追问的是它内在的时间性含义。羞耻具有一种占有优势的在场的时间性意义，只要羞耻的含义包含着通过自我揭示的自身之复原，它就使得未来成为必要。我或许羞于我之前所做过的事情，但我对过去的羞耻源于并属于当下之我，这伴随着对通过自我揭示的"我之所是"的复原的绝对开放性。这个"（我）是"指向作为在场的羞耻的时间性含义。因此，尽管在羞耻中我可能想要改正我过去做过的事情或找出我们过去做错的地方，羞耻体验并不意味着这种改正或歉意——这个体验更多和借助于其回应性维度的愧疚相联。此外，虽然在忏悔中存在过去意义的转变以及对过去的解放（如我们将在第 4 章看到的那样），在时间性上，羞耻是作为向修复的绝对开放的自我揭示的自我在场。

这种羞耻的在场化特性能通过和愧疚体验的比较而被进一步阐明。比如说，我对一个熟人做了贬低性的评价。现在回想起那个情景，我不能相信我是那种会公开指责他的正直的人，尤其现在我知道他对我非常尊敬。我为我自己感到羞愧。假定在同样的事情中，我诋毁他人的性格。为了回应产生愧疚的违逆，被冒犯的人可能原谅我的违逆；但在羞耻中，没有什么要被原谅的，同样，也不存在着他人能够做出缓解我羞耻的事情。我可能道歉，她可能接受我的道歉，但严格地说，仍存在着羞耻。这是因为对羞耻的缓和并不来自于他人；像他或她在宽恕中所做的事情，在这里并不存在。不如说，当羞耻的环境或语境改变或当我改变了，羞耻才被缓和。例如，刘易斯写道，通过承认羞耻，人们可能试着去消除它，例如借助忘记或否认羞耻、忏悔、大笑等，这一切都是对远离羞耻的自身的尝试。① 羞耻和我存在的方式有关，但愧疚却关涉我所做过或未做之事。因此，为我对你曾做过的事情（愧疚），我在你面前感到羞愧（羞耻）。② 如我们下面将看到的那样，这直接涉及作为我之所是者的变形的忏悔问题。

预期性的羞耻。在时间性上说，如果羞耻是一种在场化，对于像预见性的羞耻之类的东西——不只是我可能预期羞耻，而且是羞耻具有一种被我们称作"预期性羞耻"的未来的预见性的质性——是否有意义？当柏拉图在《法律篇》（647a-b）中提到被称作羞耻（aischyné）的恐惧类型是使我们避免不誉之事的东西③；当尼采在《善恶的彼岸》写道"羞耻是发明性的"——为避免由他人或自身引发的羞耻，我被迫使去发明一副面具④；或者当 Taria Shigesuke 在《武士道（武士的守

---

① Lewis, *Shame: The Exposed Self*: "否认和遗忘要求一种重新聚焦，它将注意力从造成羞耻的事件或者羞耻体验本身移开"（pp. 139-140）。亦参见涉及多重人格障碍病源学的 pp. 168-173。

② 这点是可能的，当我变老了，我对此感到羞愧，即我不再能做我曾做过的事情：我不能参加体育竞赛，身材走样，等等；我不想在他人面前露面以避免我的羞耻，即使严格地说，我对此无能为力；如果我体验到羞耻，就仍存在参与着我的衰老的事情，例如，我对之羞耻的事情。不是说他人能原谅我，因为没有什么要被原谅的事情。而是说，他人能参与到对情景的改变中去。比如说，我可能不再和年轻人竞争，而是和其他"我的同龄人"竞争；他人可能不再持我对自己所持的（不管是对是错）标准，而意识到这点，我就不再感到羞耻了。要点在于，改变着的是羞耻出现于其中的基本情景。它并不是对过去意义的释放（像在忏悔或原谅中），而是对当下情景的改变。

③ 参见扎哈维在 "Self, Conciousness, and Shame" 中所处理的例子。

④ Nietzsche, *Jenseits von Gut und Böse*, 第四十节。在第一个例子中，超人想要掩盖有着任何慷慨行为的他人对他自己的知觉——直到密友圈。因为这些他人可能将某种善归于他，而不是让慷慨成为动态性的。尼采写道，神秘主义者必然已经感觉到了隐藏他们行为并搞乱那些想要盲目模仿的人的冲动。如果将要存在着分裂，那么就将它彻底化。因此，超人会给出相互矛盾的信息，这是因为显现为神圣者的对立面可能会是为避免羞耻的神的恰当面具。

在第二个例子中，尼采处理的是见证者中最恶劣的一个，即自身。在这里，他人不是问题，作为他者的自身才是：我自己的记忆是"另一者"，它不仅能误释或将我自己暴露给巨大的误解；通过记忆，我能使自身具体化；见证我自己的善行会让我骄傲，这也就是说，将我自身作为某种（重要的）东西加以注视。创造性的他人甚至在他本人的记忆那里也隐藏着自己。

尼采例子的有趣之处在于，羞耻不仅仅是在他人面前暴露的问题，而且是想自身的最为隐秘之处暴露，在那里人自己的记忆才是犯人。它涉及作为我行为见证者的记忆。它并不（转下页）

则）》中写道：对行为端正的实践的培植由对不敬的恐惧开始，从而出于这种"羞耻意义"① 我行为端正 —— 这一切对依照未来的羞耻体验有什么意义呢？②

让我们来回忆一下：在羞耻体验中，被体验到的分裂根据我现在体验到的东西或已经发生的东西相关于更为根本的方向而发生。这里的要点在于，这个分裂已在发生着。如果羞耻作为在场化而发生着，那么羞耻可能使我们避免继续去做不誉之事。以这种方式，羞耻能提供心灵的明晰（如从舍勒到道元的那些人物所指出的那样），通过发生于羞耻的自我揭示，它能够将我们朝向的方式展示给我们，从而我们不以同样的方式继续下去。因此，羞耻体验在这个意义上不能是预防性的：它不能避免未曾发生之事，尽管它能用做对"不再"做不名誉之事的指导。

但是，我们可能问：对羞耻是否存在着不同于像来自柏拉图、尼采、Shigesuke 似乎暗示出的代表性观察的未来意义？在何种意义上，存在预见着的羞耻，以及它和预期性羞耻一样吗？

我们能辨别出如下几种相关于羞耻的未来意义。（1）相关于他人（对我的）期望的羞耻。这必然和被整合进我们自己人格方向中的社会规范的可能性以及他人（像导师或父母）可能指向我们的方式有关。（2）相关于我自己期待的羞耻。在这里我们会提到职业性的自身，作为他者的我自身（myself），或人格性的规范。（3）预见着的羞耻（例

（接上页）是出错的记忆，而是如胡塞尔所说，它扣留着自身；它紧紧抓住并潜在地唤起自身；依其本身，它能给我一种错误的，亦即，静态的自身意义。对尼采来说，羞耻是精神性问题，它并不被限定在我的和他人一道存在，如在萨特那里一样，而是已经作为相关于其个体自身的问题而被发现，在那里我对于我自己是另一者。这就证实了自身之内的自身分裂——而且不仅仅是我和我的身体或我和他人间的分裂。

① Taria Shigesuke, *Code of Samurai: A Modern Translation of Bushido Shoshinsu*, Thomas Cleary (trans.), Rutland, Vt.: Tuttle, 1999, 特别是 pp. 18-21.

② 也可参看 Williams, *Shame and Necessity*, p. 79, 相关于奥德修斯："在这些情况中对羞耻的避免用作这种动机：你预见到如果某人看到你，你的感觉会是怎样。"

如：我知道如果我做这件事,我会对自己感到羞耻)。我们需要更加仔细的考察这点。

预见着的羞耻在这种意义上是一种认识性的行为:它发生在信念的直截了当的态度中。让我简要地总结这些未来被给予性的根本的时间性模式。前摄是这种未来方向的最为被动的形式,并且能在联想现象学中被研究。前摄基于当下被给予之物而产生并且是"直接地"被保持。通过展示和滞留,未来方向被描述出来,从而被给予性将和已被给予之物相一致。基本的动觉,从眼睛的运动到走路,都具有这种结构。正是由于这个原因,如果前摄中断了,我们体验到某种事情离去了(而且开启了惊讶的可能性)。期待和预见保留了前摄的基本结构,但因为它们是"主动的",它们的运动较少地同直接的当下/滞留的被给予性相联,且可能更多的和我的"自由"发起相关。

在所有这些情况中,我的未来方向在信念的直截了当的态度中发生并被模态化了,比如根据或然性或可能性。因此,作为认识性关系的预见是"预示"着充实的意向。因此,我能够预见(或意向)将会引发羞耻的事件;如果这个事件发生(如果我这么做或那么做),我会体验到羞耻。但羞耻本身并不是对羞耻的意向。作为自我揭示的羞耻并不具有相同的意向和充实结构。对羞耻体验的预见并不是羞耻体验。

因此,柏拉图、尼采、**Shigesuke** 的对预见性羞耻的暗指可能意味着如下两者之一:要么我预见羞耻(例如,基于过往的体验),而它使我免于做不誉之事——在这样的情况下我并不体验羞耻。或者,我已经体验到羞耻——在这样的情况下我已经做了不誉之事,羞耻的自我揭示特性"请求"我**不再**去做不誉之事,并恢复到我之所是。

在这里我们想要思考的另一个特性是,是否预见着的羞耻以某种方式已暗示出一种在预见中的生活,因此已将我的性格限定为某种羞耻性的:"我是这样一个会想做诸如此类的事情的人吗?"但在这里,预见到我会做不誉之事和预见着的羞耻并不相同。正是对(未来)做不誉之事的预见会在**现在**引发现实的羞耻体验。

最后，我们能够描述在**害羞**（shyness）体验中被归于羞耻的预见性的质性。举例说，有个人（比如教室中的学生）在别人面前，尤其是在大的聚会中，不会畅所欲言。我们可能想要这个人畅所欲言，表达她的观点，给出她的分析。一些语言可能想这么表达这点：我们希望这个人不要羞愧，并因此在课堂中畅所欲言。但是，这个人并没有什么他或她要感到羞愧的事情。相反，由于这种未来的维度，我这样指出我的意思：我希望这个人以后不要**害羞**。因此，我将害羞解释为在分裂性体验中对在他者面前暴露的预见，这种体验带有否定性的效价，或者说，被经历为将要到来的羞耻的被预见的暴露或分裂，在这个意义上仅仅作为一种被体验到的羞耻。

八、结论

通过指出羞耻是作为某种"还原"着我——我自身（myself）——的对傲慢的创造性回应，我开启了这个章节，在与傲慢的关系中，由生命和羞耻的交互关系开始，通过将我们在傲慢中发现的他人的自我坚持/抵抗与主权及排外状态相关联，我发展了这个羞耻问题。现在让我重新回到出现在引导性阐述中的复杂的问题组。

一般来说，我们看到羞耻如何被解释为在个体那里相关于无尽的生命本身而自发出现的体验。在羞耻中出现的动态张力并不单单在生命之中发生，而是从和生命相关的"精神"的视角出发的。羞耻并不只是被限定为同在生命性领域内的人格的关联，而且关涉个体和集体性的人格生成。

阿甘本以生命政治的方式，在比纯然的生命冲力更为宽泛的意义上理解生命，这是正确的。主权现象、排外状态的共同出现、阵营、将人构造为牲人，这些都指向这个事实。因此，羞耻和生命的关联具有比阿甘本的文本注释还要丰富的内涵，相关于此羞耻极大地触及交互人格的体验以及在傲慢的名下得到阐释的动态的我，它由此而指向更深的问题。

例如——停留在阿甘本那里——如果民族国家，它同社会领域的权力关联，及对权利的论述都相关于将人作为**牲人**的构造；如果生命政治作为对这样一个模糊区域的构造而出现，在这个区域中人不能被牺牲，而是能够被杀掉而不受惩罚，那么外于这个结构，这些政治和社会领域以及生命看起来会是怎样的？那么，为了让人解脱，也就是，不再作为牲人被给出，阿甘本不必假定对民族国家的克服等吗？我们能指责阿甘本鼓吹无政府状态，没有给我们任何"积极的"解决方案，或留给我们某种生命政治的绝望、失败主义或是冷漠吗？

若非羞耻的干预，就会是这样的情况，**情感性**的羞耻体验在他的著作中得到强调，这绝非巧合。羞耻不仅仅涉及纯然的心理学感觉。[①]事实上，阿甘本自己坚持：它是忏悔和革命的预兆；依其本身，羞耻起了非常重要的作用，而且确实，正是通过羞耻我们才没有陷入对当下秩序的静态的、抽象的否定。这不止能由阿甘本归于羞耻的重要作用所推测，而且还能通过由这些现象学分析所查明的羞耻结构所推测。

如我们所看到的，羞耻是被体验到的分裂，在其中，特殊情景在同更为根本方向间的张力中而被给出；虽然成问题的情景足够唤起对更为基本方向的质疑，某种东西作为更为根本的东西而被给出，从而我们"真正"相关的正是后者。在这里呈现出的现象学分析更为精确地将羞耻展示为自我揭示性的，它**同时**指示着对某人之所"是"的远离**和**归途——在这里，"是"在依照对诸种可能性的深化的生成的意义上而被理解。甚至从主权性的傲慢的视角出发，甚至作为牲人以及

[①] 关于羞耻在民主政治中的作用，参见 Christina Tarnopolsky, "Prudes, Perverts and Tyrants: Plato and the Contemporary Politics of Shame", *Political Theory* 32/4, 2004, pp. 468-494。

在排外状态中,甚至在推定的模糊区域中,我们都能体验到羞耻,这个事实必定意味着:我们在某种意义上已经在一种不同的方向上先于我们自己——即使我们不能确切指出这个方向的意义。

此外,肯定性意义上的羞耻——不是衰减性意义上的——基于真正的自爱。爱并不预设静态的"自身",而是以这样一种方式指向对我们之所是的深化:自爱的"自身"不能被提前规定。考虑到这种体验,阿甘本——比如说——就不能被指责没有说民族国家之后到来的是什么;这点也不是完全不一致的:不能以具体方式明确权力和文明生活的后民族国家秩序将会是怎样的。这不仅是因为它尚未发生,而且因为对于爱的本性(人格)来说,这一点是独特的:人格是不能被客体化的,是不可预测,不被固定在某个历史时期之内或可被还原为历史的,而是以一种被限定的方式在历史的源头那里。

伴随否定性效价的羞耻不仅允许我们观察或是驻留于当下或过去的过程,而且自发地提供给我们一条(或几条)指向在交互人格关联中的最深的我们之所是的引导性线索。如果这不是只能通过爱的扭曲和无序之心而发生的衰减性羞耻,羞耻因此能沿着这些或许还没有历史性关联的线路为我们提供方向。作为动态性的展示,羞耻的独特的自我揭示特性不能被还原为对羞耻的预见,在这种意义上不能是预期性的,即使它可能或确实作为对转换性的行为的自我批判而运作。羞耻体验的可能性使我们普遍容易受到无耻的影响。但这最终回溯到分裂性体验中去,在那里我们被抛回自身,从而我们不能从对被限定为羞耻性的情景的肯定性距离出发而做出回应。

为了这个分析目的,我想强调某些涉及我们迄今为止发现的关于羞耻的人格意义的显著特征——这些特征在后面将会变得重要。作为分裂性体验的羞耻指向和他或她自身以及他人相异化的人格的可能性,它展示出这种异化是多么脆弱,因为羞耻能如此轻易地滑向衰减性羞耻。但这种分裂性体验也指向这个事实:通过这种双重意义的动态张力，人格才在根本上是完整的。完整化的观念既意味着人格是在羞耻张力或失衡中的体验统一体，也意味着在作为和我之所是的深层符合的整体姿态中人格能够被带向他或她自己。

此外，羞耻展示出主动的掌控态度为何不能定义人格：那种掌控不只在和傲慢抗争这样的情景中动摇其追求，而且通过像羞耻之类的体验它也能被质疑。此外，作为自我揭示的自身被给予性在他者的在场中发生，这不仅指示出我自身的被给予性依赖于他者，而且还指示出我之所是和他人紧密相连：不仅在社会关联中，而且在宗教语境中，我都从他人那里接受着自身。在被给予自身的意义上，以非自我奠基的方式，羞耻指向接受自身的体验。羞耻指示出，对于人格独特的是基本的职业体验。但即使在羞耻（它是降临到我身上的、并非由我发起的体验）中，我作为人格仍是创造性的——羞耻不是人为的、不是必然的、不是本能性的或实用的。

最后，羞耻提供给我们一种不同的以交互人格性方式出现的规范性模式——通过对他者之爱和真正的自爱——以及批判模式。这个批判意义并不是理性地被引发的或仅仅由我自己所引起的进程，而是在与我之所是的关联中引起一种交互人格的进程。在这种情况下，重新定向已经隐含地存在于羞耻体验中了。从这个观点出发，甚至无耻也可能成为一种重要的社会政治范畴。

明　耻
——羞耻现象的现象学分析

陈少明

把"无耻"作为严厉的道德谴责用语，很可能是中国文化特有的现象。在我们的书面及日常用语中，就有大量与耻字有关的词汇，如可耻、不耻、有耻、知耻、雪耻、羞耻、耻辱、耻笑，等等，如果联系到与耻字几乎同义的羞与辱等用词的广泛使用程度，就知羞耻观（或耻辱观）在我们的道德观念中，占有重要的地位。[1] 有些社会学家把传统中国称作"耻感社会"（shame society）。问题可追溯到儒家经典对耻的重视，如"行己有耻""知耻近乎勇"[2]。清末以来的老派人士喜欢说中华文明讲究"礼义廉耻"，并非无的放矢，起码它表达了传统儒者的基本信念。不过，至少与仁义礼智信等德性范畴相比，耻并没有得到现代哲学家们足够的重视。其实如果用心体察，我们就会发现，其内涵同其他德目比，同样丰富复杂。它不仅触及人类身—心互动的

---

[1] 在一项对美国、意大利与中国进行情绪词对比的研究中，外国学者发现中文中与羞耻相关的词汇之丰富，英文根本没法找到可资对译的用语。（参见黄光国《身体化、情绪表达与儒家伦理》所引 Shaver 等学者调查的例子。见氏著：《儒家关系主义》，台湾大学出版中心 2005 年版，第 426—427 页）

[2] 朱岑楼的《从社会、个人与文化的关系论中国人性的耻感取向》对相关儒家文献有系统的列举。文载李亦园、杨国枢主编：《中国人的性格》，江苏教育出版社 2006 年版。

情感经验,也牵涉自我与他人的关系问题。为了把问题的讨论引向深入,本文的论述,将以中国文化为背景,由道德耻感的经验描述入手,进而展开对羞耻感的类型分析。同时,尝试借克服羞耻感的常规模式,衡量道德人格问题。在此基础上,重点探讨羞耻心在儒家经典人格中的位置。最后,检讨导致羞耻观念变迁的部分现代社会机制。这一讨论与社会心理学的研究会相关涉,但重点落在哲学思考上。

一、道德耻感

从《说文解字》到各种现代中文辞书,耻的含义往往被界定为辱或羞,而辱或羞又常常反过来由耻来解释。这种循环定义问题并非因编纂者知识或词汇的贫乏,而是该词所指称的现象,属于人类最基本的心理经验之一。就如爱或恨之类,没有相应的情感体验,很难通过字面定义了解其确切意义。所以,面对事情本身,从描述相关的心理状态入手,有时更容易找到讨论的起点。

这是极普通或很容易想象的经验:当一个人做了不体面或不名誉的事,而终于被周遭的人知道之后,即使背着日常面对的人,你也会如芒在背,如坐针毡。假如走过熟悉的环境时,你会实际上或想象中感受到背后各种会刺人的眼光,被指指点点,即所谓被戳脊梁骨的情形,会脸发烧,感到无地自容。而在不得不面对这些人时,思绪不能集中,脸色不自然,不敢与之对视,眼神会在交锋中落败。因此,最好是暂时一个人躲起来,采取"鸵鸟政策"不见人,等事情的影响过去,人们对它淡忘;或者做出极端的反应,永远与周围的人隔绝(包括自杀),或者把自己的困境归罪于他人而对之进行报复。

把上面的描述称作羞耻感(或耻辱感),即感受耻辱的经验,相信大家不大会有异议。不过,由于这种人类情感经验的复杂性,包括不同行为、原因、后果、当事人的身份与相关者的反应等各种因素的差异，对耻辱或羞耻的感受自然也不会完全一致。同是偷这种不正当或不体面的行为，小朋友偷玩具，饥者偷食，邻居偷财物，官员贪污公款，以及学者剽窃学术成果，耻辱感的区别应很大。故不同的人在不同的耻感境遇中，可能只是在不同程度上体验上述的不同特征。但是，这一综合概括，却可能包含造成一般耻辱感的基本要素，如名誉与面子，当事人与相关者，主动行为与被动行为，等等。透过羞耻心理的现象分析，可以呈现其中的深层意蕴。

任何当事人都是具有特定身份的具体的个人。社会学家把特定的身份称为角色，每种角色都有相应的行为规范。角色换成传统的字眼就叫名，而相应的规范就是名分。一个人表演好自己的角色，就是称职，即声誉好，会得到他人的好评。反之，要是不能满足社会的角色期待，甚至公开做背叛角色的行为，那就是不称职，甚至是不名誉或渎职。行不名誉之举，即是做可耻之事。一个人如果做可耻之事，不管是因一念之差，还是不得已而为之，一旦被人知道就得不到他人的尊重，就会有羞耻感。做同样一件不名誉的事，由于角色要求的差别，不同的人感受耻辱的程度不一样。名实背离、言行不一是可耻的，但耻辱感通常只有在这种背离或不一致被他人注意到，从而导致当事人意识到会为此付出不被尊重的代价时，才有切身体验。

可耻或者不名誉的另一种说法是不体面，无耻就是不要脸。[①]"脸面"现象已有许多社会学成果问世，社会学家一般把面子当作某种心理或社会价值的象征或隐喻。[②]用没面子来描述耻辱感是非常传神的，但是，从现象学的观点看，它不仅仅是一种隐喻。眼神涣散，脸上无光，无地自容，不敢以真面目示人，切切实实地是耻辱感的身体反应。对比的情形是，许多不名誉的行为都只能是暗地里或者是匿名做的，

---

① 中文社会学文献中对两者关系的直接讨论，有金耀基的《"面"、"耻"与中国人行为之分析》(载杨国枢主编：《中国人的心理》，江苏教育出版社 2006 年版)。

② 参见杨国枢主编《中国人的心理》及黄光国的《儒家关系主义》等著作。

最典型就是网上聊天。匿名就像化装舞会，把脸盖起来。在相互匿名的情况下，许多禁忌都可能被打破，面对面羞于启齿的语言会无须厚着脸皮就可自由表露、宣泄。因为没人知道发言者是谁，同不名誉相联系的是化名，与其真实身份无关，他不会因此而被不尊重或受惩罚。匿名的名是名字的名，它是一个联结着特定的人的标签。而通过这个名，别人直接要辨识的其实就是相应的那张脸，所以我们表彰先进或通缉嫌犯都同时要登照片。对明星而言，脸就是他/她的资本，而对于被通缉嫌犯来说，那肯定是他/她的不良资产。想象一下一个人改头换面的情形：一个在易容手术中醒来的人，一旦发现自己变得面目全非后，变疯都是可能的，其受震撼的程度，外人无法估量。而周围的人突然要接受这张陌生的面孔后面，就藏着原来朝夕相处的那个人，同样需要克服极大的心理障碍。尤其当你突然面对一个变了脸的亲爱者，甚至变得很像某张令人厌恶的面孔的时候，那感受不只是吃惊而是恐惧。由此可见，脸不仅是表达感情的工具，而且是构成自我的要素。脸与身份在自我中不可分割。人的自尊心最敏感的时候，就是在公开场合中各种面部表情互相交流的时刻，故而有看不看脸色之说。有羞耻感就意味着还有自尊心，爱面子就是懂得自爱的表现。它比一般的爱或恨之类的情感，或许更能呈现自我意识的特质。自我是身心一体的，自我意识不是认知，不靠熟记个人档案，也不像认识他人，而是全身心的感受，是中国哲学家说的"体知"。①

羞耻感的分析，除了揭示隐含在自我中的身心问题外，还把自我与他人的关系也呈现出来。所谓无脸见人，就是羞耻者感到自己缺乏一张受人尊重的脸，它发生在可能与他人面对面相会的时刻。社会学家对面子在交往中的作用的分析，可补充我们在上面的描述：

---

① 参见杜维明《论儒家的"体知"——德性之知的涵义》《身体与体知》等文，见《杜维明文集》第五卷，武汉出版社2002年版。

  从生物学的层次看，每个人都有一张脸，它是代表个人之认同（identity）最为独特之物，在社会交往的过程中，每个人都会试图从对方脸部所透露的信息，来了解对方；同时也会希望在他人心目中留下某种自我形象。从社会心理学角度来看，"面子"是个人在某一特殊情景中所觉察到的"情景认同"（situated identities）（Alexander and Knight, 1971; Alexander and Landerdale, 1977），是他在该一情境中所意识到的自我形象（self-image）。当个人在某一特定的社会情境和其他人进行互动的时候，他会按照该情境对他的角色要求，将符合其自我形象的一面呈现出来，希望在他人心目中塑造出最有利的形象，这就是他在该社会情景中的"面子"。[①]

  这样看来，不论有面子还是没面子，他者的在场是一个构成要素，因为它得从他人的眼光中才能看出来。所谓"在场"不必是物理意义上的场境，而是在舆论所及的范围内。他者也不是任意的人，在陌生人或熟人面前出丑，其狼狈程度是很不一样的。每个人都是人际网络上的一个点，以其为中心，从近及远可以有亲人、友人、熟人、敌人、路人等层次。从没面子的角度讲，只有事情为与当事人有关系者（包括被伤害者以及敌人）所知时，才是引起耻辱感的条件。这些在场者的关注之所以形成压力，是因为他们对不体面或不名誉的看法接受共同的标准。而关系者因知情而产生的对当事人的失望、轻视及不尊重，会瓦解当事人的情感依托，甚至直接压抑或打击其精神状态。同时，还有更值得重视的，就是这种不体面的事情，会使当事人的亲人密友也因之蒙受耻辱。关系越密切者，耻辱感就越强。所谓辱没门风，就是指个人的不体面行为，给整个家族造成的名誉损害。《红楼梦》第七

[①] 黄光国：《华人社会中的脸面观》，《儒家关系主义》，第256页。

回中，老家奴焦大说贾府"每日家偷狗戏鸡，爬灰的爬灰，养小叔子的养小叔子"，大白话一出，整个家族连奴才都觉得很没面子。在有些情况下，相关者可以通过公开断绝关系来保持清白，但有些亲情则是永远割舍不了的。所以，羞耻绝非个人的情绪感受，无论是其引发的条件（他者在场），还是导致的后果（连带亲友受辱），都表明其中有自我与他人的难以切割的情感联系。从道理上讲，越是强调人际关系重要性的文化，这种羞耻意识就会越强烈。因此，自我与他人不可分割的关系，不仅从正面，同时也从负面来体验。同情心的感受属前者，羞耻感则系后者。

补充一下，道德耻感的产生，是当事人必须有基本的道德感和自尊心。否则，他就没有追求体面或名誉的需要，自然也不会有耻辱感。但同时，也需不名誉的事在公众尤其是相关者中曝光之后，这种感受才产生或得到强化。当然，这不排除道德感较强的人在意识到行为失当之后，自己就有羞耻感。讲"吾日三省吾身"的人，就有可能培养这种自觉。虽然道德耻感只是整个羞耻现象中的一个类别，但它对下面进一步探讨整个羞耻问题，有重要的参照作用。

二、一种类型分析

说耻、辱、羞这些词往往可以循环定义或互相代替使用，并不意味着它们在任何情况下都完全没有区别，更不用说想把所有与耻辱相关的现象全局限于道德的层面上。下面的尝试是，借用羞、愧、耻、辱这四个词，作为界定羞耻或耻辱不同类型的标签，并由此探讨它的结构关系。我们用羞耻或耻辱两个复合词作为通称，而用四个单字词分别作为特称。其中，耻即我们分析过的道德意义上的耻辱。这里再对其他三个类别作扼要的描述。

羞或者说害羞，广泛出现在妇女、儿童，以及不习惯在公共场合抛头露面的人士中。儿童受到长辈的注视或表扬，有时会脸红。女性尤其是少女，在异性面前，一旦意识到自己作为女性被关注、打量，会感到不自在。尤其是当着异性听到与性有关的话题（特别是色情笑话）时，她会很难堪。一个普通人突然被要求面对众人说话，会不自然，跟私底下侃侃而谈时判若两人。这些害羞者没有任何不体面的举动，也不见得是受到敌对行为的冒犯，但他们在特定情势中的身体反应，也同样会害怕与他人目光的对视，不自觉低下头或转过脸，甚至直接双手掩面，带着焦灼的心情迫切期待情景的转换。中国人有时会称此为"脸皮薄"。这不是道德意义上的羞耻，但它是整个羞耻或耻辱现象的重要方面。德国哲学家舍勒对害羞有出色的研究，其《论害羞与羞感》正是以性为焦点而做的非常别致的讨论。舍勒说，动物与神都不会害羞，只有人会，因为人处在两者（从本能到精神）的过渡中。他给害羞的评价很高：

> 在这种方向上，羞即"爱的良知"。就此而言，它同时是我们的与性相关的本能即性本能和生殖本能，与我们的精神的一切更高级和更高级的功能之间的伟大和唯一的统一之创立者，可以这样说，它填补了精神与性欲之间的巨大空虚：仿佛它从精神那里获得了它的尊严与庄重，又由此获得了它的优雅，以及它那邀请般的引人趋向爱的美。在一个人身上，精神的志向与生命力和性欲力之间的鸿沟越深，羞的份量就必然越重，以便阻止个人的分裂。①

舍勒的解释有深厚的基督教文化背景，但他把这种害羞看作欲望及其

---

① 舍勒：《论害羞与羞感》，林克译，刘小枫校，载刘小枫选编：《舍勒选集》上，上海三联书店1999年版，第595—596页。

克制的矛盾无疑非常深刻。

愧，愧疚或羞愧与当事者的行为不当有关，不过不一定同不体面或不名誉的道德问题有关，而更多的同能力或者行为后果有关，特别是当它同他人的希望反差太大，或者与自己渴求的目标距离甚远的时候。一个夺冠呼声很高的运动员，关键时刻失手，输给本来名不见经传的对手，会很不情愿接受采访面对观众。一个带兵出征的将领，在条件有利的情况下，由于指挥失当，输掉了战斗，会无颜面对上司与下属。还有在势均力敌甚至拥有优势时输掉竞选的政治人物，面对他的支持者时同样会难堪。有时候宣布退隐或辞职并非是不得已接受惩罚，而是实在没法面对那种难堪的局面。只有一走了之，才能躲起来。虽然愧没有涉及道德问题，行为本身也是公开的，但同样会让人感到丢脸，并且他人的在场同样是强化羞愧或愧疚的因素。越多的人对你的举动充满期待，你就越输不起。从失利的那一刻起，支持者的失望、悲伤，对手的得意、喧嚣，对当事者都是无情的压力。曾经不可一世的西楚霸王，最后要自刎乌江边，是因为兵败使他再也"无颜见江东父老"。

略过前面已谈的道德耻辱之耻，接下来讲辱。辱是屈辱，是被羞辱或被侮辱。在侮辱行为中，蒙受屈辱者并非行为的主动者，而是被动者。侮辱有两种，一种如性骚扰或性侵犯，侮辱者的目的可以只是自身欲望的自我满足；另一种是羞辱，其行为动机是恶意的，其主要目的不是直接夺取受辱者的利益，而是打击其自尊心。所以，后者的行为往往需要公开。韩信是在众目睽睽之下受胯下之辱，司马迁则受宫刑。宫刑比杀头更着眼于精神的伤害，因为受刑者还要活着面对世人，是真正的奇耻大辱。现代的例子，文明一点的，在外交场合不礼貌待人，如在镜头前拒绝握手。其实一切在讲礼仪的场合不按礼仪待人，就是表示不尊重，就是不同程度的侮辱。野蛮的，在上不了台面的地方，可以是扇耳光。这是足以摧毁受辱者自尊心的蛮横行为，一般是当场或事后受辱者会有激烈的反应,即报复。没有反应,就意味着他永远被对手踩在脚下,就会被其他人看不起,他就得退出所立足的圈子。这里,他人的在场依然是侮辱或受辱的条件之一,侮辱者最想造成的影响,就是所有与当事人相关的人都知道。由此可能带来一个后果,就是即便当事者没有做出反应,其利益或情感相涉的关系者,也会协助或直接代替其行动,由此而形成冤冤相报的局面。这再次表明,耻辱不只是个人问题。而如果施辱与受辱者是两个社会集团(民族、国家或宗教共同体),那么反应就更是集体性的。

下面是羞、愧、耻、辱四型关系简表(表1):

表1 羞、愧、耻、辱四型关系简表

	羞	愧	耻	辱
行为关系	无	主动	主动	被动
行为性质	中性	失败	罪错	受害
相关者	现场者	期待者 竞争者	亲近者 受害者	敌对者 亲近者
反应	逃避 适应	逃避 改进	逃避 改过	逃避 自强 报复

羞、愧、耻、辱,只是借以标示相关现象的用词,我们的努力是现象的认识,而非词义的确定。从道德耻感的分析入手而展开的对羞、愧、辱诸类型的谱系式描述,表明耻辱或羞耻是一种家族类似现象。虽然各种类型都包含构成羞耻现象的基本要素,如名誉与面子,当事人与相关者,主动行为与被动行为,等等,但不同类型中要素的配置并不一样。以行为性质来衡量,羞感不必是自己或他人的行为导致的,而愧与耻都与当事者的行为有关。但造成愧的行为与能力不足有关,而耻则缘于行为的不道德。辱的经验中,受辱者是被动的,而非行为发起者。即从孤立的行为看,受辱者是无辜的。再看相关者,以耻与

辱作对比，耻的相关者会包括与当事者利益与情感相涉的人士，而辱的相关者，不仅有亲朋，甚至还包括敌对分子。在受辱事件中，敌对者比亲近者的在场，造成的心理影响可能更深。耻与辱的对比，特别重要。由此可知，构成羞耻或耻辱现象的基本要素，在不同类型中配置的不一样，其所导致的心理意义与社会意义也就很不相同。这种类型探讨虽然是初步的，但它不仅有利于准确把握特定的羞耻现象，同时还有助于理解当事者人格与道德的关系，以及不同文化传统中羞耻观念的差别。舍勒津津乐道的是西方传统中的羞，本尼迪克特处理日本经验时着眼的是愧与辱，而依儒家传统，中国人更关注的可能是耻。

三、羞耻反应与人格

就心理体验而言，所有的耻辱或羞耻感都是令人不快的，只不过难受的程度有别而已。因此，本能上都有克服这种负面感受以取得心理平衡的需要。克服羞耻感不是无耻，无耻之徒没有羞耻感需要克服。只有在已经有羞耻的感受之后，才有克服的需要。

如前表（表1）所示，克服的方式随情形的不同而变化，有些只是一般的心理调节，有些则导致行为反应。例如，一般的害羞者可能只是忍耐着等待眼前情景的变换，或平时尽量回避类似的场合，或者类似经验重复多次，使反应慢慢变得不敏感。愧疚的反应有两种，一种是逃避，放弃原来的目标，另一种为重新振作刻苦努力，以期有令人刮目相看的效果。耻辱同样有两种反应，一种是逃避，另一种是决心痛改前非，洗心革面。而受辱的反应则可以有三种，除了逃避，或立志自强，变得更有自卫能力外，还可能通过实施报复得到心理补偿。司马迁自强不息，写下《史记》，屈辱升华为荣耀。越王勾践面对吴王夫差的凌辱，则是先卧薪尝胆，再报仇雪耻。而在所有的耻辱或羞耻的逃避方式中，最极端的做法就是自杀。那是永恒的逃避。战犯要逃避审判的耻辱而自杀，如希特勒。君子不甘受辱也会选择自杀。据社会学家的研究，日本人对愧与辱两类处境的反应，也多以自杀的形式。[①]其军人切腹就是我们熟悉的情形。另者，有些性格内向，有自卑感的人，心理抗压能力较弱，遇事比一般人更容易产生羞耻感。由此可见，无羞耻心固然是严重的人格缺陷，但并非所有有羞耻感的人，或克服羞耻感的任何反应都属正常。只有恰当的反应才是人格健全的表现。通过克服羞耻感的典型例子，可以讨论某些人格及人格理想问题。

先看缺乏羞耻心的例子。鲁迅笔下的阿Q，就是处于普通的耻辱场境时，会做出奇特反应的人物。对照《阿Q正传》的故事情节，在羞、愧、耻、辱四型中，阿Q有害羞感的情景似乎未涉及，对耻是麻木不仁，而愧与辱则有特殊的克服方式。阿Q的有些举止不仅是不体面而已，其对小尼姑、吴妈的行为就是侮辱，可他全然不觉得有什么不妥，以至于吴妈因受其辱而想寻短见时，他还有脸去凑热闹。没有道德上的耻辱感，就是缺乏起码的尊重他人的观念。有时阿Q似乎也有自尊心，例如捉虱子不如王胡多时，也觉得有失面子，而且一时激动之下不自量力而向王胡寻晦气，想以此克服自己的愧感。而实际上阿Q经历最多的是受别人侮辱，遭耻笑、辱骂甚至殴打是他的家常便饭，除了偶尔找地位更低的人发泄（如欺负小D）外，几乎没有反抗的能力。但他有自己克服受辱感的方式，那就是精神胜利法。把欺负他的人想象成自己的手下败将或其他更卑贱者，然后心安理得的照旧混日子，最后竟死于非命。愧本是自己技不如人，却迁怒于他人。辱是因他人的侵犯，应该激起愤怒，他反而把生气变成高兴。侮人者必自辱，这种自尊心的丧失，同他对他人人格的不尊重，其实是统一的。通过耻辱四型的对比，阿Q的整个反应是十分反常的，这表明其人格存在严重偏差。凌辱弱者，竟

[①] 本尼迪克特：《菊花与刀》，孙志民等译，庄锡昌校，浙江人民出版社1987年版，第八章"洗刷污名"中的相关论述。

自鸣得意，遭受侮辱，则自轻自贱，实质上就是变态。

另一个是对耻辱敏感而又反应极端的例子，故事的主角从害羞者、受辱者一变而成侮辱者。他不是艺术典型，而是史书所载的人物，他生活在魏晋时代：

> 钟会撰《四本论》始毕，甚欲使嵇公一见，置怀中，既定，畏其难，怀不敢出，于户外遥掷，便回急走。①
>
> 初，康居贫，尝与向秀共锻于大树之下，以自赡给。颍川钟会，贵公子也，精练有才辩，故往造焉。康不为之礼，而锻不辍。良久会去，康谓曰："何所闻而来？何所见而去？"会曰："闻所闻而来，见所见而去。"会以此憾之。及是，言于文帝曰："嵇康，卧龙也，不可起。公无忧天下，顾以康为虑耳。"因谮"康欲助毋丘俭，赖山涛不听，昔齐戮华士，鲁诛少正卯，诚以害时乱政，故圣贤去之。康、安等言论放荡，非毁典谟，帝王者所不容。宜因衅除之，以淳风俗。"帝既昵听信会，遂并害之。②

事件发生在两个名士之间。在名声与权势分离的情况下，嵇康名望高但失势。钟会有靠山而想博取声誉，其手段就是通过加入"名辨"这一游戏规则，来结识、攀附名士中的大腕如嵇康。第一个故事中，钟会精心炮制一种论说，想得到嵇康的肯定以确证自己。但他实际又很自卑，很怕自己的作品不入嵇康法眼，当面难堪。所以有"户外遥掷，便回急走"的举动。这种不敢面对是怕自尊心受损，有些脸皮薄之意。第二个故事，钟会已壮着胆子，脸皮厚一点，敢登门造访。但嵇康耻与为伍，竟"不为之礼"，且语带讥讽，引出一则似是而非的问答。第

---

① 《世说新语·文学第四》。
② 《晋书》卷四十九。

一次钟会感受到的是羞，第二次则是辱。他恼羞成怒，随后便以谗言加害本想攀附的人物，以报复的方式来取得心理平衡。钟会的问题不是没有自尊心，而是神经过敏，这种敏感背后是强烈的自卑感。同时他器量太小，只能靠报复来泄愤。报复是受辱的常规反应之一，本身不是人格问题。但他的报复不是光明正大的对阵，而是陷害，在道德上极为可耻。与阿Q比，钟会的人格偏差未必更大，但他更是小人。同样做坏事，阿Q是麻木不仁，钟会则阴险毒辣。不知道自己行为的不道德，与知道行为的不道德而仍然找借口去做，前者是缺乏羞耻心，后者则为无耻。

鲁迅的阿Q通常被理解为对国民性批判的标本。这里要指出的是，对待屈辱的精神胜利法即使曾经很流行，也不是传统的理想。本尼迪克特说，与日本人为了名誉，倾向于对侮辱者的报复不一样，中国人并不强调寻仇，避免针锋相对的激烈反应。① 如果这一判断可以接受的话，其文化上的含义则需要分析。所谓不报复或不寻仇，有两个层面的不同。一是从策略上着眼，小不忍则乱大谋，不逞匹夫之勇，要忍辱负重，像韩信一样受胯下之辱而毫无愧色。另一种是道义上持守，通过忍让克服挑衅，那就是战国时代蔺相如感化廉颇的经典例子：

> ……既罢归国，以相如功大，拜为上卿，位在廉颇之右。廉颇曰："我为赵将，有攻城野战之大功，而蔺相如徒以口舌为劳，而位居我上。且相如素贱人，吾羞，不忍为之下。"宣言曰："我见相如，必辱之。"相如闻，不肯与会。相如每朝时，常称病，不欲与廉颇争列。已而相如出，望见廉颇，相如引车避匿。于是舍人相与谏曰："臣所以去亲戚而事君者，徒慕君之高义也。今君与廉颇同列，廉君宣恶言而君畏匿之，恐惧殊甚，且庸人尚羞之，

---

① 本尼迪克特：《菊花与刀》，孙志民等译，庄锡昌校，第125页。

况于将相乎！臣等不肖，请辞去。"蔺相如固止之，曰："公之视廉将军孰与秦王？"曰："不若也。"相如曰："夫以秦王之威，而相如廷叱之，辱其群臣，相如虽驽，独畏廉将军哉？顾吾念之，强秦之所以不敢加兵于赵者，徒以吾两人在也。今两虎共斗，其势不俱生。吾所以为此者，以先国家之急而后私仇也。"廉颇闻之，肉袒负荆，因宾客至蔺相如门谢罪。曰："鄙贱之人，不知将军宽之至此也。"卒相与欢，为刎颈之交。①

战将廉颇自以为是，地位屈居文士蔺相如之后，"羞，不忍为之下"。其羞不是害羞而是羞愧之羞，是愧地位不如人。但他不服，想通过羞辱蔺相如来取得心理平衡。而且这种辱必须当面施行，才有效果。蔺相如面对的是羞辱之辱，但他的应对不是报复，而是忍让。其追随者的抱怨，表明受辱不是一个人的事情，是同一阵营的共同耻辱。蔺相如问心无愧，其最后感动廉颇的真情告白，是把侮辱区分为来自强权者（强秦）与来自器小者（廉颇）两种。对强权者，得威武不屈，而对器小者，则不妨忍让化解，特别是为了更高的道义目标时。这则因司马迁的生动描绘而广泛传颂的故事，有力地传播中国文化中对羞辱的理想观念，是一种大丈夫精神。

不过，中国文化中对羞耻心的强调，焦点还不在愧与辱，而是耻，即道德羞耻的问题。对此，儒家提供的思想资源最为丰富，我们要进行分析的重构。

四、从羞耻心看君子人格

在中国社会，有些人被斥为"无耻"之徒。无耻就是做公认的坏

---

① 《史记·廉颇蔺相如列传》。

事而没有罪恶感，被揭发出来后毫无愧色。这与因精神问题或认知判断错误而造成的对外界反应不敏感不一样，穿"新衣"的皇帝，有精神疾病的人，当他们恢复正常状态的时候会对自己曾经有过的行为感到羞耻。人们不会在他们有不正常的行为时说他们无耻。另外，有耻辱感的人也不意味着他们不做不正当的事或不做坏事，而是他们知道在做不该做的事，因此要偷偷摸摸做，不会那么肆无忌惮。当然，最无耻的当属做缺德的事，还厚颜无耻地找其他借口掩饰，这叫无耻之尤。公众往往能在政治领域看到这种景观。通过耻与无耻的对比，我们就可以思考，儒家在讲仁义道德等正面观念后，为什么还特别要言耻。其中必大有深意焉。

对羞耻心的重视，至少从孔子开始。《论语》论耻的言论有两类，一类是表达对具体行为的鄙视，一类是表达对抽象耻感的重视。对具体行为的鄙视，如"巧言、令色、足恭，左丘明耻之，丘亦耻之。匿怨而友其人，左丘明耻之，丘亦耻之"①，"天下有道则见，无道则隐。邦有道，贫且贱焉，耻也；邦无道，富且贵焉，耻也"②。耻之，不是一般的不做，而是有强烈情感色彩的否定，它涉及对具体行为的评价。同时，对什么该耻什么不该耻，它是有区别的，如"不耻下问"，或赞扬人"衣敝缊袍，与衣狐貉者立，而不耻者，其由也与！"③把问题具体化，是孔子因材施教的方式。更重要的是对抽象耻感的重视，如"道之以政，齐之以刑，民免而无耻；道之以德，齐之以礼，有耻且格"④。"行己有耻，使于四方，不辱君命，可谓士矣。"⑤无耻有耻，即有没有羞耻心，没有羞耻心者不是其对具体行为的评判出问题，而是

---

① 《论语·公冶长》。
② 《论语·泰伯》。
③ 《论语·子罕》。
④ 《论语·为政》。
⑤ 《论语·子路》。

完全丧失道德感。

孟子则通过对无耻的攻击来强调知耻的观念:"人不可以无耻,无耻之耻,无耻矣。""耻之于人大矣,为机变之巧者,无所用耻焉。不耻不若人,何若人有?"[1]对无耻的厌恶找不出更恰当的表达,本身就是情感的极致,所以说"无耻之耻,无耻矣"。耻与无耻,在孟子看来,是人与非人的分界线。"人之所以异于禽兽者几希,庶民去之,君子存之。"[2] "无恻隐之心,非人也;无羞恶之心,非人也;无辞让之心,非人也,无是非之心,非人也。"[3]这羞耻就包含在羞恶之心中,而非人就是禽兽。所以,骂禽兽,骂不要脸,同骂无耻或者骂衣冠禽兽,是同一憎恨级别的。

为何把动物与无耻联系起来呢?食色,性也。这是人的两类自然本能,也是人与其他动物共有的行为。而由于动物,尤其是灵长类,也似有哺养之情,亲子之爱,故最能体现人禽之分的,显然就是有关性的行为方式。动物不知道遮羞,且会乱伦,而这是人类所有的禁忌中最原始的内容,同时也是人与动物最原初的分界线。舍勒说动物不会害羞,人才会,所指就是这方面。儒家对羞耻现象没有我们做的分类,故把破坏性禁忌同其他不体面的行为归为一体,所以它就成为无耻之尤。同时,只要这种禁忌意识还存在,也就证明羞耻心仍未泯灭。冯友兰讲过一个故事:

> 有个王守仁的门人,夜间在房内捉得一贼。他对贼讲一番良知的道理。贼大笑,问他:"请告诉我,我的良知在哪里?"当时是热天,他叫贼脱光上身的衣服,又说:"还太热了,为什么不把裤子也脱掉?"贼犹豫了,说:"这,好像不太好吧。"他向贼大

---

[1] 《孟子·尽心上》。
[2] 《孟子·离娄下》。
[3] 《孟子·公孙丑上》。

喝:"这就是你的良知。"①

对贼而言,裤子不仅是用来保暖的,更重要的是用来遮羞的。而遮羞是所有的人不虑而知不学而能的反应。王氏门人不愧得阳明真传,能抓住其仅存的羞耻感来提示其良知的存在。这同孟子用"孺子将入于井"的假设指点性善有异曲同工之妙。孟子点的是恻隐,王门指的是羞恶,它同恭敬(辞让)与是非合起来,就是孟子说的四端:"恻隐之心,仁之端也;羞恶之心,义之端也;辞让之心,礼之端也;是非之心,智之端也。"②四端是儒家道德人格的基本结构,庞朴对羞恶与恻隐的关系有过很有启发的论述:

> "义"被说成是"羞恶之心"的道德表现,它同"恻隐之心"的"仁"相对,并且是对后者的一个节制。所谓"羞",如后人所解释的,是耻自己之不善;而"恶"是憎别人之不善。有了这一德目与"仁"并存,"恻隐"便不免形成一个界线,即只供使用于所谓善人善行,而不致对一切都滥发慈悲。这就叫"义者,仁之节也"。另一方面,羞之与恶,又是为了自己之向善和与人为善,这可说是基于恻隐而起,这就叫"仁者,义之本也"。③

仁心就是同情心,是对同类的爱心。说羞恶基于恻隐,自有道理。不过,羞恶中的羞,即羞耻心,还有另一层非常重要的意义,它也是爱,不是爱人而是自爱。通过对羞、愧、耻、辱四型的现象分析,可以非常清楚地看到羞耻或耻辱感本身所体现的自尊心。羞耻感是自卑

---

① 冯友兰:《中国哲学简史》,涂又光译,北京大学出版社1985年版,第359页。
② 《孟子·公孙丑上》。
③ 庞朴:《儒家辩证法研究》,《当代学者自选文库·庞朴卷》,安徽教育出版社1999年版,第546页。

的体现，而自卑的背后有自尊的渴望。关于爱人与自爱的关系，《荀子》中有一则孔子与弟子的对话，颇堪玩味：

> 子路入。子曰：由，知者若何？仁者若何？子路对曰：知者使人知己，仁者使人爱己。子曰：可谓士矣。
> 子贡入。子曰：赐，知者若何？仁者若何？子贡对曰：知者知人，仁者爱人。子曰：可谓士君子矣。
> 颜渊入。子曰：知者若何？仁者若何？颜渊对曰：知者自知，仁者自爱。子曰：可谓明君子矣。①

依此，知己、爱己，知人、爱人，同自知、自爱，三者都为儒家所接受，但境界显然有高低。为什么具有利他主义倾向的儒家会以自知自爱为道德的最高境界呢？一方面，依推己及人的原则，一个人如果不自知不自爱，没有自己的情感体验，如何能够知人和爱人呢？自爱与爱人是相通的。另一方面，自爱不仅是自己对自己的事情，它也要在人—我关系中实现，即有被他人尊重的要求。自爱就是有自尊心，一个人如不自爱又何来他人爱己的需求呢？阿Q就是既不会爱人又不懂自爱的例子。而羞耻心，恰好就有测试自己行为是否失当，及感知自己被他人尊重程度的心理机制。儒家言君子，不仅是谦谦君子，而且是顶天立地的大丈夫。一个人能知耻即有羞耻心，从消极方面说，是会阻止他精神上沉沦，从积极方面讲，则是具备使一个人被尊重的内在素质。这也就是前面所说的，羞耻心更能呈现自我意识的性质。《中庸》对仁智勇"三达德"之勇的理解，把夫子的"勇者不惧"变成"知耻近乎勇"，表明在道德修养中，知耻不是轻描淡写的事情，而是需要立志砥砺磨炼，在精神领域冲锋陷阵的壮举。真是耻之用大矣哉！

---

① 《荀子·子道》。

五、变迁中的羞耻观

羞耻意识不但有文化的差别，也有时代的不同。种种迹象表明，在我们这个时代，传统的羞耻感正在迅速被削弱。性、言、名三种观念的变化，是最容易观察到的现象。性是最明显的领域，依传统，保持身体特别是性行为的隐藏性，都是对人的廉耻的要求，是羞耻心所防护的底线。但是，看看今日互联网上，层出不穷的色情照片与视频，就知道那条底线即使不是荡然无存，也是已经严重变形了。依传统，言行一致与言而有信是严肃的道德要求，与之背离是应被唾弃的行为，孔子说："古者言之不出，耻躬之不逮也。"[①] "君子耻其言而过其行。"[②] 但是在现代，一方面是政客与明星在电视镜头前出于政治或商业利益的需要，极尽巧言令色之能事，人们对此司空见惯。另一方面，是年轻一代为了表现自信，把"我能""我行"之类的广告词变成生活的口头禅。公开的撒谎演变成一种时代风气。此外，还有对名誉观的践踏。孟子说"孔子成《春秋》，而乱臣贼子惧"[③]，《庄子·天下》说"《春秋》以道名分"。因为通过春秋笔法，让坏人坏事见之史乘，臭名远扬。在岳飞墓前放置秦桧夫妇跪像，也是同一意义。但今天越来越流行的信条是，有名就有利可图。不管以何种手段成名，只要有名，就有商业价值。

性、言、名等观念的变化，表明传统羞耻意识正在消退。传统当然也有被认为恬不知耻的现象，但那并非常态。今日的问题，同现代性有紧密的联系。它的出现有观念的原因，也有技术的条件。观念的问题很复杂，最核心的当是关于自我观念的强化。在儒家传统中，人不是孤立的绝缘体，每个人都在特定的关系中定位，或者说是网络中

---

① 《论语·八佾》。
② 《论语·宪问》。
③ 《孟子·滕文公下》。

分布的点。故有社会学家称之为关系主义。依前面的分析，羞耻或耻辱的感受，相关者在场是非常重要的因素。而相关者又是分层次的，关系越密切，影响就越大。一个人越自我，对周围人就越疏远，荣辱与共的人就越少，故对自身行为后果的情感顾忌就越轻，耻辱感自然就越淡漠。自我观念起源于西方，同个人主义的意识形态一起传入近代中国而在现代化中发扬光大。

与之相关的，是法治取代德治。法律不同于道德之处，在于它主要用于约束行为。只要行为不违法，无论动机多卑劣，都不在话下。孔夫子就深知，"道之以政，齐之以刑，民免而无耻"。耻辱感的形成，与道德教化相关，而教化的传统思想资源，近代以来差不多已被摧毁殆尽。王阳明那"一念发动处便是行"的道德敏感，在现代自由主义的生活态度面前，尤其是尊重隐私的名目下，变得非常苍白。当然不是任何耻辱感都没有了，像愧与辱的观念仍然存在，甚至有强化的迹象，但它同羞与耻可以对立起来。原因是在鼓励竞争的时代，争的焦点是输赢之争而非是非之争。自尊心的实现不在你是否被尊重，而在你是否被羡慕，甚至是否被嫉妒。孔子说："天下有道则见，无道则隐。邦有道，贫且贱焉，耻也。邦无道，富且贵焉，耻也。"[①] 如今是笑贫不笑娼，只要成功，很少人关心它是否取之有道。

观念变化之外，导致传统羞耻观削弱的因素，还有技术及相应的生活方式的变化。其中最具代表性的便是由电视、电脑、互联网及数码技术诸环节组成的现代传播手段。以性信息的传播为例，其表现就是身体特别是性器官与性行为的公开展示。做爱本身不是耻辱，但把爱变成性表演便是不知耻的行为，这是绝大部分的文化传统都认同的观念。而表演的条件是必须有观看者，在古老的禁忌面前，大多数表演者要在众目睽睽之下表演赤裸裸的行为，这道心理防线较难突破。色情业的表演者

---

① 《论语·泰伯》。

也不愿与自己的亲友一起观看自身的表演,这就表明即使是这些人,禁忌也还存在。但现代技术使表演与演播分离,表演者不必直接面对观众,他/她对公众甚至是匿名的。这种情况下,羞耻感自然大大被削弱了。同样的问题是,观看者也有一个遮羞的需要。与暴露比,窥视的欲望在人群中更普遍。但直接的窥视不论是个别偷窥还是集体观看,都有心理压力问题。前者是对被窥对象的侵犯,后者则难免存在面面相觑的尴尬。网络图像传播与光盘的出现,使得这两重障碍都有条件被清除。不但被窥对象不在场,而且观看也完全变成独立的个人行为。没有相关者的在场,羞耻感就不会出现。正是这种技术把潜在的窥视欲望诱发出来,由此形成一个庞大的色情观看市场。

  观念与技术的变化、发展,导致传统羞耻观的变迁有它的必然。但是,我们不必由此给现代文化以负面的道德评价,更不能得出所有的羞耻感正在消失的结论。传统羞耻观念的弱化的确与个人主义的自我价值扩张有关,但自我价值的实现要求也有它的合理意义。也许这就是自由主义道德信念面对的两难。而是否有羞耻心同具体行为是否可取是两个不同的问题,这跟有道德感同具体道德评价可以分离一样。完全蔑视羞耻心的文化与社会是不存在的。我们的讨论不是要进行具体的道德判断,而是通过对羞耻现象的分析,刻画心理、人格、道德以及文化的复杂关系。不过,在结束本文之前,最后的强调也许不是多余的,那就是:一个人尤其是社会的精英人物,在公认的公共价值规范前,必须保持对不道德行为的羞耻感,他才能得到社会的尊重。同时,儒家传统着重的羞耻心的培养,依然是现代道德人格形成的重要途径。

关于羞恶之心的现象学分析

倪梁康

一、引论：羞愧作为道德问题

关于羞感及其与道德之关联的思考，中外思想史上虽不能说是俯拾皆是，却也不能说是乏善可陈。只是这些思考似乎总是处在一个尴尬的、不上不下的位置。尽管"羞恶之心"问题在孟子那里便已获得道德奠基的地位，但它一直以来却始终没有在后来的思想家的思考中保持住这个地位，甚至连它是否属于道德现象也还仍然是一个有争议的问题。似乎从未有人考虑过建立"羞恶伦理学"的可能性。[①] 与之相比，孟子赋予"恻隐之心"的相等地位，在中外思想史上倒是通过各种形态的"同情伦理学"而一再得到了应和与维续。

笔者之所以想要在此特别讨论这一问题，主要是因为近期似乎以纯属偶然的方式不断地接触到了相关的讨论话题，并从中获得许多启发而产生出一些想法：这些讨论之一是陈少明的《明耻——羞耻现象的现象学分析》[②] 一文；其次是新近读到的让·克洛德·布罗涅的《廉

[①] 或许舍勒可以算作一个例外。他曾提出"羞与羞感的现象学"，将此纳入现象学情感分析的领域，并试图从中得出伦理学的结论。

[②] 该论文宣读于 2006 年 6 月 3 日在广东佛山高明举办的"哲学与知天命"研讨会。

耻观的历史》①一书；再次是因陈少明论文而重读的现象学伦理学家马克斯·舍勒的《论羞与羞感》②；最后是笔者于2006年上半年开设的原著讨论课上研读的分析哲学伦理学家恩斯特·图根特哈特的文章《道德的概念与论证》③。这些思想者的相关思考有一个共同特点，他们都讨论羞耻与道德的关系。这篇文字是笔者对由此而引发的在羞耻、身体与道德三者之间关系的一些思考记录。这个思考可以被看作是对被讨论的观点进一步展开，但只是在某个特定的方向上。除此之外，这个思考一直延伸到笔者近几年来对道德意识三个来源问题的现象学描述分析上，并且有机地成为这个探讨的一部分。

二、两种对羞愧的划分方式

陈少明的《明耻》一文，区分在"耻"或"羞"（英：shame、德：Scham、法：pudeur）这个词中，或者说，在这个词所指示的现象中，包含着四种基本的类型：羞、愧、耻、辱，它们指示着与羞感相关的不同感受与反应。布罗涅的《廉耻观的历史》一书，则基本上是一种经验的历史陈列，更确切地说，是文献经验的历史陈列。但他在书的结尾处也大致区分出在羞耻（廉耻）中包含的四种特性或本质要素：自然性、公开性、活跃的进程、必要性。④

这两种分析本身，在一定程度上已经表明两种不同文化中的两种羞耻观的基本特点。这里所说的羞耻观，并非指在布罗涅那里被译作"廉耻观"的pudeur，而是特别用来指学者讨论羞耻问题的方式：汉语

---

① 让·克洛德·布罗涅：《廉耻观的历史》，李玉民译，中信出版社2005年版。
② M. Scheler, "Über Scham und Schamgefühl", in ders., *Gesammelte Werke*, Band 10, Bonn, 1986, S. 65-154. 中译文：《论害羞与羞感》，林克译，载于刘小枫编选：《舍勒选集》上卷，上海三联书店1999年版，第531—628页。
③ E. Tugendhat, "Zum Begriff und zur Begründung der Moral", in ders., *Philosophische Aufsätze*, Frankfurt a. M., 1992, S. 315-333.
④ 参见布罗涅：《廉耻观的历史》，李玉民译，第338—339页。

在表述羞耻现象时提供了诸多可以选择的现成语词：除了已经提到的羞、愧、耻、辱以外，还有相关的语词如惭、臊、涩、疚、腼腆、尴尬、不好意思，如此等等。因此，我们在描述与 shame 相关的现象或感受时就会觉得游刃有余；而西方语言在涉及对 shame 的描述时则可能会因相关语词的贫乏而显得捉襟见肘。①

当然，这样一种语言差异，似乎并未阻碍学者们在讨论羞耻问题时的敏锐眼光。陈少明和布罗涅的两种类型划分和确定，各有千秋。但为明了起见，笔者在这里更愿意借助于舍勒在羞感类型上所做的两对区分：身体羞感—灵魂羞感与个体羞感—社会羞感。②尽管在这两对概念中，笔者主要想探讨的是身体羞感，但由于它们相互交切，因此文中也会对后者有所涉及。

之所以主要想讨论身体羞感，不仅是因为本次讨论会的题目（"体知与人文学"）涉及身体，也不仅是因为在传统中国文化中对这个问题的讨论较为罕见③，更主要的原因在于：身体羞感涉及羞感一般的一个基本特性。它在布罗涅的分析中已经有所显露。它可以归结为这样一个问题：羞感是否有先天的和后天的之分别？用布罗涅的术语来表达便是：羞感是否具有自然性？

三、羞愧的先天性

将身体羞感（或性羞感④）与人的自然本性联系在一起，或者干脆

---

① 这个问题在陈少明的文章《明耻——羞耻现象的现象学分析》中也已涉及。参见该注 1。也可参见布罗涅在《廉耻观的历史》（第 XIII 页）中对法语的"廉耻"的词语和历史的概述。

② 布罗涅对廉耻观的分类显然借鉴了舍勒的成果。参见布罗涅：《廉耻观的历史》，李玉民译，第 XV、VI—XI 页。

③ 例如，儒家对"羞—恶"、佛教对"惭—愧"的各种解释，都将它们看作是精神层面的感受。将身体羞感与道德联系在一起讨论，可以说是西方伦理学的一个特点。

④ 身体羞感大多与性羞感有关。舍勒认为，性羞感是身体羞感的下属形式和核心。参见刘小枫选编：《舍勒选集》上卷，第 576 页。

认为身体羞感就是人的自然本性，这个观点基本上建立在对人天生有遮掩身体的特定部位，主要是性器官的习性的观察上。与身体、性相关的羞感最有可能是天生的。尤其是女性的羞涩和性羞涩，通常被视作自然本能。这个本能既被理解为心理的，也被理解为生理的。如果把身体羞感理解为羞感一般的自然基础，那么进一步的结论就有可能是：所有羞感都具有自然本性的因素，甚至很可能构成其中最为根本的因素。因为，与社会的、人为的、约定的因素相比，人的道德情感中的自然的、本能的因素总是更为恒固，更为普遍，因此也更为基础，可以超越出时代、民族、文化的局限。

倘若我们能够确定羞感中的天性因素，甚至把羞感一般都确定为是先天本性所致，那么自然主义伦理学（或本性伦理学）的基石就会变得更为扎实。它将不仅仅包含同情伦理学，还可以包含羞恶伦理学，以及其他等等。①

但这一切至此为止都还只是一个设想或期望。这里的关键在于证明：身体羞感（生理羞感）是天生的，即不习而能的。这个证明应当是后面的所有可能性得以展开和实现的基础。

可惜伦理学理论无法将《圣经》所记载的东西当作人类的真实历史来依据，否则问题就很容易得到解决。在《圣经》所表露出来的在道德与羞感之间的联系中，身体的因素已经得到部分的凸显：《创世记》说上帝创造了亚当、夏娃后，"当时夫妻二人赤身露体，并不羞耻"②，以后在伊甸园中，蛇诱惑他们去吃"分别善恶树上的果子"③，吃了之后，"他们二人的眼睛就明亮了，才知道自己是赤身露体，便拿无

---

① 在孟子的四端说中，现今真正得到大多数伦理学者认可的伦常之端只是"恻隐之心"。"羞恶之心"是否可能成为另一个基石，我们在后面再做讨论。在孟子的四端说之外，我们还可以在母爱、责任等从属于天性的感受中发现本性伦理学的基础。

② 《创世记》2:25。

③ 《创世记》3:5。

花果树的叶子，为自己编制裙子"①。很显然，身体羞感与分别善恶的能力在这里被看作是基本一致的，或者至少可以说，是同步发生的。从此之后，亚当和夏娃的后代便有了羞耻的感受和道德意识。就此而论，可以说除了亚当和夏娃以外，所有人的羞耻感受和道德意识都是生而有之的，是与人类的"原罪"联系在一起的。

除了在宗教文本上的这类并不能为理论提供论证的依据之外，本性羞耻观的主张者还可以在一些思想家那里获得支持。始终强调自然状态和本性的卢梭是其中之一。② 布罗涅本人把羞感的自然性看作是羞感的第一特性，便很可能与他所依据的卢梭的思想有关。卢梭认为：廉耻是女性的本性或自然情感。一些女性的寡廉鲜耻是因为她们的自然情感受到了践踏。③ 同时，布罗涅也依据了舍勒的研究，认为舍勒是"后天廉耻观的主要反对者"④，以及如此等等。

四、羞愧的后天性

但这样一些观点大多出自诗人、神学家和浪漫主义哲学家，很少得到科学主义哲学家和人类学家、社会学家的支持。就专门讨论过羞耻和羞感问题的现象学伦理学家舍勒而言，他的立场很难用一句"后

---

① 《创世记》3∶7。
② 在西方思想家中，卢梭的立场可能是最接近孟子的。卢梭虽然没有把伦理学建基于人的"羞恶"本性之上的想法，但却赋予"怜悯"（孟子的"恻隐"）本性以极高的地位，把"自爱"与"同情"（或"怜悯"）看作是"两个先于理性而存在的原理"："怜悯心是一种自然的情感，由于它调节着每一个人自爱心的活动，所以对于人类全体的相互保存起着协助作用……正是这种情感使得一切健壮的野蛮人，只要有希望在别处找到生活资料，绝不去掠夺幼弱的小孩或衰弱的老人艰难得来的东西。正是这种情感不以'你要人怎样待你，你就怎样待人'这句富有理性正义的崇高格言，而以另一句合乎善良天性的格言：'你为自己谋利益要尽可能地少损害别人'来启示所有的人。后一句格言远不如前一句完善，但也许更为有用。"（卢梭：《论人类不平等的起源和基础》，李常山译，商务印书馆1982年版，第67、102—103页）
③ 参见布罗涅：《廉耻观的历史》，李玉民译，第VIII页。
④ 参见布罗涅：《廉耻观的历史》，李玉民译，第X页。

天廉耻观的主要反对者"就概括殆尽。舍勒本人对身体羞耻感是否天生的问题并未给出十分确定的回答,甚至更多地抱有怀疑态度。① 至少,他列举的人类学家的一些观察的结果都是反对先天廉耻观的:在原始部落中,首先遮蔽羞处的大多是男人而不是女人;没有遮蔽羞处的黑种女人在穿上遮羞的衣服之后却有强烈的羞感。② 舍勒似乎想用这些例子来说明对身体羞感的实证观察并不能为身体羞感的自然性、先天性提供可靠的证明。

可是另一方面,舍勒看起来又不无矛盾地反对"将羞感归结为教育的结果",否认它"是遵循一个共同体占统治地位的'道德原则'的产物"。③ 于是这里便会涌现出一个问题:如果黑种女人因为衣服遮住了羞处而害羞,而白种女人则会因为没有衣服遮住羞处而害羞,那么这里的本性差异究竟是如何产生的呢?显然,若是将黑种女人从小带入白种人的社会中生活,那么她的羞耻观与白种女人的羞耻观不会有本质区别(这在卢梭时代的社会中便有案例并被引用)。

事实上,舍勒在试图张扬羞感的先天性的同时,忽略了它的显而易见的后天内涵。或者更确切地说,舍勒并未忽略这些后天因素,但他只是用后天内涵的矛盾性来说明对人的羞耻本能的论证不能依据后天的内涵,而在此同时却没有明确地指出:羞感的后天内涵的差异性和矛盾性恰恰是以后天内涵的存在为前提的。

五、先天形式与后天质料

或许这里的确存在着一个中间的可能性:羞感既是先天的,又是

---

① 舍勒的名言是:"羞感仿佛是人类本性的明暗交接处。"(Scheler, *Gesammelte Werke*, Band 10, Bonn 1986, S. 67)

② 参见刘小枫选编:《舍勒选集》上卷,第 540—541 页。

③ 参见刘小枫选编:《舍勒选集》上卷,第 559 页。他在这里把主张后天羞耻观的学说看作是"最愚蠢的"。

后天的。说它是"先天的",乃是因为在人性中包含着羞感的能力,一如他的说话能力,走路能力,这些能力在每一个正常人身上都先天地存在,无须后天的传授,亦即孟子所说的不学而能,而这在动物那里显然是没有的;说它是"后天的",乃是因为如果没有习俗影响和／或教育传授,这种能力就没有具体实现的可能,就像狼孩不会走路,不会说话,也不会有羞耻感一样,即便他生而就含有这方面的潜能。

这里"潜能"一词,标示了许多在人的本性中所蕴含的,但缺少后天的开发和培育则无法实现的机能和力量。我们可以用这个词来描述一些道德意识的特征,如羞恶、责任①,但却不能用它来标示另一些自然的禀赋,如同情、母爱等等,后者无须后天的培育,因此必须被称作"实能"。

如果舍勒还可以算是一个先天廉耻观的倡导者,那么只能是在这个意义上:他认为羞感是使人区别于神和动物的一个标志。② 除人之外,没有任何存在者和生存者能够具有羞感。而人则必须害羞,"羞感是对我们自己感觉的一种形式,因此属于自身感觉的范围","而且是一种个体的自我保护感"。③ 也就是说,唯有羞感的能力形式是先天的,无论后天的习俗和教育将会赋予它何种内容。

---

① 关于"责任",洛克曾试图将它论证为一种天生的本能。在证明"雌雄间的结合目的不只是为了生殖,而且也是为了延续种类"之后,他将此结论也推及人类,认为"人类中两性的结合关系,所以不得不比其他生物较为长久,其主要的——如果不是唯一的——原因即在于此"。具体地说,由于女人有怀孕的机能,因而在怀孕期间,父亲就必须照顾他所生的子女,而且要照顾很长的时期。这可以被看作是最基本的责任意识。它与种类的自我保存之间存在着内在的联系。但卢梭反驳洛克,认为后者所说的并非自然状态中的事实,而是在有了社会之后才出现的事实。参见卢梭:《论人类不平等的起源和基础》,李常山译,第181—182页。

② 舍勒认为,神不会害羞,关于某个"害羞的上帝"的想象是"荒谬的"(刘小枫选编:《舍勒选集》上卷,第531—532页)。《圣经》的许多记载还表明:上帝会利用人的羞耻心来惩罚。只是在这个意义上我们才能赞同布罗涅所说:"犹太人的上帝首先是有羞耻心的上帝。"(《廉耻观的历史》,李玉民译,第281页)

③ 参见刘小枫选编:《舍勒选集》上卷,第544、547页。

六、羞愧的个体性和社会性

　　这里需要引入 E. 图根特哈特的一个建基于羞恶之心上的道德概念和道德论证尝试。图根特哈特很可能会同意舍勒的上述想法。他在《道德的概念与论证》①一文中便主要是讨论羞耻（Scham）、义愤（Empörung）②与道德的关系。他把"羞耻"与"义愤"看作是一种对自身能力和他人能力进行内部裁定的结果。这种内部裁定与自我价值意识相关，但首先与一种共同体的中心价值相关。共同体的中心价值是其成员所共同认同的。只有在认可自己共同体成员身份的情况下，自我价值意识才有可能出现，内心的制裁③才能成立，羞感和义愤才有可能发生，赞誉和谴责才有可能形成。这意味着：对损害这个中心价值的思想和行为或是感到羞愧并表达赞誉，或是感到义愤并表达谴责，前者与自己的行为相关，后者涉及他人的行为。据此，羞恶之心只有在社会化（或共同体化）的前提下才是可能的，由此而形成的道德也必定是社会化的产物。由此，图根特哈特在尝试论证一门建基于内心裁定意义上的道德体系。

　　图根特哈特的观点在一个基本点上是与舍勒的思考相一致的：每个生活在共同体中的人，都有羞恶的能力，它是道德意识的根本。至于这些羞恶的具体内涵，即它们的相关项，则涉及各个共同体的不同中心价值以及其他具体价值。进一步说，就中心价值而言，各个共同体的成员会因代表自己共同体的中心价值被损害而感到羞恶，但不会为其他共同体的中心价值遭受损害而感到羞恶；就其他具体价值而言，

---

① E. Tugendhat, "Zum Begriff und zur Begründung der Moral", in ders., *Philosophische Aufsätze*, Frankfurt a. M., 1992, S. 315-333.
② 这与孟子所说的"羞恶之心"是基本一致的。"羞"指羞耻，"恶"指憎恶；前者是对自己的有损价值的意、言、行的道德反应，后者是对他人的有损价值的意、言、行的道德反应。
③ 内心制裁的对立面是通过法律形式表现出来的外部制裁。

一个人例如可能会为自己下棋下得不好而羞愧，或为做饭做得不好而羞愧等等，另一个人则可能根本不介意这些能力。但无论引起羞恶的原因是什么，每个人都生而具有羞恶能力这一点在舍勒和图根特哈特那里都是确定无疑的。对此，孟子也会说"无羞恶之心，非人也。"（《孟子·公孙丑上》第六章）

可是在另一个根本点上，图根特哈特又与舍勒发生冲突。从图根特哈特的角度看，可以说不存在个体的、私下的羞感。只有在共同体中、在公共的场合，羞恶才会发生。无论是身体羞感还是性羞感，都是在面对他人或大众的情况下才会产生。即便是独自的羞愧，也是面对假想的公众。共同体的中心价值决定着自身价值感受，构成自身羞恶感产生的前提，这实际上排除了个体的私己羞感的可能性。因为从这里出发可以得出，羞恶的感受都是后天形成的，是共同体化的结果。

七、生理羞感与心灵羞感

而从舍勒的角度来看，图根特哈特的描述可以切中社会羞感以及灵魂羞感的特征，但却没有涉及身体羞感和个体羞感的实质。事实上，舍勒对身体羞感和性羞感功能的分析在这方面可以起到补充的作用。舍勒在性羞感方面区分出三种功能，这里不一一列举。[①] 我们只需把注意力集中在第一个功能上，因为后面两种功能多少带有共同体的性质，即涉及男女间的关系，或者更准确地说，涉及性伙伴间的关系。第一个功能是纯粹个体的，而且是纯粹本能的。这个功能表现为三种形式：身体羞感、里比多羞感和性羞感。前两种羞感都是个体的、独自的，因为还未涉及男女或性伙伴。身体羞感可以在幼儿身上发现，"在排泄

---

① 参见舍勒《论害羞与羞感》中的第四部分"性羞感及其功能"。见刘小枫选编：《舍勒选集》上卷，第 576—618 页。

要求的压力下，幼儿已经体验害羞冲动"。在以后的发展阶段，里比多羞感开始活跃，它是处在身体羞感和性羞感之间的过渡阶段。由于真正的性本能尚未形成，所以里比多羞感仍然属于个体羞感的类型。也正是这种特点，舍勒认为："里比多的羞在性本能形成之前就已经存在，通过对自慰冲动的部分压抑，它才使里比多有可能涉及异性。"①

这种解释实际上已经把性羞感视为一种遗传的、有利于自身保存和种族保存的先天能力。它保护身体不沉湎于自恋和自慰，而是适时地寻找异性，完成性结合和性繁殖。自身保存的本能在这里分离为两个方面：自身满足和保证自身延续。

性羞感包含身体羞感和里比多羞感这两个前阶段。只是在性本能完全成熟之后，性羞感才成为性别主体间的、社会化的现象。"就像在他人面前的害羞一样，在害羞一词的每个方面都存在同样本原的'面对自己的羞涩'，和'面对自己感到羞涩'。"② 不仅身体羞感是如此，灵魂羞感也是如此。但这里对此不再做展开。

舍勒的性羞感分析，显然对身体羞感的个体性和孤立性，以及由此而导出的羞感的先天性提供了一定的证明和解释。这或许可以弥补图根特哈特在个体羞感和先天羞感方面的论述不足。这样便可以看出，布罗涅所说的舍勒是"后天廉耻观的主要反对者"是不确切的，因为舍勒所反对的只是那种把廉耻观**仅仅**看作后天的做法。

由此纵观之，在羞感的先天和后天、个体和社会的差异与对立上，舍勒照顾得比较周全。他明确地说："羞愧（Scham）甚至都不是一种单一的**社会的**感受，仅因为此，它也就**不会**是一种单一的**性**感受。"③ 但

---

① 刘小枫选编：《舍勒选集》上卷，第 557、581 页。
② 刘小枫选编：《舍勒选集》上卷，第 543 页。
③ 在中译本中，此句被错误地译作："正因为羞感绝不是一种**社会的**感觉，所以它也**不是**纯粹的**性**感觉。"（刘小枫选编：《舍勒选集》上卷，第 543 页）由于此句事关问题核心，所以需要在此特别提出。

是，如前所述，他似乎没有道德情感的"潜能"概念，似乎也没有意图把康德所确定的"先天综合判断"的能力转用在羞感的分析上。

八、几种羞感划分之间的关系

当然，舍勒对羞感的先天性的论证并不是完全可以令人信服的。对性羞感前两个阶段的观察，与发生心理学的研究相关。这种研究始终建基于实证科学的方法上，这意味着，它随时有可能被证伪。在这种情况下，将羞感的研究和伦理的结论建基于这种观察结果之上并不是没有问题的。

真正现象学反思的本质直观是否可以在这里发挥作用？这取决于，我们在这里能够看到的东西是否具有明见性：当我们谈到羞感时，我们常常会想到两种典型的情况，一种是生理方面的，面红耳赤，不敢看人，如此等等；另一种是心灵方面的，内心惭愧和懊悔，并含有歉意。它们都可以在"不好意思"这个短语中得到表达。

这两种状态与舍勒所说的"身体羞感"和"灵魂羞感"的概念有联系，但它们之间的差异性应当大于相同性。从"生理羞感"和"心灵羞感"的现象来看，有一点基本上可以肯定：在这两者之间存在着先天本能反应和后天理性思考的区别。如果父母在训诫孩子时说"你应该为此而脸红"，那么这只是一种说法而已，因为脸红这个羞感的身体表现，并不是一个随"应该"的命令而随时可以发生的现象。它的到来，并不以当事人的主观意志为转移。它很可能在当事人不希望的时候到来，而在祈愿它出场的时候反而缺席。因此，也许引起羞愧性脸红的原因，完全是与人类后天所受的教育相关的；但人类的脸红，则绝不是由父母所授。这首先是因为，父母本人也无法控制自己的羞感的产生与消失。从这个意义上说，生理羞感的能力必定是天生的。但如果没有后天培育的引发羞感的原因，这个能力就永远只是一种可能性，一种潜能。

与此相反，心灵羞感则与后天的教育相关联，甚至需以后天的教育为前提。图根特哈特以及舍勒的论证所阐明的就是这个道理，只是他们是在共同体核心价值的标题下或在社会羞感的概念中论证这个道理。

生理羞感与心灵羞感完全可以相互独立地出现：在众目睽睽之下，一个人可能即使什么也没做就已经羞涩不堪，但也可能在做了某事之后虽然充满羞愧却面不改色。但这里仍然可以注意到在心灵羞感与生理羞感之间存在内在的联系：生理羞感似乎构成一切羞感的最原初的、也是最恒定的形式，但它不会在一切羞感现象中显露出来；而心灵羞感则与一切羞感的内容相关项密切联系，因此会随时代、民族、文化传统的变化而变动不居。出现生理羞感的地方，必定应当有心灵羞感相伴随。但在绝大多数情况下，心灵羞感都是在无生理羞感相伴随的情况下产生的。"内疚"一词是对此状况的恰当表达。

以上这些分析可否获得现象学的明见性，当然要由亲身体验过各种羞感的读者来判断。

九、羞感作为良知

如果我们可以根据孟子的说法把"羞感"看作是一种良知，即不学而知的能力，那么康德对"良知"（Gewissen）所做的分析也可以适用于包括"羞感"在内的所有道德"潜能"。笔者曾在拙文《良知：在自知与共知之间》中曾试图给出康德的"良心"概念：

> "良心"在康德那里是一种道德要求，即要求人们不断地返回自身，询问自身，要求以内在的东西、本己的东西为行为是非的最终评判标准。所谓没有"良心"的人，是指不去努力地诉诸于自身，不去仔细地（**gewissenhaft**）倾听"内部法官之声音"的

人。康德虽然将"良心"看作是"道德判断",但严格地说,这种道德判断是指人的**道德判断能力**,它并不与具体的**道德判断内容**发生联系。①

从这个角度看,羞感作为孟子意义上的一种良知,也应当被理解为人的道德判断能力,它在这里是以个体羞感、生理羞感的形式出现;而道德判断的内容,则始终以社会羞感和心灵羞感的方式表露出来。前者类似于胡塞尔在涉及表象行为时所说的"立义形式"(Auffassungsform),后者则类似于"立义内容"(Auffassungsinhalt)。

确定这一点,也就确定了"羞感"以及羞感分析所能具有的伦理教育意义。父母和老师在训诫孩子时常常说的"你应该为此而脸红"实际上是一个道德命令。它的功能并不在于要求生成某种生理的羞感能力,而是要求被命令者"回到自身",诉诸自身,**仔细地**倾听"内部法官之声音",由此而使这种已有的潜能得到充分的实现和展开。而对于"应当为了什么事情而脸红"的问题,则必须因人、因时、因地而异来给予回答,因为它涉及具体的道德判断内容,即涉及社会羞感以及与此内在关联的心灵羞感的层面。

十、小结:三个结论

在结束之前还需要做一个小结。笔者试图通过本文的分析而指出以下三个命题的合理性,或者说,得出以下三个结论,而这里的结论顺序正好与前面的论证顺序相反:

1. 在人的本性中包含着**天生的羞感能力**,这从"性羞感"(包括

---

① Kant, *Metaphysik der Sitten*, Teil II, *Tugendlehre*, S. 242f. 这段文字出自拙著《心的秩序——一种现象学心学研究的可能性》(江苏人民出版社 2010 年) 第五章:"良知:在自知与共知之间——欧洲哲学中'良知'概念的结构内涵与历史"。

身体羞感、里比多羞感）或"生理羞感"的现象中可以得到证明。因此，孟子"羞恶之心，人皆有之"的命题是可以成立的。它指的是在任何共同体化之前就可以发现的先天"**道德潜能**"。

2. 羞感中包含**后天的纳入因素**。这表现在：其一，潜能的实现必定是后天完成的或开发的，如同说话的能力。其二，羞恶的具体内涵，即它的相关项之所涉，也是后天教育的结果。羞恶必须在羞恶者已然认同共同体中心价值的前提下发生，因而会随共同体价值的不同和变化而各有差异。其三，强调潜能的存在，并有意识地开发它，是后天的伦理教育的重要内容，也是道德哲学一个重要使命。

3. "恻隐之心"与"羞恶之心"构成内在道德意识的两个重要来源。因此，在为道德体系奠基时，除了同情伦理学之外，我们还可以依据羞恶伦理学，虽然它们之间一个重要不同点在于：前者关系到一种先天的**道德实能**，后者关系到一种先天的**道德潜能**。笔者将它们理解为在排除了各种社会约定的道德替代品之后仍能留存下来的道德本性之基本**残余**。它们构成一切道德体系的基础。

羞感伦理何以可能是自律的？

张任之

自本尼迪克特（Ruth Benedict）的名著《菊与刀》（1946年）发表以来，"罪感文化"（guilt-culture）和"耻感文化"或"羞感文化"（shame-culture）的区分在文化研究领域广为人知。在本尼迪克特看来，所谓的"羞感文化"以日本文化为代表，主要"依靠外部的强制力来做善行"；与之相对，"罪感文化"则是西方文化的基本特征，主要"依靠罪恶感在内心的反应来做善行"。[①] 其后，羞感文化这种观念也被延伸至对中国文化乃至东亚文化，以及荷马时期的古希腊文化等文化形态的研究中。此一文化类型通常被看作是以流传的习俗和传统、外在的公众和社会约束来作为伦理道德之标准，而罪感文化则诉诸一种内在的道德约束和道德要求。在此基础上，借用康德的道德哲学概念，这种建基于外部强制力的羞感伦理常常也需被视为"他律的"。

然而，本尼迪克特的这一界定与区分长期以来饱受质疑。[②] 其间

[①] 参见 R. Benedict, *The Chrysanthemum and the Sword, Patterns of Japanese Culture*, Boston 1967, pp. 223-224。中译参见本尼迪克特：《菊与刀》（增订版），吕万和、熊达云、王智新译，商务印书馆2012年版，第202页。

[②] 例如参见正村俊之：《秘密和耻辱——日本社会的交流结构》，周维宏译，商务印书馆2004年版，第37—52页；土居健郎：《日本人的心理结构》，阎小妹译，商务印书馆2006年版，第30—37页，等等。为本尼迪克特辩护的著作可参见森贞彦：《〈菊与刀〉新探》，王宣琦译，武汉大学出版社2007年版。

的主要问题在于:(1)在这一界定和区分中的羞感文化是否是对东亚文化(以及荷马时期的古希腊文化等)的合宜概括?(2)她对羞感本身的描述是否合乎羞感之为羞感的本质实情?或者说,羞感的现象学本质结构如何?(3)更进一步,一种羞感伦理或羞感文化是否必然是他律的?本文将论及这些问题但不拟逐一详细展开,而是主要聚焦于最后一个问题,进而指出一门自律的羞感伦理是可能的,并着力去论证它何以是自律的。

一、外在化羞感与内在化羞感

在本尼迪克特的经典区分与界定中,羞感文化总是与一种外在的习俗与约束密切相关,或者总是涉及一种他人的或公众的评价。以羞感为基础的伦理或道德也就建基于一种外在的强制力。如果人们接受本尼迪克特的这一界定,同时将此一羞感观念延伸至(荷马时期的)古希腊文化的研究,那么,就如多兹(E. R. Dodds)——正是他首次将本尼迪克特的这一区分应用到古希腊文化研究中去——所指出的那样,荷马时期的古希腊文化无疑要被归为羞感文化,因为古希腊罗马人的最高善不是享有良心,而是享有名声和荣誉、公众的尊重;古希腊罗马人所知的最强的道德力不是对神的畏惧,而是对公共意见的尊敬,一种羞耻感。[①] 随后的古典学者更进一步,在从荷马到希罗多德、品达以及埃斯库罗斯、索福克勒斯、欧里庇德斯等悲剧作家乃至智者学派、柏拉图和亚里士多德的古典伦理思想发展中都发现并强调了羞感的重要意义。[②]

[①] 参见 E. R. Dodds, *The Greeks and the Irrational*, Berkeley/ Los Angeles/ London: University of California Press, 1951, pp. 17-18。

[②] 例如参见 Douglas Cairns, *Aidos: The Psychology and Ethics of Honour and Shame in Ancient Greek Literature*, Oxford University Press, 1993。

然而，由之而来的问题在于，这种基于与罪感之对比而揭显的羞感究竟是否合乎羞感之为羞感的本质实情？罪感与羞感的这样一种区分是否合宜？在此基础上，对羞感文化之类型的描述是否完全适合于古希腊文化形态？凯恩斯（Douglas Cairns）曾对多兹（以及本尼迪克特）的研究提出质疑。在他看来，羞感和罪感的这种对举研究存在两方面的问题：其一，"内在"与"外在"并不是羞感和罪感的根本性区别，事实上，在罪感和羞感中都包含内在化的要素；其二，这种羞感和罪感的概念根本就是站不住脚的，因为羞感和罪感在所有阶段都拥有一种内在化因素，二者并不能通过它会发生在一个真实的观众、一个想象的观众或某人自身面前这种情况来加以区别。我们后文还会论及这一点。凯恩斯进一步指出："就犹太—基督教的'原罪'概念而言，罪被狭隘地、种族中心主义地理解，接着又与'荣誉'和'符合某人自己的自画像'相联系，这暗示了一种乐于用罪的说法代替与内在化标准有关的任何形式的羞的态度。"① 换言之，如果人们否弃这种以罪感代替羞感的态度，那么，一种内在化的羞感就随之可以呈现出来。

当代著名哲学家威廉斯（Bernard Williams）在其经典著作《羞耻与必然性》（*Shame and Necessity*）中也检讨了这种罪感与羞感的对举，强调了古希腊人那里的罪感体验与羞感体验的复杂性，并对希腊人的羞感体验进行了深刻入微的分析。通过对欧里庇德斯的剧作《希波吕托斯》（尤其是第380—387行）的文献学考究，威廉斯指出，最晚在公元前5世纪晚期，希腊人已经区分了两种不同的羞感，即"单纯跟随公众舆论"的羞感与"表达内在的个人信念"的羞感。② 在欧里庇

---

① 参见 Douglas Cairns, *Aidos: The Psychology and Ethics of Honour and Shame in Ancient Greek Literature*, pp. 27-28。
② 参见伯纳德·威廉斯：《羞耻与必然性》，吴天岳译，北京大学出版社2014年版，第105—108页（原书参见 Bernard Williams, *Shame and Necessity*, Berkeley/ Los Angeles/ London: University of California Press, 1993。引文参见原文偶有改动，不一一注明）。

德斯的笔下，菲德拉如此说："羞耻亦分两种，一种无害，一种却是家族的负累"①。后世的诠释者也将之分别称作"好的羞耻"和"坏的羞耻"，前者是"坚定的、积极的以及（如果需要的话）不受传统期望约束的"羞感，后者则是"腼腆的、消极的、拘泥于传统习俗的"羞感。② 简单说来，在古希腊文化中，羞感并不单单意味着一种关涉于传统和习俗的体验（本文将之简称为"外在化羞感"），羞感伦理也未必一定是基于一种外在的强制力，因而也不必在此意义上是他律的，而是也可能存在着一种事关内在性的羞感体验（本文将之简称为"内在化羞感"）。后面我们会看到，威廉斯的这一探究不仅对羞感体验之本质描述极富意义，同样也有益于对中国文化中羞感问题的讨论，而且还会对羞感伦理之性质（自律抑或他律）的厘定提供帮助。

现在如果羞感也可以是内在性的，那么羞感和罪感这二者该如何被区分？特别是随着基督宗教思想的介入，人们将如何看待羞感与罪感的关联呢？奥古斯丁给我们提供了一个经典的分析案例（有关鲁克雷提娅因羞而自杀的故事），借此我们不仅可以更为明确地区分罪感和羞感，而且还可以更清晰地界定内在化羞感的本质性结构。③

奥古斯丁所讨论的鲁克雷提娅的传奇故事源自史学家李维《建城以来史》中之所记。故事大致如下：

> 罗马末代国王塔克文的儿子塞克斯图斯·塔克文以及科拉提努斯等一帮罗马王室青年在阿尔德亚（Ardea，距罗马约26公里）与鲁图利族人作战的间隙一同饮酒谈欢，各自称颂自己妻子的德

---

① 欧里庇德斯的《希波吕托斯》全文可参见《欧里庇德斯悲剧集》（中卷），周作人译，中国对外翻译出版公司2003年版。此处参见第732页。
② 参见伯纳德·威廉斯：《羞耻与必然性》，吴天岳译，第187—190页。
③ 本文对奥古斯丁这一分析案例的讨论受益于吴天岳教授的大作《意愿与自由：奥古斯丁意愿概念的道德心理学解读》（北京大学出版社2010年版），特别是第三章"罪与罚中的羞感与意愿"，特此言明申谢！

行，相持不下，继而约定从阿尔德亚骑马返奔罗马，突访各人妻子以观她们之德行。结果众人妻子多在宴饮玩乐，唯独居于科拉提亚（Collatia）的科拉提努斯的妻子鲁克雷提娅除外，她于深夜在大厅中央同侍女一道纺线。于是，她的"美貌"和"贞节"触动了塞克斯图斯·塔克文的可耻欲望。

几天后，他带领随从避开科拉提努斯来到科拉提亚，被当作客人受到款待，宴毕入夜后潜入鲁克雷提娅房间，手持利剑，对鲁克雷提娅倾诉爱慕以至恳求，再到祈求与威胁兼施，甚至以死相吓，鲁克雷提娅就是宁死而执意不从。最后，他威胁声称，将把断喉的奴隶与被杀的她赤身裸体的放在一起，以便她会被说成是在下贱的通奸中被杀死。震惊的鲁克雷提娅不得不忍辱屈从。次日，她召唤了她的父亲、丈夫以及一帮可靠的友人，愤陈悲惨遭遇，坚称"只是身体被玷污，但灵魂无罪，死将为证"，并在获得众人为其报仇洗辱之允诺后拔刀自尽。其后，众人为其雪耻并推翻王族统治。①

在通常的历史叙述中，鲁克雷提娅总是被视为"德性的例证"或者"贞节之典范"而被称颂，一如中国古代诸多贞妇一样。然而，奥古斯丁却在其《上帝之城》中对这样一种流行的称颂提出了挑战。② 在简要概述上述故事之后，奥古斯丁随即展开了尖锐的追问："我们该说她什么呢？该把她当作淫妇还是贞女呢？"③

---

① 参见李维：《建城以来史》（前言·卷一），穆启乐、张强、傅永东、王丽英译，上海人民出版社 2007 年版，第 57—60 节。

② 奥古斯丁此处的挑战背后有着很深的护教目的，即为那些经历罗马陷落而受凌辱但存活下来的基督教妇女辩护。对奥古斯丁来说，鲁克雷提娅及其颂扬者都是异教徒。但这一护教目的并非本文关注的重点，故此不赘。

③ 奥古斯丁：《上帝之城：驳异教徒》（上），吴飞译，上海三联书店 2007 年版，卷一，第 19 节，第 29 页。

这一诘问针对的究竟是什么？在罗马人眼里，这个问题的答案是显见的，所谓"二人同床，一人犯奸"，在此故事中说的是尽管鲁克雷提娅和塞克斯图斯·塔克文有着肉体上的交合，但犯奸的只是那个有着无比肮脏欲望的塞克斯图斯·塔克文，而鲁克雷提娅因保持着无比贞节的意愿，因而是无罪的。毫无疑问，鲁克雷提娅是贞女。但是，问题来了。既然鲁克雷提娅是无罪且贞节的，那她为何会被处以极致的惩罚（受死）？是谁惩罚了她？或者，究竟是谁惩罚了谁？奥古斯丁强调，正是"这一个"备受称颂的鲁克雷提娅，把"那一个"无辜的、贞节的而且惨遭暴力凌辱的鲁克雷提娅惩罚杀害了。但，"这一个"又有何理由杀害"那一个"呢？

奥古斯丁让鲁克雷提娅陷入了两难：如果"那一个"是贞节的，也就是说在起初被强迫的肉体交合中她始终保持抵抗的意愿，那么，"这一个"就犯了杀人罪；如果"这一个"没有犯杀人罪，那就意味着"那一个"是不贞节的，即犯了奸淫罪。何谓不贞节而犯了奸淫罪？奥古斯丁给出了一个极为细致的分疏："在那个青年暴烈的欲望引诱之下，甚至也激起了她自己的情欲，于是也**乐意**交媾，那么，她就因痛悔而惩罚自己，认为可以通过死得到宽恕"①。这里的关节点在于"乐意"二字，也就是说，在此情形中，"那一个"已经不再始终保持贞节的意愿了，而是受情欲之引诱，改变其意愿，因而其灵魂也就蒙罪（奸淫罪）了。如此一来，这里就不再是"二人同床，一人犯奸"了，而是"二人同床，二人犯奸"。

从这个细致的分疏中可以看出，对于奥古斯丁而言，（奸淫）罪感产生的根本基础在于"意愿"，或者更明确地说，在于"意愿"与"欲念"的张力。如果意愿纯正，贞节不杂欲念，或者意愿能抵御欲念之引

---

① 奥古斯丁：《上帝之城：驳异教徒》（上），吴飞译，卷一，第19节，第30页。黑体为引者所加。

诱，即为无罪。相反，罪感体验产生于受欲念之引诱的不纯贞的意愿。

但是，羞感在哪里？鲁克雷提娅被视为"德性的例证"恰恰是因为她因羞而自杀。这里的"羞"究竟指什么？

按照罗马人"二人同床，一人犯奸"的叙事框架，鲁克雷提娅无疑是贞节且无罪的，她之所以自杀，是因为她的"羞感"。作为一个罗马女子，她渴望赞美，她渴望以死为证，也就是希望，"她向自己施加的那样的刑罚，**在别人眼里**，能成为她的心志的见证，因为她并不能向他们证明自己的良知。她**羞**于被人认为，在别人向她做了苟且之事的时候，她自己愿意承受，成了同谋"①。可以看到，按照罗马人的叙事，鲁克雷提娅的"羞感"实际上意味着那样一种关涉"在别人眼里"的评价、受制于外在习俗与伦常的体验。

然而，奥古斯丁并不认为这种"羞感"可以成为"这一个"对"那一个"进行刑罚的理据，因此没有人可以因为这样的"羞感"但却无"罪感"而自杀。更进一步，奥古斯丁实际上还怀疑了这种外在化"羞感"的源初性，与此相对地提出一种内在化羞感：

> 因此，当人类始祖觉察到肉体里的这一活动，它因为不顺从而是不得体的，他们为自己的赤裸感到羞涩，因而用无花果叶去遮蔽他们的那个器官。以那样一种方式，来自他们的羞感的一个决断遮蔽了那不顾他们意愿的决断而被唤起的行为，同时，因为**他们为自己不得体的欲望而羞愧**，他们借着遮蔽这些器官而做了得体的事。②

---

① 奥古斯丁：《上帝之城：驳异教徒》（上），吴飞译，卷一，第19节，第30页。黑体为引者所加。
② 奥古斯丁：《论婚姻与肉欲》，I, 6, 7。转引自吴天岳：《意愿与自由：奥古斯丁意愿概念的道德心理学解读》，第105—106页。黑体为引者所加。

奥古斯丁在这里对亚当在伊甸园故事的解读中，提出了一种对羞感——内在化羞感——的解释。羞之所羞，并非是基于外在的评价或习俗伦常，而是根植于内在的"不得体的欲望"。什么是"不得体的欲望"？它是一种不顾意愿之决断的欲望，或者说，不受意愿所辖制的欲望。回到前面所讨论的"二人同床，一人犯奸"的鲁克雷提娅故事。对于鲁克雷提娅来说，外在力量强加给她的身体的，不仅会有痛苦，也还可能会有属于欲望的东西。但只要始终保持无比坚毅的心灵和意愿，她就是贞节的、无罪的。然而，这并不能排除可能被引发的情欲或欲念（以及身体的快乐），一种不受纯贞意愿辖制的欲念，一种"不顺从的、不得体的欲望"，在此她会产生羞感。① 换言之，所谓的内在化的羞感根本上源于"意愿"与"欲念"的冲突，即"意愿"无法辖制"欲念"。在这一点上，它与罪感有共同之处。

总的说来，在奥古斯丁重述和展开的鲁克雷提娅故事中，我们可以读出三种不同的情感体验：罪感、内在化羞感和外在化羞感。外在化羞感涉及他人的评价和习俗伦常，内在化羞感与罪感都与自我或灵魂内部的"意愿"与"欲念"的张力有关，罪感产生于夹杂欲念的不纯贞的意愿，内在化羞感则源于不受意愿辖制的欲念。尽管奥古斯丁并未在羞感之基础上发展出一门羞感伦理学，而且他所强调的内在化羞感也未必等同于古希腊人的"表达内在的个人信念的羞感"，但他对羞感之道德心理学的描述还是为我们提供了内在化羞感的一种结构性框架。

二、意志自律与本心自律

让我们再次回顾一下本文的基本关切：探究一门羞感伦理学是否

---

① 参见奥古斯丁：《上帝之城：驳异教徒》（上），卷一，吴飞译，第16节，第26页。

可能以及何以可能是自律的。通过前文对内在化羞感和外在化羞感的区分，我们可以质疑本尼迪克特和多兹等人将羞感限制在外在化羞感之上的做法，继而拒绝将羞感伦理简单归为他律伦理。看起来，人们完全可以期待在内在化羞感基础上发展一门羞感伦理学。一个更进一步的问题便在于，这种在内在化羞感基础上建立起来的伦理究竟是否是自律的？

在进入这个问题之前，我们首先需要对"自律"的概念稍加讨论。"自律"（Autonomie）这个概念是由康德从 17、18 世纪的政治学思想中首度引入道德哲学的，在政治学那里，这一概念被用来讨论作为自治存在体的国家观念。在此意义上，著名伦理思想史家施尼温德（J. B. Schneewind）也说是康德"发明"了作为自律的道德概念。①

在康德的道德哲学中，所谓自律，主要是指意志的自律，或者实践理性的自律。意志的自律原则，被康德视为道德的最高原则，它所强调的是意志服从其自身之立法，也就是说，"意志不单是服从法则，而是以这样的方式服从法则：它必须也被视**为自我立法者**，而且正因此故，才服从法则（它可将自己视为其创制者）"②。在此意义上，一门自律的伦理学首先就意味着一种道德主体（在康德这里是意志主体或理性主体）为自身立法，进而自己服从的伦理学。

按照迪特·亨利希（D. Henrich）的说法，理性自律要自洽自足，必须要满足两个条件：一方面，理性必须要包含行动的原则，这些原则规定意志意愿什么。这也就是这里讲的意志服从其自身之立法，或者用康德的话来说，理性必须要包含"善的判断原则"（principium

---

① 参见 J. B. 施尼温德：《自律的发明：近代道德哲学史》，张志平译，上海三联书店 2012 年版，第 3 页，第 598 页，等。

② Kant, *Grundlegung zur Metaphysik der Sitten*, in *Kants Gesammelte Schriften Akademieausgabe* (AA), Bd. IV, Berlin 1911, S. 431. 中译参见：《道德底形上学之基础》，李明辉译，台北联经出版事业公司 1990 年版（所标页码为该书边码，译文偶有改动，不一一注明）。

diiudicationis bonitatis）；另一方面，理性若只是单单给出并意识到行动的原则，那仅仅意味着理性的"自识"（Auto*gnosie*），而非理性的"自律"（Auto*nomie*）。理性自律还要意味着理性能给意志以"约束性"（Verbindlichkeit）以促成行动，或者说，从理性中亦需产生出"善的执行原则"（principium executionis bonitatis）。① 换言之，一门自律的伦理学不单单意味一种道德主体自我立法、自我服从的伦理学，同时也需给出道德主体究竟缘何而服从法则去行动（道德动机）。

在其成熟期的伦理学中，康德将"善的判断原则"判给理性，在道德立法的层面摒弃了所有的情感与感性，而只是将一种特殊的、"由理性概念而自身引发的"道德情感——敬重（Achtung）②——保留为"善的执行原则"。③ 细究康德所谓的意志自律或意志自由，我们会发现，康德始终着眼的是有理性的存在者之内的"意志"（或"理性"）与"禀好"（Neigung）之间的冲突。所谓的"自然的辩证"或"通常实践理性的辩证"所点明的正是在有理性的存在者内部的这两种能力的冲突。④ 康德曾说："在你的内部仅追求幸福的，是**禀好**；但是，将你的禀好局限于'首先配得这种幸福'的条件的，是你的**理性**；而且你能藉由你的理性限制与制伏你的禀好，这是你的意志之自由。"⑤ 于此可见，康德的意志自由或意志自律的结构性框架与奥古斯丁的意愿之道德心理学（涉及罪感与羞感时）的结构性框架是同构的。

要而言之，在康德意义上的自律伦理学意味着道德主体（理性主

---

① 参见 D. Henrich, "Ethik der Autonomie", in ders., *Selbstverhältnisse. Gedanken und Auslegungen zu den Grundlagen der klassischen deutschen Philosophie*, Stuttgart, 1982, S. 13f。

② 参见 Kant, *Grundlegung zur Metaphysik der Sitten*, AA IV, S. 401, Anm。

③ 进一步的讨论，可参见拙著：《质料先天与人格生成——对舍勒现象学的质料价值伦理学的重构》，商务印书馆2014年版，第1.5、3.1.1节。

④ 参见 Kant, *Grundlegung zur Metaphysik der Sitten*, AA IV, S. 405。

⑤ Kant, *Metaphysik der Sitten*, in AA VI, Berlin 1914, S. 483. 中译参见：《道德底形上学》，李明辉译，台北联经出版事业公司2015年版（所标页码即为该书边码，此处译文略有改动）。

体或意志主体）自我立法、自我服从，由理性概念而自身引发的、对意志主体所立的法之敬重感成为道德的动机。显然，康德的自律伦理学摒弃了除敬重感以外的所有其他情感，无论是在立法的层面，或是在执行的层面，那么，人们还如何可以去谈论一门建立在羞感这种情感之上的自律的伦理学？

借助于批判性地吸收康德道德哲学，当代新儒家巨擘牟宗三先生（以及其弟子李明辉教授等）创造性地发展出一门儒家的自律伦理学，它为我们这里所意图讨论的问题提供了可能的进路。

李明辉教授曾指出，尽管在康德哲学与儒家思想之间有诸多契合之处，但是"在康德哲学中，对儒家思想之诠释最有意义的概念莫过于'自律'的概念"①。在其巨著《心体与性体》（三卷，1968—1969年）中，牟宗三先生以康德的"自律"学说诠解儒家，并将孔、孟经《中庸》《易传》至宋明儒学的发展视为儒学思想之主流，进而以此"自律"思想分判宋明儒学诸家：其中北宋三子周濂溪、张横渠、程明道以及其后的胡五峰、刘蕺山一系与陆象山、王阳明一系大体均以《论》《孟》《易》《庸》为标准，而可会通为一大系，基本上皆主"自律道德"；而伊川、朱子一系则代表"他律道德"，故言朱子是"别子为宗"。②其后于《圆善论》（1985年）一书中，牟宗三以此"自律"概念详细疏解《孟子·告子上》，并将告子—孟子之辩解为他律—自律之争，此论说可谓别开生面，胜义迭出。③不特如此，牟宗三的根本着眼点还在于以康德为桥梁会通中西哲学，因此他亦以儒家（以及佛家和道家等）学说反观康德，并指出康德之"理性—情感"二分框

---

① 李明辉：《牟宗三思想中的儒家与康德》，《当代儒学之自我转化》（修订版），台北"中研院"中国文哲研究所，2013年版，第83页。
② 参见牟宗三：《心体与性体》（第一卷），《牟宗三先生全集》（第5卷），台北联经出版事业公司2003年版，第45—64页。
③ 参见牟宗三：《圆善论》，《牟宗三先生全集》（第22卷），第1—56页。

架并不能完全极成"自律道德"之"全蕴",反有待儒家思想为之增益。所谓康德只建立起一个"道德的神学"而并无"道德的形上学",也正在于此。

当然,牟宗三这种以康德之"自律"诠解儒家学说亦不无争议,海峡两岸诸多学者(如黄进兴、蔡信安、孙振青、杨泽波以及晚近的唐文明等)都提出过质疑或批评。牟门高弟李明辉教授曾撰多文澄清牟宗三思想和理路,并对相关质疑和批评予以反驳。① 在此论辩与争鸣之中,李明辉教授进一步发挥了儒家(特别是孟子)自律伦理学之大义。

那么,究竟何谓孟子(乃至儒家)的"自律"伦理学?综括牟、李两人的论说,其核心义主要体现在两个方面:

其一,孟子强调"仁义内在"说。所谓"仁义礼智根于心"②,"仁义礼智,非由外铄我也,我固有之也,弗思耳矣。故曰:求则得之,舍则失之"③。这里的"仁义礼智"即为康德意义上的道德法则,而"根于心"或"固有之",指的就是道德法则出于此"本心","本心"为道德法则的"立法者"。牟宗三曾明言:"孟子说仁义内在是内在于本心,由本心而自发,相当于康德所谓**'意志之立法性'**,后来陆王即名之曰**'心即理'**。由此'仁义内在'自然推出'仁义礼智之心或德是我所固有,非由外铄'。只要是理性的存有,有道德的心或意志,他即有这些仁义礼智之明德"④。这一点所强调的即是前述亨利希所谓的"自律伦理学"之"善的判断原则"维度,也恰是孟子以及儒家**同于**或**近于**康德的地方,无须赘述;

其二,孟子所谓的"本心",即为"恻隐、羞恶、辞让、是非"之

---

① 参见李明辉:《儒家与康德》,台北联经出版事业公司 1990 年版;《孟子重探》,台北联经出版事业公司 2001 年版;《四端与七情——关于道德情感的比较哲学探讨》,台湾大学出版中心 2005 年版;以及《再论儒家、康德伦理学与德行伦理学——评唐文明的〈隐秘的颠覆〉》,待刊稿。
② 《孟子·尽心上》。
③ 《孟子·告子上》。
④ 牟宗三:《圆善论》,《牟宗三先生全集》(第 22 卷),第 64 页。

"四端之心"或"四端之情",牟宗三将之称作"本体论的觉情"①"实体性的觉情"②"本心之情"③或"实体性的仁体或觉体"④,等等。这几个概念中又包含两个层次的意涵:

(1)所谓的"觉情","情"即是"情感之情",而"觉"则为"以觉训仁"(谢上蔡)之"觉"、"恻然有所觉"(诸葛亮)之"觉",因此,它并非认知意义上的"知觉",亦非经验性感受之情感,而是"道德的觉情"⑤或"智情"⑥。为强调"四端之心"或"四端之情"的纯粹性与非经验性,牟宗三甚至径直将之称作"纯粹的理性"⑦。李明辉教授则引入现象学家舍勒对于"感受(状态)"(Gefühl)与"感受(活动)"(Fühlen)的区分,将此"觉情"解释为舍勒现象学意义上的意向性的"感受(活动)"⑧。此一方面是在与"知觉"或"情感"对堪之中对"觉情"的(现象学的)诠释,以揭显出孟子的"四端之情"之为"觉情",在根本上是区别于康德那里所说的"道德情感"(无论是康德所批判的苏格兰道德情感学派所论的"道德感",或是康德成熟期伦理学中作为道德动机而出现的"道德情感")的。

(2)而另一方面,儒家所言的"觉情"亦须视为"觉体"或"仁体",它又是"本体论的"或"实体性的"。正所谓此"觉情是即心即理,即明觉即法则的"⑨,"它是心是情亦是理"⑩,"理性本身就是觉情

---

① 参见牟宗三:《心体与性体》(第三卷),《牟宗三先生全集》(第7卷),第308页。
② 参见牟宗三:《现象与物自身》,《牟宗三先生全集》(第21卷),第73页。
③ 参见牟宗三译注:《康德的道德哲学》,《牟宗三先生全集》(第15卷),第286页。
④ 参见牟宗三译注:《康德的道德哲学》,《牟宗三先生全集》(第15卷),第504页。
⑤ 参见牟宗三:《现象与物自身》,《牟宗三先生全集》(第21卷),第73页。
⑥ 参见牟宗三译注:《康德的道德哲学》,《牟宗三先生全集》(第15卷),第334页。
⑦ 参见牟宗三:《〈孟子〉演讲录》(六),卢雪昆整理,载《鹅湖月刊》第三十卷第5期(总353期),第4—5页。
⑧ 参见李明辉:《四端与七情》,第70页。李明辉教授将这两个概念分别译作"情感"和"感知",以"感知"释"觉情"。
⑨ 牟宗三:《现象与物自身》,《牟宗三先生全集》(第21卷),第73页。
⑩ 牟宗三译注:《康德的道德哲学》,《牟宗三先生全集》(第15卷),第504页。

[……]，觉情亦就是理性：它既不**先于理性**，亦不**后于理性**，它与理性是一"①。在此意义上，对于孟子以及儒家来说，作为道德之立法者就是这一"即心即理即情"的"本心"，所谓的"自律"，根本上可以被称作"**本心自律**"②。这一"本心"既含理性又含觉情，所谓将康德的道德情感"上提"，指的无非是将仅作为道德动机的"由理性概念而自身引发的道德情感"上提至进行道德立法的"本体论的觉情"或"本心之情"，那么，正因此"本心之情"可以"**反上来**而为**原因**，即示它不只是一结果，因而亦即可为**道德之基础**"③。之所以需要"上提"乃是在于，对于孟子以及儒家来说，本心亦即是"道德判断之标准"："同时是**标准**，同时是**呈现**，此为主客观性之统一；如是，理义必悦我心，我心必悦理义，理定常、心亦定常、情亦定常"④；反观康德，他把本

---

① 牟宗三译注：《康德的道德哲学》，《牟宗三先生全集》（第15卷），第334—335页。

② 参见牟宗三：《心体与性体》（第一卷），《牟宗三先生全集》（第5卷），第171页。值得一提的是，卢雪昆教授在其大著《孔子哲学传统——理性文明与基础哲学》（台北里仁书局2014年版）之第六章"析疑与辩难"中对唐文明、李明辉、袁保新诸教授诠解康德、儒家以及新儒家（特别是牟宗三）的相关讨论展开了辩难，在其另一两卷本的大著《康德的批判哲学——理性启蒙与哲学重建》（台北里仁书局2014年版）之第十二章更是专辟四节（近160页的篇幅）检讨针砭李明辉教授的诠解工作。这些讨论虽读来不无启发，但误解误交实多。比如，与本文中讨论的问题相关，在其《孔子哲学传统——理性文明与基础哲学》（参见第735页）中，卢雪昆教授批评李明辉教授借"实体性的觉情"将孟子的"心即理"改换为"'道德情感'（觉情）即'理'"，将孟子的意志自律改换成"情感自律"。这一批评显为不谛之论，为不明牟宗三所言"觉情"之为本心仁体义。

③ 牟宗三译注：《康德的道德哲学》，《牟宗三先生全集》（第15卷），第292页。另，陈荣灼教授曾借海德格尔的"纯情"（pure feeling/ bloße Stimmung，或可译为"单纯情绪"）概念来诠解孟子的"四端"，强调指出，"四端"是"纯粹的""非心理学的"情感，因此它既可以成为道德动力因（Bewegungsgrund），也可成为道德决定因（Bestimmungsgrund）。其所论与此处牟宗三所讲的本心之情基本一致。不过，陈教授还更进一步，因牟宗三在《〈孟子〉演讲录》中将四端称作"纯粹的理性"（本文前文亦曾引论过），而批评牟宗三陷入了"极端理性主义的范式"。在他看来，牟宗三将"道德情感"化约为"理性"进而犯了将"情"的"自主"（autonomy，自律）一笔勾销之失，从而忽略了孟子义的"纯情的四端"亦可扮演"道德决定因"的角色这一重要的可能性（参见陈荣灼：《孟子哲学新探》，《当代儒学研究》2011年第10期，第1—45页，特别是第19—21、28、39—40页）。从本文的论述来看，这一批评显然与牟宗三所论的、可作为"道德之基础"的"具体的普遍的"本体论的觉情是相抵牾的。

④ 参见牟宗三：《心体与性体》（第一卷），《牟宗三先生全集》（第5卷），第171页。

是活的东西因忘记其本义而说成死的,因为他把"道德感看成是形而下的、感性的、纯主观的,不能为道德之基础,这就是把心之明觉义与活动义完全从意志上脱落下来,而意志亦只成一个干枯的抽象的理性体,而不知意志活动就是本心仁体之明觉活动,道德感(道德之情)就是这本心仁体之具体表现"①。

显然,这里讨论的内含在"本心"之中、作为"本心"之呈现的"觉情"所关涉的恰恰是前述亨利希所谓的"自律伦理学"之"善的执行原则"维度,这也正是孟子以及儒家**不同于**甚或**超出于**康德的地方。

总括来说,孟子以及儒家这里所说的"本心自律",将"善的判断原则"与"善的执行原则"同时收摄在"本心"或"觉体"之中,立法者与执行者同为"本心","本心"自我立法、自我服从,而且不假外缘自己"兴发""自身即是力量",所谓"沛然莫之能御也"②。③

回到本文所讨论的羞感伦理的话题上来。孟子所言的羞恶之心即为本心仁体,它是义之端,无羞恶之心非人也。在此意义上,羞(恶)不单单是感性之情,它还是本心之情,是心是情也是理,所以,羞恶之心乃为义之端也,它是"义"(这一道德法则)的立法者,同时又是"义"的具体而真实的表现。所谓的自律的羞感伦理,首先强调的就是,道德的立法者和执行者都需回溯到羞感这里,或者更确切地说,回溯到一个作为"本体论的""实体性的"本心仁体而存在的"羞感"这里,或可称其为"羞之存在"或"**能羞之在**"。自律的羞感伦理最终建立在这样一种能羞的道德主体之上:此处的"羞感"并非经验性的感性之情,而是舍勒现象学意义上的意向性的"感受(活动)"④;此处

---

① 牟宗三:《智的直觉与中国哲学》,《牟宗三先生全集》(第20卷),第250页。
② 《孟子·尽心上》。
③ 李明辉教授曾对此一意义上的"本心"之特征有精当的概括,可参见李明辉:《儒家与康德》,第101—103页。
④ 有关于此的更进一步讨论,可参见拙文:《舍勒的羞感现象学》,《南京大学学报·哲社版》2007年第3期,第120—126页。

的"能羞的道德主体"说的是"真正的、真实的主体性。这个真实的主体性不是平常我们说的主观的主体,这是客观的主体,人人都是如此,圣人也和我一样"①。

看起来,问题很清楚了。与本尼迪克特所界定的不一样,在这种羞感伦理乃至羞感文化中,行为的约束力或道德与否的标准并非源自外在的对象、事物,甚或权威与天志("非由外铄我"),而是"根于心"或"我固有之"。这也正是(康德意义上的)"自律"概念的题中应有之义。

三、"能羞之在"与人格自律

然而,问题却并没有就此结束。

尽管孟子(以及儒家)的思想与康德的道德哲学有相当大的不同,但它们基本上都可统在自律伦理学的大框架之下,而且是康德所发明的这个"自律"概念之下。由之而来的问题就是,自康德以后,康德的意志自律伦理学已受到多方面的批评与诘难,如果孟子以及儒家亦可统在这个大框架下,那么,孟子以及儒家是否也需要面对以及应对这些批评和诘难?因为,按照牟宗三(以及李明辉教授等)所说,孟子以及儒家的自律伦理学要高于或胜于康德的自律伦理学,那么,孟子以及儒家学说或能更好地应对这些批评和诘难,并且理应克服或避免康德自律伦理学之失。② 如果说,孟子以及儒家的本心自律伦理学为自律的羞感伦理学开出了一条可能的进路的话,那么关注这些批评或诘难,自当可进一步廓清自律的羞感伦理学之大意。

相关于本文的论题,我们可以概要指出对于康德自律伦理学的三

---

① 牟宗三:《中国哲学十九讲》,《牟宗三先生全集》(第29卷),第80页。
② 这里悬而未论的是:康德本人的道德哲学是否就是如其对立面所批评和诘难的那个样子,以及从康德本人的道德哲学出发能否以及如何回应这些批评和诘难?

个基本批评：

首先，如前所述，康德基于"理性—情感"二分的框架，将道德立法面与道德执行面分论，将道德立法者归为理性主体，而将情感摒除之，这在一定程度上会使道德本身变得悬空。这是一个久已有之的常见的批评；

其次，康德强调道德立法面的纯粹性与形式性，其所论的道德主体或道德自我是一个进行批判的自我（the criticising self），它试图从一个人偶然地成为的一切中分离出来，与一切经验性因素隔绝，因此就其自身而言，就只是"理性或道德的视角"，因而是无个性的。这是由威廉斯提出来的批评；①

最后，"自律"（Auto-nomie）之中的"自"（Auto-）在根本上强调的是一种"自立性"（Selbstständigkeit），因此，自律作为谓词，其主词或主项就并不是像在康德那里那样是"理性"或"某个作为分有着理性法则性的 X 的人格"，而毋宁说就是"人格"（Person）本身。这是由舍勒提出来的批评。②

这三个批评各有侧重或逐一推进。第一个批评涉及自律伦理学中道德立法面与道德执行面的关系，以及道德主体中理性与情感的关系问题；第二个批评则关涉此一作为整全的道德主体自身的性质问题，或者说道德主体自身的现象学本质结构问题；而第三个批评与第二个批评相衔接，进一步在以人格本身作为自律之主项（或言道德主体）的基础上，讨论"人格—自律"的可能方式问题。

第一个批评比较容易回应。根据前文所述不难看出，这一个批评实际上也由牟宗三（以及李明辉教授等）所提出，而他们所诠解的孟

---

① 参见伯纳德·威廉斯：《羞耻与必然性》，吴天岳译，第 110—111、174 页。
② 参见 Max Scheler, *Der Formalismus in der Ethik und die materiale Wertethik*, GW II, Bern/ München, 1980, S. 372, 486f. 中译参见舍勒：《伦理学中的形式主义和质料的价值伦理学》，倪梁康译，商务印书馆 2011 年版。（所标页码即为该书边码，译文偶有改动，不一一注明）

子以及儒家的自律伦理学恰恰就是要解决这一问题。借助将康德意义上的道德情感上提至所谓的"本体论的觉情",孟子以及儒家伦理学实际上已经避免了这第一个批评中所指出的困难。

这里需要展开的是第二和第三个批评。如果,孟子以及儒家的自律伦理学以"本心"为道德主体,那么,面对第二个批评,人们就需要检视或回答,"本心"究竟是否是无个性的。若以羞感伦理来说,问题就在于,作为道德主体的"能羞之在"究竟是一种什么样的存在,它是绝对抽象而无个性的吗?或者说,在现象学意义上,"能羞之在"的本质结构是怎样的?

看起来,这第二个批评似乎对任何的自律道德都构成了一种两难:要么因强调纯粹性且摒除经验性而导致道德主体或道德自我的无个性;要么为避免这种无个性而将道德自我与那些与其自身相关的偶然性乃至社会性相联系。前者因强调了自律性却导致了道德自我的无个性,后者则因保证道德自我之个性而可能影响自律性本身。解决这个似乎的两难的关键在于去回答,一种"本心自律"的伦理学究竟能否容纳他异性的因素?若言"仁义礼智根于'心'"(自律),那么此"心"是抽象隔绝而"唯我"的吗?

显然,这里有两个层次的问题,或如劳思光先生所言,这里是在两个不同的"历程"上来讲。① 自律道德,强调的是仁义礼智这类道德法则"根于"心,而不假外求,"心"是立法者。就体现在自律的羞感伦理上来说,"义"是基于"羞恶之心"的,而非如所谓的外在化羞感伦理或文化那样,将"义"置于外。这也是孟子与告子的根本区别之所在。但这里所讲的"内在"或"固有"都不是指"发生历程"讲,也就是说,此"心"并不等同于人在初生时的那个实然之始点,而是

---

① 参见劳思光:《新编中国哲学史》(一),生活·读书·新知三联书店2015年版,第122—123页。

就"本质历程"来讲的。这是"自律"的根本义,这也是第一层意义上的"内在",即义内—义外之辩中的"内",前文所说的"内在化羞感"也是在此一层面所讲的。

但就"发生历程"来讲,此"心"本身尚待"扩而充之",或者说,此一"内在"心本身之"内在"结构尚需被探究。后面这个"内在"说的是作为"自律"之主词或主项的"道德自我"或"本心"之"内在",它是如何"发生"的,能否容纳偶然性、经验性和他异性的要素?而这个层次上的问题实际上最终不会影响在"本质历程"上来讲的"自律"之本身。

让我们回到前文提及的奥古斯丁所论的"内在化羞感"的例子来审视这里的问题。奥古斯丁那里的"内在化羞感"体现的是主体或自我之内的意愿和欲念的冲突,自我会为"不得体的欲望"而羞,也就是会为欲念不受意愿之辖制而羞。在此结构中,似乎完全是"唯我"的,完全看不到他异性的因素。不过,正如威廉斯所指出的那样,忽视在羞感体验中他者(哪怕是想象中的他者)的重要性,其实是个"愚蠢的错误",想想萨特所描述的"锁孔体验"就可以知道这一点了。[①] 比如,奥古斯丁所说的这个例子,自我之所羞指向的其实是这种"不得体的欲望"之"暴露",也就是在某个"他者"眼前之"暴露"。在这个"内在化羞感"中实际上也已经暗含了一个"他者"或"他异性"。这个"他者"或"他异性"可以是神圣者、他人或者家庭、社会团体,甚至是"作为另一者的我自身"(比如某种职业性的或大写化的"我自身",一种理想型的"我自身")。[②] 重点在于,这个"他者"是内在于"本心"的,这种"内在化的他者确实是抽象化的、普遍化的和理想化的,但是他潜在地仍然是某人而不是乌有",而且这个"内

---

① 参见伯纳德·威廉斯:《羞耻与必然性》,吴天岳译,第 90—91 页。
② 参见 Anthony Steinbock, *Moral Emotions: Reclaiming the Evidence of the Heart*, Evanston, IL: Northwestern University Press, 2014, pp. 86-87。

在化他者"其实始终是带着某种特定视角和观点的他者。① 因此,这个"义"内于"心"的"本心"或"能羞之在"根本上又包含着一个"内在化他者",这个"能羞之在"或"害羞的自我"(the shamed self)本质上是一个发生生成着的"交互人格性的自我"(interpersonal self)②,以此方式,这个道德主体可以容纳偶然性与经验性,但却不必影响其自身的普遍性。有关于此,牟宗三曾说得至为通透:

> 对于性体心体之体证,或性体心体本身之呈现,不只是隔绝一切经验而徒为抽象的光板的体证与呈现,而且还需要即在经验中而为具体的有内容的体证与呈现。"具体的"即是真实的:它不只是一抽象的光板、纯普遍性,而且是有内容充实于其中而为具体的普遍。普遍性不因有内容而丧失,故虽是有内容,而却"浑是知体著见"。这样,倒因有内容而为具体而真实的普遍,落实平平的普遍,不是凸起抽离的光板所谓"光景"的普遍。"有内容",这内容固是因与经验接触而供给,但由经验供给而转成性体之内容,则此内容即不是经验与料本身而待吾人去客观地了解它以成为"知性之知"的内容,而却只是在这种知中、行中,乃至一切现实生活中,使性体心体之著见更为具体而真实,因而转成"德性之知"之内容,亦即是性体心体本身之真实化的内容,此即丧失了其为"丽物之知"的内容之意义,而转为性体心体具体化真实化之具体而真实的脉络。(故在此种体证与呈现中,所成的不是知识系统,而是德性人格底真实生命之系统。)就性体说,固已因有内容而具体化了,但就内容说,这内容已不是"丽物之知"中那只是特殊意义的内容,而是为性体心体之普遍性所通澈润泽了

---

① 参见伯纳德·威廉斯:《羞耻与必然性》,吴天岳译,第94页。
② 参见 Dan Zahavi, *Self and Other: Exploring Subjectivity, Empathy, and Shame*, Oxford University Press, 2014, pp. 235-240。

的特殊，因而亦具有普遍的意义、永恒的意义，此亦可说是普遍的特殊。因而亦即是具体而真实的特殊，不是"丽物之知"中那纯然、抽象的特殊。①

根本说来，孟子以及儒家的本心自律伦理学成就的就是"德性人格底真实生命"，它含有"具体而真实的特殊"之经验内容，且自身为"具体而真实的普遍"，"今与后""己与人"都融贯其中。作为"本心仁体"的"能羞之在"根本上并非"徒为抽象的光板"而是"落实平平的"，因而并非是"无个性的"道德自我。

如果我们不把"本体论的觉情"单理解为"情"（哪怕是舍勒意义上的意向性的感受），而是理解为即情即心亦即理的本心仁体，那么，面对舍勒提出的第三个批评，孟子以及儒家可以回应说，自律的主词或主项就是这本心仁体，而且是可以有个性的道德主体。它并非康德意义上那种理性主体或"某个作为分有着理性法则性的 X 的人格"，而就是舍勒现象学意义上的"人格"（Person）本身。②"本心自律"在根本上也可被理解为"人格自律"。

但是，舍勒对于康德的批评以及其自身学说的展开也不单单在此。舍勒强调，在这里必须区分"双重的自律"：

---

① 参见牟宗三：《心体与性体》（第一卷），《牟宗三先生全集》（第 5 卷），第 176—177 页。
② 袁保新教授曾质疑牟宗三等囿于西方近代伦理学的概念框架，将孟子的"心"类比为道德理性、自由意志，进而将孟子的心性论理解为一种强调道德法则的内在性，以及深具先验理性色彩的伦理学。他认为此一进路有将孟子引入西方主体主义和先验哲学困境之中的危险。他进一步主张引入海德格尔的基础存在/存有论，不将孟子的"心"理解为自律自足的道德主体，而是理解为以"在世存有"为基本形态的"存有能力"。（参见袁保新：《从海德格尔、老子、孟子到当代新儒学》，武汉大学出版社 2011 年版，特别参见第 11—15、42—44、59—62、97—98、112—114、176—177 页）此说不无道理亦不无启发，不过，如若人们更为全面地理解"本体论的觉情"或"本心仁体"，其与舍勒所言的"人格"并无二致。而舍勒对人格的现象学描述实际上预演了海德格尔之后所做的对"此在"（Dasein）的基础存在论的分析。（参见拙著：《质料先天与人格生成——对舍勒现象学的质料价值伦理学的重构》，第 6.2 节）就此而言，牟宗三所展开的"本体论的觉情"之诠解未必就不涵涉海德格尔的基础存在论维度，只是并不仅限于此维度。

对自身之为善和恶的**人格性明察的自律**以及对以某种方式作为善和恶而被给予之物的**人格性意欲的自律**。与前者相对立的是无明察的或盲目的意欲的他律,与后者相对立的是被迫的意欲的他律,它最清楚地包含在所有的意愿感染和暗示中。①

这里所说的双重自律,实际上是从"人格"的两种不同但却相互关联的意向性活动来区分的:一种是人格性的"道德明察"活动,其意向相关项是"自身之为善和恶"这类道德价值;另一种则是人格性的"道德意欲"活动,与之相关联的是那些善的或恶的事情。这两种人格活动之自律最终无疑都是统摄在"人格自律"之下的。这也是舍勒强调自律首先是人格本身之谓词的原因所在。所谓人格性道德明察之自律意味着对道德价值的"自律地"有明察,而非无明察或盲目,其对立面就是这种无明察的或盲目的意欲之他律;而人格性道德意欲之自律指的则是对那些善的或恶的事情的"自律地"意欲,其对立面是那种被迫的意欲。显然,在舍勒这里,"自律"更多是在"自立性"(Selbstständigkeit)的意义上被使用,它强调一种直接性和自主性。在一定意义上可以说,康德的那个偏重"动词"意味的自律在舍勒这里更多可被游移为偏重"副词"意味的词汇。②

在康德那里,善与行为的"道德性"(Moralität)而非"合法性"(Legalität)相关,进而与意志自律相关。比如,康德所举的那个"童叟无欺"的例子,精明的商贩出于对利润的"禀好"而做到公平诚实,他既没有对公平诚实的直接的禀好,更不是出于义务(aus Pflicht)来行事,所以这一行为是无道德价值可言的。只有意志服从其自身所立的法,继而由此意志(或意念,Willkür)决定的行为才是有道德价值

---

① Max Scheler, *Der Formalismus in der Ethik und die materiale Wertethik*, S. 486f. 黑体为引者所加。
② 就此而言,人们有理由批评舍勒已脱离了康德"自律伦理学"之轨辙(参见李明辉:《四端与七情》,第74页),但问题的重要性还在于,舍勒的这种游移最终导向或带来了什么。

的。① 舍勒不会同意这一点。根据他对自律的诠释，康德所说的这个"童叟无欺"的行为，可以被视为一个无明察地和被迫地意欲之行为，也就是既非（人格性）道德明察之自律的行为，亦非（人格性）道德意欲之自律的行为，但这些并不会影响这个行为本身是善的，具有道德价值，而只是因为它是双重的他律之行为，故不能将这个本身即善的行为之道德价值"善"归派给这个作为"人格"的某人（如精明的商贩）。换言之，借助于这双重自律的区分，我们可以更好地厘清所谓的"行为之善"与"人格之善"。

依照"人格"的"道德明察"和"道德意欲"这两种不同的意向性活动（舍勒也曾批评康德忽视对此二者的区分），舍勒区分了双重自律（以及双重他律），他首先明确了自律的"明察"与"意欲"的关系：

> 完全相即的、自律而直接的对什么是善的明察，**必然**也设定了对那个作为善的而被把握到的东西的自律意欲；但反过来自律的意欲却并不也共同设定了在它之中作为"善的"而被意指的东西的完全直接的明晰性。②

简言之，舍勒这里所强调的是，若我（作为人格）决然直接地知道什么是善，那也就必定设定我直接自主地意欲这个善的事情，但我直接自主地意欲某个善的事情，却不必然设定我对什么是善有完全直接的明见把握。

舍勒接下去要关注的恰恰就是那种"我直接自主地意欲某个善的事情，却对什么是善没有完全直接把握"的情况，即一种有着"自律的意欲，但并不同时有完全自律的明察"的状况。而这一点正是舍勒

---

① 参见 Kant, *Grundlegung zur Metaphysik der Sitten*, AA IV, S. 397。
② Max Scheler, *Der Formalismus in der Ethik und die materiale Wertethik*, S. 490.

与康德争议之所在。

舍勒是借对"顺从"（Gehorsam）这种情况的分析引出他的根本关切的。所谓"**顺从**"首先包含一个"自律的意欲"，我完全直接自主地去意欲"顺从"什么，此处的意欲不是"被迫的"，所以不是"**盲从**"。但是，也正因为是"顺从"，我其实对我所顺从的这个（异于我的）"什么"之道德价值并无完全明晰的把握，也就是说，"顺从"并不同时包含一个完全相即的"自律的明察"。在舍勒看来，因为康德没有区分"道德明察"和"道德意欲"，也没有区分这双重的自律，所以康德会将对这个（异于我的）"什么"之"顺从"视为他律，视为一种被迫的意欲。这导致的直接后果就在于：康德意义上的"自律"概念"不仅将会排斥任何道德的教育和指导，而且也已经排斥一种'道德顺从'的观念，甚而排斥道德的异己规定的更高形式，即那种通过对由一个明晰的善的人格所给出的纯粹的、善的例子的追随而完成的异己规定"①。简单来说就是，在舍勒看来，因无视双重的自律的区分，康德会因担心堕入"他律"，而将排斥一切的道德教育、道德顺从乃至于那种对作为价值人格之典范的"榜样"的跟随。而这些道德教育、道德顺从以及所谓的"榜样跟随"，对于舍勒来说，恰恰是其"人格教化"或"人格生成"学说的重要部分，而且，它们无疑都可被纳入其"人格自律"说的总体框架之内。

姑且搁置舍勒对康德的批评（以及康德方可能可以提供的回应）不论②，让我们返回孟子以及儒家思想，进而检视舍勒的这些批评。舍

---

① Max Scheler, *Der Formalismus in der Ethik und die materiale Wertethik*, S. 492.
② 康德的确会在"道德立法"的层面上将所谓的道德顺从和榜样跟随等斥为他律，在"道德执行"或"道德动机"的层面上反对将榜样本身之言行视为真正合适的道德动机。康德曾说："就呈现于模仿或告诫底性癖的榜样之力量（无论是向'善'还是向'恶'的力量）而言，他人提供给我们的东西无法建立任何德行底格律。因为这种格律正是存在于每个人的实践理性之主观自律当中；因此，并非其他人的举止，而是法则必须充当我们的动机。"（Kant, *Metaphysik der Sitten*, in AA VI, Berlin 1914, S. 479f.）不过，康德在其《论教育学》中也专门讨论了"顺从"。（转下页）

勒对康德之批评的鹄的无非是要强调"人格"本身的发生性、历史性与社会性，进而借对所谓包含"完全直接的意欲自律和并非完全相即且直接的明察自律"的道德顺从或榜样跟随等行为的强调来展开他自己的"人格生成"学说。这与孟子以及儒家强调的"教者必以正"的人文化成的教化"成人"思想何其相似。孟子的教育教化首先是一种"内省的"和"自得的"学习之过程，教化之根本在于促成道德自我的主体性之觉醒，教化最终就是一种"使先知觉后知，使先觉觉后觉"①的心灵唤醒的人文活动。② 在此意义上，孟子以及儒家并不排斥道德教育与对道德人格典范的跟随。③

而就羞感伦理来说，人格的双重自律说的提出，可进一步为前文提及的那个"抽象化的、普遍化的和理想化的"他者"内在化"于"能羞之在"（作为人格）提供了一种"自律"的而非"他律"的诠解。④

四、结语

行文至此，我们可以来大致总结"究竟什么是羞感伦理学，以及

（接上页）在那里，"顺从"被视为一种品格（Charakter），对此一品格的培养和塑造是道德教育的一部分，而所谓道德性教育，根本上是对道德性心灵能力（Gemütskräfte）的培养。这种培养或教育的第一要务在于，确立一种"按照格律来行动的能力"。对成长中的少年的"顺从"品格的培养，主要是指让其"顺从义务的规则"。而培养或教育的方式则在于"启蒙"，即，让成长中的少年听从理性，进而运用自己的理性。参阅康德：《教育学》，李秋零译，载《康德著作全集》（第9卷），中国人民大学出版社第439—500页，特别是第482—483页。

① 《孟子·万章上》。
② 参见黄俊杰：《孟子》，生活·读书·新知三联书店2013年版，第六章"'教者必以正'——孟子的教育理想"。
③ 王庆节教授近年来就在试图发展一种建立在道德感动基础上的情感本位的"儒家示范伦理学"，深具启发。可参见王庆节：《道德感动与儒家示范伦理学》，北京大学出版社2016年版。
④ 有关舍勒与孟子在羞感与人格教化问题上的进一步讨论，可参见拙文："Scham und Bildung mit Bezug auf Menzius und Max Scheler", in Hanna-Barbara Gerl-Falkovitz, René Kaufmann & Hans Rainer Sepp (Hg.), *Die Bildung Europas. Eine Topographie des Möglichen im Horizont der Freiheit*, Dresden: Thelem, 2012, S. 131-142。

它在何种意义上是自律的?"这一问题,并去展望一门自律的羞感伦理学的可能形态。

本尼迪克特(以及多兹等)对"羞感文化"的界定并不完全契合东亚文化与荷马时期的古希腊文化形态。在古典希腊时期(包括在其后的奥古斯丁等那里)已被谈论的"内在化羞感"以及在先秦儒家被重视的"羞恶之心",在根本上都并非本尼迪克特所谓的那种诉诸外在的习俗伦常的羞感。而且,人们也可以在这种"内在化羞感"或"羞恶之心"的基础上去构建一门羞感伦理学。①

所谓的羞感伦理学,指的就是一种以"羞感"为核心的伦理思考。它原则上需要包括:(1)对"羞感"本身的现象学描述或道德心理学的研究②(作为元伦理层面);(2)追问"羞感"或"羞之存在"在伦理学建构中扮演何种角色、发挥何种作用(作为伦理建基层面);以及(3)在此基础上确立相关的道德原则(作为"规范伦理"层面);等等。本文主要关注的是第二个层面,即致力于回答"羞感"与道德法则的关系问题。当然,在康德的意义上,这个问题也涉及"自律—他律"的问题,即是说,涉及道德法则的立法面与执行面问题。

本文的第一部分澄清了"内在化羞感"、"外在化羞感"(以及"罪感")之间的差异,并尝试在"内在化羞感"的基础上谈论自律的羞感伦理学。随后的第二部分就致力于辨析"自律"之概念。由康德所"发明"的自律道德观念,须始终关注道德的判断原则和执行原则两个层面,孟子以及儒家提出"本心自律"伦理学在不同于康德的意义上为自律的羞感伦理学提供了可能的进路。作为"本体论的觉情"的

---

① 这里搁置的问题还有:有没有外在化羞感之伦理的可能性?羞感伦理可以是自律的,或者根本只能是自律的?我们将另撰专文讨论。

② 例如可参见倪梁康:《心的秩序——一种现象学心学研究的可能性》,江苏人民出版社 2010 年版,第八章"道德能力的先天与后天:羞恶之心的现象学分析";陈少明:《明耻——羞耻现象的现象学分析》,《经典世界中的人、事、物》,上海三联书店 2008 年版,第 167—185 页;以及前引的 Zahavi、Steinbock 的研究;等等。

"羞恶之心"是情是心也是理,因此可融摄道德的立法和执行之两面。孟子以及儒家不仅关注作为"四端之情"的"羞",同时也关注作为"觉情觉体"的"羞心",这大大扩展了羞感伦理学的问题:不仅须讨论羞之体验,亦须关注能羞之在。康德的意义上的自律的羞感伦理学的首要义在于,能羞之在服从其自身立的法,这一服从的动力亦在此能羞之自身。

本文的第三部分检视了对康德自律伦理学的几个基本批评,意在更进一步地探究羞感伦理学的相关问题。通过讨论威廉斯对康德的批评以及孟子和儒家对此批评的回应,人们可以进一步明确,羞感伦理学中道德主体或道德自我(能羞之在)本质上是个"交互人格性的自我",它在其自身之内包含抽象化的、普遍化的和理想化的"内在化的他者"。"义内"之"内在"意义上的"能羞之在"自身之"内在"中已融贯有他异,因此它是"具体而真实的普遍",绝非是"无个性的"道德自我。在问题理路上,舍勒对康德的批评在一定意义上是承接威廉斯的批评的,他所强调的作为自律之主项或主词的"人格"本身所指的无非就是这个融贯有"内在化他者"的、有个性的、交互人格性的"能羞之在"。

通过双重自律的区分和提出,舍勒实际上要强调作为"人格"的"能羞之在"本身的发生性、历史性与社会性,进而强调道德教育以及榜样跟随等人格性行为对于"人格生成"或"成大人"思想的重要性。这在一定意义上体现的是一门羞感伦理学的"规范伦理"的层面,当然并非是康德的律则规范意义上的规范伦理。在这一点上,孟子以及儒家显然是近舍勒而远康德的。

那么,究竟羞感伦理何以是自律的?本文的回答是,它既在康德的自律意义上是自律的,同时也在舍勒的自律意义上是自律的。前者关乎羞感伦理的伦理建基层面,后者关乎羞感伦理的一定意义上的"规范伦理"层面。而孟子以及儒家的自律伦理学实际上可包含这两个层面。如果，我们把后一个层面看作羞感伦理的落脚点的话，舍勒的"人格自律"说与孟子以及儒家的"本心自律"说无疑需要得到进一步的会通。

在此意义上，与其说儒家伦理学是一种"德性"伦理学，还不如说是一种"人格"伦理学。其实，如果我们撇开当代欧美伦理学的解释框架——首先是行动和行动者伦理学的区分，其次是在行动伦理学中所谓义务论和后果论的区分，并且重新审视舍勒对康德伦理学的标签式批评，康德本人意义上的伦理学又何尝不可诠解为一种"人格"伦理学？①

---

① 当然，细致的论证已经超出了本文的任务。

羞耻现象学

——基于马克斯·舍勒与儒家的阐明

卢盈华

引言

在某些文化中,如传统东亚文化中,羞耻是一种重要的道德情感。孟子说:"羞恶之心,义之端也。"① "羞恶之心,义也。"② 然而,在现代社会中,羞耻正在逐渐丧失其作为道德引导的可敬地位,甚至被当作一种消极情绪和需要突破的束缚。③ 这种关于羞耻的文化价值观的转变促使我们提出一些基本的哲学问题:羞耻的情感现象如何出现?我们应该如何评价这种现象?为何那些崇尚个人自由的人如此敌视羞耻?为了回答这些问题,笔者将依照儒家传统对羞耻的描述,并借鉴马克斯·舍勒对羞耻的洞见,来阐明羞耻体验。④

---

① 《孟子·公孙丑上》。
② 《孟子·告子上》。
③ 参见 Simone de Beauvoir, *The Second Sex*, Constance Borde and Sheila Malovany-Chevallier (trans.), New York: Alfred A. Knopf, 2010。
④ 本文旨在利用特殊性(特定看法)来澄清一般性(羞耻现象)。关于儒家传统内羞恶之心与义的关联,可参见拙文 "Shame and the Confucian Idea of *Yi* (Righteousness)", *International Philosophy Quarterly* 58/1, 2018, pp. 5-18。该文利用一般性(羞耻现象)来阐发特殊性(独特洞见)。

相比于简单地支持争论中的一方，我们在评价之前需要先了解羞耻本身。评价羞耻，终极地并没有简单的非此即彼的非善即恶模式。关键不是宣称我们需要多一些或少一些羞耻，而是在无偏颇的精神下领会它。在现象学地描述羞耻的表现之后，我们可以逻辑地得出结论。譬如，哪一种类型的羞耻应当被保持与培养，哪一种类型的羞耻应当在具体的情境中仔细检验，因为它可以是有序的、有价值的，但也可以损害人的道德自律。此外，一些破坏型羞耻与羞辱在本质上便是有害的。①

一、羞耻体验中精神、生命与快乐的冲突

在对羞耻进行详细澄清之前，通过参照我们的体验以及检验关于羞耻的各种定义，我想首先对羞耻下一个粗略的定义：羞耻是一种不愉快的感受，在这种感受中，我们体验到自责和被他者责备，认为自己不贤、一文不值。值得注意的是，认为自己不贤、没有价值、堕落构成了羞耻感和负罪感之间的差异；后者关注的是行为而不是人本身。

舍勒指出羞耻是一种人类的独特经验，它在上帝或动物那里无法出现。羞耻在人的精神与生命的张力中发生，而上帝是神圣的，动物则只具有生命的力量和感性的本能。他写道：

> 羞耻感产生的根源，在于人的精神人格的意义和要求与人的身体需求之间的不平衡和**不和谐**。正因为身体属于人的本质，人

---

① 在进行描述之前，我想提醒读者，作为儒家学派的主要人物，本文所提到的孔子、孟子和荀子，并没有给出关于羞耻的明确定义。然而，总体上对儒家来说，羞耻对于要成为道德高尚的人（君子）而言，是必不可少且非常重要的道德情感。在孔子和孟子的思想中，仁和义是核心的德性；在荀子的思想中，礼的地位则非常突出。因此，在他们的讨论中，前两者强调内在意识，而后者则强调外在的伦理规则。我将从孔子、孟子、荀子非体系性的讨论中得到启示，来分析羞耻这一情感。

才会处于必须感到羞耻的境地；正因为人将精神人格体验为本质上独立于身体，并且独立于出自身体的一切，人处于**能够**感到羞耻的境地才是可能的。①

在这种不和谐中存在两类对立。第一类是内在于人类的精神价值和生命、感性价值的冲突，这表现为灵魂的羞耻；第二类是生命价值和感性价值的冲突，这表现为身体的羞耻。②

（一）返回自我

具体而言，羞耻发生在一个人返回他/她的个体自我时。舍勒对这种"返回"的解释有点模糊。笔者认为舍勒思想中这种"返回"有两种类型。在第一种类型中，如果某人把自己看作客体，看作群体的一般数目，而其他者也把他/她看作群体中的一个数目，那么他/她就不会感到羞耻；但是，如果某人认为他/她自己是一个特殊的个体，而其他者把他/她当作一个群体（的数目），这时羞耻就会发生。譬如，一个绘画的人体模特把自己体验为艺术中的一般客体，因此，当她被画家注视着进行绘画时，她不会感到羞耻。舍勒还举了另一个例子，当一个女人的男仆服侍她沐浴时，她不会为她的裸体感到羞耻。③这两类假设中的人都不拒绝把自己和被他者看作是一般群体中的数目。

---

① Max Scheler, *Person and Self-Value: Three Essay*, Manfred S. Frings (ed.), Dordrecht: M. Nijhoff, 1987, p. 5.

② 男人和女人在体验羞耻上存在差异。舍勒认为，女人基本上展现生命对感官愉悦的抵制，而精神与生命的二元对立通常可以发生在男性身上。因此，他称女人为"生命的天才"，具体表现为身体的羞耻；男人则为"精神的天才"，表现为精神的羞耻。参见 Max Scheler, *Person and Self-Value: Three Essays*, Manfred S. Frings (ed.), p. 85。

③ 参见 Max Scheler, *Person and Self-Value: Three Essay*, Manfred S. Frings (ed.), pp. 15-16。关于这个事例，中国和德国或许存在一些文化差异。在中国，女性通常由女仆服侍，而不是男仆。如果女性被男性服侍沐浴，她亦会感到羞耻。这可能是由于中国女性倾向于拒绝将自己作为一般群体的一员。

然而，如果例子中的女人一开始并不将自己当作是一般、抽象的人中的一员，羞耻感就可能会发生。当一个爱情中的女人被她的男友仅仅视为一般的"美女"的代表，而不具有个体人格时，她可能会感觉到羞耻。这种类型的羞耻发生于如下契机：一个人认可自己的人格独特性，同时却感到他/她并没有被他者视为一个精神的个体，而只是一个一般的客体。

在第二种"返回"的类型中，羞耻发生在当一个人一开始被视为只代表一般群体，但后来转而被视为（感性的）个体。为了达成"转变"，这两个条件都是必要的。正如我们所见，处在爱情中的人在被他的情人凝视并被视为一个个体的时候，她并未感到羞耻。相反地，在上述例子中提到的模特，如果画家的意图从艺术的转变成了色情的，那么该模特便会感到羞耻。这种羞耻感源于这样一个事实：尽管一个人被视为个体，但她的人格尊严并未被认可和尊重，而是仅仅被视为一个感性的个体，乃至是欲望的客体。

从以上的阐释中我们可以得出，当一个人被当作一个普遍的客体或仅仅是一个感性的存在而不是具有人格尊严的精神存在，而自我拒绝此种认同时，羞耻就会发生。因此可以说，羞耻心也是自尊心的一种表现。

（二）原初型羞耻和显明型羞耻

根据这一阐释，"他者"的在场似乎是羞耻产生的必要前提，而他者的存在也构成羞耻感和负罪感在发生方面的差异。芬格莱特（Fingarette）说：

> 假如我们不知道视角的关键差异，这些有关"耻"的文本，会轻易将儒家的"耻"与西方的"罪"同质化，但对于我们在这里关注的问题来说，差异是至关重要的方面。虽然"耻"肯定是

一个道德观念，并会表明道德状况和回应，"耻"关联的道德关系对应人的由礼决定的地位和角色。因而耻"向外"看而不是"向内"。它涉及夸夸其谈、不道德地取得物质财产、过分的外表和过度的行为。它不像负罪感那样是一种内在的状态，是一种对内部败坏的厌恶、是一种自我谴责，以及这样的感受：人乃是一个人格的存在，独立于其公共地位和名声，卑下的或受谴责的。①

柯雄文认为芬格莱特的解释很有问题，其中一个原因在于羞耻跟"仁""义"的关联比跟"礼"更加密切。他主张，"'礼'作为恰当行为的形式规则，若没有诉诸'仁'和'义'，便不能提供实质性的伦理内容"②。笔者认为，羞耻也不仅仅是"外向的"。舍勒也不会接受对羞耻的这种诠释。为了公正地对待我们的道德经验，笔者区分出原初羞耻（original shame）和显明羞耻（apparent shame）。③ 这个区分类似于狄奥那（Deonna）和泰洛尼（Teroni）的关于"深层羞耻"（deep shame）和"表面羞耻"（superficial shame）的区分④，其中前者需要实际的或想象的观众的存在，后者则不关注他者的评价，而仅仅由个人失败而引发。然而，"表面"和"深层"这种表述看起来更像一个价值判断而不是一个描述，它不表示羞耻的根源和显明的含义。

对体验到显明羞耻来说，被他者不尊重地对待，或者自己秘密的不光彩行为被他者发现是必要的。相比之下，原初羞耻不预设他者的存

---

① Herbert Fingarette, *Confucius: The Secular as Sacred*, New York: Harper & Row Publishers, 1972, p. 30.
② Antonio S. Cua, "The Ethical Significance of Shame: Insights of Aristotle and Xunzi", *Philosophy East and West*, vol. 53, no. 2, 2003, p. 159.
③ 这是笔者自己的区分。不过，笔者认为舍勒会赞同这一观点，因为他认为羞耻不仅仅是一个社会之事，还具有先天根据。
④ Julien Deonna and Fabrice Teroni, "Is Shame a Social Emotion?", in A. Konzelman-Ziv, K. Lehrer, and H. B. Schmid (eds.), *Self-Evulation: Affective and Social Grounds of Intentionality*, Dordrecht: Springer, 2011, p. 201.

在。在一个人内在的欲望或情感爆发的瞬间，羞耻就会产生。显明羞耻是由他者的判断所造成的，而原初羞耻则是一个人自己感受到的，无关于本人的行为被他者发现与否，无关于行动发生之前或之后——人们可以为自己的意念而感到羞耻。一般来说，当自我试图顺从生命的或感性的本能时，精神便会以羞耻抑制这些本能。一个不受约束的放肆的人通常羞耻感较弱。在这个意义上说，原初羞耻在于对一个人的狂放行为的约束。单单的显明羞耻更多与"耻"相关，而原初羞耻更多与"羞"相关。与显明羞耻相比，原初羞耻揭示了灵魂更深的层次。

当然，显明羞耻有助于一个人追求德性。多佛（Dover）说："对赞美的希望是对德性的重要激励，对责备的畏惧是对做错事的重要遏制。"① 然而，过分强调人格互动不仅蒙蔽了人们对羞耻之本质的理解，也使人在没有被他者注视之时失去羞耻感。显明羞耻和荣誉依赖于他者的知晓与判断。假设一件伟大的事没有被公之于众，人们就不会有强烈的荣誉感。假如一个人做的一件卑劣的事情没有被发现，他也不会感到强烈的羞耻。然而，即使在这些情况下，一种微弱和原初的羞耻感或荣誉感仍然存在。对原初羞耻的忽略会带来一种自我欺罔的体验，在这种体验中，人们在做恶时不会感到羞耻，而只是在邪恶的行为被揭露后才会感到羞耻。这种只考虑显明羞耻的体验模式导致羞耻在道德行为发生之前失去了其指导意义，使人不能自律。

萨特主张，对于羞耻的发生，他者总是起作用的。他著名的偷窥者例子表明，从根本上来说羞耻不是个人的，而是在他者面前为自我感到羞耻。② "羞耻是一种瞬间的从头到脚的战栗，没有任何推理的准备。"③

---

① K. J. Dover, *Greek Popular Morality in the Time of Plato and Aristotle*, Berkeley: University of California Press, 1974, pp. 226-228.

② Jean-Paul Sartre, *Being and Nothingness: An Essay in Phenomenological Ontology*, H. E. Barnes (trans.), London: Routledge, 2003, p. 301.

③ Jean-Paul Sartre, *Being and Nothingness: An Essay in Phenomenological Ontology*, p. 246.

然而，他的描述似乎不符合我们的生活经验。譬如，一个人自学某种知识，由于懒惰他并没有获得多大的提升，在没有他者（教师或学生）评判的情况下他仍然会感到羞耻。他评判自己：自己本可以做得更好，但是却失败了。与萨特相反，舍勒认为羞耻本质上不是人际间的，而是个人的体验。舍勒的进路考虑到了这个关于羞耻的重要区别。

希腊文化通常被看作是一个"羞耻文化"，其焦点便在于显明羞耻。亚里士多德写道："我们尊敬明智的人的观点，将其看作真实，比如我们的长辈以及那些受过良好教育的人的观点。如果在所有人眼前公开地做了某事，我们为此事更感到羞耻。因此谚语说：'羞耻栖身在眼睛里。'"① 万百安（Van Norden）争论说，相比之下，中国文化才是一个更加真实的"羞耻文化"，因为希腊的羞耻集中于邪恶行为的受害者而不是道德行为者，它关注习俗羞耻。与之相对，他声称："我们看到早期儒家传统强调'伦理羞耻'（ethical shame）超过'习俗羞耻'（conventional shame）。"② 换句话说，即便是一个高度重视显明荣誉和羞耻的文化，也不必然是一个完全的羞耻文化，因为在其中荣誉和羞耻不必然富有道德含义。

（三）先天羞耻和社会羞耻

舍勒的价值现象学有助于澄清羞耻体验。舍勒区分了价值模态的五种类型，从低层次到高层次分别是：快乐，效用，生命，精神和神圣。③ 在讨论舍勒关于羞耻的描述时，安东尼·施坦因博克（Anthony

---

① Aristotle, *The Basic Works of Aristotle*, Richard Mcjeon (ed.), C. D. C. Reeve (intro.), New York: Modern Library, 2001, p. 1393.

② Bryan W. Van Norden, "The Emotion of Shame and the Virtue of Righteousness in Mencius", *Dao: A Journal of Comparative Philosophy*, 2 (1), 2002, p. 69.

③ Max Scheler, *Formalism in Ethics and Non-Formal Ethics and Values: A New Attempt toward the Foundation of an Ethical Personalism*, Manfred S. Frings and Roger L. Funk (trans.), Evanston: Northwestern University Press, 1973, p. 109. 舍勒在一套等级结构中阐明了几种基本价值类型，但他的分类似乎并不一致。从低价值到高价值的第二种排序如下：快乐、生命、精神和神圣（pp. 102-104）。第三种排序是：效用、快乐、生命、精神和神圣（p. 94）。

Steinbock）写道，"它（羞耻）是被体验的一种张力，这种张力介于较高或较深价值的导向与较低的相关于驱动力的奋求之间"①。从价值的纵贯性来看，即通过不同价值模态来看，羞耻表现为以高价值抑制低价值的能力，如精神约束生命和欲望的本能。举例来说，当一个人为了较低价值而牺牲较高价值时，比如为了享受感官快乐或财富而违背正义时，羞耻就会发生；从价值观的横列性方面来看，即通过同一种价值模态来看，羞耻代表的是较大价值对较小价值的优先性。当一个人在与其他人为实现某种价值（如力量、智慧或事业）的竞争中失败时，他/她就会感到羞耻。他/她甚至会为自己的身体缺陷感到羞耻，特别是当他对之过分关注时。简而言之，羞耻感是人内心中对客观价值级序的重建。

正如我们前面所了解的，万百安对"习俗羞耻"和"伦理羞耻"进行了区分，他写道：

> 习俗羞耻是一种不愉快的感受，在我们认为其观点对我们很重要的那些人，基于我们共享的外在标准而看不起我们（或那些我们认同的人）时，我们会有这种感受……相反，伦理羞耻则是另一种不愉快的感受，在我们认为我们（或那些我们认同的人）有重大的品格缺陷时，我们会有这种感受。②

万百安的阐释对我们的羞耻之道德体验很有启发。但是，笔者认为他的区分可能还不够清楚。对于伦理来源有不同的理解，这就意味着，伦理羞耻可能也是习俗的，而不是先天的，特别是对那些认为道

---

① Anthony Steinbock, *Moral Emotions: Reclaiming the Evidence of the Heart*, Evanston, IL: Northwestern University Press, 2014, p. 69.

② Bryan W. Van Norden, "The Emotion of Shame and the Virtue of Righteousness in Mencius", *Dao: A Journal of Comparative Philosophy*, 2 (1), 2002, pp. 60-61.

德是源于社会习俗而不是价值的先天秩序的保守主义者来说。而笔者则更偏向于"显明羞耻"和"原初羞耻"这一区分，以及"社会羞耻"和"先天羞耻"这一区分。万百安的"习俗羞耻"与笔者所说的"社会羞耻"相似，而笔者将"伦理羞耻"界定为先天的，此界定基于一种现象学理解，即道德体验既是可经验的又是有序的。此外，万百安用一个例子来阐明习俗羞耻："在上班路上，苏珊的头发被风吹起，因此在她早上上课时她的头发一直保持竖起。课后当苏珊看到镜子里的自己，她体验到了习俗羞耻。"[①] 然而，更确切地来说，笔者认为应该称这种体验为"尴尬"（embarrassment），在其中没有不同价值的冲突或比较。在尴尬时，我们并没有违反"义"，而是我们的行为不适合某些情景，因此会有些手足无措。尴尬表示一个人的行为不符合非道德意义上的"礼"。并非所有的礼仪、社会习惯或风俗都与伦理有关。羞耻多少都具有价值含义，相较之下，尴尬本身并不具备伦理与价值意义。

　　社会塑造的羞耻可能与先天羞耻不一致。显明羞耻和原初羞耻是从羞耻的运行表现的角度来说的，涉及羞耻发生时是他人触发还是自我触发，谁是道德主体，个人还是人格间，众人皆知还是自知，等等。而社会羞耻（social shame）和**先天**羞耻（*a prior* shame）是从羞耻的来源或标准来说的。由于价值观的文化表征之间的差异，一个人为什么而感到羞耻有赖于其不同的框架。如果整个社会看重金钱或权力，那么贫穷或无权之人往往会感到羞耻。对被主流文化视为可耻的事，如果一个人并不觉得其羞耻，那么他就会被他人评判为无耻。因此，不同的文化似乎对羞耻和无耻有多样的标准和表达。如果一个男人未实现较低的价值，如性快乐，原因可能是他追求的是精神或神圣价值，而不屑于享受性快乐；或者他是性无能；或者他无法吸引异性；

[①] Bryan W. Van Norden, "The Emotion of Shame and the Virtue of Righteousness in Mencius", *Dao: A Journal of Comparative Philosophy* 2 (1), 2002, p. 61.

或有多方面的原因在起作用。在消费社会的世俗观点中，这样的人可能会被认为是没有能力满足其欲望。不能在这种文化框架下实现性欲的人可能会体验到巨大的羞耻。相比之下，在一个保守的社会，恰恰是那些不断寻求满足自己欲望的人可能会感到羞耻，因为他们无法实现较高层次的价值。从羞耻的角度，我们可以看到舍勒反对资本主义社会的原因。在世俗文化中，主流价值观鼓励人们寻求感官快乐。那些不停追逐满足感性欲望的人，不仅不会感到羞耻，而且还会有荣誉感。这种现象源于消费文化中价值的颠倒。然而，对那些牺牲感官快乐而追求真理、善、救赎等价值的人来说，这些享乐之徒恰恰是无耻的。无耻之人为自己的行为辩解，声称他们才是真正面对人类的愿望和欲望的人，而其他人都是虚伪之徒，回避具体生活的种种需求、压抑人性。然而，在舍勒看来，事实是他们忽略了人类更高的追求。①

一些学者否认先天羞耻与原初羞耻的独立性，认为我们的羞耻感必然为他人所激发，如我们讨论过的萨特。另一些学者虽然承认自我单独感到羞耻的可能性，却强调他人对羞耻的表现起决定性作用。扎哈维认为，他者可能不会影响我们自己的评价从而使我们感到羞耻，一个人可以独自感到羞耻，但他者在塑造羞耻这种情感自身的发展中起着重要作用。换句话说，表面上的独自感受背后，还是为他者所触发的。他写道："我认为这样阐释羞耻更加可信：羞耻本质的特点是它影响、改变我们与他者之间关系与联系的方式，而非仅仅涉及自尊和自信的大幅下降。此外，正如我们即将看到的，他者可能会在情感发展中发挥关键作用。"② 随后，扎哈维检验婴儿如何从与他者互动中养成一种羞耻感，这种互动是"联合注意"（joint attention）。他者和社会在塑造自我以及羞耻的形成方面确实起着决定性的作用，这一点

---

① 参见 Max Scheler, *Person and Self-Value: Three Essays*, Manfred S. Frings (ed.), p. 54。
② Dan Zahavi, *Self and Other: Exploring Subjectivity, Empathy and Shame*, Oxford: Oxford University Press, 2014, p. 223.

毋庸置疑。在一个人的成长中，我们发现了特里沃森（Trevarthen）所说的"初始主体间性"（primary intersubjectivity）和"次级主体间性"（secondary intersubjectivity）。① 没有人能只凭自己发展各种能力，如果在早期生活中没有与他者互动，那么她/他甚至可能会得精神疾病。

然而，学习和训练的过程是教育学领域的问题。对于羞耻的发展来说，教育是必不可少的，但在成人生活中，羞耻的表现并不总是与在学习过程中不成熟的表现相一致。也就是说，在人们已经培养出羞耻感之后，人们并不总是需要感觉到别人的存在。羞耻是每个人心中与生俱来的一种潜能。当然，这种潜能需要得到发展而不是被破坏。这种发展有其必要条件，这些必要条件里包括他者的因素。然而，一旦这种感受（或能力）得以发展，人们便可用不同的形式来表达它，其中包含独立的、自发的方式。当一个人的理智和情感变得成熟时，他就可以形成自己的评价系统，而不再以他者的判断为导向。他可以不同意他者的评价内容，也可以不在乎他者是否做出评价。在不在乎他者是否做出评价的情况中，他者就不再处于这个人的所思所感之中。（当然，我们可以说人"应该"注意他者的感受和判断，但是这种"应该"并不能否认独自感到羞耻的现实性。）正如我们通过经验学到所有的知识，但并不能据此否认先天知识的存在，其本身并不仅仅只是教育的结果。②

另一种拒斥"原初羞耻"和"先天羞耻"的说法是扩大"他者"范围和缩小自我范围。笔者并不反对，自我的生成，在根源上就难以脱离人格间的互动。从这个角度可以说他者总是在场的，但是在具体

---

① Dan Zahavi, *Self and Other: Exploring Subjectivity, Empathy and Shame*, p. 231.
② 在他关于羞耻章节的最后部分，扎哈维使用自闭症的例子表明，如果人们不能与他者互动，那么便不能养成标准意义上的羞耻感。然而，一个不成熟的心理不能感到羞耻（表面的羞耻）的现象，并不能否认一个成熟的心灵会感到原初羞耻（深层的羞愧）的可能性。在未成熟的心理中羞耻的表现不能定义羞耻的本质特征，后者表现在成熟的心灵中。

行为和感受的施行中，总是存在着特殊的他者是否施加影响的问题。个人羞耻的反对者认为，当一个人感到羞耻时，还有其他形式的"他者"存在：上帝、理想、责任、过去、良心等等。认为上帝是一个人格的"他者"，这一点可以理解，但是，如何让理想的我，过去的我，我的良心，我的责任，我的德性相异于我？扎哈维所主张的"疏远的自我"①究竟是他者，还是依旧是自我？如果与自己有关的一切都变成了非自我之物，那么恐怕留给自我、自我意识和自我感受的空间就所剩无几了。在笔者看来，必须是另外一个人格（如他人、上帝），或者可以具有人格的、人格化的生灵事物（天地万物），才可以被看作一个他者。不然，如果自我的价值、义务、理想、德性、行为统统都被看作他者，那么自我就成了没有任何内容的空架子。事实上，自我就在于对不同价值和感受的动态统一的过程中。离开这些，便没有自我。如果将我的任何特征都看作他者，"我的XX"这种表述便是不可能的，因为这已经成为非我、他者，而不是我的。此外，他者的在场，其意义便是另外一个人格可以对我观看和评判，没有施加这些行为的，便不应该被称为他者。故而，我们并不能通过"疏远的自我"或"非人格的他者"这样难以成立的概念来否定独自感到羞耻的体验。

在中文语境中，也有惭愧、愧疚和羞愧这样的表达。"愧"主要是指愧对他人，其含义与负罪感（guilt，或译为内疚）较为接近。不像负罪感那样建立在对他人的伤害之上，"愧对"可以只表示对他人不够好、没有尽到对他人的义务等。惭愧的重点在于"惭"而非"愧"，它表示与他人的价值比较中感到自身的渺小，属于羞耻的一种。而愧疚

---

① 扎哈维认为羞耻得以发生，在没有明显的他者在场的情形下，也必须有一个"疏远的自我"。他写道："在某些情况下，疏离的力量是另一个主体，萨特对我们前反思的羞耻感的描述就是一个这方面的例子，在他的描述中羞耻面临着他者的评价的注视。在其他情况下，当我们对自己进行判断时，就会产生羞耻感。但在这种情况下，也有一种暴露和自我异化，一种自我观察和自我疏远。"（Dan Zahavi, *Self and Other: Exploring Subjectivity, Empathy and Shame*, pp. 238-239）

的重点则在"疚",它表示愧对以及负罪感的含义。羞愧则同时包含了羞耻与愧对的含义,具体的侧重要视语境来确定。

(四)性羞耻

虽然舍勒认为传统上性羞耻是羞耻的本质这一观点是片面化的,但他仍然通过大量的笔墨讨论性羞耻,并赋予其重要意义。或许是因为性羞耻是羞耻的重要组成部分和表现。在亚伯拉罕传统中,当人类第一次感到羞耻,第一反应就是遮掩他们的私处。① 虽然过度享受饮食和其他快乐也会引发羞耻,但性快乐是一种强烈的感性快乐形式,而且他者是性快感的必要条件,因为这种享受是通过另一个人的身体获得的;因此,性快乐显著地反映了精神或生命和感性冲动之间的冲突。性羞耻限制人们在尊重他者人格和尊严的前提下获得性快乐。舍勒强调了性羞耻(身体羞耻的基本形式)在调节性活动中的三个基本成就。这不是本文的重点,在这里笔者不详细展开。②

二、破坏性羞耻和羞辱

尽管真实的羞耻对成为一个道德的人来说是不可缺少的,但错误地感受的羞耻则会破坏德性的培养。除了对可耻的事不感到羞耻外,对不可耻的事感到羞耻也是道德上的伤害。除此之外,以避免羞耻来行动不但不必然会驱使人去追求较高价值,还可能导致其失去坚定的信念和勇气。正是由于破坏性羞耻的存在,一些心理学家和成功学教

---

① 另参见张任之:《舍勒的羞耻现象学》,《南京大学学报》2007年第3期,第124—125页。
② 在舍勒看来,性羞耻的第一种成就如下,"身体羞耻对变化的感觉和驱动冲动的作用在于,这种羞耻使对它们的注意力转向,从而抑制它们的表露"(p. 45)。第二种成就是,"它在于这样的抑制效果,使人在没有先在的坚决的爱和爱的涌出的情况下,不服从于性驱动或生殖驱动的膨胀"(p. 62)。"性羞耻的第三种功能是在性交进行中的成就,它后于性驱动呈现(初始功能),也后于对配偶的选择在爱中已经被确定(第二功能)。"(pp. 71-72)

导人们：要脸皮厚，不要有太过强烈的羞耻心。如果要避免从一个极端走向另一个极端，我们就要了解关于羞耻的各个面向。

（一）破坏性羞耻

第一种破坏性羞耻是**作为虚荣的羞耻**。尽管虚荣主要是一种虚假的荣誉感，它也会导致虚荣型羞耻。虚荣型羞耻是指为没有实现高价值或消费一种较低价值而感到羞耻。施坦因博克称这种羞耻为"削弱型羞耻"（debilitating shame）。[①] 例如，如果一个人对自己的身体缺陷感到羞耻，对穿着过时或不能享用奢侈的食物而羞耻，这便是虚荣型羞耻。若被虚荣型羞耻占据心神，说明这个人并没有致力于他的伟大理想，比如去实现他信奉的"道"或他的天职，否则他不会一直担忧这种小小的不足，也不会过度追求去实现这些较低价值。孔子说："士志于道，而耻恶衣恶食者，未足与议也。"[②] 他称赞子路道："衣敝缊袍，与衣狐貉者立，而不耻者，其由也与？'不忮不求，何用不臧？'"[③] 前者被批评而子路被称赞的原因，是一个人不应该被困在社会错误地塑造的虚荣型羞耻中而使其无法保持他的本心与个人的自主性。某些社会习俗所形成的羞耻可能是一种虚荣型羞耻。

关于虚荣型羞耻的问题，荀子对义荣和势荣、义辱和势辱做了区分。他写道：

> 志意修，德行厚，知虑明，是荣之由中出者也，夫是之谓义荣。爵列尊，贡禄厚，形势（埶）胜，上为天子诸侯，下为卿相士大夫，是荣之从外至者也，夫是之谓势荣。流淫污僈，犯分乱理，骄暴贪利，是辱之由中出者也，夫是之谓义辱。詈侮捽搏，

[①] Anthony Steinbock, *Moral Emotions*, pp. 78-83.
[②] 《论语·里仁》。
[③] 《论语·子罕》。

捶笞膑脚，斩断枯磔，藉靡舌纋，是辱之由外至者也，夫是之谓势辱。是荣辱之两端也。故君子可以有势辱，而不可以有义辱；小人可以有势荣，而不可以有义荣。①

现代汉语中的词比在文言文中常用的单字更能准确地传达我们体验的内容。在现代汉语中，"辱"字意味着侮辱（insult）、耻辱（disgrace）和羞辱（humiliation）。然而在古文中，特别是反对宋子"见侮不辱"看法的荀子的文章中，侮辱通常用"侮"来表示而不是"辱"。此外，羞辱是一种非常强烈和独特的体验，这两个思想家主要不是在阐述羞辱，虽然广义上的侮辱可以包含羞辱。因此，"耻辱"是对荀子文中"辱"的一个适当解读。需要注意的是，耻辱处在中间过渡位置，连接和分享了羞耻、羞辱的含义。与主要来自外部的侮辱和羞辱相比，真实的羞耻主要来自道德行为者的内在。耻辱的含义则更为宽泛，既可以从内部也可以从外部产生。故而，我们可以看到如下体验的强度渐进的演变：羞涩—羞耻—耻辱—侮辱—羞辱。在这个逐渐过渡中，中间的三个词，每个词都与左右相邻两个词的含义有所重合。

宋子认为，如果一个人不把侮辱（或羞辱）体验为一种耻辱，那么他就不会使用暴力（去报复）。这种态度把耻辱看作是一种没有任何客观的证据的主观感受，从而剥夺了耻在修身方面的道德意义。更糟糕的是，它在伦理上以某种方式默许了侮辱和羞辱的行为。相比之下，对荀子来说，耻辱感是不可缺少的。首先，他指出，打斗和耻辱感之间没有必然联系，正如那些不受辱而打斗的人或受辱而不打斗的人所表现的那样。荀子进一步论证道，避免来自外力的耻辱（势辱）是不能被确保的，而正义的人却可以确保避免义辱。"势辱"与"虚荣型羞耻"相似，而义辱与"先天羞耻"类似。然而，与孟子不同，由于荀

---

① 《荀子·正论》。

子对待人性和情感的经验主义立场，他不会接受羞耻是先天的这一观点。在回答伦理学的基本问题，即什么是道德上正确的行为时，荀子的答案是服从礼而不是顺从人心中先天的道德趋向。荀子认为义辱的主要标准是礼，或者是法，这在他的文章《荣辱》中显而易见。在这篇文章中，尽管他同时提到了礼和义，他仍把耻辱和伦理准则而不是和相关于道德原则的内在意识联系在一起。我们可以说在"尴尬"中人们违背了无关道德的礼，与之相比，根据荀子，在羞耻中人们违背了关乎道德的礼。荀子的解答不能特别令人满意，因为礼本身也是一个根植于仁和义的外在规则。柯雄文认为，在儒家中，羞耻的发生，总是要将重要的他者、道德负责之人或君子预设为想象的观察者。① 这种观点只适用于荀子的思想，而非孟子。在荀子那里，人的心中不会存在原初羞耻。

与荀子注重外部礼和法的义荣不同，对孟子来说，道德荣誉源于内在的道德意识。孟子对天之荣誉（或天爵）和人之荣誉（或人爵）做了一个区分。他说：

> 有天爵者，有人爵者。仁义忠信，乐善不倦，此天爵也；公卿大夫，此人爵也。古之人修其天爵，而人爵从之。今之人修其天爵，以要人爵，既得人爵，而弃其天爵，则惑之甚者也，终亦必亡而已矣。②

"天爵"指的是通过实现精神价值而获得的荣誉，而"人爵"则意味着通过实现较低价值而获得的荣誉，如权力、财富、快乐等。前者是不可被化约为后者的，这些美德初步地通过先天的道德情感表现出来。

---

① Antonio S. Cua, "The Ethical Significance of Shame: Insights of Aristotle and Xunzi", *Philosophy East and West*, vol. 53, no. 2, 2003, p. 166.
② 《孟子·告子上》。

天爵比人爵更可贵，就像精神价值比较低价值更为可取一样。①

尽管荀子与孟子有着不同之处，但以如下方式来解读荀子对耻辱的区分仍然无可非议：势辱朝向较低层次的价值，义辱则朝向较高层次的价值。他写道：

> 先义而后利者荣，先利而后义者辱；荣者常通，辱者常穷；通者常制人，穷者常制于人：是荣辱之大分也。②

对荀子来说，义与礼虽然不相关于先天的道德情感，但仍比财富和权力更有价值。

第二种破坏性羞耻是**怯懦**。为了变得勇敢，人们常常需要冒风险，包括失败和面临羞耻，甚至被羞辱的风险。不可否认的是，原初羞耻是培养勇气的支撑力量。由于惧怕死亡、受伤或遭受其他损失而违反义务是可耻的，为对抗不义而斗争至死是光荣的。就如《中庸》里提到的："知耻近乎勇。"

然而，另一方面，羞耻感也会使人气馁，不敢做一些可能招致羞耻或羞辱的事。在很多情况下，失败带来的不是一些普通的惩罚或损失，也不是光荣的死亡，而是羞辱。轻则出丑、丢人现眼，重则被操控耍弄。即便人们没有被敌人羞辱，失败本身就可以招致他人的嘲笑："他是自取其辱。"羞耻在这方面是有价值的：当一个人没有准备好获得成功时，它可以防止那些招致耻辱的鲁莽行为。但同时，躲避羞耻使人怯于承担一定的风险，从而成为懦夫。有着强烈的怯懦性羞耻感的人会害怕面对他人的拒绝和无视。

破坏性羞耻的第三种形式是**优柔寡断**。优柔寡断的人养成了一个

---

① 本段也证明孟子的伦理学不是建立在幸福的基础上，其道德情感思想不同于休谟的经验主义的进路。

② 《荀子·荣辱》。

反复重温他人责备的习惯，过度考虑他人的指责，或在日常行为中想象来自他人的潜在的和未来的责备。他们通常有一颗柔弱的心，极度关注别人的意见和感受。优柔寡断型羞耻是无耻的对立面。他人的感受当然要照顾到，但执着于来自于他人强加的外在约束，时时为他人的不同意见所左右，则意味着没有了人格的自主性和独立性的空间，不能凭自我的力量去践行正义的事情。

（二）羞辱

我们需要重新审视儒家语境中的羞辱问题。羞耻和羞辱有着本质的区别。这种区别不仅仅体现在：羞耻是自我的渺小感，而羞辱是给他人带来羞耻，使其感到自身的无价值。当我对一个人说"你应该为你自己感到羞耻"时，我指向此人可以完善自我这一意义。而在羞辱中，人不被当作人来对待。也就是说，受羞辱者被去人格化了，而他的完整性仍然被预设。施坦因博克写道："吊诡的是，为了羞辱别人，为了实施或持续对他的去人格化，我要先把他预设为'人'。"① 一棵植物不能被羞辱；要羞辱一个人，只有首先承认他/她是一个人，然后将其去人格化才能做到。羞辱也预设了对自我决定之意志的侵犯。如果一个人愿意剪阴阳头，并且要求别人为他剪，就不存在羞辱。然而，如果他人强迫他剪阴阳头，即使他平时喜欢此发型，他仍然会觉得有羞辱感。被羞辱的人会感受到**屈辱**，也就是说，屈辱感是遭受到羞辱时的一种屈服于外力压迫和贬损的痛苦感受。被羞辱的人处于这样的境地：在违背他的意志的情形下被任意地操纵，或者通过语言或行为被呈现出完全的无力、无价值姿态。羞辱的境况难以描述，因为羞辱的人经常试图将丑陋和肮脏强加给被羞辱的人，比如给那些被阉割、被强奸（鸡奸）、被毁容之人，等等。这种羞辱，在一般意义上，笔者

---

① 参见 Anthony Steinbock, *Moral Emotions*, p. 249。

称之为的"强加的羞辱"(imposed humiliation)。

也存在着一些被误解的羞辱,这会发生在那些过于敏感的人身上。如果一个人有很强的自尊心或荣誉感,他可能在感到被忽视或拒绝的时候感到被羞辱(屈辱)。对这类型的人来说,在任何情况下,如果没有足够的尊敬,便意味着羞辱。尊敬他人是一种德性,而在一定程度上容忍别人的不尊敬也是一种德性。化解这种无意的不敬所造成的羞辱感,需要充满爱和谦卑的心灵,它使得人们不将一件小事中展现的不敬体验为羞辱。

在儒家思想中,维持人格尊严意义重大,甚至比生命更重要。这种态度在一定程度上忽视了忍辱的价值。《礼记·儒行》说:"儒……可杀而不可辱也。"在传统的儒家精神中,士宁死也不愿受辱。《礼记·檀弓下》中有这样一个故事,一个快饿死的人拒绝接受以羞辱的方式提供的食物,最终饿死。虽然曾子在评论中认为当施予者道歉之后,此人应该接受道歉和食物,不过他也认为如果没有道歉,也应当拒绝以羞辱的方式提供的食物。

牺牲生命来维护自己尊严的行为通常会受到高度赞扬。这个教条历来颇具影响力,清代儒家学者戴震和现代自由主义者则批判这一教条支持当权者"以理杀人"。① 然而,孟子自身似乎存在一个吊诡。虽然他明确宣称义的价值高于生命的价值,但他对生命和尊严的衡量权重却并不那么简单。一方面,他声称:"一箪食,一豆羹,得之则生,弗得则死。嘑尔而与之,行道之人弗受;蹴尔而与之,乞人不屑也。"② 另一方面,他会权衡在具体情况下侵犯尊严价值和侵犯生命价值的程度,就像他在《孟子·离娄上》中回答救不救嫂子的问题时所说的那样。一个微小的羞辱事件不足以使人们为了避免它而牺牲自己的生命。

---

① 戴震:《孟子字义疏证》,何文光整理,中华书局1982年版,第10页。
② 《孟子·告子上》。

孟子指出，没有人天生愿意接受这样的羞辱，这种原初的道德趋势应该永远保持下去。然而，他基本上是用这种避免"强加的羞辱"的趋向做比喻，提出一个人不应追求不义之财——笔者称之为"自我羞辱"（self-humiliation）——孟子没有宣称每个人都必须要严格按这个趋向行事。尽管笔者对孟子的说法有所辩护，但必须承认，自由主义者的批评从重视消极自由——自由指的是自由地去做（free to do）人们意愿去做的事，免于（free from）受到外部约束——的现代视角来看仍然是有意义的，因为孟子侧重积极自由——自由是免于（free from）受到个人欲望的统治，自由地去实现（free to do）较高的追求——的趋向在历史上是有影响的。[1] 后期儒家继承了孟子重视个人风骨的思想，持有严格的道德标准，其中还包括了性道德。不幸的是，在与各种形式的"尊严"相比之下，这种观点导致了对人们生命的贬低。[2]

在维护人格尊严和拒绝把他人当作感性客体来对待这一方面，宋明儒学学者认为人欲和天理有严格的区分。一般来说，维护尊严的重要性在很大程度上是被后期的儒家所提倡的。然而，即使是对宋明儒学哲学家来说，牺牲自己的生命来避免羞辱的选择应该由自己做出，任何人都不应该为维护他人尊严而侵犯他人生命。

只有最重大的羞辱才值得人们为了避免它而牺牲自己的生命，尤其是"自我羞辱"（一些人称之为羞耻）。这也是荀子所认为君子能够避免的"义辱"。例如，如果一个人做了损害别人的事，比如出卖自己的国家以获得个人利益，即使他自己不感到羞辱或羞耻，但他人会对

---

[1] 参见 Isaiah Berlin, "Two Concepts of Liberty", in *Four Essays on Liberty*, Oxford, England: Oxford University Press, 1969, pp. 124-126, 163-166。

[2] 当被一个学生问到在不改嫁便会饿死的情况下，寡妇是否可以改嫁时，程颐说："饿死事极小，失节事极大。"（程颢、程颐：《二程集》，王孝鱼校，中华书局1981年版，第301页）关于这一说法的争论，参见刘昌元：《论"饿死事小，失节事大"的批评与辩护》，《二十一世纪》2000年第6期，第125—133页；朱晓娟：《程朱学派与宋代妇女贞洁观之研究》，台湾政治大学，硕士学位论文，2003年。

他说:"你在羞辱你自己!"为了避免自我羞辱(在其中人们不把自己当人,降低自身的价值),拒绝采取会导致自我羞辱的不义行为(如拒绝为虎作伥)是光荣的——即便这个选择会导致其自身的死亡,因为这个举止反映了人们正义的品性。

孟子在《孟子·离娄下》通过一个故事传达了他的观点,即一个有德的人应该远离某种羞辱,在这类羞辱中,人们谄媚奉承强权者,甚至协助其行不义之举来获得财富和地位。[①]但是,如果羞辱之事不需要人们行不义之举的话,牺牲一个人的生命来避免所有强加的羞辱便不是我们的义务。相反,忍辱以实现伟大价值是一种德性。我们知道,在选择宫刑或死刑作为自己的惩罚方式时,汉代史学家司马迁选择了宫刑来保住自己的生命,以完成他的史学巨作《史记》,尽管他因此遭受了巨大的羞辱。忍辱可以使人背负起重任(负重)。羞辱最初指的是人格的贬损,它本身并没有积极的含义。然而,经历羞辱这一极其煎熬的过程会迫使人们在内心深处反思自己的天命、生命之意义,譬如,自己为什么选择活着而不是死去?如果一个人能坚定地忍受羞辱带来的巨大痛苦,那么便没有什么磨难是难以克服的。曾子说:"士不可以不弘毅,任重而道远。仁以为己任,不亦重乎?死而后已,不亦远乎?"[②]尽管我们承认忍辱是一种德性,但是我们应注意,重要的是在政治和社会的层面减少羞辱的发生,促进对人格和权利的确保。

三、结语

综合舍勒、儒家以及相关学者的论述,笔者对羞耻的现象学体验

---

① 虽然这个故事表面在说妻和妾为她们丈夫在墓地乞讨的行为感到羞耻,但是笔者按照朱熹的解释,认为它暗示了一种现象,即人们为追求高位而在私下里对强权阿谀奉承,行不义之举,而公开地对他人表现炫耀、得意、骄傲。

② 《论语·泰伯》。

进行了阐释。羞耻这一情感包含了对整个人的价值评价，而不是对具体事件的价值判断。基本上有两种羞耻：（1）显明（他者评价的）羞耻；（2）原初（自我评估的）羞耻。当一个人不被他人当作是一个具有人格尊严的精神个体，而仅仅是被当作（a）一个客体，或（b）一种感性的存在，或（c）一个失败者（没有价值）时，显明羞耻就会发生。萨特的注视之例子说明了第一种情况，身体和性羞耻表明了第二种，竞争中失败则显示了第三种情况（如果是极大差距的失败，也会被体验为羞辱）。总之，在这种羞耻中，羞耻感受者被他人客体化、不被他人尊重，从而在一定程度上受人控制或支配。毫无疑问，这种羞耻是人格间的（interpersonal），它预设他者的存在。

原初（自我评估的）羞耻发生在一个人认为自己没有价值，由于自己的缺点而责备自己时。即使没有他者的评价，或者与他者的比较，人们也可能会因为自己没有做到自己所应该做的那样好而感到羞耻。显然，这种情感不是负罪感，因为在其中人们并没有伤害他人。由于人们没有将自己置身于一种社会情境中，因此这种情感也不是尴尬。笔者认同最集中和常见的羞耻表现乃是显明羞耻，但我们不能据此便否定原初羞耻的存在。

显明羞耻与原初羞耻是通过羞耻的运行和发生方面区分开来，而先天羞耻和社会羞耻则根据羞耻的内容和评价标准做出区分。社会羞耻是由社会主流价值体系决定的，而先天羞耻则与价值的客观级序一致，舍勒的价值现象学对此具有洞见。从价值模态的纵贯性来看，羞耻展现出以较高价值约束较低价值的力量，如精神对生命和欲望之本能的约束。从价值的横列性来看，羞耻则表现为较大价值对较小价值的优先性。此外，性羞耻是身体羞耻的一种基本形式，它限制人们在尊重他人尊严的态度之下获得性快乐。

真实的羞耻对成为一个道德的人是不可缺少的，但错误地感受的羞耻则会破坏德性的培养。破坏性羞耻可分为三种：（1）虚荣型羞耻；

(2)怯懦型羞耻;(3)优柔寡断型羞耻。羞耻仍然指向一个人在价值上的自我完善,而羞辱的含义则本质上是负面的。被羞辱的人处于这样的境地:在违背他的意志的情形下被任意地操纵,或者通过语言或行为被呈现出完全的无力、无价值姿态。对于儒家来说,维护个人尊严这一思想是非常重要的,儒士宁死也不愿被羞辱。然而,通过仔细阅读,我们仍然可以发现儒家思想的另一面,重视忍辱之德。只有最重大的羞辱才值得人们为了避免它而牺牲自己的生命,尤其是"自我羞辱",它与"强加的羞辱"形成鲜明的对比。最重要的是,一个健康的社会应该尽量降低总体上羞辱的发生,保障人们的尊严和权利。

附录　文章及作者相关信息

（说明：以下所列信息以文章发表时间先后为顺序。）

〔德〕舍勒：《论害羞与羞感》（1913、1933年），选自《价值的颠覆》（刘小枫编，罗悌伦等译，1997年），并参《舍勒选集》（刘小枫选编，1999年）所收录。原文共五节，这里选录前三节。本文译者：林克（西安交通大学外国语学院）；校者：刘小枫（中国人民大学文学院）。

〔法〕萨特：《羞耻与注视》，选自《存在与虚无》（1943年初版；陈宣良等译，杜小真校，2007年）第三卷第一章。此章共四节，这里选录第一、四节。标题为编者所加。

朱光潜：《谈羞恶之心》，选自《谈修养》（1943年初版），收入《朱光潜全集》第4卷（1988年）。

庞朴：《仁义》，选自《儒家辩证法研究》（1984年初版），收入《庞朴文集》第1卷（刘贻群编，2005年）。

〔德〕罗哲海：《罪感、惩罚、羞耻与侮辱》，选自《轴心时期的儒家伦理》（1992年德文初版；陈咏明、瞿德瑜译，2009年）一书第11章。

查中林（四川师范学院中文系）：《说"义"》，发表于《四川师范学院学报（哲学社会科学版）》2000年第1期。

〔美〕万白安（美国瓦萨尔学院）：《孟子思想中的羞恶之心与义之德性》(The Emotion of Shame and the Virtue of Righteousness in Mencius)，发表于 Dao: A Journal of Comparative Philosophy, 2002, 2 (1)。译者：安鹏（中山大学哲学系）；校者：张琼（中山大学哲学系）。

陈少明（中山大学哲学系）：《明耻——羞耻现象的现象学分析》，发表于《哲学研究》2006年第12期（标题为《关于羞耻的现象学分析》），收入《经典世界中的人、事、物》（2008年）一书。

倪梁康（浙江大学人文学院）：《关于羞恶之心的现象学分析》，发表于《南京大学学报（哲学·人文科学·社会科学版）》2007年第3期（标题为《关于"羞恶之心"的伦理现象学思考》），收入《心的秩序：一种现象学心学研究的可能性》（2010年）一书第八章。

吴天岳（北京大学哲学系）：《罪与罚中的羞——重构奥古斯丁〈上帝之城〉中的羞感》，删节版发表于《基督教思想评论》第4辑（许志伟主编，2007年），收入《意愿与自由：奥古斯丁意愿概念的道德心理学解读》（2010年）一书第三章。

贡华南（华东师范大学中国现代思想文化研究所、哲学系）：《羞何以必要？——以孟子为中心的考察》，发表于《孔子研究》2009年第1期。

方旭东（华东师范大学哲学系）：《好恶是有对错的吗？——〈论语〉4.3蕴含的一个哲学问题》，发表于《哲学研究》2010年第8期（标题为《好恶的对与错：〈论语〉第四篇第三章蕴含的一个哲学问题》），收入《绘事后素——经典解释与哲学研究》（2012年）一书。

桓占伟（河南大学历史文化学院）：《从宗教神性到政治理性——殷周时期义观念生成的历史考察》，发表于《中国史研究》2014年第4期，收入《在观念与思想之间：论先秦义范畴之生成》（2017年）一书第一章。

吴忠伟（苏州大学哲学系教授）：《"义"与早期中国的"邦邑"

共同体》，发表于《哲学与文化》第 44 卷第 2 期（2017 年），收入《结盟之心："己"与早期中国哲学》（2014 年）一书第一章。

〔美〕安东尼·斯坦因博克（A. Steinbock）（美国南伊利诺伊大学哲学系）：《羞耻》，选自《道德情感》（*Moral Emotions: Reclaiming the Evidence of the Heart*, Evanston, IL: Northwestern University Press, 2014）一书第二部分。译者：罗雨泽（《理论月刊》编辑部）；校者：张任之（中山大学哲学系）。

〔丹〕扎哈维（Dan Zahavi）（哥本哈根大学主体性研究中心）：《羞》，选自《自我与他者》（*Self and Other: Exploring Subjectivity, Empathy, and Shame*, Oxford University Press, 2014）一书第三部分。译者：胡文迪（中山大学哲学系）；校者：张任之（中山大学哲学系）。

陈乔见（中山大学哲学系）：《羞恶、义与正当——孟子"羞恶之心，义之端也"详解及其理论内涵》，发表于《中山大学学报（社会科学版）》2016 年第 2 期。

张任之（中山大学哲学系）：《羞感伦理何以可能是自律的？》，发表于《哲学研究》2017 年第 11 期。

卢盈华（华东师范大学思勉人文高等研究院、哲学系）：《羞耻现象学——基于马克斯·舍勒与儒家的阐明》，发表于《思想与文化》第 21 辑（杨国荣主编，2017 年）。

林丽娟（北京大学西方古典学中心）：《辩驳与羞耻》，发表于《世界哲学》2017 年第 3 期。

陈来（清华大学哲学系、国学研究院）：《论古典儒学中"义"的观念——以朱子论"义"为中心》，发表于《文史哲》2020 年第 6 期。